오사카
OSAKA

교토
고베
나라
와카야마

RHK 여행콘텐츠팀 지음

알에이치코리아

일러두기

이 책에 실린 정보는 2019년 2월까지 이루어진 정보 수집을 바탕으로 합니다. 정확한 정보를 싣고자 노력했지만, 끊임없이 변하는 현지의 물가와 여행 정보에 변동 사항이 있을 수 있습니다. 도서를 이용하면서 불편한 점이나 틀린 정보에 대한 의견은 아래 메일로 제보 부탁드립니다.

알에이치코리아 여행콘텐츠팀 hjko@rhk.co.kr

본문 보는 방법

지역 구분

본문에서는 간사이 지역을 오사카, 교토, 고베, 나라, 와카야마로 나누었고 다시 각 도시를 여행하기 편리한 구역, 즉 'AREA'로 나누어 소개합니다. AREA의 범위가 다소 넓어 한 파트에 담기 어려운 경우 권역을 세분화하여 다시 하위 지역으로 구분합니다. 해당 AREA에서 거리상으로 떨어져 있어 한 구역으로 묶기 어려운 근교 지역은 'PLUS AREA'로 소개합니다. 지역 명칭은 여행자들에게 통용되는 가장 친숙한 이름으로 표기했습니다.

카테고리 구분

명소 · 쇼핑 · 맛집 · 카페 · 온천 시설로 구분해 소개합니다. 디저트에 속하는 간식거리를 판매하지만 좌석이 없고 포장된 기념품으로 사야 하는 매장은 카페가 아닌 쇼핑으로 분류했습니다. 음식점 카테고리는 일반 음식점을 비롯해 다양한 길거리 간식과 이자카야, 바 등을 포함합니다. 간혹 상호명에 '카페'가 들어가더라도 식사를 위한 메뉴가 특화된 경우 음식점으로 분류했습니다.

※본문에서 사용한 일본어 표기는 현지에서 쓰는 발음을 우선으로 했습니다. 상호명은 정보 찾기가 용이하도록 여행자들에게 주로 통용되는 익숙한 이름으로 표기했습니다.

맵북 보는 방법 🔍

본문에 소개한 명소의 위치를 맵북에서 찾을 수 있습니다. 만약, 'MAP 8 ⓖ'라고 적혀 있다면 맵북 'MAP 8'의 'ⓖ'구역에 해당 명소가 위치한다는 의미입니다. 별도의 방위 표시가 없는 지도는 위쪽이 북쪽입니다.

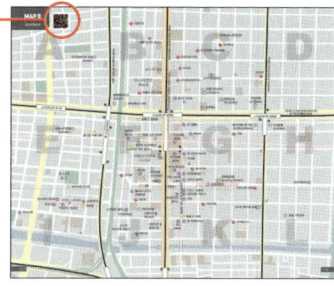

맵북은 구글맵과 연동됩니다. 맵북 페이지 상단에 있는 QR 코드를 스마트폰으로 스캔하면, 본문에 소개한 스폿이 찍혀 있는 구글맵으로 연결됩니다. 일일이 검색할 필요 없이 지역별 명소, 쇼핑, 맛집 스폿의 위치를 한눈에 확인할 수 있습니다.

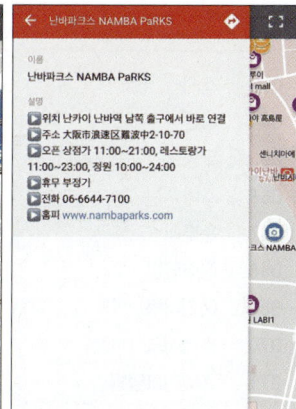

❶ **확대 아이콘**을 누르면 구글맵 페이지로 이동합니다.

❷ **공유 아이콘**을 누르면 지도 정보를 SNS에 공유할 수 있습니다.

❸ **스폿 아이콘**을 클릭하면 위치 외에도 영업시간, 휴무 날짜, 전화번호, 홈페이지 주소 등 여행 정보를 확인할 수 있습니다.

📍 명소	☕ 카페	♨ 온천	🏪 패밀리마트
🛍 쇼핑	卍 절	🏠 숙소	🏪 로손
🍴 음식점	⛩ 신사	7 세븐일레븐	🚌 버스정류장

CONTENTS

SIGHTSEEING 명소

- 002 일러두기
- 008 간사이 기본 정보
- 010 간사이 한눈에 보기
- 012 간사이 사계절 날씨
- 014 간사이 여행 잡학사전
- 016 스마트폰 체크포인트

- 020 간사이 핵심 관광지
- 030 간사이 대표 번화가
- 034 고즈넉한 전통 거리
- 038 특색 있는 감성 거리
- 044 추억이 되는 기모노 체험
- 046 심쿵 동물 체험 관광지
- 050 언덕에서 보는 경치
- 054 환상의 뷰 전망대

EATING 음식

- 060 스시
- 064 라멘
- 065 우동
- 066 소바
- 067 돈부리
- 068 장어덮밥
- 069 야키니쿠
- 070 스테이크
- 071 스테이크덮밥
- 072 돈까스
- 073 쿠시카츠
- 074 오므라이스
- 075 카레
- 076 오코노미야키

- 077 타코야키
- 078 교요리
- 080 케이크
- 082 팬케이크
- 084 디저트
- 086 카페에서 먹는 아침
- 087 역사 깊은 찻집 · 떡집
- 088 인생 커피 만나는 카페
- 090 전통 정원 품은 카페
- 092 운치 있는 강변 카페
- 094 스타벅스 콘셉트 스토어
- 096 일본 편의점 간식
- 100 일본식 패스트푸드 체인점

SHOPPING 쇼핑

- 104 　간사이 드러그 스토어
- 110 　일본발 핵이득 의류 브랜드
- 112 　지갑털이 잡화 브랜드
- 116 　덕심 차오르는 캐릭터숍
- 118 　대세는 편집숍
- 120 　믿고 사는 센스 선물템

TRANSPORTATION 교통

- 126 　초심자도 참 쉬운 출·입국 절차
- 128 　간사이 주요 전철 파악하기
- 130 　가성비 최고의 교통편
- 134 　간사이 교통패스 꼼꼼 가이드
- 140 　간사이 베스트 여행 코스

OSAKA 오사카

- 148 오사카 한눈에 보기
- 150 오사카로 가는 방법
- 152 오사카 시내 교통
- 154 오사카 추천 코스

- 160 AREA 01 도톤보리 · 난바
- 196 AREA 02 신사이바시
- 226 AREA 03 우메다
- 261 PLUS AREA 인스턴트 라멘 발명기념관
- 262 PLUS AREA 만박기념공원
- 264 AREA 04 오사카성
- 274 AREA 05 텐노지 · 신세카이
- 291 PLUS AREA 베이에어리어
- 295 PLUS AREA 유니버설 스튜디오 재팬
- 301 PLUS AREA 린쿠 프리미엄 아웃렛

KYOTO 교토

- 304 교토 한눈에 보기
- 306 교토로 가는 방법
- 308 교토 시내 교통
- 312 교토 추천 코스

- 318 AREA 01 기요미즈데라 · 기온
- 358 AREA 02 니조성 주변
- 374 PLUS AREA 이치조지
- 377 PLUS AREA 슈가쿠인
- 380 PLUS AREA 오하라
- 384 AREA 03 킨카쿠지 주변
- 394 AREA 04 긴카쿠지 주변
- 412 AREA 05 아라시야마
- 428 AREA 06 교토역 주변
- 444 PLUS AREA 우지
- 446 PLUS AREA 다이고지

KOBE 고베

- 450 고베 한눈에 보기
- 452 고베로 가는 방법
- 454 고베 시내 교통
- 456 고베 추천 코스

- 460 AREA 01 산노미야
- 474 PLUS AREA 롯코산
- 476 PLUS AREA 아리마 온천
- 480 PLUS AREA 다카라즈카
- 482 AREA 02 베이에어리어
- 494 PLUS AREA 히메지

NARA 나라

- 498 나라 한눈에 보기
- 500 나라로 가는 방법
- 501 나라 시내 교통
- 502 나라 추천 코스

- 504 AREA 01 나라 공원
- 522 AREA 02 니시노쿄
- 530 AREA 03 이카루가

WAKAYAMA 와카야마

- 540 와카야마 한눈에 보기
- 541 와카야마 추천 코스

- 542 AREA 01 와카야마시
- 550 AREA 02 고야산
- 558 AREA 03 시라하마
- 566 AREA 04 나치카츠우라

여행 준비

- 576 여권 준비하기
- 577 항공권 예약하기
- 578 숙소 예약하기
- 580 면세점 쇼핑하기
- 581 환전하기

- 582 찾아보기

슬쩍 읽어도 쏙쏙 이해되는
간사이 기본 정보

―

이미 알고 있는 기초적인 내용이라도 여행에 앞서 미리 복습해두면
익숙하고도 낯선 여행지 오사카를 더욱 알차고 깊게 여행할 수 있다.

국명 일본
아시아 대륙 동쪽에 홋카이도, 혼슈, 시코쿠, 규슈 4개의 큰 섬을 중심으로 북동에서 남서 방향으로 이어지는 섬나라. 일본어로 닛폰 にっぽん 혹은 니혼 にほん이라 읽는다.

국기 일장기
명칭은 닛쇼키 日章旗지만 일반적으로 히노마루노하타 日の丸の旗, 줄여서 히노마루 日の丸라고 부른다. 흰 바탕에 해를 상징하는 붉은 동그라미가 있다.

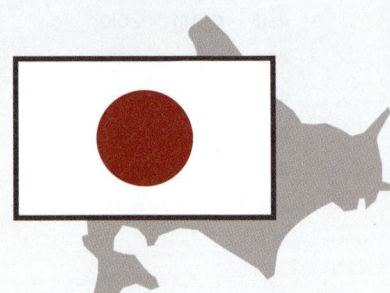

면적 233km²
일본 전체 면적은 37만7915㎢으로 대한민국보다 4배가량 넓다. 간사이 대표 도시인 오사카(시)의 면적은 223㎢으로 서울시의 약 3분의 1 정도 면적이다.

언어 일본어
한자, 히라가나, 가타카나를 병용한다. 일반적으로 한자와 히라가나를 사용하며 외래어는 가타카나로 표기한다.

도시명 오사카
간사이 대표 도시인 오사카 大阪는 도쿄에 이은 일본 제2의 도시로 상업이 발달했으며, 간사이 교통의 중심이기도 하다.

통화 엔(￥)
지폐는 1만 엔, 5000엔, 1000엔 세 종류가 통용되며 동전은 500엔, 100엔, 50엔, 10엔, 5엔, 1엔까지 여섯 종류가 있다.

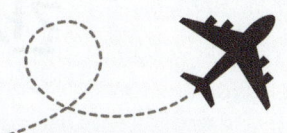

비행 1시간 40분
인천·김포공항 출발 기준 약 1시간 40분 정도 소요된다. 한국과 같은 동경 135도 표준시를 사용해 시차가 없으며 해가 비교적 빨리 뜨고 진다.

비자 90일 이내 무비자
한국 여권 소지자는 단순 여행 목적의 경우 비자가 필요하지 않으며 최대 90일까지 무비자로 체류할 수 있다.

전압 110V
한국과 달리 110V를 사용하기 때문에 11자 형 어댑터, 일명 '돼지코'가 필요하다. 멀티탭을 따로 준비하면 어댑터는 한 개만 챙겨도 된다.

와이파이 보통
와이파이 보급은 잘 되어 있는 편이나 다소 느리고 인증 절차가 필요해 여행 중에는 포켓 와이파이를 대여하는 방법이 일반적이다.

종교 신도
토착 신앙인 신도 神道가 가장 넓고 깊게 자리 잡고 있다. 일본 사람들은 생활 관습으로서 신도와 불교를 받아들일 뿐 종교로 여기지 않는다.

교통 전철 중심
JR을 중심으로 각종 전철(사철)과 지하철 노선이 도심을 거미줄처럼 연결한다. 도시 간 이동 시 전철을 이용하고, 도시 내에서는 지하철이나 버스를 탄다.

위치 파악이 먼저!
간사이 한눈에 보기

천리 길은 한 걸음부터, 여행의 시작은 한눈에 보기부터.
간사이 지역의 도시들이 각각 어디에 위치하는지,
어느 도시를 어떤 순서로 방문할지 대략적인 동선을 미리 확인하자.

고베
달콤한 스위츠와 향긋한 커피, 세계적 명성의 고베규와 백만 불짜리 야경까지 고베는 아기자기한 매력이 넘치는 항구도시다. 고대에는 중국의 문명을, 1800년대부터는 서양 문명을 받아들이는 창구 역할을 해왔으며, 현재까지 외국인들이 거주했던 거류지가 곳곳에 보존되어 있어 이국적인 분위기가 느껴진다.

오사카
일본 제2의 도시. 일본에서 가장 크기가 작은 행정구역이지만 인구 밀도는 두 번째로 높다. 간사이국제공항이 자리하며 교토·고베·나라 등의 주변 도시가 오사카를 둘러싸고 있어 간사이 여행의 베이스 캠프로 삼으면 좋다. '쿠이다오레 食い倒れ(먹다가 망한다)'라는 말이 있을 정도로 다양한 음식 문화가 발달해 있다.

와카야마
태평양과 접하고 있으며, 경사가 급한 산들이 많은 산악지대이다. 명산을 비롯해 일본에서 가장 오래된 1300년 역사의 3대 온천 등 다양한 볼거리가 산재해 있다. 일본에서 가장 큰 폭포 또한 이곳에 위치해 연중 많은 관광객이 방문한다. 한국인에게 대중성 있는 지역은 아니지만 자연미 넘치는 절경으로 유명한 명소가 많다.

교토

사찰과 신사, 전통 가옥이 어우러진 고풍스러운 도시. 서기 794년, 헤이안쿄로 천도한 것을 시작으로 무려 1000년이 넘는 긴 시간 동안 일본의 수도 역할을 해오며 도시 곳곳에 그 흔적을 남겼다. 유네스코 세계문화유산으로 등록된 17개의 사찰과 성을 비롯해 수많은 문화유산을 품고 있어 도시 전체가 하나의 유적지라 할 수 있다.

나라

야생 사슴이 뛰노는 공원 일대에 오랜 전통을 자랑하는 사찰과 신사가 모여 있어 함께 둘러보기에 좋다. 서기 710년부터 784년까지 약 74년 동안 헤이조쿄라는 이름의 수도로 번영했으며, 아스카 문화를 꽃피우는 데 우리나라 삼국 시대 문화가 큰 영향을 끼쳤다. 일본 속의 한국 문화를 찾아보는 재미도 쏠쏠하다.

여행 전에 미리 체크!
간사이 사계절 날씨

여행을 떠나기 전에 가장 많이 고민하는 날씨.
계절별 날씨를 확인하고 딱 맞는 옷을 선택해서 알차게 여행을 즐겨보자.

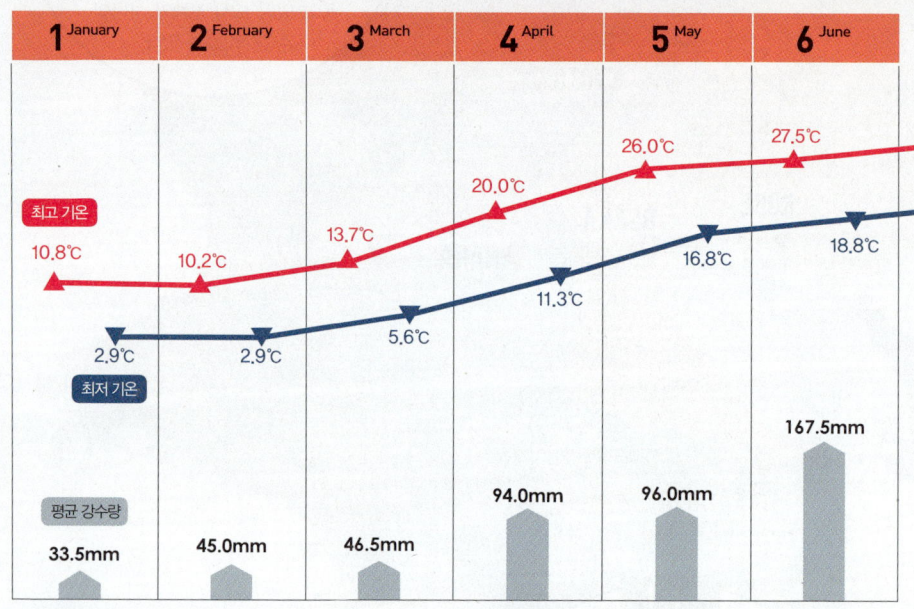

봄 SPRING

아침저녁으로 제법 쌀쌀하지만 낮에는 쾌적하게 다닐 만하다. 긴소매 봄옷과 함께 얇은 점퍼나 카디건 등 위에 걸칠 옷도 가져가는 게 좋다. 단, 5월부터는 우리나라 초여름만큼 더운 날씨가 시작되므로 반팔 티셔츠는 필수. 3월 중순은 벚꽃 개화 시즌이므로 오사카성, 히메지성, 기요미즈데라 등 각지의 벚꽃 명소에서 아름다운 꽃놀이를 즐길 수 있다.

여름 SUMMER

우리나라의 여름보다 더 무더운 날씨. 항구도시라 습도도 높은 편이다. 반바지, 반팔 티셔츠는 기본이고 땀이 빨리 마르는 기능성 셔츠도 준비하는 것이 좋다. 자외선 지수도 높고 비가 오는 날이 많으므로 우산은 필수. 하지만 7월 강수량은 상대적으로 적은 편이라 매우 덥긴 하지만 맑은 하늘을 보며 여행할 수 있다.

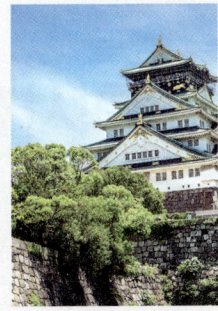

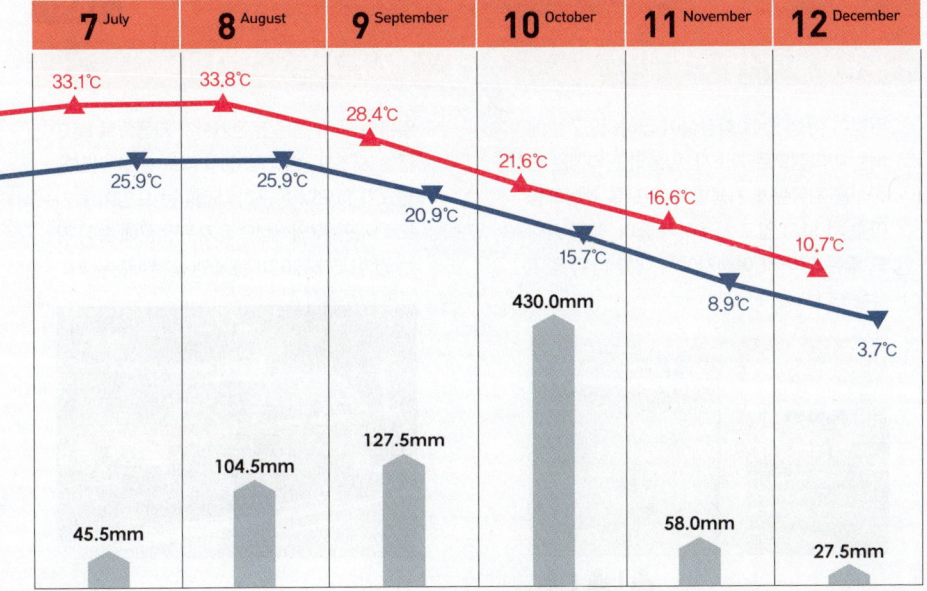

| **7** July | **8** August | **9** September | **10** October | **11** November | **12** December |

- 33.1℃ / 33.8℃ / 28.4℃ / 21.6℃ / 16.6℃ / 10.7℃
- 25.9℃ / 25.9℃ / 20.9℃ / 15.7℃ / 8.9℃ / 3.7℃
- 45.5mm / 104.5mm / 127.5mm / 430.0mm / 58.0mm / 27.5mm

가을 AUTUMN

평균 17℃ 전후의 쾌적한 기온과 맑은 날씨. 즐거운 여행을 위한 최적의 조건을 갖춘 계절이다. 반팔 티셔츠나 얇은 긴팔 티셔츠를 기본으로 점퍼나 얇은 코트 정도를 준비하면 된다. 그리고 10월까지는 태풍이 올 수도 있으니 우산은 기본적으로 챙기는 것이 좋다. 10월 말부터는 단풍 시즌이 시작되므로 단풍놀이를 계획해도 좋다.

겨울 WINTER

우리나라의 늦가을부터 초겨울 수준의 날씨. 하지만 극강의 한파에 시달릴 때는 우리나라보다 조금 덜하긴 하지만 기온이 뚝 떨어지기도 한다. 긴소매 옷을 여러 벌 챙기는 게 좋고, 겉옷으로는 가볍고 따뜻한 패딩 점퍼를 챙겨가자. 추위를 많이 탄다면 모자, 머플러 등 방한용품을 추가로 준비할 것. 강수량이 적은 시기이지만 기본적으로 우산은 챙겨가자.

알아두면 쓸 데 있는
간사이 여행 잡학사전

모른다고 큰일 나는 건 아닌데 알아두면 뿌듯하게 쓰일 데가 있다.
간사이 지역의 문화, 시설, 특징 등을 미리 알려줘 헤매지 않게 해주는 간사이 여행 잡학사전.

화장실 급하다면 편의점으로

뚜벅이 여행 중에 화장실이 급하다면? 눈에 띄는 편의점으로 가보자. 일본의 편의점은 화장실을 자유롭게 사용할 수 있도록 개방해놓아 눈치 보지 않고 사용하기 좋다. 청결 상태도 좋은 편이라 여행자에게 더할 나위 없이 유용하다.

택시는 자동문, 닫지 마세요!

일본의 택시 문은 운전기사가 자동으로 열고 닫는 시스템. 승·하차 시 따로 문을 여닫을 필요가 없으니 은근히 대접받는 느낌이 들기도 하지만, 무의식적으로 자꾸만 문에 손이 가는 건 한국에서 이미 몸에 밴 습관 때문일 터.

보편화된 자판기 문화

일본은 신기할 만큼 자판기 문화가 매우 발달해 있다. 음식점에서 식권을 발매기에서 뽑아 점원에게 건네는 방식은 매우 흔하다. 음료나 담배 자판기의 수가 많은 것은 물론이고 심지어 채소나 빵, 아이스크림까지 자판기로 뽑을 수 있다.

통행 방향, 우리와 달라요!

일본의 도로가 어쩐지 낯설고 어색하게 느껴진다면? 바로 우리나라와 주행 방향이 완전히 반대이기 때문이다. 우리나라 자동차 주행 방향은 우측, 일본은 좌측이고, 운전석 위치도 완전히 다르다. 보행 방향 또한 우리나라에서는 우측통행을 장려하는 한편, 일본은 지역에 따라 다르다. 교토의 거리 대부분은 좌측통행인데, 오사카는 우측통행인 경우가 많다. 옛 오사카 상인들은 돈주머니를 오른쪽에 차고 있었기 때문에 이를 보호하기 위해 우측통행을 장려했다는 설이 있다.

조금은 관대한 흡연 문화

금연석과 흡연석이 구분되어 있지 않은 작은 선술집이나 카페 등에서 옆자리 흡연 때문에 간혹 불편을 호소하는 여행자들이 있다. 요사이 외국인이 많은 관광지나 음식점에서는 따로 흡연석을 지정하는 등 많이 바뀌고는 있지만, 여전히 우리나라와 비교한다면 일본은 흡연에 관대한 편임을 염두에 두자.

스타벅스 커피, 리필 가능해요!

일본의 스타벅스 커피는 리필이 가능하다. 단, 무료는 아니고 일정 금액을 내야 한다. 당일 스타벅스 구매 영수증을 제시한 후 150엔을 내면 같은 사이즈의 커피를 한 잔 더 마실 수 있다. 이는 서로 다른 매장 간에도 가능한 서비스이니 '스벅 마니아'라면 챙겨보도록! 하루 두 잔의 커피를 생각보다 저렴한 가격에 마실 수 있다.

※ 스타벅스 서비스 정책이나 매장 사정에 따라 다소 변동될 수 있으니 첫 구매 매장에 문의해 보자.

사진 촬영, 불편해 하는 곳도 있어요!

특이한 기념품, 혹은 맛있는 음식 앞에서 인증샷은 필수! 하지만 사진 찍는 것을 유독 불편해하는 곳들이 있다. 일단, 창작물에 대한 보호를 중시하는 특성으로 이해할 수도 있지만, 양해를 구하는 것만으로 분위기가 부드러워지기도 하니 긴가민가하다면 먼저 물어보자. 샤신 톳테모 이이데스카 写真撮ってもいいですか(사진 좀 찍어도 되겠습니까)?

스마트한 여행자라면 주목!
스마트폰 체크포인트

|

스마트폰은 전 세계 어디서나 사용할 수 있어 여행 시에도 유용하다.
일본에서 스마트폰을 십분 활용하기 위해 미리 준비할 포인트를 소개한다.

포켓 와이파이 vs 심카드 vs 데이터 로밍

	포켓 와이파이	심카드	데이터 로밍
신청	인터넷 예약	인터넷/현지 구매	공항 부스/전화
수령	공항	택배/공항	-
데이터 구성	와이파이 무제한	LTE 데이터 LTE 무제한 LTE+저속 무제한	LTE 데이터 LTE+저속 무제한 저속 무제한
공유	최대 5명 권장	개인용 핫스팟	개인용 핫스팟
비용	1일 3500원~	5일 1만 원~	1일 9900원~

☑ 포켓 와이파이
스마트폰과 함께 휴대용 와이파이 기기를 가지고 다니면서 데이터를 무제한으로 사용하는 것이다. 와이파이 발신기를 가지고 다닌다고 생각하면 된다. 여러 명이 함께 공유하며 사용할 수 있어 편리하고, 비용도 합리적이라 일본 여행 시 가장 대중적으로 사용한다. 요금은 1일 3500~6000원 정도이며, 적정 속도를 유지하려면 최대 5명까지의 동시 사용을 권한다. 다만, 기기를 가지고 다녀야 하는 데다가 매일 충전해야 하는 약간의 번거로움이 있다. 배터리 소모를 최소화하려면 사용할 때만 와이파이 기기를 켜두는 것도 방법이다.

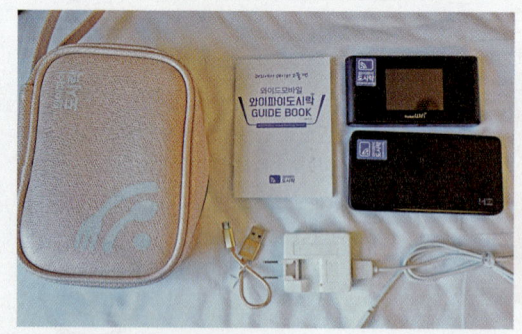

무료 와이파이
유명 관광지를 비롯해 공항, 버스정류장, 지하철역, 편의점 등 도심 어디서나 무료 와이파이를 쉽게 만나볼 수 있다. 수신되는 와이파이 목록 중 프리 와이파이가 있다면 간단한 동의와 이메일 인증 후 30분~1시간 정도씩 이용할 수 있다. 시간이 초과되면 다시 인증하거나, 한 번 인증해 두면 계속 사용할 수 있는 경우도 있다.

☑ 심카드

스마트폰에 끼워져 있는 심카드를 현지 심카드로 교체해 사용하는 방식으로, 기간과 데이터 구성이 다양하다. 기간은 4일에서 길게는 30일까지, 데이터는 LTE 500MB부터 무제한까지 다양하며, LTE+저속 무제한의 구성도 있다. 현지 통화나 문자는 수요가 많지 않아 불가능한 상품이 대부분이다. 현지 공항이나 편의점에서도 판매하지만, 한국에서 미리 구매하면 한국어 설명서를 볼 수 있고, 가격 면에서도 더 유리하다. 현지 심카드로 교체하면 현지 번호가 부여되므로 한국에서 오는 전화나 문자는 받을 수 없다.

☑ 데이터 로밍

귀차니스트에게는 최적의 상품으로, 통신사를 통해 어디서나 간편하게 신청할 수 있다. 다만, 요금이 비싼 데다가 데이터 무제한 상품으로 광고하는 것도 알고 보면 일정량의 LTE 사용 후 속도가 현저히 떨어져 불편이 따른다. 한국에서 오는 전화가 수신되는 것은 장점이지만 국제전화를 사용하게 되므로 통화료 또한 비싼 편이다. 중요한 연락을 받아야 할 일이 있거나 급하게 떠나는 짧은 여행이라면 고려해볼 만하다.

유용한 애플리케이션

☑ 구글맵 Google Maps

필수 지도 앱. 기본적인 지도와 더불어 현재 위치를 확인할 수 있고, 목적지까지의 거리, 교통편, 요금 등을 상세하게 안내해준다.

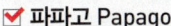

☑ 오사카지하철

오사카 시영 지하철을 비롯해 JR과 전철 노선도까지 함께 들어 있다. 빠른 경로를 확인할 수 있고, 인터넷 연결 없이도 이용 가능하다.

☑ 파파고 Papago

일본어에 특화되었다고 할 수 있을 정도로 자연스러운 번역 실력을 자랑하는 앱. 여행에 필요한 기본적인 의사소통은 대부분 가능하다.

☑ 트리플라 tripla

일본의 레스토랑, 액티비티, 투어 등 다양한 예약 서비스를 대행해준다. 한국어·영어 채팅으로 날짜와 인원 등을 말하면 예약해주는 방식이다.

충전 준비물

☑ 어댑터

일본은 110V 전압을 사용하므로 어댑터가 꼭 필요하다. 멀티 어댑터를 가져가거나 부피가 작은 돼지코를 미리 준비하자.

☑ 멀티탭

사용할 전자 제품이 많은 경우. 어댑터와 멀티탭을 가져가면 콘센트에 연결해 여러 전자 제품을 한번에 사용할 수 있어 편리하다.

☑ USB 멀티 포트

최근 USB 포트로 충전할 수 있는 전자제품이 많아지면서, USB 포트가 구비된 숙소가 많아졌다. USB 멀티 포트를 준비하면 충전선만 연결하면 되므로 짐을 줄일 수 있다.

SIGHTSEEING 명소

간사이 핵심 관광지 ┃ 간사이 대표 번화가 ┃ 고즈넉한 전통 거리 ┃ 특색 있는 감성 거리 ┃ 추억이 되는 기모노 체험 ┃ 심쿵 동물 체험 관광지 ┃ 언덕에서 보는 경치 ┃ 환상의 뷰 전망대

SIGHTSEEING

꼭 가봐야 할
간사이 핵심 관광지

첫 방문자라면 특히나 빠트릴 수 없는 간사이 필수 볼거리를 지역별로 선별했다.
유네스코 세계문화유산을 포함해 여행자에게 사랑받는 유명 관광지이니 꼭 방문해볼 것.

1 오사카성 p.268

오사카

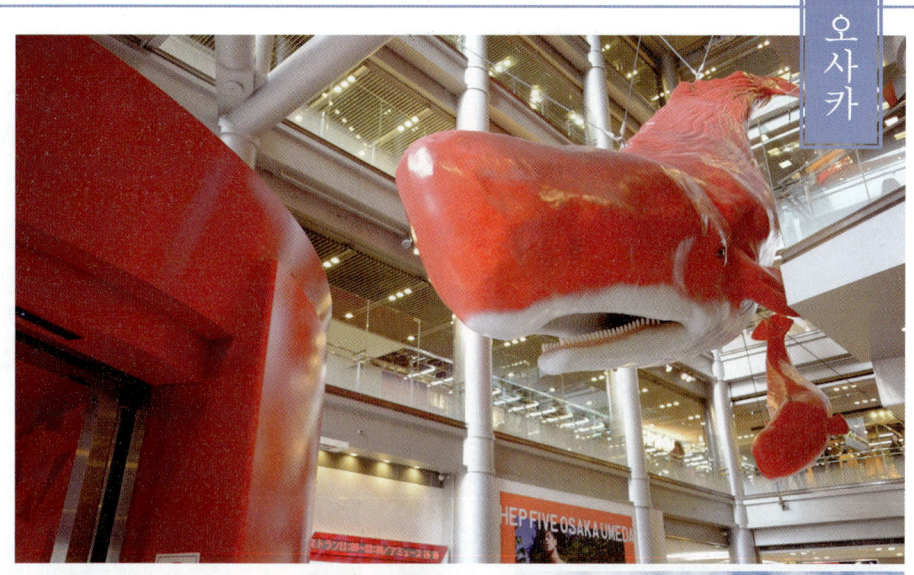

3 헵 파이브 p.232

2 난바 파크스 p.180

SIGHTSEEING

신세카이 p.283

4 신사이바시스지 상점가 p.200

6 도톤보리 p.164

교토

1 긴카쿠지 p.398

2 기요미즈데라 p.322

SIGHTSEEING

3 치쿠린 p.418

4 후시미이나리타이샤 p.443

5 산젠인 p.381

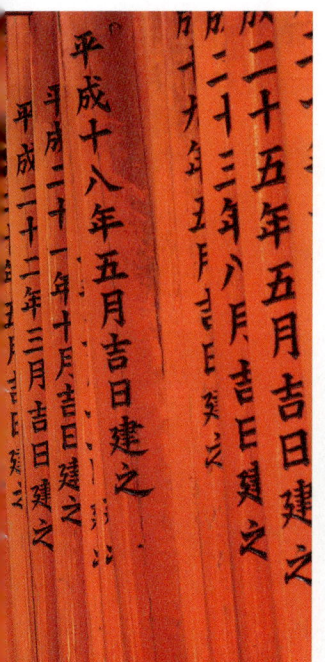

6 킨카쿠지 p.388

SIGHTSEEING

1 히메지성 p.495

고베

2 가자미도리노야카타 p.468

3 메리켄 파크 p.488

SIGHTSEEING

나라

1 고후쿠지 p.509

2 도다이지 p.511

3 나라 공원 p.508

1 오쿠노인 p.554

와카야마

2 나치산 세이간토지 p.572

029

SIGHTSEEING

여행의 중심이 되는
간사이 대표 번화가

도시마다 가장 번화한 대표 거리들이 있다. 거리 자체가 관광지화 된 곳으로, 초심자라면 이곳만 알아도 도시 분위기를 충분히 느낄 수 있다.

오사카
도톤보리
道頓堀

p.164

오사카의 상징이자 음식 문화의 메카로, 눈길을 사로잡는 거대한 간판과 네온사인으로 휘황찬란하다. 거리에는 유명 맛집을 비롯해 새벽까지 운영하는 선술집도 빼곡해 항상 사람들로 북적인다.

BEST SPOT

겐로쿠즈시 p.171
회전초밥집

치보 p.171
오코노미야키 전문점

앗치치혼포 p.176
타코야키 전문점

SIGHTSEEING

오사카
신사이바시 스지 상점가
心斎橋筋

p.200

간사이를 대표하는 가장 오래된 번화가이자 최고의 쇼핑 스트리트. 700m에 이르는 거리에는 백화점을 비롯해 유명 브랜드 상점, 캐릭터숍이 줄지어 있다.

BEST SPOT

유니클로 p.201
일본 중저가 패션 브랜드

디즈니 스토어 p.202
디즈니 공식 캐릭터숍

우지엔 p.208
녹차 전문점

교토

시조도리
四条通

p.331

오사카에 도톤보리가 있다면 교토에는 시조도리가 있다. 교토를 대표하는 최대 번화가로, 사거리를 중심으로 백화점이 밀집해 있으며 그 사이로 뻗어 나간 골목길에 개성 있는 상점들이 위치한다.

BEST SPOT

요지야 p.336
교토 코스메틱 브랜드

텐슈 p.347
튀김·텐동 전문점

카기젠요시후사 p.353
전통 찻집·화과자 전문점

033

SIGHTSEEING

일본 옛 정취 따라
고즈넉한 전통 거리

'일본'하면 떠오르는 고즈넉하고 운치 있는 전통 거리는 대부분 교토에 모여 있다.
일본 감성의 중심이자 기념품을 사기 좋은 상점으로 가득해 몇 번을 와도 또 오고 싶은 거리다.

교토

산넨자카 · 니넨자카
三年坂·二年坂

p.325

기요미즈자카에서 북쪽으로 뻗어나간 길로, 산넨자카와 니넨자카가 연결되어 있다. 바닥에 가지런히 깔린 돌과 돌계단을 따라 짧게는 몇 십 년, 길게는 수백 년의 전통을 자랑하는 상점과 식당, 요정 등이 줄지어 있다.

BEST SPOT

스타벅스 p.356
다다미방 카페

마르블랑슈 p.339
말차 쿠키 상점

분노스케차야 p.355
전통 디저트 전문점

SIGHTSEEING

교토

하나미코지
花見小路

p.330

시조도리에서 남쪽으로 난 길로 고급 요정과 찻집, 빗과 비녀를 파는 가게 등이 밀집해 있다. 낮 시간에는 관광객을 상대로 하는 기념품점과 음식점이 문을 열고, 해 질 무렵이 되면 바닥에 물을 뿌리고 깨끗이 단장한 요정과 찻집이 처마마다 등불을 밝힌다.

BEST SPOT

와비야 코레키도 p.342
오야코동 전문점

키라라 p.343
교요리 전문점

카카오 365 p.336
초콜릿 상점

나라

나라마치
奈良町

p.516

나라의 옛 모습을 간직한 아기자기하고 정취 넘치는 동네이다. 에도 시대 말기부터 메이지 시대 초기의 가옥들이 드문드문 남아 있다. 골목에 카페, 갤러리, 잡화점 등이 들어서며 하나의 커뮤니티를 형성했다.

BEST SPOT

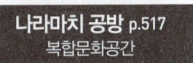
나라마치 공방 p.517
복합문화공간

시카노후네 p.521
복합문화공간

카나카나 p.518
일본 가정식 카페

037

SIGHTSEEING

분위기 즐기며 걷는
특색 있는 감성 거리

도시마다 특유의 분위기가 감도는 감성 거리가 있다.
유명 관광지와는 다르게 비교적 인파도 적고 개성도 뚜렷해 그 분위기를 즐기며 걷기 좋다.

오사카

호리에
堀江

p.209

아메리카무라에 있던 상점과 카페가 하나둘 이전하기 시작하면서 형성된 고급스러운 쇼핑가. 거리 자체의 풍경은 평범하다고 할 수 있지만, 독특한 외관과 개성 있는 상점들이 분위기를 이끈다. 세련된 편집숍과 카페를 비롯해 가구 거리로 유명한 오렌지 스트리트도 있어 둘러보는 재미가 남다르다.

BEST SPOT

비오톱 p.219
꽃집 겸 카페

테라카페 차니와 p.219
절에 있는 카페

오버라이드 p.214
모자 전문 숍

오사카
미나미센바
南船場

p.220

고급스러우면서도 개성 넘치는 쇼핑 거리. 20~30대 젊은 층을 위한 부티크, 인테리어 상점, 퓨전 레스토랑, 카페 등이 밀집해 있다. 독특한 콘셉트의 상점들이 많아 발길을 붙든다.

BEST SPOT

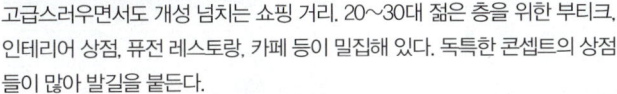

퍼블릭 키친 카페 p.224
일본 유기농 가정식 카페

나니와오므라이스 p.223
오므라이스 전문점

시아와세노팬케이크 p.225
팬케이크 전문점

SIGHTSEEING

오사카
나카자키초
中崎町

p.252

전쟁의 재해를 피한 쇼와 시대 복고풍 가옥들이 남겨진 마을이다. 현재는 가옥을 개조해 만든 카페나 잡화점, 의류점 등이 곳곳에 자리한다. 개성 있는 상점들이 숨어 있어 구석구석 걷는 재미가 있다.

BEST SPOT

우테나킷사텐 p.255
커피 전문점

모나카 커피 p.254
커피 전문점

베이커리카페 이세야 p.255
베이커리 카페

교토

폰토초
先斗町

p.330

'끝이 좁은 길'이라는 뜻을 가진 이름으로, 가모가와 강변의 좁은 길을 따라 오랜 전통의 요정과 찻집이 늘어서 있다. 교토의 자랑거리인 가이세키 요리를 선보이는 음식점이 많은데 가격대가 좀 센 편. 전통술 한잔 걸치는 이자카야나 가볍게 칵테일을 마실 수 있는 바에서 특유의 분위기를 느껴보자.

BEST SPOT

헬로 돌리 p.357
칵테일 바

슈테이 반카라 p.347
이자카야

SIGHTSEEING

교토
철학의 길
哲学の道

p.404

긴카쿠지에서 난젠지까지 이어지는 약 2km의 산책길로 인공 운하를 따라 양쪽에 심어져 있는 벚나무의 신록이 아름답다. 벚꽃이 피는 봄과 단풍이 지는 가을에 방문하면 더욱 극적인 풍광을 만날 수 있다.

---- BEST SPOT ----

요지야 카페 p.408
일본식 정원 카페

호넨인 p.405
바쿠샤단이 있는 사찰

긴카쿠지 p.398
교토 필수 볼거리

고베

기타노이진칸
北野異人館

고베 개항 당시 기타노 지역에 모여 살던 외국인들의 저택인 이진칸이 남아 있는 곳으로 24채의 저택을 일반인에게 공개하고 있다. 언덕 골목을 따라 서양식 건물이 있어 이국적인 분위기 속에서 산책을 즐길 수 있다.

BEST SPOT

가자미도리노야카타 p.466
독일인 무역상의 옛 저택

모에기노야카타 p.467
미국인 총영사의 옛 저택

스타벅스 p.471
미국인의 옛 저택

SIGHTSEEING

인생 사진 남기는 법
추억이 되는 기모노 체험

|

일본을 여행하며 조금은 특별한 추억을 남기고 싶다면 기모노 체험에 도전해보자.
오사카에서도 가능하지만, 일본 감성 가득한 교토에서라면 인생 사진 건지는 것 어렵지 않다.

오사카시립주택박물관 大阪くらしの今昔館
박물관 일부 구역에서만 30분 동안 이용할 수 있다. 저렴한 만큼 인기도
많아 오후 늦게 가면 이미 예약이 꽉 차 있는 경우가 많다.

위치 우메다 텐진바시스지 상점가 오픈 10:00~17:00 휴무 화요일, 12/29~1/2
요금 30분 500엔 홈피 konjyakukan.com

시키 四季

마이코, 사무라이 등 독특하고 비싼 플랜이 대부분이지만, 여행사 'kkday'에서 일반 기모노 렌탈을 예약하고 방문하면 저렴한 가격에 고급 기모노를 렌탈할 수 있다.

[위치] 교토 니넨자카에서 도보 2분 [오픈] 09:00~17:00 [휴무] 무휴 [요금] 기모노 렌탈 2000엔~ [홈피] www.maiko-henshin.com/ko

오카모토 岡本

합리적인 가격대에서 기모노 체험이 가능하다. 홈페이지 예약 후 방문하면 된다. 기모노 체험 외에도 무료 짐 보관 등 관광객을 대상으로 한 서비스가 잘 되어 있다.

[위치] 교토 니넨자카에서 도보 2분 [오픈] 09:00~20:00 [휴무] 무휴 [요금] 세트 코스 3000엔~ [홈피] www.okamoto-kimono.com

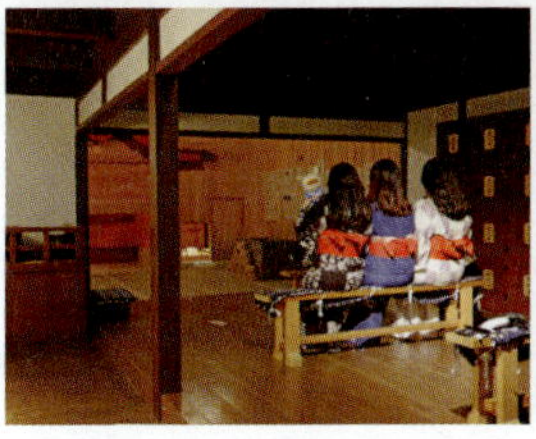

기모노 패스포트

교토에서 기모노 체험을 활성화하기 위해 만든 사업으로, 기모노를 입고 패스포트를 지참한 채 참여 관광지, 음식점, 상점 등에 방문하면 할인 또는 특전 혜택을 받을 수 있다. 패스포트는 교토역 관광안내소에 비치된 팸플릿이나 스마트폰 앱, 홈페이지에 있는 패스포트 출력물을 가지고 있으면 인정된다.

[홈피] kimono-passport.jp

SIGHTSEEING

보기만 해도 힐링되는
심쿵 동물 체험 관광지

보고만 있어도 너무 귀여워 힐링이 되는 동물들.
나라 공원을 제외하면 독특한 콘셉트가 있는 건 아니지만,
동물을 좋아하거나 아이와 함께라면 만족할 만한 동물 체험 관광지를 소개한다.

나라 공원 p.494
사슴 약 1200마리가 자유롭게 돌아다니는 광대한 부지의 공원. 공원은 수학여행 온 학생들이나 관광객으로 항상 붐빈다. 공원 입구에서 사슴 먹이인 시카센베를 파는 노점상이 줄지어 있다. 간혹 먹이를 먹기 위해 사슴이 달려들기도 하니 주의할 것.

텐노지 동물원 p.280

텐노지 공원 서쪽에 있는 동물원으로 코끼리, 사자, 침팬지 등 약 300종 1500마리의 동물이 있다. 뉴질랜드의 국조 國鳥인 키위는 이곳에서만 볼 수 있는 희귀 동물이다. 아이를 동반한 가족이라면 한 번쯤 방문해도 괜찮지만, 한국의 동물원과 비교해 특별한 점은 없다.

SIGHTSEEING

가이유칸 p.292
8층 건물의 거대 규모 수족관으로 대형 수조에는 고래상어를 비롯해 바다표범, 돌고래 등이 유유히 헤엄친다. 일반 전시와는 다르게 해양 동물을 조금 더 가까이에서 만날 수 있는 구역도 있다. 동물마다 먹이 시간이 정해져 있어, 좋아하는 동물이 있다면 해당 먹이 시간에 맞춰 방문하면 좋다.

교토 수족관

2012년에 문을 연, 일본 최초로 인공 해수만을 사용한 수족관이다. 주변에 바다가 없는 교토의 중심에 위치하며 약 250종 1만 5000마리의 해양 생물을 만날 수 있다. 규모가 큰 편은 아니지만 일반 전시 외에 돌고래 쇼와 먹이를 주는 시간도 있다.

[위치] JR 교토역 북쪽 출구에서 도보 15분 [주소] 京都市下京区観喜寺町35-1 [오픈] 10:00~18:00 [휴무] 무휴 [요금] 입장료 2050엔 [전화] 075-354-3130 [홈피] www.kyoto-aquarium.com

SIGHTSEEING

걷는 것을 좋아한다면
언덕에서 보는 경치

|

간사이 도심에는 가벼운 트레킹을 즐길 수 있는 야트막한 산도 있다.
걷는 것을 좋아한다면 이곳 또한 놓칠 수 없는 체크 스폿!
언덕이나 정상에서 보이는 멋진 시내 풍경은 값진 덤이다.

후시미이나리타이샤 p.443
술과 곡식의 신인 이나리신을 모시는 신사 뒤로, 산 정상까지 수천 개의 붉은색의 토리이가 이어지는 센본토리이가 있다. 영화 〈게이샤의 추억〉에도 나온 장소로 입구부터 기념촬영을 하는 사람들로 장사진을 이룬다. 산 정상까지 토리이가 계속돼 위로 갈수록 사람이 적어진다. 같은 풍경이 이어져 오르는 동안 다소 지루할 수 있지만 정상에 다다르기 전 멋진 경치를 감상할 수 있는 휴게소도 있다.

SIGHTSEEING

와카쿠사야마 p.515
나라 공원 동쪽에 솟아 있는 해발 342m의 야트막한 동산으로 제주 오름처럼 가볍게 오르기 좋다. 나라 공원 입구에서부터 산 입구까지 구경하며 걸어오면 되는데, 피로하다면 나라 시내를 한 바퀴 도는 100엔 순환버스(구룻토 버스ぐるっとバス)를 타자. 산 입구 바로 앞에서 내려준다. 멋진 경치를 배경으로 잔디로 덮인 언덕 위를 사슴들이 자유롭게 돌아다니는 모습을 구경하며 시간을 보내기 좋다.

비너스 브리지 p.468

고베 시가지를 한눈에 전망할 수 있는 무료 전망대이다. 나선형 다리이지만, 이곳에 오르기까지 야트막한 산을 따라 올라가야 한다. 지하철 켄초마에역에서부터 20~30분 정도 거리지만, 산길이 시작되는 스와산 내에는 작은 신사도 있어 역에서부터 여기저기 감상하며 걷다 보면 생각보다 시간이 훌쩍 지나간다. 비너스 브리지는 고베 야경 스폿으로 유명하지만 걸어간다면 되도록 해가 지기 전에 다녀오는 것이 좋다.

SIGHTSEEING

밤에 더욱 화려한
환상의 뷰 전망대

도심에 위치한 전망대나 타워, 관람차는 도시의 상징적인 역할과 함께 멋진 전경을 선사한다. 낮에도 예쁘지만, 불을 밝히는 밤에는 더욱 화려한 뷰를 감상할 수 있어 도시 여행의 큰 즐거움이 된다.

고층 전망대

오사카에는 거대한 높이를 자랑하는 양대 산맥의 전망대가 있다. 우메다 스카이빌딩은 오랫동안 오사카의 전망대를 대표하고 있는 만큼, 여러 패스에 전망대 입장료 무료 또는 할인 특전이 포함된 경우가 많다. 하지만 전망대 높이가 가장 중요하다면 아베노하루카스가 훨씬 더 우위에 있다.

BEST SPOT

1. 우메다 스카이빌딩(공중정원) p.230
높이 173m
오픈 09:30~22:30
요금 1000엔

2. 아베노하루카스(하루카스300) p.281
높이 300m
오픈 09:00~22:00
요금 1500엔

SIGHTSEEING

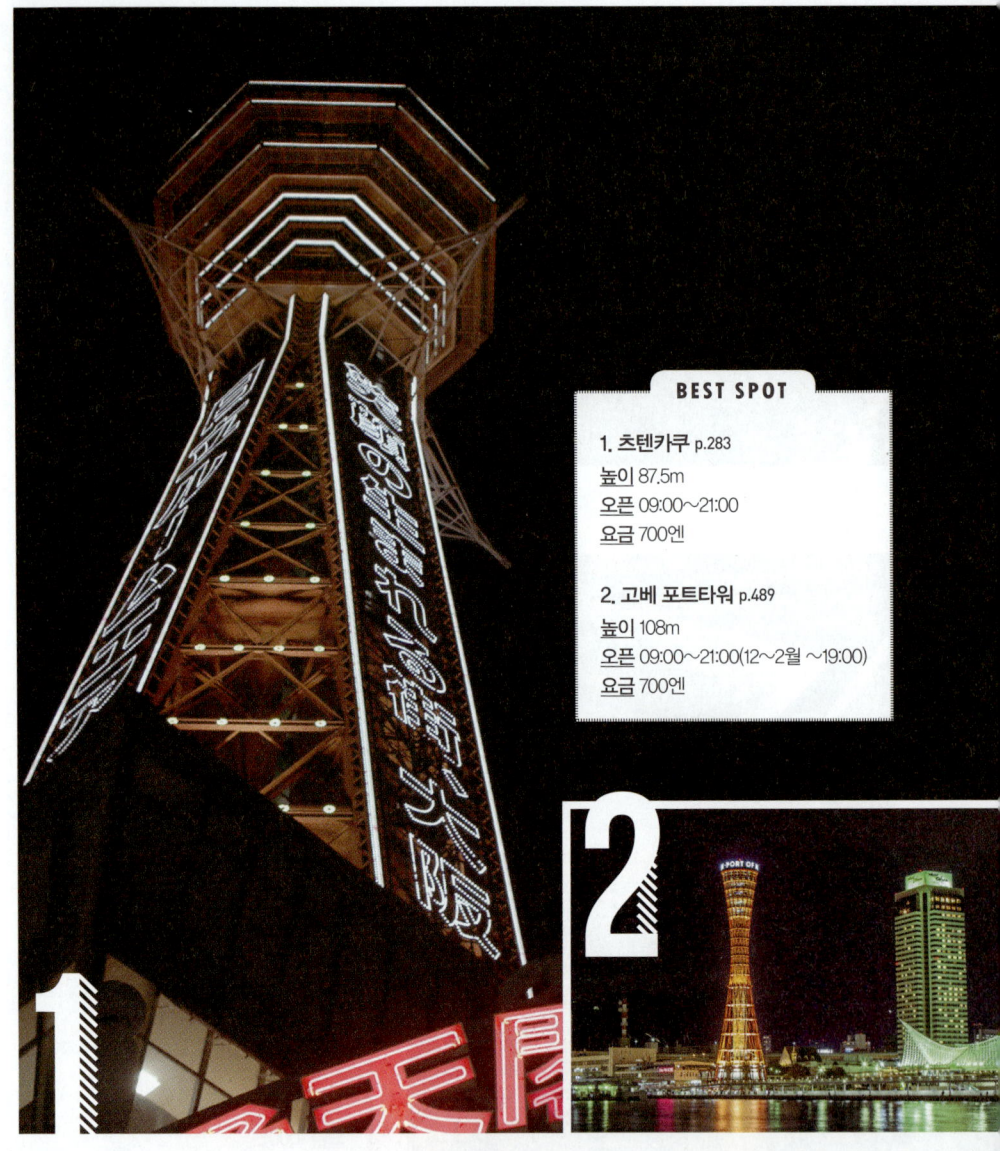

BEST SPOT

1. 츠텐카쿠 p.283
높이 87.5m
오픈 09:00~21:00
요금 700엔

2. 고베 포트타워 p.489
높이 108m
오픈 09:00~21:00(12~2월 ~19:00)
요금 700엔

라이트업 타워

대표 랜드마크로서 존재감을 뽐내는 타워이지만, 높이로 승부하는 전망대의 기능보다는 저녁에 라이트업 된 모습 자체가 명소로서 사랑받는다. 그래서 입장료를 내고 내부의 전망대에 들어가기보다는 밖에서 기념 촬영하는 사람이 더 많다. 다만 고베 포트타워 내부는 전망대의 기능뿐이지만, 오사카 츠텐카쿠는 내부에 즐길거리도 있어 한 번쯤 방문해도 좋다.

전망 관람차

전망대는 물론이고 어트랙션의 기능도 가진 관람차는 느릿느릿 움직이는 차체 속에서 여유롭게 전망을 즐기기 좋다. 오사카의 덴포잔 대관람차가 가장 거대하지만, 헵 파이브 관람차는 빌딩 위에 있어 크기에 비해 높은 전망을 자랑한다. 돈키호테의 에비스 타워는 도톤보리에 위치해 방문하기 좋고, 우미에 & 모자이크 옆 관람차는 크기는 작지만 고베의 야경 명소 하버랜드에 위치해 밤이 되면 멋진 경관을 보여준다.

BEST SPOT

1. 돈키호테(에비스 타워) p.168
높이 77.4m
오픈 11:00~23:00
요금 600엔

2. 헵 파이브(관람차) p.232
높이 106m
오픈 11:00~22:45
요금 500엔

3. 덴포잔 대관람차 p.292
높이 112.5m
오픈 10:00~22:00
요금 800엔

4. 우미에 & 모자이크(관람차) p.490
높이 50m
오픈 10:00~22:00
요금 800엔

EATING 음식

스시 | 라멘 | 우동 | 소바 | 돈부리 | 장어덮밥 | 야키니쿠 | 스테이크 | 스테이크덮밥 | 돈까스 | 쿠시카츠 | 오므라이스 | 카레 | 오코노미야키 | 타코야키 | 교요리 | 케이크 | 팬케이크 | 디저트 | 카페에서 먹는 아침 | 역사 깊은 찻집·떡집 | 인생 커피 만나는 카페 | 전통 정원 품은 카페 | 운치 있는 강변 카페 | 스타벅스 콘셉트 스토어 | 일본 편의점 간식 | 일본식 패스트푸드 체인점

EATING

이 정도 알면 나도 초밥왕
스시 100배 즐기기

오사카에 왔다면 스시만큼은 꼭 먹방 리스트에 포함시킬 것.
아는 만큼 맛있게 먹을 수 있는 스시에 대한 모든 것을 알아본다.

흰살 생선 시로미

복어
ふぐ 후구

우럭
くろそい 쿠로소이

잿방어
かんぱち 칸파치

광어
ひらめ 히라메

참돔
マダイ 마다이

도미
たい 타이

농어
すずき 스즈키

가자미
カレイ 카레이

소소한 스시 상식

❶ 젓가락·손가락 중 선택
스시 좀 먹어본 사람들은 고급 스시집에 가면 손으로 먹어야 한다고 주장하는데, 정석은 없다. 손으로 먹으면 스시도 흐트러지지 않아 좋지만, 위생을 생각해서 젓가락으로 먹어도 전혀 문제없다.

❷ 간장은 조금씩 덜어서
스시에 간장을 듬뿍 묻혀서 먹는 사람들이 있는데, 이는 올바른 방법이 아니다. 생선 본연의 맛을 간장의 강한 맛이 지워버리기 때문. 그래서 접시에는 간장을 아주 조금만 담고 계속 추가하는 것이 좋다.

❸ 간장·와사비는 생선에
밥 부분을 간장에 찍으면 밥알에 간장 맛이 많이 배어 생선 고유의 맛을 버릴 수 있다. 와사비도 알싸한 고유의 맛을 느끼려면 간장에 풀지 말고 생선에 살짝 올릴 것.

붉은살 생선 아카미

참치
まぐろ 마구로

날개다랑어
ビントロ 빈토로

연어
サーモン 사몬

방어
ぶり 부리

참치 중뱃살
中トロ 츄토로

참치 대뱃살
大トロ 오토로

송어
ます 마스

가다랑어
かつお 카츠오

스시 용어

- **스시 밥** シャリ 샤리
- **스시 재료** ねた 네타
- **생강** ガリ 가리
- **간장** むらさき 무라사키
- **와사비** なみだ 나미다
- **달걀말이** ぎょく 교쿠
- **직화구이** あぶり 아부리
- **지느러미살** えんがわ 엔가와
- **카운터석** たち 타치

❹ 스시 맛있게 먹는 순서
도미나 광어처럼 담백한 흰살 생선에서 시작, 참치나 장어구이처럼 맛이 진한 생선의 차례로 먹고 마지막에 군함말이로 정리하면 재료의 풍미를 잘 느낄 수 있다.

❺ 중간중간 입가심
소스가 있거나 구워서 맛이 진한 스시를 먹고 바로 다른 스시를 먹으면 맛을 제대로 느끼기 힘들다. 그럴 때 생강이나 녹차로 입가심을 하면 다음 스시를 더욱 맛있게 먹을 수 있다.

❻ 주방장 특선 '오마카세'
스시 메뉴의 꽃은 생선의 선도, 제철, 조화를 고려해서 스시를 가장 잘 아는 주방장이 차례대로 만들어 주는 오마카세 메뉴다. 보통 왼쪽에 있는 것부터 차례대로 먹으면 된다.

EATING

등푸른 생선 히카리모노

전갱이
あじ 아지

정어리
いわし 이와시

전어
コノシロ 코노시로

고등어
さば 사바

군함말이

참치&파
ねぎとろ 네기토로

성게
うに 우니

연어알
いくら 이쿠라

멸치
しらす 시라스

간사이 스시 맛집

겐로쿠즈시 p.171
元禄寿司
일본 최초의 회전초밥집. 맥주 공장의 컨베이어 벨트에 착안해 회전초밥을 개발했다. 간사이 지방에만 10개의 점포를 운영한다. 모든 접시가 135엔으로 가격 대비 횟감의 상태도 좋은 편.

카메스시 p.248
亀すし
먹어본 이들이 인생 초밥으로 꼽는 오사카 우메다의 맛집. 가격대는 270~670엔 정도로, 도미, 참치, 단새우, 성게알, 달걀말이 등이 인기다. 기본적으로 회가 두툼한 편이라 씹는 즐거움이 있다.

사카에스시 p.206
さかえすし
100엔대 초밥으로 유명한 가성비 좋은 오사카 초밥집. 가격대는 100~350엔으로 저렴한 편이고, 초밥 종류도 다양하다. 재료가 신선하고 회도 적당한 두께라 먹기에 딱 좋다.

기타

가리비
ほたて 호타테

새우
えび 에비

문어
たこ 타코

오징어
いか 이카

전복
あわび 아와비

장어
うなぎ 우나기

유부
いなり 이나리

달걀말이
玉子焼き 타마고야키

우오신 p.249
魚心
손바닥만 한 엄청난 크기로 유명한 오사카 초밥 전문점. 붕장어 한 마리가 통째로 올라간 초밥이 인기이다. 몇몇 100엔대 초밥을 제외하고 접시당 400~1400엔대로, 크고 맛있는 만큼 약간 비싼 편.

하루코마 p.254
春駒
싸고 맛있는 초밥집이 많은 오사카 텐진바시스지 상점가에서 가장 인기 있는 집. 접시당 100~400엔대로 가성비가 좋아 식사 시간에는 줄이 길게 늘어선다. 바로 근처에 분점이 있다.

아우무 p.344
AWOMB
테오리즈시 手織り寿し를 선보이는 교토에서 핫한 레스토랑. '여러 가지를 짜 맞추어 만들다'라는 의미를 콘셉트로 해 아름다운 초밥 요리를 내온다. 교토다운 담백한 맛이 특징이다.

EATING

인기 절정의 핫한
라멘 ラーメン

일본인이 좋아하는 3대 음식으로 꼽히는 라멘.
면과 육수, 고명의 변주가 라멘 맛을 결정한다.
전통 강자인 돈코츠라멘의 아성에 도전하는 인기 절정의 핫한 라멘들.

토리소바 자긴 p.222
鶏Soba 座銀

깔끔한 맛의 닭 육수 라멘의 인기가 범상치 않다. 죽순절임인 멘마를 기다란 고명으로 올려 비주얼도 화려하다. 얇게 썬 레어 차슈와 수비드로 조리한 닭고기 고명도 매우 촉촉하고 부드럽다.

멘야 죠로쿠 p.189
麵屋丈六

각종 라멘 대회에서 수상한 손꼽히는 라멘 맛집. 일본 전국권 일품으로 평가받는 와카야마 라멘의 중화소바를 선보인다. 닭 육수 베이스의 쇼유라멘으로 국물 맛이 매우 깔끔하다. 고등어누름초밥인 하야즈시 무寿司를 함께 곁들여 먹는다.

킨구에몬 p.175
金久右衛門

요사이 최고의 인기를 구가하는 쇼유라멘집. 담백한 맛부터 진한 맛까지 다양한 간장 베이스 라멘을 선보인다. 시그니처 메뉴인 오사카블랙 大阪ブラック은 이름처럼 까만 국물이 인상적이다.

✓ 여기도 있어요!

1 이치란 p.249　一蘭　〈돈코츠 라멘〉

2 킨류라멘 p.178　金龍ラーメン　〈돈코츠 라멘〉

3 카무쿠라 p.174　神座　〈쇼유 라멘〉

내공 백단의 특별한
우동 うどん

오동통한 면발과 내공 백단 육수의 합! 우동이 맛있는 일본이기에 그 자체로 기대감이 증폭된다.
면발을 국물에 찍어 먹는 츠케멘, 뭉근하게 끓인 카레우동,
달달한 유부를 얹은 키츠네우동 등 그냥 후루룩 먹어치우기엔 아까운 일품 우동들.

도톤보리 이마이 p.169
道頓堀今井

1946년 창업한 오사카의 노포 우동집. 명성에 걸맞은 깊은 국물 맛을 자랑한다. 구마모토산 가다랑어를 우린 육수에 달달한 유부를 얹은 키츠네우동 きつねうどん이 시그니처 메뉴.

츠루톤탄 p.170
つるとんたん

일명 '세숫대야 우동'으로 유명세를 떨치고 있는 오사카 우동집. 엄청나게 큰 그릇에 담긴 우동을 국자만큼이나 큼직한 숟가락에 올려 먹는다. 키츠네우동, 덴푸라우동 같은 기본 메뉴는 물론 퓨전 스타일의 명란크림우동인 멘타이코크리무노오우동 明太子クリームのおうどん도 인기.

키츠네 우동

명란크림 우동

카레우동

히노데우동 p.407
日の出うどん

교토에서 이름난 카레우동 맛집. 카레를 베이스로 고기, 파, 유부가 들어간 토쿠카레우동 特カレーうどん, 고기만 들어간 니쿠이리카레우동 肉入カレーうどん이 인기다. 오래 끓인 일본 가정식 카레처럼 따스하고 부드러운 맛이 난다.

✓ 여기도 있어요!

1 오멘 p.345
おめん — 츠케멘

2 야마모토멘조 p.407
山元麺蔵 — 자루우동

3 우사미테이 마츠바야 p.222
うさみ亭マツバヤ — 키츠네우동

EATING

뜨겁거나 혹은 차갑거나
소바 そば

소바는 원래 메밀을 뜻하는 말로 메밀 수제비 등과 구분하려면 소바키리 そば切り라 부르는 게 정석. 흔히 대나무 발 위에 메밀 면을 얹어놓고 간장 소스에 찍어 먹는 냉소바를 떠올리지만, 뜨겁게 우린 육수에 말아 먹는 온소바도 맛있다.

니신 소바

혼케 오와리야 p.368
本家尾張屋
무려 550년의 전통이 15대에 걸쳐 계승되고 있는 교토의 대표 소바집. '5단 소바'라 불리는 호라이소바 宝来そば가 시그니처 메뉴로, 층층이 판에 쌓아 올린 소바에 달걀지단, 새우튀김, 김, 표고버섯, 파, 무 등의 7가지 토핑을 얹어 먹는다.

나니와오키나 p.257
なにわ翁
청어 한 마리를 통째로 올린 니신소바 にしんそば가 유명한 오사카의 미슐랭 원스타 소바집. 달달하고 부드러운 청어 살과 따끈하고 짭짤한 국물이 조화롭다. 진한 오리 육수에 소바 면을 찍어 먹는 카모자루소바 鴨ざるそば도 맛있다.

5단 냉소바

니신 소바

마츠바 p.341
松葉
1861년에 오픈한 교토의 유서 깊은 소바 전문점. 니신소바가 시그니처 메뉴로 홋카이도산 청어가 통째로 들어간 비주얼부터 인상적이다. 간장과 설탕, 술에 숙성시킨 꼬들꼬들한 청어를 풀어서 먹을수록 국물 맛이 깊어진다.

소바 덴푸라 세트

수타 자루소바

아라시야마 요시무라 p.425
嵐山よしむら
일본산 메밀을 맷돌로 정성스럽게 갈아 매일 장인의 손으로 만드는 수타 소바로 유명하다. 산나물, 마즙을 넣은 미니 소바, 츠유에 찍어 먹는 자루소바, 텐동을 함께 먹는 도게츠젠 渡月膳이 최고의 인기 메뉴.

푸짐한 한 그릇
돈부리 丼

밥 위에 여러 재료를 얹어서 먹는 일본식 덮밥.
돈부리를 줄여 '동'이라 부르기도 한다. 우리나라의 비빔밥, 혹은 덮밥과 비교되곤 하는데
돈부리는 재료와 밥을 완전히 비벼 먹지 않는 게 정석이다.

마구로동

돌솥 오야코동

오야코동

엔도 p.348
エンドウ

한국인 입맛에도 잘 맞는 매콤한 소스가 매력인 마구로동집. 기본적으로 일본의 돈부리는 간장 양념을 베이스로 하는데, 특이하게도 이곳의 마구로동은 고춧가루, 참깨, 파, 김 등을 더한 매콤한 소스를 뿌려준다.

와비야 코레키도 p.342
侘家古暦堂

교토 하나미코지도리의 오야코동 맛집. 런치 메뉴인 돌솥 오야코동이 단연 인기인데, 깨끗한 전용 양계장에서 기른 닭과 신선한 달걀을 사용하는 게 비결이다. 뜨거운 돌솥밥을 끝까지 호호 불어 먹는 재미가 남다르다.

히사고 p.348
ひさご

교토 야사카진자 부근의 돈부리 전문점. 70년 동안 사랑받은 간판 메뉴 오야코동은 닭고기와 달걀을 듬뿍 얹은 촉촉하고 담백한 맛이 일품이다. 지역 토종닭과 달걀로 부드럽고 고소한 맛을 낸다.

텐동

텐동

텐슈 p.347
天周

뜨끈하고 바삭한 튀김으로 유명한 교토 맛집. 시그니처 런치 메뉴는 붕장어 세 마리를 통으로 올린 아나고텐동 穴子天丼이다. 커다란 새우 두 마리를 올린 오에비텐동 大海老天丼도 맛있다.

이치미젠 p.191
一味禅

〈식신로드〉에 방영된 텐동 전문점. 붕장어 한 마리를 통째로 튀겨서 놀랄 만큼 큰 대접에 푸지게 담아준다. 인기 메뉴는 에비아나고텐동 海老穴子天丼인데, 덮밥 위의 튀김 조합이 다양하니 원하는 구성으로 주문하면 된다.

EATING

압도적 존재감
장어덮밥 うなぎ丼

우나기동 うなぎ丼이라 부르는 장어덮밥은 메인 재료인 장어의 존재감이 압도적이다.
윤기와 식감, 밥과의 조화가 남다른 최고의 장어덮밥 맛집을 찾아보자.

우나기야 히로카와 p.425
うなぎ屋廣川

일본산 장어만을 고집하는 교토 아라시야마의 고급 장어 요리 전문점. 그날그날 어느 지역에서 잡은 것인지를 가게 앞에 써 붙여 놓을 정도로 재료에 신경 쓴다. 밥 위에 장어 한 마리를 올린 조우나쥬 上うな重, 4분의 3을 올린 우나쥬 うな重 중에 원하는 장어 양에 맞춰 고르면 된다. 부드러운 밥알에 숯향이 밴 장어가 올라가 감칠맛 난다.

카네요 p.346
かねよ

다이쇼 시대 말기에 개업해 100년이 넘는 세월 동안 한자리를 고수해온 교토의 장어 요리 전문점. 대표 메뉴인 킨시동 きんし丼은 밥 위에 큰 달걀부침을 얹어주는데, 달걀과 밥, 장어를 한입에 먹었을 때 가장 맛이 좋다. 런치 메뉴인 카네요동 かねよ丼도 있다.

카네쇼 p.345
かね正

카네요와 함께 교토 장어덮밥의 양대 산맥으로 꼽히는 150년 전통의 맛집. 간판 메뉴는 국수처럼 얇게 채 썬 달걀지단을 덮어주는 킨시동 きんし丼이다. 겉은 바삭하지만 속은 촉촉한 장어와 부드러운 달걀이 기막힌 조화를 이룬다.

후쿠노야 p.258
ふくのや

주문 후 바로 숯불에 장어를 구워 달걀말이와 함께 올리는 우나타마동 うなたま丼이 대표 메뉴인 오사카 장어 전문점. 담백한 장어 살과 달걀찜만큼이나 보드라운 달걀말이가 굉장히 잘 어울려 한 그릇이 금방 사라진다. 본래 음식 가격대가 높은 곳인데, 점심 때 제공하는 장어 메뉴가 합리적인 편이다.

일본식 고깃집
야키니쿠 やきにく

일본식 고기구이 요리를 '야키니쿠'라 통칭한다. 한국식 숯불구이와 비교되곤 하는데, 야키니쿠는 고기를 미리 한입 크기로 잘라놓는 것과 고기 따로, 양념 따로 숙성해 나가기 직전 양념에 버무리는 것이 다르다. 익숙하면서도 새로운 맛 때문에 한국인들이 유독 좋아한다.

타카라 p.188
宝

입에서 살살 녹는 고기를 맛볼 수 있는 오사카 야키니쿠 전문점. 가격대가 있는 만큼 최상급 소고기를 제공한다. 한국인에게 유독 인기 있어 한국어가 가능한 직원이 있다.

코이로리 p.189
こいろり

연탄불에 구워 먹는 오사카 야키니쿠 전문점. 다른 야키니쿠 전문점에 비해 세트 종류가 많고 구성도 좋아 합리적인 가격으로 야키니쿠를 맛볼 수 있다. 한국어 메뉴판이 잘 되어 있다.

야키니쿠 마루 p.206
焼肉マル

신선한 곱창과 질 좋은 고기를 구워 먹을 수 있는 오사카 야키니쿠 맛집. 한국인 관광객에게도, 현지인에게도 인기 있는 맛집이라 저녁에는 대기가 필수다. 매콤달콤 고소한 맛의 특제 소스가 한국인 입맛에도 잘 맞는다.

EATING

최상급 소고기의 품격
스테이크 ステーキ

맛있는 스테이크는 일단 좋은 고기여야 한다.
특정 지역에서만 자란 토종 육우를 고집하거나, 매일 약속된 양만큼만
신선한 상태로 제공하는 등 질 좋은 고기를 사수하기 위한 노력이 눈부시다.

고베규 스테이크

스테이크랜드 p.469
ステーキランド

가성비 최고의 고베규 맛집. 마블링이 고르고 육질도 부드러운 고베규는 고베 지역에서 기른 일본 토종 육우다. 고베규 스테이크 런치 神戸牛ステーキランチ 메뉴로 합리적인 가격에 맛보자.

백식당 p.341
佰食屋

하루 100명 한정 스테이크를 선보여 폭발적 호응을 얻고 있는 교토의 맛집. 가와라마치점에서 맛볼 수 있는 주사위 스테이크 정식 サイコロステーキ定食은 뜨거운 1인용 불판에 두툼한 스테이크가 지글거리며 담겨 나온다.

주사위 스테이크

함박 스테이크

동양정 p.436
東洋亭

1897년부터 역사가 시작된 함박스테이크 명가. 교토 기타야마에 본점이 있고, 교토역 앞 포르타 다이닝과 오사카 한큐백화점에 지점이 있다. 런치 메뉴로 뜨거운 철판 위의 함박스테이크와 토마토샐러드, 밥이나 빵을 함께 맛볼 수 있다.

✓ 여기도 있어요!

1. 부도테이 p.246 — ぶどう亭 — 함박 스테이크
2. 스테이크하우스 미디움레어 p.492 — Steak House Medium Rare — 고베규 스테이크
3. 키친파파 p.369 — キッチンパパ — 함박 스테이크

든든함까지 더했다
스테이크덮밥 ステーキ丼

하얀 쌀밥 위에 산처럼 쌓인 푸짐한 스테이크!
요사이 SNS에서 스테이크덮밥이 유독 핫한 이유는 비단 한 가지만이 아니다.
든든함은 기본, 비주얼 화려하고 가격까지 합리적이니 마다할 이유가 없다.

고기극장 p.172
肉劇場

숯불에 굽는 고기 냄새로 식욕을 자극하는 스테이크 덮밥집. 최고 인기 메뉴인 대극장동 大劇場丼은 닭고기, 돼지고기, 갈비, 스테이크가 모두 들어가 더욱 푸짐하다.

대극장동

로스트 비프동

레드락 p.216
RedRock

고기가 수북이 쌓인 로스트비프동 ローストビーフ丼이 시그니처 메뉴로 비주얼 또한 압도적. 레어로 익힌 소고기와 달걀노른자, 요구르트 소스를 곁들여 먹으면 부들부들 고소한 맛이 일품이다.

스테이크 쥬

와규 하라미

혼미야케 p.239
本みやけ

1902년 창업한 소고기 요리 전문점. 식사 시간대에 항상 줄이 늘어서는 맛집이다. 한국인에게 가장 인기 있는 스테이크쥬 ステーキ重는 밥 위에 미디엄으로 구워진 스테이크와 특제 소스가 곁들여진다.

다이닝 아지토 p.190
DINING あじと

전국에서 온 엄선된 식재료를 들여와 맛있는 요리를 만들어 내는 레스토랑. 그중 런치의 스테이크덮밥이 유명하다. 하라미 炭焼き炙り肉重는 한정 수량만 판매하니 업그레이드 버전인 와규서로인 特選和牛サーロイン炭焼き炙り肉重을 추천한다.

EATING

비법으로 승부한다
돈까스 豚カツ

서양의 포크 커틀릿이 일본에 들어오며 입맛에 맞게 정착한 것이 바로 돈까스. 유명한 가게는 역시 독자적인 비법의 소스와 조리법으로 승부한다. 소고기를 튀긴 규카츠도 함께 소개한다.

키무카츠 p.175
キムカツ

'고기의 밀푀유'라고도 불리는 신기한 돈까스를 내주는 오사카 맛집. 돼지 등심을 매우 얇게 저며 25겹으로 돈까스를 만드는데 겉은 바삭하고 속에서는 육즙이 촉촉하게 배어 나온다.

에페 p.258
épais

두툼한 고기, 얇은 튀김옷의 고급 돈까스 정식을 비교적 저렴한 런치 메뉴로 맛볼 수 있다. 돈까스 소스가 아닌 소금에 찍어 먹는 방식이 특별한데, 돈까스 본연의 맛을 음미하기 좋다.

규카츠 모토무라 p.187
牛かつもと村

인생 규카츠를 만날 수 있는 손꼽히는 오사카의 인기 맛집. 소고기에 얇은 튀김옷을 입혀 살짝 익혀낸 규카츠는 바로 앞에 놓인 개인용 미니 불판에 올려 개인 취향에 맞게 더 구워 먹는다.

규카츠노타케루 p.191
牛カツのタケル

오사카의 대세 먹거리인 규카츠 맛집. 겉은 바삭하면서 속은 육즙 가득한 규카츠를 맛볼 수 있다. 메뉴와 함께 주는 소스 외에 카운터 앞에도 다양한 소스가 있어 하나씩 맛보는 재미가 있다.

오사카 신세카이의 명물
쿠시카츠 串カツ

오사카, 그중에서도 신세카이의 명물인 쿠시카츠는 잘게 썬 부드러운 고기를 밀가루, 달걀, 빵가루 순서대로 입혀 기름에 튀겨낸 꼬치 요리. 고기 외에도 해산물, 채소 등 다양한 재료를 사용하며, 맥주와 함께 먹으면 환상의 궁합을 자랑한다.

쿠시카츠 다루마 p.286
串カツだるま

1929년 처음으로 쿠시카츠를 선보인 오사카 신세카이의 원조집. 간사이 지역에만 12개 점포를 운영하고 있다. 얇게 저민 돼지고기를 꼬치에 껴 튀긴 원조 쿠시카츠부터 각종 해산물과 채소까지 꼬치 종류만 40여 가지에 달한다.

쿠시카츠 쟌쟌 p.288
串かつじゃんじゃ

쿠시카츠 다루마와 함께 신세카이 일대에 여러 지점을 가진 쿠시카츠 전문점. 생빵가루로 만든 튀김 반죽을 입혀 하나하나 정성스럽게 만든다. 겉은 바삭하고 속은 촉촉한 식감이 일품.

야에카츠 p.289
八重勝

현지인 사이에서 오사카 신세카이 최고의 쿠시카츠 전문점으로 꼽힌다. 줄을 서지 않고는 들어갈 수 없을 만큼 인기 있다. 쿠시카츠는 주문 후 바로 만들어주는데, 떡처럼 쭉쭉 늘어나는 반죽을 재료에 묻히는 모습이 재미있다.

텐구 p.289
てんぐ

낮에도 줄을 서는 오사카 쟌쟌요코초의 쿠시카츠 맛집. 야에카츠와 함께 현지인이 꼽는 쿠시카츠 맛집의 양대 산맥이라 할 수 있다. 소 힘줄을 일본식 된장인 미소에 푹 삶아내는 도테야키도 꼭 맛볼 것.

EATING

서양 오믈렛의 일본화
오므라이스 オムライス

오므라이스는 서양의 오믈렛이 일본에서 현지화된 음식. 간편하게 후딱 먹을 수 있는 메뉴인 것 같지만 쉽게 보기 힘든 내공과 전통을 품고 있기에 오사카 먹방 리스트에서도 빠지지 않는다. 다음은 오사카 3대 오므라이스로 꼽히는 내공 백단 맛집들.

북극성 p.216
北極星

1922년 오사카에 개업한 오므라이스의 발상지로 알려졌다. 특제 소스와 만난 오므라이스는 원조집다운 깊은 맛을 낸다. 오므라이스 위에 치킨이나 새우튀김을 얹은 메뉴는 양도, 맛도 풍성해 인기. 전 좌석이 다다미방으로 되어 있다.

메이지켄 p.207
明治軒

90년 전통의 오사카 경양식집. 오므라이스와 쿠시카츠 3개가 함께 나오는 세트 메뉴가 인기 있다. 보드라운 달걀 속에 특제 소스와 다진 소고기, 양파로 볶은 고슬고슬한 밥이 숨어 있다.

나니와오므라이스 p.223
浪花オムライス

오므라이스 전국 대회 입상 경력의 오사카 맛집. 대회 4위를 수상한 나니오므 浪花オムライス는 폭신폭신 부드러운 달걀과 진한 하이라이스 소스가 잘 어우러진다. 나니오므에 치즈를 더한 나니오므치즈 なにオムチーズ는 맛도, 비주얼도 최고인 시그니처 메뉴다.

입안에 강렬한 임팩트
카레 カレー

한 입만 먹어도 입안에 강렬한 임팩트를 남기는 카레.
무엇보다 놀라운 것은, 인도 요리가 일본 현지 입맛에 맞게 매우 다양한 형태로 진화한 것.
개성 만점, 풍미 가득한 간사이 카레 맛집 총집합!

삼림식당 p.369
森林食堂

관광객의 발길이 드문 교토의 주택가 골목에 숨어 있지만, 결국 엄청난 내공에 고개를 끄덕이게 되는 마력의 카레집. 시그니처 메뉴는 장기숙성치킨카레와 다진 고기가 씹히는 키마시금치카레를 함께 맛보는 반반 메뉴이다.

옥시모론 p.257
OXYMORON

나카노시마를 바라보며 식사하기 좋은 오사카 커리 전문점. 인기 메뉴 에스닉소보로커리 エスニックそぼろカリー는 네 가지 채소와 돼지고기 소보로, 향신료가 조합된 산뜻하고 가벼운 맛. 향신료에 약하다면 부드러운 맛이 좋은 와풍키마커리를 추천한다.

장기숙성치킨카레 + 키마시금치카레

에스닉소보로커리

송버드 커피 p.370
SONGBIRD COFFEE

일명 '새둥지카레'로 유명한 교토에서 요즘 핫한 카페. 동그란 둥지 모양 위에 반숙 달걀이 하나 얹어진 비주얼이 단순한 듯 임팩트 있다. 강한 향신료가 듬뿍 들어가 매운맛이 느껴지고 단맛도 강한 편.

새둥지카레

지유켄 p.193
自由軒

1910년에 창업한 오사카 지유켄은 밥과 카레를 혼합한 명물카레 名物カレー가 그야말로 명물. 창업자인 요시다가 고안한 메뉴로, 백반을 보온하는 설비가 없었던 당시 따끈한 카레를 제공하고 싶다는 생각에 카레와 밥을 섞어 내는 독특한 메뉴를 탄생시켰다. 날달걀을 얹어 더욱 부드러운 맛을 낸다.

명물카레

EATING

일본식 빈대떡
오코노미야키 お好み燒

밀가루 반죽에 고기, 채소 등을 넣어 철판에 굽고 가츠오부시를 뿌려 먹는 요리. 일본 전역에 원조라고 주장하는 곳이 많지만 역시 다수가 인정하는 전통 강자는 오사카다. 도톤보리를 비롯해 오사카 곳곳에 맛집도 많고, 집집마다 색다른 비법도 있으니 다양하게 즐겨보자.

미즈노 p.174
美津の

1945년 창업해 3대째 이어져 내려오는 인기 절정의 오코노미야키집. 간판 메뉴는 밀가루가 아닌, 참마를 갈아 넣어 만드는 야마이모야키 山芋燒. 가리비 관자나 돼지고기 등 재료 자체의 맛을 살리면서도 참마와 좋은 조화를 이룬다.

후쿠타로 p.188
福太郎

현지인과 관광객 모두에게 인정받는 오코노미야키 전문점. 인기 재료인 돼지고기, 오징어, 새우가 모두 들어간 트리플다마야키 トリプル玉燒를 추천한다. 돼지고기는 두툼한 삼겹살 한 줄이 통째로 들어가고, 쫄깃한 오징어와 탱글탱글 새우도 큼지막하다.

✓ 여기도 있어요!

1. **치보** p.171
千房
2. **츠루하시 후게츠** p.286
鶴橋風月
3. **키지** p.247
きじ

유카리 p.248
ゆかり

1953년에 설립해 60년 넘게 사랑받아온 오코노미야키 전문점으로 오사카에 여러 지점이 있다. 인기 메뉴는 돼지고기, 오징어, 새우, 문어가 모두 들어간 토쿠센믹스야키 特選ミックス燒. 직원이 공들여 구워준 후 소스를 뿌리고, 가츠오부시는 손님이 직접 뿌려 먹는다.

문어 품은 풀빵
타코야키 たこ燒

잘게 썬 문어를 넣은 풀빵 스타일의 간식거리. 기본 재료는 비슷하지만 가게마다 특유의 육수며 독자적인 비법 소스를 개발하므로 여러 군데서 맛보며 비교하는 재미가 있다. 특히 오사카 도톤보리에 타코야키 인기 맛집이 몰려 있다.

앗치치혼포 p.176
あっちち本舗

매일 문전성시를 이루는 손꼽히는 타코야키집. 간판에 대형 문어가 있어 도톤보리를 오가며 쉽게 찾을 수 있다. 알이 큼직한 타코야키는 바삭한 표면 안에 부드러운 반죽, 탱글탱글한 문어가 들어있다.

쿠쿠루 p.176
くくる

독특한 문어 입체 간판으로 매우 유명한 명물 타코야키집. 타코야키의 격전지 오사카 곳곳에 많은 체인점이 있는데 어디나 줄이 길게 늘어서 있다. 새콤한 생강 맛이 다소 강해 호불호가 갈릴 수 있다.

도톤보리 아카오니 p.178
道頓堀赤鬼

미슐랭 2016, 2017, 2018에 3년 연속 선정된 타코야키 전문점. 일본 미디어뿐만 아니라 한국, 중국, 대만, 홍콩 등 세계 미디어에 다수 소개되었다. 생문어만을 사용하는 반가타코야키, 폭신한 식감의 기본 타코야키도 인기.

타코야키 쥬하치방 p.177
たこ焼十八番 p.177

도톤보리 초입에 언제나 줄이 늘어서 있는 인기 타코야키집. 타코야키는 반죽에 튀김 가루와 우유를 넣어 겉은 바삭하고 속은 크리미하다. 오사카의 정통 타코야키를 느끼고 싶다면 소스마요네즈 ソースマヨネーズ를 추천.

✓ 여기도 있어요!

1 아이즈야 p.172
会津屋

2 하나다코 p.247
はなだこ

3 야마짱 p.286
やまちゃん

4 신세카이 캉캉 p.287
新世界かんかん

EATING

섬세하고 품격 있는 교토의 전통
교요리 京料理

일찍이 섬세하고 품격 높은 요리가 발달한 교토. 바다와 다소 떨어진 위치 탓에
신선한 해산물을 구하기 어려웠지만, 귀족들의 입맛을 맞추기 위해 요리법이 크게 발달하였다.
재료 본연의 맛을 중시해 강한 양념을 사용하지 않고, 플레이팅에 공을 들여 시각적인 미도 돋보인다.
정식 교요리는 다소 비싼 가격에 코스 요리로 제공되지만,
여기서는 비교적 합리적 가격에 즐기는 다소 넓은 범주의 교토 요리까지 소개한다.

이즈쥬 p.342
いづ重

교토 사바즈시 さばずし의 양대 산맥 중 한 곳. 고등어 숙성 초밥인 사바스시는 내륙에 속하는 교토에서 고등어를 맛있게 먹기 위해 고안한 음식이다. 소금에 하루 재운 고등어와 식초 향이 밴 샤리를 누름틀에 누른 후 다시마로 돌돌 말아 공기와의 접촉을 차단한다. 다시마는 먹기 전에 반드시 떼어낼 것.

사바스시

이자마 p.344
IZAMA

가장 교토다운 가정식인 오반자이로 현지인에게 호평 받는 곳. 일본 요리의 거장 칸다가와 토시로 씨가 요리 감독으로 참여했다. 조식으로 오반자이 뷔페 朝食ビュッフェ, 중식으로 오반자이 정찬 九種のおばんざい御膳, 석식으로 일본식 딤섬 세트 居様の和点心를 선보이는데, 그중 제철 식재료를 활용한 9가지 오반자이 점심 정찬이 인기가 많다.

키라라 p.343
きらら

런치 타임에 가격 대비 푸짐한 교요리를 맛볼 수 있는 교토 하나미코지의 맛집. 바삭한 튀김과 상큼한 샐러드, 다양한 츠케모노와 앙증맞은 콩알스시 등 정갈한 교요리 한 접시가 알차게 담겨 나오는 사이고젠 彩御膳의 가성비가 돋보인다.

오반자이 정찬

교요리

류노히게 p.343
龍のひげ

신선한 교토의 전통 식재료에 세련된 프렌치 스타일을 더한 독창적인 퓨전 교요리 전문점. 대표 코스인 류노히게 코스 龍のひげコース는 매달 제철 재료를 사용한 코스 요리로 구성된다. 예약이 필수인 런치 코스 ランチコース도 합리적인 가격으로 인기 있다.

퓨전 교요리 코스

류노히게 교요리 코스

1
다양한 재료로 가을의 계절감을 가득 담은 전채 요리 핫슨 八寸.

2
할로윈 시즌을 위한 특별 샐러드. 호박 무스, 흑돼지 리예트 Rillettes, 자색 고구마 카스테라의 3단 구성.

3
당일 신선한 재료를 사용하는 생선 요리 오츠쿠리 お造里. 광어와 참치를 교토다운 플레이팅으로 선보였다.

4
포르치니 버섯 소스를 곁들인 꽁치 유안야키 幽庵焼き.

5
메인 요리는 계절 채소와 부시리 찜, 카타이피 kataifi 말이 새우튀김이다. 세계 최고 품질로 인정받는 천사의 새우 天使の海老를 사용했다.

6
국물 요리인 오리 지부니 治部煮.

7
쿠로게와규(흑우) 스테이크. 미디엄 레어로 구워져 고기 본연의 맛을 느낄 수 있다.

8
코스의 엔딩을 장식하는 우지 宇治 녹차 풍미의 연어·연어알 가마솥밥.

9
디저트는 가을 밤을 사용한 몽블랑.

EATING

눈으로 먼저 먹는
케이크 ケーキ

비주얼 화려하고 종류도 다양해 보는 것만으로 큰 만족감을 주는 케이크.
간사이 지역에는 유독 맛있는 케이크 전문점이 많다. 최고의 케이크 챔피언은 어디일까?

A 초콜릿 케이크
B 치즈 케이크
C 티라미수

A 라베누 p.470
L'AVENUE

월드 초콜릿 마스터즈에서 우승을 차지한 셰프가 운영하는 고베 케이크 전문점. 역시 초콜릿 케이크의 종류가 다양한데, 인기 최고의 모드나 바빌론을 추천한다. 진한 쇼콜라 시트 위에 모카초코크림이, 안에는 달달한 유자청이 들어간다.

B 카페 케시퍼 p.472
CAFE KESHiPEARL

스위츠가 맛있는 고베에서 유독 치즈케이크로 이름난 곳. 네 가지 치즈가 들어가 더욱 풍성한 맛을 내는 더 치즈케이크 ザ・チーズケーキ가 맛있고, 날마다 다른 종류의 치즈케이크를 준비한다. 카페 내부는 매우 조용한 분위기.

C 카시 체카 p.410
菓子チェカ

아담한 교토의 카페인데, 도넛 모양의 티라미수가 입소문을 타고 있다. 체카티라미수 チェカティラミス는 흔히 알고 있는 '크림 듬뿍' 티라미수가 아닌, 카카오 케이크 위에 크림치즈, 화이트초콜릿, 커피 시럽이 단계별로 얹어진 매우 단단한 맛.

D 에크추아 p.273
Ek Chuahs
오사카의 유명 초콜릿 브랜드로 초콜릿 판매와 카페를 겸하고 있다. 매우 진한 초콜릿이 들어간 케이크는 단맛이 강하지 않아 초콜릿 고유의 맛을 즐기기에 좋다.

E 파티세리 몽셰르 p.237
Patisserie Mon Cher
수많은 언론에서 오사카 최고의 디저트로 평가한 케이크 전문점. 최고의 인기 메뉴는 부드러운 빵 속에 풍성한 생크림이 들어간 도지마롤 堂島ロール로 우유의 고소한 맛이 돋보인다.

F 그랑바니유 p.373
grains de vanille
전국권 스위츠 명가로 꼽히는 교토의 케이크 전문점. 매우 다양한 종류의 쇼트케이크가 고루 사랑받는다. 원하는 케이크를 고르면 트레이에 담아주는데, 매장에서 먹고 가거나 포장해갈 수 있다.

G 로쿠세이 사테이 p.411
六盛スフレ·カフェコーナー茶庭
교토의 수플레 카페. 수플레 soufflé는 달걀흰자 거품을 넣은 반죽을 오븐에서 부풀려 구워낸 프랑스 디저트. 수플레 가운데에 구멍을 뚫어 커스터드 크림을 부어 먹으면, 입 안 가득 고소함과 촉촉함이 행복감을 준다.

H 하브스 p.182
HARBS
신선한 제철 과일을 사용한 수제 케이크로 엄청난 인기를 누리고 있다. 베스트셀러는 6겹의 크레이프 반죽과 신선한 제철 과일, 그리고 촉촉한 생크림이 조화를 이루는 밀크레이프 ミルクレープ이다. 오사카에만 7개의 지점이 있다.

EATING

일본인들의 각별한 사랑
팬케이크 パンケーキ

누가, 그리고 어떤 문화권에서 처음으로 만들었는지 정확한 기록이 없을 만큼 세계인들이 오래도록 즐겨 먹고 있는 팬케이크. 그러나 일본인들의 팬케이크 사랑은 유독 각별하다. 버터·시럽을 올리는 베이직한 팬케이크는 물론, 독특한 재료를 곁들이는 다양한 팬케이크가 생겨난 이유다.

마르블랑슈 p.435
MALEBRANCHE

우지산 말차 쿠키를 만드는 제과 브랜드인 마르블랑슈가 운영하는 카페로, 교토역 이세탄백화점에 위치한 이 지점은 특별히 팬케이크가 유명하다. 크림소스가 듬뿍 뿌려진 베리팬케이크, 몽블랑펜케이크, 바나나팬케이크를 맛볼 수 있다.

베리 팬케이크

버터밀크 팬케이크

모그 p.195
mog

버터밀크를 사용한 폭신하고 부드러운 팬케이크로 오사카에서 인기를 끌고 있다. 클래식 버터밀크 팬케이크 위에 아이스크림과 생크림을 얹은 스페셜 팬케이크는 부드러우면서 깊은 단맛이 매력.

카페 라인벡 p.371
Cafe Rhinebeck

유명 파티시에가 교토에 개점한 팬케이크 하우스. 주문 즉시 한 장 한 장 정성스럽게 구워져 나오는 팬케이크는 따뜻하고 부드럽다. 소시지와 콘을 곁들인 팬케이크는 모닝 메뉴로 맛볼 수 있다.

소시지 & 콘 팬케이크

우메조노 카페&갤러리 p.352
うめぞのCAFE&GALLERY

교토의 오래된 전통 디저트 가게 우메조노 梅園에서 운영하는 자매점으로 말차 핫케이크 抹茶ホットケーキ가 인기 메뉴. 우지 말차의 풍미 가득한 팬케이크 위에 수제 팥소와 흑설탕 시럽을 첨가한 버터가 올라가 있다.

말차 핫케이크

시아와세노 팬케이크

프리미엄 팬케이크

시아와세노팬케이크 p.225
幸せのパンケーキ

두툼하고 폭신폭신한 팬케이크로 인기몰이 중인 오사카의 팬케이크 전문점. 가게 이름과 같은 메뉴인 시아와세노팬케이크는 만드는 시간은 조금 걸리지만 나이프를 사용할 새도 없이 눈 깜짝할 새에 사라져버린다.

그램 p.217
gram

오사카를 강타한 엄청난 두께의 프리미엄 팬케이크의 주인공. 지금은 오사카를 넘어 일본 전역으로 지점이 확대되었다. 매우 폭신하고 부드러운 프리미엄 팬케이크는 워낙 만드는 시간이 오래 걸려 하루 3번, 각 20개 한정으로 판매한다.

EATING

먹방 여행의 끝
디저트 천국 간사이

매우 개성 있거나 인기가 엄청나거나 무엇보다 맛있어서 깜짝 놀란 디저트를 추렸다.
우유와 치즈, 녹차와 팥을 사랑한 간사이 사람들이 인정한 베스트 디저트.
이미 배가 두둑해도 위가 끝도 없이 늘어나는 마법은 너무 맛있기에 가능하다.

치즈 타르트

전통 디저트

파블로 p.208
PABLO
인기 절정의 오사카 치즈타르트 가게. 간판 메뉴인 야키타테 치즈타르트 焼きたてチーズタルト는 굽는 정도에 따라 푸딩 같이 몽글몽글하거나 혹은 단단한 식감으로 고를 수 있다. 무엇을 선택하든 매우 진하고 고소하다. 아이스크림을 곁들이는 세트 메뉴도 맛있다.

키미야 p.411
喜み家
교토의 전통 디저트 전문점. 탱글한 한천과 검은 꿀, 시원한 아이스크림이 조화를 이루는 크림앙미츠 クリームあんみつ와 빨간 완두콩에 채소 우린 국물을 동결 건조한 한천이 어우러진 마메칸 まめかん이 인기 메뉴.

녹차 초콜릿 퐁듀

쥬반셀 p.354
ジュヴァンセル
녹차초콜릿 퐁듀로 여성 취향을 제대로 저격한 교토 기온의 카페. 자기로 된 찬합에 담겨 나오는 기온 퐁듀 祇園フォンデュ는 딸기, 바나나, 귤, 젤리, 고구마, 당고 등의 재료를 달콤 쌉싸래한 녹차초콜릿에 찍어 먹는 메뉴. 남은 녹차초콜릿은 우유를 부어 녹차라테로 마신다.

홉슈크림 p.194
ほっぷしゅーくりーむ

빵과 크림 모두 매장에서 직접 만드는 오사카 슈크림 전문점. 바삭하게 구워낸 빵 속에 크림이 꽉 차 있다. 베이직한 커스터드 カスタード 외에 벨지안쇼콜라 ベルジャンショコラ, 말차 抹茶 등이 있다. 여름엔 홉슈아이스 ほっぷシューアイス가 인기.

사료츠지리 p.355
茶寮都路里

우지산 차를 판매하는 교토의 기온츠지리 祇園都路里에서 운영하는 디저트 카페. 아이스크림, 당고, 와라비모치 등 디저트 종류가 다양하지만 길게 줄이 늘어서는 이유는 역시 파르페. 풍성하고 다양한 재료로 꽉 채운 토쿠센츠지리파르페 特選都路里パフェ가 인기다.

아라시야마 노무라 p.427
嵐山のむら

유홍준 교수가 《나의 문화유산답사기》 교토편에 소개한 전통 디저트 카페. 대표 메뉴는 연한 말차에 단팥을 넣은 우스차젠자이 うす茶ぜんざい로 자칫 텁텁할 수 있는 단팥죽을 깔끔한 맛의 말차가 잡아준다.

메종 드 지지 p.207
MAISON de gigi

오사카 신사이바시스지 상점가의 와플 전문점. 리에주 와플, 브뤼셀 와플을 비롯해 리코타치즈 팬케이크, 갈레트 종류를 판매한다. 리에주 와플 중 초콜릿을 듬뿍 묻혀 막대기에 꽂아주는 쇼콜라바 ショコラバー는 피로가 씻기는 달콤한 맛. 막대기에 꽂아줘 들고 다니기도 편하다.

나카무라토키치 p.435
中村藤吉

말차의 고장 우지에 본점이 있는 말차 디저트 카페. 교토역점 한정 메뉴인 우지킨앙미츠 宇治きんあんみつ는 말차 아이스크림, 말차 젤리, 팥과 경단 등이 어우러진 디저트이다. 말차와 우유가 층층이 다른 맛을 선사하는 마루토파르페 まるとパフェ도 인기.

EATING

호텔 조식보다
카페에서 먹는 아침

호텔 조식이 비싼 편이라면 굳이 선택할 이유가 있을까. 이렇게 조식 메뉴를 제공하는 카페에서 특유의 분위기도 느껴보고 맛있는 모닝 세트도 맛보자. 보통 샌드위치나 토스트, 스크램블 에그 등 가벼운 메뉴에 커피나 주스 등을 제공한다.

난카이파라 p.195
南海パーラー

오사카 난카이 난바역 안에 있는 카페로 나고야식 모닝 세트를 맛볼 수 있다. 토스트나 샌드위치 종류로 모두 커피가 포함되며, 오전 7시부터 11시까지 판매한다.

몬디알 카페 328 p.218
MONDIAL KAFFEE 328

오사카에서 흔치 않은 아침 먹기 좋은 카페. 8시 30분부터 다양한 모닝 세트를 판매한다. 샌드위치나 토스트 종류에 샐러드와 음료가 포함되는 것과 빵류와 음료만 포함되는 것 등의 메뉴로 나뉜다.

이노다 커피 p.351
イノダコーヒ

1947년에 커피숍을 개업한 이후 교토에 커피 문화를 보급하고 발전시킨 레트로 커피숍. 오리지널 블렌드 커피로 유명하지만, 오전 7시부터 11시까지 선보이는 아침 메뉴 쿄노초쇼쿠 京の朝食도 만족스럽다. 주스, 샐러드, 스크램블 에그, 햄, 빵에 커피 또는 홍차가 제공된다.

마에다 커피 p.352
前田珈琲

레트로한 감성을 현대적으로 잘 해석한 교토의 카페로 점차 지점을 늘리고 있다. 오전 7시부터 11시까지 제공하는 스페셜 모닝 세트에는 스크램블 에그와 베이컨, 토스트와 커피, 오렌지 주스가 함께 제공된다.

장인 정신이 고스란한
역사 깊은 찻집·떡집

100년 넘은 떡집부터 300년 된 찻집까지 어마어마한 역사만큼이나 내공이 대단하다.
어느 과정 하나 허투루 하지 않는 일본의 장인 정신이 고스란히 녹아 있으니 맛이야 더 말할 필요가 없겠는가.
이처럼 역사 깊은 찻집이나 떡집은 교토에 많이 몰려 있다.

카기젠요시후사 p.353
鍵善良房

1726년부터 무려 300년 가까운 역사를 이어오고 있는 화과자 전문점이자 찻집. 교토 시조도리에 위치해 오가며 들르기 좋다. 뭉근하게 끓여 낸 젠자이나 예쁜 화과자도 맛있고, 조금 생소한 일본식 디저트인 쿠즈키리 葛切り를 맛보는 것도 즐겁다.

카모미타라시차야 p.370
加茂みたらし茶屋

1922년 창업한 교토의 찻집. 살짝 구운 경단에 흑설탕 소스를 뿌린 미타라시당고 みたらし団子가 명물이다. 쫀득쫀득 차진 경단과 느끼하지 않은 단맛이 잘 어우러진다. 입안을 깔끔하게 해주는 맛차와 함께 즐겨보자.

카사기야 p.355
かさぎ屋

1914년에 문을 연 교토 니넨자카의 명물 떡집. 메이지 시대의 유명한 화가이자 시인인 타케히사 유메지 竹久夢二가 들른 곳으로 유명하다. 알갱이 팥소, 으깬 팥소, 콩가루를 묻힌 세 가지 맛의 떡인 산쇼쿠오하기 三色おはぎ가 대표 메뉴.

분노스케차야 p.355
文の助茶屋

메이지 시대에 창업한 일본 전통 디저트 전문점. 와라비모치는 지금도 일일이 사람의 손으로 직접 만드는 전통을 고수하고 있다. 콩고물을 묻힌 와라비모치와 일본식 식혜를 함께 먹는 쿄코노미 京好み가 인기.

데마치후타바 p.368
出町ふたば

1899년 창업해 100년이 넘는 시간 동안 한결 같이 사랑받아온 노포 떡집. 콩이 콕콕 박혀 있는 나다이마메모치 名代豆餅가 최고의 인기 상품이다. 주먹만 한 크기라 하나만 먹어도 든든하다.

EATING

솜씨 좋은 바리스타가 내렸다
인생 커피 만나는 카페

요즘 핫한 카페는 트렌디한 외관, 혹은 독특한 인테리어로 뜨는 경우도 많지만
역시 최고의 조건은 커피가 맛있어야 한다는 것.
맛있는 커피 한 잔을 내리기 위한 바리스타의 노력이 여행자에게 '인생 커피'를 선사한다.

클램프 커피 사라사 p.372
CLAMP COFFEE SARASA

싱그러운 초록 식물로 에워싸인 이 카페는 창가 앞 토스트와 커피 사진으로 유명하다. 그러나 핫한 비주얼뿐만 아니라 커피 맛으로도 명성이 자자하다. 자가배전으로 깊은 풍미를 지닌 커피 원두는 교토 곳곳의 카페에 제공될 만큼 높은 퀄리티를 자랑한다.

스마트 커피 p.351
スマート珈琲店

1932년 교토에 창업해 3대째 직접 원두를 볶는 자가배전을 고집하고 있다. 80년 이상의 내공이 깃든 만큼 오리지널 블렌드 커피에서 부드럽고 깊은 맛이 느껴진다. 붉은 벽돌과 목재로 둘러싸인 내부에는 따뜻한 분위기가 감돈다.

클램프 커피 사라사

스트리머 커피 컴퍼니 p.218
STREAMER COFFEE COMPANY

시애틀 라테 아트 챔피언십에서 아시아인 최초로 챔피언이 된 바리스타가 도쿄 시부야에 오픈한 카페로, 오사카 신사이바시에 지점이 있다. 대표 메뉴인 스트리머 라테는 부드럽고 깔끔한 맛에 라테 아트도 예뻐 눈과 입을 사로잡는다.

퍼센트 아라비카 p.354
% ARABICA

홍콩에 이어 교토에 지점을 오픈한 최근 가장 주목받는 커피숍. 교토 기온과 아라시야마에 각각 지점이 있다. 하와이의 자사 농장과 세계 각국에서 엄선한 원두를 직접 로스팅하고, 2014 도쿄 라테 아트 챔피언을 헤드 바리스타로 두고 있다.

니조코야 p.372
二条小屋

이 아늑한 교토의 스탠딩 카페는 커피 메뉴판부터 특별하다. 라이트부터 다크 순으로 세심하게 나누어 놓아 미리 커피 맛을 가늠할 수 있게 했다. 취향에 맞게 내린 드립 커피를 입에 머금는 순간, 왜 '인생 커피'라는 극찬을 쏟아내는지 알게 된다.

니시무라 커피 p.471
にしむら珈琲店

1948년 작은 찻집으로 시작해 현재는 14개의 지점을 낸 커피 전문점. 이제는 고베를 찾으면 꼭 들러야 할 명소가 되었다. 니시무라오리지널 블렌드 にしむらオリジナルブレンド는 클래식한 커피 본연의 맛을 느낄 수 있다.

퍼센트 아라비카 아라시야마점

EATING

아담한 자연 속에서 힐링
전통 정원 품은 카페

전통 정원을 위해 일본의 조경사들은 세 가지 기본 원칙을 따랐다고 한다.
축소, 상징화, 그리고 경치의 차용. 모든 요소가 기하학적으로 배치된 서양식 정원과는 달리
일본 정원은 인공적 요소를 배제하고 최대한 자연 경관을 끌어오려 노력했다.
아담한 자연 속에서 힐링할 수 있는 '최고의 정원 품은 카페'를 소개한다.

사료 호센 p.371
茶寮 宝泉
단연 최고라는 찬사가 아깝지 않은 교토의 찻집. 정원이 딸린 찻집은 통유리 창을 통해 그 아름다움을 오롯이 누리는 호사를 안겨준다. 좌식 탁자에 앉아 맛보는 시그니처 메뉴는 와라비모치 わらび餅. 고사리 전분으로 만든 투명한 와라비모치는 말캉말캉 새로운 식감과 흑설탕 시럽의 깔끔한 단맛이 조화롭다.

요지야 카페(긴카쿠지점) p.408
よーじやカフェ

교토 코스메틱 브랜드 요지야에서 운영하는 카페. 여러 지점 중 특히 긴카쿠지점이 인기인 이유는 일본식 전통 다다미방에서 정원을 바라보며 '요지야 세트'를 맛볼 수 있기 때문. 녹차 아이스크림과 모나카 과자, 팥이 함께 나와 취향대로 모나카를 만들어 먹을 수 있다.

이쿠스 카페 p.426
EX Cafe

쇼와 시대의 고택을 개조한 품격이 느껴지는 교토 아라시야마의 카페. 아담한 정원과 강렬한 페인트 아트, 따스한 예스러움과 현대적 감각이 공존한다. 부드러운 쿠로마루 롤에 말차를 곁들이거나 고소한 당고를 구워 먹는다.

테라카페 차니와 p.219
寺カフェ 茶庭

오사카 시내에서는 보기 힘든 정원이 있는 카페. 만복사 萬福寺라는 사찰 안에 있는 찻집으로 절 안의 풍경을 공유한다. 고즈넉한 분위기 속에서 전통차는 물론이고 녹차, 호지차를 이용한 카페라테, 케이크, 초콜릿 등 다양한 음료와 디저트를 판매한다.

EATING

강바람 맞으며 끝내주는 뷰!
운치 있는 강변 카페

눈부신 햇살과 시원한 강바람, 그리고 해가 지면 반짝이는 야경까지
오감을 자극하는 강변의 운치는 그 어떤 풍경에 비할 바가 아니다.
오사카 키타하마 지역은 요즘 이 강변 풍경을 즐기는 힙한 카페들로 뜨겁게 달아올랐다.

모토 커피 p.260
MOTO COFFEE

나카노시마 공원을 바라보는 강변 카페. 매우 깔끔한 디자인의 화이트 외관이 감각적으로 느껴진다. 테라스석은 강가라 웬만한 계절에 쌀쌀하게 느낄 수 있는데, 담요와 전기난로가 잘 구비되어 있어 분위기를 즐기기 좋다. 겨울 풍경은 다소 삭막한 편이라 저녁 야경 보는 것을 추천한다.

브루클린 로스팅 컴퍼니 p.260
Brooklyn Roasting Company

뉴욕의 유명 커피 전문점의 오사카 지점으로 나카노시마를 바라보며 커피 한잔하기 좋다. 카페 안에 꽃집이 함께 있어 싱그러움이 느껴지고, 통유리 밖의 테라스석은 나카노시마 공원과 오사카시중앙공회당이 바로 보인다. 꽃 피는 봄에 오면 경치도, 분위기도 단연 최고다.

노스 쇼어 p.259
NORTH SHORE

멋진 경치와 비주얼 좋은 아침 식사를 즐기는 핫한 카페. 테라스 석이 있어 토사보리강과 나카노시마를 바라보며 식사하면 한층 여유롭다. 신선한 재료로 만든 요리를 나무 도마 위에 플레이팅 해 인스타용 사진으로도 멋지다.

EATING

간사이 특색이 살아있는
스타벅스 콘셉트 스토어

전 세계 어디서나 만날 수 있는 스타벅스라고는 하지만 콘셉트 스토어는 조금 더 특별하다. 통상의 매장과는 다른 각각의 콘셉트로 꾸며져 있으며, 간사이 지역의 특색이 오롯이 녹아있어 그냥 카페가 아니라 관광 명소로 사랑받는다. 도시별로 특색 있는 매장을 소개한다.

 오사카

츠타야 서점 p.243

츠타야 서점과 스타벅스가 함께 있는 곳은 꽤나 흔해지고 있지만, 우메다 루쿠아 쇼핑몰 한 층을 차지하고 있는 규모와 라운지가 돋보인다. 갈색 톤의 차분하고 따뜻한 분위기로 중앙에 라운지를 츠타야 서점과 스타벅스, 문구·잡화점이 타원형으로 둘러싼 형태이다.

STARBUCKS × 蔦屋書店

STARBUCKS x 和室

니넨자카 야사카차야점 p.356 〔교토〕

100년 전통의 일본 목조 가옥을 개조해 만든 일본식 다다미방인 '와시츠 和室' 스타벅스다. 2층의 좌식 탁자와 방석이 놓인 다다미방은 마치 일본의 전통차를 마시는 다실과도 같은 분위기. 각 나라의 전통 가옥을 활용해 외관을 꾸민 경우는 종종 있지만, 이처럼 내부까지 전통 양식을 살린 경우는 드물다.

기타노이진칸점 p.471 〔고베〕

고베 개항 당시 기타노 지역에 모여 살던 외국인들의 저택인 이진칸이 스타벅스가 되었다. 1907년에 건축된 2층 목조건물로, 다른 이진칸에 입장료를 내고 들어가기보다 이곳에서 음료를 구입해 공간과 분위기를 즐겨보기를 추천한다.

STARBUCKS x 異人館

095

EATING

24시간 절찬 판매 중
일본 편의점 간식

일본 어느 동네에나 하나씩은 있는 편의점.
그 안에는 유명 맛집 부럽지 않은 디저트와 주전부리가 24시간 대기 중이다.

로손 베스트 베이커리

베이커리와 디저트에 강한 편의점 빵류 절대 강자. 우치 카페 UCHI CAFF라는 자체 브랜드를 내놓고 크림빵, 도넛, 케이크, 쿠키 등 다양한 베이커리와 디저트를 선보인다. 무엇을 고르든지 크림이 들어간 로손 베이커리는 실패하지 않는다는 법칙이 있을 정도. 베이커리에 이어 마치 카페 MACHI CAFE를 론칭하고 달달한 디저트에 어울리는 커피도 100~200엔 가격으로 저렴하게 내놓고 있다.

홈피 www.lawson.co.jp

¥150

프리미엄 롤케이크
プレミアムロールケーキ

홋카이도산 밀로 만든 폭신폭신 스펀지 빵에 진한 우유, 녹차, 초콜릿 크림이 듬뿍.

¥295

모찌 식감 롤
もち食感ロール

새하얀 우유 크림을 품고 있는 떡처럼 쫀득한 식감의 롤케이크.

블랑 바움쿠헨
ブランのバウムクーヘン

독일 전통 디저트 바움쿠헨의 보급형 버전. 많이 달지 않아 다이어터도 안심.

¥250

¥295

반숙 치즈 수플레
半熟チーズスフレ

저온에서 천천히 구워 부드럽고 달콤하다. 진하고 농후한 카망베르치즈 맛이 일품.

모치푸요
もちぷよ

100엔의 행복. 찹쌀떡을 닮은 쫄깃한 빵에 쫀쫀한 홋카이도산 우유 크림이 촉촉.

¥100

양상추 샌드위치
シャキシャキレタスサンド
세븐일레븐 인기 1위 아삭아삭 양상추 샌드위치. 만든 지 3시간 안에 납품해 신선한 맛이 일품.

¥250

¥220

달걀 듬뿍 샌드위치
こだわりたまごのサンド
세븐일레븐 역사상 가장 많은 달걀을 썼다. 고소한 맛과 풍미가 살아있는 금빛 샌드위치.

¥138

제대로 된 카레빵
がっつりカレーパン
하루 판매량 8000개를 자랑하는 인기 메뉴. 튀김 빵 안에 특제 카레가 듬뿍.

세븐일레븐 베스트 주전부리

짠맛 나는 도시락, 주먹밥, 어묵밥부터 단맛 나는 디저트까지 상품 구색이 가장 다양하다. 샌드위치나 도시락 등이 맛있기로 유명해 '밥은 세븐일레븐, 빵은 로손'이라는 식사 법칙이 있을 정도. 편의점 커피 중 가장 맛있다고 평가받는 세븐 카페 SEVEN CAFE의 드립 커피를 곁들이면 편의점 안에서 식사, 디저트, 카페 만찬을 즐길 수 있다.

홈피 www.sej.co.jp

¥130   ¥140

세븐 슈 & 말차 슈
セブンシュ&濃いまっちゃシュ
발효 버터를 넣어 더욱 고소한 슈 안에 부드럽고 진한 커스터드, 녹차 크림이 가득.

고등어 소금구이
鯖の塩焼き
수많은 세븐일레븐 반찬 중 현지인이 꼽는 '엄지척' 메뉴. 전자레인지에 1분만 데우면 훌륭한 밥반찬 겸 술안주 완성.

¥280

알알이 콘 스틱
つぶつぶコーンスティック
알알이 살아있는 옥수수와 마요네즈의 만남. 전자레인지에 데워 먹으면 더욱 맛있다.

뜯어 먹는 빵(초코칩 크림)
ちぎりパン(チョコクリーム)
세븐일레븐 빵 부문 연간 판매량 2위. 폭신한 빵 안에 3종류의 초콜릿 크림이 들어있다.

 ¥138

 ¥128

EATING

패밀리마트 베스트 디저트

FamilyMart

빵은 로손, 밥은 세븐일레븐에 밀리지만 아이디어만큼은 단연 최고. 대량생산된 빵이라고는 믿기 힘든 퀄리티와 아기자기하고 알록달록한 콘셉트로 승부한다. 여심을 저격하는 포장과 구성으로 인증샷 후기가 꾸준히 업로드 되는 중. 전국적으로 유명하지는 않지만 지역 내 명물로 사랑받는 작은 동네 빵집의 인기 상품을 발굴해 상품화하는 '원원' 전략으로 편의점 빵·밥 분야의 왕좌를 위협하고 있다.

홈피 www.family.co.jp

¥110

쫄깃한 호두빵
もちもちくるみパン
떡처럼 쫄깃한 빵에 호두가 쏙쏙. 고급스러운 맛과 향으로 승부.

떠먹는 목장 우유
たべる牧場ミルク
우유를 50% 사용해 부드러운 우유 아이스크림. 깜찍한 포장으로 인기 급상승 중.

¥198

마카롱 러스크
マカロンラスク
3색 마카롱 러스크를 크림에 콕 찍어 먹는 알록달록 아기자기한 디저트.

¥220

¥128

크림박스
クリームボックス
알려지지 않은 동네 빵집의 명물을 발굴했다. 두터운 식빵 안에 우유 크림이 듬뿍.

달걀 닮은 찜 케이크
たまごみたいな蒸しケーキ
삶은 달걀 모양 케이크에 휘핑크림과 커스터드 크림을 넣었다.

¥128

¥130

뜯어 먹는 쑥팥빵
よもぎと小豆のちぎれるパン
쑥 앙금을 품은 녹색 빵 한입, 팥 앙금을 품은 흰색 빵 한입.

ALL 일본 편의점 베스트 간식

오뎅
おでん
가을부터 만날 수 있는 대표적인 편의점 간식. 각종 어묵을 비롯해 무, 달걀, 소 힘줄 등 다양한 메뉴가 준비돼 있다.

¥50~300

1

나이스스틱
ナイススティック
1977년 출시돼 지금까지 사랑받는 야마자키 제빵의 스테디셀러 크림빵.

¥100

2

피노
ピノ
초콜릿으로 코팅된 진한 바닐라 아이스크림을 꼬치에 콕 찍어 먹는 일본의 '국민 아이스크림'.

¥130

3

닛신 돈베이 키츠네우동
日清 きつねうどん
일본 라멘 명가 닛신의 베스트 상품. 짭짤하게 간을 한 큼지막한 유부가 들어있다.

¥180

4

아이스노미
アイスの実
과즙을 80% 넣은 인기 아이스크림. 동글동글 한입 크기로 일명 '왕구슬 아이스크림'이라 불린다.

¥126

5

이로하스
いろはす
향기롭고 달콤한 과일 맛 물로 유명하다. 백도 추출물을 담은 '복숭아 물'이 가장 인기.

¥130

6

오하요 크림을 얹은 저지 밀크 푸딩
ジャージー牛乳プリンミルク
많고 많은 편의점 푸딩 중 떠오르는 다크호스. 입에 넣는 순간 사르륵 매끄럽게 녹는다.

¥145

7

야와모치 아이스 시리즈
やわもちアイスシリーズ
아이스크림과 콩가루의 구수하고 달콤한 만남. 치즈처럼 쭉쭉 늘어나는 떡이 인상적.

¥130

8

EATING

언제 어디서나 쉽게 만나는
일본식 패스트푸드 체인점

맛집 찾아 헤매다 시간을 허비하기 싫다면?
어딜 가든 평균 이상 하는 일본식 패스트푸드가 정답!

요시노야 吉野家

1899년 도쿄 니혼바시에서 창업한 규동 牛丼(소고기덮밥)의 원조. 기본적으로 24시간 운영을 하며, 일본 외에 중국, 대만, 필리핀, 싱가포르, 미국에도 지점을 가지고 있을 정도로 규모가 크다. 대표 메뉴는 규동이고, 돈부리, 카레, 정식도 취급한다.

홈피 www.yoshinoya.com

일본식 소고기덮밥의 표준
● 규동 牛丼 보통   ¥380

마츠야 松屋

요시노야와 함께 일본 규동 업계의 양대 산맥으로 군림하고 있는 전국구 체인점. 종업원에게 직접 돈을 내는 요시노야와 달리 식권 발매기로 주문하는 시스템이다. 요시노야의 규동과 차별화하기 위해 덮밥을 뜻하는 돈부리라는 표현 대신 밥을 뜻하는 메시 めし란 말을 쓴다. 규메시를 기본으로 돈부리, 카레, 다양한 정식 메뉴가 있다.

홈피 www.matsuyafoods.co.jp

계란 토핑 +¥60

마츠야에서 가장 저렴한 대표 메뉴
● 규메시 牛めし 보통   ¥290

일본 전역에서 가장 많은 점포를 거느리고 있는 규동·카레 전문점. 다른 곳과 달리 카운터석만 늘어선 것이 아니라 테이블석을 마련해 패밀리레스토랑 같은 분위기를 지향한다. 규동과 카레가 주력이지만 돈부리, 정식 등 다양한 메뉴도 갖추고 있다.

홈피 www.sukiya.jp

스키야 すき家

계란 토핑 +¥60

산뜻한 파와 매콤한 고추장 양념의 조화
● 네기다마규동 ねぎ玉牛丼 보통　¥480

오토야 大戸屋

밥맛 좋기로 유명한 가정식 백반 전문점. 1958년 도쿄 이케부쿠로의 작은 식당에서 출발해 현재 전국에 350여 개의 지점이 있는 대형 체인점으로 거듭났다. 인기의 비결은 기본 재료에 충실해야 한다는 신념. 체인 밥집치고는 가격대가 높은 편이지만 충분히 그만큼의 가치를 한다.

홈피 www.ootoya.com

흑초로 닭과 채소를 버무린 인기 넘버원 메뉴
● 토리토야사이노쿠로즈안테이쇼쿠 ¥861
鶏と野菜の黒酢あん定食

전국에 300여 개의 점포를 운영하고 있는 우동·돈부리 전문점. 미니 우동, 미니 돈부리 등 대부분의 메뉴에 미니 사이즈가 있어 양이 적은 사람들에게 특히 인기가 높다. 저렴한 가격에 질 높은 서비스는 덤. 우동, 돈부리 외에도 다양한 정식 메뉴가 있다.

홈피 www.nakau.co.jp

나카우 なか卯

새우튀김과 시원한 우동 국물이 일품
● 에비카키아게우동 海老かきあげうどん 보통　¥430

SHOPPING 쇼핑

간사이 드러그 스토어 ǀ 일본발 핵이득 의류 브랜드 ǀ 지갑털이 잡화 브랜드 ǀ 덕심 차오르는 캐릭터숍 ǀ 대세는 편집숍 ǀ 믿고 사는 센스 선물템

SHOPPING

쇼핑으로 시작해 쇼핑으로 끝나는
간사이 드러그 스토어

장바구니가 제아무리 크다 해도 이곳에서는 아차, 하는 순간 가득 차버린다.
층층이 겹겹이 갖고 싶은 쇼핑 필수템으로 빼곡한 드러그 스토어로 가자.

① 돈키호테 ドン・キホーテ

사람이 먹고 마시고 놀고 자는 데 필요한 모든 것을 모아놓은 초대형 드러그 스토어. 빈 공간을 허락하지 않는 듯 의약품, 화장품, 식품, 생활 잡화, 주방용품, 문구용품, 공예품, 파티용품 등이 바닥부터 천장까지 쌓여 있다. 평균적으로 15~20% 할인된 저렴한 가격에 물건을 구매할 수 있어 관광객들이 물건을 카트에 산더미처럼 쓸어 담는 진풍경이 벌어지기도 한다. 놀라울 정도로 다양한 구색과 일상적인 세일로 '오사카 쇼핑 = 돈키호테'라는 법칙이 생겼을 정도. 무엇보다 24시간 운영해 새벽부터 심야까지 언제든 쇼핑에 나설 수 있다는 것도 큰 장점이다. 쇼핑 리스트가 아무리 길어도 자리를 옮기지 않고 한자리에서 장보기가 가능하다.

홈피 www.donki.com

숫자로 보는 돈키호테 쇼핑 요령

번화가에 있는 주요 지점은 연중무휴로 24시간 운영된다. 접근성이 좋다 보니 난바와 도톤보리 지역의 지점은 365일 어마어마한 인파로 붐빈다. 느긋하게 쇼핑을 하고 싶다면 비교적 사람이 적은 텐노지나 우메다 지역으로 가자.

드러그 스토어는 정찰제가 아니다. 기본적으로 정가에서 15~20% 할인된 가격으로 판매하며 지점마다 할인 폭이 저마다 다르다. 때문에 좀 더 저렴하게 쇼핑하기 위해서는 2~3곳의 가격을 비교하며 할인 폭이 큰 곳을 확인하고 구매하는 것이 좋다.

대부분의 드러그 스토어에서는 소모품과 비소모품 각각 5400엔 이상 구매했을 때 면세 TAX FREE 혜택을 받을 수 있다. 면세를 받은 경우에는 구매한 상품을 밀봉해주는데 이는 일본 내에서 포장을 뜯지 말고 귀국 후 뜯어야 세금을 물지 않는다.

② 마츠모토 키요시 マツモトキヨシ

노란색과 파란색으로 꾸며진 간판에 '약 藥'이라고 써진 빨간 글자가 트레이드 마크. 줄여서 마츠키요 マツキヨ라고 부른다. 일본의 최대 약국 체인으로 직장 여성을 대상으로 하는 '뷰티U'를 론칭하고 화장품, 의약품, 잡화, 식료품, DIY용품 등을 폭넓게 취급하고 있다. 오사카 시내 번화가에 위치해 접근성이 좋은 편이다.

> 홈피 › www.matsukiyo.co.jp

③ 츠루하 드러그 ツルハドラッグ

일본 전역 1890여 개의 드러그 스토어 업계 최다 점포 수를 자랑한다. 점포 수로 지역 내 점유율을 높이고, 다양한 구색의 생필품으로 손님 끌어모으기에 한몫했다. 이외에도 편의점과 연계해 컵라면, 조미료, 레토르트식품, 통조림 등 보존성이 높은 가공식품과 유제품, 디저트, 반찬 등 냉장식품을 많이 구비하고 있다.

> 홈피 › www.tsuruha.co.jp

④ 선드러그 サンドラック

시세이도의 마키아주 라인을 비롯해 중저가 화장품을 고루 갖추고 있다. 매장에 따라 일반 마트처럼 손질된 채소나 도시락을 갖춰놓은 곳도 있다. 바로 먹을 수 있는 가공식품과 손질된 채소, 휴지 등 생필품까지 장을 볼 수 있으며 일부 매장을 제외하면 영업시간이 22:00까지로 비교적 긴 편이라 여행자에게도 편리하다.

> 홈피 › www.sundrug.co.jp

⑤ 다이코쿠 ダイコク

간사이 지역에 퍼져 있는 드러그 스토어로 다른 곳에 비해 저렴한 가격대로 승부한다. 대형 규모의 점포는 따로 없고, 대부분 규모가 작다. 의약품과 일용품이 주력 상품이며 식료품을 판매하는 곳도 있다. 그 외에 100엔숍, 조제 약국, 미용실 등을 함께 운영하는 매장도 있다. 가격대가 저렴한 반면 현금만 사용 가능하다.

> 홈피 › daikokudrug.com

SHOPPING

약

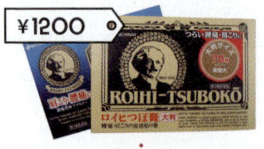
¥1200

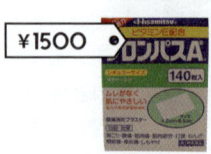
¥1500

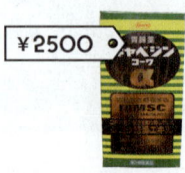
¥2500

BEST
로이히 츠보코
ロイヒつぼ膏

'동전 파스'로 유명하다. 압통점에 붙이면 지압 효과가 있다. 시원한 쿨 파스도 출시.

사론 파스
サロンパス

80년 역사를 자랑하는 일본 스테디셀러. 얇고 신축성이 좋으며 파스 냄새도 적게 난다.

캬베진 코와 알파
キャベジンコーワα

양배추에서 추출한 위점막 보호 성분이 들어있어 소화기 질환에 효과가 있는 건위제.

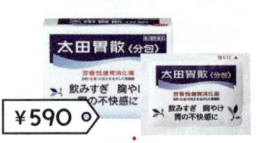
¥590

¥720

¥850

BEST
오타이산
太田胃散

일본의 국민 소화제. 가루 타입으로 소화불량, 과식, 체기, 숙취에 효과가 있다.

네츠사마 시트
熱さまシート

열이나 진통이 있을 때 이마에 붙여주면 냉찜질 효과가 있는 쿨링 시트.

사카무케아
サカムケア

반창고를 붙이기 번거로운 작은 상처 위에 매니큐어처럼 바르는 액체 반창고.

¥918

¥1296

¥1200

무히패치A
ムヒパッチA

일명 호빵맨 모기 패치. 벌레 물린 자리에 붙이면 간지러움이 가라앉는다.

구내염 패치 다이쇼A
口内炎パッチ大正A

구내염 전용 패치. 스테로이드 성분이 없는 것은 흰색, 있는 것은 노란색이다.

아이봉
アイボン

눈 속 이물질을 깨끗이 씻어주는 안구 세정제. 타우린 성분이 들어있다.

식료품

¥308

¥308
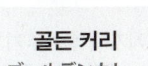

¥583

골든 커리
ゴールデンカレー

고체 카레. 넣고 끓이기만 하면 35종의 향신료와 허브로 맛을 낸 일본식 커리가 뚝딱.

테라오카 달걀 요리 전용 간장
寺岡家のたまごにかけるお醬油

달걀 요리 전용 간장. 가츠오부시 베이스에 홋카이도산 히다카 다시마로 깊은 맛을 냈다.

요시다 오리지널 데리야키 소스
ヨシダオリジナルテリヤキソース

일명 '요시다 소스'로 친숙한 데리야키 소스. 매운맛 핫 데리야키 소스도 인기.

¥220

¥540

¥260

빵공방 콘 & 마요
パン工房コーン&マヨ

옥수수가 알알이 씹히는 마요네즈. 식빵에 뿌려 오븐에 구우면 순식간에 제과점 옥수수빵 완성.

야마야 명란 마요네즈 타입
やまやめんたいマヨネーズタイプ

마요네즈 속에 야마야 명란젓을 넣어 짭짤하면서도 매콤한 명란 마요네즈.

이즈 와사비 마요네즈 타입
伊豆わさびマヨネーズタイプ

코끝 찌르르하게 매운 와사비 마요네즈. 일본 내에서 최고로 치는 이즈 와사비를 넣었다.

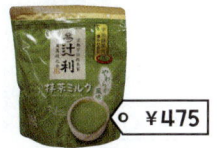
¥475

¥550

¥1250

츠지리 말차 밀크
辻利抹茶ミルク

교토의 명물 우지 말차로 만든 인스턴트 말차라테. 차가운 우유에도 잘 녹는다.

일동홍차 로열 밀크티
日東紅茶ロイヤルミルクティー

홋카이도산 생크림을 넣어 농후하고 부드러운 인스턴트 밀크티.

그린 스낵 피스타치오 와사비 맛
グリーンスナックピスタチオわさび味

피스타치오가 든 콩 모양 과자를 와사비 분말로 코팅했다. 선물용으로 최고.

※게재 가격은 소비자가 기준

SHOPPING

생활
용품

¥1058

¥1171

¥350

BEST
휴족시간
休足時間

5가지 허브 성분이 발바닥, 뒤꿈치, 종아리의 피로를 풀어주는 하체 전용 파스.

BEST
메구리즘 수면안대
めぐりズム 蒸気でホットアイマスク

증기를 쐬는 것처럼 눈 주변을 따뜻하게 찜질해 피로를 풀어주는 수면안대.

메가네 후키후키
メガネクリーナふきふき

안경은 물론 스마트폰, 카메라, 모니터 등을 깨끗하게 닦아주는 렌즈 전용 클리너.

¥400

¥260

¥190~

노도누루 누레마스크
のどぬれぬれマスク

마스크 안쪽의 가슴 필터가 수분을 공급해 목이 건조해지지 않고 촉촉해진다.

릴러 샘 게루마바스
リラク泉 ゲルマバス

20분 만에 2시간 운동 효과를 볼 수 있다는 일본의 유명 다이어트 입욕제.

사란랩
サランラップ

주방용 비닐랩계의 명품. 접착력이 우수하고 소재가 도톰하다. 30cm, 22cm, 15cm 길이별로 출시.

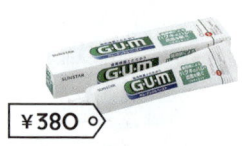
¥380

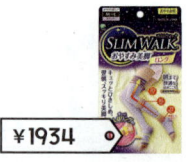
¥1934

¥800~

검 치약
ガム・デンタルペースト

구강 살균과 치주염·치은염 등 잇몸 질환 예방 성분이 들어 있는 건강 치약.

슬림워크 오야스미 압박 스타킹
スリムウォークおやすみ美脚

발목에서 허벅지까지 군살을 팽팽하게 잡아줘 매끄러운 각선미를 만들어주는 압박 스타킹.

나이토민
ナイトミン

고바야시 제약에서 출시한 숙면을 위한 코골이 & 입 벌림 방지 테이프. 인후염과 코골이에 효과가 있다.

미용

¥918

BEST

코세 클리어턴 에센스 마스크팩
クリアターンエッセンスマスクパック

물티슈처럼 뽑아 쓰는 마스크팩. 1박스에 30매가 들어있어 한 달 내내 데일리 팩으로 사용하기 좋다.

¥700~

사나 두유 클렌징폼
サナなめらか本舗しっとりクレンジング洗顔

대두 추출분과 발표 성분이 들어 있어 '두유 클렌징폼'이라고 부른다. 일본인 20~30대도 애용하는 제품.

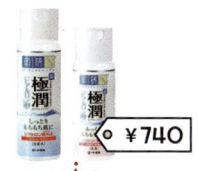

¥740

BEST

하다라보 고쿠쥰 스킨·로션
肌ラボ極潤ヒアルロン液·乳液

2초에 1병씩 판매되는 화장수와 쫀득쫀득 '모찌 피부'를 만들어주는 로션 세트.

¥716

시루콧토
シルコット

화장수를 많이 먹지 않는 착한 화장솜. 일반 화장솜에 비해 화장수를 1/2 절약할 수 있다.

¥1512

에비타 뷰티 휩소프
エビータビューティホイップソープ

새하얀 클렌징크림이 장미꽃 모양으로 나오는 거품 세안제. 장미 향이 은은하다.

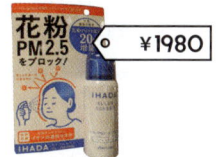

¥1980

이하다 아레루 스크린
イハダアレルスクリン

피부 노화·트러블의 원인이 되는 미세먼지를 차단해주는 시세이도의 미세먼지 차단 스프레이.

¥1400

나캇타코토니
なかったことに

식사 30분 전에 먹으면 마치 '없었던 일처럼' 칼로리를 낮춰주는 칼로리 커팅제.

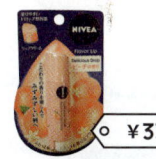

¥332

니베아 복숭아 립밤
ニベアフレーバーリップ デリシャスドロップピーチの香り

국내에서 판매하지 않는 복숭아 향 립밤. 선물용으로 인기가 많다.

¥248~

비오레 사라사라 파우더 시트
ビオレさらさらパウダーシート

여름철 필수품 '땀 지우는 티슈'. 투명 파우더가 묻어 있는 티슈로 보송보송함을 유지할 수 있다.

※게재 가격은 소비자가 기준

SHOPPING

놓칠 수 없는 현지템 구매 찬스
일본발 핵이득 의류 브랜드

한국보다 훨씬 저렴하게 구입 가능한 일본 브랜드와
한국에서 만날 수 없는 브랜드 매장을 소개한다. 대부분 쇼핑몰에 입점해 있는 인기 브랜드로,
쇼핑몰의 면세 혜택을 통해 구입하면 더 저렴하게 구입할 수 있다.

꼼 데 가르송
COMME des GARÇNS

일본의 패션 디자이너 카와쿠보 레이가 1969년에 론칭한 고급 기성복 브랜드. 우리나라보다 훨씬 다양한 상품을 저렴한 가격에 만날 수 있어 대량 구매하는 사람이 많다. 환율과 상품에 따라 달라지지만 보통 20~30%, 어떤 것은 50%나 저렴하게 살 수 있다. 플레이 코너가 있는 매장은 워낙 인기 있어 오픈 전부터 줄을 선다.

홈피 www.comme-des-garcons.com

SPOT
| 오사카 |
① 미나미센바
② 난바 파크스 2층
③ 한큐백화점 3층
④ 한큐 맨즈 2층
⑤ 누차야마치 1층
| 교토 |
① 이세탄백화점 4층
② 다이마루 2층
③ 한큐 가와라마치역 근처
   후지다이마루 藤井大丸 7층
| 고베 |
다이마루 2층

SPOT
어반 리서치 스토어
| 오사카 |
① 신사이바시스지 상점가
② 루쿠아 7층
③ 아베노하루카스 3층

어반 리서치
URBAN RESEARCH

전 세계의 다양한 도시를 탐색해 편안함을 기반으로 한 일상복과 드레스, 라이프스타일 잡화까지 선별해 모은 편집숍이다. 그룹 브랜드가 거대해지면서 콘셉트에 맞는 다양한 브랜드 라인이 생겨났다. 그중 어반 리서치 스토어는 그룹의 여러 카테고리 제품을 취급해 여성복과 남성복, 생활 잡화 외에도 액세서리, 화장품, 가구, 인테리어 소품, 식료품까지 다양한 상품군을 자랑한다.

홈피 www.urban-research.jp

유나이티드 애로즈
United Arrows

일본 전역에 200개가 넘는 점포를 운영하는 대표적인 편집숍 브랜드. 전반적으로 편안하면서도 고급스러운 스타일이다. 해외의 의류 및 소품, 장식품 등 다양한 분야를 다루며 자체 디자이너가 디자인한 아이템도 만나볼 수 있다. 가격에 비해 품질이 좋다는 평이 많다. 이곳 또한 그룹 브랜드로 콘셉트에 맞는 다양한 브랜드 라인을 가지고 있다.

홈피 www.united-arrows.co.jp

SPOT
| 오사카 |
❶ 신사이바시 다이마루 북관 2층
❷ 난바 파크스 2층
❸ 브리제 브리제 1층
❹ 루쿠아 1층
| 교토 |
한큐 가라스마역 13번 출구에서 도보 1분
| 고베 |
❶ 한신 산노미야역 근처 민트 고베 ミント神戸 3층
❷ 다이마루 6층

유니클로
UNIQLO

일본 중저가 패션 브랜드의 대명사. 독자적인 생산 라인으로 싸고 좋은 품질의 옷을 제공한다. 기본적인 아이템부터 우리나라에는 없는 디자인까지 품목이 매우 다양하다. 일본 유니클로의 정가가 우리나라 유니클로의 할인 행사 가격 수준이니 일본에서 세일하는 행사 상품만 눈여겨봐도 득템할 확률이 높다.

홈피 www.uniqlo.com/jp

SPOT
초대형 매장
| 오사카 |
❶ 아베노큐즈몰 1층
❷ 한큐 우메다역 H2번 출구 앞
❸ 신사이바시지 상점가

지유
GU

유니클로에서 론칭한 저가형 세컨드 브랜드. 유니클로보다 더욱 저렴한 가격대의 제품을 선보인다. 의류는 물론 신발, 가방, 각종 액세서리까지 다양한 상품을 취급하는데, 10대 후반~20대 초반을 겨냥한 캐주얼한 디자인이 많다.

홈피 www.gu-japan.com

SPOT
| 오사카 |
신사이바시지 상점가

오니츠카 타이거
Onitsuka Tiger

아식스에서 론칭한 프리미엄 라인 브랜드. 트렌드에 맞는 신선한 스타일을 추구하며 대중적인 이미지를 강화해 탄생했다. 복고풍 디자인으로 우리나라에서도 인기 있다. 면세 혜택을 이용하면 한국보다 약 30% 저렴하게 구입할 수 있다.

홈피 www.onitsukatiger.com/jp

SPOT
| 오사카 |
❶ 신사이바시지 상점가
❷ 지하철 난바역 14번 출구에서 도보 1분
❸ 한큐백화점 8층
❹ 누차야마치 1층
| 고베 |
지하철 큐쿄류치 · 다이마루마에역 3번 출구에서 도보 2분

SHOPPING

예쁜 생활용품이 가득한
지갑털이 잡화 브랜드

일본에는 주방용품, 디자인 소품, 아이디어 상품 등 생활 전반에 관련한 물품을 갖춘 잡화 브랜드가 많다. 그중에서도 한국인 관광객에게 유독 인기 있는 곳을 소개한다. 인테리어 덕후라면 쇼핑 구매욕을 주체 못 할 곳이 많으니 지갑을 잘 지키자.

쓰리코인즈
3COINS

'동전 3개'라는 이름처럼 모든 제품을 324엔에 판매하는 잡화점이다. 저렴하면서도 예쁜 각종 소품과 인테리어용품을 만날 수 있다. 간혹 메이드 인 코리아 제품도 있으니 주의.

홈피 www.3coins.jp

— SPOT —
쓰리코인즈 플러스
| 오사카
❶ 난바시티 본관 B2층
❷ 신사이바시스지 상점가

도큐핸즈
東急ハンズ

손으로 만드는 즐거움을 추구한 DIY 전문 쇼핑몰. 워낙 인기 있어 각종 백화점이나 대형 쇼핑몰에 대부분 입점해 있다. DIY 가구, 욕실용품, 주방용품, 미용 관련 상품 등 다양한 생활용품을 쇼핑할 수 있으며, 그 밖에 목공, 미술, 공구 등과 관련된 전문용품도 잘 구비되어 있다.

홈피 www.tokyu-hands.co.jp

— SPOT —
대형점
| 오사카
❶ 지하철 신사이바시역 1번 출구에서 도보 3분
❷ 우메다 다이마루 10층
| 고베
지하철 산노미야역 서3번 출구와 연결

무인양품
無印良品

'무지'라고도 하며 상표명 그대로 군더더기 없이 깔끔한 디자인에 좋은 소재를 사용한 상품을 제공한다. 의류뿐만 아니라 문구, 화장품, 생활 잡화, 인테리어용품, 가전, 가구 등 생활 전반에 걸친 상품을 판매한다. 상품 외에도 음식점인 무지 밀 & 카페와 서점인 무지 북스 등을 함께 배치해 문화를 소비하는 공간으로 진화하고 있다. 아시아권은 물론이고 서양인에게도 인기 있다. 몇몇 소모품을 제외하면 전체적으로 한국보다 가격대가 저렴한 편이며, 면세 혜택까지 생각하면 20~30%는 싸게 살 수 있다.

홈피 > www.muji.com/jp

SPOT

| 오사카 |
① 난카이 난바역 E7번 출구로 연결
② 그랜드 프런트 오사카 북관 4층
③ 아베노하루카스 2층

| 교토 |
JR 교토역 근처 이온몰 KYOTO イオンモールKYOTO 2층

| 고베 |
한신 모토마치역 근처 고베 BAL 神戸BAL 4층

SPOT

| 대형점 |

| 오사카 |
① 지하철 신사이바시역 1번 출구에서 도보 3분
② 우메다 다이마루 10층

| 고베 |
지하철 산노미야역 서3번 출구와 연결

다이소
DAISO

이름 하나만으로 일본의 100엔숍을 대표하는 브랜드. 한국의 2000~3000원짜리 제품이 일본에서는 대부분 100엔대에 판매된다. 그릇, 잡화, 화장품, 과자 등 적당한 품질의 다양한 물건이 구비되어 있는데, 그중에서도 주방이나 청소 관련 소모품이 인기 있는 편이다.

홈피 > www.daiso-sangyo.co.jp/shop/detail/8646

SHOPPING

내추럴 키친
NATURAL KITCHEN

주방용품, 인테리어용품, 아로마용품, 수예용품까지 다양한 상품을 108엔에 판매하는 잡화점. 이름에 걸맞게 내추럴하면서도 아기자기한 주방용품이 주를 이루는데, 100엔숍 제품이 맞는지 의심이 들 정도로 예쁘고 질 좋은 상품이 가득하다.

홈피 > www.natural-kitchen.jp

애프터눈티 리빙
Afternoon Tea LIVING

'따스함과 설렘'을 주제로 한 생활 잡화 전문점. 주방용품, 다이닝용품, 욕실용품, 패션 잡화, 문구를 비롯해 엄선한 자체 제작 상품까지 다양한 상품을 취급한다. 특히 꽃이나 나뭇잎 같은 여성 취향을 반영한 패턴 디자인의 소품이 인기가 좋다.

홈피 > www.afternoon-tea.net

SPOT

| 오사카 |
① 난바시티 본관 B1층
② 한큐백화점 본관 1층
③ 텐노지 미오 플라자관 3층

| 교토 |
① 이세탄백화점 8층
② 다이마루 4층

| 고베 |
다이마루 B1층

SPOT

| 오사카 |
① 난바시티 본관 B1층
② 화이티우메다
③ 루쿠아 1100 B1층
④ 텐노지 미오 본관 3층

| 고베 |
한신 고베산노미야역 근처
고베국제회관 神戸国際会館 B1층

로프트
LOFT

화려하고 편리한 라이프스타일을 제안하는 생활 잡화 전문 백화점이다. 문구류, 화장품, 파티용품 등의 작은 소품부터 대형 인테리어 가구까지 웬만한 물건은 다 있을 정도로 상품의 종류가 다양하다.

홈피 > www.loft.co.jp

SPOT

대형점

| 오사카 |
① 지하철 우메다역 1번 출구에서 도보 5분
② 지하철 텐노지역 근처 아베노앤 あべのand 1층

- SPOT -

| 오사카 |
① 난바 파크스 5층
② 신사이바시 다이마루 북관 6층
③ 한큐3번가 북관 1층
④ 루쿠아 8층
⑤ 텐노지 미오 4층
| 교토 |
① JR 교토역 근처 이온몰 KYOTO
　イオンモールKYOTO 2층
② 한큐 가와라마치역 근처
　후지다이마루 藤井大丸 5층
| 고베 |
① 한신 고베산노미야역 A5번 출
　구에서 도보 1분
② 우미에 1층

프랑프랑
Francfranc

한국인 관광객에게도 인기 있는 디자인 생활용품 체인점으로, 주방용품에서 가구까지 다양한 제품을 판매한다. 토끼 모양 주걱과 미키마우스 접시 등 한국인 관광객에게 핫한 아이템부터 최근 유행하는 네온사인 소품까지 다양하고 트렌디한 제품이 구비되어 있다.

홈피 www.francfranc.jp

아소코
ASOKO

저렴한 가격대에 예쁜 디자인의 생활용품을 파는 일본 잡화 브랜드. 플라잉 타이거 코펜하겐과 분위기가 비슷한 감이 있다. 가격대가 100엔대부터 시작해 전체적으로 1000엔을 넘지 않는 상품이 많은데, 할인율이 큰 세일 상품까지 다양해 구매의 유혹을 뿌리치기 힘들다. 지점이 많지 않은 것이 흠이라면 흠이다.

홈피 www.asoko-jpn.com

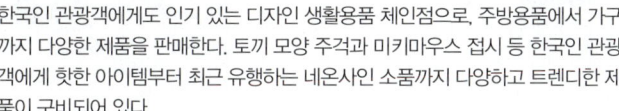

- SPOT -

| 오사카 |
만박기념공원
| 고베 |
우미에 모자이크 2층

플라잉 타이거 코펜하겐
flying tiger copenhagen

전 세계에서 인기를 끌고 있는 북유럽풍 인테리어 소품 및 잡화점이다. 차이가 크지는 않지만 한국의 매장보다 가격대가 저렴한 편이다. 총천연색의 아기자기한 잡화를 100엔대부터 시작해 매우 저렴한 가격에 만나볼 수 있다.

홈피 www.flyingtiger.jp

- SPOT -

| 오사카 |
① 아메리카무라
② 루쿠아 1100 7층
③ 아베노큐즈몰 2층
| 교토 |
JR 산조역 7번 출구에서 5분

SHOPPING

키덜트 마니아는 모여라!
덕심 차오르는 캐릭터숍

캐릭터 천국 일본에 왔다면 덕질을 위한 공식 캐릭터숍을 체크해두는 것은 인지상정. 워낙 캐릭터 산업이 발달해 있어 일본 애니메이션 캐릭터뿐만 아니라 미국이나 북유럽 캐릭터의 공식 판매점도 시내 곳곳에 위치한다.

디즈니 스토어
Disney store

애니메이션의 대명사 디즈니의 인기 캐릭터 상품을 판매하는 공식 스토어. 패션·잡화·장난감·문구 등 다양한 상품을 판매한다. 가격은 우리나라에서 해외 구매 대행으로 구입하는 것보다 약 10~30% 저렴하다.

|홈피| store.disney.co.jp

산리오 갤러리
Sanrio Gallery

헬로키티로 대표되는 산리오의 캐릭터 상품을 판매하는 곳. 특히 일본 전통 문양을 가미하거나 기모노를 입고 있는 헬로키티 디자인 등 일본에서만 만나볼 수 있는 상품이 많다. 기간 한정으로 나온 상품도 있으니 흔한 아이템이 싫다면 눈여겨볼 것.

|홈피| www.sanrio.co.jp

―― SPOT ――
| 오사카 |
① 신사이바시스지 상점가
② 헵 파이브 4층
③ 루쿠아 1100 5층
④ 아베노큐즈몰 1층
| 교토 |
한큐 가와라마치역 3A번 출구와 연결
| 고베 |
지하철 산노미야·하나도케마에역 근처 클레피 산노미야 クレフィ 三宮 5층

―― SPOT ――
| 오사카 |
① 신사이바시스지 상점가
② 다카시마야 6층
③ 한큐백화점 11층
④ 헵 파이브 4층
⑤ 아베노하루카스 타워관 8층
| 교토 |
① 한큐 가와라마치역 6번 출구 앞
② 다이마루 6층
③ 다카시마야 5층
| 고베 |
① 우미에 모자이크 2층
② 다이마루 5층
③ 소고백화점 본관 8층

돈구리 공화국
どんぐり共和国

미야자키 하야오의 애니메이션 캐릭터가 총출동한 지브리 애니메이션 마니아의 성지이다. 매장도 아기자기하고 예쁘게 꾸며져 있어 사진 찍기도, 구경하기도 좋다. 오사카 시내에 몇 개의 지점이 있지만 루쿠아 지점이 비교적 큰 편이다. 면세 혜택을 받고 싶다면 난바워크에 있는 지점으로 가는 편이 좋다.

홈피 > benelic.com/donguri

SPOT
| 오사카 |
① 난바워크
② 한큐3번가 B1층
③ 루쿠아 9층
| 교토 |
① 니넨자카
② 고죠자카 五条坂

포켓몬 센터
Pokemon Center

각종 포켓몬스터 관련 상품을 판매하는 전문 매장. 인형, 잡화부터 시작해 과자, 라면 등의 식품, 게임 소프트웨어까지 매우 다양한 품목을 취급한다. 특히 포켓몬 센터에서만 구입 가능한 한정판 상품도 있으니 천천히 둘러보자.

홈피 > www.pokemoncenter-online.com

SPOT
| 오사카 |
① 우메다 다이마루 13층
② 간사이국제공항 제터미널 2층
| 교토 |
한큐 가와라마치역 근처 다카시마야 5층

리락쿠마 스토어
Rilakkuma store

리락쿠마는 '릴랙스 relax'와 곰을 뜻하는 일본어 '쿠마 くま'를 합쳐 지은 이름으로, 이름에 걸맞게 언제나 느긋한 포즈를 취하고 있다. 쿠시카츠를 들고 있는 리락쿠마의 모습을 표현한 스트랩 등 간사이에서만 만나볼 수 있는 아이템이 있으니 눈을 크게 뜨고 찾아보자.

홈피 > www.san-x.co.jp/rilakkuma

무민 숍
MOOMIN SHOP

하마같이 생긴 무민은 북유럽 핀란드 골짜기에 사는 트롤로, 핀란드의 작가 토베 얀손의 책과 만화에 나오는 캐릭터다. 원화를 비롯해 만화 이미지를 이용해 만든 인테리어용품과 잡화를 판매하는데, 무민처럼 편안하고 따뜻한 분위기의 디자인 상품이 많다.

홈피 > benelic.com/moominshop

SPOT
| 오사카 | 루쿠아 8층

SPOT
| 오사카 |
한큐3번가 북관 B1층
| 교토 |
다이마루 6층
| 고베 |
① 한신 산노미야역 근처 센타플라자 서관 2층
② 우미에 모자이크 2층

스누피 타운숍
Snoopy Town Shop

미국 만화가 찰스 먼로 슐츠의 작품 〈피너츠〉의 공식 스토어이다. 작품의 주인공 찰리 브라운보다 더 인기 있는 비글 강아지 스누피와 관련된 굿즈가 압도적으로 많은 편이다. 인형과 장난감, 잡화, 기념품 등 작품처럼 친근하고 귀여운 디자인 상품으로 가득하다.

홈피 > town.snoopy.co.jp

SPOT
| 오사카 |
① 한큐3번가 북관 B1층
② 아베노큐즈몰 본관 3층

SHOPPING

트렌디 쇼핑 플레이스
대세는 편집숍

기획자의 역량에 따라 상품을 선별해 매장을 구성하는 편집숍.
셀렉트숍 혹은 멀티숍이라고도 하는데, 한 가지 브랜드에 머물지 않고 트렌드와 니즈에 따른
상품을 골라 보여주기에 트렌드세터들의 지지를 얻고 있다.
쇼핑의 진정한 재미를 알려주는 편집숍은 바로 이곳!

디앤디파트먼트 교토
D&DEPARTMENT KYOTO

일본 최고의 디자이너로 꼽히는 나가오카 겐메이가 선보인 라이프스타일 숍으로 마니아층이 두텁다. '롱 라이프 디자인'을 표방하는 만큼 오래 사용할 수 있으면서 지역색이 뚜렷한 제품을 선별해 놓았다. 붓코지 佛光寺라는 사찰 안에 자리해 더욱 교토스러운 분위기를 연출하며, 요리 재료를 비롯해 식기, 문구류, 의류 등 다양한 생활용품을 전시하고 있다.

발
BAL
p.335

편집숍 형태의 몰인 발 BAL은 교토에 떠오른 쇼핑 핫 플레이스. 엄선한 몇 가지 브랜드를 매우 섬세한 감각으로 선보인다. 영국의 인테리어 디자이너 테런스 콘란 경의 남다른 센스가 돋보이는 인테리어 편집숍인 더 콘란 숍 THE CONRAN SHOP을 비롯해 아기자기한 인테리어 소품을 선보이는 마두 MADU, 다양한 제품군과 널찍한 쇼핑 공간이 빛나는 무인양품 無印良品, 간단한 식사나 차를 즐기는 카페 & 밀 무지 Cafe & Meal MUJI 등이 몰을 이루고 있다.

119

SHOPPING

개성 충만, 가성비 갑
믿고 사는 센스 선물템

|

이 정도는 사와야 센스 '갑' 여행자가 아니겠나. 간사이만의 개성이 뚝뚝 흐르는 잇템들이 모두 모였다. 사랑하는 이들의 얼굴이 떠오르는 건 당연지사!

간식·차

¥2980

교토의 유명 말차 쿠키
차노카 茶の菓 20개 세트.
마르블랑슈

¥1296

차노카와 쿄사브레가
다양하게 들어있는 쿄패키지.
마르블랑슈

¥1134

아라시야마 한정 틴케이스에 담긴
차노카 9개 세트.
마르블랑슈

¥648

향기로운 꽃나무인 금목서의 꽃잎 잼.
꽃차로도 마실 수 있다.
마이 코토

¥1900
150¥

오리지널 틴케이스에 넣은 원두.
오리지널 드립 커피.
스마트 커피

¥303

설탕 과자 히가시 干菓子로 유명한
칸슌도 甘春堂의 별사탕 콘페이토.
더 큐브

¥648

각각 칡, 팥, 말차 맛의 갈분차.
물을 부어 먹는다.
더 큐브

¥648

콩과자로 유명한 마메마사 豆政의
크림 오색콩 クリーム五色豆.
더 큐브

¥892

쿠루미노키 잡화점 카쥬에서 판매
하는 사슴 캐릭터 센베.
쿠루미노키

¥986 ¥380

쿠이다오레 타로 사탕과
타로 사브레.
이치비리안

¥1274

깔끔하면서도 깊은 맛의
카푸치노 초콜릿 5개입.
요지야

¥864

꿀레몬, 말차 맛의
하치미츠 카스테라 만주 8개입.
아라시야마 리락쿠마사보

¥756

리락쿠마의 인기템인
꿀 & 레몬 마멀레이드.
아라시야마 리락쿠마사보

¥648

귀여운 패키지에 담겨
선물용으로 좋은 모나카 3개입.
카카오 365

¥969

그윽한 향이 일품인 오키나와
세라도 커피 드립백 5개입.
디앤디파트먼트 교토

미용

¥1780

유자를 사용한 요지야 기름종이.
5개(각 20장) 세트.
요지야

¥982

요지야 로고가 새겨진
금박 손거울과 주머니 세트.
요지야

¥1544

누에고치 성분으로
보습에 탁월한 핸드크림 100g.
요지야

¥1296

유자 향이
은은한 스틱형 립밤.
요지야

¥2484

일일이 손으로 깎고 다듬어
만든 핸드메이드 나무 빗.
쥬산야

¥2700

교토타워와 사찰의 탑,
신사가 그려진 파우치.
카랑코롱 교토

SHOPPING

음료 · 주류

¥800
리얼 사쿠라가 들어있는 인기 최고의
핑크빛 술, 사쿠라사라사라.
니시카 시장

¥1080
교토 전통술 판매 1위
고도천년 古都千年 사케.
우다미츠쇼텐

¥143
오사카 사이다. 일본 각 도시별
기념품으로 선호한다.
이치비리안

생활용품 · 장식품

¥1280
제60차 시키넨조타이 기념 흰 사슴
스가짱 すがちゃん 인형.
가스가타이샤

¥1300
토끼, 마이코, 갓파 모양의
귀여운 오뚝이 인형.
치리멘 세공관

¥350 ¥600
나라의 상징인
귀여운 사슴 모양 오미쿠지.
유 나카가와, 가스가타이샤

¥2490
교토의 전통 직물로 만든
초밥이 담긴 도시락 장식품.
치리멘 세공관

¥1080
마이코의 뒷모습이 수놓아진
교토 한정 손수건.
항카치 베이커리

¥500
벚꽃과 매화
나뭇가지 모양의 젓가락 받침.
모리토키칸

¥1510
빨간 티포트 로고가 그려진
유리잔 2개 세트.
이노다 커피

¥1200
본점 한정 오리지널 세트. 드립 커피
3종, 티포트 로고 행주, 컵받침 포함.
이노다 커피

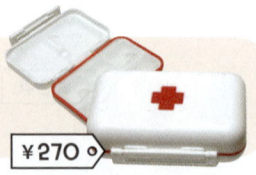
¥270
칸칸이 나뉘어 있어
유용한 다용도 약통.
아소코

¥1404
리락쿠마와 사쿠라가 그려진
머그컵.
아라시야마 리락쿠마사보

¥1404
오사카성이 그려진
도쿠리와 술잔 세트.
이치비리안

¥1620
일본 전통주를 담아 먹는
병아리 모양의 도쿠리.
로프트

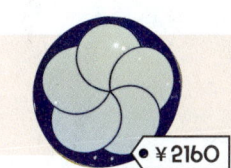  

¥2160
매화잎 모양을
유니크하게 표현한 접시.
디앤디파트먼트 교토

¥1800
치즈나 초콜릿을 녹여 먹을 수 있는
퐁듀용 그릇.
스탠다드 북스토어

¥486
오사카성 모양의
마그넷.
이치비리안

¥900
프랑프랑의
핫 아이템인 토끼 모양 주걱.
프랑프랑

¥820
스낵이나 과일을 담기 좋은
미키마우스 식판
프랑프랑

¥17280
좋은 품질로 입소문 난 글로벌 식칼.
두 종류의 칼과 칼갈이 세트.
도큐핸즈

¥6890
적당한 습도 유지에
무드등 기능이 있는 아로마 디퓨저.
무인양품

¥300
무늬와 색감이 예쁜
장바구니용 에코백.
플라잉 타이거 코펜하겐

¥842
¥1512
현지인의 정보가 가득한
교토 여행서.
케이분샤

123

TRANSPORTATION 교통

초심자도 참 쉬운 출·입국 절차 ┃ 간사이 주요 전철 파악하기 ┃ 가성비 최고의 교통편 ┃ 간사이 교통패스 꼼꼼 가이드 ┃ 간사이 베스트 여행 코스

TRANSPORTATION

미리 보면 헤맬 일 없다!
초심자도 참 쉬운 출·입국 절차

해외여행이 처음이거나 혹은 오랜만이라면 '공항에 가서 뭐부터 해야 하더라?' 기억이 가물가물할 터. 한 번만 머릿속에 시뮬레이션해보면 좀 더 여유를 갖고 출·입국할 수 있다.

출국

TIP
포켓 와이파이 수령하기

온라인에서 포켓 와이파이를 예약했다면, 출국장에 입장하기 전 반드시 단말기를 수령해야 한다. 예약 업체에서 보내주는 문자를 확인하여 공항 내 지정된 장소에서 단말기를 수령한 후 출국장으로 향하자.

1 항공사 카운터 찾기
인천국제공항에 도착해 가장 먼저 할 일 1순위.

2 탑승 수속
셀프 체크인 카운터를 이용하면 편리하다.

3 수하물 부치기
기내 반입 금지 물품은 수하물로 부치고 귀중품은 휴대하자.

4 출국장 입장
여권과 항공권을 제시한다.

5 세관 신고
귀중품이나 고가 반출품이 있을 때 신고하자.

6 보안 검색
겉옷을 벗고 소지품을 엑스레이에 통과시킨다.

7 출국 심사
여권과 항공권을 제시한다.

8 면세 구역 쇼핑
시내 면세점을 이용했다면 쇼핑한 물품을 인도받는다.

9 해당 게이트에서 탑승
항공권에 기재된 게이트, 탑승 시간 확인 후 비행기에 탑승한다.

입국

TIP
피치항공을 이용해서 제2터미널로 도착한 경우, 입국 심사 전 모노레일에 탑승할 필요가 없다. 단, 입국 절차가 모두 끝난 후 도착 출구에서 밖으로 나오면, 셔틀버스를 타고 제1터미널로 이동해야 간사이공항역으로 갈 수 있다.

1 간사이국제공항 도착
비행기에서 내려 도착 표시를 따라간다.

2 모노레일 탑승
모노레일을 타고 입국 심사장으로 이동한다.

3 입국 심사
입국카드를 제시하고 여권을 보여준다.

4 수하물 찾기
해당 클레임 벨트에서 수하물을 찾는다.

5 세관 검사
휴대품 신고서를 내고 도착 출구로 나온다.

6 1층 관광안내소
간사이 쓰루패스 등 필요한 교통 패스를 구입하고 간사이공항역으로 이동한다.

입국카드, 비행기에서 작성하자!

입국카드
❶ 영문 성 ❷ 영문 이름
❸ 생년월일 ❹ 국적
❺ 도시 ❻ 항공편명
❼ 일본에 머무는 기간
❽ 일본 내 숙소 이름
❾ 일본 내 숙소 전화번호
❿ 여권에 기재한 것과 동일한 사인

일본 입국 시 입국카드를 반드시 제출해야 하므로 비행기에서 미리 작성하면 편리하다. 입국카드는 보통 기내에서 승무원에게 받을 수 있고, 다음과 같이 빈칸을 채우면 된다. 숙소 이름과 전화번호를 중요하게 생각하므로 반드시 정확히 기재해야 한다. 입국카드와 함께 휴대품 신고서도 반드시 작성해야 한다. 반입 금지 물품이나 고가의 현금 등을 가지고 있지 않은 보통의 경우 '없음'에 체크하고, 역시 숙소 이름과 전화번호를 정확히 기재하면 된다.

TRANSPORTATION

알아두면 경로가 보인다!
간사이 주요 전철 파악하기

간사이에는 JR을 비롯해 난카이, 한큐, 한신, 킨테츠 등의 전철이 있다.
여러 노선이 복잡하게 얽혀 있고, 다른 노선 간의 환승이 편리하지 않은 경우도 많아
전철 종류를 알아두면 경로를 익히는 데 도움이 된다.

1. JR 니시니혼
JR 西日本

JR은 각 지역에 기반을 둔 사철과는 다르게 일본 전역을 연결하는 전국구 노선. 그중 서일본의 니시니혼 노선은 간사이 지역의 주요 도시를 촘촘히 연결한다.

- **연결 도시** 간사이국제공항, 오사카, 교토, 나라, 고베, 히메지, 와카야마, 시라하마 등
- **이용 패스** JR 간사이 패스, JR 간사이 미니패스
- **홈피** www.jr-odekake.net

2. 난카이 전철
南海電車

간사이국제공항에서 오사카의 중심지인 난카이 난바역으로 이동할 때 이용하는 노선이다. 그 외 와카야마, 고야산 등 오사카 남부와 와카야마현 북부 등을 연결한다.

- **연결 도시** 간사이국제공항, 오사카, 고야산, 와카야마 등
- **이용 패스** 간사이 쓰루패스(특급 이용 시 추가 요금), 요코소 오사카 티켓
- **홈피** www.nankai.co.jp

> **TIP 역명 앞에 붙는 전철 회사 이름**
>
> 일본에서는 전철역 이름 앞에 전철 회사 이름을 붙인다. 예를 들어 난카이 난바역, JR 난바역, 킨테츠 오사카난바역처럼 같은 난바역이라도 어떤 전철 노선을 이용하느냐에 따라 다른 역을 이용하게 된다. 각 역의 출입구도 다르기 때문에 주의할 필요가 있다.

한큐 전철 阪急電車 ③

오사카에서 교토, 아라시야마, 다카라즈카를 방문할 때 편리한 노선이다. 교토나 고베로 가는 노선의 경우 주요 역에만 정차하는 특급열차가 편성된다.

- **연결 도시** 오사카, 아라시야마, 교토, 고베, 다카라즈카 등
- **이용 패스** 간사이 쓰루패스, 한큐 투어리스트패스
- **홈피** rail.hankyu.co.jp

한신 전철 阪神電車 ④

오사카를 중심으로 서쪽에 있는 고베와 그 근처의 도시를 연결한다. 오사카에서 고베, 혹은 히메지에 갈 때 주로 이용한다. 특히 오사카의 한신 우메다역에서 산요 히메지역 구간을 달리는 직통특급이 있어 히메지를 방문하는 여행자에게 편리하다.

- **연결 도시** 오사카, 고베, 히메지 등
- **이용 패스** 간사이 쓰루패스, 한신 투어리스트패스
- **홈피** rail.hanshin.co.jp

킨테츠 전철 近鉄電車 ⑤

오사카를 중심으로 간사이 서부에 걸친 노선망을 갖고 있다. 오사카 난바에서 나라로 갈 때 주로 이용하며, 교토에서 나라로 갈 때도 편리하다.

- **연결 도시** 오사카, 교토, 나라
- **이용 패스** 간사이 쓰루패스
- **홈피** www.kintetsu.co.jp

케이한 전철 京阪電車 ⑥

오사카 요도야바시역에서 교토 기온시조역까지 갈 수 있지만 흔히 이용하지는 않는다. 단, 교토 기온에서 외곽에 있는 후시미이나리타이샤, 우지를 방문할 때 편리하다.

- **연결 도시** 오사카, 교토, 후시미이나리타이샤, 우지
- **이용 패스** 간사이 쓰루패스
- **홈피** www.keihan.co.jp

TIP 특급 > 급행 > 보통열차 알아두기

❶ **쾌속특급 快特 Limited Express > 특급 特急 Limited Express**
도착역까지 거의 직통 운행하는 가장 빠른 열차. 추가 요금을 내고 특급권을 구입하는 경우가 많다. 쾌속특급은 특급의 한 단계 상위 열차를 말한다.

❷ **쾌속급행 快速急行 Rapid Express > 쾌속 快速 Rapid Express > 급행 急行 Express**
정차하는 역이 적은 빠른 열차. 추가 요금 없이 탈 수 있는 열차 중에 가장 빠르다. 쾌속급행은 쾌속보다 한 단계 상위 열차를 말한다.

❸ **준급행 準急 Semi Express > 보통 普通 Local = 각 역 정차 各駅停車 Local**
속도가 보통인 열차. 준급행은 서는 역이 보통보다 조금 적을 뿐, 많이 빠르진 않다.

TRANSPORTATION

간사이 도시 간 이동 시
가성비 최고의 교통편

교통비가 비싼 일본에서는 역시 '가성비'가 최고의 선택 기준.
저렴하지만 너무 복잡한 것, 편리하지만 너무 비싼 것도 제외했다.
가격 대비 가장 효율적이라 도시 간 이동 시 가장 많이 이용하는 교통수단만 쏙쏙 뽑아 정리했다.

공항에서 오사카 갈 땐 난카이 전철이 최고!

소요 시간
간사이공항역 → 난카이 난바역 43분

요금
일반 티켓 920엔

구입
일반 티켓 간사이공항역 난카이 티켓오피스

✔ 이렇게 타세요!

1 공항 도착 로비에서 철도 鉄道 표식을 따라 2층으로 올라간다.

2 D 출입구 유리문을 통과해 다리를 건너 간사이공항역으로 간다.

3 난카이 티켓오피스에서 난바행 공항급행 티켓을 구입한다. 자동판매기 이용도 어렵지 않다.

4 티켓오피스 맞은편의 난카이 개찰구로 간다.

5 동그라미 표시가 된 개찰구 투입구에 티켓을 넣고 통과한다.

6 난바 방면 1, 2번 승강장으로 내려간다. 승강장 위치는 변동될 수 있으니 꼭 확인하자.

7 오사카 난바 大阪なんば행 공항급행열차에 탑승한다.

공항에서 교토 갈 땐 JR특급 하루카가 최고!

소요 시간
간사이공항역 → 교토역
1시간 15분

요금
이코카 & 하루카 편도 3600엔, 왕복 5200엔(이코카 카드 충전액 2000엔 포함)
일반 티켓 편도 자유석 2850엔

구입
이코카 & 하루카 간사이공항역 JR 티켓오피스
일반 티켓 간사이공항역 JR 자동판매기

> **TIP** 이코카 & 하루카의 요금은 충전식 교통카드 개념의 2000엔짜리 이코카 카드가 포함된 금액이므로 편도 1600엔이 되는 셈이다. 일반 티켓 편도 자유석보다 저렴하고, 편도 2550엔의 리무진버스에 비해서도 합리적인 가격이다.

✔ **이렇게 타세요!**

1 공항 도착 로비에서 철도 鉄道 표식을 따라 2층으로 올라간다.

2 D 출입구 유리문을 통과해 다리를 건너 간사이공항역으로 간다.

3 JR 티켓오피스에서 이코카 & 하루카 패스를 구매한다.

4 JR 티켓오피스 맞은편의 JR 개찰구로 간다.

5 하루카 티켓을 개찰구 투입구 投入口에 통과시킨다

6 교토행 4번 승강장으로 내려간다. 승강장 위치는 변동될 수 있으니 꼭 확인하자.

7 교토 京都행 JR특급 하루카를 탄다.

TRANSPORTATION

오사카에서 교토 갈 땐 한큐 전철이 최고!

소요 시간
한큐 우메다역 → 가와라마치역 45분

요금
일반 티켓 400엔
간사이 쓰루패스·한큐 투어리스트패스 무료 탑승

구입
일반 티켓 한큐 우메다역 자동판매기
간사이 쓰루패스·한큐 투어리스트패스 간사이국제공항 1층 관광안내소, 한큐 우메다역 관광안내소 등

✓ 이렇게 타세요!

1 우메다역에 도착해 한큐 阪急 표식을 따라 한큐 우메다역으로 간다.

2 패스 구매, 혹은 티켓 발권 후 개찰구를 통과한다.

3 가와라마치행 열차 시간표를 확인한다. 빨간색이 특급이다.

4 해당 승강장으로 간다. 교토 가는 열차의 승강장은 1, 2, 3번. 그중 특급열차는 1번이다. 승강장 위치는 변동될 수 있으니 꼭 확인하자.

5 가와라마치 河原町행 특급 特急열차에 탑승한다.

오사카에서 고베 갈 땐 한신 전철이 최고!

소요 시간
한신 우메다역 → 산노미야역 30분
한신 오사카난바역 → 산노미야역 45분

요금
일반 티켓 320엔(한신 우메다역 → 산노미야역) / 410엔(한신 오사카난바역 → 산노미야역)
간사이 쓰루패스·한신 투어리스트패스 무료 탑승

구입
일반 티켓 해당역 자동판매기
간사이 쓰루패스·한신 투어리스트패스 간사이국제공항 1층 관광안내소 등

✓ 이렇게 타세요! (한신 우메다역 기준)

1 한신 우메다역 표지판을 따라 간다.

2 티켓 발권 후 개찰구를 통과한다.

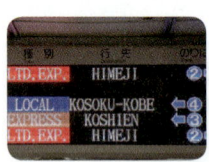

3 히메지행 승강장 위치를 확인한다.

4 히메지행 직통특급 特急열차를 타고 산노미야역에 하차한다.

TIP 오사카에서 고베로 갈 때는 한큐 우메다역에서 출발하는 한큐 전철을 이용해도 좋다. 단, 한신 전철이 한신 우메다역과 한신 오사카난바역에서 출발해 선택의 폭이 넓고, 한신 투어리스트패스 1일권의 가격이 한큐보다 300엔 저렴한 것 때문에 여기서는 좀 더 자세히 다뤘다. 한신과 한큐 모두 간사이 쓰루패스로 무료 탑승이 가능하다.

오사카에서 나라 갈 땐 킨테츠가 최고!

소요 시간
킨테츠 오사카난바역 → 킨테츠 나라역 40분

요금
일반 티켓 560엔
간사이 쓰루패스 무료 탑승

구입
일반 티켓 킨테츠 오사카난바역 자동판매기
간사이 쓰루패스 간사이국제공항 1층 관광안내소

✓ **이렇게 타세요!**

 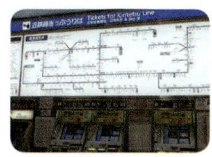 

1 킨테츠 오사카난바역에서 킨테츠선 近鉄線 표지판을 따라 지하 2층으로 간다.

2 표지판에서 운임을 체크하고 자동판매기에서 티켓을 발권한다. 간사이 쓰루패스 소지자는 바로 개찰구를 통과한다.

3 전광판에서 나라행 열차 승강장과 발차 시간을 확인한다. 보통은 1, 2번 승강장이다. 변동될 수 있으니 꼭 확인하자.

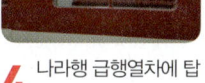 

TIP JR 오사카역, 텐노지역에서도 나라로 가는 JR을 탈 수 있다. JR 간사이 패스나 JR 간사이 미니패스가 있다면 당연히 JR을 타는 게 합리적이다. 단, 도다이지까지의 거리를 따져보면 킨테츠 나라역에 비해 JR 나라역이 다소 멀다는 것은 염두에 두자.

4 나라행 급행열차에 탑승한다.

5 킨테츠 나라역에 하차한다.

교토에서 나라 갈 땐 킨테츠가 최고!

소요 시간
킨테츠 교토역 → 킨테츠 나라역 50분

요금
일반 티켓 620엔
간사이 쓰루패스 무료 탑승

구입
일반 티켓 킨테츠 교토역 자동판매기
간사이 쓰루패스 간사이국제공항 1층 관광안내소

✓ **이렇게 타세요!**

1 교토역 2층에서 표지판을 따라 간다.

2 자동판매기에서 티켓을 발권한다. 간사이 쓰루패스 소지자는 바로 개찰구를 통과한다.

3 승강장 위치를 확인한다. 나라행 급행열차는 보통 3, 4번이다. 변동될 수 있으니 꼭 확인하자.

4 나라행 급행열차에 탑승해 킨테츠 나라역에 하차한다.

TIP JR 간사이 패스나 JR 간사이 미니패스가 있다면 JR 교토역에서 JR 나라역까지 가는 JR 쾌속열차 미야코지 みやこ路를 무료로 이용할 수 있다. 쾌속열차는 45분, 보통열차는 1시간 정도 소요된다.

TRANSPORTATION

모르면 100% 손해!
간사이 교통패스 꼼꼼 가이드

종류가 너무 많아 언뜻 보면 헷갈리는 간사이 교통패스.
필요에 따라 어떤 패스를 구입하는 게 가장 좋을지, 핵심 패스만 골라 꼼꼼하게 분석했다.

JR 빼고 거의 다 되는 슈퍼 패스 간사이 쓰루패스

간사이국제공항 ↔ 오사카 | 오사카 | 교토 | 고베 | 나라 | 히메지 | 와카야마

오사카를 중심으로 교토, 고베, 나라 등을 여행할 때 JR을 제외한 한신, 한큐, 난카이 전철 등을 사용 기한 동안 무제한 이용할 수 있는 슈퍼 교통패스. 전철과 지하철, 게다가 버스까지 광범위하게 사용할 수 있으므로 여러 도시를 여행하면서 시내에서의 이동도 잦다면 매우 유용하다. 다만, 가격이 다소 비싸기 때문에 동선의 폭이 적거나 전철, 혹은 버스만 이용하는 일정이라면 다른 패스와 비교해보는 것이 좋다. 물론 이것저것 계산하고 일정별 다른 패스를 구매할 여유가 없다면 역시 가장 편한 패스다.

※ **이용 불가** JR, 난카이 라피토, USJ 셔틀버스, 고베 시티루프버스, 나라 시내버스, 공항 리무진버스

요금	국내	2일권 4300엔, 3일권 5300엔
	일본	2일권 4400엔, 3일권 5500엔
구입	국내	여행사, 온라인몰
	일본	간사이국제공항 1층 관광안내소, 간사이공항역 난카이 전철 창구, 난바역 관광안내소, 한큐 우메다역 관광안내소 등
사용		현지에서 교환 없이 바로 개찰기에 통과시키면서 사용한다(당일 24:00까지를 1일로 간주). 유효기간 내라면 비연속적(월요일 개시라면 월·목·금요일)으로 사용할 수 있다.
홈피		www.surutto.com

JR 3일 무제한 승차권 JR 간사이 미니패스

간사이국제공항 ↔ 오사카 | 오사카 | 교토 | 고베 | 나라

오사카, 교토, 고베, 나라를 여행하는 3일 동안 JR을 무제한 이용할 수 있는 한국인을 위한 교통패스. JR의 신쾌속, 쾌속, 보통열차를 이용할 수 있지만 JR특급 하루카는 이용할 수 없다. 또 오사카 지하철을 이용하지 못하는 것이 아쉽지만, 도시 간 이동이 많다면 최고의 가성비를 보여준다. 또한, 오사카 시내에서 유니버설 스튜디오 재팬에 갈 때도 유용하다. 관광지 할인 특전은 덤이다.

※ **이용 불가** 신칸센, JR특급 하루카, 타사 전철, 오사카 지하철, 버스

요금	3일권	3000엔
구입	국내	여행사, 온라인몰
	일본	구입 불가
사용		우리나라에서 구입 시 받은 교환권을 일본 입국 후 정해진 교환소에서 여권과 함께 제시하고 패스를 받는다. 사용 개시일로부터 3일 동안 연속(월요일 개시라면 월·화·수요일)해서 쓸 수 있다.

'JR 간사이 미니패스'의 업그레이드 버전 JR 간사이 패스

간사이국제공항 ↔ 오사카·교토 | 오사카 | 교토 | 고베 | 나라 | 히메지 | 와카야마

기본적인 기능은 JR 간사이 미니패스와 똑같지만, 이용 구간이 더 넓고 열차 등급도 업그레이드된 버전이다. 가장 큰 차이점은 간사이국제공항에서 오사카 또는 교토로 갈 때 편리한 JR특급 하루카를 탈 수 있다는 것. 1일권부터 4일권까지 종류가 다양해서 일정에 맞게 선택할 수 있다.

※ **이용 불가** 신칸센, 타사 전철, 오사카 지하철, 버스

요금	1일권	2200엔	3일권	5300엔
	2일권	4300엔	4일권	6300엔
구입	국내	여행사, 온라인몰		
	일본	간사이공항역, JR 오사카역, 교토역 등 JR 서일본의 주요 역. 단, 국내 구입 요금보다 대체로 비싼 편이다.		
사용		구입 시 받은 교환권을 일본 입국 후 정해진 교환소에서 여권과 함께 제시하고 패스를 받아 사용한다.		
홈피		www.westjr.co.jp/global/kr		

TRANSPORTATION

특급 라피트 승차권 + 오사카1일 승차권 요코소 오사카 티켓

간사이국제공항 ↔ 오사카 | 오사카 시내

간사이국제공항에서 난카이 난바역까지 가는 난카이 특급 라피트 편도 승차권과 오사카 시내의 지하철, 버스의 모든 노선 1일 무제한 승차권이 합쳐진 패스. 오사카성, 우메다 스카이빌딩, 오사카 수상버스 등 유명 관광지 입장 시 요금이 할인된다.

요금	1650엔	
구입	국내	여행사, 온라인몰
	일본	간사이국제공항 난카이 티켓오피스
사용		국내 구입 시 받은 교환권을 간사이공항역 2층 난카이 티켓오피스에서 라피트 편도 승차권과 오사카 1일 승차권으로 교환받아 사용한다. 라피트 승차권은 교환 당일 지정한 시간에만 이용할 수 있고, 오사카 1일 승차권은 교환 당일 또는 다음날 이용할 수 있다. 티켓을 개시한 당일 자정까지 이용할 수 있다.

교토로 바로 가는 여행자에겐 최고! 이코카 & 하루카

간사이국제공항 ↔ 교토·오사카 | 간사이 시내

JR특급 하루카 승차권과 일본의 티머니와 같은 '이코카 카드'가 결합된 상품. 이코카 카드는 JR, 전철, 지하철, 버스, 편의점 등 사용 범위가 무궁무진한 충전식 카드로, 간사이 지역의 거의 모든 교통수단을 이용할 수 있는 게 큰 장점이다. JR특급 하루카 승차권은 교토 갈 때 가장 유용하고 가격도 합리적이다.

요금		간사이국제공항 → JR 교토역 편도 3600엔, 왕복 5200엔 간사이국제공항 → JR 텐노지역 편도 3100엔, 왕복 4200엔 간사이국제공항 → JR 신오사카역 편도 3300엔, 왕복 4600엔 ※ 이코카 카드 2000엔 포함 동일
구입	국내	여행사
	일본	간사이공항역 JR 티켓오피스, JR 난바역, 텐노지역, 신오사카역, 교토역 등
사용		간사이공항역 JR 티켓오피스에서 구매 후 이용한다. 우리나라에서 구입한 경우에도 메일로 받은 바우처를 간사이공항역 JR 티켓오피스에서 실물 티켓으로 교환해야 한다. 이코카 카드는 금액을 충전해 계속 쓸 수 있으며, 이코카 카드를 계속 사용하지 않는다면 충전 금액을 모두 소진한 후 500엔의 보증금을 구입처에서 돌려받을 수 있다.
홈피		www.westjr.co.jp/global/kr/ticket/icoca-haruka

오사카에서 주변 도시로 여행 갈 때 한큐 투어리스트패스

오사카 ↔ 교토·고베

한큐 전철의 모든 노선을 하루 동안 무제한 이용할 수 있는 패스. 오사카에서 교토나 고베로 갈 때 이용하면 편리하다. 오사카에서 교토로 가는 노선은 한큐 우메다역에서 가와라마치역까지, 한큐 우메다역에서 카츠라역 환승 후 아라시야마역까지 갈 때 매우 유용하다. 오사카에서 고베로 갈 때는 한큐 우메다역에서 탑승해 산노미야역에 정차하면 된다.

요금	1일권	800엔
	2일권	1400엔
구입	국내	여행사, 온라인몰
	일본	간사이국제공항 1층 관광안내소, 한큐 우메다역 관광안내소
사용		현지에서 교환 없이 바로 개찰기에 통과시키면서 사용한다(당일 24:00까지를 1일로 간주). 2일권은 유효 기간 내에 비연속적(월요일 개시라면 월·수요일)으로 사용할 수 있다.
홈피		www.hankyu.co.jp/global/kr/tickets/information/index.html#ticket01

하루 안에 고베만 다녀온다면 한신 투어리스트패스

오사카 ↔ 고베

한신 전철에서 운영하는 모든 노선을 하루 동안 무제한 승차할 수 있는 패스. 오사카에서 하루 안에 고베만 다녀올 때 가장 가성비 좋은 패스다.

요금		500엔
구입	국내	여행사, 온라인몰
	일본	간사이국제공항 1층 관광안내소, 빅카메라 난바점
사용		현지에서 교환 없이 바로 개찰기에 통과시키면서 사용한다(당일 24:00까지를 1일로 간주).
홈피		www.hanshin.co.jp/global/korea/tourist/#no2

TRANSPORTATION

시내 교통 무제한 이용, 무료 입장은 덤 오사카 주유패스

오사카 시내

사용 기한 동안 전철·지하철·버스를 무제한 이용할 수 있기에 하루나 이틀 오롯이 오사카 시내의 관광 명소를 둘러보는 일정을 세운다면 이 패스가 유용하다. 다만, 무료 입장 가능한 곳이 다양하긴 하지만 무리하게 다녀도 3분의 1 이상 둘러보기 어려우므로 홈페이지에서 무료 입장 명소를 확인한 후 하루에 서너 군데 이상 갈 수 있다면 구입할 가치가 있다. 예를 들어 여행자가 많이 이용하는 톤보리 리버크루즈(900엔), 우메다 스카이빌딩 공중정원 전망대(1000엔), 헵 파이브 관람차(500엔), 오사카성(600엔)을 하루 안에 간다면 패스를 사용하는 게 이득이다.

요금	1일권	2700엔
	2일권	3600엔
구입	국내	여행사, 온라인몰
	일본	각 지하철역 정기권 발매소, 난바역 관광안내소(난카이 난바역 앞 난카이터미널빌딩 1층)
사용		현지에서 교환 없이 바로 개찰기에 통과시키면서 사용한다(당일 24:00까지를 1일로 간주). 2일권은 연속(월요일 개시라면 월·화요일) 사용만 가능하므로 여행 일정을 잘 생각해서 사용하자.
홈피		www.osaka-info.jp/osp/kr/index.html

무제한 교통권에 관광지 할인까지 오사카 1~2일 승차권

오사카 시내

1~2일 동안 오사카 시내 지하철, 버스를 무제한 이용할 수 있는 외국인 전용 패스. 지하철 1구간 요금이 180엔이므로 오사카 주유패스를 구입하지 않고 시내 여러 곳을 여행할 예정이라면 유용하다. 오사카성, 우메다 스카이빌딩 공중정원 전망대, 츠텐카쿠, 시텐노지 등 30개 관광 명소 입장료도 할인받을 수 있다.

요금	1일권	700엔
	2일권	1300엔
구입	국내	여행사, 온라인몰
	일본	간사이국제공항 1층 관광안내소, 다이마루(신사이바시) 관광안내소
사용		현지에서 교환 없이 바로 개찰기에 통과시키면서 사용한다(당일 24:00까지를 1일로 간주).
홈피		subway.osakametro.co.jp/ko/guide/fare/planned_ticket/otoku-joshaken_tsunen.php

교토 버스1일 무제한 탑승권
시버스·교토버스 1일 승차권

교토 시내

교토 시내의 시버스와 교토버스를 하루 동안 무제한 이용하는 패스. 간사이 쓰루패스를 구입하지 않고 교토 균일 운임 구간 내를 여행할 생각이라면 매우 유용하다. 버스 1회 승차 기본요금이 230엔이므로 세 번 이상 버스를 타면 무조건 이득이다.

요금		600엔
구입	국내	여행사, 온라인몰
	일본	JR 교토역 관광안내소, JR 교토역 앞 티켓오피스, 한큐 가와라마치역 관광안내소, 버스 안에서 운전기사에게 구입
사용		버스에서 내릴 때 운전기사 옆의 티켓 투입구에 승차권을 통과시킨다.

교토 어디든 못 갈 곳이 없다
교토 지하철·버스 1일 승차권

교토 시내

시버스, 교토버스는 물론 교토 지하철까지 하루 동안 무제한 이용할 수 있는 통합 교통패스. 버스로 가기에 불편했던 구간까지 지하철로 찾아다닐 수 있어 교토 어디든 못 갈 곳이 없다. 또한 오하라, 이와쿠라 등 요금이 다소 비싼 장거리 구간까지도 추가 요금 없이 이용할 수 있다.

요금	1일권	900엔
	2일권	1700엔
구입		JR 교토역 관광안내소, JR 교토역 앞 티켓 오피스, 교토 각 지하철역
사용		버스에서 내릴 때 운전기사 옆의 티켓 투입구에 승차권을 통과시킨다. 지하철 개찰구 역시 티켓 투입구에 승차권을 통과시키면 된다.

고베 주요 명소 완전정복
시티루프버스 1일 승차권

고베 시내

고베의 주요 명소만 골라 다니는 관광버스인 시티루프버스를 하루 동안 무제한 탑승할 수 있는 패스. 버스 1회 기본요금이 260엔이므로 버스를 세 번 이상 탑승할 계획이라면 구입하는 게 이득이다. 고베 시티루프버스는 간사이 쓰루패스와 이코카 카드를 사용할 수 없다.

요금	660엔
구입	시티루프버스 안에서 안내원에게 구입, JR 산노미야역 1층 고베시 종합 관광안내소
노선	카모메리아 → 하버랜드 → 미나토모토마치역 앞 → 난킨마치 → 옛 거류지 → 산노미야 센타가이 → 지하철 산노미야역 앞 → 기타노코보노마치 → 기타노자카 → 기타노이진칸 → 누노비키허브엔 → 신고베역 앞 → 지하철 산노미야역 앞 → 고베시청 앞 → 모토마치 상점가 → 메리켄 파크 → 고베 포트타워 앞
운행	출발 기준 평일 09:00~17:34, 주말 09:00~19:00
사용	버스에서 내릴 때 운전기사에게 제시
홈피	kobecityloop.jp/kr

TRANSPORTATION

입맛대로 즐기자!
간사이 베스트 여행 코스

간사이 전 지역을 아우르는 여행 코스 중 가장 선호도 높은 것만 골라 소개한다. 기본적으로 볼거리 위주의 굵직한 동선을 다소 빡빡하게 제시하고 있으므로 각자의 상황과 입맛에 맞게 선택해 여행의 큰 밑그림을 그려보자.

주말에 하루 휴가를 더해 2박 3일

주말에 하루만 더 휴가를 내고 2박 3일 동안 도시별 핵심 볼거리를 쏙쏙 뽑아 즐기는 일정이다. 오사카에 숙소를 두고 낮 동안 주변 도시를 여행한 후 오사카에 돌아와 밤 문화를 즐겨보자. 간사이 쓰루패스 2일권 또는 한큐 투어리스트패스 2일권을 사용하고, 교토에선 지하철·버스 1일 승차권을 사용하면 효율적이다.

DAY 1 고베

전철 43분 → ❶ 11:30 간사이국제공항 도착
전철 30분 → ❷ 13:00 오사카 도착
도보 15분 → ❸ 14:50 고베산노미야역
시티루프버스 10분 → ❹ 15:10 가자미도리노야카타

도보 10분 → ❺ 17:00 모토마치 상점가 & 난킨마치
도보 1분 → ❻ 18:00 우미에 & 모자이크
→ ❼ 19:00 하버랜드

오사카에 도착해 숙소에 짐을 맡긴 후 바로 한큐 전철을 타고 고베로 가서 주요 볼거리를 돌아본다. 고베를 여행한 후 오사카로 돌아와 도톤보리나 우메다 같은 번화가에서 맥주 한잔으로 하루를 마무리하자.

DAY 2 교토

전철 45분 → 버스 35분 → 버스 40분 → 버스 15분

❶ 07:50 한큐 우메다역
❷ 08:30 가와라마치역
❸ 09:30 킨카쿠지
❹ 11:00 긴카쿠지

도보 10분 → 도보 10분 → 도보 5분 →

❺ 14:00 기요미즈데라
❻ 15:00 산넨자카·니넨자카
❼ 16:00 야사카진자
❽ 16:30 하나미코지

교토에서 꼭 봐야 할 3대 사찰인 킨카쿠지, 긴카쿠지, 기요미즈데라를 포함해 일본 감성 가득한 산넨자카·니넨자카, 하나미코지 거리까지 포함한다. 교토의 핵심 볼거리를 하루 만에 정복한다고 해도 과언이 아니다.

DAY 3 오사카

지하철 7분 → 지하철 7분 → 도보 3분 → 도보 5분 →

❶ 09:00 오사카성
❷ 11:00 우메다
❸ 13:00 신사이바시
❹ 14:00 도톤보리

❺ 15:30 간사이국제공항으로 출발

아침 일찍 체크아웃한 후 숙소에 짐을 맡겨놓고 오사카성을 방문한 후 우메다, 신사이바시, 도톤보리 지역을 돌아보자. 시간이 촉박하다면 우메다나 신사이바시 중 하나의 지역만 선택하는 것도 좋다.

TRANSPORTATION

알짜 명소만 단박에 훑어보는 **3박 4일**

여행자들이 가장 선호하는 3박 4일 일정 동안 오사카, 교토, 나라, 고베까지 간사이 핵심 지역을 모두 둘러보는 알차고 베이직한 코스. 역시 오사카를 베이스 캠프로 삼고 주변 도시를 둘러본 후 일정이 끝나면 오사카에서 밤문화를 즐기는 게 효율적이다. 간사이 쓰루패스 3일권을 이용하면 편리하고 효율적이다.

DAY 1 나라

- 전철 43분 → ❶ 11:30 간사이국제공항 도착
- 전철 50분 → ❷ 13:00 오사카 도착
- 도보 15분 → ❸ 14:30 킨테츠 나라역
- 도보 5분 → ❹ 15:15 고후쿠지
- 도보 20분 → ❺ 16:00 도다이지
- 도보 25분 → ❻ 17:30 가스가타이샤
- 전철 50분 → ❼ 18:30 오사카로 출발
- 지하철 2분 → ❽ 19:30 신세카이
- ❾ 21:00 아베노하루카스

오사카에 도착해 숙소에 짐을 맡긴 후 곧바로 나라로 간다. 나라 공원을 중심으로 주요 명소를 둘러보는 데는 3~4시간 정도 소요된다. 일정을 마치고 오사카로 돌아온 후에는 신세카이에서 오사카의 옛 풍경과 야경을 즐겨보자.

DAY 2 히메지·고베

- 전철 100분 → ❶ 07:30 한신 우메다역
- 도보 15분 → ❷ 09:20 산요 히메지역
- 도보 1분 → ❸ 09:40 히메지성
- 전철 70분 → ❹ 12:00 고코엔
- 도보 15분 → ❺ 14:00 한신 산노미야역
- 도보 25분 → ❻ 14:30 가자미도리노야카타
- 도보 15분 → ❼ 16:40 모토마치 상점가
- 도보 10분 → ❽ 17:40 메리켄 파크
- 도보 1분 → ❾ 18:00 우미에 & 모자이크
- ❿ 19:00 하버랜드

히메지성과 고베를 둘러보는 인기 코스로 간사이 쓰루패스의 위력을 십분 활용할 수 있다. 만약 아리마 온천을 일정에 포함하고 싶다면 히메지성 일정과 대체하면 된다.

DAY 3 교토

전철 45분
① 08:00 한큐 우메다역

도보 7분
② 08:50 한큐 아라시야마역

도보 3분
③ 09:00 도게츠교

도보 10분
④ 09:20 텐류지

도보 7분
⑤ 10:00 노노미야진자 · 치쿠린

버스 60분
⑥ 11:00 오코치산소

도보 2분
⑦ 12:30 기요미즈데라

도보 10분
⑧ 13:30 산넨자카 · 니넨자카

도보 10분
⑨ 14:30 고다이지

도보 10분
⑩ 15:30 지온인

도보 10분
⑪ 16:30 야사카진자

도보 15분
⑫ 17:00 시조도리

도보 5분
⑬ 18:00 신교고쿠도리

⑭ 19:00 폰토초

> 교토에서 가장 인기 있는 여행지 두 구역을 여행하는 코스. 아침 일찍 아라시야마에 방문한 후 오후에 기요미즈데라에서 기온에 이르는 산책로를 즐겨보자.

DAY 4 오사카

지하철 7분
① 09:00 오사카성

지하철 7분
② 11:00 우메다

도보 3분
③ 12:00 신사이바시

도보 5분
④ 13:00 도톤보리

⑤ 14:30 간사이국제공항으로 출발

> 아침 일찍 숙소 체크아웃하면서 짐을 맡겨놓고 오사카성으로 향하자. 이후 우메다, 신사이바시, 도톤보리 지역에서 마지막 쇼핑을 즐긴 후 숙소에서 짐을 찾아 공항으로 이동하면 된다.

TRANSPORTATION

구석구석 색다른 명소를 즐기는 **4박 5일**

간사이 지역에는 널리 알려진 유명 관광지 외에도 구석구석 색다른 명소가 있으므로 시야를 좀 더 넓혀 새로운 코스를 만들어보자. 여기서 꼭 가보고 싶었던 명소가 포함된 각각의 하루 코스를 선택한 후 앞에서 소개한 베이직한 일정과 조합해 자신만의 최적의 코스를 만들어도 좋다.

DAY 1 오사카

전철 43분
① 11:30 간사이국제공항 도착

지하철 5분
② 13:00 오사카 도착

도보 10분
③ 13:30 텐진바시스지 상점가

지하철 15분
④ 14:00 나카자키초

도보 15분
⑤ 15:00 시텐노지

도보 7분
⑥ 16:00 아베노하루카스

도보 10분
⑦ 17:00 텐노지 공원

도보 10분
⑧ 17:30 신세카이

도보 5분
⑨ 19:00 덴덴타운

도보 10분
⑩ 19:30 난바 파크스

⑪ 20:30 도톤보리

숙소에 짐을 맡긴 후 현지인 맛집이 숨어 있는 텐진바시스지 상점가와 핫하게 떠오른 나카자키초를 둘러보자. 이후 텐노지와 신세카이 지역을 돌며 오사카의 옛 정취를 느끼고, 덴덴타운과 난바, 도톤보리 일대를 걸으며 늦은밤까지 분위기를 즐겨보자.

DAY 2 다카라즈카 아리마 온천 롯코산

전철 35분
① 09:00 한큐 우메다역

도보 7분
② 09:50 한큐 다카라즈카역

도보 2분
③ 10:00 다카라즈카 대극장

전철 30분
④ 11:00 데즈카 오사무 기념관

전철 45분
⑤ 12:30 고베산노미야역

⑥ 13:30 아리마 온천

로프웨이 15분
⑦ 16:30 롯코산

아침 일찍 다카라즈카로 이동해 다카라즈카 대극장과 아톰으로 유명한 데즈카 오사무 기념관 등을 방문한 후 아리마 온천을 찾아가자. 느긋하게 온천을 즐긴 후 롯코산으로 올라가 산속의 자연과 고베의 백만불짜리 야경을 즐긴 후 돌아오면 된다.

DAY 3 오하라 우지

- 전철 45분
- **1** 08:00 한큐 우메다역
- 버스 60분+도보 10분
- **2** 08:50 가와라마치역
- 도보 3분
- **3** 10:00 산젠인
- 버스 60분
- **4** 11:15 호센인

- 전철 50분
- **5** 13:30 케이한 산조역
- 도보 10분
- **6** 14:30 케이한 우지역
- 도보 10분+전철 70분
- **7** 14:45 뵤도인
- **8** 18:00 나카노시마 공원

교토 외곽의 오하라와 우지는 크게 붐비지 않으면서 만족도 높고 개성 넘치는 관광지. 교토에서 케이한 전철을 타고 각 지역으로 이동하게 되는데, 관광에 소요되는 시간에 비해 이동 시간이 많은 편임을 염두에 두자. 오사카로는 초저녁에 돌아와 나카노시마 공원 주변에서 식사하고, 강변 야경을 즐긴 뒤 하루를 마무리한다.

DAY 4 고야산

- 전철 92분+케이블카 5분
- **1** 09:00 난카이 난바역
- 버스 25분+도보 35분
- **2** 10:40 고야산역
- 도보 35분+버스 15분
- **3** 11:30 오쿠노인
- 도보 3분
- **4** 14:00 센주인바시 정류장

- 도보 5분
- **5** 14:10 곤고부지
- 도보 15분
- **6** 15:10 단조가란
- 버스 20분
- **7** 16:00 다이몬
- 케이블카 5분+전철 92분
- **8** 17:00 고야산역
- **9** 18:50 도톤보리

난카이 난바역에서 고야센 쾌속급행열차를 이용해 종점인 고쿠라쿠바시역까지 간다. 여기서 케이블카로 갈아타면 고야산역으로 갈 수 있다. 고야산 일대의 주요 관광지를 돌아볼 때는 린칸버스를 이용하면 된다. 저녁에 난바역으로 돌아와 도톤보리와 신사이바시스지 상점가 일대를 돌아보자.

DAY 5 오사카

- 전철 45분
- **1** 09:00 난카이 난바역
- 도보 6분
- **2** 09:45 린쿠타운역
- 버스 20분
- **3** 10:00 린쿠 프리미엄 아웃렛
- **4** 14:30 간사이국제공항으로 출발

아침 일찍 일어나 체크아웃한 후 곧바로 린쿠 프리미엄 아웃렛으로 가 쇼핑을 즐긴 뒤 셔틀버스(200엔)를 타고 바로 간사이국제공항으로 이동하는 일정이다. 쇼핑에 심취해 비행기 출발 시간에 늦지 않도록 주의해야 한다.

오사카

1

도톤보리 · 난바

신사이바시

우메다

오사카성

텐노지 · 신세카이

QUICK VIEW
오사카 한눈에 보기

일본 열도의 중심에 자리 잡은 오사카는 동쪽으로 나라, 북동쪽으로 교토, 서쪽으로는 고베, 남쪽으로는 와카야마와 접하고 있어, 간사이 여행의 중심이 된다.

AREA 1 도톤보리·난바 道頓堀·難波

오사카 하면 가장 먼저 떠오르는 번화가이다. 재미있는 풍경을 선사하는 화려한 거리에는 수많은 맛집이 즐비해 365일 여행자로 붐빈다. 식사를 비롯해 디저트와 이자카야까지 하루 종일 먹방에 가장 충실한 지역이자 거리 자체가 볼거리이다.

AREA 2 신사이바시 心斎橋

오사카 쇼핑의 중심지로, 남북으로 길게 형성된 아케이드 상점가 신사이바시스지를 중심으로 아메리카무라, 호리에, 미나미센바 지역을 포함한다. 맛집을 비롯해 분위기 좋은 카페도 곳곳에 숨어 있어 쇼핑과 식사, 커피를 함께 즐기기 좋다.

AREA 3 우메다 梅田

JR 오사카역을 중심으로 7개의 역이 밀집해 있는 오사카의 관문이다. 높게 솟은 빌딩 숲 아래 쇼핑을 즐길 수 있는 명소가 숨어 있다. 최근에는 주변 지역이 고급 맛집, 카페 거리, 강변 카페 등의 테마로 활성화되면서 즐길거리가 더욱 다양해졌다.

AREA 4 오사카성 大阪城

찬란했던 오사카의 역사를 되돌아보게 해주는 오사카성을 중심으로 도심 속의 오아시스라고 할 수 있는 푸른 공원이 넓게 펼쳐져 있다.

AREA 5 텐노지·신세카이 天王寺·新世界

1960년대로 돌아간 듯한 묘한 분위기를 간직한 곳. 오사카 서민들의 생활상과 저렴하고 맛난 간식거리를 만나볼 수 있다. 최근 초대형 쇼핑센터가 들어서며 다양한 분위기를 즐길 수 있는 공간으로 거듭났다.

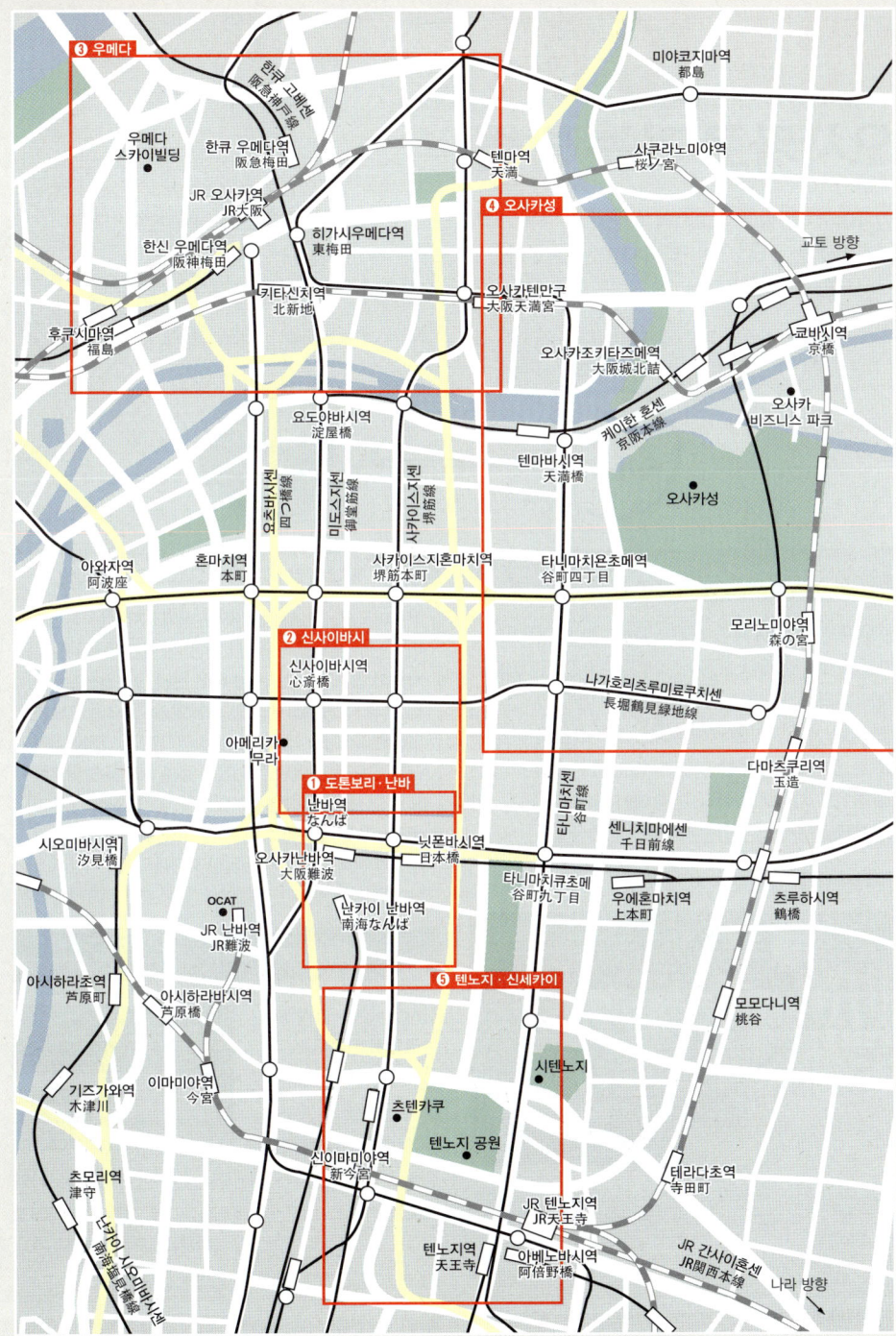

HOW TO GO
오사카로 가는 방법

간사이국제공항에서 오사카 시내로 갈 때는 리무진버스 정류장 근처에 숙소가 있는 게 아니라면 난카이 전철을 타고 난바역까지 가는 것이 가장 편리하다. 부산항에서 페리를 타고 오사카항 국제페리터미널로 들어왔다면 셔틀버스와 지하철을 이용해 시내로 들어가게 된다.

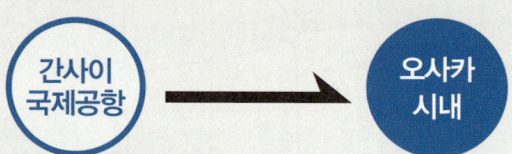

난카이 전철

간사이국제공항에서 오사카 시내인 난바로 들어가는 가장 빠르고 편리한 교통수단이다. 보통열차인 공항급행과 특급열차인 라피토 ラピート로 구분된다. 간사이 쓰루패스 이용자라면 공항급행은 추가 요금 없이 이용할 수 있지만 라피토를 이용하려면 지정석 요금 510엔을 추가로 지불해야 한다. 공항에서 난바로 가는 난카이 전철을 타러 가는 방법은 p.130 참고.

홈피 www.nankai.co.jp

TIP 시내로 갈 때 유용한 요코소 오사카 티켓

간사이국제공항에서 난카이 난바역까지 가는 특급 라피토 편도 승차권과 오사카 시영 지하철, 버스의 1일 승차권이 합쳐진 패스. 시내 유명 관광지의 입장료도 할인된다. 티켓은 하루 동안 이용할 수 있으며, 가격은 1650엔이다. 오사카 1일 승차권(700엔)과 난카이 공항급행 편도 요금(920엔)을 합친 것과 거의 비슷한 가격으로 더 빠르게 이동할 수 있다. 한국 여행사나 간사이국제공항 난카이 티켓오피스에서 구입할 수 있으며, 지하철과 버스는 이용 개시 당일 자정까지 유효하다.

JR특급 하루카

간사이국제공항역에서 교토역을 연결하는 특급열차로 공항에서 교토까지 바로 이동하려는 여행자에게 유용한 교통수단이다. 오사카 시내에서는 JR 텐노지와 신오사카역에만 정차하기 때문에 오사카 시내로 가는 여행자에게는 그다지 적합하지 않다. 하루카를 이용한다면 JR 간사이 패스(1일권 2200엔)를 구입하는 것이 이득이다.

홈피 www.jr-odekake.net

열차 종류	목적지	소요 시간	요금
공항급행	난바	43분	920엔
라피토 α	난바	34분	1430엔
라피토 β	난바	39분	1430엔

목적지	소요 시간	자유석 요금	지정석 요금	그린석 요금
신오사카역	50분	2330엔	3050엔	3610엔
텐노지역	30분	1710엔	2430엔	2990엔

TIP 시내로 갈 때 유용한 이코카 & 하루카

JR특급 하루카 승차권과 일본의 충전식 교통카드인 '이코카 카드'가 결합된 상품. 요금은 텐노지역까지 편도 3100엔, 왕복 4200엔이고, 신오사카역까지는 편도 3300엔, 왕복 4600엔이다. 여기에는 2000엔짜리(충전 금액 1500엔+보증금 500엔) 이코카 카드가 포함되어 있다. 이미 이코카 카드가 있다면 카드를 보여주고 '하루카 할인권'으로 구매할 수 있다. 하루카 할인권은 이코카 카드 2000엔이 빠진 요금이다. 카드 보증금 500엔은 간사이국제공항 JR 티켓오피스에서 환불받을 수 있다.

리무진버스

간사이국제공항에서 난바가 아니라 우메다 쪽으로 가거나 리무진버스가 정차하는 특급 호텔 또는 그 주변 숙소에 묵는다면 난카이 전철보다 리무진버스를 이용하는 것이 편리하다. 국제선 도착층에서 밖으로 나가면 승차장이 있고, 자동판매기에서 티켓을 구입하면 된다. 요금은 하차 지점에 따라 다르므로 예약한 숙소의 위치를 잘 확인한 후 도착지를 선택하자.

홈피 www.kate.co.jp

목적지	승차장(제1터미널/제2터미널)	소요 시간	요금(편도)
난바(OCAT)	11번/6번	50분	1100엔
우메다 오사카역(신한큐호텔)	5번/1번	58분	1550엔
우메다 오사카역(하비스 오사카 호텔)	5번/1번	67분	1550엔
텐노지(아베노하루카스)	7번/8번	70분	1200엔
덴포잔(가이유칸)	3번/7번	60분	1550엔
유니버설스튜디오	3번/7번	70분	1550엔

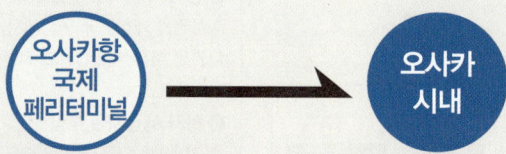

오사카항 국제페리터미널 → 오사카 시내

셔틀버스

팬스타 페리를 이용해서 오사카로 이동할 경우 오사카 난코에 있는 국제페리터미널에 도착한다. 입국 심사를 마치고 시내로 가려면 무료 셔틀버스를 타고 지하철 코스모스퀘어역으로 이동해야 한다. 역에 도착하면 목적지까지 가는 지하철 티켓을 구입하고 이동하면 되는데, 코스모스퀘어역 출발 기준으로 신사이바시·에비스초·난바·우메다 등 오사카 시내로 가는 구간 요금은 대부분 280엔, 가이유칸이 있는 오사카코역까지는 180엔이다. 난바역까지는 30분 정도가 소요된다. 간사이 쓰루패스를 구입했다면 이곳에서부터 지하철을 무료로 이용할 수 있다.

목적지	이동경로
난바	오사카항 국제페리터미널 → (무료 셔틀버스) → 코스모스퀘어역 → (지하철) → 아와지역 → (환승) → 난바역

CITY TRAFFIC
오사카 시내 교통

오사카 시내에는 JR과 난카이, 한큐, 한신, 킨테츠 등 민간 기업에서 운행하는 전철이 다양하게 있지만 다른 도시로 이동하는 것이 아니면 이용할 일은 거의 없다. 시내를 돌아다닐 때에는 오사카시에서 운행하는 지하철만으로 충분하다. 미리 오사카 지하철 노선도를 앱으로 다운받아두면 편리하다.

지하철

오사카시에서는 총 9개 노선의 지하철을 운행한다. 역간 거리도 그리 멀지 않고, 지하도를 따라 연결되어 있는 역도 있다. 모든 지하철은 새벽 5시부터 밤 12시까지 운행한다. 기본요금은 180엔이며, 이동 거리 구간에 따라 추가 요금이 붙는다.

홈피 www.osakametro.co.jp

TIP 우메다의 3개 역은 환승 가능!

우메다 지역에 있는 3개의 지하철인 우메다역, 히가시우메다역, 니시우메다역은 각각 다른 노선의 역이지만, 지하도를 통해 연결되어 있어 서로 환승이 가능하다. 다만 개찰구를 통과해 밖으로 나와서 지하도를 따라 이동한 뒤 다시 개찰구를 통해 역으로 들어가야 하는 방식이며, 30분 이내에만 환승이 가능하다. 교통카드는 상관없지만, 일반 승차권의 경우 나올 때 꼭 초록색의 환승 개찰구를 이용해야 승차권이 회수되어 환승할 수 있다.

TIP 지하철 승차권 구입과 개찰구 이용 방법

❶ 목적지 요금 확인
지하철 요금은 1~5구간으로 구분되며 자동판매기 상단의 노선도를 참고해 목적지까지의 요금을 확인한다. 12세 미만 어린이의 요금은 어른 요금의 50%이며, 어른 1인당 6세 미만의 어린이 2명까지 무료 탑승 가능하다.

❷ 현금 투입
자동판매기에 사용할 수 있는 돈은 10·50·100·500엔짜리 동전과 1000엔짜리 지폐이며, 기종에 따라서 5000엔과 1만 엔짜리 고액권도 이용할 수 있다.

❸ 요금 선택 후 승차권 발행
승차권이 발행되면 승차권과 거스름돈을 챙긴다.

❹ 승차 시 승차권 투입 후 회수
승차권을 개찰구에 투입해서 통과한 후에는 반드시 승차권을 회수한다. IC라고 적힌 것은 교통카드 전용 개찰구이다.

❺ 하차 시 승차권 투입
출구의 개찰구를 통과할 때도 승차권을 투입한다. 하지만 회수되지는 않는다.

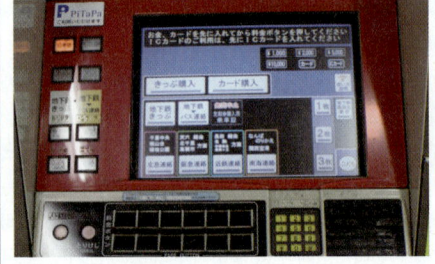

전철

오사카 시내에는 JR을 비롯해 여러 회사의 전철이 운행된다. 전철과 지하철이라는 용어를 혼용해서 사용하는 우리나라와는 달리 일본에서는 지상을 달리는 것은 전철, 지하를 달리는 것은 지하철로 확연히 구분해 부른다. 오사카에서는 JR을 비롯해 난카이, 한큐, 한신, 킨테츠, 케이한 등의 전철이 깔려 있다. 이중 간사이국제공항으로 갈 때만 난카이 전철을 이용하게 되고, 오사카 시내를 돌아다닐 때는 전철을 이용할 일이 거의 없다.

JR

오사카 시내에는 다양한 JR 노선이 있지만 대부분 교외로 연결된다. 그래서 유니버셜 스튜디오 재팬으로 갈 때 이용하는 JR 유메사키센 외에는 그다지 이용할 일이 없다. 여행자가 많이 이용하는 간사이 쓰루패스로는 JR을 이용할 수 없으니 주의하자.

홈피 www.jr-odekake.net

TIP 오사카 여행에 유용한 패스 Top 3

❶ 오사카 주유패스
오사카 시내를 중심으로 지정된 기간 동안 JR을 제외한 전철과 지하철, 버스를 마음껏 이용할 수 있는 패스. 오사카 시내 관광 명소 약 35곳도 무료로 입장할 수 있다. 1일권(2700엔)과 2일권(3600엔)이 있는데, 2일권에는 전철 이용이 포함되지 않는다. 무료 입장 가능 시설은 계절별로 조금씩 변동이 있다.

홈피 www.osp.osaka-info.jp/kr

❷ 오사카 원데이 패스
오사카 시영 지하철과 버스는 물론이고, 오사카 시내 주요 관광 명소의 할인 혜택도 있는 패스(1일 700엔, 2일 1300엔)이다. 하루에 지하철을 3번 이상 이용할 계획이라면 이득이다. 한국 여행사에서 미리 구입하면 더 저렴하고, 간사이국제공항 관광안내소에서도 구입할 수 있다.

홈피 subway.osakametro.co.jp/ko/guide/fare/planned_ticket/otoku-joshaken_tsunen.php

❸ 오사카 가이유킷푸
오사카 1일 승차권에 가이유칸 입장권이 세트가 된 패스이다. 2600엔으로 1일 동안 유효하며, 무료 입장이 가능한 가이유칸 외에도 30곳 이상의 관광 명소 입장료가 할인된다. 전철별 1일 승차권이 추가 포함된 옵션 티켓도 다양하게 판매한다.

홈피 www.kaiyukan.com/language/korean/kaiyu.html

버스

오사카의 시내버스는 시내 구석구석을 거미줄처럼 연결하는 교통수단이다. 하지만 노선이 너무 복잡해 초행자들은 버스 이용에 어려움을 겪는다. 오사카 시내버스의 요금은 모든 구간 210엔으로 동일하고, 탑승은 뒷문으로 해서 앞문으로 내린다. 간사이 쓰루패스나 1일 승차권 기능이 포함된 패스 등을 가지고 있다면 자유롭게 이용할 수 있다.

홈피 www.osakametro.co.jp

택시

일행이 3~4명인 경우에는 택시를 이용하는 것도 고려해볼 만하다. 다만 오사카의 택시 기본요금은 660~680엔, 추가 요금은 약 274m당 80엔이며, 정차하거나 저속 주행할 때에도 시간병산제로 요금이 부과된다. 오사카는 일본 주요 도시답게 출·퇴근 시간에는 교통 체증이 몹시 심하니, 막히는 시간대에는 이용을 피하는 것이 좋다.

BEST COURSE
오사카 추천 코스

오사카는 크게 도톤보리와 난바, 신사이바시를 포함한 미나미 지역과 우메다, 오사카성, 텐노지와 신세카이, 그밖에 베이에어리어 지역으로 구분할 수 있다.
이중 미나미 지역과 우메다는 쇼핑과 식도락의 명소로 오사카를 대표하는 번화가이다.
텐노지와 신세카이는 구시가지로 오사카의 옛 정서를 간직한 지역이다.
따라서 오전에는 오사카성이나 베이에어리어를 중심으로 시간을 배분하고,
오후에는 번화가 지역을 돌아보는 형태로 코스를 잡는 것이 좋다.

 오사카 주유패스 1일권을 이용한 **핵심 명소 코스**

오사카 주유패스를 이용해서 입장료가 있는 오사카의 주요 명소를 하루 만에 돌아보는 코스로 최소 3곳 이상만 입장해도 본전을 뽑을 수 있다. 약 35개나 되는 무료 입장 시설을 하루 만에 다 돌아볼 수는 없는 노릇이므로 그중에서 가장 핵심 명소만 추려서 방문하자. 이 코스를 따라 움직이면 오사카 시내의 명소 중 가장 인기 있는 12~14곳을 방문할 수 있다.

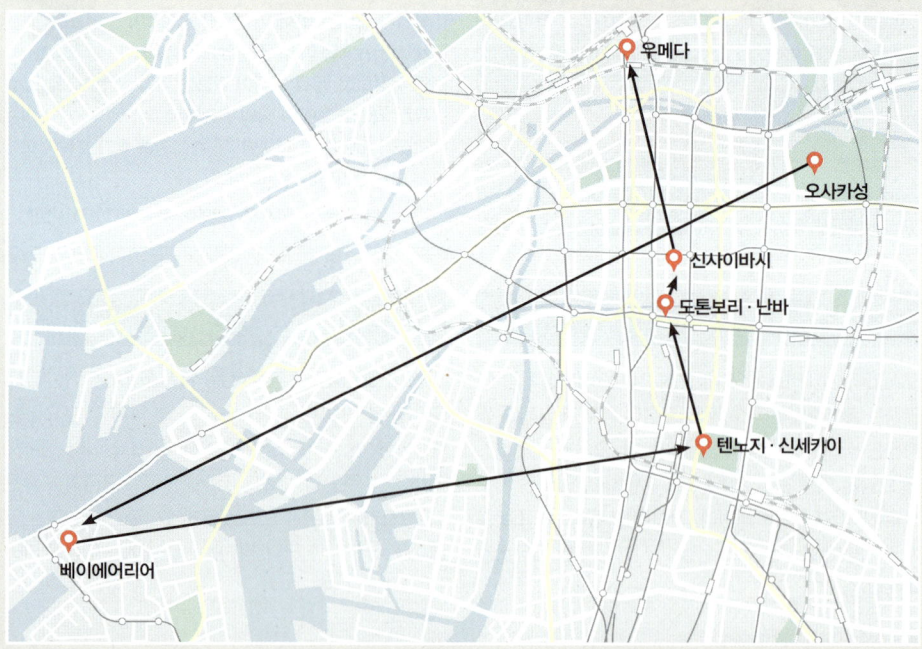

- 지하철 타니마치욘초메역 2번 출구

▶▶▶ 10분

1 오사카성

p.268

▶▶▶ 10분

- 지하철 타니마치욘초메역
  14분
- 지하철 오사카코역 1번 출구

▶▶▶ 5분

2 덴포잔 마켓 플레이스

p.293

 1분

5 신세카이

p.283

◀◀◀ 5분

- 지하철 오사카코역
  20분
- 지하철 에비스초역 3번 출구

◀◀◀ 5분

4 산타마리아

p.293

◀◀◀ 10분

3 덴포잔 대관람차

p.292

 2분

6 츠텐카쿠

p.283

▶▶▶ 1분

- 지하철 에비스초역
  2분
- 지하철 닛폰바시역 2번 출구

▶▶▶ 2분

7 도톤보리

p.164

▶▶▶ 3분

8 신사이바시스지 상점가

p.200

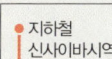 2분

11 그랜드 프론트 오사카

p.231

◀◀◀ 3분

10 오사카 스테이션 시티

p.230

◀◀◀ 5분

9 헵 파이브

p.232

◀◀◀ 3분

- 지하철 신사이바시역
  6분
- 지하철 우메다역 6번 출구

 8분

12 우메다 스카이빌딩

p.230

TIP 일정 조율하기

추천 코스 일정을 소화하려면 상당히 바쁘게 돌아다녀야 한다. 만약 시간 여유가 있다면 오사카 주유패스 2일권(3300엔)을 구입해서 이틀에 걸쳐 보는 것도 좋다. 오사카 주유패스를 이용해서 무료로 입장할 수 있는 시설 중에 꼭 방문하고 싶은 곳이 있다면, 추천 코스에 포함된 시설 중 관심이 덜 가는 곳과 바꾸면 된다. 무료 입장이 가능한 시설 정보는 홈페이지를 참고하자.

홈피 www.osaka-info.jp/osp/kr

오사카 1일 승차권을 이용한 **취향 저격 코스**

누구라도 반할 수 밖에 없는 우메다, 신사이바시, 텐노지와 신세카이 등의 지역을 촘촘히 여행하는 취향 저격 코스. 오사카 1일 승차권을 이용해서 오사카의 오래된 풍경을 거닐고, 비교적 사람이 덜 붐비는 한적한 명소를 돌아보는 일정이다. 때에 따라 코스를 반으로 나누어 오사카에 도착하는 날과 귀국하는 날의 일정으로 이용해도 좋다.

📍 우메다

📍 신사이바시

📍 텐노지 · 신세카이

- 지하철 키타하마역 26번 출구

▶▶▶ 5분

1 나카노시마 공원 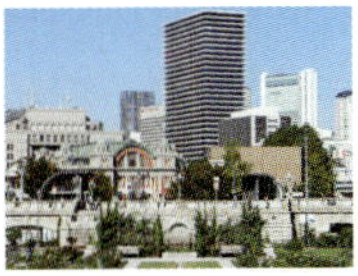
p.256

▶▶▶ 5분

- 지하철 키타하마역
4분
- 지하철 텐진바시스지로쿠초메역 3번 출구

▶▶▶ 1분

2 오사카시립주택박물관 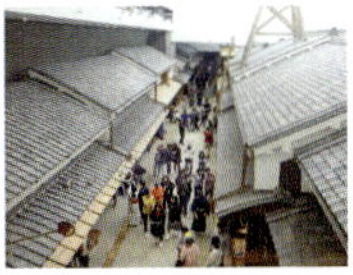
p.253

🚶 1분

5 미나미센바
p.220

◀◀◀ 5분

- 지하철 우메다역
6분
- 지하철 신사이바시역 1번 출구

◀◀◀ 5분

4 한큐 히가시도리 상점가
p.233

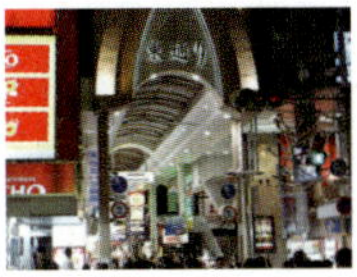

◀◀◀ 15분

3 텐진바시스지 상점가
p.252

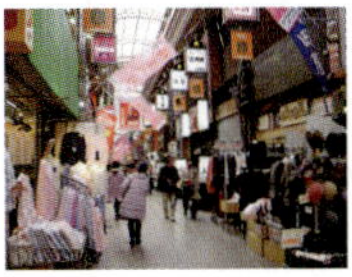

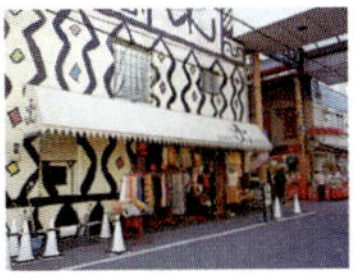

🚶 2분

6 신사이바시스지 상점가 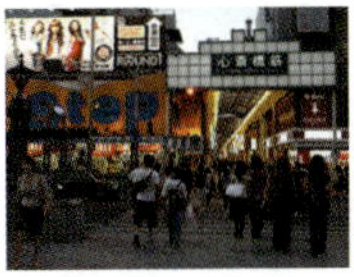
p.200

▶▶▶ 2분

7 아메리카무라 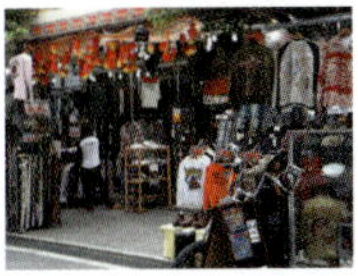
p.209

▶▶▶ 5분

8 호리에 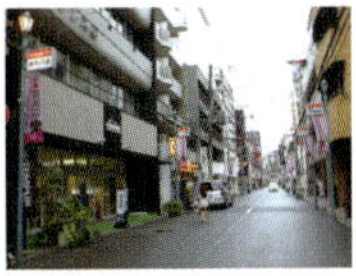
p.209

▶▶▶ 10분

- 지하철 난바역
8분
- 지하철 시텐노지마에유히가오카 4번 출구

🚶 8분

12 츠텐카쿠
p.283

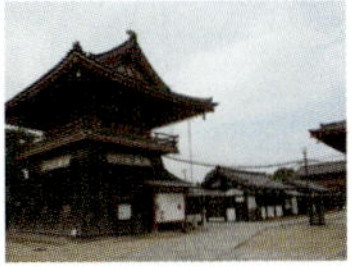

◀◀◀ 10분

11 텐노지 공원
p.279

◀◀◀ 7분

10 아베노하루카스 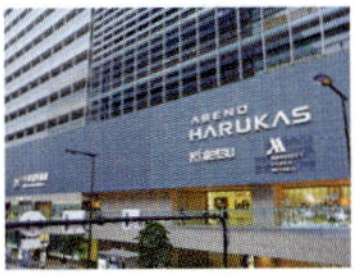
p.281

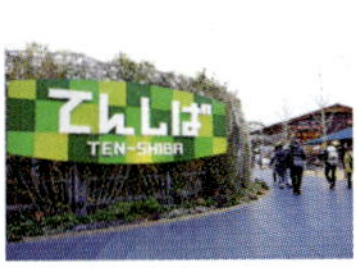

◀◀◀ 15분

9 시텐노지
p.278

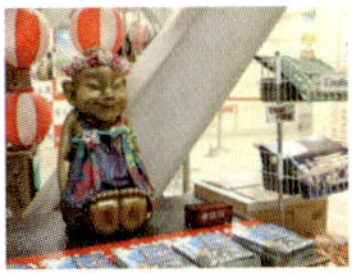

🚶 5분

13 쟌쟌요코초 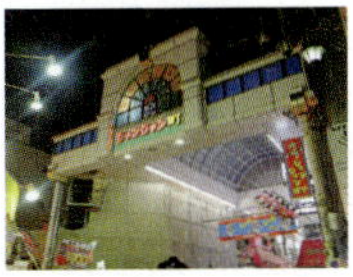
p.284

▶▶▶ 2분

14 스파월드 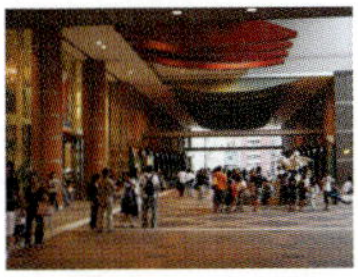
p.284

오사카 가이유킷푸를 이용한 **개성 만점 코스**

일본 최대급 수족관인 가이유칸이 있는 베이에어리어와 난바, 우메다 지역의 특색 있는 명소를 둘러보는 일정이다. 가이유칸 입장료와 오사카 1일 승차권의 기능이 합쳐진 오사카 가이유킷푸를 이용하면 경제적인 여행이 가능하니 적극 활용해보자. 가이유칸과 더불어 산타마리아, 유니버설 스튜디오 재팬 셔틀 페리 승선권 등을 포함하는 다양한 종류의 결합 상품도 있다.

> **TIP 가이유킷푸 이모저모**
> ❶ 가이유킷푸는 가이유칸에서는 판매하지 않고, 지하철역이나 관광안내소에서만 구입 가능하다. 혹시나 근처에 숙소를 잡더라도 미리 티켓을 구입한 후 가이유칸으로 이동해야 한다는 것을 잊지 말자.
> ❷ 가이유킷푸는 가이유칸 외에도 30곳 이상의 관광 시설에서 입장료 할인 혜택을 받을 수 있다. 꼭 이 코스에 얽매일 필요는 없으니 할인받을 수 있는 곳의 목록을 확인한 뒤, 가고 싶은 곳을 골라 나만의 코스를 짜는 것도 방법이다.

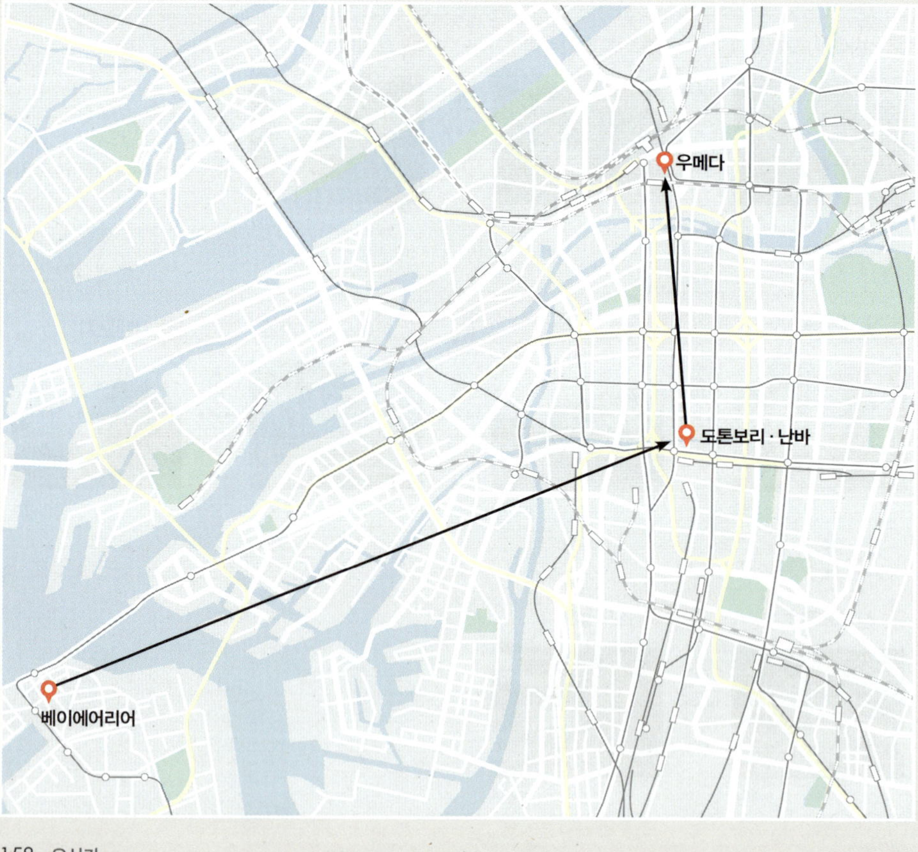

AREA
01

도톤보리
난바
道頓堀·難波

오사카 하면 가장 먼저 떠오르는 상징적인 지역이다. 도톤보리강 일대를 형성하는 화려한 거리와 상점가 곳곳에는 수많은 맛집이 즐비해 365일 여행자로 붐빈다. 식사를 비롯해 다양한 디저트와 이자카야까지 하루 종일 먹방에 가장 충실할 수 있는 곳이며, 거리 자체가 볼거리이다.

도톤보리·난바
이렇게 여행하자

도톤보리 일대와 더불어 난카이 난바역을 중심으로 덴덴타운에 이르는 도톤보리·난바 지역은 도보로 충분히 돌아볼 수 있어 굳이 대중교통수단을 이용할 필요가 없다. 난카이 난바역 주변과 도톤보리강을 따라 수많은 맛집과 상점가, 쇼핑 플레이스가 줄지어 있다. 너무나 오래되어 이제는 랜드마크나 다름없는 화석 같은 맛집부터 최근 한국인 관광객에게 사랑받는 야키니쿠와 규카츠, 스테이크덮밥 전문점이 즐비하다. 뿐만 아니라 가볍게 술 한잔하며 곁들이기 좋은 어묵이나 꼬치구이 전문점도 많아 식도락 여행을 즐기기 위한 최적의 지역이다.

| 난카이 난바역 남쪽 출구 | ▶▶▶ 1분 | **1** 난바 파크스  p.180 | ▶▶▶ 5분 | **2** 덴덴타운  p.183 |

▼ 2분

| **5** 에비스바시스지 상점가  p.166 | ◀◀◀ 8분 | **4** 쿠로몬 시장  p.183 | ◀◀◀ 5분 | **3** 센니치마에 도구야스지 상점가  p.183 |

▼ 2분

| **6** 도톤보리  p.164 | ▶▶▶ 2분 | **7** 우키요코지  p.166 | ▶▶▶ 2분 | **8** 호젠지요코초  p.167 |

TIP **여행의 출발점, 난카이 난바역**

난카이 난바역은 간사이국제공항, 와카야마, 고야산 등지로 출발하는 난카이 전철의 시발역으로 난바시티가 있는 터미널빌딩 3층에 있다. 간사이국제공항에서 난카이 난바역에 도착하면 수많은 인파와 복잡하게 얽힌 출구 때문에 자칫 길을 잃기 쉬운데, 이럴 때는 우선 다카시마야 백화점 방면 북쪽 출구로 나오면 된다. 그러면 바로 맞은편에 마루이 백화점과 상점가가 있다. 마루이 옆에 있는 아케이드 상점가가 도톤보리와 연결되는 에비스바시스지이고, 그 옆의 아케이드 상점가는 센니치마에 도구야스지와 연결되는 난카이도리 南海通り이다.

도톤보리 일대

| 📷 **도톤보리** 道頓堀 |

지도〉 MAP 6 Ⓑ 위치〉 지하철 난바역 14번 출구에서 도보 5분 홈피〉 www.dotonbori.or.jp

SPECIAL

인증 필수, 도톤보리의 포토 스폿!

도톤보리를 구성하는 대형 전광판과 입체 간판들은 그냥 지나칠 수 없는 오사카의 랜드마크. 항상 사람들로 가득한 거리이지만 나만의 방법으로 멋진 인증샷을 남겨보자.

1 글리코 식품회사
2 카니도라쿠 게 요리
3 쿠시카츠 다루마 쿠시카츠
4 킨류라멘 라멘

오사카의 상징이자 오사카 음식 문화의 메카. 도톤보리는 원래 오사카시를 동서로 가르며 흐르는 약 2.5km의 인공 운하인 도톤보리강을 가리키는 말이지만 지금은 에비스바시 戎橋를 중심으로 넓게 펼쳐져 있는 번화가를 통칭하는 말로 사용된다. 도톤보리 주변 거리에는 요란한 간판과 네온사인, 시선을 끄는 캐릭터 모형이 가득하다.

강 양쪽으로 도톤보리 리버워크 と とんぼりリバーウォーク라는 산책로가 있어 강변에서 바람을 맞으며 휴식을 취할 수 있으며, 거대 간판들에 돈키호테의 대관람차 에비스 타워 えびすタワー까지 더해 더욱 요란한 밤 풍경을 즐길 수 있다. 이 타워 앞에서는 도톤보리강을 느긋하게 돌아볼 수 있는 톤보리 리버 크루즈(900엔, www.ipponmatsu.co.jp)를 탈 수 있다. 약 2km 거리를 왕복하며 가이드가 안내해 주는데, 사실상 큰 볼거리는 없고 바람을 쐬는 정도라고 생각하면 된다.

도톤보리 주변 아케이드 상점가의 가게들은 저녁 8시면 대부분 문을 닫지만 이 일대의 음식점과 술집은 밤늦은 시간까지 영업한다. 그래서 낮부터 자정이 넘은 시간까지도 항상 수많은 사람으로 북적거리는 인기 최고의 관광지이다.

5 즈보라야
복어 요리

6 쿠쿠루
타코야키

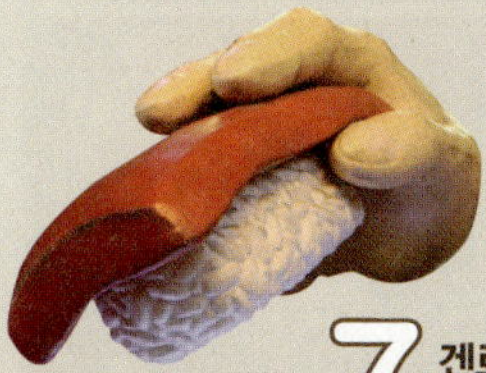

7 겐로쿠즈시
회전초밥

8 오사카오쇼
만두

9 쿠이다오레 타로
기념품점

165

📷 에비스바시스지 상점가 戎橋筋

난카이 난바역과 연결된 백화점 다카시마야에서 마루이 방향으로 길을 건너면 바로 옆으로 펼쳐지는 아케이드 상점가. 일본의 칠복신 七福神 중 한 명인 에비스가 이곳을 대표하는 캐릭터로, 이곳 지명의 유래가 된 에비스바시 戎橋는 도톤보리 위의 작은 다리 이름이다. 각 시대를 대표하는 최신 유행을 만들어내면서도 옛 전통을 그대로 유지하고 있어 매력적인 곳이다.

지도 MAP 6 ⓐ 위치 난카이 난바역과 연결된 지하 상점가 난바난난 NAMBA なんなん E3번 출구 바로 앞/지하철 난바역과 연결된 지하 상점가 난바워크 なんばwalk B12~B15번 출구 바로 앞 주소 大阪市中央区難波3-7-1 홈피 www.ebisubashi.or.jp

📷 우키요코지 浮世小路

도톤보리 메인 스트리트와 호젠지요코초를 잇는 작은 골목으로 20세기 초 도톤보리의 풍경을 재현해 둔 곳이다. 메이지 시대부터 역사를 이어온 오랜 상점의 옛 모습이 반겨주고, 정겨운 초롱이 길을 밝혀준다. 사람 한 명이 겨우 지나갈 정도로 좁은 길인데, 양옆으로 도톤보리의 역사를 담은 사진과 각종 모형도 전시해 두었다. 지금은 사라진 도톤보리의 옛 모습을 만나볼 수 있다.

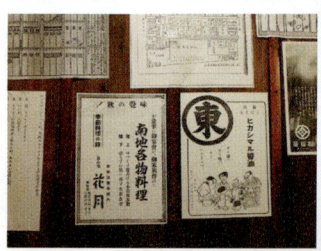

지도 MAP 6 ⓑ 위치 난카이 난바역 북쪽 출구에서 도보 8분 주소 大阪市中央区道頓堀1-7 홈피 www.dotonbori.or.jp/ukiyo

📷 호젠지요코초 法善寺横丁

난카이 난바역에서 에비스바시스지 상점가를 통해 도톤보리로 가는 길 안쪽에 숨어 있다. 길이 80m, 폭 3m의 동서로 길게 늘어선 골목 안에 약 60개의 소박한 술집이 있는데, 퇴근 후에 한잔하러 찾아오는 오사카의 샐러리맨들로 북적거린다. 호젠지요코초라는 이름은 이 골목 안에 있는 호젠지라는 작은 절에서 유래한다. 오사카 사람들은 이 절을 미즈카케후도상 水かけ不動さん이라 부르는데, 그 이유는 바로 계속 물을 뿌려서 이끼가 잔뜩 끼어 있는 불상, 후도묘오 不動明王가 있기 때문이다. 이곳에 가면 후도묘오에 물을 뿌리고 소원을 비는 사람들을 만날 수 있다.

지도〉 MAP 6 Ⓔ 위치〉 지하철 난바역과 연결된 지하 상점가 난바워크 なんば walk B16・B18번 출구에서 도보 2분 주소〉 大阪市中央区難波1-2-16

📷 소에몬초 宗右衛門町

지도〉 MAP 6 Ⓑ 위치〉 지하철 신사이바시역 6번 출구에서 도보 7분

오사카를 대표하는 환락가. 도톤보리에서 매우 가까운 곳에 있지만 도톤보리와는 다른 분위기를 풍긴다. 최근에는 관광객도 워낙 자주 오가서 위험한 분위기는 아니지만, 밤늦은 시간에는 술과 흥에 취한 사람을 자주 볼 수 있다. 골목길 안쪽에는 할인점인 돈키호테가 자리 잡고 있으며, 주변에 음식점, 술집, 바, 풍속업소 등이 밀집해있다.

도톤보리 끝에 있는 오락 시설로, 독특한 외관이 눈길을 사로잡는다. 느낌표와 모래시계를 모티브로 만들어진 독특한 건물은 멀리서도 눈에 띈다. 건물 외벽에는 지상 74m의 높이에서 급강하하는 자이로드롭 야바포가 있다. 내부에는 파칭코를 비롯해 레스토랑, 게임 센터, 피트니스 센터 등이 있다. 사실 여행자가 즐길만한 것은 딱히 없는 곳이어서 오가는 길에 건물을 감상하는 정도로 충분하다.

📷 난바 힙스 namBa HIPS

지도〉 MAP 6 Ⓓ 위치〉 지하철 난바역 15B번 출구로 연결 주소〉 大阪市中央区難波1-8-16 오픈〉 10:00~17:00(상점에 따라 다름) 휴무〉 무휴 전화〉 06-6213-4500 홈피〉 www.namba-hips.com

돈키호테 ドン.キホーテ

|지도| MAP 6 ⓑ |위치| 지하철 난바역과 연결된 지하 상점가 난바워크 なんばwalk B20·B22번 출구에서 도보 5분 |주소| 大阪市中央区宗右衛門町7-13 |오픈| 24시간 |휴무| 부정기 |전화| 06-4708-1411 |홈피| www.donki.com

식품, 화장품, 의류, 명품, 성인용품까지 없는 것이 없는 만물 할인점. 대부분의 점포가 밤늦게까지 열고 도톤보리점은 24시간 영업한다. 돈키호테는 특이한 상품 진열 방식으로 유명한데, 빈틈없이 물건을 다닥다닥 진열해 두어 보물찾기하는 기분으로 둘러보게 된다. 건물 외벽에는 세계 최초의 타원형 관람차 에비스 타워(11:00~23:00, 600엔)를 설치해 두었다. 과거 2009년 발생한 사고로 운행이 중지되었으나, 2018년 1월부터 재개되었다.

이치비리안 いちびり庵

|지도| MAP 6 ⓑ |위치| 지하철 난바역 14번 출구에서 도보 3분 |주소| 大阪市中央区道頓堀1-7-21 |오픈| 10:00~23:00(일요일 ~22:30) |휴무| 무휴 |전화| 06-6212-5104 |홈피| www.ichibirian.jp

오사카 기념품점으로, 오사카를 대표하는 캐릭터 쿠이다오레 타로 군을 모티브로 한 귀여운 아이템이 특히 많다. 도톤보리의 명물 쿠이다오레 타로 군의 인형이 있는 곳 바로 옆에 위치해 찾기도 쉽다. 도톤보리를 비롯해 난바, 유니버설 스튜디오 재팬 등의 관광지에도 지점이 있다. 기념품 판매 외에 잠시 짐을 맡기거나 휴대폰을 충전할 수 있는 서비스도 있다.

북오프 플러스 BOOKOFF PLUS

북오프는 중고 서적을 전문으로 하는 서점 브랜드로 다양한 종류의 책과 음반, DVD를 저렴한 가격에 만나 볼 수 있다. 100엔, 200엔 균일가로 판매하는 상품도 있어 일본어를 공부하거나 일본 도서에 관심 있는 사람에게 더욱 좋다. 시내 곳곳에서 매장을 찾아볼 수 있는데, 이곳 북오프 플러스는 일반 지점과는 다르게 3층에서 의류, 시계, 잡화까지 폭넓은 중고 제품을 취급해 매장 규모 또한 큰 편이다. 2층과 3층의 영업시간이 다르니 주의하자. 5000엔 이상 구매 시 면세도 가능하다.

지도 MAP 6 ⓓ 위치 에비스바시스지 상점가, 오사카B&V빌딩 大阪B&V 빌딩 2~3층 주소 大阪市中央区難波 1-5-16 오픈 2층 10:00~23:00, 3층 10:00~21:00 전화 06-6214-2080 홈피 www.bookoff.co.jp

도톤보리 이마이 道頓堀今井

국물 맛이 끝내주는 70년 전통의 우동집. 홋카이도산 천연 다시마와 구마모토산 가다랑어를 재료로 우려낸 국물 맛이 일품이다. 추천 메뉴는 뭐니뭐니해도 인기 최고인 키츠네우동 きつねうどん(810엔). 달콤한 유부와 향긋한 파, 깊은 국물 맛이 잘 어우러진다. 모든 우동 메뉴는 면을 소바로도 바꿀 수 있고, '오야코동+키츠네우동'처럼 덮밥과 세트로 이루어진 메뉴도 있다. 화학조미료가 따라올 수 없는 깊은 국물 맛이 일품이다.

지도 MAP 6 ⓑ 위치 지하철 난바역 14번 출구에서 도보 5분 주소 大阪市中央区道頓堀1-7-22 오픈 11:00~22:00 휴무 수요일 전화 06-6211-0319 홈피 www.d-imai.com

오카루 おかる

1946년부터 문을 연 오랜 오코노미야키 맛집이다. 현지인과 관광객 모두가 많이 찾는 곳으로 대기가 기본일 만큼 인기 있다. 오코노미야키(800엔~)를 주문하면 곧바로 직원이 구워주는데, 다 구워지면 정감 넘치는 주인 아주머니가 오셔서 마요네즈로 오코노미야키 위에 그림을 그려준다. 보통 도라에몽, 키티, 호빵맨 등의 캐릭터나 츠텐카쿠, 쿠이다오레 타로와 같은 오사카 상징물을 그려주니 원하는 캐릭터가 있다면 요청해보자. 오코노미야키 외에 야키소바와 야키우동도 판매하며 모든 메뉴가 맛있는 편이다. 테이블 간격이 가깝기는 하지만 칸막이가 있어 독실 분위기를 낸다. 영문 메뉴판이 있으므로 주문은 어렵지 않다.

`지도` MAP 6 Ⓔ `위치` 지하철 난바역 15번 출구에서 도보 4분 `주소` 大阪府大阪市中央区千日前1-9-19 `오픈` 12:00~15:00, 17:00~22:00 `휴무` 목요일 `전화` 06-6211-0985

츠루톤탄 つるとんたん

일명 '세숫대야 우동'으로 유명세를 떨치고 있는 우동집 츠루톤탄의 1호점. 엄청난 크기의 그릇에 담긴 우동을 국자만 한 숟가락에 올려가며 먹는 재미가 쏠쏠하다.

키츠네우동, 덴푸라우동 같은 기본 메뉴는 물론이고 유부, 튀김, 고기 등이 들어간 츠루톤산마이 つるとん三昧(1680엔), 크림 소스에 명란젓을 넣은 멘타이코크리무노오우동 明太子クリームのおうどん(1480엔) 등 퓨전 메뉴도 다양하다.

메뉴판에는 사진이 나와 있어 주문은 어렵지 않다. 우동의 종류를 고르면 종업원이 면의 두께를 고르라고 하는데, 일반적인 우동면을 원한다면 '후토멘 ふとめん', 가는 면발을 원한다면 '호소멘 ほそめん'이라고 대답하면 된다. 양 역시 보통과 곱빼기 중에서 선택할 수 있는데, 가격은 같다. 종업원이 물어보면 보통은 '후츠 ふつう', 곱빼기는 '오모리 大盛り'라고 하면 된다. 식사 시간대에 가면 꽤 오랜 시간 기다려야 할지도 모른다.

`지도` MAP 6 Ⓒ `위치` 지하철 닛폰바시역 2번 출구에서 도보 5분 `주소` 大阪市中央区宗右衛門町3-17 `오픈` 11:00~08:00 `전화` 06-6211-0321 `홈피` www.tsurutontan.co.jp

🍴 겐로쿠즈시 도톤보리점 元禄寿司

맥주 공장의 컨베이어 벨트에 착안해 '회전초밥'을 개발한 일본 최초의 회전초밥집. 간사이 지방에만 10개의 점포를 운영한다. 모든 접시가 135엔으로, 가격 대비 횟감의 상태도 좋은 편이라 현지인에게도 호평 받는다. 벨트 위에 없는 메뉴는 요청하면 그 자리에서 만들어 주는데, 한국어 메뉴도 있으니 참고하자. 계산대에서는 매장에 비치된 가루 녹차도 판매한다.

<지도> MAP 6 ⓑ <위치> 지하철 난바역 14번 출구에서 도보 5분 <주소> 大阪市中央区道頓堀1-6-9 <오픈> 11:00~22:30 <전화> 06-6211-8414 <홈피> www.mawaru-genrokuzusi.co.jp

🍴 치보 도톤보리점 千房

1973년 센니치마에에 처음 문을 연 이래 시즈오카를 시작으로 일본 전역에 오사카의 오코노미야키를 전파한 가게로 유명하다. 도톤보리점은 건물 6층까지 차지할 정도로 오사카의 여러 지점 중에서도 매우 큰 규모에 속한다. 워낙 유명한 곳이라 한국어 메뉴판도 잘 되어 있다. 보통 오코노미야키와 야키소바를 하나씩 시켜먹으며, 여러 종류의 음식을 맛보고 싶다면 페어 세트(2인 4298엔)를 눈여겨 보자. 4가지 종류의 음식이 세트로 구성된다.

<지도> MAP 6 ⓑ <위치> 지하철 난바역 14번 출구에서 도보 6분 <주소> 大阪市中央区道頓堀1-5-5 <오픈> 11:00~01:00(일요일, 공휴일 ~24:00) <휴무> 무휴 <전화> 06-6212-2211 <홈피> www.chibo.com

🍴 고기극장 도톤보리점 肉劇場

푸짐한 고기가 시선을 압도하는 스테이크덮밥 전문점이다. 노란색의 기다란 간판이 눈에 확 띄어 찾기 어렵지 않다. 식권 판매기에서 식권을 뽑아 직원에게 건네면 덮밥에 들어가는 소스 메뉴판을 준다. 소스는 '보통'이 가장 일반적이며, 밥과 나물 추가는 무료이다. 숯불에 굽는 고기 냄새가 풍겨 먹기도 전에 식욕을 돋운다. 가장 인기 있는 메뉴인 대극장동 大劇場丼(1280엔)은 닭고기, 돼지고기, 갈비, 스테이크가 모두 들어가 푸짐하고 든든하다.

TIP 줄 설 때 주의!
바로 옆의 롤 아이스크림 팩토리의 대기 줄이 나란히 있으니 잘 확인하고 줄을 서자.

지도 MAP 6 Ⓐ 위치 지하철 난바역 25번 출구에서 도보 2분 주소 大阪市中央区道頓堀2-2-2 오픈 11:00~23:00 휴무 무휴 전화 06-6214-2951 홈피 nikudonsenmonten.com

🍴 아이즈야 난바워크점 会津屋

미슐랭 2016, 2017에 선정된 타코야키 전문점으로 현지인 사이에서는 소스 없이 먹어도, 식어도 맛있는 것으로 유명하다. 타코야키는 얇은 표면이 톡 터지면 안의 반죽이 점성 있게 흘러나와 목구멍으로 부드럽게 넘어간다. 기본인 원조 타코야키 元祖たこ焼き(12개 600엔)에 문어 숙회가 함께 나오는 타코사시세트 たこ刺しセット(900엔)도 있다. 그냥 먹어보고, 소스에 찍어서 먹어보고, 와사비를 얹어서 먹어보고, 함께 주는 장국에 적셔 먹어보는 등 먹는 방법이 각양각색이다. 난바역 앞에도 매장이 있다.

지도 MAP 6 Ⓔ 위치 지하철 난바역과 연결된 지하 상점가 난바워크 なんばwalk의 3번가 내 주소 大阪市中央区千日前1丁目虹のまち5-8号 오픈 10:30~22:30 휴무 부정기 전화 06-6212-1132 홈피 www.aiduya.com

| 지도 | MAP 6 Ⓑ | 위치 | 도톤보리의 쿠이다오레 타로 인형이 있는 나카자쿠이다오레빌딩 中座くいだおれビル 1층 | 주소 | 大阪市中央区道頓堀1-7-21 | 오픈 | 24시간 | 휴무 | 무휴 | 전화 | 06-6484-2280 | 홈피 | www.kiyomura.co.jp

🍴 스시잔마이 도톤보리점 すしざんまい

도톤보리의 초밥 전문점 중 드물게 연중무휴, 24시간 문을 여는 곳이라 이른아침이나 밤늦게 가기 좋다. 매장 규모도 큰 편이라 많은 인원을 수용할 수 있다. 워낙 유명하고, 관광객이 많이 찾는 곳이라 한국어 메뉴판이 잘 되어 있어 주문도 문제없다. 단품으로 먹고 싶은 것을 한 개씩 골라도 좋고, 세트 메뉴(690~3000엔)도 다양해 취향껏 고르면 된다. 그중에서 가성비가 좋은 중급 세트 코코로이키 こころ粋(12개, 2000엔)는 구성이 좋고 국이 함께 나와 추천할 만하다. 입구가 빌딩 안쪽에 있는데, 쿠이다오레 타로 인형 뒤편으로 들어가면 간판에 있는 사장님과 똑같이 생긴 조형물이 팔을 벌리며 맞이해준다.

🍴 리키마루차야 力丸茶屋

진열된 신선한 재료를 바로 앞에서 구워주는 로바타야키 전문점으로 전 품목 300엔에 판매해 가성비가 좋다. 300엔이 아닌 메뉴는 별도로 가격을 표기해 놓았다. 메뉴판은 일본어로만 적혀 있긴 하지만 추천 메뉴에는 사진이 첨부되어 있어 주문이 크게 어렵지는 않다. 무엇보다 눈앞에 재료들이 있어 바로바로 손짓으로 골라 주문할 수 있다. 고기나 채소 종류보다는 해산물이 더 맛있는 편이다. 명물 3개 세트(1200엔)에는 가리비버터구이, 대하소금구이, 뿔소라구이가 나오며, 도미머리구이(타이카마야키 鯛カマ焼き)도 뼈가 많아서 먹기는 다소 불편하지만 맛있다.

| 지도 | MAP 6 Ⓔ | 위치 | 지하철 난바역과 연결된 지하 상점가 난바워크 なんばwalk B16번 출구에서 도보 2분 | 주소 | 大阪市中央区難波1-5-6 | 오픈 | 17:00~23:00 | 휴무 | 2/13~14, 부정기 | 전화 | 050-5868-6970

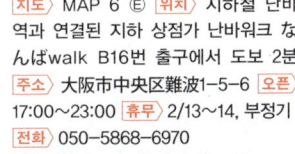

🍴 카무쿠라 센니치마에점 神座

1986년 도톤보리의 뒷골목에서 9석 규모로 시작해 지금은 일본 전역에 점포를 갖고 있다. 이곳 라멘의 특징은 달걀을 풀어 만든 가는 면발과 볶은 배추가 들어가는 것. 국물은 간장 베이스 한 가지뿐인데, 진한 육수에 시원한 배추의 맛이 잘 어우러진다. 인기 메뉴는 차슈 스몰 사이즈와 조린 달걀 두 가지를 모두 맛볼 수 있는 쇼차슈니타마고라멘 小チャーシュー煮玉子ラーメン (1010엔). 테이블에 비치된 부추무침은 무제한으로 먹어도 된다. 본점과 센니치마에점이 바로 앞에 붙어있는데, 센니치마에점이 늦게까지 영업하고 규모도 크다. 식권 발매기에 한국어가 병기되어 있다.

[지도] MAP 6 ⓑ [위치] 지하철 난바역 14번 출구에서 도보 5분 [주소] 大阪市中央区道頓堀1-7-3 [오픈] 월~목요일 10:00~07:00, 금요일 10:00~08:00, 토요일 09:00~08:00, 일요일 09:00~07:00 [전화] 06-6213-1238 [홈피] kamukura.co.jp

🍴 미즈노 美津の

오픈하자마자 줄이 늘어서는 인기 절정의 오코노미야키집. 1945년 창업해 3대째 이어져 내려오는 오래된 곳이다. 밀가루를 일절 넣지 않고 참마를 갈아 넣어 만드는 야마이모야키 山芋焼 (1620~2520엔)가 간판 메뉴로, 다른 재료의 맛을 살리면서도 참마와 좋은 조화를 이루는 것이 인기 비결이다. 이치오시콤비 いち押しコンビ (2105엔)를 주문하면 돼지고기, 가리비 관자가 들어간 미니 야마이모야키와 6가지의 재료를 넣은 미니 모단야키를 저렴하게 즐길 수 있다. 점심 시간은 물론이고 항상 손님이 끊이지 않는다.

[지도] MAP 6 ⓑ [위치] 지하철 난바역 14번 출구에서 도보 5분 [주소] 大阪市中央区道頓堀1-4-15 [오픈] 11:00~22:00 [전화] 06-6212-6360 [홈피] www.mizuno-osaka.com

🍴 아지노야 味乃家

[지도] MAP 6 ⓓ [위치] 지하철 난바역 14번 출구에서 도보 1분 [주소] 大阪市中央区難波1-7-16 [오픈] 12:00~22:45 (토·일요일 11:30~) [휴무] 월요일, 부정기 [전화] 06-6211-0713 [홈피] www.ajinoya-okonomiyaki.com

오사카식 정통 오코노미야키의 진수를 보여주는 곳. 밀가루를 최대한 줄이고 양배추를 가득 넣은 오코노미야키가 매우 인기 있다. 각종 TV 프로그램에서 맛집으로 소개되었는데, 실내를 가득 메운 유명인의 사인이 그 인기를 실감하게 한다. 추천 메뉴는 아지노야믹스오코노미야키 味乃家ミックスお好みき (1300엔). 오징어, 새우, 문어 외에도 다진 고기와 얇게 저민 돼지고기가 들어가는 최고 인기 메뉴이다. 무엇을 먹을지 고민된다면 세트 메뉴를 주문하는 것도 괜찮다. 2인용 B세트 (3350엔)에는 믹스오코노미야키, 믹스야키소바(소), 네기야키가 포함되어 든든하다.

🍴 킨구에몬 金久右衛門

최근 오사카에서 인기 절정을 누리는 쇼유라멘 전문점. 담백한 맛부터 진한 맛까지 다양한 맛의 간장 베이스 라멘을 취급한다. 간판 메뉴인 오사카블랙 大阪ブラック(950엔)은 이름만큼 까만 국물이 특이한 라멘. 탱글한 면발에 두꺼운 차슈와 아삭한 죽순이 씹는 맛을 더해주고, 해산물의 향이 느껴지는 진한 국물이 일품이다. 단, 간이 다소 강해 평소에 싱겁게 먹는 편이라면 다른 메뉴를 택하는 것이 낫다. 각 라멘에 번호가 매겨져 있으며 번호가 높아질수록 짠맛이 강해지니 적당히 낮은 숫자로 고르는 게. 주문 시 면은 얇은 면인 호소멘 細面과 두꺼운 면인 후토멘 太麺 중에서 고르는데, 오사카블랙에는 두꺼운 면이 잘 어울린다.

지도 MAP 6 Ⓑ **위치** 지하철 난바역과 연결된 지하 상점가 난바워크 なんばwalk B22번 출구에서 도보 3분 **주소** 大阪市中央区道頓堀1-4-17 **오픈** 11:00~08:00 **전화** 06-6211-5502 **홈피** king-emon-dotonbori.com

🍴 키무카츠 キムカツ

'고기의 밀푀유'라고도 불리는 신기한 돈까스를 맛볼 수 있는 곳. 돼지 등심을 매우 얇게 저며 25겹으로 만든 돈까스(1980엔)는 겉은 바삭하고 속은 육즙이 촉촉하게 배어 나온다. 돈까스는 7가지 맛 중에서 고를 수 있는데 육즙의 향을 제대로 느끼기에는 역시 플레인이 가장 좋다. 소스보다도 특제 초간장을 찍어 먹는 것이 향을 한층 더 살려준다. 기본적으로 갓 지은 밥과 국, 반찬이 함께 나오는 정식 세트로 구성되며 양이 꽤 많은 편이다. 런치 타임에 가면 조금 더 저렴하게 먹을 수 있다. 워낙 유명한 곳이라 한국어 메뉴도 잘 되어 있다.

지도 MAP 6 Ⓐ **위치** 지하철 난바역 14번 출구에서 도보 1분, 오사카쇼치쿠자 大阪松竹座 B1층 **주소** 大阪市中央区道頓堀1-9-19 **오픈** 11:00~15:00, 17:30~23:00 **전화** 06-6212-1129 **홈피** www.kimukatsu.com

🍴 야스베 やすべぇ

도쿄를 비롯한 동일본을 뜨겁게 달구고 있는 츠케멘 맛집. 서일본에는 딱 한 곳, 바로 도톤보리에 있다. 야스베의 츠케멘 つけ麺(780엔)은 두툼한 면발이 탱글하고 쫄깃한 것이 특징으로, 면의 양은 소(180g), 보통(220g), 중(330g), 대(440g) 중에서 고를 수 있는데 가격은 모두 같다. 국물은 리필이 가능하니 더 필요하다면 '오카와리 おかわり'라고 종업원에게 말하자. 달걀, 차슈, 만두, 채소, 구운 김으로 구성된 토핑 야스베토쿠세 やすべぇ特製(320엔)를 추가해도 괜찮다.

지도 MAP 6 Ⓐ **위치** 지하철 난바역 14번 출구에서 도보 4분 **주소** 大阪市中央区心斎橋筋2-4-4 **오픈** 11:00~03:00 **휴무** 월요일(공휴일인 경우 다음 날) **전화** 06-6212-4111 **홈피** www.yasubee.com

🍴 앗치치혼포 あっちち本舗

오사카 감동의 타코야키 중 손에 꼽는 맛집으로 매일 문전성시를 이룬다. 줄도 줄이지만 간판에 대형 문어가 있어 도톤보리를 오가며 쉽게 찾을 수 있다. 타코야키(9개 500엔)는 알이 큰 편이며 바삭한 표면 안에 부드러운 반죽과 큼지막한 문어가 탱글탱글하게 씹힌다. 소스를 고를 수 있는데, 간장&마요네즈가 가장 인기 있다.

지도 MAP 6 Ⓑ 위치 도톤보리 리버 워크의 돈키호테 방향 다리와 연결 주소 大阪市中央区宗右衛門町7-19 오픈 09:00~02:00(토요일, 공휴일 전날 ~03:00) 휴무 무휴 전화 050-5868-5078 홈피 www.acchichi.com

🍴 카니도라쿠 도톤보리본점 かに道樂

도톤보리의 명물 간판이 있는 게 요리 전문점으로 매일 홋카이도 몬베츠에서 게를 공수해 온다. 게 특유의 향을 느낄 수 있는 회·구이·전골 요리는 물론 게살을 사용한 달걀찜·그라탕·초밥·김밥·솥밥 등 메뉴가 매우 다양하다. 가격이 다소 비싼 편이지만 최고급 게를 먹을 수 있는 기회이므로 게를 좋아한다면 한번 도전해보자. 오사카 시내에만 본점을 비롯해 8개의 점포가 있고, 전국적으로 수많은 지점이 있다. 메뉴를 고르기가 어렵다면 코스 요리를 추천하는데, 가격이 부담된다면 오후 4시까지 주문 가능한 런치 메뉴를 이용하자. 한국어 메뉴도 있다.

지도 MAP 6 Ⓐ 위치 지하철 난바역 14번 출구에서 도보 5분 주소 大阪市中央区道頓堀1-6-18 오픈 11:00~23:00 전화 06-6211-8975 홈피 douraku.co.jp

🍴 쿠쿠루 본점 くくる

독특한 문어 입체 간판으로 도톤보리의 명물이 된 타코야키 전문점. 타코야키의 격전지 오사카 곳곳에 많은 체인점을 가지고 있는데 어디서나 줄이 길게 늘어서 있다. 이곳의 타코야키(8개, 750엔)는 다른 타코야키에 비해 새콤한 생강 맛이 강해 입맛에 따라 호불호가 갈릴 수 있다.

지도 MAP 6 Ⓐ 위치 지하철 난바역 14번 출구에서 도보 2분 주소 大阪市中央区道頓堀1-10-5 오픈 월~금요일 12:00~23:00, 토요일 11:00~23:00, 일요일 11:00~22:00 휴무 무휴 전화 06-6212-7381 홈피 www.shirohato.com/kukuru

🍴 타코우메 본점 たこ梅

1844년 창업 이래 무려 170년이 넘는 역사를 자랑하는 어묵 전문점. 현지인은 물론 관광객에게도 인기 있는 최고의 오뎅바이다. 무는 이틀간, 곤약은 나흘간 시간과 정성을 들여 조리한다니 그 맛을 짐작할 수 있다. 고래고기를 사용한 독특한 어묵을 비롯해 계절 한정 어묵 등 30여 종의 메뉴가 준비되어 있다. 가장 저렴한 어묵이 160엔부터 시작하며, 한국어 메뉴판도 잘 구비되어 있다.

[지도] MAP 6 ⓒ [위치] 지하철 난바역과 연결된 지하 상점가 난바워크 なんばwalk B28번 출구에서 바로 좌회전 후 끝까지 직진 [주소] 大阪市中央区道頓堀1-1-8 [오픈] 평일 17:00~22:50, 주말 11:30~14:30, 17:00~22:50 [휴무] 12/31~1/3 [전화] 06-6211-6201 [홈피] takoume.jp

[지도] MAP 6 Ⓐ [위치] 지하철 난바역 14번 출구에서 도보 2분 [주소] 大阪市中央区道頓堀1-9-17 [오픈] 11:00~21:30 [오픈] 화요일(공휴일, 공휴일 전날, 12월인 경우 영업) [전화] 06-6213-4736 [홈피] www.harijyu.co.jp

🍴 하리쥬 카레숍 도톤보리본점 はり重カレーショップ

1919년 스키야키 전문점 겸 정육점으로 창업해 약 100년의 역사가 쌓인 맛집이다. 현재 이곳 본점은 스키야키와 같은 일본 요리, 스테이크 위주의 하리쥬그릴, 카레를 전문으로 하는 카레숍으로 나뉜다. 현지인들에게는 워낙 오래된 맛집으로 유명하며, 카레 맛도 좋지만, 정육점으로 시작한 만큼 고기가 굉장히 부드럽고 맛있다. 추천 메뉴는 비프카츠카레 ビーフカツカレー(1200엔)와 민치카츠 ミンチカツ(900엔)이다.

🍴 타코야키 쥬하치방 도톤보리점 たこ焼十八番

도톤보리 초입에 언제나 줄이 길에 늘어서 있는 인기 타코야키 전문점. 쥬하치방의 타코야키 たこやき(6개 500엔, 8개 650엔)는 튀김 가루와 우유를 반죽에 넣어 겉은 더욱 바삭하지만 속은 부드럽다. 오사카의 정통 타코야키를 맛보고 싶다면 소스마요네즈 ソースマヨネーズ를 추천한다. 다양하게 맛보고 싶다면 소금과 소스 맛이 반반으로 구성된 하프앤하프 ハーフ&ハーフ(10개 800엔)도 괜찮다. 따로 먹을 곳이 마련되어 있지 않아 길에서 서서 먹는 불편함을 감수해야 한다.

[지도] MAP 6 Ⓑ [위치] 지하철 난바역 14번 출구에서 도보 4분 [주소] 大阪市中央区道頓堀1-7-21 [오픈] 11:00~21:00 [전화] 06-6211-3118 [홈피] d-sons18.co.jp

🍴 혼케 오오타코 本家大たこ

도톤보리를 오가며 자주 보게 되는 타코야키 전문점 중 가장 오랜 역사를 가지고 있으며, 변하지 않는 꾸준한 맛으로 유명하다. 이곳의 타코야키는 문어를 크게 잘라 넣어주는 것으로 유명하다. 실내에 좌석도 있으며 타코야키 외에 쿠시카츠 등 다양한 메뉴를 주문할 수 있다.

|지도| MAP 6 Ⓑ |위치| 지하철 난바역과 연결된 지하 상점가 난바워크 なんばwalk B22번 출구에서 도보 2분 |주소| 大阪市中央区道頓堀1-4-16 |오픈| 10:00~23:00 |휴무| 무휴 |전화| 06-6211-5223 |홈피| restaurant-17560.business.site

🍴 킨류라멘 金龍ラーメン

오사카를 대표하는 라멘집. 멀리에서도 한눈에 보이는 큰 용이 이곳의 심벌로, 오사카를 방문하는 관광객 대부분이 이곳에서 기념 촬영을 하고 라멘을 즐긴다. 메뉴는 라멘 ラーメン(600엔)과 고기를 듬뿍 얹은 차슈멘 チャーシューメン(900엔) 단 두 가지. 사골 국물같이 뽀얀 돈코츠 국물에 부드러운 면이 특징이다. 김치, 부추, 마늘은 입맛에 맞춰 마음껏 넣을 수 있다. 유명세 덕에 많은 사람이 찾기는 하지만 최근 맛에 대한 평가가 많이 떨어졌다.

|지도| MAP 6 Ⓑ |위치| 지하철 난바역 14번 출구에서 도보 5분 |주소| 大阪市中央区道頓堀1-7-26 |오픈| 24시간 |전화| 06-6211-6202

🍴 도톤보리 아카오니 본점 道頓堀赤鬼

미슐랭 2016, 2017, 2018에 3년 연속으로 선정된 타코야키 전문점으로 일본 미디어뿐만 아니라 한국, 중국, 대만, 홍콩 등 세계 미디어에 다수 노출된 유명한 곳이다. 외관이 붉은 도깨비로들로 꾸며져 있어 눈에 띈다. 타코야키는 문어가 생명이라고 여겨 생문어만을 사용한다. 기본 타코야키(8개, 500엔)는 살짝 작은 사이즈이며, 폭신폭신한 식감이다.

|지도| MAP 6 Ⓔ |위치| 지하철 난바역과 연결된 지하 상점가 난바워크 なんばwalk B22번 출구에서 도보 2분 |주소| 大阪市中央区難波1-2-3 |오픈| 11:00~22:00 |휴무| 수요일(공휴일인 경우 영업) |전화| 06-6211-0269 |홈피| www.doutonbori-akaoni.com

🍴 쿠시노보 串の坊

오래된 여관을 개조한 쿠시노보는 꼬치구이 전문점으로 70년에 가까운 역사를 자랑한다. 일본의 전통적인 분위기를 느끼면서 여러 가지 꼬치구이를 맛볼 수 있다. 계절에 따른 제철 재료로 만든 꼬치구이 백선 중 약 35종류를 차례차례 내놓는다. 마음껏 먹다가 '그만~'하고 멈추면 그때까지 먹은 꼬치의 수로 계산해준다. 꼬치 하나의 가격은 170~540엔이지만 배불리 먹으려면 1인당 약 4000~5000엔이 필요하다. 맛있는 만큼 조금 비싼 편이다.

[지도] MAP 6·Ⓔ [위치] 지하철 난바역 14번 출구에서 도보 4분 [주소] 大阪市中央区難波1-5-6 [오픈] 11:30~22:00 [휴무] 연말연시 [전화] 06-6211-1161 [홈피] www.kushinobo.co.jp

🍴 킨노토리카라 난바에비스바시점 金のとりから

간단하게 먹기 좋은 한입 사이즈의 닭튀김 전문점. 상점가를 오가며 간식거리로 먹기 좋다. 바삭하게 튀겨낸 닭가슴살은 전혀 뻑뻑하지 않고 부드러워 한 번 먹기 시작하면 멈출 수 없다. 다양한 소스가 있어 소스별로 맛보는 즐거움이 있다. 양에 따라 가격이 달라지는데 싱글(260엔), 더블(500엔), 메가(1050엔) 3가지이다. 일본 TV 방송에 자주 소개되기도 했다.

[지도] MAP 6·Ⓓ [위치] 지하철 난바역과 연결된 지하 상점가 난바워크 なんばwalk B10번 출구에서 좌회전 후 바로 우회전, 에비스바시스지 상점가 [주소] 大阪市中央区難波1-5-12 [오픈] 평일 12:00~22:30, 주말 11:00~22:30 [휴무] 무휴 [전화] 090-7556-6972 [홈피] www.kinnotorikara.jp

☕ 크레프리 알시온 Creperie Alcyon

중세 프랑스 브루타뉴 지방에서 시작되어 지금은 전 세계인의 사랑받는 크레페를 맛볼 수 있다. 곱게 간 밀가루와 신선한 달걀, 우유와 생버터로 반죽한 전병을 넓게 깔고 햄과 채소, 과일, 해물 등 다양한 재료를 올리는데, 식사 대용부터 제철 과일을 이용한 달콤한 디저트까지 취향에 따라 즐길 수 있다. 메뉴가 많고 복잡하니 메뉴판에 있는 사진을 보고 고르도록 하자. 가격대는 756~2580엔까지 다양하다.

[지도] MAP 6·Ⓔ [위치] 지하철 난바역 14번 출구에서 도보 2분 [주소] 大阪市中央区難波1-4-18 [오픈] 월~금요일 11:30~21:30, 토요일 11:00~21:30, 일요일 11:00~21:00 [휴무] 설날 [전화] 06-6212-2270 [홈피] www.anjou.co.jp/shop/crepe

난바

난바 파크스 NAMBA PaRKS

난카이 난바역을 구성하는 거대 복합 단지 중 하나이다. 도쿄의 롯폰기 힐스와 후쿠오카의 캐널시티 하카타를 설계한 존 자디 Jon Jerde가 설계했다. 사람, 도시, 자연의 공존이라는 주제로 만들어져, 화려하고 복잡한 난바에서 녹음에 둘러싸여 조용히 휴식을 취할 수 있다.

시설은 크게 상업동인 난바 파크스 숍&다이너와 오피스동인 파크스 타워로 나뉜다. 상업동의 1~5층에는 쇼핑몰이, 6~8층에는 레스토랑가가 형성되어 있고 8~9층에는 도심 속의 오아시스 역할을 하는 옥상 정원, 파크스 가든이 있다. 외국인에게는 난바시티와 합쳐 약 250개 점포에서 소비세를 면제해주는 '면세 TAX FREE' 제도를 실시한다. 단, 단일 점포에서 5001엔 이상 구매 시에만 적용되니 주의하자.

지도 MAP 7 Ⓔ 위치 난카이 난바역 남쪽 출구에서 바로 연결 주소 大阪市浪速区難波中 2-10-70 오픈 쇼핑몰 11:00~21:00, 레스토랑 11:00~23:00, 정원 10:00~24:00 휴무 부정기 전화 06-6644-7100 홈피 www.nambaparks.com

 Zoom in

유나이티드 애로즈 `2F`
United Arrows

일본 전역에 200개가 넘는 점포를 운영하는 대표적인 편집숍 브랜드. 해외의 의류 및 소품, 장식품 등 다양한 분야를 다룬다. 전반적으로 내추럴하고 편안한 스타일이 주를 이루며, 가격에 비해 품질이 좋다는 평이 많다.

홈피 store.united-arrows.co.jp/shop/ua

꼼 사 스타일 `3F`
Comme Ça Style

온 가족이 함께 입을 만한 옷을 추구하는 꼼 사 이즘 COMME ÇA ISM을 중심으로 한 편집숍. 다양한 자체 브랜드 의류와 소품을 취급한다. 부담 없는 가격과 멋진 디자인으로 아이가 있는 30대 부모들에게 큰 지지를 받고 있다.

홈피 www.fivefoxes.co.jp/brand/comme-ca-style.html

빌리지 뱅가드 `5F`
VILLAGE VANGUARD

서점이라고 적혀 있지만 잡화점이라는 말이 더 어울린다. 책ㆍ잡화ㆍ식품ㆍ장난감까지 다양한 장르의 제품을 취급하며 진열도 기존 서점의 틀을 벗어나 있다. 신기하고 재미있는 아이템이 많으니 눈을 크게 뜨고 잘 살펴보자.

홈피 www.village-v.co.jp

포즈
PAUSE

5F

쿠마자와 서점의 책을 보며 탈리스의 커피를 마실 수 있는 북&카페 공간이다. 특별하지는 않은 일반 서점이지만 신간, 화제의 도서, 베스트셀러 등 기본적인 도서가 잘 갖춰져 있으며 문구, 잡화도 함께 구경할 수 있다. 일본 서적이긴 하지만 관심 가는 책을 발견했다면 바로 옆 탈리스에서 천천히 살펴보자. 서점과 겸하는 공간답게 독서는 물론이고 와이파이와 콘센트도 잘 갖추고 있어 오랜 시간 앉아 있기 좋다. 커피 외에 간단한 식사류도 판매한다.

루크스 랍스터
LUKE'S LOBSTER

1F

뉴욕 맨해튼에서 시작되어 도쿄에 이어 오사카에도 생긴 핫한 랍스터 샌드위치 전문점. 신사이바시에는 매장으로 된 지점이 있다. 대표 메뉴 랍스터롤(레귤러 980엔)은 양념된 따뜻한 빵에 차가운 랍스터가 가득 들어간 샌드위치. 내용물은 랍스터 외에 새우, 게살 총 3가지가 있다. 샌드위치에는 채소가 전혀 들어가지 않아 조금 뻑뻑하게 느껴질 수 있다. 매장이 아닌 푸드트럭에서 판매하는 것이라 바로 옆의 작은 테이블 몇 개가 전부이다. 난바 파크스에는 벤치와 정원이 많으니 마음에 드는 장소에 가져가서 먹기도 좋다.

홈피 lukeslobster.jp

하브스
HARBS `3F`

신선한 제철 과일을 사용한 수제 케이크로 엄청난 인기를 누리는 곳. 케이크의 크기가 꽤 큰데, 여기에는 한판을 다 먹을 수 있을 정도로 맛있는 케이크를 만들겠다는 의지가 담겨있다. 베스트셀러는 밀크레이프 ミルクレープ(830엔). 6겹의 크레이프와 촉촉한 생크림, 신선한 제철 과일이 기막힌 조화를 이룬다. 막대 모양으로 얼린 우유를 진한 홍차에 넣어주는 로열밀크 ロイヤルミルク(780엔)는 얼음이 녹아도 진한 향을 즐길 수 있다. 오사카에만 7개의 지점이 있는데, 이곳이 그중 넓은 편이다. 시간대를 잘못 맞추면 기다려야 하니 붐비는 오후 시간을 피해서 가자.

홈피 www.harbs.co.jp/harbs

엘머스 그린
ELMERS GREEN `3F`

차분한 분위기에서 스페셜티 커피를 사용한 핸드드립 커피를 음미할 수 있는 곳이다. 핸드드립 커피(500엔)는 두 종류로 콜롬비아 베이스에 비터초콜릿 풍미가 느껴지는 비터블렌드와 매일 달라지는 오늘의 싱글오리진이 있다. 빵을 포함한 디저트류를 비롯해 런치에는 샌드위치, 카레와 같은 간단한 식사류도 판매한다. 추천 메뉴는 당근케이크 キャロットケーキ(450엔)와 에그샌드 エッグサンド(900엔).

홈피 elmersgreen.com

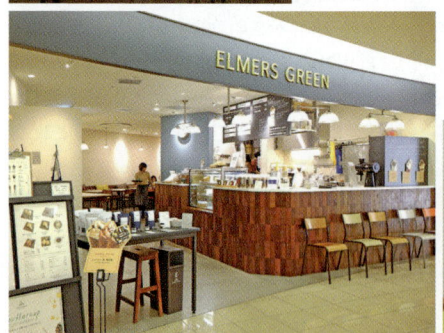

📷 센니치마에 도구야스지 상점가 千日前道具屋筋

난카이 난바역 바로 길 건너편에 있는 부엌용품 전문 상점가이다. 오사카 최고의 요리사들이 요리 기구와 레스토랑 주방용품을 구입하기 위해 즐겨 찾는 곳으로 약 45개의 점포가 160m 정도의 거리에 늘어서 있다.

식탁용 나이프, 포크, 스푼부터 접시, 그릇 등의 식기류, 냄비, 프라이팬 등 식당에서 필요한 모든 것들을 판매한다. 심지어 레스토랑의 진열장, 플라스틱으로 만든 디스플레이용 음식 모형도 있다. 상점가 입구에 도(道)라고 쓰인 커다란 간판이 세워져 있어 쉽게 알아볼 수 있다.

〉지도〉 MAP 7 Ⓓ 〉위치〉 난카이 난바역과 연결된 지하 상점가 난바난난 NAMBA なんなん E9번 출구에서 도보 3분 〉전화〉 06-6633-1523 〉홈피〉 www.doguyasuji.or.jp

📷 덴덴타운 でんでんタウン

〉지도〉 MAP 7 Ⓕ 〉위치〉 지하철 닛폰바시역 10번 출구에서 도보 5분

오사카의 아키하바라라 불리는 곳. CD, DVD, 게임, 애니메이션 관련 상점이 밀집해 있다. 남북으로 길게 뻗은 도로를 따라 형성되어 있는데 크고 작은 상점이 워낙 많아 상가를 모두 둘러보려면 시간이 제법 많이 걸린다.

중고 피규어 전문점인 정글 Jungle, 중고 만화 전문점 케이북스 K-books, 중고 게임 소프트 전문점 게오 GEO, 프라모델 전문점 보스크 오사카쇼룸 VOLKS 大阪ショールーム 등 재미난 상점이 많다. 관심 있다면 골목 구석구석을 훑어보자.

📷 쿠로몬 시장 黒門市場

천하의 부엌이라 불리는 오사카에서도 '오사카의 부엌'이라고 불리는 시장. 맛집이 많은 도톤보리 주변 번화가에 식재료를 공급한다. 재래시장에서만 느낄 수 있는 활기와 다양한 식료품을 볼 수 있다. 방문하는 관광객이 늘어나면서 600m 길이의 상점가에 다양한 종류의 길거리 음식이 포진하게 되었다. 해산물을 즉석에서 구워주는 곳부터 튀김집, 횟집 등 눈길을 사로잡는 맛집이 많아 자꾸 걸음이 멈춘다.

〉지도〉 MAP 7 Ⓓ 〉위치〉 지하철 닛폰바시역 10번 출구에서 도보 1분 〉주소〉 大阪市中央区日本橋2-4-1 〉오픈〉 09:00~18:00 〉전화〉 06-6631-0007 〉홈피〉 www.kuromon.com

난바시티 なんばCITY

난카이 난바역 빌딩 지하 2층부터 2층까지 펼쳐진 쇼핑몰. 본관과 남관으로 구성되어 있다. 20~30대를 대상으로 한 인기 브랜드 매장과 레스토랑, 카페까지 약 300개의 다양한 점포가 모여 있다. 유니클로 등의 의류 외에도 고디바, 파블로, 고메다 커피, 돈카츠KYK, 쓰리코인즈, 무인양품, 내추럴 키친 등의 인기 레스토랑과 생활용품점이 있으니, 공항으로 떠나기 전 마지막 쇼핑을 즐기기 좋다.

[지도] MAP 7 ⓒ [위치] 난카이 난바역 중앙구에서 바로 연결 [주소] 大阪市中央区難波5-1-60 [오픈] 쇼핑몰 10:00~21:00, 레스토랑 11:00~22:00 [휴무] 부정기 [전화] 06-6644-2960 [홈피] www.nambacity.com

다카시마야 高島屋

일본에서 쇼윈도를 가장 먼저 도입한 백화점으로 유명하며, 일본뿐만 아니라 해외에도 진출한 전통 있고 명성 높은 백화점이다. 중장년층을 대상으로 한 고가의 브랜드가 주로 입점해 있다. 난카이 난바역과 연결되어 있으며, 다양한 먹거리를 맛볼 수 있는 지하의 식품 매장도 인기 있다.

[지도] MAP 7 ⓒ [위치] 난카이 난바역에서 바로 연결 [주소] 大阪市中央区難波5-1-5 [오픈] 10:00~20:00(금·토요일 ~20:30) [휴무] 부정기 [전화] 06-6631-1101 [홈피] www.takashimaya.co.jp

마루이 OIOI

젊은 감각의 브랜드 중심의 백화점. 고급스럽다기보다는 편하게 둘러볼 수 있는 분위기로, 젊은 세대 취향의 중저가 브랜드가 다수 입점해 있다. 다양한 브랜드의 손수건이나 양산 등 패션 잡화를 쇼핑하기에도 좋다. 지하 매장은 지하 상점가 난바난난과 연결되어 있다.

[지도] MAP 7 ⓒ [위치] 난카이 난바역과 연결된 지하 상점가 난바난난 NAMBA なんなん E1·E3·E11번 출구 바로 앞 [주소] 大阪市中央区難波3-8-9 [오픈] 11:00~20:30(일요일, 공휴일 ~20:00) [휴무] 부정기 [전화] 06-6634-0101 [홈피] www.0101.co.jp

🏠 라비원 LABI1

도쿄를 기반으로 한 요도바시 카메라와 빅카메라가 오사카에 진출한 것에 대항하기 위해 오사카의 야마다전기가 오픈한 전기·전자 전문 쇼핑몰. 지하 1층에서 지상 4층까지 PC, 휴대폰, 오디오, DVD, 카메라 등을 판매한다. 우메다 지역에 있는 요도바시 우메다 못지 않은 엄청난 규모를 자랑하는데, 매장도 깔끔하고 쾌적하다.

[지도] MAP 7 ⓔ [위치] 난카이 난바역과 연결된 난바시티에서 난바 파크스로 가면 남쪽 출구와 연결 [주소] 大阪市浪速区難波中2-11-35 [오픈] 10:00~22:00 [전화] 06-6649-8171 [홈피] www.yamadalabi.com/labi1

🏠 빅카메라 난바점 ビックカメラ

일본 전역에 다양한 매장을 운영하는 카메라·전자 제품 전문점. 1978년 창업 당시에는 카메라 관련 상품만 취급했지만, 지금은 '전문점의 집합체'를 모토로 카메라, 컴퓨터 기기는 물론이고 스포츠용품이나 안경 등 다양한 상품을 판매한다. 꼭 사지 않더라도 국내 수입 전인 최신 기기를 둘러보고 싶다면 들러볼 만하다.

[지도] MAP 7 ⓒ [위치] 지하철 난바역과 연결된 지하 상점가 난바워크 なんばwalk B19번 출구로 연결 [주소] 大阪市中央区千日前2-10-1 [오픈] 10:00~21:00 [전화] 06-6634-1111 [홈피] www.biccamera.co.jp

🏠 애니메이트 오사카닛폰바시점 animate

각종 만화·애니메이션 관련 용품을 취급하는 전문 매장. 애니메이션, 게임 소프트웨어, 피규어까지 폭넓은 상품을 판매한다. 특히 각종 만화 캐릭터를 이용한 소품이 있으니 좋아하는 작품이나 캐릭터가 있다면 한번 찾아볼 것. 코스프레용 의류나 패션 잡화도 있으니 만화광이라면 꼭 사지 않더라도 한번쯤 들러 보자.

[지도] MAP 7 ⓕ [위치] 난카이 난바역과 연결된 난바시티 남관 남쪽 출구에서 도보 2분 [주소] 大阪市浪速区日本橋西1-1-3 [오픈] 10:00~21:00 [전화] 06-6636-0628 [홈피] www.animate.co.jp

🎁 무인양품 난바점 無印良品

이름 그대로, 군더더기 없이 깔끔한 디자인의 좋은 제품을 제공하는 곳. 지하 2층부터 지상 3층에 걸쳐 문구·화장품·생활 잡화·인테리어 용품 뿐 아니라 식품·의류까지 생활에 필요한 대부분의 것들을 판매한다. 지하 2층에는 카페테리아 형식의 카페&밀 무지 Cafe&Meal MUJI가 있다. 화학조미료는 최소화하고, 음식 재료 자체의 맛을 충분히 살려 심플하게 조리한 메뉴들을 만나볼 수 있다.

지도〉 MAP 7 ⓒ 위치〉 난카이 난바역과 연결된 지하 상점가 난바난난 NAMBA なんなん E7번 출구로 연결 주소〉 大阪市中央区難波千日前12-22 오픈〉 10:00~22:00 전화〉 06-6648-6461 홈피〉 www.muji.com/jp

🎁 정글 JUNGLE

덕후들의 성지인 덴덴타운의 저렴한 피규어숍. 피규어 마니아의 필수 방문지로, 규모가 크지는 않지만 가격이 다른 곳에 비해 저렴한 편이다. 피규어, 프라모델을 비롯해 추억의 장난감 등 다양한 아이템이 많아 구경하며 둘러보는 것만으로도 충분히 즐겁다. 원피스, 에반게리온, 드래곤볼, 건담, 마블, 디즈니 등 대중적인 애니메이션 상품이 많아 자칫하다가는 지갑이 탈탈 털린다. 2층은 1층보다 조금 더 전문적이고 희귀한 고가의 중고 아이템이 많은 편이다. 본관과 별관 건물이 붙어 있는 형태인데, 1층은 벽을 뚫어 연결했지만, 2층은 각각 따로 올라가야 한다.

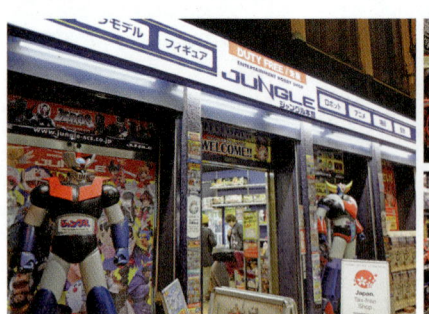

지도〉 MAP 7 ⓕ 위치〉 난카이 난바역과 연결된 난바시티 남관 동쪽 출구에서 도보 10분 주소〉 大阪市浪速区日本橋3-4-16 오픈〉 평일 12:00~20:00, 주말 11:00~20:00 휴무〉 무휴 전화〉 06-6636-7444 홈피〉 jungle-scs.co.jp

🍴 규카츠 모토무라 난바점 牛かつもと村

인생 규카츠를 만날 수 있는 오사카에서 손꼽히는 인기 맛집. 평일에도 오픈 전부터 줄이 늘어선다. 소고기에 얇은 튀김옷을 입혀 살짝 익혀 낸 규카츠는 바로 앞에 놓인 개인용 미니 불판에 올려 구워 먹는다. 개인 취향에 맞게 익혀 먹기 딱 좋다. 규카츠 정식 牛かつ定食(1300엔)은 소식가나 만족할 양이니 더블 규카츠 정식 W牛かつ定食(2100엔)을 먹거나 추가(800엔)하면 된다. 한국인 관광객이 워낙 많이 찾는 곳이어서 한국어 메뉴판이 잘 되어 있다. 본래 도쿄에 있는 인기 맛집으로 간 사이에 처음으로 생긴 곳이 이 지점이다.

〉지도〉 MAP 7 ⓒ 〉위치〉 지하철 난바역과 연결된 지하 상점가 난바워크 なんばwalk B17번 출구에서 도보 2분, 스가타빌딩 スガタビル B1층 〉주소〉 大阪市中央区難波3-3-1 〉오픈〉 11:00~23:00 〉휴무〉 무휴 〉전화〉 06-6643-3313

🍴 회전초밥 닛폰이치 센니치마에점 回転すし日本一

130엔 회전초밥집으로 가성비 좋은 초밥을 먹고 싶다면 이곳으로 가자. 가격 대비 꽤 괜찮은 수준의 초밥이 나와서 한정된 예산에서 다양한 초밥을 배부르게 먹기 좋다. 단, 은색과 금색 접시는 300엔이니 염두에 둘 것. 먹고 싶은 메뉴가 있는데, 접시가 돌고 있지 않다면 직원에게 말하자. 바로 만들어준다. 일반 초밥 전문점과는 다르게 간장 종지가 따로 없고, 초밥 위에 간장을 바로 뿌려 먹거나 초밥 접시에 뿌려 찍어 먹는다. 녹차는 따로 내어주는 것이 아닌 셀프서비스. 테이블의 녹차 가루를 넣고 뜨거운 물을 부으면 된다.

〉지도〉 MAP 7 ⓒ 〉위치〉 지하철 난바역 11번 출구에서 도보 2분 〉주소〉 大阪市中央区難波3-1-33 〉오픈〉 평일 10:30~23:30, 주말 10:00~23:30 〉휴무〉 무휴 〉전화〉 06-6632-7130 〉홈피〉 fujiocompany.com

🍴 타카라 宝

지도〉 MAP 7 ⓓ 위치〉 난카이 난바역과 연결된 지하 상점가 난바난난 NAMBAなんなん E5번 출구에서 도보 2분 주소〉 大阪市中央区難波千日前11-28 오픈〉 17:00~01:30(일요일 12:00~23:00) 휴무〉 수요일 전화〉 06-6632-0003

입에서 살살 녹는 소고기를 맛볼 수 있는 야키니쿠 전문점. 한국어가 가능한 친절한 직원이 안내해준다. 가격대가 있는 만큼 최상급 암소의 깊은 맛을 느낄 수 있다. 1인당 2인분을 주문해야 하는데, 양이 적은 편이라 끝도 없이 주문하게 된다. 덕분에 다양한 종류의 고기를 맛볼 수 있고, 그중에서 우설, 꽃등심이 특히 인기가 있다. 고기 가격대는 대략 950~3650엔 정도로 1인당 2인분 이상 먹는 것을 생각하면 예산을 넉넉하게 잡는 것이 좋다. 내부는 매우 좁은 편이라 많은 인원을 수용할 수 없다. 항상 사람들로 가득한데, 한국인 관광객이 대부분이다.

🍴 후쿠타로 본점 福太郎

지도〉 MAP 7 ⓓ 위치〉 난카이 난바역과 연결된 지하 상점가 난바난난 NAMBAなんなん E5번 출구에서 도보 3분 주소〉 大阪市中央区千日前2-3-17 오픈〉 평일 17:00~24:00, 주말 12:00~24:00 휴무〉 정월 전화〉 06-6634-2951 홈피〉 2951.jp

싱싱한 재료를 사용하는 유명 오코노미야키 전문점으로 현지인과 관광객 모두에게 사랑받는 맛집이다. 최고 인기 재료인 돼지고기, 오징어, 새우 세 가지 재료가 모두 들어간 트리플다마야키 トリプル玉焼(1380엔)를 추천한다. 두툼한 삼겹살 한 줄이 통째로 들어가고, 쫄깃한 오징어와 탱글탱글한 새우도 큼지막하게 들어간다. 식감과 맛의 조화가 매우 훌륭해서 씹을수록 만족스럽다. 오코노미야키에는 양배추가 듬뿍 들어가 있는데, 양배추 대신 파를 듬뿍 넣어 만든 네기야키도 인기가 있다.

|지도| MAP 7 ⓓ |위치| 난카이 난바역과 연결된 지하 상점가 난바난난 NAMBA なんなん E5번 출구에서 도보 3분 |주소| 大阪市中央区難波千日前2-22 |오픈| 24시간 |휴무| 무휴 |전화| 06-6647-7371 |홈피| www.iroliya.jp

🍴 코이로리 센니치마에점 こいろり

연탄불에 구워 먹는 야키니쿠 전문점으로 가성비 좋은 맛집이다. 다른 야키니쿠 전문점에 비해 세트 메뉴의 종류가 많고 구성도 좋다. 가격도 합리적인 편이어서 여러 고기를 다양하게 맛보기 좋다. 식사가 필요하다면 B코스(1500엔)가 적당하고 식사 후 술 한 잔 곁들인다면 고기 모둠세트 Part 3(1000엔)를 추천한다. 현지 손님이 대부분으로 모임이나 혼자서 술 한잔하러 오는 사람이 많아 저녁에는 거의 만석이다. 간간이 한국인 관광객도 자주 보이며, 한국어 메뉴판이 잘 되어 있다.

🍴 멘야 죠로쿠 麵屋 丈六

각종 라멘 대회에서 수상도 한 오사카에서 손꼽히는 라멘 맛집이다. 이곳은 일본 전국에서도 일품으로 평가되는 와카야마 라멘을 선보인다. 와카야마 라멘을 대표하는 메뉴가 바로 중화소바 中華そば인데, 맑은 쇼유라멘이다. 이곳의 중화소바(700엔)는 닭 육수를 베이스로 만들어 돼지 육수로 만든 돈코츠라멘에 비해 맛이 훨씬 깔끔하다. 라멘과 함께 고등어누름초밥인 하야즈시 早寿司(150엔)를 함께 주문해 먹는데 저녁에 가면 대부분 품절이다. 이 초밥은 숙성시킨 고등어를 사용해 입맛에 따라 다소 비리게 느낄 수도 있다.

|지도| MAP 7 ⓓ |위치| 난카이 난바역과 연결된 난바시티 본관 동쪽 출구에서 도보 3분 |주소| 大阪市中央区難波千日前6-16 |오픈| 11:30~15:00, 18:00~21:00/첫째 일요일 07:00~10:00, 11:30~15:00 |휴무| 수요일 |전화| 06-6643-6633 |홈피| jouroku.blog.fc2.com

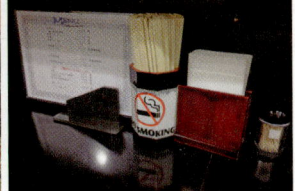

다이닝 아지토 DINING あじと

오사카에 스테이크덮밥의 붐이 일기 시작했던 초기부터 맛있는 집으로 유명했다. 스테이크덮밥은 런치로만 판매하는데, 하루에 10~15그릇만 판매하는 하라미 炭焼き炙りハラミ肉重(900~1200엔)는 금방 동나기 일쑤다. 업그레이드 버전인 와규서로인 特選黒毛和牛サーロイン炭焼き炙り肉重(1500엔)은 스테이크가 굉장히 부드러워 먹다 보면 어느새 사라지고 있다. 내부는 좁지만 고급스러운 분위기이다. 테이블이 많지 않아 한두 명이 올 경우 바테이블이나 4인 테이블에서 다른 팀과 합석해서 먹게 된다. 주말에는 오픈 1시간 전에 와도 긴 줄이 늘어서 있다.

지도 MAP 7 Ⓓ 위치 난카이 난바역과 연결된 지하 상점가 난바난난 NAMBAなんなん E9번 출구에서 도보 3분 주소 大阪市中央区難波千日前4-20 오픈 11:30~14:00, 17:00~23:00(수~금요일 저녁만 영업) 휴무 월 1회 부정기, 하계·연말 휴가 전화 06-6633-0588 홈피 www.dining-ajito.com

치토세 별관 千とせ

3대째 내려오는 깊은 맛의 고깃국 니쿠후루이로 유명한 곳. 원래는 니쿠우동 肉うどん(650엔)으로 유명한 집이었는데, 단골손님이 숙취로 인해 니쿠우동에 면을 빼달라고 하면서 니쿠후루이라는 메뉴가 생겼다고 한다. 지금은 니쿠후루이肉吸い(650엔)와 날달걀밥인 코다마 小玉 (210엔)를 세트로 가장 많이 먹는다. 날달걀밥은 전용 소스를 뿌려 달걀과 섞어 먹으면 된다. 메뉴 사진이 있는 식권 발매기를 사용해 음식을 주문한다. 본점은 사람이 많고 영업시간이 짧으니 미묘한 맛의 차이를 구별할 정도가 아니라면 별관에서 먹기를 추천한다.

> **TIP 본점에 가고 싶다면!**
>
> 본점은 별관 근처에 위치하는데, 2블록 정도 떨어져 있다. 낮에만 영업하고, 그것마저도 재료가 떨어지면 일찍 문을 닫는다. 대기는 필수.
>
> 지도 MAP 7 Ⓓ 위치 난카이 난바역과 연결된 지하 상점가 난바난난 NAMBAなんなん E9번 출구에서 도보 2분 주소 大阪市中央区難波千日前8-1 오픈 10:30~14:30 휴무 화요일 전화 06-6633-6861 홈피 www.chitose-nikusui.com/chitose

지도 MAP 7 Ⓓ 위치 난카이 난바역과 연결된 지하 상점가 난바난난 NAMBAなんなん E9번 출구에서 도보 2분, 난바 그랜드카게츠 なんばグランド花月 1층 주소 大阪市中央区難波千日前11-6 오픈 11:00~20:00 전화 06-6633-2931 홈피 www.chitose-nikusui.com

규카츠노타케루 닛폰바시점 牛カツのタケル

오사카의 대세 먹거리 규카츠의 신생 맛집. 겉은 바삭하면서 속은 부드럽고 육즙 가득한 규카츠를 맛볼 수 있다. 기본인 규카츠 정식 牛カツ定食은 레귤러(220g, 1100엔)와 라지(330g, 1700엔)로 나뉘는데 이곳은 항상 손님이 많아 나중에 규카츠를 추가하는 것은 사양하고 있다. 물론, 더 많은 양인 1파운드(453g, 2300엔)도 있으니 대식가라면 눈여겨보자. 함께 내어주는 소스 외에 카운터 앞에도 다양한 소스를 구비해놓아 하나하나 맛보는 재미가 있다. 손님의 대부분이 한국인 관광객인지라 한국어 안내가 잘 되어 있다. 워낙 인기 있어서 대기 줄이 늘어서는 곳이니, 가능하면 식사 시간대를 피해서 방문하자.

[지도] MAP 7 (F) [위치] 난카이 난바역과 연결된 난바시티 남관 동쪽 출구에서 도보 3분 [주소] 大阪市浪速区日本橋3-8-26 [오픈] 11:00~23:00 [휴무] 무휴 [전화] 06-6635-2929 [홈피] gyukatsu-takeru.jp

이치미젠 닛폰바시점 一味禅

붕장어 한 마리를 통째로 튀겨서 담아주는 텐동 전문점으로 TV 프로그램 〈식신로드〉에도 소개되어 한국인 사이에서도 유명하다. 양이 굉장히 많은 편인데, 일반적인 한 그릇짜리 덮밥 사이즈를 생각했다면 엄청난 사이즈의 대접에 당황할 수 있다. 튀김은 모두 바삭바삭 맛있는데, 붕장어 자체가 기름기가 많은 생선인 데다 양이 워낙 많다 보니 다 먹을 때쯤이면 느끼할 수 있다. 추천 메뉴는 에비아나고텐동 海老穴子天丼(1100엔)이지만 덮밥 위의 튀김 조합이 다양하니 원하는 구성으로 주문하면 된다. 내부는 굉장히 비좁아 짐이 많은 경우 불편할 수 있다. 한국어 메뉴판이 구비되어 있다.

[지도] MAP 7 (F) [위치] 난카이 난바와 연결된 난바시티 남관 동쪽 출구에서 도보 3분 [주소] 大阪市浪速区日本橋3-6-8 [오픈] 11:00~20:30 [휴무] 월요일 [전화] 06-6643-2006 [홈피] ichimizen.com

잇포테이 본점 一芳亭

난바의 오래된 슈마이 맛집으로 현지인에게 인기 있다. 이곳 슈마이 しゅうまい(5개, 320엔)의 황금색 피는 보자마자 식욕을 자극한다. 한입 크기의 슈마이를 먹으면 탱글탱글 부드러운 식감과 촉촉한 고기의 육즙이 입안에 퍼진다. 밖에서 슈마이만 포장해 가는 사람도 많고, 식사 시간대에는 슈마이 10개에 밥과 국, 샐러드가 나오는 슈마이 정식 しゅうまい定食(750엔)도 많이 먹는다. 이곳의 음식은 슈마이 외에도 전체적으로 만족도가 높다. 많이 먹어도 물리지 않고, 기가 막힐 정도로 간이 딱 맞아서, 며칠이 지나도 자꾸 생각나는 중화요리 점이다.

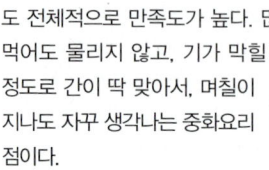

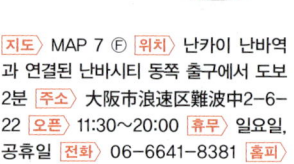

[지도] MAP 7 Ⓕ [위치] 난카이 난바역과 연결된 난바시티 동쪽 출구에서 도보 2분 [주소] 大阪市浪速区難波中2-6-22 [오픈] 11:30~20:00 [휴무] 일요일, 공휴일 [전화] 06-6641-8381 [홈피] www.ippoutei.com

[지도] MAP 7 Ⓒ [위치] 지하철 난바역 9번 출구에서 도보 2분 [주소] 大阪市中央区難波4-5-7 [오픈] 17:00~24:00 [전화] 06-6631-6178

난반테 南蛮亭

서민적인 분위기의 저렴한 꼬치구이 가게. 가격 대비 훌륭한 꼬치를 맛볼 수 있어 언제나 손님들로 북적인다. 한국의 TV 프로그램에도 소개되어 한국인 관광객도 심심찮게 볼 수 있으며 한국어 메뉴판이 있어 주문이 어렵지 않다. 꼬치구이 가격은 330엔부터 540엔까지 다양한데, 한 접시에 꼬치 3개가 기본이다. 기본 2개부터 주문이 가능하니 2개만 원할 경우 따로 말해두자. 닭고기와 파를 꽂아 구운 네기마 ねぎま, 닭날개 테바사키 手羽先, 닭 껍질 카와 かわ, 삼겹살 부타바라 豚バラ 등이 인기 있다. 꼬치구이 외에도 가볍게 안주하기 좋은 구운 감자·버섯·양파나 토마토 샐러드도 추천한다.

토리키조쿠 鳥貴族

모든 메뉴를 280엔에 판매하는 꼬치구이 전문점. 알쿠홀도 모두 같은 가격이라 저렴하게 한잔하고 싶을 때 찾으면 좋다. 닭고기와 파를 끼운 커다란 꼬치 네기마 ねぎま가 간판 메뉴인데, 주문 시 닭다리살과 닭가슴살 중에서 선택 가능하다. 양념도 소스, 소금, 특제 향신료 중에서 고를 수 있다. 명란젓과 마요네즈를 얹어 구운 것, 치즈를 얹어 구운 것 등 퓨전 꼬치도 만나볼 수 있다. 캬베츠모리 キャベツ盛는 생양배추를 썰어서 주는 것 뿐이지만 느끼함을 잡기에 그만이고, 한 번 주문하면 무한 리필되는 것도 장점.

[지도] MAP 7 ⓒ [위치] 지하철 난바역 18번 출구에서 도보 1분, 아지와이바시빌딩 味わいばしビル 9층 [주소] 大阪市中央区難波3-4-13 [오픈] 17:00~02:00(금~일요일 16:00~) [전화] 06-6634-1011 [홈피] www.torikizoku.co.jp

지유켄 自由軒

1910년에 창업한 지유켄은 일본의 유명 소설가인 오다 사쿠노스케 織田作之助의 소설 〈메오토젠자이 夫婦善哉〉에도 등장할 정도로 오랜 전통을 자랑한다. 이곳의 명물카레 名物カレー(750엔)는 창업자인 요시다가 고안한 것으로, 백반을 보온하는 설비가 없었던 당시 '따끈따끈한 카레를 제공하고 싶다'는 생각에 밥과 뜨거운 카레를 혼합한 명물카레를 탄생시켰다. 당시에는 꽤 고급품이었던 날달걀을 위에 얹어 맛과 영양을 모두 충족시키며 일약 인기메뉴가 되었다. 변함없는 전통의 맛으로 여전한 인기를 자랑하고 있다.

[지도] MAP 7 ⓒ [위치] 난카이 난바역과 연결된 지하 상점가 난바난난 NAMBA なんなん E3번 출구에서 도보 3분 [주소] 大阪市中央区難波3-1-34 [오픈] 11:30~21:00 [휴무] 월요일 [전화] 06-6631-5564 [홈피] www.jiyuken.co.jp

와나카 わなか

[지도] MAP 7 ⓓ [위치] 난카이 난바역과 연결된 지하 상점가 난바난난 NAMBA なんなん E5번 출구에서 도보 2분 [주소] 大阪市中央区難波千日前11-19 [오픈] 평일 10:00~23:00, 주말 08:30~23:00 [전화] 06-6631-0127 [홈피] takoyaki-wanaka.com

원래는 막과자집이었던 것이 가게 앞에서 구워 팔던 타코야키의 인기가 치솟자 아예 전업한 특이한 이력을 가진 곳이다. 타코야키 たこやき(8개 450엔, 12개 600엔)는 가다랑어와 다시마 육수를 섞어 넣은 비밀의 반죽을 동판에 구워낸다. 다양한 맛을 즐기고 싶다면 모둠 오이리 おおいり(500엔)을 주문하자. 센베 속에 타코야키를 넣은 타코센 たこせん(100~200엔)도 추천 메뉴. 뒤쪽에는 테이블이 있어 앉아서 먹고 갈 수 있다.

🍴 551호라이 551蓬莱

오사카의 명물 고기만두집. 전 점포에서 하루 약 14만 개가 팔리는 오사카의 인기 선물로 유명하다. 부타망 豚まん(2개 340엔)은 부드럽지만 탄력 넘치는 만두피에 간장 베이스의 육즙이 매력으로, 크기도 어른 주먹만 해 한두 개만 먹어도 배가 부르다. 본점 1층은 테이크아웃, 2~3층은 레스토랑으로 운영한다. 본점은 에비스바시스지 상점가 중간쯤에 있고, 오사카 시내는 물론 간사이 지방 곳곳에서 분점을 만날 수 있다.

지도 MAP 7 ⓒ 위치 지하철 난바역 11번 출구에서 도보 2분 주소 大阪市中央区難波3-6-3 오픈 11:00~22:00 휴무 셋째 화요일 전화 06-6641-0551 홈피 www.551horai.co.jp

🍴 홉슈크림 ほっぷしゅーくりーむ

빵도 크림도 매장에서 직접 만드는 슈크림 전문점. 오사카의 명물 디저트로 바삭하게 구워낸 빵 속에 꽉 차 있는 크림은 맛은 먹어도 먹어도 또 먹고 싶어질 정도이다. 베이직한 메뉴로 가장 인기가 좋은 커스터드 カスタード(160엔) 외에 벨지안쇼콜라 ベルジャンショコラ(180엔), 말차 抹茶(200엔)도 있다. 한여름에 시원하게 즐기고 싶다면 크림 대신 아이스크림이 들어있는 홉슈아이스 ほっぷシューアイス(250엔)를 먹어보자.

지도 MAP 7 ⓒ 위치 난카이 난바역과 연결된 지하 상점가 난바난난 NAMBAなんなん E3번 출구에서 도보 2분 주소 大阪市中央区難波3-2-26 오픈 10:00~22:30 전화 06-6632-2055 홈피 www.hop-shu-kuri-mu.com

☕ 리쿠로오지상노미세 りくろーおじさんの店

지도 MAP 7 ⓒ 위치 난카이 난바역과 연결된 지하 상점가 난바난난 NAMBAなんなん E3번 출구에서 도보 2분 주소 大阪市中央区難波3-2-28 오픈 09:30~21:30 전화 0120-57-2132 홈피 www.rikuro.co.jp

십 수년째 불티나게 팔리는 서민적인 치즈케이크 전문점. 최고의 인기 메뉴인 야키타테치즈케이크 焼きたてチーズケーキ(695엔)가 다 구워지면 종을 울리며 트레이드 마크인 아저씨 얼굴 모양을 인두로 찍어준다. 막 나온 따끈한 것을 살 것인지 미리 구워둔 것을 살 것인지에 따라 줄이 양 갈래로 나뉜다. 2층에는 카페가 있어 음료와 함께 주문해 먹을 수 있다. 식은 치즈케이크도 맛있지만 전자레인지로 30초 정도 데워 먹으면 더욱 맛이 좋다.

모그 mog

버터밀크를 사용해 만든 폭신하고 부드러운 팬케이크로 과거 큰 인기를 끌었으나 최근에는 살짝 시들해졌다. 추천 메뉴는 심플하지만 버터밀크의 향을 제대로 느낄 수 있는 클래식 버터밀크 팬케이크 クラッシックバターミルクパンケーキ(700엔). 클래식 버터밀크 팬케이크 위에 아이스크림과 생크림을 얹은 스페셜 팬케이크 スペシャルパンケーキ(1000엔)도 인기가 많은데, 향긋한 풍미의 팬케이크와 크림의 단맛이 잘 어우러진다. 카운터석에 앉으면 팬케이크를 구워내는 모습도 직접 보며 즐길 수 있다.

[지도] MAP 7 ⓒ [위치] 지하철 난바역 2번 출구에서 도보 5분 [주소] 大阪市中央区難波3-7-9 [오픈] 11:00~22:00 [전화] 06-6636-5995 [홈피] www.cafe-mog.com

난카이파라 南海パーラー

난카이 난바역 안에 있는 카페로 은은한 조명으로 꾸며진 내부는 차분하고 넓다. 주변 직장인들이 점심을 먹으러 애용하는데, 점심 메뉴로 카레나 오야코동과 같은 친숙한 음식을 판매한다. 또한 오사카에서 몇 안 되는 나고야식 모닝 세트를 파는 곳으로 빵류와 커피를 함께 내온다. 그래서 여행자들이 오전에 난카이 전철을 타고 나라로 이동하거나, 난바역 근처에 위치한 조식이 없는 숙소에서 묵는다면 가볍게 아침을 먹기 좋다. 모닝 세트는 오전 7시부터 11시까지만 판매하며 가격대는 480~530엔이다. 메뉴는 토스트와 샌드위치로 나뉘며 모두 커피가 포함된다.

[지도] MAP 7 ⓒ [위치] 난카이 난바역 2층 중앙 개찰구 밖 [주소] 大阪府大阪市中央区難波5-1-60 [오픈] 07:00~21:00 [휴무] 1/1 [전화] 06-6644-3600

AREA 02

신사이바시
心斎橋

오사카 쇼핑의 중심지로, 남북으로 길게 형성된 아케이드 상점가 신사이바시스지를 중심으로 젊음의 거리 아메리카무라, 개성 강한 가구 잡화점·편집숍이 많은 호리에, 수준 높은 맛집과 세련된 쇼핑 스폿이 많은 미나미센바 등을 포함한다. 분위기 좋은 카페도 곳곳에 숨어 있어 쇼핑과 커피를 함께 즐기기 좋다.

신사이바시
이렇게 여행하자

본문에서는 신사이바시스지 상점가를 중심으로 주변의 아메리카무라, 호리에, 미나미센바 등의 지역을 포함한다. 지역간 거리가 가까워 도보로 충분히 다닐 수 있다. 아케이드를 중심으로 상점들이 줄지어 있는 신사이바시스지 상점가를 비롯해 그 주변으로 젊음의 거리 아메리카무라, 개성 강한 가구 잡화점·편집숍 등이 많은 호리에, 높은 수준의 맛집과 세련된 쇼핑 스폿이 많은 미나미센바 등이 있다. 주변 지역은 비교적 관광객도 덜 붐비고 예쁜 골목과 분위기 좋은 상점이 많아 산책하기에도 좋다.

지하철
신사이바시역
남10번 출구

1분

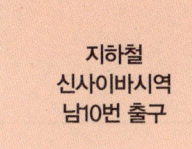
1 신사이바시스지 상점가
p.200

3분

2 아메리카무라
p.209

5분

5 미나미센바
p.220

5분

4 신사이바시 브랜드 스트리트
p.200

10분

3 호리에
p.209

신사이바시

[지도] MAP 8 ⓖ [위치] 지하철 신사이바시역과 연결된 지하 상점가 크리스타나가호리 クリスタ長堀 남10번 출구 바로 앞 [전화] 06-6211-1114 [홈피] www.shinsaibashi.ne.jp

📷 신사이바시스지 상점가 心斎橋筋

오사카 최고의 쇼핑 스트리트. 에도 시대에 이미 동쪽에는 긴자 銀座, 서쪽에는 신사이바시 心斎橋라는 말이 있었을 정도로 간사이를 대표하는 가장 오래된 번화가이다. 18세기 일본의 유명 백화점 다이마루가 신사이바시 일대에 점포를 열면서 이 주변에 여러 상점이 모여들기 시작해 지금과 같은 아케이드 상점가가 형성되었다.

상점가를 따라 700m에 이르는 거리에는 백화점 다이마루를 비롯해 대형 쇼핑몰과 캐릭터숍 등이 줄지어 있다. 특별히 쇼핑 계획이 없더라도 도톤보리에서부터 상점가 끝까지 산책하듯 구경하면 좋다.

📷 신사이바시 브랜드 스트리트 心斎橋ブランド街

[지도] MAP 8 ⓕ [위치] 지하철 신사이바시역 4B번 출구 바로 앞

오사카의 대표적인 명품 브랜드 거리. 미도스지와 나가호리도리가 교차하는 사거리 주변에는 샤넬, 티파니, 베르사체, 루이비통, 막스마라, 조르지오 아르마니, 돌체&가바나, 버버리, 까르띠에, 마크 제이콥스, 에르메스 등 세계적인 명품 브랜드의 매장이 몰려 있다.

도쿄의 경우에는 명품 브랜드 숍들이 긴자, 시부야, 하라주쿠, 아오야마, 다이칸야마, 롯폰기 등 각 지역에 분산되어 있는데 비해, 오사카의 명품 브랜드 숍은 모두 신사이바시 일대에 밀집해 있을 뿐만 아니라 매장 규모도 일본 내 최대급을 자랑한다. 일본에서 명품 브랜드 제품을 사는 것에는 가격적 메리트는 없지만, 한국에는 없는 아이템도 많으므로 한 번쯤 둘러볼 만하다.

📷 요롯파도리 ヨーロッパ通り

지도 MAP 8 ⓖ 위치 지하철 신사이바시역 6번 출구에서 도보 3분

미도스지 도로를 사이에 두고 아메리카무라 반대쪽에 있는 쇼핑가로, 이름에서 알 수 있듯 아기자기한 유럽풍 건축물이 많다. 아메리카무라가 시끌벅적한 젊은이의 거리라면, 요롯파도리는 전체적으로 차분하고 조용한 분위기이다. 산책하는 기분으로 여유 있게 윈도쇼핑을 즐기기 좋다.

🛍 유니클로 신사이바시점 UNIQLO

일본 중저가 패션 브랜드의 대명사. 독자적인 생산 라인으로 싸고 좋은 품질의 옷을 제공한다. 일본 내에만 800개가 넘는 점포를 보유한 만큼 간사이 지역 어디서나 쉽게 매장을 찾아볼 수 있다. 누구나 하나쯤 필요할 법한 베이직 아이템부터 우리나라에는 없는 디자인까지 품목이 매우 다양하다. 특히 주말에는 몇 가지 아이템을 선정해 특가 세일을 진행하니 잘 따져보고 구매하자.

지도 MAP 8 ⓖ 위치 지하철 신사이바시역과 연결된 지하 상점가 크리스타나가호리 クリスタ長堀 남10번 출구 바로 앞 주소 大阪市中央区心斎橋筋1-2-17 오픈 11:00~21:00 전화 06-4963-9172 홈피 www.uniqlo.com/jp

디즈니 스토어 Disney store

애니메이션의 대명사 디즈니의 인기 캐릭터 상품을 판매하는 전문점. 패션·잡화·장난감·문구 등 다양한 상품을 판매한다. 신사이바시에 있는 매장은 일본 도쿄 매장 다음으로 큰 규모로, 그만큼 상품의 종류가 다양하다. 가격은 우리나라에서 해외 구매 대행으로 구입하는 것보다 약 10~30% 저렴한 편이다. 아이들에게 줄 선물을 사기에 제격이다.

지도 MAP 8 ⓚ 위치 지하철 신사이바시역 6번 출구에서 도보 3분 주소 大阪市中央区心斎橋筋2-1-23 오픈 10:00~21:00 전화 06-6213-3932 홈피 www.disneystore.co.jp

산리오 갤러리 Sanrio Gallery

헬로키티로 대표되는 산리오의 캐릭터 상품을 판매하는 곳. 특히 기모노를 입고 있는 헬로키티 디자인, 일본 전통 문양을 가미한 상품 등 일본에서만 만나볼 수 있는 상품이 많다. 기간 한정으로 나온 상품들도 있으니 흔한 아이템은 싫다면 눈여겨볼 것.

지도 MAP 8 ⓖ 위치 지하철 신사이바시역 6번 출구에서 도보 2분 주소 大阪市中央区心斎橋筋1-5-21 오픈 11:00~20:30 전화 06-6258-9804 홈피 www.sanrio.co.jp

다이마루 大丸

세계적인 건축가 보리스가 설계한 네오고딕 양식의 중후한 외관은 일본 백화점 건물 중 최고의 걸작품으로 손꼽힌다. 본관, 북관, 남관 3개의 동으로 이루어져 있는데, 현재 본관은 공사 중이라서 북관이나 남관만 방문할 수 있다.

〉지도〉 MAP 8 Ⓖ 〉위치〉 지하철 신사이바시역 4번 출구 방향에서 연결 〉주소〉 大阪市中央区心斎橋筋1-7-1 〉오픈〉 북관 10:00~20:30(13층 레스토랑 11:00~22:00), 남관 10:30~21:00 〉휴무〉 부정기 〉전화〉 06-6271-1231 〉홈피〉 www.daimaru.co.jp

위고 2호점 WEGO

일본에서 가장 잘나가는 구제 의류 매장. 트렌드에 민감하고 개성이 강한 패션 아이템을 만날 수 있다. 저렴한 가격에 괜찮은 아이템을 건질 수 있으나 그만큼 시간과 공을 들여야 한다. 이곳 2호점은 2층 구조로 되어 있다. 걸어서 2분 거리에 있는 1호점은 2~5층에 걸쳐있는 매장으로 오사카에서 가장 매장 규모가 크고, 많은 아이템을 보유하고 있다.

〉지도〉 MAP 8 Ⓖ 〉위치〉 지하철 신사이바시역 6번 출구에서 도보 5분 〉주소〉 大阪市中央区心斎橋筋1-5-21 〉오픈〉 10:00~22:00 〉전화〉 06-6121-5525 〉홈피〉 www.wego.jp

펫 파라다이스 PET PARADISE

애견용품의 모든 것을 판매하는 전문점. 우리나라와는 비교도 되지 않을 정도로 다양한 상품군을 구비하고 있다. 디자인도 몹시 깜찍한데, 곰돌이 푸나 스누피처럼 캐릭터를 이용한 옷과 소품이 특히 눈에 띈다. 2층에는 애견복 편집숍 한나리 Hannari가 있다.

〉지도〉 MAP 8 Ⓚ 〉위치〉 지하철 신사이바시역 6번 출구에서 도보 4분 〉주소〉 大阪市中央区心斎橋筋2-3-28 〉오픈〉 11:00~20:30 〉전화〉 06-6121-2860 〉홈피〉 www.creativeyoko.co.jp

지유 GU

유니클로에서 론칭한 저가형 세컨드 브랜드. 젊은 층을 대상으로 유니클로보다 더욱 저렴한 가격대의 제품을 선보인다. 의류는 물론 신발, 가방, 각종 액세서리까지 다양한 상품을 취급하는데, 10대 후반에서 20대 초반을 겨냥한 캐주얼한 디자인이 많다. 국내에서도 SPA 브랜드를 자주 찾는다면 들러볼 만하다.

지도 MAP 8 Ⓚ 위치 지하철 신사이바시역 6번 출구에서 도보 5분 주소 大阪市中央区心斎橋筋2-1-17 오픈 11:00~21:00 전화 06-6484-3304 홈피 www.gu-japan.com

쓰리코인즈 플러스 3COINS PLUS

쓰리코인즈는 '동전 세 개'라는 이름처럼 모든 제품을 324엔에 판매하는 잡화점이다. 오사카는 물론이고 간사이 지방 곳곳에서 만나볼 수 있는데, 신사이바시에 있는 쓰리코인즈 플러스는 기존 매장에서 한 단계 진화한 형태의 숍이다. 324엔짜리 상품뿐 아니라 1080엔짜리 상품까지 갖추고 있어 조금 더 선택의 폭이 넓어진 것. 오사카에는 신사이바시스지 상점가에 딱 하나밖에 없으니 놓치지 말고 들러보자. 저렴하면서도 예쁜 각종 소품과 인테리어용품을 만나볼 수 있다.

지도 MAP 8 Ⓚ 위치 지하철 신사이바시역 6번 출구에서 도보 4분 주소 大阪市中央区心斎橋筋2-8-4 오픈 평일 11:00~21:00, 주말 10:00~21:00 전화 06-6214-0563 홈피 www.3coins.jp

어반 리서치 스토어 URBAN RESEARCH Store

'Relax & Intelligence'를 테마로 어반 리서치 그룹의 모든 카테고리의 제품을 취급하는 곳. 여성·남성 의류 및 일용 잡화 외에도 액세서리, 화장품, 가구, 인테리어 소품, 식료품까지 어반 리서치 계열사 제품을 총망라한다. 꼭 사지 않더라도 둘러보는 재미가 쏠쏠하니 시간을 충분히 갖고 둘러보자.

지도 MAP 8 Ⓖ 위치 지하철 신사이바시역 6번 출구에서 도보 2분 주소 大阪市中央区心斎橋筋1-6-5 오픈 11:00~21:00 전화 06-6251-0346 홈피 www.urban-research.com

오니츠카 타이거 Onitsuka Tiger

아식스에서 론칭한 프리미엄 라인 브랜드. 트렌드에 맞는 신선한 스타일을 추구하며 대중적인 이미지를 강화해 탄생했다. 복고풍 디자인으로 우리나라에서도 신발 제품이 인기 있는데 면세 혜택을 이용하면 한국에서 보다 약 30% 저렴하게 구입할 수 있다. 신발 외에 의류 및 소품도 다양하게 갖추고 있다.

지도 MAP 8 Ⓖ 위치 지하철 신사이바시역 6번 출구에서 도보 1분 주소 大阪市中央区心斎橋筋1-4-22 오픈 11:00~21:00 전화 06-6252-6610 홈피 www.onitsukatiger.com/ja-jp

에비수 신사이바시점 EVISU

일본의 인기 청바지 브랜드로 오사카가 발상지이다. 통칭 갈매기 마크라 불리는 로고가 특징으로, 젊은 층을 대상으로 한 스트리트 패션 스타일을 선보인다. 매장마다 스타일이 굉장히 다른데, 신사이바시점은 중후하고 고급스러운 분위기로 다른 매장과는 다르게 남성 양복 위주의 의류와 잡화를 판매한다.

지도 MAP 8 Ⓖ 위치 지하철 신사이바시역과 연결된 지하 상점가 크리스타나가호리 クリスタ長堀 남10번 출구에서 도보 1분 주소 大阪市中央区心斎橋筋1-3-29 오픈 12:00~20:00 전화 06-6251-1994 홈피 www.evisu.jp

슈퍼 타마데 スーパー玉出

오사카에서 가장 저렴하기로 소문난 슈퍼마켓 체인. 매장 규모가 작고 상품 구색이 다양하지는 않지만 각종 식료품·조미료를 싸게 사고 싶다면 가볼 만하다. 조리 식품도 다른 곳에 비해 저렴하고, 24시간 영업해 새벽 시간까지 알뜰히 쓰고 싶은 여행자에게 좋다. 번화가에서 조금 벗어난 곳에 있는데, 가는 길이 조금 으슥하고 찾아가기 쉽지는 않다. 닛폰바시역에서 큰길을 따라 동쪽으로 10분 정도 걸으면 다른 지점이 있으니 골목길이 싫다면 그쪽으로 가도 괜찮다.

지도 MAP 8 Ⓗ 위치 지하철 나가호리바시역 6번 출구에서 도보 5분 주소 大阪市中央区島之内1-12-10 오픈 24시간 전화 06-6251-6600 홈피 www.supertamade.co.jp

🍴 사카에스시 さかえすし

[지도] MAP 8 Ⓚ [위치] 지하철 난바역과 연결된 지하 상점가 난바워크 なんばwalk B26번에서 도보 5분 [주소] 大阪市中央区宗右衛門町2-27 [오픈] 17:00~07:00 [휴무] 1/1~3 [전화] 06-6212-2263 [홈피] www.sakae-sushi.com

가성비가 뛰어난 오사카 인생 초밥집으로 손꼽힌다. 저렴하면서 맛도 좋은 다양한 초밥을 먹고 싶다면 이곳으로 가자. 100엔 초밥이라 해서 저렴한 회전초밥집을 상상했다면 오산이다. 주문한 초밥을 한 점 한 점 내주는데, 재료의 신선함과 회의 적당한 두께감 덕분에 먹기에 딱 좋다. 초밥 가격대는 100~350엔까지 다양하다. 규모가 큰 편으로 바로 옆에 별관도 있다. 한국어 메뉴판이 잘 되어 있고, 먹고 싶은 초밥의 번호를 메모지에 적어서 건네주는 시스템이라 주문하기도 편하다.

🍴 야키니쿠 마루 焼肉 マル

다양하고 신선한 고기를 구워먹을 수 있는 야키니쿠 맛집. 신선한 곱창이나 질 좋은 고기를 합리적인 가격에 맛볼 수 있다. 다만, 여느 일본의 야키니쿠 전문점이 그렇듯 양이 적은 편이라 고기로 배를 채울 생각이라면 헉 소리나는 계산서를 염두에 둬야 한다. 한국인 관광객에게도, 현지인에게도 인기 있는 맛집이라 저녁에는 대기가 필수. 한국어가 가능한 점원이 있어, 고기에 맞는 소스도 친절하게 잘 설명해준다. 마루의 특제 소스는 매콤달콤 고소한 맛으로 한국인 입맛에도 잘 맞는다. 한국 요리도 판매해 후식으로 냉면도 먹을 수 있다.

[지도] MAP 8 Ⓖ [위치] 지하철 나가호리바시역 7번 출구에서 도보 3분 [주소] 大阪市中央区東心斎橋2-1-27 [오픈] 17:00~05:00 [휴무] 부정기 [전화] 050-5269-7137 [홈피] yakinikumaru-shinsaibashi.com

🍴 메이지켄 明治軒

80년 이상의 전통을 가진 경양식 전문점. 최고의 인기 메뉴는 오므라이스 オムライス(680엔)로, 숨어 있는 다진 소고기와 양파의 향이 밥과 어우러져 독특한 맛을 이룬다. 오므라이스 외에도 카레라이스 カレーライス, 하야시라이스 ハヤシライス 등이 있으며 특이하게도 여러 가지 사이드 메뉴와 다양하게 조합한 세트가 있다. 그중에서도 특히 인기 있는 것은 오므라이스와 쿠시카츠 3개가 함께 나오는 오므라이스 & 쿠시산본세트 オムライス&串3本セット(980엔). 200엔을 추가하면 메인 메뉴는 곱빼기로 변경 가능하다.

지도 MAP 8 Ⓖ 위치 지하철 신사이바시역 5번 출구에서 도보 3분 주소 大阪市中央区心斎橋筋1-5-32 오픈 평일 11:00~15:20, 17:00~22:00(화요일 ~21:30), 주말 11:00~22:00 휴무 수요일 전화 06-6271-6761 홈피 meijiken.com/meijiken.html

🍴 지넨 じねん

저녁 늦게까지 사람들로 가득한 초밥 맛집. 버터장어초밥 うなぎバター(540엔)으로 유명한데, 짭조름하게 양념된 장어 위에 고소한 버터를 더해 아주 맛있는 조화를 만들어 낸다. 초밥 가격은 종류에 따라 100~600엔 선이며, 주문 시 2개씩 나온다. 사진이 함께 있는 한국어 메뉴판도 있어 주문하기 쉽다. 테이블 위에는 간장이 종류별로 놓여 있는데 회, 폰즈, 초밥용 3가지이다.

지도 MAP 8 Ⓖ 위치 지하철 신사이바시역과 연결된 지하 상점가 크리스타나가호리 クリスタ長堀 남5번 출구에서 도보 1분 주소 大阪市中央区東心斎橋1-8-26 오픈 11:00~04:00 휴무 월요일(공휴일인 경우 다음 날) 전화 06-6244-4111 홈피 jinen.org

☕ 메종 드 지지 MAISON de gigi

검은 고양이 간판이 눈에 띄는 와플 전문점. 신사이바시스지 상점가를 거닐다 달달한 와플 향에 나도 모르게 고개가 돌아간다. 리에주 와플, 브뤼셀 와플을 비롯해 리코타치즈 팬케이크, 갈레트 종류를 판매한다. 리에주 와플 중 초콜릿을 듬뿍 묻혀 막대기를 꽂아 파는 쇼콜라바 ショコラバー(250엔)는 들고 다니기도 좋아 테이크아웃으로 먹기 편하다. 3층까지 좌석이 있어 편하게 쉬다 가기에도 좋다.

지도 MAP 8 Ⓚ 위치 지하철 난바역 14번 출구에서 도보 5분, 신사이바시스지 상점가 주소 大阪市中央区心斎橋筋2-2-17 오픈 10:00~22:00 휴무 무휴 전화 06-6210-5944 홈피 www.maison-de-gigi.com

파블로 PABLO

그야말로 인기 절정의 치즈타르트 전문점. 간판 메뉴인 야키타테치즈타르트 焼きたてチーズタルト 900엔)는 굽는 정도에 따라 레어 レア와 미디엄 ミディアム 중에서 고른다. 푸딩같이 몽글몽글한 식감을 원한다면 레어를, 조금 단단한 진짜 타르트를 느끼고 싶다면 미디엄을 선택할 것. 레어를 사더라도 시간이 지나면 약간 단단해진다. 시즌 한정으로 판매하는 멜론이나 자몽 등 각종 제철 과일을 얹은 타르트도 인기가 많다. 줄이 길지만 기다리는 동안 유리창 너머로 타르트를 굽는 모습을 볼 수 있어 지루하지 않다.

지도 MAP 8 G 위치 지하철 신사이바시역 6번 출구에서 도보 4분 주소 大阪市中央区心斎橋筋2-8-1 오픈 10:00~23:00 휴무 부정기 전화 06-6211-8260 홈피 www.pablo3.com

우지엔 신사이바시점 宇治園

본래 교토 산조에서 시작된 150년 전통의 녹차 전문점이다. 1층은 상점이고, 카페는 상점 왼쪽의 계단을 따라 2층으로 올라가야 한다. 녹차 전문점이지만 차보다는 녹차를 이용해 만든 디저트가 인기 있다. 인기 메뉴인 말차빙수 抹茶かき氷 (800엔)는 갈아 넣은 얼음 위에 우지엔의 고급 말차 가루를 듬뿍 뿌려준다. 얼음 안에 팥소가 들어 있지만 작은 그릇에 팥소와 떡을 함께 내주고 작은 시럽병도 주어 취향에 맞게 곁들여 먹기 좋다. 쌉싸름한 녹차와 달콤한 팥소가 잘 어우러진다. 빙수가 녹으면 그야말로 달달하면서도 진한 맛이 일품인 녹차가 된다. 상점가를 오가는 길에 1층에서 말차 아이스크림(350엔)을 맛봐도 좋다.

지도 MAP 8 G 위치 지하철 신사이바시 6번 출구에서 도보 1분 주소 大阪市中央区心斎橋筋1-4-20 오픈 카페(2층) 10:00~20:00, 상점(1층) 10:00~20:30 휴무 무휴 전화 06-6252-7800 홈피 www.uji-en.co.jp

아메리카무라&호리에

📷 아메리카무라 アメリカ村

10대들의 최신 유행 기지로 1970년대 이래 오사카 청소년 문화의 중심이 되어온 곳이다. 이 거리에는 구제 의류 매장, 수입 잡화점, 부티크, 라이브 카페, 레코드점 등 10대의 취향을 반영하는 상점이 밀집되어 있다. 아메리카무라의 중심에 위치한 산카쿠 공원 三角公園에서는 개성 강한 패션으로 치장한 10대 청소년들이 삼삼오오 모여앉아 타코야키를 먹으며 시간을 보내는 모습도 볼 수 있다. 주말에는 각종 공연과 벼룩시장이 열려 더욱 생기 있고 활력 넘친다.

지도 MAP 8 Ⓕ 위치 지하철 신사이바시역 7번 출구에서 도보 1분 전화 06-6267-9986 홈피 americamura.jp

📷 호리에 堀江

아메리카무라에 가게를 가지고 있던 상점 주인들이 푸른 공원이 있는 호리에 지역으로 하나 둘 가게와 카페를 이전하기 시작하면서 형성된 고급스러운 쇼핑가이다.
호리에와 더불어 옛날부터 가구 거리로 유명한 타치바나도리 立花通リ(오렌지 스트리트)에 대형 가구 전문점과 고급 인테리어 전문점이 속속 진출하면서 다른 곳에서는 찾아볼 수 없는 독특한 분위기를 연출한다. 번잡한 상점가가 지루해졌다면 세련미 넘치는 호리에를 산책해 보자.

지도 MAP 8 Ⓔ 위치 지하철 요츠바시역 6번 출구에서 도보 3분

오파 OPA

일본 10대 패션을 리드하고 있다고 해도 과언이 아닌 쇼핑몰. 10~20대 여성을 대상으로 하는데, 그만큼 가격도 저렴하고 유행에 발 빠르게 대응하는 것이 특징이다. 본관 지하 2층~지상 11층, 키레이칸 きれい館 지하 1층~지상 5층에 걸쳐 다양한 매장이 입점해 있는데, 규모가 크지 않아 둘러보는 데 시간은 많이 걸리지 않는다.

지도 MAP 8 Ⓕ 위치 지하철 신사이바시역 7번 출구에서 바로 연결 주소 大阪市中央区西心斎橋1-4-3 오픈 11:00~21:00(레스토랑 ~02:00) 휴무 부정기 전화 06-6244-2121 홈피 www.opa-club.com

빅스텝 ビッグステップ

아메리카무라의 상징적 존재로 오사카의 유행을 주도하는 패션 명소. 빌딩 정면에는 고대 유적지에서 볼 수 있을 법한 기둥들이 서 있고, 그 아래로 지하 2층까지 한 번에 내려갈 수 있는 거대한 계단이 있다. 이 계단이 바로 빅스텝의 심벌로, 빌딩 이름도 여기에서 따온 것이다. 10~20대를 대상으로 한 브랜드와 레스토랑, 영화관 등이 입점해 있는데, 톡톡 튀는 구제 의류를 찾는다면 2층에 있는 킨지 KINJI 매장이 둘러볼 만하다.

지도 MAP 8 Ⓕ 위치 지하철 신사이바시역 7번 출구에서 도보 5분 주소 大阪市中央区西心斎橋1-6-14 오픈 11:00~20:00(레스토랑 ~22:00) 휴무 부정기 전화 06-6258-5000 홈피 www.big-step.co.jp

애플 신사이바시점 Apple

여느 애플 매장이 그렇듯 거대 사과 마크 하나만으로 존재감을 확실하게 드러낸다. 언제나 사람들로 가득한데, 아이폰, 아이패드, 맥북 등 애플 기기 외에도 블루투스 헤드셋, 오디오와 같은 비트의 음향 제품이 다양하게 구비되어 있어 체험해보기 좋다.

애플의 여러 제품은 우리나라보다 일본에서 사는 것이 가격 면에서 더 저렴한 편이다. 물론 기기의 충전 콘센트는 일본의 110볼트로 나온다.

[지도] MAP 8 ⓕ [위치] 지하철 신사이바시역 7번 출구에서 도보 3분 [주소] 大阪市中央区西心斎橋1-5-5 [오픈] 10:00~21:00 [전화] 06-4963-4500 [홈피] www.apple.com

빌리지 뱅가드 VILLAGE VANGUARD

[지도] MAP 8 ⓕ [위치] 지하철 신사이바시역과 연결된 지하 상점가 크리스타 나가호리 長堀 남17번 출구에서 도보 1분 [주소] 大阪市中央区西心斎橋1-10-28 [오픈] 11:00~23:00 [휴무] 부정기 [전화] 06-6258-0070 [홈피] www.village-v.co.jp

'놀 수 있는 책방'을 자칭하는 복합형 서점. 서점이라고는 하지만 책·잡화·식품·장난감까지 다양한 장르의 제품을 취급하며, 진열도 기존 서점의 틀을 벗어나 유머러스하게 해두었다. 제품의 카테고리를 뛰어넘어 다양한 테마별로 구획이 나뉘어 있으며, 유아부터 성인까지 흥미를 유발할 신기한 아이템이 많으니 눈을 크게 뜨고 잘 살펴보자.

만다라케 まんだらけ

일본의 중고 만화 시장을 개척한 주인공인 만다라케가 처음 문을 연 매장. 중고 만화를 취급하는 것으로 시작했지만, 지금은 애니메이션, 게임, 프라모델, 피규어 등 마니아가 좋아할 상품을 다양하게 취급해 오타쿠의 성지로 추앙받는다. 만화와 애니메이션에 관심이 있다면 꼭 들러보자.

[지도] MAP 8 ⓙ [위치] 지하철 신사이바시역 7번 출구에서 도보 6분 [주소] 大阪市中央区西心斎橋2-9-22 [오픈] 12:00~20:00 [전화] 06-6212-0771 [홈피] www.mandarake.co.jp

🏠 수요일의 앨리스 水曜日のアリス

'이상한 나라의 앨리스'를 콘셉트로 꾸며진 잡화점. 파란 벽에 각양각색의 문이 달려 있는데, 진짜 입구는 가장 우측의 작은 문이다. 머리를 숙여 내부로 들어서면 아주 어둡게 꾸며진 공간이 나오는데, 앨리스 관련 액세서리나 소품이 진열되어 있다. 바로 옆 공간은 상반되게 아주 밝은 빛 아래 꾸며져 있으며, 간식 제품을 판다. 알록달록 팝콘부터, 음료수, 쿠키, 사탕 등 내용물보다는 앨리스로 꾸민 용기 때문에 구매욕이 오른다.

[지도] MAP 8 ⓙ [위치] 지하철 신사이바시역 7번 출구에서 도보 6분 [주소] 大阪市中央区西心斎橋2-12-25 [오픈] 평일 11:00~19:30, 주말 10:00~19:30 [휴무] 연말연시 [전화] 06-6211-6506 [홈피] www.aliceonwednesday.jp

🏠 플라잉 타이거 코펜하겐 flying tiger copenhagen

전 세계에서 인기를 끌고 있는 북유럽풍 인테리어 소품 및 잡화점으로 아시아 첫 진출 매장이다. 한국에도 매장이 생겼지만, 아무래도 일본의 가격대가 약간 더 저렴한 편이다. 상큼한 총천연색의 아기자기한 잡화를 100엔대부터 저렴한 가격에 만나볼 수 있다. 에코백 같은 아이템은 가격도 324엔으로 저렴하고 부피도 많이 차지하지 않아 선물용으로 몇 개 구입해도 좋다. 파티용품을 비롯해 미니 악기, 귀여운 게임 도구까지 다양한 제품이 있어 구경하는 것만으로도 즐겁다.

[지도] MAP 8 ⓙ [위치] 지하철 신사이바시역 7번 출구에서 도보 5분 [주소] 大阪市中央区西心斎橋2-10-24 [오픈] 11:00~20:00 [전화] 06-4708-3128 [홈피] www.flyingtiger.jp

🎁 스탠다드 북스토어 STANDARD BOOKSTORE

'서점이지만 베스트셀러는 취급하지 않습니다'를 모토로 내건 서점. 잘 팔리는 책 위주가 아닌, 장르에 집중해 팔고 싶은 책을 진열한다. 보편적인 장르부터 마니악한 것까지, 독특한 테마를 중심으로 책과 상품을 모아놓은 코너가 구석구석 배치되어 있다. 장르를 책에만 국한하지 않고 관련 소품이나 문구까지 함께 전시해 책보다도 이 공간 자체를 즐길 수 있다. 보고 싶은 책을 골라 카페 안에서 볼 수 있으며, 다 읽은 책은 카페 출입구 옆 책장에 두면 된다. 카페에 가져갈 수 없는 도서는 따로 표시되어 있다.

〉지도〉 MAP 8 ⓙ 〉위치〉 지하철 신사이바시역 7번 출구에서 도보 5분, 크리스타그랜드빌딩 クリスタグランドビル B1층 〉주소〉 大阪市中央区西心斎橋2-2-12 〉오픈〉 11:00~22:30 〉전화〉 06-6484-2239 〉홈피〉 www.standardbookstore.com

🎁 오버라이드 override

미국을 비롯해 유럽 등 각지에서 직수입한 세계 각국의 모자를 전시·판매하는 전문 숍이다. 미국 메이저리그 각 구단의 모자는 물론이고 모자에 관한 한 없는 것이 없다. 이곳에서 판매하는 모자의 종류만 8000여 종. 가격도 보통 3500엔 정도부터 시작한다.

`지도` MAP 8 ① `위치` 지하철 요츠바시역 6번 출구에서 도보 5분 `주소` 大阪市西区南堀江1-15-4 `오픈` 12:00~20:00 `전화` 06-6110-7351 `홈피` overridehat.com

🎁 히스테릭 글래머 Hysteric Glamour

섹시하고도 힙한 복고풍 패션을 선보이는 패션 브랜드. 몸에 착 달라붙는 바지류와 화려한 티셔츠 등은 몸매 자체의 글래머러스한 멋을 강조한다. 세계적인 팝 아티스트 앤디 워홀의 작품을 독창적으로 재해석한 앤디 워홀 라인도 둘러보자.

`지도` MAP 8 ① `위치` 지하철 요츠바시역 6번 출구에서 도보 7분 `주소` 大阪市西区南堀江1-20-10 `오픈` 평일 11:30~20:00, 주말 11:00~20:00 `전화` 06-6538-6724 `홈피` www.hystericglamour.jp

🎁 타임리스 컴포트 TIMELESS COMFORT

빈티지한 느낌의 인테리어 소품과 잡화 전문 매장. 1층에서는 간단한 식품, 주방용품, 생활용품 등을 판매하고 2층에서는 각종 가구와 인테리어 소품을 만나볼 수 있다. 특히 아기자기한 디자인의 컵과 그릇들이 눈에 띈다. 1층 한쪽에는 카페도 있다.

`지도` MAP 8 ① `위치` 지하철 요츠바시역 6번 출구 에서 도보 5분 `주소` 大阪市西区南堀江1-19-26 `오픈` 11:00~20:00 `전화` 06-6533-8620 `홈피` www.timelesscomfort.com

🛍 피사누록 ピサヌローク

에스닉한 분위기의 잡화를 판매하는 편집숍. 호리에의 길 끄트머리에 위치하며 샛노란 간판이 눈에 띈다. 내부는 파란색과 빨간색이 혼재된 아담한 공간인데 향 냄새가 은은하게 퍼진다. 태국, 중국, 베트남, 대만  등 여러 나라를 여행하며 만났던 아시아 곳곳의 키치한 아이템이 모두 이곳에 있다. 전체적으로 화려한 중국풍의 레트로 제품이 많은데, 자세히 보면 전부 다른 나라에서 온 것임을 알 수 있다. 뭔가 촌스러우면서도 귀여운 아이템으로 가득해 구경만으로도 재미있는 곳이다.

[지도] MAP 8 ① [위치] 지하철 사쿠라가와역 5번 출구에서 도보 5분 [주소] 大阪市西区南堀江2-5-23 [오픈] 13:00~20:00 [휴무] 수요일, 부정기 [전화] 06-6538-2090 [홈피] www.phitsanulok.jp

🍴 코가류 甲賀流

오사카에서 이곳을 모르면 간첩 소리를 들을 정도로 유명한 타코야키 전문점. 휴일에도 아메리카무라의 산카쿠 공원 앞에 가면 쭈그리고 앉아 이곳의 타코야키를 먹는 사람들로 가득하다. 인기 메뉴는 초간장으로 양념한 타코야키 위에 실처럼 얇게 저민 파를 가득 올려주는 네기폰 ねぎポン(550엔)이다. 달걀노른자만 사용해 만든 특제 마요네즈를 뿌려주는 기본 타코야키 たこ焼き(450엔)도 추천한다.

[지도] MAP 8 Ⓕ [위치] 지하철 신사이바시역 7번 출구에서 도보 7분 [주소] 大阪市中央区西心齋橋 2-18-4 [오픈] 10:00~20:30 [전화] 06-6211-0519 [홈피] www.kougaryu.jp

[지도] MAP 8 ⓙ [위치] 지하철 난바역 25번 출구에서 도보 5분 [주소] 大阪市中央区西心斎橋2-7-27 [오픈] 평일 11:30~22:00, 주말 11:00~22:00 [휴무] 12/31~1/1 [전화] 06-6211-7829 [홈피] hokkyokusei.jp

🍴 북극성 北極星

1922년에 개업한 오므라이스의 발상지로 유명하다. 이곳에서 가장 인기 있는 메뉴는 치킨오므라이스 チキンオムライス(864엔~). 달걀 2개를 사용해 밥을 포근히 감싼 오므라이스는 소박하지만 깊은 맛을 낸다. 소고기, 돼지고기, 버섯, 계살, 새우 등 재료별 다양한 메뉴가 구비되어 있다. 간판이 눈에 띄지 않아 그냥 지나치기 쉬우므로, 잘 살펴 찾아가자. 전 좌석이 다다미방으로 구성되어 있다.

🍴 레드락 아메무라점 RedRock

스테이크덮밥으로 유명한 핫한 맛집으로 현지인은 물론 한국인 관광객에게도 유명해 항상 줄이 길게 늘어서 있다. 줄을 기다리면서 식권 발매기에서 메뉴를 골라 구매하고 직원에게 건네주면 된다. 고기가 수북이 쌓인 로스트비프동 ローストビーフ丼(850엔)이 최고의 인기 메뉴로 비주얼 또한 압도적이다. 레어로 익힌 로스트비프에 달걀노른자, 요구르트 소스를 곁들여 먹으면 부들부들 고소한 맛이 일품이다. 내부는 좁은 편이지만, 대부분 덮밥만 얼른 먹고 일어나서 회전율이 빠른 편이다. 내부는 어둑어둑하면서 차분한 느낌으로 일반 덮밥 전문점과는 다르게 분위기도 좋다.

[지도] MAP 8 ⓙ [위치] 지하철 신사이바시역 7번 출구에서 도보 5분 [주소] 大阪市中央区西心斎橋2-10-21 [오픈] 11:30~23:00 [휴무] 무휴 [전화] 06-6214-8419 [홈피] www.redrock-kobebeef.com

살롱 드 몽셰르 Salon de Mon Cher

롤케이크의 열풍을 이끈 도지마롤을 판매하는 파티세리 겸 카페이다. 도지마롤은 폭신하면서도 쫀득한 시트 안에 홋카이도산 생우유를 사용한 부드럽고 담백한 생크림이 꽉 차 있어 한입 두입 먹다 보면 어느새 사라져버린다. 이미 우리나라에도 지점이 있을 정도로 유명하다. 몽셰르 중에도 여러 형태의 지점이 있는데, 이곳은 옛날 유럽의 살롱을 콘셉트로 고급스럽게 꾸며져 있다. 입구에 들어가면 다양한 종류의 케이크와 쿠키를 판매하며, 안쪽에 좌석이 있다.

지도 MAP 8 (F) 위치 지하철 신사이바시역과 연결된 지하 상점가 크리스타나가호리 クリスタ長堀 남15번 출구 바로 앞 주소 大阪市中央区西心斎橋1-13-21 오픈 카페 10:00~20:00, 상점 10:00~21:00 휴무 부정기 전화 06-6241-4499 홈피 www.mon-cher.com

그램 아메리카무라점 gram

오사카를 강타한 엄청난 두께의 프리미엄 팬케이크로 유명해진 곳. 지금은 오사카를 넘어 일본 전국으로 지점이 확대되었다. 프리미엄 팬케이크 プレミアムパンケーキ(950엔)는 워낙 만드는 데 시간이 오래 걸려 하루 3번(11:00, 15:00, 18:00) 각 20개 한정으로 판매한다. 두 번째 판매부터는 1시간 전부터 주문이 가능하며, 자리에서 기다리는 경우 팬케이크 외에 1가지를 더 주문해야 하니 적당히 마실 것을 고르면 된다. 팬케이크는 눈앞에 보이는 대로 너무 폭신폭신해서 씹어 삼키는 것이 아니라 사라진다는 표현이 적당하다. 완벽히 익힌 단단한 팬케이크를 좋아한다면 취향이 아닐 수도 있지만 쉽사리 만날 수 있는 팬케이크 두께가 아닌 만큼 한번쯤 맛봐도 좋다. 오사카 주요 지역마다 지점이 있으니 동선에 맞는 지점에 방문해도 좋다.

지도 MAP 8 (F) 위치 지하철 신사이바시역 7번 출구에서 도보 5분, 요네자와아메리카무라빌딩 YONEZAWAアメリカ村ビル 2층 주소 大阪市中央区西心斎橋2-10-31 오픈 11:00~20:00 휴무 부정기 전화 06-6484-0303 홈피 www.cafe-gram.com

스트리머 커피 컴퍼니 STREAMER COFFEE COMPANY

시애틀에서 개최된 라테 아트 챔피언십에서 아시아인 최초로 챔피언이 된 일본인 바리스타가 도쿄 시부야에 오픈한 카페의 오사카 지점이다. 감각적으로 꾸며진 외관이 눈길을 사로잡는데, 내부도 깔끔하게 꾸며져 있고 몇 가지 의류와 잡화도 판매한다. 이곳의 대표 메뉴는 역시 스트리머 라테(570엔)로 라테 아트가 담긴 머그잔에 내준다. 맛은 텁텁함이나 느끼함 전혀 없이 부드럽고 깔끔하다. 머그잔도 작지 않아 양에 대한 아쉬움 없이 마실 수 있다. 자리마다 콘센트가 설치되어 있어 오랜 시간 머물기에도 좋다. 아침 일찍 문을 여니 간단한 빵류나 핫도그를 모닝커피와 함께 주문해 가벼운 아침을 즐기기에도 적당하다.

〈지도〉 MAP 8 (F) 〈위치〉 지하철 신사이바시역과 연결된 지하 상점가 크리스타 나가호리 クリスタ長堀 남16번 출구에서 도보 2분 〈주소〉 大阪市中央区西心斎橋 1-10-19 〈오픈〉 08:00~22:00 〈휴무〉 무휴 〈전화〉 06-6252-7088 〈홈피〉 streamer.coffee

몬디알 카페 328 MONDIAL KAFFEE 328

오사카에서 흔치 않은 아침 먹기 좋은 카페로 다양한 모닝 세트를 판매한다. 분위기도 좋고, 커피가 맛있기로 유명해 한국인 관광객에게 꽤 인기 있다. 기본 모닝 세트(08:30~11:00, 800엔)는 샌드위치나 토스트 종류에 샐러드와 음료가 포함되는 것과 빵류와 음료만 포함되는 것 등으로 나뉜다. 50엔을 추가해 라테로 주문할 수도 있는데, 이곳 라테는 진하면서도 부드러워 인기 있다. 커피 외에도 수제 과자나 빵 등도 판매한다. 내부는 중후하면서도 따뜻한 분위기이며, 야외에 테라스석도 있어 날씨가 좋으면 밖에서 햇살을 맞으며 한숨 쉬어가기도 좋다.

〈지도〉 MAP 8 (F) 〈위치〉 지하철 요츠바시역 4번 출구에서 도보 1분 〈주소〉 大阪市西区北堀江1-6-16 〈오픈〉 08:30~21:00 〈휴무〉 부정기 〈전화〉 06-6585-9955 〈홈피〉 mondial-kaffee328.com

비오톱 BIOTOP

호리에를 거닐다 보면 식물로 꾸며진 외관으로 눈길을 사로잡는다. 여러 상점이 한곳에 모여 있는데, 1층은 화원과 카페가 한 공간에 있고, 의류 및 화장품점이 중문을 경계로 나뉜다. 2~3층에는 의류 잡화점과 가든 레스토랑이 있다. 화원이 있는 1층 카페가 식물 인테리어로 싱그럽게 꾸며져 있어 이곳의 메인 음료인 핸드드립 커피(400~600엔)를 한잔하며 앉아만 있어도 기분이 좋아진다. 메뉴는 다양하지 않지만 음료 외에도 쿠키, 조각피자, 감자튀김과 같은 간식 종류를 함께 판매한다.

[지도] MAP 8 ① [위치] 지하철 요츠바시역 6번 출구에서 도보 5분 [주소] 大阪市西区南堀江1-16-1 [오픈] 09:00~23:00 [휴무] 무휴 [전화] 06-6531-8226 [홈피] www.biotop.jp/2014

테라카페 차니와 寺カフェ 茶庭

오사카 시내에서는 보기 힘든 정원 풍경이 좋은 카페. 만복사 萬福寺라는 절 안에 있는 찻집으로 절의 풍경을 공유한다. 쇼핑 플레이스인 호리에에 위치하지만 사람이 많이 다니지 않는 골목인 데다, 절 안에 있어 조용하고 고즈넉하다. 차분한 공간에서 한숨 쉬어가며 느긋하게 있기 좋다. 전통차는 물론이고 녹차, 호지차를 이용한 카페라테, 케이크, 초콜릿 등 생각보다 다양한 종류의 음료와 디저트를 판매한다. 일본 전통차 종류가 550~650엔으로 커피보다 가격대가 높은 편이다. 일주일 중 3일만 운영해 아쉬운 곳이다. 간혹 이벤트를 개최하거나 부정기로 운영시간이 바뀌는 경우도 있으니 꼭 사전에 인스타그램(@teracafechaniwa)을 통해 운영 여부를 확인하고 가자.

[지도] MAP 8 ⓔ [위치] 지하철 요츠바시역 6번 출구에서 도보 5분 [주소] 大阪市西区南堀江1-14-23 [오픈] 목·금요일 13:00~16:00, 토요일 11:00~17:00 [휴무] 일~수요일, 부정기 [전화] 06-6531-1328 [홈피] www.horie-manpukuji.com/chaniwa

미나미센바

📷 미나미센바 南船場

고급스러운 개성 만점의 쇼핑가. 20~30대 젊은이들을 위한 부티크, 인테리어 전문점, 퓨전 레스토랑, 카페 등이 밀집한 곳이다. 특히 세계 각국의 요리를 즐길 수 있는 멋진 레스토랑이 많아 미식가들의 사랑을 받는다. 하지만 상점 하나하나가 저마다 독특한 개성을 자랑하는 데에 비해 거리 분위기는 평범한 편. 이 지역을 상징하는 독특한 외양의 오가닉빌딩 オーガニックビル은 132개의 화분을 옥외에 설치해 만든 신기한 건물. 전 세계에서 수집한 식물을 심어 두었으니 기회가 된다면 찾아보자.

지도> MAP 8 ⓑ 위치> 지하철 신사이바시역 1번 출구에서 도보 5분

🚇 어반 리서치 도어스 URBAN RESEARCH DOORS

일본을 점령한 브랜드 어반 리서치 그룹 라인으로 이 브랜드는 환경, 기분 좋은 생활을 테마로 한 디자인과 에코 라이프 상품을 제안한다. 2층에 걸쳐 그릇부터 가구, 의류, 잡화, 책, 가드닝용품 등 생활 전반에 걸친 단순하면서도 세련된 디자인의 상품을 판매한다. 가격대가 저렴하지 않지만 자그마한 소품이나 잡화는 살 만하다. 구경할 것도 많고 앉아서 쉬기도 좋아 시간 가는 줄 모른다. 건물 옆에는 도어스 다이닝 DOORS DINING이라는 유기농 레스토랑이 있다.

지도> MAP 8 ⓑ 위치> 지하철 신사이바시역 3번 출구에서 도보 5분 주소> 大阪市中央区博労町4-4-6 오픈> 11:00~20:00 휴무> 부정기 전화> 06-6120-3270 홈피> www.urdoors.com

꼼 데 가르송 COMME des GARÇONS

일본의 패션 디자이너 레이 카와쿠보가 1969년에 론칭한 고급 기성복 브랜드. 우리나라에서도 인기를 얻으며 플래그십 스토어를 오픈했다. 일본 매장은 우리나라보다 상품군이 다양하고 가격도 저렴하다. 환율과 상품에 따라 달라지지만 보통 20~30%, 어떤 것은 50% 정도로 저렴하게 살 수 있다. 다만, 그만큼 상품이 금세 빠지니 원하던 상품이 있다면 발빠르게 사수할 것.

`지도` MAP 8 Ⓖ `위치` 지하철 신사이바시역 1번 출구에서 도보 1분 `주소` 大阪市中央区南船場3-12-22 `오픈` 11:00~20:00 `전화` 06-4963-6150 `홈피` www.comme-des-garcons.com

도큐핸즈 東急ハンズ

`지도` MAP 8 Ⓖ `위치` 지하철 신사이바시역 2번 출구에서 도보 3분 `주소` 大阪市中央区南船場3-4-12 `오픈` 10:00~21:00 `전화` 06-6243-3111 `홈피` shinsaibashi.tokyu-hands.co.jp

손으로 만드는 즐거움을 추구한 DIY 전문 쇼핑몰. 신사이바시점은 지하 1층~지상 8층까지 총 9개 층으로 이루어진 거대 매장이다. DIY 가구, 욕실 용품, 주방용품, 미용 관련 상품 등 다양한 생활용품을 쇼핑할 수 있다.

다이소 신사이바시점 DAISO

이름 하나만으로 일본 100엔숍을 대표하는 브랜드로, 도톤보리, 난바에 있는 지점과 같은 표준형 규모의 지점이다. 신사이바시역 근방이라 오가기 편한 위치이며, 도톤보리와 난바 지점보다는 비교적 관광객이 덜 해 계산대의 긴 줄을 하염없이 기다릴 확률이 높지 않다. 3층 규모인 만큼 그릇, 잡화, 화장품, 과자 등 적당한 품질의 다양한 물건을 저렴한 가격에 판매한다.

`지도` MAP 8 Ⓒ `위치` 지하철 신사이바시역과 연결된 지하 상점가 크리스타나가호리 クリスタ長堀 북8번 반대편 에스컬레이터 출구에서 도보 3분 `주소` 大阪市中央区南船場3-10-3 `오픈` 10:00~21:00 `휴무` 무휴 `전화` 06-6253-8540 `홈피` www.daiso-sangyo.co.jp/shop/detail/8646

오사카농림회관 大阪農林会館

미츠비시상사의 오사카 지점으로 이용하기 위해 조시아 콘드르를 비롯한 유명 건축가들의 설계로 만들어졌다. 이후 건물을 매각해 농림소자재조사 사무소, 식량사무소 등이 들어와 (주)오사카농림회관으로 등록되었다. 현재는 미용실을 비롯해 스튜디오, 의류점, 잡화점 등 다양한 콘셉트의 상점이 모여 있다. 5층 건물이며, 각 매장의 색깔이 드러난 나무팻말을 보는 재미도 있다. 가격대는 상점마다 천차만별이다. 홈페이지에 내부 상점 리스트와 홈페이지가 링크되어 있으니 관심 있다면 미리 들어가 보자.

지도 MAP 8 ⓒ 위치 지하철 신사이바시역과 연결된 지하 상점가 크리스타나가호리 クリスタ長堀 북5번 반대편 에스컬레이터 출구에서 도보 3분 주소 大阪市中央区南船場3-2-6 오픈 12:00~20:00(상점마다 다름) 전화 06-6252-2021 홈피 www.osaka-norin.com

토리소바 자긴 니보시점 鶏Soba 座銀

식사 시간대에는 항상 긴 줄이 생기는 인기 라멘 맛집. 닭 육수를 베이스로 끓여낸 토리소바 鶏soba(850엔)가 대표 메뉴이다. 뽀얀 국물은 아주 진하면서도 깔끔하다. 죽순 절임인 멘마를 길다랗게 고명으로 올려 비주얼도 멋지게 만들었다. 일반 라멘과 달리 돼지고기 등심으로 만든 큼직하면서 얇은 레어 차슈와 수비드로 조리한 닭고기를 넣어주는데, 둘 다 너무나 촉촉하고 부드럽다. 내부는 좁은 편으로 바테이블만 있는데, 보통 혼자 오는 남성이 대부분인 일반 라멘집과는 달리 이곳은 여성 손님도 많이 오는 편이다.

지도 MAP 8 ⓒ 위치 지하철 신사이바시역 1번 출구에서 도보 5분 주소 大阪市中央区南船場3-9-6 오픈 11:00~22:30 휴무 무휴 전화 06-6244-1255 홈피 silver-grape.com

우사미테이 마츠바야 うさみ亭 マツバヤ

1893년도에 창업해 3대째 이어오고 있는 우동 명가이다. 달달한 유부가 들어간 키츠네우동 きつねうどん(580엔)이 대표 메뉴로 가격도 저렴하고 양도 많지 않아 가볍게 한 끼 하고 싶을 때 들르면 좋다. 우동 국물에는 유자가 들어가 상큼한 향이 감돌고, 깔끔한 국물이 속을 편하게 만든다. 관광객이 바글바글한 핫한 맛집이라기보다 125년 동안 자리를 지킨 지역 노포로서 마음 갈 때 편하게 들르기 좋은 곳이다.

지도 MAP 8 ⓒ 위치 지하철 신사이바시역과 연결된 지하 상점가 크리스타나가호리 クリスタ長堀 북7번 출구에서 도보 5분 주소 大阪市中央区南船場3-8-1 오픈 11:00~19:00(금·토요일 ~19:30) 휴무 일요일, 공휴일 전화 06-6251-3339

🍴 나니와오므라이스 浪花オムライス

오므라이스 전국 대회 입상 경력이 있는 맛집으로 비주얼 좋은 오므라이스를 선보인다. 빌딩 속에 숨어 있으며, 입구 옆에 한국어를 비롯해 다양한 언어로 작성된 메뉴판이 붙어 있다. 대회 4위를 수상한 나니오므 浪花オムライス(1500엔)는 폭신폭신 부드러운 달걀과 진한 하이라이스 소스가 잘 어우러져 맛있다. 하지만 가게 최고 인기 메뉴는 나니오므치즈 なにオムチーズ(1800엔)로 나니오므에 치즈가 들어가 맛과 비주얼 모두 풍성해진 듯하다. 밥양을 그램별로 다양하게 고를 수 있어 자신의 양에 맞춰 먹기 좋다. 내부는 좁은 편으로 바테이블로만 되어 있다.

[지도] MAP 8 ⓒ [위치] 지하철 신사이바시역과 연결된 지하 상점가 크리스타 나가호리 クリスタ長堀 북8번 반대편 에스컬레이터 출구에서 도보 3분 [주소] 大阪市中央区南船場3-11-27 [오픈] 10:00~20:00 [휴무] 월요일 [전화] 06-6245-7206

🍴 쿄차바나 京ちゃばな

일반 오코노미야키와는 조금 다른 새로운 감동을 주는 맛집이다. 소스에 토마토와 아보카도를 넣어 만드는데, 재료만 보고 너무 언밸런스하지는 않을까 싶지만 기존 소스에 맛을 풍성하게 해주는 정도이니 걱정할 필요 없다. 추천 메뉴로는 돼지고기와 토마토가 들어간 오코노미야키 豚肉のトマトお好み焼き(980엔)와 돼지고기와 아보카도가 들어간 야키소바 豚肉のアボカド黒焼きそば(1080엔)가 있다. 여기에 돼지고기·오징어·새우·스지콘·치즈(200엔), 떡(100엔) 등의 재료를 추가할 수 있다.

[지도] MAP 8 ⓒ [위치] 지하철 신사이바시역과 연결된 지하 상점가 크리스타 나가호리 クリスタ長堀 북5번 반대편 에스컬레이터 출구에서 도보 5분 [주소] 大阪市中央区博労町2-6-5 [오픈] 17:00~02:00 [휴무] 무휴 [전화] 06-6120-9822 [홈피] chabana.com

🍴 퍼블릭 키친 카페 PUBLIC KITCHEN cafe

일본 가정식을 판매하는 곳으로 자체 생산한 유기농 재료만을 사용해 건강하고 맛있는 음식을 합리적인 가격으로 제공한다. 음식도 맛있지만, 그물의자가 달린 1층의 인테리어가 독특해 젊은 여성 사이에서 인기 있는 핫 플레이스이다. 종일 판매하는 오봉고항 おぼんごはん(800~1500엔) 메뉴는 현미밥에 유기농 채소 샐러드, 된장국, 오늘의 반찬 2가지, 메인 요리로 구성된다. 메인 요리가 무엇이냐에 따라 가격이 다른데 닭튀김이 들어간 메뉴가 인기 있는 편이다. 외국어 메뉴판은 따로 없지만, 직원분이 영어로 잘 설명해준다. 나카자키초에도 지점이 있다.

〔지도〕 MAP 8 ⓑ 〔위치〕 지하철 신사이바시역과 연결된 지하 상점가 크리스타 가호리 クリスタ長堀 북12번 출구에서 도보 3분 〔주소〕 大阪市中央区南船場4-11-8 〔오픈〕 11:30~22:00 〔휴무〕 무휴 〔전화〕 06-6241-6078 〔홈피〕 pkp.co.jp

🍴 지분도키 時分時

오사카에서 맛있는 철판 요리를 맛볼 수 있는 곳으로 현지인들 사이에서 유명하다. 메뉴 자체는 오코노미야키(820~1680엔)나 새우빵 えびパン(480엔), 새우꼬치 えびのX・O醬(300엔) 등 일반 이자카야와 같이 평범하다. 하지만 마스터가 음식 하나하나 멋들어지게 내줘 맛도 비주얼도 굉장히 고급스럽다. 전부 맛있어서 하나하나 음미하며 먹게 된다. 가격대도 비싼 편은 아닌데, 양이 적다보니 이것저것 먹다 보면 꽤 큰 지출을 하게 된다. 식사보다는 와인이나 맥주 하나 시켜놓고 오랫동안 담소를 나누기 좋다.

〔지도〕 MAP 8 ⓑ 〔위치〕 지하철 혼마치역 15번 출구에서 도보 5분 〔주소〕 大阪市中央区南久宝寺町4-5-11 〔오픈〕 17:30~24:00 〔휴무〕 일요일, 공휴일, 첫째・셋째 월요일 〔전화〕 06-6253-1661

[지도] MAP 8 ⓒ [위치] 지하철 신사이바시역과 연결된 지하 상점가 크리스타 나가호리 クリスタ長堀 북6번 출구에서 도보 8분, 산큐바시 가든스케이프 SANKYUBASHI GARDENSCAPE 2층 [주소] 大阪市中央区南久宝寺町3-2-15 [오픈] 11:00~20:00 [휴무] 부정기 [전화] 06-6226-8005 [홈피] magia.tokyo

시아와세노팬케이크 미나미센바하나레점 幸せのパンケーキ

두툼하고 폭신폭신한 팬케이크로 인기몰이 중인 팬케이크 전문점. 이곳의 대표 메뉴인 시아와세노팬케이크 幸せのパンケーキ(1100엔)는 두꺼운 팬케이크 3장이 나오는데 만드는 데 시간이 조금 걸리는 편이다. 하지만 먹는 것은 나이프를 사용할 새도 없이 포크로 흡입하게 되어 눈 깜짝할 새에 사라진다. 버터와 시럽이 함께 나오는데 너무 달지 않아 맛있다. 내부가 넓은 편은 아니어서 평일에도 오픈한 지 얼마 지나지 않아 금방 자리가 찬다. 신사이바시와 우메다에도 지점이 있는데, 주요 관광지인 만큼 방문객도 많아 예약하는 편이 좋다.

새터데이즈 NYC SATURDAYS NYC

[지도] MAP 8 ⓕ [위치] 지하철 신사이바시역과 연결된 지하 상점가 크리스타 나가호리 クリスタ長堀 북13번 출구에서 도보 1분 [주소] 大阪市中央区南船場 4-13-22 [오픈] 카페 09:00~20:00, 상점 11:00~20:00 [휴무] 무휴 [전화] 06-4963-3711 [홈피] www.saturdaysnyc.com

의류점과 함께 운영하는 카페로 푸른 외관이 눈길을 사로잡는다. 뉴욕 감성이 묻어나는 널찍한 내부는 간결하면서도 세련되게 꾸며져 있다. 자리에는 콘센트가 있어 전자 제품을 사용하기 편하며, 감성적인 음악이 흘러나와 오랜 시간 머물며 쉬기 좋다. 커피를 비롯해 간단한 샌드위치와 빵류를 판매한다. 가벼운 아침 식사를 하기에도 좋고, 식사 후 여유로운 티타임을 보내기에도 좋은 공간이다. 커피는 핸드드립 커피인 싱글 오리진(450엔)과 카푸치노(400엔)가 인기 있으며, 다양한 빵 종류도 판매하고 있다.

AREA 03

우메다
梅田

역사적인 건축물과 번화한 쇼핑가가 공존하는 오사카의 관문이자 중심가이다. 하늘 높이 솟은 초고층 빌딩 숲 사이로 백화점과 쇼핑몰, 영화관, 특급 호텔 등이 밀집해 있어 항상 수많은 사람으로 붐빈다. 최근에는 우메다 주변 지역이 고급 맛집, 카페 거리, 강변 카페 등의 테마로 활성화되면서 즐길거리가 더욱 다양해졌다.

우메다
이렇게 여행하자

본문에서는 JR 오사카역을 중심으로 주변의 키타신치, 나카노시마, 나카자키초, 텐진바시스지로쿠초메역까지의 지역을 포함한다. 보통 지하철 한두 정거장 떨어진 거리지만 걷다 보면 생각보다 꽤 피로감이 몰려오므로 체력에 따라 지하철과 도보를 적절히 섞어서 이동해야 한다. 우메다 중심 지역에는 거대 쇼핑몰이 산재해 있고, 지하로는 상점가가 거미줄처럼 얽혀 있어서 길을 잃기 쉬우므로 주의할 것. 이전에는 거대 쇼핑몰밖에 떠오르지 않는 곳이었지만, 맛집을 비롯해 특색 있는 거리가 유명해지면서 다양한 매력이 생겼다.

지하철
키타하마역
26번 출구

▶▶▶ 5분

1 나카노시마 공원

p.256

▶▶▶ 15분

2 키타신치

p.256

🚶 10분

5 오사카시립주택박물관

p.253

◀◀◀ 1분

4 텐진바시스지 상점가

p.252

◀◀◀ 3분

3 츠유노텐진자

p.233

🚇 2분

6 나카자키초

p.252

▶▶▶ 5분

7 차야마치

p.232

▶▶▶ 5분

8 헵 파이브

p.232

🚶 5분

11 우메다 스카이빌딩

p.230

◀◀◀ 8분

10 그랜드 프런트 오사카

p.231

◀◀◀ 3분

9 오사카 스테이션 시티

p.230

우메다

📷 우메다 스카이빌딩 梅田スカイビル

우메다 지역을 대표하는 랜드마크이자 야경의 명소이다. 2개 동으로 나누어진 40층의 초고층 빌딩에는 웨스틴 호텔 오사카를 비롯해 폭포수가 떨어지는 자연의 숲, 아름다운 꽃이 피는 정원 하나노 花野, 쇼와 시대 초기의 오사카를 재현한 지하 식당가 다키미코지 瀧見小路 등 볼거리가 풍성하다. 그러나 무엇보다 최고의 인기를 자랑하는 곳은 지상 173m 높이에서 360도의 파노라마 전경을 즐길 수 있는 공중정원 전망대이다. 유리로 둘러싸여 있지만 한 층 더 올라가면 옥외 공간이 마련되어 있어 시원한 바람을 맞으며 즐길 수 있다. 특히 밤에는 야경을 보기 위해 몰려드는 커플로 붐빈다. 매표소가 39층에 있으니 입장료가 아까운 사람은 야외 에스컬레이터를 타고 거기까지만 갔다 오는 것도 나쁘지 않다.

지도> MAP 9 Ⓐ 위치> 지하철 우메다역 3B번 출구 방향으로 이동한 뒤 오사카 스테이션 시티로 가서 루쿠아 지나 그랜드 프런트 오사카 방향으로 나온 후 우메키타 광장 うめきた広場에서 도보 8분 주소> 大阪市北区大淀中1-1-88 오픈> 전망대 09:30~22:30 요금> 전망대 어른 1000엔, 어린이 500엔(7월 이후 어른 1500엔, 어린이 700엔) 전화> 06-6440-3899 홈피> www.skybldg.co.jp, 전망대 www.kuchu-teien.com

📷 오사카 스테이션 시티 OSAKA STATION CITY

JR 오사카역을 중심으로 노스 게이트 빌딩과 사우스 게이트 빌딩이 연결된 초대형 교통·상업 단지. 노스 게이트 빌딩에는 쇼핑몰과 영화관 등이, 사우스 게이트 빌딩에는 백화점과 호텔 등이 입점해 있다. 건물 곳곳에는 시민을 위한 휴식 공간이 마련되어 있는데, 11층에 있는 카제노히로바 風の広場와 14층에 있는 텐쿠노노엔 天空の農園은 탁 트인 공간에서 오사카의 전망을 즐길 수 있어 많은 사람이 찾는다. 양쪽 끝에 금시계와 은시계가 설치되어 있으며 거대한 철골이 천장을 덮고 있는 5층의 토키노히로바 時空の広場도 들러볼 만하다.

지도> MAP 10 Ⓒ 위치> JR 오사카역과 바로 연결 오픈> 10:00~20:00(레스토랑 11:00~23:00) 전화> 06-6458-0212 홈피> osakastationcity.com

📷 그랜드 프런트 오사카 GRAND FRONT OSAKA

7ha라는 거대한 부지 위에 세워진 대규모 복합 시설. 남관, 북관, 우메키타 광장 うめきた広場으로 이루어져 있는데, 쇼핑몰, 극장, 호텔, 컨벤션 센터, 사무실 등 다양한 시설이 들어가 있다. 44000㎡의 쇼핑몰 내에는 패션 잡화점부터 뷰티숍, 인테리어 잡화 전문점, 서점, 카페, 레스토랑, 바까지 다양한 266개의 점포가 모여 있다. 천천히 산책하듯 둘러보기 좋다.

〈지도〉 MAP 10 Ⓐ 〈위치〉 JR 오사카역 북쪽 출구로 연결 〈주소〉 大阪市北区大深町 4-1 〈오픈〉 쇼핑 10:00~21:00, 레스토랑 11:00~23:00 〈전화〉 06-6372-6300 〈홈피〉 www.grandfront-osaka.jp

➕ Zoom in

파나소닉 센터 오사카 1
Panasonic Center Osaka

파나소닉의 최첨단 제품을 오감을 통해 직접 체험해 볼 수 있도록 설계했다. 카페로도 이용하는 체험형 인테리어 공간, 제품 라이브러리, 최신 가전제품 설비가 구비된 공간 등으로 꾸며져 있다.

〈위치〉 남관 B1~2층 〈오픈〉 10:00~20:00 〈전화〉 06-6377-1700 〈홈피〉 panasonic.com

딘 & 델루카 2
DEAN & DELUCA

마켓과 레스토랑이 융합된 새로운 형태의 공간으로 요리를 제공한다기보다는 맛을 체험하는 콘셉트로 꾸며져 있다. 판매 중인 조미료와 식재료를 사용해 조리한다.

〈위치〉 우메키타 광장 B1층 〈오픈〉 10:00~22:00 〈전화〉 06-6359-1661 〈홈피〉 www.deandeluca.co.jp

시티 베이커리 3
THE CITY BAKERY

뉴욕에서 시작된 인기 베이커리 겸 카페. 최고의 인기를 자랑하는 프레첼 크로와상 プレッツェルクロワッサン(320엔)은 커피나 핫초코와 잘 어울리는 데 매번 구워져 나올 때마다 바로 품절된다.

〈위치〉 우메키타 광장 B1층 〈오픈〉 07:30~22:00 〈전화〉 06-6359-2010 〈홈피〉 www.thecitybakery.jp

브리제 브리제 BREEZÉ BREEZÉ

독일의 건축가 크리스토퍼 인겐호펜이 설계하고 일본의 디자이너 이시아 모토코가 조명을 담당해 지은 건물. 지하 1층부터 지상 6층에 걸쳐 있는 쇼핑몰 브리제 브리제에는 유나이티드 애로즈, 어반 리서치, 캐스 키드슨 등 실속파들이 주로 찾는 브랜드숍과 편집숍이 입점해 있다. 1층에서 엘리베이터를 타고 33층으로 올라가면 레스토랑가(街)가 있는데, 이곳에서 무료로 오사카의 전망을 즐길 수 있다. 사방이 다 보이는 것은 아니지만 무료라는 점을 감안하면 가볼 만하다.

지도 MAP 10 Ⓔ 위치 JR 오사카역 사쿠라바시 출구에서 도보 5분 주소 大阪市北区梅田2-4-9 오픈 월~토요일 11:00~21:00(레스토랑 ~23:00), 일요일 11:00~20:00(레스토랑 ~22:00) 전화 06-6343-1633 홈피 www.breeze-breeze.jp

차야마치 茶屋町

힙한 젊음의 거리. 넓은 구역은 아니지만, 누차야마치를 비롯해 20~30대를 겨냥한 세련된 쇼핑몰과 브랜드 상점이 골목골목에 자리한다. 주변에는 잡화점 로프트를 비롯해 헌책방, 악기점 등도 산재해 있다. 거리는 깔끔하게 정비되어 있고, 세련된 건물이 많아 한 바퀴 산책하며 둘러보기 좋다.

지도 MAP 9 Ⓑ 위치 지하철 우메다역 1~2번 출구 방향을 따라 한큐3번가로 가서 H1번 출구에서 도보 3분

헵 파이브 HEP FIVE

우메다의 중심에 있는 붉은색 관람차가 인상적인 랜드마크. 헵 파이브를 중심으로 한큐 멘즈, 한큐백화점, 한큐3번가, 한큐32번가가 넓은 지역에 모여 거대한 한큐촌(村)을 구성한다. 1층에 들어서면 6층까지 탁 트인 아트리움에 매달려 있는 길이 20m의 빨간 고래가 인상적이다. 지하 1층~지상 6층에는 젊은이들의 취향에 맞는 패션 잡화 매장이 주를 이루며, 7층에는 유명 음식점이, 지하 2층과 8~9층은 어뮤즈먼트 시설이 입점해 있다. 건물 7층과 연결된 관람차는 오사카 젊은이들의 데이트 코스로 유명한데, 오사카 시가지는 물론이고 날씨가 좋은 날에는 고베의 롯코산까지 볼 수 있다. 직경 75m, 최대 높이는 106m에 이르며 한 바퀴 도는 데 15분 정도 걸린다.

지도 MAP 10 Ⓑ 위치 지하철 우메다역 6번 출구에서 도보 3분 주소 大阪市北区角田町5-15 오픈 11:00~21:00(레스토랑 ~22:30) 요금 관람차 500엔 전화 06-6313-0501 홈피 www.hepfive.jp

📷 한큐 히가시도리 상점가 阪急東通商店街

전형적인 일본식 아케이드 상점가로 다양한 상점이 어깨를 나란히 하고 있다. 밤이 되면 붉은 등을 내건 선술집을 찾아온 퇴근길의 샐러리맨으로 붐빈다. 우메다 지역에서 서민적인 분위기를 느낄 수 있는 몇 안 되는 장소 중 하나이다. 낮에 들른다면 이곳에 있는 회전초밥집에서 초밥을 먹어보는 것도 좋다. 접시당 균일가를 적용하는 곳이 많다.

지도 MAP 9 ⓖ 위치 지하철 우메다역 10번 출구에서 도보 5분 홈피 higashirengo.sakura.ne.jp/db

📷 오하츠텐진도리 상점가 お初天神通り

제2차 세계대전 직후부터 번창한 상점가로 한큐 히가시도리 상점가 바로 옆에 위치하며 아케이드를 따라 많은 상점이 늘어서 있다. 상점가 입구에 있는 츠유노텐진자의 참배객 이외에도 우메다 지역의 직장인들이 식사를 해결하러 많이 찾는다. 오코노미야키, 라멘, 초밥 등 저렴하면서도 맛있는 서민적인 음식을 전문으로 하는 곳이 많다.

지도 MAP 9 ⓖ 위치 지하철 히가시우메다역 7번 출구에서 도보 2분 오픈 10:00~22:00(상점에 따라 다름) 홈피 www.ohatendori.com/jinjya

📷 츠유노텐진자 露天神社

1300년의 역사를 자랑하는 오래된 신사로 소네자키와 우메다 지역의 수호사당이다. 오하츠텐진도리 끝에 있어 사람들이 오가며 참배하러 오곤 하는데, 인연을 맺어주거나 학업을 성취하는 데 영험이 있다. 오하츠텐진 お初天神이라는 이름으로 더 잘 불리는데, 실제 동반자살 사건을 바탕으로 만든 비극적인 사랑 이야기 〈소네자키신쥬 曾根崎心中〉라는 일본 전통 인형극에 등장하는 여주인공의 이름 오하츠 お初에서 따왔다. 인형극은 큰 사랑을 받았고, 덕분에 신사 곳곳에 이야기와 관련된 내용이 배치되어 있다.

지도 MAP 9 ⓖ 위치 지하철 히가시우메다역 7번 출구에서 도보 5분 주소 大阪市北区曽根崎2-5-4 오픈 06:00~24:00 전화 06-6311-0895 홈피 www.tuyutenjin.com

SPECIAL

우메다역 지하 상점가 자세히 보기

우메다 중심부에는 7개의 전철 및 지하철역이 있고,
역과 주요 건물들이 지하도를 통해 연결되어 있다.
역과 역, 건물과 건물 사이가 거미줄처럼 얽혀 있어 쉽게 길을 잃기도 한다.
만약 지하 상점가를 걷다가 길을 잃었을 경우에는 당황하지 말고
JR 오사카역과 한큐 우메다역, 한신 우메다역의 위치를 파악한 후 현재 지점을 체크해보자.
상가별 안내도도 잘 구비되어 있으니 중간중간 자신의 위치를 체크하며 걷자.
지하가 너무 복잡하다 싶으면 차라리 주요 건물이 한눈에 들어오는 지상으로 올라가
이동하는 편이 훨씬 쉬울 수 있다.
단, 지상에서 보는 풍경이 평범한 비즈니스 빌딩가이기 때문에 걸으며 느끼는 즐거움은 반감된다.

디아몰오사카 Diamor大阪

햇빛이 쏟아지는 높은 아트리움과 대리석 바닥 등 유럽의 거리를 이미지화한 밝고 개방적인 지하 상점가로 오사카역에서 키타신치역까지 이어진다. 캐주얼, 패셔너블, 버라이어티, 마켓이라는 4개의 테마 아래 약 90개의 상점이 들어서 있다.

지도 MAP 10 F 홈피 www.diamor.jp

화이티우메다 Whityうめだ

우메다 지역의 7개 역을 연결하는 1.8km의 거대한 지하 상점가로 하루 60만 명이 오가는 일본에서 가장 많은 이용자수를 자랑한다. 동서남북 4개 방향을 따라 테마몰이 구성되어 있는데, 이스트몰에 있는 이탈리아의 밀라노를 이미지화한 분수 광장 泉の廣場은 약속 장소로 유명하다.

지도 MAP 10 D 홈피 whity.osaka-chikagai.jp

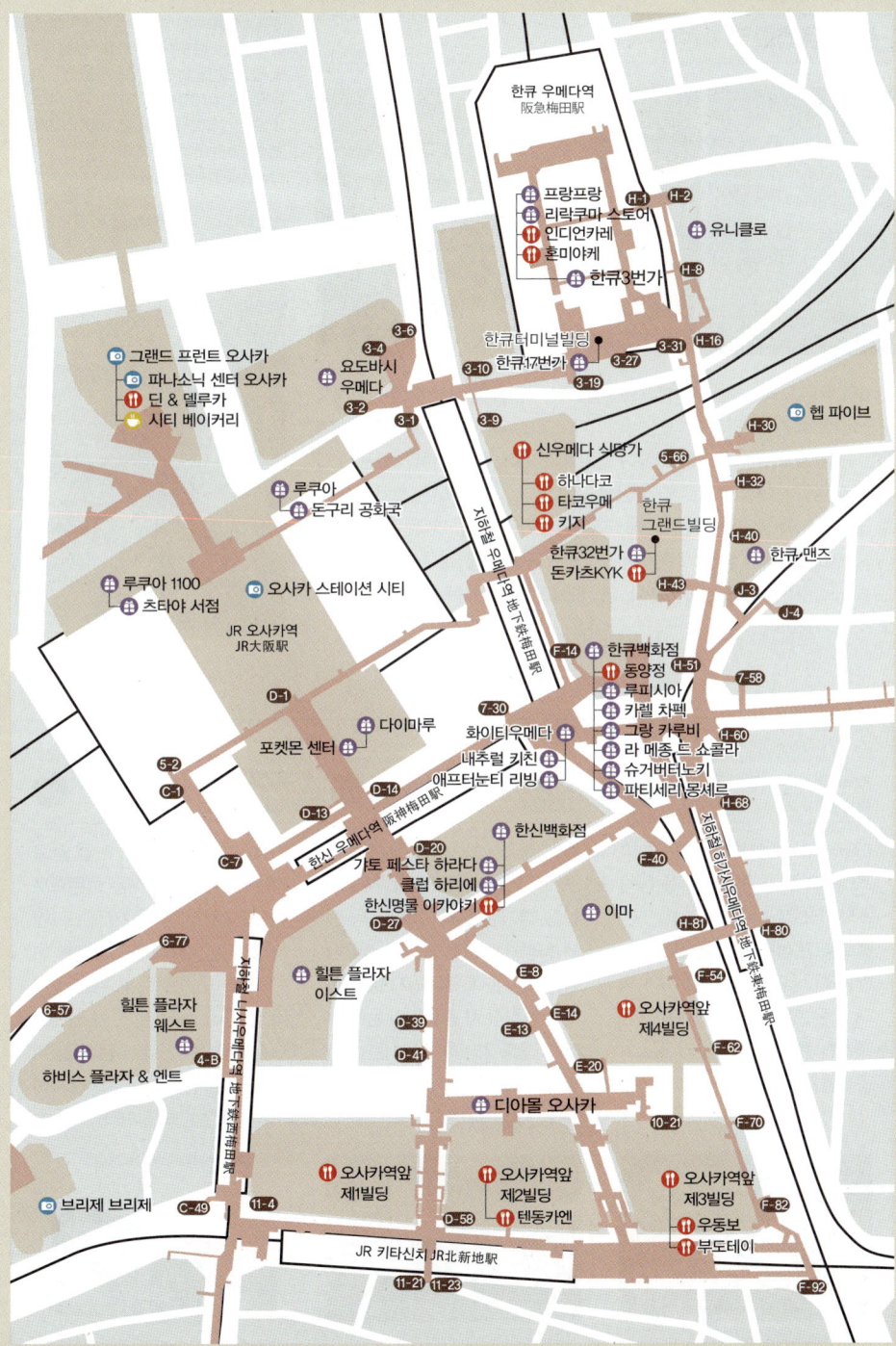

한큐백화점 阪急百貨店

| 지도 | MAP 10 ⓓ | 위치 | 지하철 우메다역 6번 출구에서 바로 연결 | 주소 | 大阪市北区角田町 8-7 | 오픈 | 일~목요일 10:00~20:00, 금·토요일 10:00~21:00(레스토랑 11:00~22:00) | 전화 | 06-6361-1381 | 홈피 | www.hankyu-dept.co.jp |

간사이 유행을 리드하는 백화점으로, 경쟁이 치열한 우메다 중심 상권에서 꿋꿋하게 살아남을 만큼 남다른 분위기가 느껴진다. 현지인이 이곳을 즐겨 찾는 가장 큰 이유는 유명한 맛집이 많기 때문이다. 특히 지하 식품관에 가면 긴 행렬이 늘어설 정도로 인기 있는 곳이 많다. 어느 곳이든 맛을 보장할 수 있으므로 쭉 둘러보면서 마음에 드는 곳에 가면 된다. 외국인 전용 안내 데스크에 가면 세일 상품, 식품을 제외한 품목들에 한해 5% 할인받을 수 있는 게스트 쿠폰카드를 만들어준다. 이 게스트 쿠폰카드는 한신백화점에서도 사용 가능하다.

➕ Zoom in

동양정
東洋亭　12F

1897년부터 역사를 이어온 함박스테이크 명가. 인기 메뉴는 함박스테이크, 토마토샐러드, 밥 또는 빵으로 구성된 런치 A세트(1320엔)이다. 철판 위의 은박지에 싸여 나온 뜨거운 함박스테이크는 촉촉한 육즙과 깊은 맛의 소스가 조화를 이룬 훌륭한 맛이다.

 www.touyoutei.co.jp

루피시아
LUPICIA　B2F

제철 홍차·녹차·우롱차는 물론 오리지널 블렌드 티, 다양한 향을 첨가한 플레이버 티 등 전 세계의 차를 판매하는 곳. 종류나 특정 스타일에 얽매이지 않고 만들어낸 창작 차 종류들이 눈에 띈다. 시음도 가능하니 원하는 차가 있다면 요청해 보자.

 www.lupicia.com

카렐 차펙
Karel Capek　7F

러블리한 일러스트가 눈을 사로잡는 일본의 홍차 전문 브랜드로 이곳은 '차 박물관'을 테마로 한 매장. 기본 차 외에도 신부를 위한 웨딩 티, 아이들을 위한 베이비 티 등이 눈에 띈다. 차 외에도 레시피책, 쿠키, 다기 등 차를 위한 다양한 상품이 있다. 간사이 지역의 유일한 매장이다.

 www.karelcapek.co.jp

그랑 카루비
GRAND Calbee

카루비의 프리미엄 브랜드로 비싼 만큼 맛있는 감자칩을 맛볼 수 있다. 메인 상품인 포테이토크리스프 ポテトクリスプ(580엔~)는 단단한 식감을 살린 두꺼운 감자칩으로, 6가지 맛이 있어 골라 먹을 수 있다. 선물용으로 많이 사간다.

홈피 > www.calbee.co.jp

라 메종 드 쇼콜라
LA MAISON DU CHOCOLAT

파리에서 시작된 고급 초콜릿 전문점. 양에 비해 너무나 비싸지만 그만큼 맛이 좋아 인기가 많다. 진하고 쌉싸름한 초콜릿으로 만든 에클레르쇼콜라 エクレールショコラ(700엔)도 빵 안에 꽉 찬 초콜릿 크림의 풍미가 탁월하다.

홈피 > www.lamaisonduchocolat.co.jp/ja_jp

슈가버터노키
シュガーバターの木

호밀을 이용해 만든 곡물 과자 전문점. 플레인버터노키 プレーンバターの木(7봉입 421엔)는 달달하면서도 진한 호밀의 맛을 느끼고 싶은 사람에게 좋은 선택이다. 화이트초콜릿을 넣은 샌드 모양인 슈거버터샌드노키 シュガーバターサンドの木(7봉입 535엔)가 가장 인기 있는데, 달콤한 화이트초콜릿 크림이 담백한 과자와 어우러져 더욱 맛있다. 이외에도 다양한 상품들이 있으니 도전해 보자.

홈피 > www.sugarbuttertree.jp

파티세리 몽셰르
Patisserie Mon Cher

수많은 언론에서 오사카 최고의 디저트로 평가한 케이크 전문점. 최고의 인기 메뉴는 도지마롤 堂島ロール(1296엔)로 부드러운 빵 속에 엄청난 양의 생크림이 들어 있다. 한 입 맛보면 달지 않으면서도 우유의 고소함을 100% 살린 깊은 맛에 빠져버리고 만다. 크기가 부담된다면 하프 ハーフ(702엔)나 1컷 1カット(351엔)을 주문하자. 도지마롤에 다섯 가지 과일을 넣은 도지마롤후르츠이리 堂島ロールフルーツ入り(1782엔)도 있다.

홈피 > www.mon-cher.com

SPECIAL
한큐 몇 번가에 가서 먹을까?

한큐백화점과 지하 상점가를 거닐다보면 한큐 우메다역을 비롯해 한큐3번가, 한큐17번가, 한큐32번가라는 이 비슷한 이름을 자주 볼 수 있다. 모두 해당 건물의 식당가와 쇼핑가를 지칭하는 이름으로 해당 건물의 꼭대기 층수에서 이름을 따왔다. 각 식당가마다 유명 체인 맛집이 모여 있어 식사 메뉴를 정하지 못했을 때 방문하면 좋다.

한큐3번가 阪急三番街

한큐 우메다역과 위아래로 바로 연결되는 대형 지하 상점가로 개찰구가 있는 지상 2층에서 지하 2층까지 다양한 맛집, 독특한 잡화점, 신세대 패션 상점이 가득하다. 남관, 북관으로 나누어져 있으며, 모두 8개의 테마 공간으로 구분되어 있다. 유명 맛집과 카페가 많은 곳이다.

지도 MAP 10 Ⓑ 위치 한큐 우메다역 B2~2층 주소 大阪府大阪市北区芝田1-1-3 오픈 식당가 10:00~23:00, 쇼핑가 10:00~21:00(상점마다 다름) 휴무 부정기(홈페이지 확인) 전화 06-6371-3303 홈피 www.h-sanbangai.com

한큐17번가 阪急17番街

한큐 우메다역이 현재의 위치로 이전하면서 새롭게 만든 복합 빌딩인 한큐터미널빌딩에 위치한다. 카페를 비롯해 의류, 주얼리, 부티크, 뷰티, 기모노 관련 상점이 5~6층에 걸쳐 위치한다. 딱히 여행자들이 이용할 만한 곳은 없고, 17층에 위치한 식당가를 오갈 때 들러보기 좋다.

지도 MAP 10 Ⓑ 위치 한큐터미널빌딩 5~6층 주소 大阪府大阪市北区芝田1-1-4 오픈 11:00~20:00, 5층 카페 09:00~21:00(상점마다 다름) 휴무 셋째 수요일(12~1월 다름) 전화 06-6373-5392 홈피 www.hankyu17.com

한큐32번가 阪急32番街

한큐백화점 바로 옆의 한큐그랜드빌딩에 위치하며 지하도로 연결된다. 1~2층과 27~31층까지 총 7개 층으로 구성된다. 화장품 상점이 있는 1층을 제외하고는 전부 레스토랑이 모인 식당가이다. 인기 체인 맛집도 많고, 층수가 높은 만큼 멋진 전망을 보며 식사할 수 있어 추천한다.

지도 MAP 10 Ⓓ 위치 한큐그랜드빌딩 1~2·27~31층 주소 大阪市北区角田町8-47 오픈 11:00~23:00, 카페 08:00~23:00(상점마다 다름) 전화 06-6315-8370 홈피 hankyu32.hankyu.co.jp

추천 맛집

인디언카레 インデアンカレー

1947년에 창업한 전통 카레 전문점. 창업 당시부터 지금까지 70년 이상 변하지 않는 맛으로 오사카 사람들의 입맛을 사로잡고 있다. 특히 입안이 얼얼할 정도로 매콤한 인디언카레 インデアンカレー(750엔)는 중독성이 강해 한번 먹어보면 자꾸 생각난다. 매운맛이 부담스럽다면 달콤한 맛을 강조한 하야시라이스 ハヤシライス(620엔)를 추천한다.

[지도] MAP 10 ⓑ [위치] 한큐3번가 B2층 [오픈] 10:00~22:00 [휴무] 부정기 [전화] 06-6372-8813 [홈피] www.indiancurry.jp

혼미야케 本みやけ

1902년에 창업해 오랜 시간 이어진 소고기 요리 전문점으로 식사 시간대에는 항상 줄이 늘어서는 맛집이다. 규나베, 규동 등을 판매하는데 한국인 관광객에게는 스테이크덮밥으로 유명하다. 인기 메뉴 스테이크쥬 ステーキ重(930엔)는 밥 위에 미디엄으로 잘 구워진 스테이크를 올려 특제 소스를 뿌려준다. 부드럽게 녹아내리는 소고기 맛이 일품이다. 주문 시 밥양을 말해야 한다. 좁은 점내에는 바테이블석만 있어 바로 앞에서 스테이크를 굽는 모습을 볼 수 있다.

[지도] MAP 10 ⓑ [위치] 한큐3번가 B2층 [오픈] 11:00~22:00 [휴무] 셋째 수요일, 부정기 [전화] 06-6371-5322

돈카츠KYK とんかつKYK

한큐32번가의 28층 식당가에 위치해, 아름다운 전망을 즐기며 식사할 수 있다. 엄선한 돼지고기와 식용유, 특제 빵가루를 사용해 부드러운 육질과 바삭한 식감이 일품이다. 두툼한 일식 돈까스의 참맛을 느끼고 싶다면 오키나와켄산류카톤로스돈카쓰젠 沖縄県産琉香豚ロースとんかつ膳(1480엔)을 추천한다. 오키나와에서 천연 허브를 먹여 키운 돼지의 등심을 튀겨내는데, 특유의 향이 잘 살아있고 육즙이 촉촉하게 배어나와 입맛을 당긴다. 세트 메뉴에는 샐러드, 밥, 된장국 등이 포함되어 있는데 얼마든지 리필 가능하니 부족하면 셀프바에서 마음껏 가져다 먹자. 바에는 일본식 카레와 채소 주스도 준비되어 있다. 메뉴의 종류가 굉장히 다양하니, 망설여진다면 가게 밖에 진열된 모형을 보고 고르는 것도 방법이다.

[지도] MAP 10 ⓓ [위치] 한큐32번가 28층 [오픈] 11:00~22:00 [전화] 06-6315-8451 [홈피] www.tonkatu-kyk.co.jp/tonkatu

한신백화점 阪神百貨店

한신 우메다역과 연결된 서민적인 분위기의 백화점이다. 지하 식품관에 맛집이 많기로 한큐백화점과 양대 산맥을 이루며, 서로 마주 보고 있다. 지하도로 연결되어 있으니 한큐백화점과 더불어 연달아 디저트 순례를 해봐도 좋다. 한큐와 마찬가지로 다양한 종류의 디저트 매장이 모여 있는데, 대부분 기본 이상으로 맛있다. 식품관 외에는 여성복 관련 상점이 다양한 편이며, 생활잡화점 등도 있다. 일본 야구의 한신 타이거즈 숍이 있으니 일본 야구에 관심이 있다면 들러봐도 좋다.

[지도] MAP 10 ⓓ [위치] 지하철 우메다역 17~18번 출구 방향에서 연결 [주소] 大阪市北区梅田1-13-13 [오픈] 10:00~20:00, 레스토랑 11:00~22:00 [휴무] 부정기(홈페이지 확인) [전화] 06-6345-1201 [홈피] www.hanshin-dept.jp

➕ Zoom in

갸토 페스타 하라다 `B1F`
GATEAU FESTA HARADA

임금님이 먹는 과자라는 갸토 러스크를 사기 위해 매일 백화점 밖까지 긴 줄이 이어지는 인기 디저트 상점. 구테 데 로와(8개, 626엔)라는 이름의 갸토 러스크는 프랑스빵의 풍미에 고급 버터를 사용해 만든 과자로 바삭한 식감과 고소한 버터의 향기가 조화를 이룬다. 초콜릿을 입힌 종류도 있다.

 www.gateaufesta-harada.com

클럽 하리에 `B1F`
CLUB HARIE

독일빵인 바움쿠헨 전문점으로, 오랜 연구를 거듭해 쌓아온 기술로 부드럽고 촉촉한 바움쿠헨을 만들어낸다. 매장 한쪽에서 바움쿠헨을 만드는 모습을 직접 볼 수 있는데, 자르기 전의 거대 바움쿠헨의 모습이 인상적이다. 작은 사이즈의 미니 바움쿠헨(411엔)도 판매하는데, 혼자 먹기 딱 좋다.

 clubharie.jp

한신명물 이카야키 `B1F`
阪神名物いか焼き

오사카 명물 이카야키 전문점. 대표 메뉴는 '오징어구이'라는 뜻의 이카야키 いか焼き(152엔). 반죽에 오징어 다리를 넣고 뜨거운 철판에서 눌러가며 얇게 구워내는데, 하루 평균 1만 장이나 팔릴 만큼 인기가 좋다. 이카야키에 달걀을 넣은 데라반 デラバン(206엔)도 괜찮다.

이마 E~ma

인기 편집숍이 모여 있는 젊은 취향의 세련된 패션 쇼핑몰이다. 지상 13층 건물에 지하 2층부터 지상 6층에 걸쳐 레스토랑, 쇼핑 플레이스가 모여 있고, 7층은 영화관이다. 층 면적이 넓지는 않아 층마다 매장 개수가 많지 않다. 지하 2층에서 3층까지 패션 브랜드가 모여 있고, 5~6층은 식당가이다. 외국인 관광객이 선호하는 브랜드나 체인 맛집이 거의 없는 편이라 관광객보다는 현지인이 많이 찾는다.

지도〉MAP 10 Ⓓ 위치〉지하철 히가시우메다역 3번 출구 방향으로 가다가 디아몰오사카로 이동해 8-17번, 8-19번 출구 사이로 연결 주소〉大阪市北区梅田1-12-6 오픈〉상점가 11:00~21:00, 식당가 11:00~23:00 휴무〉부정기 전화〉06-4796-6377 홈피〉www.e-ma-bldg.com

힐튼 플라자 HILTON PLAZA

우메다 지역을 대표하는 명품관. 지하철 니시우메다역을 사이에 두고 힐튼 플라자 이스트와 힐튼 플라자 웨스트가 마주 보고 서 있다. 힐튼 플라자 이스트는 지하 2층에서 지상 8층, 웨스트는 지하 2층에서 6층에 걸쳐 쇼핑가가 형성되어 있는데, 간사이 최대 규모를 자랑하는 루이비통 매장을 비롯해 에르메스·살바토레 페레가모·불가리·로로 피아나 등 고급 브랜드 숍이 모여 있다. 힐튼 플라자 웨스트는 하비스 플라자 엔트와 연결된다.

지도〉MAP 12 Ⓐ 위치〉지하철 우메다역 15번 출구에서 도보 3분 주소〉大阪市北区梅田1-8-16 오픈〉11:00~20:00(레스토랑 ~23:00) 전화〉06-6342-0002 홈피〉www.hiltonplaza.com

하비스 플라자 & 엔트 HERBIS PLAZA & ENT

힐튼 플라자와 함께 오사카 최고로 꼽히는 명품 쇼핑몰. 인기 명품 부티크와 최고의 맛집으로 구성한 식도락가, 극단 시키 四季의 뮤지컬을 즐길 수 있는 오사카 시키 극장(7층), 이벤트 공연장인 빌보드 라이브 오사카(B2층) 등 눈과 입이 고급인 성인들도 만족할 만한 시설이 모여 있다. 4층에 있는 소니 스토어도 놓칠 수 없는 볼거리. 월드 워런티는 지원하지 않으나 소니의 신제품을 발 빠르게 만나볼 수 있는 기회이니 관심 있다면 들러보자.

지도〉MAP 10 Ⓔ 위치〉지하철 니시우메다역 4B번 출구로 연결 주소〉大阪市北区梅田2-2-22 오픈〉11:00~20:00, 레스토랑 11:00~23:00(엔트 ~22:30) 전화〉06-6343-7500 홈피〉www.herbis.jp

요도바시 우메다 ヨドバシ梅田

서일본 최대 규모를 자랑하는 복합 멀티미디어 전문 쇼핑몰. 지하 2층부터 지상 4층에는 요도바시 카메라, 5~7층에는 패션 브랜드, 8층에는 레스토랑이 입점해 있다. JR 오사카역 바로 맞은편에 있으며, 건물 1층의 동쪽에 설치된 대형 컬러 비전은 오사카 사람들의 약속 장소로 인기 있다.

[지도] MAP 10 Ⓐ [위치] 지하철 우메다역 5번 출구에서 도보 1분 [주소] 大阪市北区大深町1-1 [오픈] 09:30~22:00(레스토랑 ~23:00) [전화] 06-4802-1010 [홈피] www.yodobashi-umeda.com

누차야마치 & 플러스 NU茶屋町 & +

'경제력 있는 성인들의 라이프스타일을 보다 세련되게'를 모토로 개성 있는 부티크 및 편집숍이 입점해 있다. 20~30대 직장인이 많이 찾는다. 누차야마치와 바로 옆의 누차야마치 플러스를 중심으로 다양한 쇼핑몰이 밀집해 있다.
차야마치 일대에는 헌책방과 악기를 판매하는 가게들도 넓게 자리 잡고 있다.

[지도] MAP 9 Ⓑ [위치] 지하철 우메다역 1번 출구에서 도보 5분 [주소] 大阪市北区茶屋町10-12 [오픈] 11:00~21:00(레스토랑 ~23:00) [전화] 06-6373-7371 [홈피] nu-chayamachi.com

로프트 LOFT

화려하고 편리한 라이프스타일을 제안하는 생활 잡화 전문 백화점이다. 문구류, 화장품, 파티용품 등의 작은 소품부터 대형 인테리어 가구까지 웬만한 물건은 다 있을 정도로 상품의 종류가 다양하다. 지하 1층에는 영화관이 자리 잡고 있으며, 1~7층에 로프트 매장이, 8층에는 무인양품 매장이 있다.

[지도] MAP 9 Ⓒ [위치] 지하철 우메다역 1번 출구에서 도보 5분 [주소] 大阪市北区茶屋町16-7 [오픈] 10:30~21:00 [전화] 06-6359-0111 [홈피] www.loft.co.jp

츠타야 서점 蔦屋書店

지도> MAP 10 ⓒ 위치> JR 오사카역과 연결된 오사카 스테이션 시티 내 루쿠아 1100 9층 주소> 大阪市北区梅田3-1-3 오픈> 07:00~23:00 휴무> 부정기 전화> 06-4799-1800 홈피> real.tsite.jp/umeda/

'라이프스타일을 제안하는 창구'라는 역할을 목표로 하는 서점으로, 책뿐만 아니라 문구와 잡화 등 개성 넘치는 상점이 함께 있다. 갈색 톤의 차분하고 따뜻한 분위기로 중앙 라운지를 츠타야 서점과 스타벅스, 문구·잡화점이 타원형으로 둘러싼 형태이다. 타원형 통로 가운데를 따라 형성된 매거진 스트리트에는 전 세계의 다양한 잡지가 진열되어 있다. 아늑하고 편안한 공간인 중앙 라운지는 오전 10시부터 오후 9시까지는 1시간에 600엔이라는 유료제로 운영한다. 해당 시간 외에는 무료로 자유롭게 이용할 수 있다. 중앙 라운지와 서점을 따라 곳곳에 좌석이 많지만 워낙 많은 사람이 찾는 매장이라 오후 시간대에는 자리 찾기가 쉽지 않다. 루쿠아 1100의 영업시간 외에는 1층이나 3층 아트리움 쪽의 엘리베이터를 이용해야 한다.

돈구리 공화국 루쿠아점 どんぐり共和国

지도> MAP 10 ⓒ 위치> JR 오사카역과 연결된 오사카 스테이션 시티 내 루쿠아 9층 주소> 大阪府大阪市北区梅田3-1-3 오픈> 10:00~21:00 휴무> 설날, 루쿠아 휴관일 전화> 06-6151-1405 홈피> benelic.com/service/donguri.php

미야자키 하야오의 애니메이션 캐릭터가 총출동한 지브리 애니메이션 마니아의 성지이다. 오사카 시내에 몇 개의 지점이 있지만 루쿠아점이 오사카에 있는 매장 중에 비교적 큰 편이어서 주얼리, 홍차, 주방용품 등 흔치 않은 제품을 찾거나 다양한 지브리 굿즈를 보고 싶다면 이 지점으로 가자. 매장도 아기자기하고 예쁘게 꾸며져 있어 사진 찍기도, 구경하기도 좋다. 매장 한쪽에는 애니메이션 <마녀 배달부 키키>에 나왔던 장소를 재현한 공간도 있고, 영상을 보여주기도 해 즐길거리도 풍성하다. 다만, 면세 가능 점포가 아니니 면세를 받고 싶다면 난바워크에 있는 지점으로 가는 것이 좋다.

포켓몬 센터 Pokemon Center

각종 포켓몬스터 관련 상품을 판매하는 전문 매장. 인형, 잡화부터 시작해 과자·라면 등의 식품, 게임 소프트웨어까지 매우 다양한 품목을 취급한다. 특히 포켓몬 센터에서만 구입 가능한 한정판 상품도 있으니 찬찬히 둘러보자. 오사카 스테이션 시티의 사우스 게이트 빌딩에 위치한 다이마루 13층에 있다. 간사이 국제공항 제1터미널 2층에도 작은 매장이 있으니 수속을 마치고 여유가 된다면 들러봐도 좋다.

〖지도〗 MAP 10 ⓒ 〖위치〗 JR 오사카역 북쪽 출구에서 바로 연결, 다이마루 13층 〖주소〗 大阪市北区梅田3-1-1 〖오픈〗 10:00~20:00 〖전화〗 06-6346-6002 〖홈피〗 www.pokemon.co.jp/gp/pokecen/osaka

내추럴 키친 NATURAL KITCHEN

주방용품, 인테리어용품, 아로마용품, 수예용품까지 다양한 상품을 108엔에 판매하는 잡화점. 이름에 걸맞게 내추럴하면서도 아기자기한 주방용품이 주를 이루는데, 100엔 숍 제품이 맞는지 의심이 들 정도로 예쁘고 질 좋은 상품이 가득하다. 살림 모으는 데 관심이 있거나 지인에게 가볍게 선물할 물건을 찾는다면 추천할 만하다.

〖지도〗 MAP 10 ⓓ 〖위치〗 지하철 우메다역에서 연결, 화이티우메다 〖주소〗 大阪市北区茶屋町梅田地下街1-2 〖오픈〗 10:00~21:00 〖전화〗 06-6373-0740 〖홈피〗 www.natural-kitchen.jp

애프터눈티 리빙 Afternoon Tea LIVING

'따스함과 설렘'을 주제로 한 생활 잡화 전문점. 주방용품, 다이닝용품, 욕실용품, 패션 잡화, 문구 등과 엄선한 자체 제작 상품까지 다양한 제품군을 갖추고 있다. 특히 꽃이나 나뭇잎 같은 여성 취향을 잘 반영한 패턴을 이용한 소품은 인기가 좋다. 바로 옆에 위치한 애프터눈티 티룸에서는 다양한 종류의 차는 물론이고 디저트, 간단한 식사까지 즐길 수 있다.

〖지도〗 MAP 10 ⓓ 〖위치〗 지하철 우메다역에서 연결, 화이티우메다 〖주소〗 大阪市北区小松原町梅田地下街4-8 〖오픈〗 10:00~21:00 〖전화〗 06-4709-7621 〖홈피〗 www.afternoon-tea.net

🎁 프랑프랑 Francfranc

한국인 관광객에게도 인기 있는 디자인 생활용품 브랜드로, 주방용품부터 가구까지 다양한 제품을 갖추고 있다. 매장을 집처럼 꾸며 놓는 등 제품을 이용한 홈 스타일링을 보여준다. 토끼 모양 주걱과 미키마우스 접시 등 한국인 관광객에게 핫한 아이템부터 최근 유행하는 네온사인 소품까지 다양하고 트렌디한 제품이 구비되어 있다. 주방용품, 인테리어에 관심 있는 사람이라면 구경만 해도 즐거운 매장이다.

[지도] MAP 10 ⓑ [위치] 지하철 우메다역 1~2번 출구 방향에서 연결된 한큐3번가 1~2층 [주소] 大阪府大阪市北区芝田1-1-3 [오픈] 10:00~21:00 [전화] 06-4802-5521 [홈피] www.francfranc.jp

🎁 리락쿠마 스토어 Rilakkuma Store

일본 캐릭터 업체 산엑스의 대표 캐릭터 리락쿠마의 캐릭터 스토어. 리락쿠마는 '릴랙스 relax'와 곰을 뜻하는 일본어 '쿠마 くま'를 합쳐 이름 붙인 것으로, 이름에 걸맞게 언제나 느긋한 포즈를 취하고 있다. 오사카에 4개밖에 없는 직영점인데, 쿠시카츠를 들고 있는 리락쿠마 스트랩 등 오사카에서만 만나 볼 수 있는 아이템이 있으니 눈을 크게 뜨고 찾아볼 것.

[지도] MAP 10 ⓑ [위치] 지하철 우메다역 1~2번 출구 방향에서 연결된 한큐3번가 1층 [주소] 大阪市北区芝田1-1-3 [오픈] 10:00~21:00 [전화] 06-6372-7708 [홈피] www.san-x.co.jp/rilakkuma

🎁 유니클로 오사카점 UNIQLO

신사이바시점과 더불어 오사카에 있는 초대형 매장으로 4층까지 있다. 성인 의류는 기본이고 유아, 아동복, 임부복까지 다양한 연령대의 의류를 판매한다. 4층에는 스페셜 의류와 세일 품목 위주로 진열되어 있으며, 면세 카운터도 이곳에 있다. 일본 유니클로의 정가가 우리나라 유니클로에서 할인 행사 가격 수준이니 일본에서 세일 행사하는 제품만 눈여겨봐도 득템할 확률이 높다. 게다가 면세 찬스까지 사용한다면, 구매하지 않을 이유가 없을 만큼 가격이 합리적이다.

[지도] MAP 10 ⓑ [위치] 지하철 우메다역 1~2번 출구 방향을 따라 한큐3번가로 가 H2번 출구 바로 앞 [주소] 大阪府大阪市北区茶屋町1-32 [오픈] 11:00~21:00 [전화] 06-6292-8280 [홈피] www.uniqlo.com

🍴 오사카역앞빌딩 大阪駅前ビル

우메다 중심부에 위치한 빌딩으로 지하철 니시우메다역, 히가시우메다역, JR 키타신치역, 지하 상점가 디아몰오사카와 연결된다. 제1~4빌딩까지 총 4개 건물이 있으며, 지하 1~2층에서 서로 연결된다. 지하에는 규모가 작은 음식점, 쇼핑 상점이 다닥다닥 붙어 있는데, 의외로 저렴한 맛집이 많아 근처 직장인의 점심을 책임진다.

[지도] MAP 10 Ⓕ [위치] 지하철 니시우메다역에서 7A번 출구로 연결/지하철 히가시우메다역에서 8번 출구로 연결 [주소] 大阪市北区梅田1 [오픈] 상점마다 다름 [휴무] 부정기 [홈피] www.ekimae4.jp

➕ Zoom in

텐동카엔
天丼かえん **1**

튀김덮밥인 텐동 전문점으로 규모가 작고 메뉴도 텐동 한 가지뿐이다. 사이즈만 보통인 나미모리 並盛(600엔)나 곱빼기인 오모리 大盛(700엔) 중에서 고르면 된다. 밥 위에 새우튀김 3개, 고추튀김, 단호박튀김, 김튀김을 올려주는데, 주문 즉시 만들어 내 따끈따끈하면서 바삭한 텐동을 맛볼 수 있다.

[위치] 오사카역앞제1빌딩 B2층 [오픈] 11:00~16:00 [휴무] 토·일요일 [전화] 06-6346-1860

우동보
うどん棒 **2**

'우동의 격전지'라 불리는 오사카역앞빌딩에서 인기를 다투는 집. 추천 메뉴는 치쿠타마히야텐 ちく玉ひや天(990엔)으로 차가운 면에 어묵과 새우, 차조기잎튀김과 반숙 달걀이 얹어 나와 비벼 먹으면 된다. 가게에서 직접 숙성하고 쳐내는 면은 쫄깃하고 탱글하다.

[위치] 오사카역앞제3빌딩 B2층 [오픈] 11:00~16:00, 17:00~21:30 [휴무] 부정기(홈페이지 확인) [전화] 06-6458-5518 [홈피] www.udonbo.co.jp

부도테이
ぶどう亭 **3**

항상 줄이 늘어서는 맛집으로 육즙을 품은 함박스테이크의 촉촉함이 남다르다. 다양한 세트 메뉴가 있는데, 가장 인기 있는 메뉴인 A세트(910엔)와 B세트(940엔)는 함박스테이크, 새우튀김, 마카로니샐러드, 양배추샐러드, 밥, 수프는 동일하게 나오고, 고로케와 카라아게가 들어가는 점이 다르다.

[위치] 오사카역앞제3빌딩 B2층 [오픈] 월~토요일 11:00~21:30, 일요일 11:00~20:30 [휴무] 연말연시

🍴 신우메다 식당가 新梅田食道街

소규모 맛집이 즐비한 식당가로 여러 종류의 인기 음식점이 한곳에 모여 있다. 1950년 처음으로 문을 열었을 때는 18개의 음식점이 있었는데, 현재는 100여 개에 달한다. 오사카 비즈니스의 중심가인 우메다에 자리해 주변 회사원들이 점심이나 퇴근 후 많이 방문한다. 음식점 내부도 대부분 좁은 편이어서 식사 시간이나 저녁에는 자리 잡기가 쉽지 않다. 한 음식점에 오래 있기보다는 한 곳에서 가볍게 즐긴 뒤 2차로 다른 곳으로 이동해 다시 음식과 술을 즐기는 분위기다.

지도 MAP 10 Ⓑ 위치 지하철 우메다역 1~2번 출구 방향으로 가다가 한큐3번가 들어가자마자 우측의 3-9번 출구 바로 앞, 6번 출구 바로 앞 주소 大阪市北区角田町9-26 전화 06-6372-0313 홈피 shinume.com

➕ Zoom in

하나다코 1
はなだこ

신우메다 식당가에서 최고의 인기를 누리고 있는 타코야키집. 언제 방문해도 긴 줄이 늘어서 있다. 생문어만 고집하기로 유명한데, 문어를 아주 큼직하게 썰어 넣어 쫄깃한 맛이 일품이다. 타코야키가 보이지 않을 정도로 파와 마요네즈를 수북이 올려주는 네기마요 ネギマヨ(6개 550엔)가 이곳의 간판 메뉴. 바삭한 표면과 부드러운 식감을 자랑하는 기본 타코야키 たこ焼き(6개 450엔)도 많이 찾는다.

오픈 10:00~23:00

타코우메 2
たこ梅

우메다의 직장인들로 문전성시를 이루는 인기 최고의 어묵 전문점. 무는 이틀간, 곤약은 나흘간 시간과 정성을 들여 조리한다니 그 맛을 짐작할 수 있다. 30여 종의 메뉴가 준비되어 있다. 가장 저렴한 것이 160엔부터로 가격은 조금 비싼 편이지만 그만큼 맛은 최고라 할 수 있다. 이 가게의 또 다른 명물은 문어 다리를 꼬치에 꽂아 비밀 육수에 삶아낸 타코칸로니 たこ甘露煮(756엔)다.

오픈 평일 16:00~22:50, 주말 15:00~22:50 휴무 12/31~1/1

키지 3
きじ

반죽을 의미하는 상호명처럼 반죽의 맛을 특화한 오코노미야키 전문점. 다른 간사이풍 오코노미야키집과는 다르게 닭껍질로 우려낸 육수를 쓴다. 최고 인기 메뉴는 모단야키 モダン焼(770엔, 대 850엔). 돼지고기·오징어·면을 넣고 만드는데, 밀가루를 전혀 사용하지 않고 달걀과 육수만으로 재료를 섞어 구워낸다. 모든 오코노미야키에는 차조기잎이 들어있어 상큼한 향이 입안에 퍼진다.

오픈 11:30~21:30 휴무 일요일

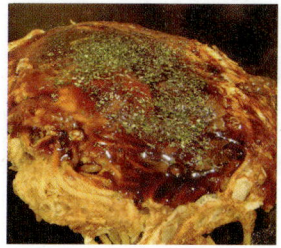

카메스시 총본점 亀すし

지도 MAP 9 ⓖ 위치 지하철 히가시우메다역 4번 출구에서 도보 3분 주소 大阪市北区曽根崎2-14-2 오픈 월요일 16:30～22:30, 화～토요일 12:00～22:30, 일요일 12:00～21:30 휴무 12/31～1/3 전화 06-6312-3862 홈피 kamesushi.jp

오사카에서 만나는 인생 초밥집으로 두툼한 회가 올라간 초밥을 좋아한다면 최고의 선택이 될 것이다. 초밥은 1종 주문 시 2개씩 나오며, 가격대는 290～680엔 정도이다. 신선한 재료를 사용해 대부분의 초밥이 다 맛있지만, 그중에서도 인기 있는 것이 도미, 참치 뱃살, 단새우, 성게알, 계란 등이다. 기본적으로 회가 두툼한 편이라 씹는 즐거움이 있는데, 참치 뱃살의 경우 밥이 전혀 보이지 않을 정도로 큼지막하고, 입에 들어가면 마치 사르르 녹아버릴 만큼 부드럽다. 성게알이나 연어알도 비린 맛 없이 맛있게 즐길 수 있다. 한국어 메뉴판이 잘 되어 있어 취향대로 주문하기 좋다.

유카리 소네자키본점 ゆかり

1953년에 설립해 60년 넘게 오사카 현지인에게 사랑받아온 오코노미야키 전문점으로 오사카에 여러 지점이 있다. 가장 인기 있는 메뉴는 돼지고기와 오징어, 새우, 문어가 모두 들어간 토쿠센믹스야키 特選ミックス焼(1220엔)이다. 하나하나 신경 써서 공수한 재료를 사용하며, 직원이 직접 만들어주는데 시간을 들여 여러 번 뒤집으며 마지막까지 잘 구워준다. 완성되면 마요네즈를 뿌릴 것인지 물어보고 소스까지 올려주면 완성이다. 가츠오부시와 파란 김은 직접 취향껏 뿌려 먹는다. 수준 높은 오사카식 오코노미야끼를 보여주는 곳으로 점심과 저녁 시간대에는 대기하는 일도 많다.

지도 MAP 9 ⓖ 위치 지하철 히가시우메다역 4번 출구에서 도보 1분 주소 大阪市北区曽根崎2-14-13 오픈 11:00～01:00 휴무 부정기 전화 06-6311-0214 홈피 www.yukarichan.co.jp

🍴 하카타 잇푸도 博多 一風堂

한국에도 진출했을 정도로 인기가 많은 하카타식 라멘집. 잡내가 없는 진한 돈코츠라멘으로 유명하다. 추천 메뉴는 아카마루신아지 赤丸新味(850엔)인데, 원조 격인 시로마루모토아지 白丸元味(790엔)에 참기름과 매콤한 장을 풀어 더욱 고소하고 진한 맛을 느낄 수 있다. 테이블에 비치된 마늘을 한 조각 으깨 넣으면 더욱더 우리 입맛에 잘 맞는다. 주문할 때 면을 익히는 정도를 선택하는데, 보통을 원한다면 후츠 普通, 약간 덜 익은 것을 원한다면 카타멘 かた麵, 푹 익힌 것을 원한다면 야와멘 やわ麵이라고 하면 된다.

지도 MAP 9 ⓖ 위치 지하철 우메다역 12번 출구에서 도보 3분 주소 大阪市北区角田町6-7 오픈 11:00~03:00(금·토요일, 공휴일 전날 ~04:00) 전화 06-6363-3777 홈피 www.ippudo.com

🍴 이치란 一蘭

개인별로 칸막이가 쳐진 좌석 때문에 일명 독서실 라멘이라 불리는 곳. 색다른 콘셉트로 유명세를 타기도 했지만, 맛에 있어서도 여타 라멘집에 뒤지지 않는다. 메뉴는 하카타식 돈코츠라멘 ラーメン(890엔, 곱빼기 1080엔) 단 한 가지뿐이지만 맛의 진한 정도, 기름진 정도, 면을 익히는 정도 등 세부 사항을 선택해 자기의 입맛에 맞게 만들 수 있다. 식권 발매기에서 식권을 구입한 후 미리 나눠주거나 자리에 비치된 종이에 체크해 선택하면 되는데, 처음이거나 일본 라멘에 대해 잘 모른다면 중간 정도로 고르는 것이 무난하다. 매콤한 맛의 비밀 소스는 10배까지는 무료로 추가 가능하니 마니아라면 도전해 봐도 좋다. 추가로 주문할 때에는 젓가락이 담겨 있던 종이를 주문용지로 쓰면 된다.

지도 MAP 9 ⓖ 위치 지하철 우메다역 12번 출구에서 도보 8분 주소 大阪市北区堂山町3-13 오픈 24시간 전화 06-6312-5177 홈피 www.ichiran.co.jp

지도 MAP 9 ⓖ 위치 지하철 우메다역 12번 출구에서 도보 8분 주소 大阪市北区堂山町4-16 오픈 11:30~23:30 전화 06-6313-0510 홈피 ajibil.com

🍴 우오신 魚心

손바닥만 한 크기로 유명한 초밥 전문점. 초밥 1개를 반으로 잘라 먹어야 할 만큼 크다. 특히 가장 인기가 좋은 붕장어초밥, 아나고 あなご는 붕장어 한 마리가 통째로 올라가 있는 모습에 눈이 휘둥그레질 정도다. 이외에도 방어초밥 하마치 はまち, 연어알초밥 이쿠라 いくら 등이 인기가 좋다. 명란젓을 마와 함께 갈아 올려주는 멘타이코토로로 明太子とろろ는 색다른 식감을 즐길 수 있다. 저렴한 100엔대 초밥도 있지만 보통 접시당 가격이 300~800엔대로, 크고 질 좋은 만큼 가격이 저렴한 편은 아니다. 가격이 부담된다면 런치 세트를 노려보는 것도 방법이다. 한국어 메뉴도 있어 주문이 편리하다.

🍴 샤모지로 闘鶏次郎

우메다 지역의 직장인들이 맛있는 닭고기가 생각날 때 제일 먼저 찾는다는 꼬치구이집. 추천 요리는 닭다리살을 소금과 후추로 구워낸 모모아부리야키 もも炙り焼き(900엔)로 담백한 맛이 일품이다. 꼬치구이는 개당 100엔대로 다양하며, 안주로 삼을 만한 단품 요리도 있다. 한큐 히가시도리 상점가의 가장 안쪽에 있는데 입구가 좁아서 눈에 잘 띄지 않다.

지도 MAP 9 G 위치 지하철 우메다역 12번 출구에서 도보 5분 주소 大阪市北区堂山町10-16 오픈 17:00~01:00 휴무 12/31~1/4 전화 06-6364-1858 홈피 www.shamo.co.jp/jiro.cgi

🍴 하카타 잇코샤 博多 一幸舎

돈코츠라멘의 진국을 맛볼 수 있는 곳으로 이름만으로도 신뢰가 간다. 돼지뼈를 오랜 시간 우려내 부드럽고 진한 국물과 일반 라멘보다 조금 가느다라면서 쫄깃한 식감의 면이 만나 절묘한 조화를 이룬다. 인기 있는 메뉴인 아지타마차슈멘 味玉チャーシューラーメン(1150엔)에는 진한 돼지 육수에 반숙 달걀, 얇게 썬 차슈가 들어 있다. 국물이 진한 만큼 조금 짜게 느껴질 수 있다.

지도 MAP 9 F 위치 JR 오사카역에서 도보 1분 주소 大阪市北区梅田3-1-1 오픈 11:00~23:00 전화 06-6348-1228 홈피 www.ikkousha.com

🍴 라멘인생젯 ラーメン人生JET

> 지도> MAP 9 ⓔ 위치> 지하철 니시우메다역 3번 출구 방향으로 가다가 갈림길에서 좌회전해 하비스오사카 방향으로 끝까지 직진, 6-1번 출구에서 도보 6분 주소> 大阪市福島区福島7-12-2 오픈> 11:00~15:00, 18:00~23:30 전화> 06-6345-7855

닭을 10시간 이상 우려내 향이 풍부한 간장 소스와 섞어 만든 토리바이탄 鶏白湯 육수를 사용하는 인기 라멘 전문점. 니와토리니코미소바 鶏煮込みそば(780엔)가 대표 메뉴로 돈코츠라멘보다는 담백하지만, 우리나라의 맑은 닭 육수와 달리 농축된 것처럼 진하다. 3종류의 밀가루를 섞어 하루 동안 숙성시킨 뒤 직접 면을 뽑아 사용하는데, 육수가 면에 잘 배어들어 풍부한 맛을 느낄 수 있다.

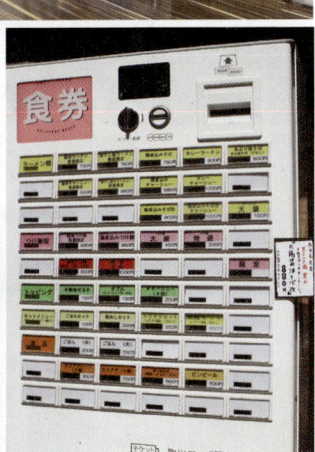

☕ 유키노시타 공방 雪ノ下工房

> 지도> MAP 9 ⓖ 위치> 지하철 히가시우메다역 4번 출구에서 도보 5분 주소> 大阪市北区堂山町5-14 오픈> 11:00~20:00 휴무> 월요일 전화> 090-6604-0794 홈피> yukinosita.net

오사카의 인기 팬케이크 전문점. 이곳은 본점 근처의 지점으로 예약이 불가능한 곳이라 언제나 줄이 길게 서 있으니 1시간 정도 기다릴 각오는 하는 것이 좋다. 시폰케이크라고 생각할 정도로 두껍고 폭신한 팬케이크와 신선한 과일을 이용한 파르페, 눈처럼 부드러운 얼음의 카키고리(시럽을 얹은 일본식 빙수)를 만나볼 수 있다. 발효 버터와 꿀을 넣어 핫케이크 본연의 맛을 제대로 느낄 수 있는 핫코버터 発酵バター(700엔)는 물론, 각종 제철 과일을 사용한 다양한 메뉴가 인기다.

나카자키초·텐진바시스지

📷 나카자키초 中崎町

전쟁의 재해를 피한 쇼와 시대 복고풍 가옥들이 남겨져 있는 마을. 지금에 와서는 가옥을 개조해 만든 카페나 잡화점, 의류점 등이 즐비하다. 따뜻하면서 가정적인 분위기와 조용하고 한적한 분위기가 느껴진다. 형형색색으로 꾸며진 상점이나 화려한 벽화가 그려진 카페 등 개성 넘치는 공간이 모여 아름다운 거리를 만들어 낸다. 예쁜 카페 거리로 유명세를 타 한국인 관광객이 많이 찾는다. 오전에는 대부분의 가게가 문을 열기 전이니 오후 한적한 시간대에 방문하는 것을 추천한다.

`지도` MAP 9 ⓒ `위치` 지하철 나카자키초역 4번 출구 바로 앞 `주소` 大阪市北区中崎町

📷 텐진바시스지 상점가 天神橋筋

총 길이 2.6km의 일본에서 가장 긴 상점가로 유명하다. 끝없이 이어지는 아케이드 상점가에는 600여 개의 상점이 늘어서 있다. 워낙 길기로 유명해 상점가 첫 시작점부터 끝까지 걸어가면 완주 증명서인 만보장도 받을 수 있다. 만보장은 텐만궁에서 스탬프 종이를 받아 상점가를 걸으며 3개의 스탬프를 모아야 받을 수 있다. 상점가는 가장 남쪽의 지하철 미나미모리마치역 있는 1초메부터 가장 북쪽의 지하철 텐진바시스지로쿠초메역 출구 바로 앞까지인 6초메까지 크게 6개 구역으로 나뉜다. 상점가를 따라 각종 유명 맛집은 물론이고, 의류점, 청과물 시장, 잡화점, 오락 시설 등이 즐비해 상점가를 구경하면서 식사도 해결하기 좋다.

`지도` MAP 9 ⓓ `위치` 지하철 텐진바시스지로쿠초메역 3번 출구 바로 앞부터 미나미모리마치역 6번 출구 앞까지의 도로 `홈피` www.tenjin123.com

📷 오사카시립주택박물관 大阪くらしの今昔館

에도 시대 생활상을 알기 쉽게 전시한 박물관으로 실제 에도 시대의 거리를 재현해놓았다. 외국인 관광객에게는 기모노 체험으로 특히 인기 있어 오전부터 항상 사람들로 바글바글하다. 입장 시 백팩이나 큰 가방은 가지고 들어갈 수 없어 입구 옆의 짐 보관소에 맡겨야 한다. 기모노 체험(500엔)은 9층의 에도 거리 내에서 30분간 이용할 수 있는데, 현장 예약제라 오후 늦은 시간에는 예약이 꽉 찬 경우가 대부분이다. 에도 거리는 규모가 크지는 않지만 구석구석 잘 꾸며져 있어 기념 촬영하기 좋다. 8층에는 근대 오사카 대표 지역의 과거 모습을 디오라마로도 전시해놓아 보는 재미가 쏠쏠하다.

〈지도〉 MAP 9 Ⓓ 〈위치〉 지하철 텐진바시스지로쿠초메역 3번 출구로 연결, 스마이 정보센터빌딩 住まい情報センタービル 8~9층 〈주소〉 大阪市北区天神橋6-4-20 〈오픈〉 10:00~17:00 〈휴무〉 화요일, 12/29~1/2 〈요금〉 입장료 600엔 〈전화〉 06-6242-1170 〈홈피〉 konjyakukan.com

📷 키즈플라자 오사카 キッズプラザ大阪

자유로운 놀이와 체험을 통해 과학과 자연, 사회를 배울 수 있는 아이들을 위한 박물관이다. 1층부터 5층까지 상상을 초월하는 재미있는 시설이 가득해 아이와 함께하는 여행이라면 한번 들러볼 만하다. 오기마치 공원 扇町公園 내에 있으므로 우메다역에서 한큐 히가시도리 상점가를 따라 걸어가도 되지만 아이를 동반한 가족여행객이라면 지하철을 이용하는 것이 좋다. 지하철을 이용할 경우 지하철 우메다역에서 텐진바시스지로쿠초메역으로 이동 후 환승해 오기마치역에서 내리면 바로 연결된다.

〈지도〉 MAP 9 Ⓓ 〈위치〉 지하철 오기마치역 2A번 출구에서 연결 〈주소〉 大阪市北区扇町2-1-7 〈오픈〉 09:30~17:00(토·일요일, 여름 방학 ~19:00) 〈휴무〉 둘째·셋째 월요일(8월 넷째 월요일) 〈요금〉 어른 1400엔, 어린이 800엔, 3세 이상 500엔 〈전화〉 06-6311-6601 〈홈피〉 www.kidsplaza.or.jp

🍴 하루코마 春駒

싸고 맛있는 초밥집이 많기로 유명한 텐진바시스지 상점가에서 가장 인기 있는 집. 관광객이 잘 가지 않는 곳에 있지만 싸고 맛있는 초밥을 먹고 싶다면 찾아가볼 만하다. 신선한 횟감을 두툼하게 썰어 올린 초밥은 그야말로 씹는 맛이 끝내준다. 가격은 접시(2개)당 100~450엔대. 고급 초밥 전문점의 몇분의 일밖에 안 되는 예산으로 질 좋은 초밥을 만나볼 수 있다. 식사 시간에는 줄이 상당히 길게 늘어서는데, 그럴 때는 바로 근처에 있는 분점으로 가보는 것도 좋은 방법이다.

〉지도〈 MAP 9 ⓓ 〉위치〈 지하철 텐진바시스지로쿠초메역 12번 출구에서 도보 2분 〉주소〈 大阪市北区天神橋5-5-2 〉오픈〈 11:00~22:30(재료가 떨어지면 영업 종료) 〉휴무〈 화요일 〉전화〈 06-6351-4319

🍴 마라멘 얀얀 麻拉麵 揚揚

히로시마풍의 국물 없는 탄탄면 전문점으로 현지인에게 사랑받는 맛집이다. 탄탄면 担々麵(550엔)에는 고추와 혀가 찌릿한 사천 산초가 들어가며 각각의 매운맛 정도를 0~4단계로 조절할 수 있다. 각각 1단계로 설정하는 것이 보통인데, 생각보다 산초맛이 강해 먹으면 입안이 얼얼하다. 반숙 달걀을 추가해 함께 먹으면 맛이 훨씬 부드러워진다. 가장 인기 있는 정식 메뉴는 탄탄면과 반숙 달걀, 미니 마파두부덮밥, 국물이 함께 나오는 미니 마파동 정식 ミニ麻婆丼定食(800엔)이다.

〉지도〈 MAP 9 ⓓ 〉위치〈 지하철 텐진바시스지로쿠초메역 8번 출구에서 도보 1분 〉주소〈 大阪市北区天神橋6-7-3 〉오픈〈 11:00~23:00 〉휴무〈 부정기 〉전화〈 06-6358-9700 〉홈피〈 www.yanyan-tenroku.com

〉지도〈 MAP 11 ⓑ 〉위치〈 지하철 나카자키초역 2번 출구에서 도보 3분 〉주소〈 大阪市北区中崎3-3-13 〉오픈〈 12:00~19:00 〉휴무〈 화·수요일 〉전화〈 06-6374-0664 〉홈피〈 monacacoffee.shopinfo.jp

☕ 모나카 커피 もなか珈琲

나카자키초의 조용한 커피 전문점. 좌석은 많지 않지만, 마스터가 엄선한 원두를 로스팅해 판매하며, 직접 만든 블렌드 커피도 맛볼 수 있다. 블렌드 커피(600엔)는 하나, 토리, 카제, 츠키 4가지이며 블렌드 커피 외에도 일반 에스프레소 종류와 핸드드립도 판매한다. 커피에 대한 설명이 일본어로 아주 자세하게 안내되어 있다. 커피와 어울리는 간단한 빵과 디저트류도 함께 판매한다. 음료는 괜찮지만, 내부는 촬영 금지.

우테나킷사텐 うてな喫茶店

쇼와 시대 노스텔지어풍의 분위기로 카페 내부는 따스함이 느껴지는 빛바랜 색으로 물들어져 있다. 메뉴는 커피, 홍차, 주스 등의 음료와 케이크, 토스트 등의 기본적인 메뉴로만 갖추어져 있다. 금주의 커피 今週のコーヒー(500엔)는 은은한 향이 어우러져 깊은 풍미를 만들어낸다. 버터토스트 バタートースト(200엔)도 정석대로의 맛이라 출출할 때 먹기 좋다. 언제 방문해도 조용하고 잔잔한 분위기라 마음이 차분해진다.

[지도] MAP 11 Ⓐ [위치] 지하철 나카자키초역 4번 출구에서 도보 3분 [주소] 大阪市北区中崎西1-8-23 [오픈] 13:00~20:00 [휴무] 첫째 월·화요일 [전화] 06-6372-1612

베이커리카페 이세야 べーかりーかふぇ 伊勢屋

나카자키초의 인기 베이커리 겸 카페로, 작은 가게인지라 늦게 가면 빵이 거의 다 팔려 안타깝게도 텅텅 비어 있다. 자리는 2층에 있는데, 계단이 꽤 가파르다. 보통 1층에서 주문 후 자리로 직접 가져가야 한다. 하지만 직원이 1명인지라 바쁠 때는 내오는 데 시간이 걸려 주문 후 자리에 앉아 있으면 가져다준다. 홍차(450엔)는 포트로 나와 생각보다 양이 많다. 케이크류보다는 빵류가 더 인기 있다. 샌드위치 같은 가벼운 식사류도 판매해 출출할 때 들르면 좋은데, 그중 타마고샌드(550엔)가 가장 인기 있다.

[지도] MAP 11 Ⓑ [위치] 지하철 나카자키초역 2번 출구에서 도보 3분 [주소] 大阪市北区中崎西4-1-1 [오픈] 10:30~18:30 [휴무] 화요일, 부정기 [전화] 06-6375-3858

키타신치·키타하마

📷 키타신치 北新地

키타신치 일대는 주로 접대를 위해 직장인들이 자주 찾는 곳으로 일명 비즈니스맨의 유흥가로 통한다. 고급스러운 식당이나 바, 요정, 살롱 등이 밀집해 있는데, 그만큼 가격대가 높아 여행자가 찾기에는 조금 부담스럽다. 하지만 점심 때는 비교적 저렴한 가격으로 고급 음식을 먹을 수 있는 곳이 많으니 시간을 맞춰 들르면 좋다. 키타신치 바로 옆 블록에 있는 도지마 堂島도 밤의 거리로 유명하다. 옛날에는 기생들이 손님을 맞는 거리로 번영했지만 지금은 겨우 명맥만 유지하고 있다.

`지도` MAP 9 ⓙ `위치` 지하철 우메다역 15번 출구에서 도보 10분 `홈피` www.kgnet.jp

📷 나카노시마 공원 中之島公園

나카노시마라는 섬에 위치한 공원으로 산책과 조깅 등의 운동과 휴식을 즐기기 좋다. 상업 지구라서 평소에는 사람이 많지 않은 곳이지만 봄과 가을에 장미정원의 장미가 만개하면 공원이 온통 형형색색으로 물들며 명소로 탈바꿈한다. 잔디에 앉아 쉬고 있으면 바람을 따라 향기로운 장미 향이 퍼져나가고, 여기저기 소풍을 나온 사람들이 돗자리를 펴고 도시락을 먹으며 오순도순 이야기를 꽃피운다. 12월 중하순에는 강 주변으로 오사카 히카리 노르네상스라는 빛의 축제를 연다.

`지도` MAP 9 Ⓚ `위치` 지하철 키타하마역에서 1A번 출구 방향에서 연결된 케이한 키타하마역 26번 출구에서 도보 5분 `주소` 大阪市北区中之島 `홈피` www.nakanoshima-style.com

🍴 나니와오키나 なにわ翁

대로변에서 약간 떨어진 곳에 있는 작은 가게지만 사람들로 문전성시를 이루는 소바집. 대표 메뉴는 따뜻한 소바 위에 청어 한 마리를 통째로 올린 니신소바 にしんそば(1540엔). 달콤하고 부드러운 청어의 살이 짭짤한 국물과 환상적인 조화를 이루어내는데, 의외로 비리지 않아 국물까지 말끔히 먹을 수 있다. 또 다른 추천 메뉴는 진한 오리 육수에 소바 면을 찍어 먹는 카모자루소바 鴨ざるそば(1700엔). 오리고기의 감칠맛이 국물에 잘 배어있다. 소바 본연의 맛을 느끼고 싶다면 자루소바 ざるそば(900엔)를 맛보는 것도 괜찮다. 메밀을 100% 사용한 면 주와리소바 十割そば는 모든 메뉴에서 210엔을 추가하면 주문 가능하지만, 수량이 한정되어 있으니 꼭 맛보고 싶다면 일찍 찾아야 한다. 영어·한국어로 된 메뉴판도 있어 주문은 어렵지 않다.

지도 MAP 9 Ⓚ **위치** 지하철 미나미모리마치역 1번 출구에서 도보 8분 **주소** 大阪市北区西天満 4-1-18 **오픈** 11:30~20:00 **휴무** 일·월요일 **전화** 06-6361-5457 **홈피** www.naniwa-okina.co.jp

🍴 옥시모론 키타하마점 OXYMORON

나카노시마를 바라보며 식사하기 좋은 인기 커리 전문점이다. 향신료를 좋아한다면 에스닉소보로커리 エスニックそぼろカリー를 추천한다. 돼지고기소보로와 4종류의 채소가 들어가 산뜻하고 가벼운 맛이다. 향신료에 약하다면 부드러운 맛의 와풍키마커리를 추천한다. 그 외에 오늘의 커리도 있다. 커리는 매운 정도를 선택할 수 있는데, 고추 같은 매운맛이 아니라 향신료의 매운 맛이다. 커리 가격(1200엔)에 밥이 포함되어 있지 않아 밥양에 따라 요금이 추가된다. 강변에 위치해 음료나 디저트를 먹으며 시간을 보내기에도 좋은 공간이다. 입가심으로 캐러멜호두를 주는데 바삭바삭 달콤한 것이 너무 맛있어 따로 구매하고 싶을 정도다.

지도 MAP 9 Ⓛ **위치** 지하철 키타하마역에서 1A번 출구 방향에서 연결된 케이한 키타하마역 26번 출구에서 도보 1분 **주소** 大阪市中央区北浜 1-1-22 **오픈** 평일 11:30~15:00, 17:00~21:00, 주말 11:00~19:00 **휴무** 수요일 **전화** 06-6227-8544 **홈피** www.oxymoron.jp

에페 épais

차분한 분위기의 돈까스 전문점. 가격이 조금 비싼 편이지만 런치의 경우 고급 돈까스 정식을 저렴한 가격에 먹을 수 있다. 돈까스는 헤레카츠 정식 ヘレカツ定食(1080엔)과 로스카츠 정식 ロースカツ定食(1080엔) 두 가지로 로스카츠가 더 인기 있어 금방 매진된다. 두툼한 고기를 얇은 튀김옷이 감싸고 있는데, 돈까스 본연의 맛을 음미하기 위해 소스가 아닌 소금에 찍어 먹는다. 런치는 정식으로 나오기 때문에 애피타이저부터 돈까스, 식사, 디저트, 음료의 순서로 나온다.

지도〉 MAP 12 ⓑ 위치〉 지하철 히가시우메다역에서 3번 출구 방향으로 가다가 디아몰오사카로 이동해 중앙 광장까지 직진 후 JR 키타신치역 방향으로 직진, 지하도 소네치카 そねちか의 11-43번 출구에서 도보 3분, 뉴하나빌딩 ニュー華ビル 3층 주소〉 大阪市北区曽根崎新地1-9-3 오픈〉 11:30~15:00, 18:00~22:00 휴무〉 일요일, 공휴일 전화〉 06-6347-6599

후쿠노야 ふくのや

고급 장어와 달걀말이를 함께 올려주는 장어덮밥으로 유명하다. 본래 음식 가격대가 굉장히 높은 편인데, 점심에 제공하는 장어 종류는 그나마 합리적이다. 대표 메뉴인 우나타마동 うなたま丼(2000엔)은 주문 후 바로 숯불에 장어를 구워내는데, 정성 들여 직접 구운 만큼 부드럽다. 소스도 짜지 않고 담백해 장어의 맛을 잘 살린다. 달걀말이는 너무나 보드라운 식감으로, 겹겹이 만들어낸 층조차 보이지 않아 마치 달걀찜처럼 보인다.

지도〉 MAP 12 ⓑ 위치〉 지하철 히가시우메다역에서 3번 출구 방향으로 가다가 디아몰오사카로 이동해 중앙 광장까지 직진 후 JR 키타신치역 방향으로 직진, 지하도 소네치카 そねちか의 11-43번 출구에서 도보 3분 주소〉 大阪市北区曽根崎新地1-1-11 오픈〉 11:30~13:15, 17:00~22:00 휴무〉 일요일, 공휴일 전화〉 06-6341-2908

🍴 스이쿄 무라바야시 粋魚 むらばやし

신선한 해산물 요리 전문점으로 숨어 있는 맛집이다. 질냄비에 지은 맛있는 밥과 신선한 생선 요리를 저렴한 가격에 맛볼 수 있다. 읽기 힘든 일본어 메뉴판에 겁먹을 수 있지만, 런치는 점심 정식 お昼の定食(1620엔) 한 가지이다. 구성이 조금씩 바뀌는 경우도 있다. 내부는 어둡고 비좁은 편으로 가능하면 예약하고 가는 편이 좋다.

지도 MAP 12 Ⓑ 위치 지하철 히가시우메다역에서 3번 출구 방향으로 가다가 디아몰오사카로 이동해 중앙 광장까지 직진 후 JR 키타신치역 방향으로 직진, 지하도 소네치카 そねちか의 11-43번 출구에서 도보 3분, 다이니치빌딩 大日ビル B1층 주소 大阪市北区堂島1-2-17 오픈 12:00~13:30, 17:30~23:00 휴무 일요일, 공휴일 전화 06-6344-3909

☕ 노스 쇼어 NORTH SHORE

멋진 경치와 비주얼 좋은 아침 식사를 즐길 수 있는 핫한 카페이다. 매일 좋은 재료로 만든 건강한 음식을 편안한 공간에서 제공한다. 아침 7~9시에만 제공되는 메뉴 굿모닝 グッドモーニング(700엔)에는 토스트와 잼, 수란, 베이컨, 채소, 과일, 커피가 나온다. 보기만 해도 싱그러운 요리를 나무 도마 위에 플레이팅하는 것이 포인트. 테라스석이 있어, 토사보리강과 나카노시마를 바라보며 식사하면 한층 여유로운 기분을 느낄 수 있다. 시간대에 따라 다른 메뉴를 제공하는데, 런치는 요일별로 메뉴가 정해져 있다.

지도 MAP 9 Ⓚ 위치 지하철 키타하마역 1A번 출구 방향에서 연결된 케이한 키타하마역 26번 출구에서 도보 6분 주소 大阪市中央区北浜1-1-28 오픈 카페 & 브런치 07:00~11:00, 14:30~16:45, 런치 11:30~14:00, 디너 17:30~23:00 휴무 부정기 전화 06-4707-6668 홈피 northshore-hanafru.com

☕ 모토 커피 MOTO COFFEE

오사카의 새로운 명소로 떠오른 나카노시마 주변의 강변 카페. 깔끔한 분위기의 카페로 1층에서 주문 후 자리를 안내받으면 된다. 테라스석은 강가라 쌀쌀한 편인데, 담요와 전기난로가 잘 구비되어 있다. 겨울에는 풍경이 삭막한 편이라 차라리 저녁 야경을 보는 것을 추천한다. 지하에도 자리가 있는데, 강변 쪽으로 큰 창이 있어서 실내에서도 경치를 즐길 수 있다. 커피 중심의 음료를 판매하는데, 가격대는 350~600엔 선이며, 생각보다 맛이 깔끔하고 좋다. 디저트류도 판매하는데, 그중 파운드케이크(300엔)는 작은 사이즈라 귀엽고 맛도 있다.

지도 MAP 9 K 위치 지하철 키타하마역 1A번 출구 방향에서 연결된 케이한 키타하마역 26번 출구로 나와 횡단보도 건너편 주소 大阪市中央区北浜 2-1-1 오픈 12:00~19:00 휴무 부정기 전화 06-4706-3788 홈피 shelf-keybridge.com/jp/moto

☕ 브루클린 로스팅 컴퍼니 키타하마점 Brooklyn Roasting Company

뉴욕 유명 커피 전문점으로 나카노시마를 바라보며 커피 한잔하기 좋은 힙한 카페다. 실내는 살짝 어두우면서도 편안한 공간으로, 카페 안에 꽃집이 함께 있어 싱그러운 분위기도 난다. 테라스석은 바깥쪽의 통유리 같은 미닫이문을 지나서 나가면 되는데, 바로 앞에 나카노시마 공원과 오사카시중앙공회당 大阪市中央公会堂이 보인다. 깔끔한 맛의 뉴욕 스타일 커피와 에스프레소 음료, 주스, 차, 맥주 등을 판매하며, 가격대는 350~700엔 정도이다. 간단한 빵과 샌드위치류도 판매해 가벼운 아침 식사를 위해 방문해도 좋다.

지도 MAP 9 K 위치 지하철 키타하마역 1번 출구 방향에서 연결된 케이한 키타하마역 22번 출구에서 도보 1분 주소 大阪市中央区北浜 2-1-16 오픈 평일 08:00~20:00, 주말 10:00~19:00 휴무 부정기 전화 06-6125-5740 홈피 www.brooklynroasting.jp

PLUS AREA

인스턴트 라멘 발명기념관
インスタントラーメン発明記念館

어떤 곳일까?

1958년 안도 모모후쿠 安藤百福가 인스턴트 라멘을 발명한 것을 기념하고자 지은 박물관. 그가 연구하던 뒤뜰의 작은 방과 당시의 모습을 재현해 두었으며, 전 세계에서 발매한 인스턴트 라멘의 포장용기를 전시한다. 마이 컵누들 팩토리 My Cupnoodle Factory에서는 국물의 종류와 각종 토핑을 선택하여 세상에 하나뿐인 나만의 컵라면을 300엔에 만들어 볼 수 있다.

위치 한큐 이케다역에서 도보 8분 **주소** 池田市満寿美町 8-25 **오픈** 09:30~16:30 **휴무** 화요일, 연말연시 **요금** 입장료 무료(치킨 라멘 팩토리 500엔, 마이 컵누들 팩토리 300엔) **전화** 072-752-3484 **홈피** www.instantramen-museum.jp

어떻게 갈까?

한큐 우메다역에서 다카라즈카행 급행열차를 타고 5개 정류장을 지나 이케다역 池田駅(18분 소요, 270엔)에서 내린다. 개찰구를 나와 오른쪽으로 8분 정도 걸으면 건물이 나온다.

PLUS AREA

만박기념공원
万博記念公園

어떤 곳일까?

1970년에 개최된 일본만국박람회(오사카 엑스포)의 부지를 정비해 오사카 시민들의 휴식 공간으로 조성한 공원이다. 흔히 만박공원 万博公園이라고 부른다. 오사카 시내 중심부에서 약 15km 북쪽에 있는 광대한 공원으로 계절에 따라 벚꽃, 수국 등 다양한 꽃을 즐길 수 있어 반나절 일정으로 소풍을 다녀오기에 좋다.

위치 모노레일 반파쿠키넨코엔역 중앙 출구에서 도보 1분
오픈 09:30~17:00 휴무 수요일(공휴일인 경우 운영, 4/1~골든위크, 10/1~11/30 무휴) 요금 공통권(일본정원+자연문화원) 어른 250엔, 어린이 70엔 전화 06-6877-7443 홈피 www.expo70-park.jp

어떻게 갈까?

지하철 난바역에서 12개 정거장을 지나 센리추오역 千里中央駅까지 가야 하는데, 중간 에사카역에서 미도스지센이 키타오사카 급행선으로 바뀐다. 타고 있던 열차가 그대로 바뀌는 거라서 갈아탈 필요는 없다. 센리추오역에 도착하면 2층 남쪽 출구로 나와 연결 통로를 따라 쭉 직진하면 모노레일 센리추오역이 나온다. 모노레일 센리추오역에서 2개 정거장을 지나면 나오는 반파쿠키넨코엔역(40분 소요, 670엔)에서 내린다. 역 중앙 출구에서 나와 좌회전해 내려가면 공원이다.

📷 자연문화원 自然文化園

엑스포 당시에 건설한 건물을 철거한 자리에 만든 광대한 잔디광장을 중심으로 벚꽃이나 수국 등 계절마다 다른 꽃이 피는 멋진 공원이 조성되어 있다. 엑스포의 상징이었던 태양의 탑 太陽の塔은 지금도 원래 자리에 서 있다.

📷 자연관찰학습관 自然観察学習館

지상으로부터 3~10m 높이에 만들어진 공중 산책로를 따라 걸어가면 발 아래 펼쳐진 울창한 나무 숲을 관찰할 수 있다. 산책로 중간에는 숲의 소리를 들을 수 있는 집음기나 전망대 등 다양한 시설이 있어 즐거운 시간을 보낼 수 있다.

> **TIP 그 외 문화 시설**
> 공원 내에 일본민예관, 국립민족학박물관 등 다양한 시설이 있어 즐거운 시간을 보내기에 부족함이 없다.

📷 일본정원 日本庭園

엑스포 당시 일본 정부 차원에서 당대 최고의 조경 기술을 집약해 만든 멋진 일본식 정원이다. 서쪽에서 동쪽을 향해 흐르는 시냇물 소리에 따라 고대, 중세, 근대, 현대 등 4개의 조원 양식을 도입해 일본정원의 진수를 맛볼 수 있다. 정원 한편에는 차를 즐길 수 있는 다실이 마련되어 있다.

AREA 04

오사카성
大阪城

오사카의 역사와 전통을 느낄 수 있는 오사카성과 그 주변 지역에는 연중 수많은 관광객이 몰려든다. 오사카의 변천사를 볼 수 있는 역사박물관, 시민들의 휴식 공간으로 인기가 높은 오사카성 공원 등 자연에 둘러싸인 명소가 밀집되어 있다. 도심 속 자연에서 한가로이 즐기는 역사 여행은 오사카의 새로운 모습을 발견하게 해줄 것이다.

오사카성
이렇게 여행하자

오사카성이 있는 공원이 워낙 넓은 부지를 차지하다 보니 이 공원을 중심으로 지하철 타니마치욘초메역, 텐마바시역, 모리노미야역, JR 오사카조코엔역까지 모두 4개의 역이 큰 사각형을 그리며 각기 모서리에 자리 잡고 있다. 오사카성만 둘러볼 생각이라면 4개의 역 중 어느 역에서 내려도 상관없다. 하지만 오사카 역사박물관을 함께 방문할 계획이라면 타니마치욘초메역에서 출발하는 것이 좋다. 또한 오사카의 옛 모습이 남아 있는 동네 카라호리는 오사카성과 신사이바시 사이에 위치해 함께 묶어서 여행하기 좋다.

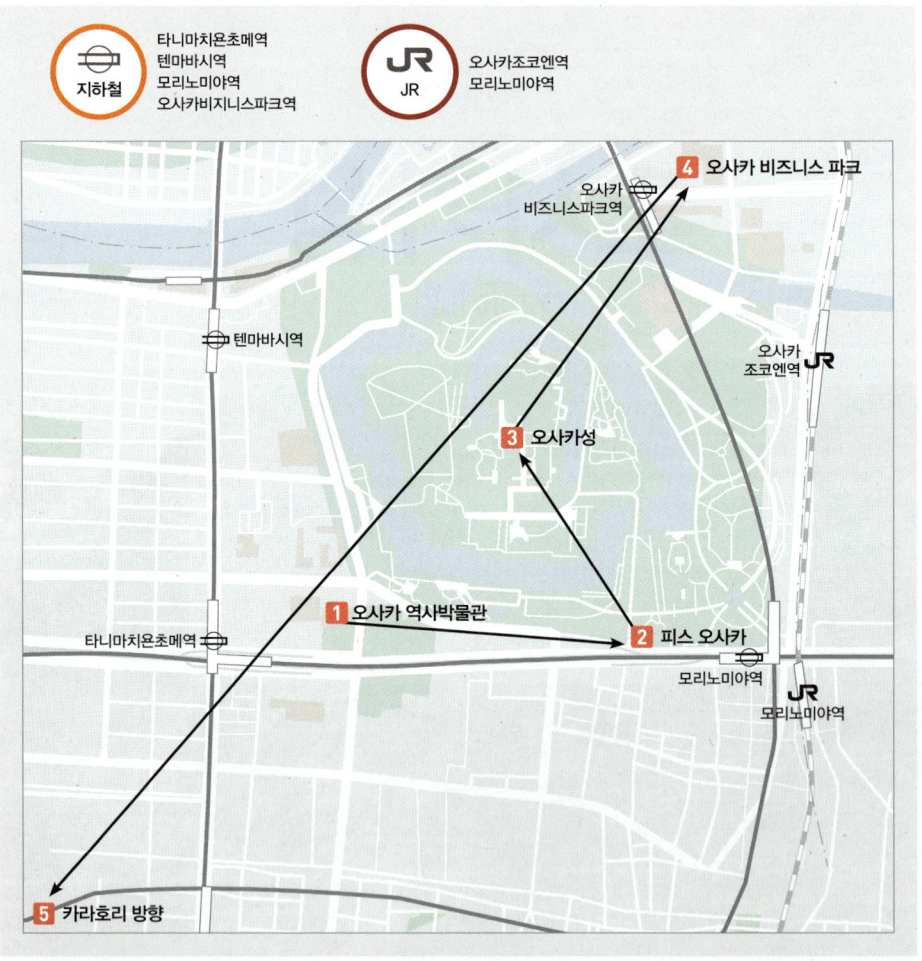

지하철
타니마치욘초메역
9번 출구

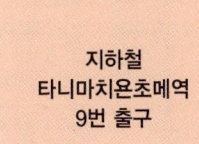
1 오사카 역사박물관
2분
p.271

2 피스 오사카 
15분
p.271

15분

5 카라호리
p.272

8분

4 오사카 비즈니스 파크
15분
p.271

3 오사카성
15분
p.268

📷 오사카성 大阪城

|지도| MAP 13 ⓓ |위치| 지하철 타니마치욘초메역 2번 출구에서 도보 10분 |오픈| 09:00~17:00 |휴무| 12/28~1/1 |요금| 텐슈카쿠 어른 600엔, 중학생 이하 무료 |전화| 06-6941-3044 |홈피| 텐슈카쿠 www.osakacastle.net, 공원 osakacastlepark.jp

구마모토성, 나고야성과 함께 일본 3대 성 중 하나이자 오사카의 상징이다. 1583년 도요토미 히데요시 豊臣秀吉의 명에 의해 지은 것으로 요도가와 淀川를 천연 해자로 이용할 수 있도록 설계되었다.

TIP 텐슈카쿠 공통권

오사카성 텐슈카쿠+오사카 역사박물관: 900엔
오사카성 텐슈카쿠+오사카 수상버스: 2000엔

축성 당시의 텐슈카쿠는 5층 규모에 기와까지 모두 금박을 입힌 화려한 성이었다고 하나, 이후 여러 차례 전란과 화재를 겪으면서 파손과 복원이 반복되었다. 그러다가 1665년 낙뢰로 텐슈카쿠 전체가 소실되면서 오랜 세월 동안 방치되었고 1931년에 이르러 철골과 콘크리트로 복원되었다. 내부에는 도요토미 히데요시 시대의 무기, 갑옷, 민속자료가 보관되어 있으며, 8층의 전망대에 올라서면 오사카성 공원을 한눈에 내려다볼 수 있다.

텐슈카쿠 외에 오사카성의 또 다른 특징으로 꼽을 수 있는 것은 이시가키 石垣(돌담)와 호리 堀(해자)이다. 도쿠가와 德川 가문이 각 다이묘 大名(막부 시대의 영주)에게 비용을 분담시켜 완성한 것인데, 다이묘들은 막부에 대한 충성을 표시하기 위해 먼 지방에서 거대한 바위를 모아 이곳으로 운반했다고 한다.

➕ Zoom in

오테몬
大手門
1

1628년에 만들어진 오사카성의 정문이다. 폭 5.5m, 높이 7.1m의 거대 현관으로 성문을 둘러싼 담벼락과 함께 중요 문화재로 지정되었다. 1665년 낙뢰로 일부가 소실되었다가 1848년에 수리해 지금의 모습이 되었다.

타몬야구라
多聞櫓
2

오테몬과 함께 오사카성의 방어 진지 역할을 했다. 전쟁 시 오테몬을 부수고 들어온 적군은 야구라 櫓 밑에 있는 문에 가로막혀 공격받게 되어 있는 구조. 1848년에 완공되었다.

사쿠라몬
桜門
3

오테몬을 지나 오사카성 텐슈가쿠로 향하는 중간 문이다. 중앙의 검정색 문 안으로 텐슈가쿠가 보여 마치 액자 같다. 근처에 벚나무 가로수길이 있었던 것에서 유래한 이름이다.

타코이시
蛸石
4

사쿠라몬을 지나 바로 보이는 거대한 돌. 높이 5.5m, 폭 11.7m에 달하는 엄청난 크기로 돌 자체가 담벼락이 된다. 오사카성에 있는 가장 큰 크기의 돌로 관광객들의 기념 촬영 스폿이기도 하다.

구 오사카시립박물관
旧大阪市立博物館
5

오사카성 텐슈가쿠 바로 앞에 있는 로마네스크 양식 건물로, 바로 앞 동양식 건물인 오사카성과 함께 강한 존재감을 드러낸다. 본래 1931년 육군 사령부로 건설되었다가 경시청에 이어 2001년까지 시립박물관으로 사용되었다.

금고
金蔵　6

막부의 돈을 보관한 창고이다. 삼중문에 철판으로 된 창문이 있고 바닥에는 돌까지 깔려 있어 경계가 얼마나 엄중했는지 짐작할 수 있다.

호코쿠진자
豊國神社　7

일본 전국을 통일하고, 우리나라에서는 임진왜란을 일으켰던 도요토미 히데요시를 모시는 신사. 정성껏 참배하면 출세할 수 있다는 믿음 때문에 많은 일본인이 찾는다. 신사 한가운데에는 높이 5.2m 의 도요토미 히데요시의 동상이 있다.

킨메이스이토야카타
金明水井戶屋形　8

도요토미가 맛있는 물을 얻기 위해 황금을 넣었다고 전해지는 우물. 지붕은 1626년에 건축된 것으로, 텐슈카쿠가 화재로 소실되었을 때도 운 좋게 피해를 입지 않았다.

니시노마루 정원
西の丸庭園　9

텐슈카쿠 서쪽에 있는 푸른 잔디가 깔린 정갈하고 깨끗한 공원. 계절마다 바뀌는 아름다운 경관이 인상적인데, 특히 벚꽃의 명소로 유명하다. 약 600그루의 벚나무가 있어 매년 봄이면 많은 사람이 벚꽃 구경을 하기 위해 모여든다. 원내에는 이누이야구라 乾櫓, 엔쇼구라 등 오래된 건축물이 많이 있다. 200엔의 입장료를 받으며, 오전 9시부터 오후 5시까지 들어갈 수 있다.

엔쇼구라
焰硝蔵　10

대량의 화약을 보관했던 돌로 만든 창고. 벽은 물론이고 천장과 바닥까지 두꺼운 돌로 이루어져 있다. 이는 화재 예방은 물론이고 방습의 목적도 있었던 것으로 알려진다.

📷 피스 오사카 ピースおおさか

전쟁의 참상을 후세에 전하고, 평화의 존엄성을 알리기 위해 세운 시설이다. 관내에는 1톤 폭탄 모형과 폭탄의 잔해, 폐허로 변한 시가지의 사진 등 전쟁의 비참한 말로를 보여주는 자료를 전시하고 있다.
하지만 피해의 초점을 일본에 맞춰 만든 시설이라는 점에서, 한국인에게 달갑지만은 않은 곳이다.

[지도] MAP 13 Ⓕ [위치] 지하철 모리노미야역 1번 출구에서 도보 2분 [오픈] 09:30~17:00 [휴무] 월요일, 공휴일 다음 날, 12/28~1/4, 매월 월말 관내 정리일(홈페이지 확인) [요금] 어른 250엔, 고등학생 150엔, 어린이 무료 [전화] 06-6947-7208 [홈피] www.peace-osaka.or.jp

📷 오사카 역사박물관 大阪歷史博物館

오사카 1400년 역사를 한눈에 볼 수 있는 곳. 층마다 전시품을 이용해 오사카의 각기 다른 시기를 소개하고 있어 고대에서 최근까지의 오사카를 경험할 수 있다. 박물관은 실물 크기를 재현한 모델과 주요 사진 그리고, 영상으로 방문객이 오사카의 1400년 역사를 다차원적으로 경험할 수 있도록 설계되어 있다. 최상층에는 나니와궁의 내부를 실제 크기로 재현해놓았다. 평소 박물관에는 전혀 관심이 없었던 사람이라도 이곳만큼은 들러볼 만하다.

[지도] MAP 13 Ⓒ [위치] 지하철 타니마치욘초메역 9번 출구에서 도보 2분 [주소] 大阪市中央区大手前4-1-32 [오픈] 09:30~17:00 [휴무] 화요일, 12/28~1/4 [요금] 어른 600엔, 고등·대학생 400엔, 어린이 무료 [전화] 06-6946-5728 [홈피] www.mus-his.city.osaka.jp

📷 오사카 비즈니스 파크 OSAKA BUSINESS PARK

[지도] MAP 13 Ⓑ [위치] 지하철 오사카비즈니스파크역 4번 출구에서 도보 1분 [전화] 06-6946-1310 [홈피] www.obp.gr.jp

짙은 녹음과 수로에 둘러싸인 오사카성 공원이 눈앞으로 펼쳐지고, 따사로운 햇살이 반짝이는 강을 사이에 둔 오사카 비즈니스파크. 잠실야구장 면적의 10배에 달하는 부지 위에 자리 잡고 있는 이곳은 비즈니스, 문화, 정보의 중심지이다.
자연 친화적인 초고층 빌딩 14동에는 파나소닉, 후지츠와 같은 일본 유수의 전자 제품 회사가 있어서 비즈니스 거리다운 분위기를 연출하며, 호텔, 음악홀, 쇼핑센터 등 엔터테인먼트 시설도 갖추고 있다. 빌딩 숲 사이에는 가로수가 풍성하게 자라고 있어 도심 속의 오아시스 같은 느낌을 준다.

📷 조폐박물관 造幣博物館

1871년에 처음 세워진 일본 조폐국은 도쿄가 아니라 오사카에 본사가 있다. 그리고 그 옆에는 조폐국에서 운영하는 조폐박물관이 있다. 화력 발전소로 이용하던 건물의 내부를 개조해 1969년에 문을 열었다. 내부에는 일본 화폐의 역사를 한눈에 볼 수 있는 4000여 점의 귀중한 자료가 전시되어 있다. 미리 예약하면 동전 생산 공장과 주문 생산 공장을 관람할 수 있는 가이드 투어도 가능하다.

[지도] MAP 13 Ⓐ [위치] 지하철 미나미모리마치역 4A번 출구에서 도보 10분 [주소] 大阪市北区天満1-1-79 [오픈] 09:00~16:45 [휴무] 12/29~1/3 [요금] 무료 [전화] 06-6351-5361 [홈피] www.mint.go.jp

📷 카라호리 空堀

제2차 세계대전 당시 폭격을 피한 지역으로, 옛 오사카의 모습을 잘 간직하고 있다. 이를 모르고 간다면 조금 오래된 분위기의 흔하고 한적한 일본 동네로 보일 수 있지만, 알고 보면 역사적 가치가 높은 가옥을 살려 만든 음식점, 상점, 가정집이 많다. 대단한 관광 명소가 있는 것은 아니지만, 오래된 거리 풍경 자체가 볼거리이고, 관광객도 많지 않아 한적한 분위기다. 근처에 상점가가 있으니 낮에 방문한다면 함께 들러보자. 옛 풍경에 현지인의 일상이 섞인 여유로운 동네에서 슬렁슬렁 산책을 즐기자.

[지도] MAP 13 Ⓔ [위치] 지하철 마츠야마치역 3번 출구에서 도보 1분

렌 練

오래된 민가를 개조해 만든 복합상업 시설이다. 옛 거리의 모습이 많이 남아 있는 카라호리에서 중심적인 역할을 하는 건물로, 그 위용적인 풍채와 세월의 흔적이 건물에 새겨져 렌만의 멋을 만들어 낸다. 2012년에는 건물이 국가유형문화재로 등록되었다. 2층 구조의 넓지 않은 고택 내부에는 음식점부터 카페, 잡화점, 가죽 공방, 안경점, 기모노 학원 등 다양한 상점이 옹기종기 모여 있어 구경하기 좋다. 상점 외에도 공실과 작은 정원 등 소소한 공간을 찾는 재미가 있다. 카라호리 지역을 둘러본다면 걷기보다는 렌에 있는 우에마치 자전거에서 자전거를 빌려 타자.

[지도] MAP 13 ⓔ [위치] 지하철 마츠야마치역 3번 출구에서 도보 1분 [주소] 大阪市中央区谷町6-17-43 [오픈] 11:00~19:00(상점마다 다름) [휴무] 수요일(공휴일 영업) [홈피] www.len21.com

에크추아 Ek Chuahs

렌 정문 왼편에 위치한 오사카 유명 초콜릿 브랜드 에크추아의 본점. 초콜릿 판매와 더불어 카페도 겸한다. 자리에 앉으면 맛보기용 생초콜릿을 하나 내어 준다. 초콜릿 플레인 음료는 밀크, 스위트, 다크 중 선택할 수 있다. 초콜릿은 전체적으로 진하되 단맛이 강하지 않은 편이라 고유의 맛을 즐기기 좋다. 케이크 주문 시 세트(1296엔)로 주문하면 더 저렴하다.

[지도] MAP 13 ⓔ [위치] 지하철 마츠야마치역 3번 출구에서 도보 1분 [주소] 大阪市中央区谷町6-17-43 [오픈] 11:00~22:00(일요일 ~21:00) [휴무] 수요일 [전화] 06-4304-8177 [홈피] www.ek-chuah.co.jp

AREA 05

텐노지
신세카이
天王寺·新世界

JR 텐노지역을 중심으로 넓게 펼쳐진 지역으로 서민적인 오사카의 정취를 느낄 수 있다. 오사카의 옛 풍경을 고스란히 간직한 신세카이, 프랑스 파리의 개선문과 에펠탑을 모방해서 만든 츠텐카쿠 등 향수를 자극하는 요소가 넘쳐난다. 최근 트렌디한 숍으로 가득한 초대형 쇼핑센터가 들어서며 다양한 분위기를 즐길 수 있는 공간으로 거듭났다.

텐노지·신세카이
이렇게 여행하자

볼거리 대부분이 동물원과 미술관이 있는 텐노지 공원을 중심으로 모여 있어 도보로도 충분히 돌아볼 수 있다. 다만, 시텐노지를 방문한다면 역과 조금 떨어져 있는 편이고, 문을 일찍 닫으니 지하철 시텐노지마에유히가오카역에서 내려 시텐노지를 둘러본 후 텐노지 공원, 아베노하루카스, 신세카이를 둘러본 뒤 마지막으로 스파월드에서 온천으로 피로를 푸는 것이 좋다. 신세카이 지역은 지하철 에비스초역과 도부츠엔마에역, JR 신이마미야역이 둘러싸고 있어 어느 역을 통해 와도 된다.

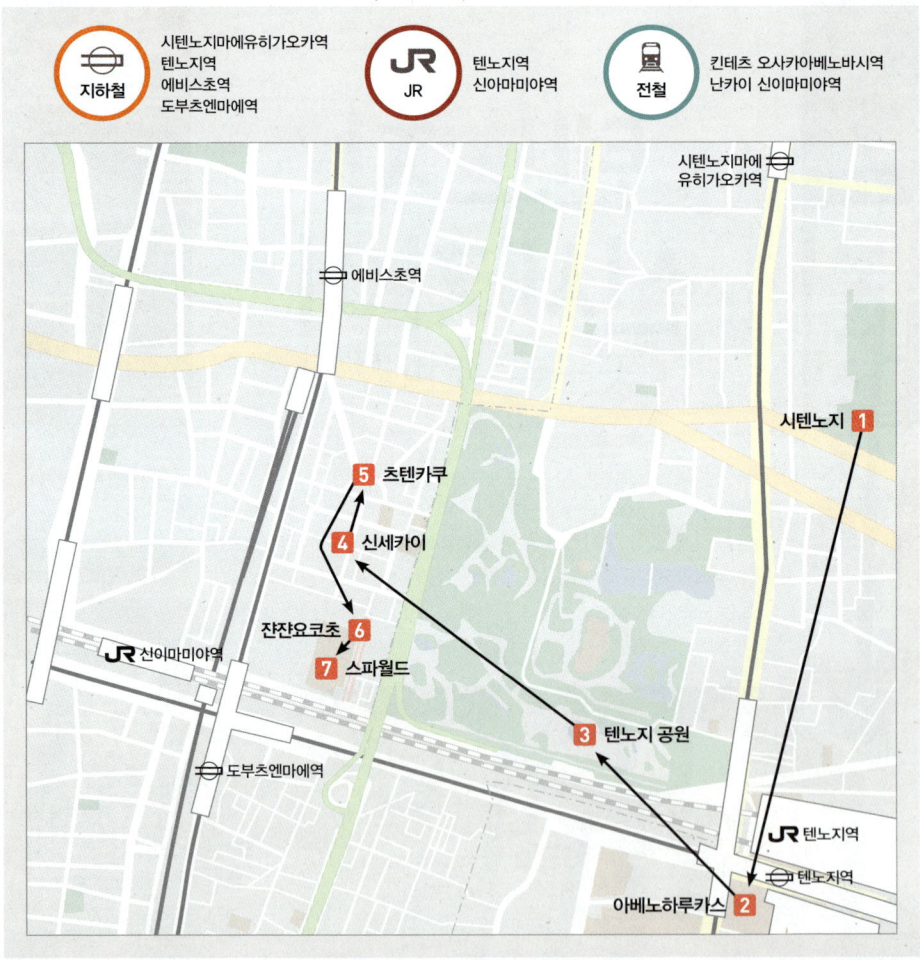

지하철
시텐노지마에
유히가오카역
4번 출구

▶▶▶ 8분

1 시텐노지

p.278

▶▶▶ 15분

2 아베노하루카스

p.281

▼ 7분

5 츠텐카쿠

p.283

◀◀◀ 2분

4 신세카이

p.283

◀◀◀ 10분

3 텐노지 공원

p.279

▼ 5분

6 쟌쟌요코초

p.284

▶▶▶ 2분

7 스파월드

p.284

시텐노지 四天王寺

쇼토쿠 聖德 태자가 건립한 7대 사찰 중 하나로 우리나라 백제 불교의 영향을 받은 일본 최초의 사찰이다. 오사카는 일찍 외국 문물을 받아들여 옛날부터 외국 사신이 자주 오갔는데, 그때마다 시텐노지를 영빈관으로 사용했다. 지금도 해마다 다양한 행사와 축제가 열려 많은 관광객이 방문한다. 중심 가람은 남쪽에서 북쪽을 향해 중문, 오층탑, 금당, 강당을 일직선으로 배치하고 그것을 회랑으로 연결한 독특한 형식으로 구성되어 있다. 이는 일본에서 가장 오래된 건축양식 중 하나로 이 절의 이름을 따 시텐노지 형식이라 부른다.

지도> MAP 14 Ⓓ 위치> 지하철 시텐노지마에유히가오카역 4번 출구에서 도보 8분 오픈> 08:30~16:30(10~3월 ~16:00) 요금> 경내 무료(중심 가람 300엔, 정원 300엔, 보물관 500엔) 전화> 06-6771-0066 홈피> www.shitennoji.or.jp

Zoom in

극락정토의 정원
極楽浄土の庭

시텐노지의 북동쪽에 위치한 정원으로 극락정토를 그대로 옮긴 듯한 곳이라 해서 이름이 붙었다. 자연의 용수를 이용한 2개의 작은 시냇물과 2개의 연못이 있다. 이곳은 연못 주변을 돌면서 풍광을 감상하는 지천회유식 정원으로 이동할 때마다 새로운 풍경을 보여주며, 다실도 조성되어 있다. 하얀 모래가 깔린 길을 거닐며 새소리와 물소리만 들리는 이곳에서 아름다운 경치를 보고 있노라면 이름대로 편안한 극락정토의 세계에 온 기분이다.

텐노지 공원 天王寺公園

[지도] MAP 14 ⓓ [위치] 지하철 텐노지역과 연결된 지하도 21번 출구 바로 앞 [오픈] 07:00~22:00 [전화] 06-6773-0860 [홈피] www.tennoji-park.jp

텐노지와 신세카이 사이에 넓게 펼쳐진 공원이다. 원내에는 입구의 공원 구역 텐시바를 비롯해 케이타쿠엔, 오사카시립미술관, 텐노지 동물원 등 다양한 볼거리가 있다. 사람들이 휴식처로 사용하는 공원 텐시바에는 휴일이면 소풍 나온 가족들로 가득하다. 잔디 구역 주변으로 상점과 음식점 등 편의 시설이 다양하게 배치되어 있다. 텐노지 공원은 지하철 텐노지역과 도부츠엔마에역에 걸친 넓은 구역에 있는데, 텐시바를 둘러보려면 텐노지역이, 동물원만 가려면 도부츠엔마에역이 가깝다. 오사카시립미술관 앞쪽 길을 따라가면 신세카이가 나온다.

+ Zoom in

케이타쿠엔
慶澤園

1

전통적인 일본식 정원으로 스미토모 住友 가문의 정원이었던 것을 1926년 오사카시에 기증했다. 중앙에 거대한 연못이 있고, 그 주위에 길과 다리, 돌산을 만들어 정원 자체를 둘러보고 감상할 수 있게 만든 지천회유식 정원이다. 정원 안에는 정자와 휴게소를 비롯해 다실도 있다. 연못과 푸른 녹음으로 둘러싸인 산책길을 따라 걷다 보면 세상 시름을 잊을 정도로 마음이 푸근해진다.

오픈 09:30~17:00(5·9월 주말 ~18:00) 휴무 월요일(공휴일인 경우 다음 날), 12/29~1/1 요금 150엔
전화 06-6771-8401 홈피 www.city.osaka.lg.jp/contents/wdu170/tennojizoo/tennoji-garden

오사카시립미술관
大阪市立美術館

2

1936년에 개관한 오사카시립미술관은 텐노지 공원 중앙에 자리 잡고 있다. 원래는 스미토모 가문의 저택이었던 곳인데, 미술관 건립을 위해 케이타쿠엔과 함께 오사카시에 기증되었다. 지하 2층부터 지상 3층까지 5개 층으로 구성되며, 본관에서는 특별 전시가 이루어진다. 상설 전시관은 세계 각지에서 구입하거나 기증받은 일본·중국의 그림, 조각, 공예품 등 8000여 점의 자료를 전시하고 있다. 이 작품들은 대부분 국보나 중요 문화재로 지정된 것으로, 예술적인 가치가 높다.

오픈 09:30~17:00 휴무 월요일, 12/28~1/4 요금 어른 300엔, 학생 200엔 전화 06-6771-4874 홈피 www.osaka-art-museum.jp

텐노지 동물원
天王寺動物園

3

텐노지 공원 서쪽에 있으며 코끼리, 사자, 침팬지 등 약 300종 1500마리의 동물이 있다. 어린이들이 좋아하는 코알라도 볼 수 있고, 특히 뉴질랜드의 국조 國鳥인 키위는 이곳에서만 볼 수 있는 희귀 동물이다. 그 밖에도 양서류와 파충류, 어류를 한 번에 관찰할 수 있는 파충류생태관, 하마의 생태를 유리창 너머로 관찰할 수 있는 일본 최초의 하마 우리, 아프리카 사바나 초식동물 구역 등 다양한 시설이 있다. 아이를 동반한 가족이라면 한번 가봐도 좋겠지만, 한국의 동물원에 비해 크게 뛰어난 점은 없다.

오픈 09:30~17:00 휴무 월요일, 12/29~1/1 요금 어른 500엔, 어린이 200엔 전화 06-6771-8401 홈피 www.city.osaka.lg.jp/contents/wdu170/tennojizoo

📷 아베노하루카스 あべのハルカス

지도 MAP 14 ⒡ 위치 지하철 텐노지 지역에서 지하도로 연결 주소 大阪市阿倍野区阿倍野筋1-1-43 오픈 백화점(B2~14층) 10:00~20:00, 식당가(12~14층) 11:00~23:00, 시장식당(B2층) 10:00~22:00, 전망대(58~60층) 09:00~22:00 요금 전망대 어른 1500엔, 중·고등학생 1200엔, 초등학생 700엔, 어린이 500엔 전화 백화점 02-6624-1111, 전망대 06-6621-0300 홈피 백화점 abenoharukas.d-kintetsu.co.jp 전망대 www.abenoharukas-300.jp

2013년, 20년 동안 일본 최고(最高) 건물이었던 요코하마 랜드마크 타워를 제치고 일본에서 가장 높은 빌딩으로 등록되었다. 축조물로서는 일본에서 3번째로 높다. 높이 300m의 세 개의 상자가 겹쳐져 있는 듯한 모양의 건물은 전철역, 백화점, 호텔, 사무실, 미술관 등 다양한 시설로 가득 차있다. 58층부터 60층까지 3개 층으로 이루어진 전망대 하루카스300에서는 날씨가 맑을 때면 오사카 시내는 물론 교토, 롯코산까지도 내다보인다. 각 유리벽에는 방향과 함께 해당 위치에서 보이는 명소를 표시해줘 찾아보는 재미가 있다.

➕ Zoom in

동양정
東洋亭　**13F**

1897년부터 시작된 함박스테이크 명가로 항상 사람들로 북적인다. 대표 메뉴인 함박스테이크는 런치 시간(11:00~17:00)에 세트로 먹을 수 있다. 그중 함박스테이크, 토마토샐러드, 밥 또는 빵으로 구성된 A세트(1320엔)가 인기 있으며, 여기에 디저트와 음료를 추가한 B세트(1720엔)도 있다. 뜨거운 철판 위에 은박지에 싸여 나온 함박스테이크는 촉촉하게 흘러나오는 육즙과 깊은 맛의 소스가 조화를 이루어 훌륭한 맛을 낸다.

홈피 www.touyoutei.co.jp

보스턴
BOSTON　**12F**

1952년 창업해 60년 이상 된 함박스테이크 전문점으로 오랜 전통을 이어 만든 데미그라스 소스를 사용한다. 시그니처 메뉴인 보스턴햄버그 BOSTONハンバーグ(1180엔)는 육즙이 살아 있는 촉촉한 함박스테이크와 사이드로 버터감자가 나온다. 또 다른 인기 메뉴 니코미수프햄버그 煮込みスープハンバーグ(1430엔)는 수프와 함박스테이크를 함께 맛볼 수 있는데, 함박스테이크 아래에 치즈가 숨어 있다. 런치 시간에는 밥을 무료로 제공한다.

홈피 boston01.com

킷샨
きっしゃん　**12F**

일본고기등급협회가 정한 엄격한 기준을 통과한 고기만을 사용한다. 샤부샤부, 스키야키, 구이 등 다양한 고기 요리를 맛볼 수 있다. 고기 전문점이라 가격대가 꽤 높은 편인데, 조금 합리적인 가격이 되는 점심 때 방문하기를 권한다. 런치 메뉴 중에는 스키야키오젠 すき焼き御膳(2780엔)을 추천하는데, 고기와 채소, 밥, 된장국, 디저트가 함께 나온다.

돈카츠KYK
粹花KYK　**12F**

오사카에 여러 지점을 둔 돈까스 전문점으로 엄선한 돼지고기와 식용유, 빵가루를 사용한다. 바삭바삭한 튀김옷 안에 육즙 가득 촉촉한 돼지고기가 남다르다. 두툼한 돈까스를 좋아한다면 일본에서 최고로 치는 오키나와산 흑돼지를 사용한 등심 돈까스 沖縄県産琉香豚ロースとんかつ膳(1480엔)를 먹어보자.

홈피 www.tonkatu-kyk.co.jp

📷 신세카이 新世界

지도〉 MAP 14 ⓒ 위치〉 지하철 에비스초역 3번 출구에서 도보 5분 홈피〉
shinsekai.net

옛 오사카의 정취가 살아 숨 쉬는 지역. 1903년 지금의 신세카이 일대에서 개최된 박람회를 계기로 지역 개발이 시작되었고, 그 덕분에 '신세계'라는 이름을 얻게 되었다. 1912년에는 초대 츠텐카쿠 및 토에이 東映에서 만든 극장인 루나파크 ルナパーク 가 완성되자 일대에 음식점, 극장, 주점이 모여들며 유흥가가 형성되었다. 중간에 루나파크가 문을 닫으면서 쇠퇴기도 맞았지만 오랜 세월이 흐른 지금은 오히려 옛 풍경이 고스란히 남아 있는 것이 색다른 볼거리가 되어 제2의 전성기를 맞고 있다.

거리 일대에는 돈까스, 쿠시카츠와 같은 신세카이 특유의 서민적인 느낌의 음식점과 옛 모습을 그대로 간직한 술집, 소극장, 장기 클럽 등이 밀집해 있다. 우메다와 신사이바시 지역에서는 느낄 수 없는 고유의 분위기가 있어 독특하다.

지도〉 MAP 14 ⓒ 위치〉 지하철 에비스초역 3번 출구에서 도보 1분 주소〉 大阪市浪速区恵美須東1-18-6 오픈〉 09:00~21:00 요금〉 어른 700엔, 5세~중학생 300엔 전화〉 816-6641-9555 홈피〉 www.tsutenkaku.co.jp

📷 츠텐카쿠 通天閣

오사카하면 떠오르는 주요 상징물 중 하나이다. 1912년에 프랑스 파리의 개선문 위에 에펠탑을 올린 것을 모티브로 만들었고, 당시 64m로 동양 최고의 높이였다. 하지만 제2차 세계대전으로 소실되었고, 지금의 츠텐카쿠는 1956년에 103m로 다시 세운 것이다. 내부로 들어가 엘리베이터를 타면 마치 과거로 시간 여행을 떠나는 듯하다. 전망대에 들어서면 신세카이 시내가 한눈에 펼쳐진다. 빌리켄 신전도 겸하고 있어, 관련 제품도 전시되어 있다. 아래층에는 100년 전의 신세카이, 츠텐카쿠, 폐업한 루나파크의 디오라마와 사진이 있어 당시의 모습과 역사를 알 수 있다. 그 외에 일본 만화 〈근육맨〉의 박물관과 오사카를 대표하는 글리코숍, 기념품점 등 볼거리가 많다.

쟌쟌요코초 ジャンジャン横丁

지도> MAP 14 ⓒ 위치> 지하철 에비스초역 3번 출구에서 도보 5분

총 길이 180m, 폭 2.5m의 남북으로 길게 늘어선 아케이드 상점가로 신세카이를 대표하는 풍경 중 하나이다. 제2차 세계대전 이후 이 길을 따라 술집이 늘어서 있었는데, 가게로 손님을 부르기 위해 샤미센 三味線을 연주하고 북을 쳤다고 한다. 이 샤미센 소리를 묘사한 쟌쟌 ジャンジャン이라는 말이 이 이름의 유래가 되었다. 쿠시카츠, 라멘, 오코노미야키 등을 파는 음식점이 줄지어 있는데, 가격도 비교적 저렴해 서민들이 즐겨 찾는다. 기원에서는 어르신들이 바둑을 두는 모습이 보이고, 두 평 남짓한 좁은 가게에 서서 쿠시카츠와 맥주 한잔의 여유를 갖는 사람들의 모습을 볼 수 있다.

스파월드 スパワールド

세계의 온천을 한곳에서 체험할 수 있는 대규모 온천 시설. 중심 공간인 아시아존과 유럽존을 비롯해 깔끔하게 꾸며놓은 테마탕을 둘러보는 재미가 각별하다. 아시아존은 노송나무욕탕, 노천탕, 고에몬부로 五右衛門風呂(가마에 불을 지펴 나오는 열을 이용한 온천)와 중국의 약탕 藥湯 외에 아시아 각국의 독특한 욕탕을 완비하고 있다. 이곳에서 빠트릴 수 없는 곳은 최상층인 8층에 있는 전망 가족탕과 대형 풀장이다. 이곳은 수영복이 필요하니 잊지 말고 챙기자.

지도> MAP 14 ⓒ 위치> 지하철 도부츠엔마에역 5번 출구에서 도보 3분 주소> 大阪市浪速区恵美須東3-4-24 오픈> 10:00~08:45 휴무> 무휴 요금> 어른 1200엔, 12세 이하 1000엔 전화> 06-6631-0001 홈피> www.spaworld.co.jp

지도> MAP 14 ⓓ 위치> JR 텐노지역에서 도보 8분 주소> 大阪市天王寺区大道1-8-6 오픈> 24시간 전화> 06-6772-2799 홈피> store100.lawson.co.jp

로손 스토어 100 LAWSON STORE 100

신선 식품, 조리 식품, 일용품 등 모든 상품을 108엔에 판매하는 곳. 일반적인 100엔숍보다 식품의 비율이 높다. 규모는 작은 편이지만 다양한 품목을 구비하고, 24시간 운영해 간단히 마실 것이나 기념품을 사려는 사람에게 편리하다. 슈퍼마켓보다 저렴한 품목도 있지만 비싼 것도 있으니 잘 따져보고 구매하는 것이 좋다. JR 텐노지역에서 시텐노지 방향으로 걸어가다 보면 나온다.

🏬 아베노큐즈타운 あべの Q's Town

어반 릴랙스 스타일을 컨셉트로, 학생부터 가족까지 폭 넓은 고객층을 커버하는 쇼핑몰. 아베노큐즈몰과 비아 아베노워크로 이루어져 있는데, 아베노워크는 아베노큐즈타운이 생기기 전에 있던 상점들이 그대로 입점한 것으로 오랜 역사의 음식점과 주점이 남아있어 더욱 특별하다. 아베노큐즈몰 지하 1층~2층에 걸쳐서는 대형 할인 마트 이토카도 イトーヨーカドー가, 2층에는 쇼핑몰 시부야 109가 입점해 있다.

[지도] MAP 14 Ⓕ [위치] JR 텐노지역 남쪽 출구에서 도보 3분 [주소] 大阪市阿倍野区阿倍野筋1-6-1 [오픈] 10:00~21:00(푸드코트 10:00~22:00, 레스토랑 11:00~23:00, 이토요카도 09:00~23:00) [휴무] 부정기 [전화] 06-6556-7000 [홈피] 아베노큐즈몰 qs-mall.jp/abeno, 비아 아베노워크 viaabenowalk.jp

🏬 텐노지 미오 TENNOJI MIO

JR 텐노지역과 바로 이어진 쇼핑몰. 본관과 플라자관 2개의 건물로 이루어져 있는데, 중저가의 브랜드가 주를 이루어 젊은 층의 고객이 많다. 합리적인 가격에 일본 스트리트 패션 브랜드를 쇼핑하고 싶다면 한 번쯤 찾아볼 만하다. 로프트, 무인양품, 스타벅스 등 대중적으로 인기 있는 브랜드도 입점해 있다.

[지도] MAP 14 Ⓕ [위치] JR 텐노지 역에서 바로 [주소] 大阪市天王寺区悲田院町10-39 [오픈] 11:00~21:00(레스토랑 ~22:00) [휴무] 부정기 [전화] 06-6770-1000 [홈피] www.tennoji-mio.co.jp

 Zoom in

아마토마에다
甘党まえだ

10F

각종 일본 전통 디저트를 파는 카페. 녹차, 콩고물, 팥, 떡, 아이스크림 등 갖가지 재료를 이용한 메뉴가 20여 가지나 된다. 고사리 녹말을 이용해 만든 떡에 콩고물을 묻혀 먹는 와라비모치 わらびもち, 달짝지근한 간장 양념이 된 떡 미타라시당고 みたらし団子가 가장 기본 메뉴. 세트 메뉴 구성도 다양해 저렴하게 다양한 맛을 느껴볼 수 있다. 텐노지·신사이바시 등지에 지점이 많으니 저렴하고 가볍게 일본식 디저트를 맛보고 싶을 때 찾아가자.

[홈피] amato-maeda.com

🍴 야마짱 やまちゃん

맛집 프로그램과 잡지에 소개되면서 이름이 알려진 곳. 텐노지·신세카이 지역에만 3개의 점포가 있다. 닭뼈와 다시마, 가다랑어, 각종 채소와 과일을 넣고 끓인 육수를 사용해 짙은 풍미가 일품이다. 타코야키는 아무 소스도 뿌리지 않은 기본 메뉴인 베스트 ベスト(6개 330엔, 8개 440엔, 10개 550엔, 16개 880엔)가 가장 인기 있지만, 한국인 입맛에는 밋밋할 수 있다. 달착지근한 소스 맛을 느끼고 싶다면 소스와 마요네즈를 올린 영 ヤング을 선택하자.

지도 MAP 14 ⓓ 위치 지하철 텐노지역 7번 출구에서 도보 5분 주소 大阪市天王寺区堀越町14-13 오픈 11:00~23:00(일요일 ~22:30) 휴무 부정기 전화 06-7850-7080 홈피 takoyaki-yamachan.net

🍴 츠루하시 후게츠 鶴橋風月

60년 전통의 오코노미야키 전문점. 츠루하시에서 시작해 지금은 일본 전국에 130여 개의 지점을 두고 있다. 간판 메뉴는 돼지고기, 소고기, 오징어, 새우가 들어간 후게츠야키 風月焼き(1296엔). 치즈나 떡 등의 토핑을 추가하면 더욱 맛이 좋다. 후게츠야키에 두툼하고 탱글한 달걀 면을 올려 만드는 후게츠야키모단 風月焼きモダン(1544엔)도 인기가 좋다.

지도 MAP 14 ⓒ 위치 지하철 도부츠엔마에역 5번 출구에서 도보 5분 주소 大阪市浪速区恵美須東2-1-17 오픈 10:30~23:00 휴무 무휴 전화 06-4396-5440 홈피 fugetsu.jp

지도 MAP 14 ⓒ 위치 지하철 도부츠엔마에역 5번 출구에서 도보 5분 주소 大阪市浪速区恵美須東2-4-5 오픈 11:00~22:30 휴무 무휴 전화 06-6630-8230 홈피 www.kushikatu-daruma.com

🍴 쿠시카츠 다루마 동물원앞점 串カツ だるま

1929년 처음으로 쿠시카츠라는 것을 선보인 가게로 간사이 지역에만 14개, 그중 신세카이에는 4개 점포가 있다. 신세카이총본점은 자리가 카운터에 12석밖에 없으니 이곳이나 쟌쟌점, 츠텐카쿠점을 이용하자. 얇게 저민 돼지고기를 꼬치에 끼워 튀긴 원조 쿠시카츠부터 각종 해산물, 채소까지 꼬치 종류만 40여 가지에 달한다. 그 외에 소힘줄을 된장에 졸인 도테야키 どて焼き(378엔)도 인기가 좋다. 고르기가 번거롭다면 원조 쿠시카츠, 새우, 아스파라거스, 떡, 소시지 등의 쿠시카츠 9종과 도테야키로 구성된 쟌쟌 세트 じゃんじゃんセット(1300엔)를 추천한다. 세트의 종류는 지점에 따라 달라진다.

🍴 로쿠센 신세카이점 Roku鮮

신선하고 맛있는 해산물을 저렴하게 제공하는 곳으로 다양한 초밥을 비롯해 해산물 요리를 내놓는다. 바 테이블 위에는 미니 수족관이 있어 살아 있는 생선들을 구경하면서 식사하게 된다. 보통 식사로 초밥(100엔~)을 먹거나 회와 함께 술 한잔하러도 많이 온다. 저녁에 신세카이에서 쿠시카츠와 술 한잔하기 전 식사로 배를 채우고 싶다면 방문해 보자. 한국어 메뉴판이 있어 주문 또한 어렵지 않고 초밥은 세트 메뉴(500~2980엔)도 있다.

[지도] MAP 14 ⓒ [위치] 지하철 에비스초역 3번 출구에서 도보 3분 [주소] 大阪市浪速区恵美須東1-17-7 [오픈] 11:00~22:00 [휴무] 무휴 [전화] 06-6643-1168 [홈피] www.rokusen.co.jp

🍴 신세카이 캉캉 新世界かんかん

저녁이면 완판으로 문을 닫는 신세카이의 유명 타코야키 전문점이다. 내부 좌석은 따로 없이 테이크아웃만 가능해서 가게 앞에는 주문을 위한 줄과 서서 먹는 사람들로 바글바글하다. 수많은 맛집 프로그램과 연예인들의 방문 사진이 붙어 있다. 타코야키(8개 350엔)는 육수를 사용해 만든 반죽을 사용하여 고소한 맛이 일품이다. 도톤보리의 타코야키가 점점 비싸지는 것에 비해 이곳은 아직 저렴한 가격대를 유지하는 데다 맛도 좋아 단골이 많다. 주문하면 젓가락 개수와 마요네즈를 뿌리는지, 바로 먹는지 물어본다.

[지도] MAP 14 ⓒ [위치] 지하철 도부츠엔마에역 5번 출구에서 도보 5분 [주소] 大阪市浪速区恵美須東3-5-16 [오픈] 10:00~19:30 [휴무] 월·화요일 [전화] 06-6636-2915

🍴 쿠시카츠 쟌쟌 츠텐카쿠점 串かつじゃんじゃん

쿠시카츠 다루마와 함께 신세카이 일대에 여러 지점을 가진 쿠시카츠 전문점. 신세카이에만 3개 지점이 있다. 소스와 튀김 반죽, 기름에 신경 쓰고 있으며, 진한 쿠시카츠 소스가 인기 있어 판매도 한다. 생빵가루를 사용해 만든 튀김 반죽을 하나하나 정성스럽게 입혀 만든다. 쿠시카츠 가격은 100~200엔대이다. 3개 지점이 모두 멀지 않은 거리에 위치하고, 다 인기 있는 편이니 돌아다니며 자리가 있는 곳으로 가는 것이 편하다.

[지도] MAP 14 ⓒ [위치] 지하철 에비스초역 3번 출구에서 도보 4분 [주소] 大阪市浪速区恵美須東2-4-16 [오픈] 12:00~23:00(토・일요일 11:00~) [휴무] 무휴 [전화] 06-6636-2901 [홈피] www.kushikatu-janjan.com

🍴 쿠시카츠 에츠겐 串かつ 越源

신세카이 중심가 뒤쪽의 좁은 골목에 위치하며, 맛있고 가격대가 저렴해 현지인이 많이 찾는다. 얇고 바삭한 튀김옷 속 뜨끈뜨끈 알찬 재료가 들어 있는 갓 튀긴 쿠시카츠(90~280엔)의 맛이 역시 훌륭하다. 짭조름하면서 달달한 소스와 시원한 맥주는 튀김의 느끼함을 잡아줘 꼬치가 쌓여만 간다. 내부는 바 형식으로 10명 정도가 앉을 수 있어 혼자 와도 부담 없다. 하지만 워낙 인기 있는 곳이라 저녁이면 항상 만석이니 참고하자. 쿠시카츠를 줄 때 '아지츠케테이마스'라고 말한 것은 간이 되어 있는 것이다. 한입 먹어보고 간이 맞지 않는다면 양배추를 이용해 소스를 덜어서 찍어 먹자.

[지도] MAP 14 ⓒ [위치] 지하철 에비스초역 3번 출구에서 도보 7분 [주소] 大阪市浪速区恵美須東2-3-9 [오픈] 12:00~21:00 [휴무] 목요일 [전화] 06-6631-2696

> 지도) MAP 14 ⓒ 위치) 지하철 도부츠엔마에역 5번 출구에서 도보 3분 주소) 大阪市浪速区恵美須東3-4-12 오픈) 10:30~21:00 휴무) 월요일 전화) 06-6641-3577

텐구 てんぐ

낮에도 줄을 서는 쟌쟌요코초의 쿠시카츠 맛집으로, 야에카츠와 함께 쿠시카츠의 양대산맥이라 할 수 있다. 내부는 긴 바테이블이 둘러싸고 있는 형식으로, 음료를 먼저 주문하고, 쿠시카츠(100~440엔)를 주문하면 된다. 소 힘줄을 일본식 된장 미소에 푹 삶아낸 이곳의 도테야키(100엔)는 진한 맛이 일품이니 꼭 맛보자. 메뉴판을 따로 주지 않고 벽에 붙은 메뉴를 보고 주문하는 형식으로, 한국어는 물론 영어 메뉴판조차 없어 역시 관광객보다 현지인이 찾는 맛집이다.

야에카츠 八重勝

> 지도) MAP 14 ⓒ 위치) 지하철 도부츠엔마에역 5번 출구에서 도보 3분 주소) 大阪市浪速区恵美須東3-4-13 오픈) 10:30~21:30 휴무) 목요일, 셋째 수요일 전화) 06-6643-6332

신세카이 최고의 쿠시카츠 전문점으로 남다른 내공을 품고 있다. 줄을 서지 않고는 들어갈 수 없는 맛집으로, 가게가 2곳으로 나뉘어 있어 차례가 오면 직원이 안내해준다. 벽에 붙은 메뉴판을 보고 주문하는 형식인데, 고맙게도 한국어 메뉴판이 따로 있으니 요청하자. 쿠시카츠(100~450엔)는 주문 후 바로 만들어주는데, 떡처럼 쭉쭉 늘어나는 반죽을 재료에 묻히는 모습이 재미있다. 반죽에 참마가 들어가서 그런지 더 바삭하고 고소하다. 긴 바테이블이 둘러싼 구조로 자리가 비좁은 편이다.

🍴 상미 実身美

웰빙 요리를 선보이는 인기 카페. 모두 건강과 미용에 좋은 재료만을 사용하여 여성들이 특히 많이 찾는다. 최고의 인기 메뉴는 히가와리 헬시 플레이트 日替わりヘルシープレート(런치 885엔, 디너 1026엔)로 때마다 다른 요리를 선보인다. 저칼로리·저인슐린 메뉴라서 다이어트에 그만인 데다 맛도 뛰어나다. 담백한 맛의 두유 푸딩 도뉴 푸린쿠로미츠카케 豆乳プリン黒蜜かけ(432엔)도 인기 메뉴.

[지도] MAP 14 Ⓕ [위치] 지하철 텐노지역 1번 출구에서 도보 4분 [주소] 大阪市阿倍野区阿倍野筋2-4-39 [오픈] 11:00~21:00 [휴무] 일요일 [전화] 06-6622-2135 [홈피] sangmi.jp

☕ 덴엔 DEN·EN

유명인들의 사인과 메뉴가 외관 벽에 다닥다닥 붙어 있는, 1950년대부터 영업한 오래된 경양식집이자 다방이다. 수많은 메뉴 중에서도 가장 유명한 것은 야키코리 焼氷(750엔)라는 빙수. 일본 아침 드라마에 나오기도 했다. 빙수가 담긴 컵 위에 바닐라 아이스크림으로 입구를 막고 설탕을 뿌린 뒤 그 위에 브랜디를 뿌려 불을 붙이는 재밌는 메뉴다. 불을 붙일 때 가게의 조명을 모두 꺼주는데, 잠깐의 광경이지만 신비로운 느낌이 든다. 불이 꺼진 뒤 본격적으로 맛보면 되는데, 아이스크림 아래에 잘게 자른 딸기와 얼음 빙수가 들어 있어 달달한 맛에 진한 브랜디향이 감돈다. 당일 예약으로만 주문할 수 있으며, 시간도 3~5시에만 맛볼 수 있다.

[지도] MAP 14 Ⓒ [위치] 지하철 에비스초역 3번 출구에서 도보 5분 [주소] 大阪市浪速区恵美須東2-3-22 [오픈] 12:00~21:00 [휴무] 목요일 [전화] 06-6632-7774

PLUS AREA

베이에어리어
ベイエリア

어떤 곳일까?

오사카에서 시원한 바닷바람을 쐬면서 여유롭게 쇼핑이나 산책을 즐기고 싶다면 베이에어리어 지역으로 가자. 세계 최대 규모의 수족관인 가이유칸이 있는 덴포잔과 하루가 다르게 새롭게 변모하고 있는 인공섬 난코가 모두 이곳에 모여 있다. 베이에어리어 지역은 데이트 코스로는 물론이고 온 가족이 함께 즐기기에도 좋다.

어떻게 갈까?

오사카의 베이에어리어 지역은 크게 덴포잔과 난코로 구분할 수 있다. 두 지역이 모두 오사카만에 접해 있지만, 서로 멀리 떨어져 있어서 대중교통수단으로 이동해야 한다. 덴포잔만 가는 경우에는 지하철을 이용해 오사카코역으로 이동하면 되지만, 난코까지 방문할 예정이라면 목적지에 따라 지하철 코스모스퀘어역에서 뉴트램으로 갈아타야 하기도 한다.

📷 가이유칸 海遊館

세계 최대급의 수족관으로 대형 수조에 거대한 상어와 바다표범, 돌고래 등이 유유히 헤엄친다. 해파리관에는 외계 생물을 연상시키는 엄청난 수의 해파리가 떼 지어 다닌다. 구경만 해도 재미있지만, 여유가 된다면 먹이 주는 시간을 기다려보자. 해양 동물의 생태계를 직접 체험할 좋은 기회가 될 것이다. 수족관 최상층에 있는 니혼노모리 日本の森에서는 수달을 볼 수 있다. 관내에서는 기본적으로 사진 촬영이 가능하지만, 금지 구역도 있으므로 미리 확인한다.

지도 MAP 15 Ⓓ 위치 지하철 오사카코역 2번 출구에서 도보 5분 오픈 10:00~20:00 휴무 부정기(홈페이지 확인) 요금 어른 2300엔, 중·초등학생 1200엔, 어린이 600엔 전화 06-6576-5501 홈피 www.kaiyukan.com

TIP 가이유칸 통합권

- 가이유칸+산타마리아: 3200엔
- 가이유칸+대관람차: 3000엔
- 가이유칸-유니버설 스튜디오 재팬 셔틀 페리: 편도 2700엔, 왕복 3300엔
- 오사카 가이유킷푸(기본): 2600엔

가이유칸 입장은 물론 지정된 지하철, 시내버스, 뉴트램을 마음대로 이용할 수 있으며 30곳 이상의 관광 시설에서 할인 혜택을 제공한다. 지하철역에 있는 매표소에서 살 수 있다.

📷 덴포잔 대관람차 天保山大觀覽車

세계 최대급의 높이 112.5m, 직경 100m를 자랑한다. 관람차를 타고 위로 올라가면 맑은 날에는 동쪽으로 이코마산, 서쪽으로는 아카시해협대교, 북쪽은 롯코산까지 한눈에 들어온다. 한 바퀴 도는 데 소요되는 시간은 약 15분이며, 관람차 내에서는 일본어와 영어로 주변 풍경을 설명하는 가이드 방송이 나온다. 밤이 되면 60대의 관람차와 회전축에 일제히 조명이 켜져 거대한 일루미네이션으로 변신하는데, 30분마다 시보를 알리는 불꽃 쇼가 볼만하다. 대관람차의 불빛은 내일의 날씨를 알려주는 일기 예보 구실을 하기도 한다. 빨강은 맑음, 초록은 흐림, 파랑은 비를 알리는 신호이다. 바람이 세거나 날씨가 좋지 않은 날에는 예고 없이 운행을 중단하는 경우도 있다.

지도 MAP 15 Ⓓ 위치 지하철 오사카코역 2번 출구에서 도보 5분 오픈 10:00~22:00 요금 이용료 800엔, 공통권(대관람차+산타마리아) 2100엔 전화 06-6576-6222 홈피 www.kaiyukan.com/thv/ferriswheel

덴포잔 마켓 플레이스 天保山マーケットプレース

[지도] MAP 15 ⓓ [위치] 지하철 오사카코역 1번 출구에서 도보 5분 [주소] 大阪市港区海岸通 1-1-10 [오픈] 11:00~20:00(레스토랑 ~21:00) [전화] 06-6576-5501 [홈피] www.kaiyukan.com/thv/marketplace

레스토랑을 비롯해 패스트푸드점, 수입 잡화점 등 다양한 상점이 늘어서 있는 대형 쇼핑몰. 제일 인기 있는 곳은 간사이의 명물을 모아놓은 푸드 테마파크 나니와쿠이신보요코초 なにわ食いしんぼ横丁이다.
1960년대 오사카 거리 풍경을 재미있게 재현한 곳으로, 역 앞 상점가 등 당시 서민들의 생활상을 느낄 수 있는 볼거리가 많다. 오사카의 음식 문화를 대표하는 원조 음식점도 많이 입점해 있는데, 오사카 오므라이스의 원조인 북극성과 오코노미야키의 명가 보테주 ぼてぢゅう 역시 이곳에서 만날 수 있다.

산타마리아 サンタマリア

[지도] MAP 15 ⓓ [위치] 지하철 오사카코역 1번 출구에서 도보 5분 [오픈] 데이 크루즈 12~2 · 10월 11:00~16:00, 3~9 · 11월 11:00~17:00(상시 변경 · 운휴되니 홈페이지 확인)/트와일라잇 크루즈 예약제 [요금] 데이 크루즈 1600엔, 트와일라잇 크루즈 2100엔 [전화] 06-6942-5511 [홈피] suijo-bus.osaka

아메리카 대륙을 발견한 콜럼버스가 탔던 산타마리아호를 그대로 재현한 관광 유람선으로 45분 동안 오사카항을 일주한다. 선상에서는 유니버설 스튜디오 재팬과 가이유칸을 볼 수 있다. 또 덴포잔오하시 天保山大橋, 미나토오하시 港大橋의 웅대한 모습도 감상할 수 있다.
연인이라면 트와일라잇 크루즈를 이용하는 것도 좋다. 1시간 동안 난코, 오사카항을 일주하는 코스로 유니버설 스튜디오 재팬에서도 승선할 수 있다. 단, 꼭 예약해야 한다. 날짜별로 운항을 아예 중단하는 기간도 있으니, 홈페이지를 통해 스케줄을 확인한 후 찾는 것이 좋다.

난코 南港

[지도] MAP 15 ⓒ [위치] 지하철 코스모스퀘어역

난코는 말 그대로 남쪽에 있는 항구라는 뜻이다. 난코는 원래 사키시마라는 섬이었는데 정보와 교류의 거점이 되는 시설이 들어서면서 아예 지역 자체가 난코라는 이름으로 불리게 되었다. 해변을 따라 산책로가 조성되어 있으며 세계 여러 나라의 독특한 요리와 쇼핑을 즐길 수 있는 복합 쇼핑몰 등 볼거리가 많다. 또 부산과 오사카를 연결하는 국제페리터미널이 있어, 배를 타고 들어온다면 바로 이곳에서 여행을 시작하게 된다.

📷 코스모타워 コスモタワー

베이에어리어를 한눈에 볼 수 있는 랜드마크 타워. 정식 명칭은 오사카 월드트레이드센터빌딩으로 지상 55층, 지하 3층, 높이 256m 규모의 최첨단 빌딩이다.

초고속 엘리베이터를 이용해 52층까지 올라간 후 53층에서 시작하는 전체 길이 42m의 에스컬레이터를 이용하면 지상 252m 높이에 있는 360도 파노라마 전망대로 올라갈 수 있다. 이곳에서 바라보는 야경은 몹시 아름다워 연인들의 데이트 코스로 인기가 높다. 1·2·48·49층에는 음식점이 있다.

[지도] MAP 15 ⓒ [위치] 뉴트램 트레이드센터마에역에서 바로 연결 [주소] 大阪市住之江区南港北1-14-16 [오픈] 11:00~22:00 [휴무] 월요일 [요금] 전망대 어른 700엔, 중·초등학생 400엔 [전화] 06-6941-0351 [홈피] www.wtc-cosmotower.com

[지도] MAP 15 ⓒ [위치] 뉴트램 트레이드센터마에역에서 도보 3분 [주소] 大阪市住之江区南港北2-1-10 [오픈] 11:00~20:00(레스토랑 ~22:00) [휴무] 부정기 [전화] 06-6615-5230 [홈피] www.atc-co.jp

📷 아시아태평양트레이드센터 ATC

대형 아웃렛 몰을 비롯해 대형 가구점, 수입 무역점, 볼링 센터, 레스토랑, 오락 시설 등 다양한 즐길거리를 갖춘 거대 규모의 복합 쇼핑몰. 언제나 활기찬 축제의 분위기를 느낄 수 있어 젊은이들이 많이 찾는다. 길이 450m의 바다를 끼고 있는 휴식 공간 오즈파크 O's パーク에서는 주말을 중심으로 야외 라이브 공연 등 다채로운 행사가 열린다.

📷 난코야초엔 南港野鳥園

[지도] MAP 15 ⓒ [위치] 뉴트램 트레이드센터마에역에서 도보 15분 [주소] 大阪市住之江区南港北3-5-30 [오픈] 09:00~17:00 [휴무] 수요일, 12/28~1/4 [요금] 무료 [홈피] www.osaka-nankou-bird-sanctuary.com

오사카 난코에 있는 야생 조류 공원이다. 난코 일대는 일본에서도 손꼽히는 철새 도래지로, 사계절 내내 다양한 새들이 찾아오는 오염되지 않은 자연환경을 자랑한다. 3개의 연못을 중심으로 정원과 전망대가 있어 산책하기 좋다. 과거 사무소에 항상 직원들이 상주해 있고, 도서관 등의 시설에서 다양한 학습 활동이 가능했으나, 현재는 모두 폐쇄되어 불가능해졌다. 어떤 의미로는 인간의 손길이 전혀 닿지 않는 자연 상태가 된 셈이니 자유롭게 산책하며 전망대에서 새를 관찰해보자.

PLUS AREA

유니버설 스튜디오 재팬
UNIVERSAL STUDIOS JAPAN

어떤 곳일까?

21세기 할리우드 영화를 모티브로 조성한 대규모 테마파크이다. 할리우드의 거장 스티븐 스필버그 감독이 고문을 맡아 더욱 실감 나게 연출했는데, 대작 영화를 리얼하게 재현한 어트랙션을 중심으로 다양한 할리우드식 쇼와 이벤트 등이 펼쳐진다. 연간 1000만 명에 이르는 관광객을 유치하며, 명실공히 일본 간사이 지역을 대표하는 테마파크로 자리매김했다. JR 오사카역에서 직통열차로 10분이면 갈 수 있는 편리한 교통 덕분에, 일본인뿐만 아니라 오사카를 방문한 외국인 관광객도 많이 찾아 주말에는 매우 붐빈다.

지도 MAP 15 ⓑ 주소 大阪府大阪市此花区桜島2-1-33 오픈 매일 다름(홈페이지 확인) 휴무 무휴 전화 06-4790-7000 홈피 www.usj.co.jp/kr

어떻게 갈까?

JR
니시쿠조역에서 JR 유메사키선을 이용해 쉽게 갈 수 있다. 유니버설시티역에서 하차해 5분 정도 걸어가면 입구가 나온다. 주요 관광지에 위치한 우메다 지역의 JR 오사카역이나 한신 오사카난바역, JR 텐노지역 등에서 탑승해 환승해 가면 된다. 환승 없이 한 번에 이동하고 싶다면 JR 오사카역에서 사쿠라지마행 桜島行 열차에 탑승하자. 11분(180엔)만에 도착한다.

수상버스
덴포잔의 가이유칸 앞에 있는 선착장에서 캡틴 라인호 キャプテンライン号를 타면, 10분 만에 유니버설시티 포트에 도착한다. 다만, 운항 간격이 1시간 정도로 꽤 긴 편이니 시간표를 꼭 확인해두자.

요금 편도 어른 700엔, 어린이 400엔 홈피 www.mmjp.or.jp/Capt-Line

유니버설 스튜디오 재팬
100배 즐기기

유니버설 스튜디오 재팬은 9개의 테마 지역으로 구분되며,
각 지역의 특색을 살린 다양한 어트랙션의 묘미와 화려한 퍼레이드의 재미를 만끽할 수 있다.

Point 1
입장권 · 판매소 확인 후 구입하기!

스튜디오 패스(일반권)
우리나라의 자유이용권이라 생각하면 된다. 입장권과 어트랙션 이용권이 합쳐진 형태로, 입장권만 따로 팔지는 않는다. 오후 3시 이후 입장해 반나절만 이용할 예정이라면 트와일라잇 패스(일반 6200엔, 4~11세 4600엔)을 이용하면 된다.

1데이 스튜디오 패스: 어른 7400엔, 4~11세 5100엔
2데이 스튜디오 패스: 어른 14700엔, 4~11세 10000엔

티켓 판매소
- 당일권: 입구 티켓 발행소
- 예매권: 한국 여행사(하나투어*, 여행박사*, 모두투어, 클룩, KKday, 와그트래블) 대행으로 티켓오피스로 갈 필요 없이 바로 입장 가능

*익스프레스 패스 취급 대리점

유니버설 익스프레스 패스
인기 어트랙션을 더욱 편하고 빨리 즐기고 싶은 사람들을 위한 패스. 어트랙션에 전용 입구가 있기 때문에 오래 기다리지 않고 시설을 이용할 수 있다. 단, 패스 종류와 가격이 날짜에 따라 달라지기 때문에 구입하기 전에 반드시 꼼꼼하게 확인해야 한다. 크게 7가지와 4가지 어트랙션에 사용할 수 있는 패스로 나뉘는데 선택 가능한 어트랙션에 따라 종류가 다르다. 1일 판매 매수가 한정되어 있으므로 오후에는 살 수 없는 경우도 있다.

유니버설 익스프레스 패스 7: 10400엔~
유니버설 익스프레스 패스 4: 6800엔~

익스프레스 패스 현장 판매소
- 입구 티켓 발행소
- 백드롭 액세서리
- 유니버설 스튜디오 스토어
- 어메이징 스파이더맨 스토어
- 쥬라기 아웃피터즈

TIP USJ 예상 혼잡 예상 캘린더
워낙 인기 있는 테마파크인지라 최대한 사람이 적은 평일에 방문하는 것이 좋다. 다만 생각지도 못한 일본의 공휴일이나 방학 시즌에 걸릴 수 있으니 미리 예상 혼잡도를 확인한 뒤 방문 날짜를 정하자.
홈피 www15.plala.or.jp/gcap/usj

Point 2
시간 최대한 활용하기!

준비물은 미리 챙기자
물 관련 어트랙션은 옷이 젖을 수도 있으므로 **우비**가 필요하다. 갈증을 해소시킬 **생수** 또한 필수품. 그 외에 대기 시간에 먹을 **간식**, 퍼레이드나 쇼를 기다릴 때 쓸 **1인용 돗자리**, 기념품을 담을 **가방** 등도 있으면 유용하다. 파크 내에서도 구입 가능하지만 되도록 미리 숙소 근처 편의점에서 준비하는 편이 기다릴 일이 없어서 좋다.

최대한 일찍 오자
항상 사람들로 가득한 곳이기에 개장 전 30분~1시간 정도는 일찍 와야 한다. 도착하면 입장 게이트는 물론이고 티켓오피스에도 긴 줄이 생긴 광경을 볼 수 있을 것이다. 미리 한국 여행사를 통해 예매권을 구입해 바로 입장 게이트로 갈 수 있도록 하자.

확약권을 발급받자
방문객이 많은 성수기에는 스튜디오 입장 시간을 미리 정해서 들어가는 확약권을 내야 일부 스튜디오의 입장이 가능하다. 입장과 동시에 사람들이 달려가는 곳이 바로 〈위저딩 월드 오브 해리포터〉의 확약권을 받는 곳이다. 다만, 익스프레스 패스가 있다면 확약권 없이 들어갈 수 있다. 이를 이용해 미리 오후 확약권을 받은 뒤 오전에는 익스프레스 패스로 들어가 어트랙션을 이용하고, 오후에는 확약권을 사용해 2번 입장할 수 있다.

> **TIP 공식 앱 다운받기**
> 유니버설 스튜디오 재팬 공식 애플리케이션은 여러모로 유용하니 꼭 미리 받아두자. 당일 운영시간은 물론이고, 어트랙션별 운행 여부 및 실시간 대기 시간, 쇼 스케줄, 지도와 나의 위치도 파악 가능하다. 일본어로 되어 있기는 하지만, 아이콘과 함께 보기 쉽게 정리되어 있고, 어트랙션 이름을 누르면 사진이 함께 나와 알아보기 쉽다.
> 일본어가 너무 어렵다면 지도는 볼 수 없지만 '대기시간 공략'이라는 앱도 있으니 이용해보자.

싱글라이더를 체크하자!
어트랙션에서 1개씩 빈 좌석에 앉는 것으로, 대기 줄이 따로 마련되어 있다. 혼자 오거나 일행과 함께 타야 하는 경우가 아니라면 적극적으로 이용할 만하다. 대부분의 인기 어트랙션에서 가능하지만 어트랙션별로 이용 불가능한 날이 있기도 하는 등 변동 사항이 많은 편이다.

Point 3
어린이와 함께라면!

차일드 스위치
2명 이상의 보호자가 신장 제한이 있어 아이와 함께 어트랙션을 이용하지 못하는 경우, 대기실에서 한 명씩 아이를 번갈아 돌보며 어트랙션을 기다렸다 탑승할 수 있다. 인기 있는 어트랙션에서는 대부분 이용 가능하다. 싱글라이더가 가능한 어트랙션에서는 싱글라이더 줄에서 대기해 시간을 더 절약할 수 있다.

어트랙션 예약 탑승
유니버설 원더랜드 내에는 시간을 지정해 탑승을 예약할 수 있는 어트랙션이 있다. 어트랙션 근처에 각 예약 발권기가 있으며, 탑승자 패스의 QR 코드를 모두 태그해야 한다. 태그 후 3세 이하의 탑승 유무와 해당 인원을 누른 뒤 시간을 정하면 예약 티켓이 나온다.

유모차 대여
입장 게이트로 들어와 우측 카운터로 가면 유모차를 하루 1000엔에 대여해준다. 3세까지 가능하다.

아기용 음식 판매소
7~12개월 아기용 음식도 구입할 수 있다. 유니버설 원더랜드의 스누피 백드롭 카페와 할리우드의 스튜디오 스타즈 레스토랑에서 판매한다.

스튜디오 가이드

유니버설 스튜디오 재팬은 9개의 테마 지역으로 구분되며, 각 지역의 특색을 살린 다양한 어트랙션의 묘미와 화려한 퍼레이드의 재미를 만끽할 수 있다.

위저딩 월드 오브 해리포터
The Wizarding World of Harry Potter

전 세계를 압도한 밀리언셀러 해리포터의 세계를 재현한 곳. 원작자 조앤 롤링의 요구에 맞춰 세세한 것까지 만들었다고 한다. 호그와트성과 마법사 마을 호그스미드에서 마법사들이 입고, 쓰고, 먹고, 마시던 것들을 직접 만나볼 수 있다.

추천 어트랙션
- 해리포터 앤 더 포비든 저니

미니언 파크 Minion Park

영화 <슈퍼배드>의 미니언즈가 거리 곳곳에 넘쳐나는 곳이다. 가장 최근에 오픈해 엄청난 인기를 자랑한다. 최고 인기 어트랙션을 비롯해 미니언즈 팝콘통이 최고 인기 아이템으로 자리 잡았다. 형형색색 아기자기하게 꾸며져 있고, 기념 포토 스폿도 많아 아이부터 어른까지 모두에게 대중적인 사랑을 받는다. 귀여운 기념품을 비롯해 앙증맞은 먹거리로 아낌없이 돈을 쓰게 되는 곳이다.

추천 어트랙션
- 미니언 하차메차 라이드

유니버설 원더랜드
Universal Wonderland

세계적으로 유명한 캐릭터인 스누피와 헬로키티, 세서미스트리트의 캐릭터들을 이용해 만든 어린이를 위한 마을이다. 우리에게도 친숙한 캐릭터들과 함께 타고, 먹고, 즐길 수 있다. 스누피 스튜디오는 영화세트장, 헬로키티 패션 애비뉴는 헬로키티가 오픈한 부티크, 세서미스트리트 펀 월드는 아이들의 놀이터라는 테마로 만들었다.

할리우드 Hollywood

거대한 영화 스튜디오와 베벌리힐스의 고급 숍, 레스토랑이 밀집한 중심 구역. 어트랙션도 가장 많다. 로데오 드라이브와 키 큰 야자수가 양쪽으로 늘어선 할리우드 메인 스트리트 등 영화의 도시인 할리우드 그대로의 모습을 만끽할 수 있다.

추천 어트랙션
- 할리우드 드림 더 라이드(백드롭)
- 슈렉 4-D 어드벤처
- 세서미 스트리트 4-D 무비 매직

 샌프란시스코 San Francisco

호수가 내려다보이는 아름다운 풍경과 차이나타운 등 매력 넘치는 샌프란시스코의 분위기가 그대로 느껴지는 곳. 쇼핑과 먹거리 중심으로 구성되어 있다.

`추천 어트랙션` • 백드래프트

워터 월드 Water World

파크에서 가장 넓은 규모를 자랑하는 대규모 쇼 엔터테인먼트 시설. 해상에 유유히 떠 있는 수상 도시에서는 영화 속 〈워터 월드〉의 박력과 웅장함이 느껴진다.

`추천 어트랙션` • 워터 월드

쥬라기 공원 Jurassic Park

열대지방의 우거진 나무 사이로 화석과 공룡 발자국이 가득한 신비로운 공룡의 세계. 공룡과 함께 정글에서 느낄 수 있는 스릴과 흥분이 가득한 모험 시설이다. 옷이 젖는 것이 싫다면 입구에서 우비를 사는 것도 괜찮다.

`추천 어트랙션`
• 더 플라잉 다이너소어

TIP 면세 혜택을 받자!

파크 내 기념품점에서 구매한 물품들은 면세 혜택을 받을 수 있다. 소모품 5001엔부터, 그 외 10001엔부터 가능하며, 일부 카드는 제외될 수 있다. 입장 게이트 쪽에 위치한 스튜디오 기프트 웨스트로 여권과 구입품, 영수증을 지참해 가면 된다.

📷 뉴욕 New York

1930년대 뉴욕을 그대로 재현한 지역. 할리우드 영화에서 흔히 느낄 수 있는 분위기를 경험할 수 있다. 바닥이 아스팔트와 아기자기한 돌로 되어 있는 것이 특징이다.

> 추천 어트랙션

- 어메이징 어드벤처 오브 스파이더맨 더 라이드 4K3D
- 터미네이터 2:3-D

📷 아미티 빌리지 Amity Village

영화 〈죠스〉의 무대였던 어촌 마을 아미티 빌리지. 뉴잉글랜드 지방의 소박한 집과 상점, 교회가 들어서 있는 편안한 분위기의 항구도시를 재현했다.

> 추천 어트랙션

- 죠스

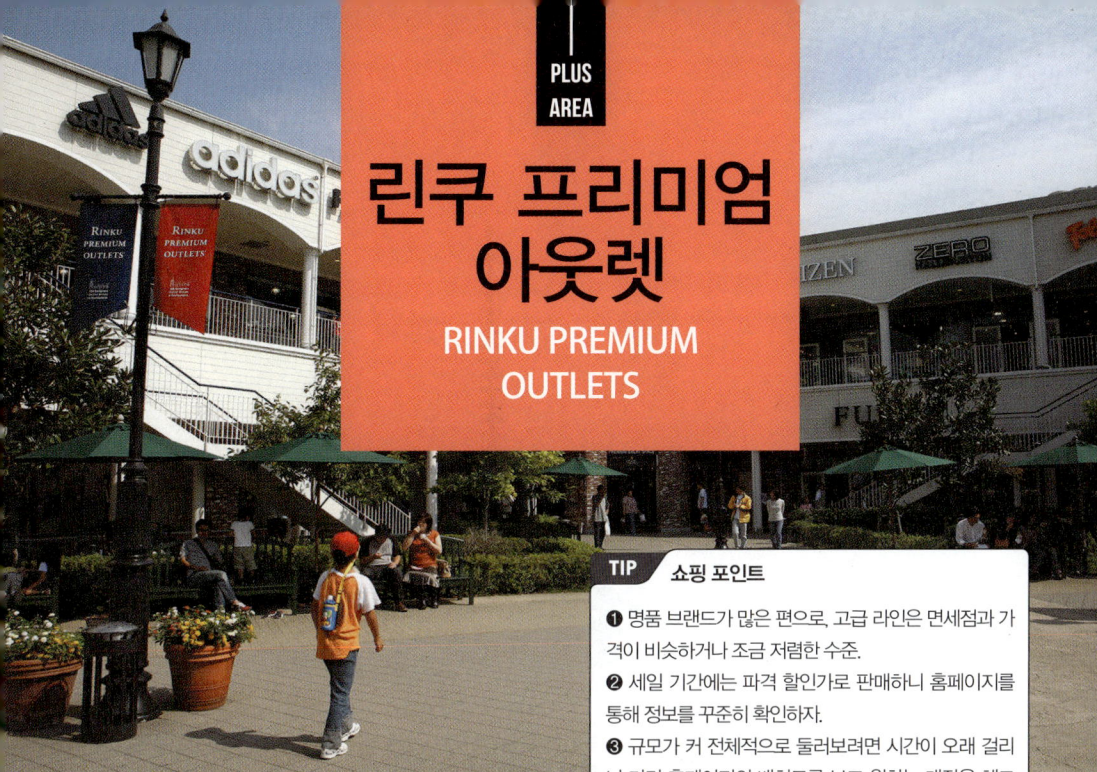

PLUS AREA

린쿠 프리미엄 아웃렛
RINKU PREMIUM OUTLETS

TIP 쇼핑 포인트

❶ 명품 브랜드가 많은 편으로, 고급 라인은 면세점과 가격이 비슷하거나 조금 저렴한 수준.
❷ 세일 기간에는 파격 할인가로 판매하니 홈페이지를 통해 정보를 꾸준히 확인하자.
❸ 규모가 커 전체적으로 둘러보려면 시간이 오래 걸리니 미리 홈페이지의 배치도를 보고 원하는 매장을 체크해두자.

어떤 곳일까?

미국의 항구도시를 재현한 아름다운 분위기의 명품 아웃렛이다. 유럽 근교와 하와이를 비롯한 미국 각지에 전문 아웃렛 매장을 운영하는 전문 업체 첼시의 노하우를 살려, 분위기뿐만 아니라 다양한 세계 유명 브랜드의 이월 상품을 저렴한 가격으로 구입할 수 있다. 일반적인 할인율은 20~50% 정도지만 세일 기간 중에는 80~90%의 파격적인 할인 혜택도 누릴 수 있다.
간사이국제공항에서 가까워 도착하는 날이나 귀국하는 날 셔틀버스를 이용해 가는 것이 저렴하고 편리하다. 다만, 매장 규모가 상당히 커서 제대로 둘러보려면 반나절을 투자하는 것이 좋다.

〔주소〕大阪府泉佐野市りんくう往来南3-28 〔오픈〕10:00~20:00(레스토랑 11:00~21:00, 카페 09:30~20:00) 〔휴무〕2월 셋째 목요일 〔전화〕072-458-4600 〔홈피〕www.premiumoutlets.co.jp/rinku

어떻게 갈까?

오사카 시내에서 공항행 전철(난카이, JR)을 이용하는 경우 전철에 따라 난카이 난바역이나 JR 텐노지역에서 출발하면 된다. 린쿠타운역에 도착해서 6분 정도 걸으면 아웃렛에 도착한다. 간사이국제공항에서는 셔틀버스를 운행하는데, 첫차는 오전 9시 40분부터 있고 배차 간격도 30분 정도로 자주 다니지 않으므로 정류장이나 홈페이지의 운행 시간표를 미리 확인해야 한다.

● 난카이 난바역-난카이 공항급행 45분(760엔)-린쿠타운역
● JR 텐노지역-JR 공항급행 50분(820엔)-린쿠타운역
● 간사이국제공항-스카이 셔틀버스 20분(200엔, 30분 간격)-린쿠 프리미엄 아웃렛

교토

기요미즈데라 · 기온
니조성 주변
킨카쿠지 주변
긴카쿠지 주변
아라시야마
교토역 주변

QUICK VIEW
교토 한눈에 보기

내가 여행하고 싶은 교토는 어느 쪽에 위치할까?
교토를 한눈에 파악하면서 가장 효율적인 동선을 짜보자.

 AREA 1 기요미즈데라·기온 清水寺·祇園

교토 여행의 핵심이 되는 최고의 볼거리들이 밀집해 있다. 오사카에서 한큐 전철을 이용해 도착하는 한큐 가와라마치역, 교토의 번화가인 시조도리를 포함해 기요미즈데라, 산넨자카, 니넨자카, 니시키 시장, 기온 일대를 아우르는 구역이다.

 AREA 2 니조성 주변 二条城周辺

도쿠가와 막부 정치의 요람이었던 니조성을 포함해 교토고쇼, 센토고쇼를 둘러싼 교토교엔 등의 볼거리가 있다. 뿐만 아니라 요사이 떠오르는 카페와 존재감 있는 맛집이 포진해 있어 주목할 만하다.

 AREA 3 킨카쿠지 주변 金閣寺周辺

눈부신 금박으로 뒤덮여 가장 화려한 사찰로 꼽히는 킨카쿠지. 도보로 이동 가능한 거리에 료안지, 니난지가 차례로 위치해 차분히 산책하며 둘러볼 수 있다.

 AREA 4 긴카쿠지 주변 銀閣寺周辺

킨카쿠지의 화려함과는 달리 담백한 풍광의 긴카쿠지를 시작으로 철학의 길을 따라 에이칸도, 난젠지를 거쳐 헤이안진구까지 교토에서 가장 산책하기 좋은 코스를 가졌다. 벚꽃과 단풍 시즌에는 특히 아름답다.

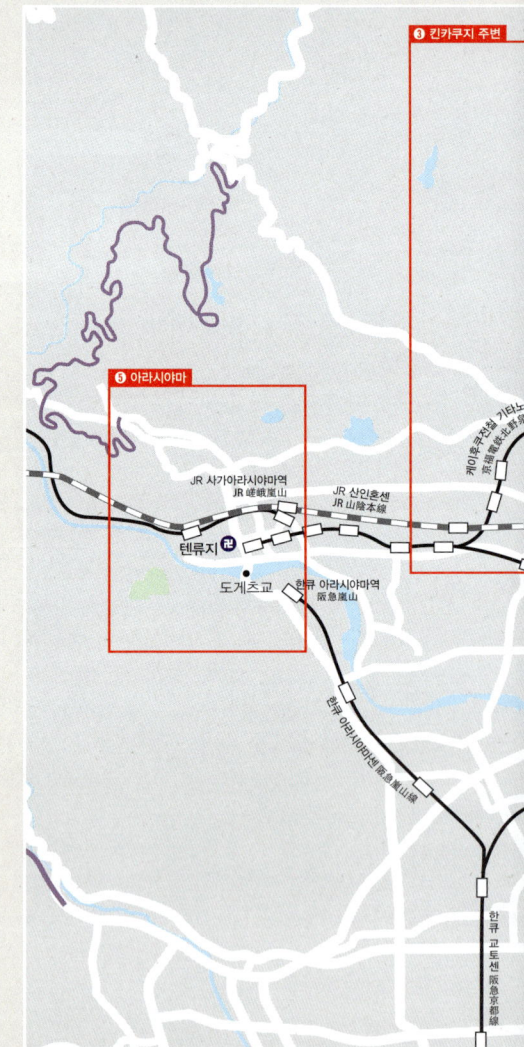

AREA 5 아라시야마 嵐山

교토의 주요 관광지에서 다소 서쪽으로 떨어져 있는 아라시야마는 시원한 강바람과 빽빽한 대나무 숲, 정갈한 별미로 여행자들에게 사랑받는다. 특히 벚꽃과 단풍이 아름다워 봄·가을에 최고의 풍광을 선사한다.

AREA 6 교토역 주변 京都駅周辺

간사이국제공항에서 교토로 바로 갈 경우 JR을 이용해 교토역에 하차하게 된다. 교토역 앞 버스정류장에서 교토 곳곳으로 가는 버스를 편리하게 이용할 수 있는 명실상부한 교통의 요지. 교토역과 연결된 백화점·쇼핑몰도 여행의 편리함을 더한다.

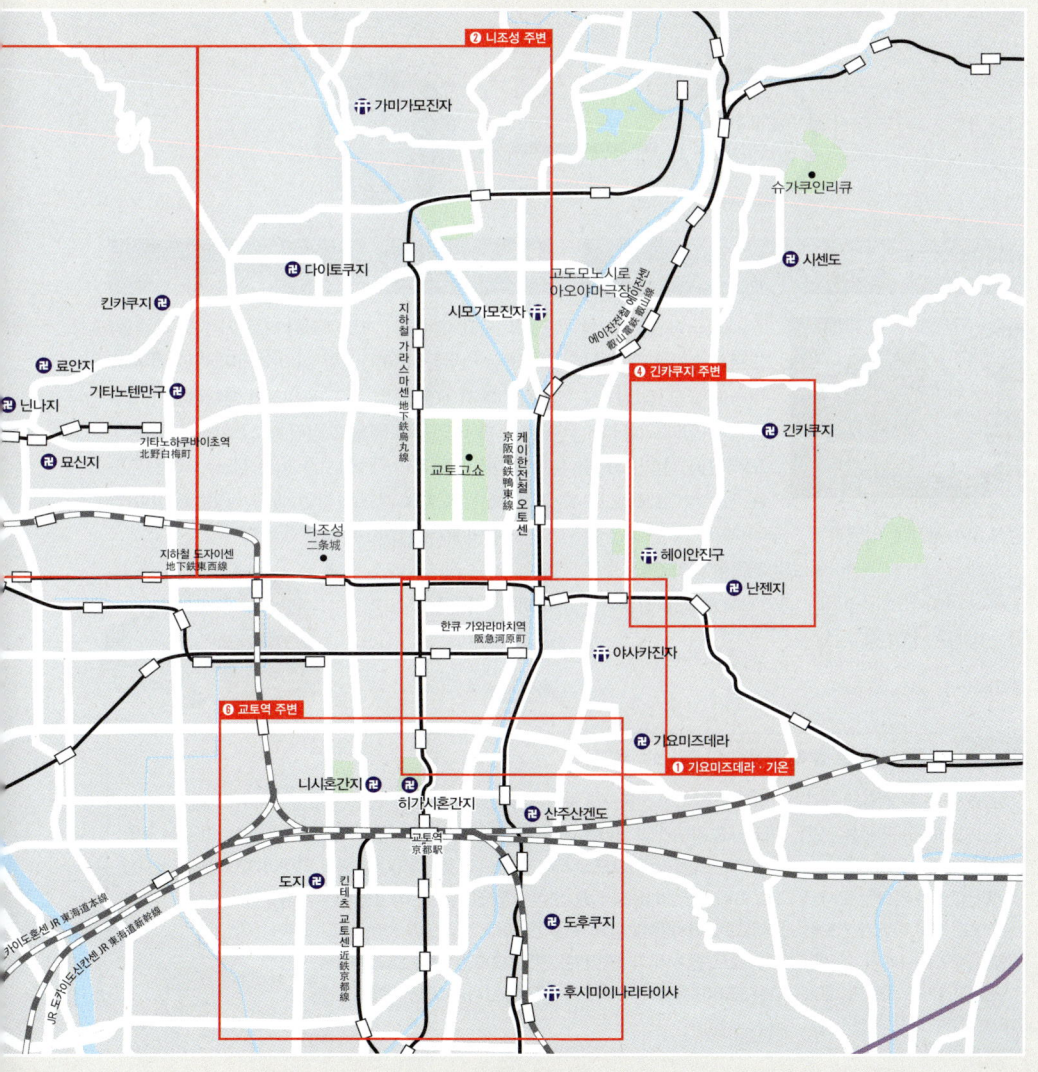

HOW TO GO
교토로 가는 방법

간사이국제공항에서 교토로 가는 가장 빠른 방법은 JR특급 하루카를 타고 교토역으로 가는 것. 가장 쾌적하고 편리하다. 오사카에서 교토로 갈 때는 한큐 우메다역에서 특급열차를 타고 가와라마치역으로 가는 게 편하다. 간사이 쓰루패스를 소지한 경우에도 이 방법이 가장 합리적이다.

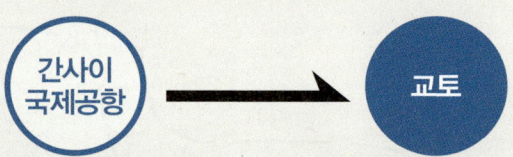

🚄 JR특급 하루카

간사이국제공항에서 교토로 갈 때 가장 선호하는 교통편. 약 1시간 15분 만에 교토역에 도착한다. 일반 요금은 자유석 2850엔, 지정석 3170엔인데, 이코카 & 하루카 패스를 이용하면 할인 혜택이 있어 리무진버스보다 저렴한 셈이 된다. 보통 30분에 한 대꼴로 운영한다. 공항에서 JR특급 하루카를 타는 방법은 p.131 참고.

홈피 www.jr-odekake.net

🚌 리무진버스

간사이국제공항에서 교토역까지 바로 가는 또 다른 방법, 바로 리무진버스다. 공항 제1여객터미널 1층의 자동판매기에서 표를 구입하고, 1층의 8번 승차장에서 리무진버스를 타면 교토역으로 간다. 소요 시간은 교통 상황에 따라 다르지만 대략 1시간 30분 정도, 가격은 편도 2550엔, 왕복 4180엔으로 할인 혜택이 없는 것이 아쉽다. 교토역에서는 하치조 출구 八条口 옆에 있는 케이한버스 안내소에서 리무진버스 티켓을 판매한다.

홈피 www.kate.co.jp

TIP 공항에서 교토 갈 때 유용한 이코카 & 하루카

이코카 카드와 JR특급 하루카 이용권을 결합한 상품으로 공항에서 교토로 바로 갈 때 유용하다. 간사이국제공항 JR 티켓오피스에서 구매할 수 있는 '이코카 & 하루카'의 가격은 편도 3600엔, 왕복 5200엔. 여기에는 2000엔짜리(충전 금액 1500엔+보증금 500엔) 이코카 카드가 포함되어 있으므로 하루카 편도 티켓이 1600엔, 왕복 티켓이 3200엔이 되는 셈이다. 이코카 카드는 오사카, 교토, 고베, 나라의 버스나 JR 전철, 지하철 혹은 편의점 등에서 사용할 수 있는 충전식 교통카드. 이미 이코카 카드를 소지하고 있어 구매할 필요가 없다면 이코카 카드를 보여주고 '하루카 할인권'으로 구매할 수 있다. 공항-교토 간 하루카 할인권은 편도 1600엔, 왕복 3200엔으로 이코카 & 하루카 세트와 교통 요금이 동일하다. 이코카 카드의 보증금 500엔은 JR 티켓오피스에서 환불받을 수 있다.

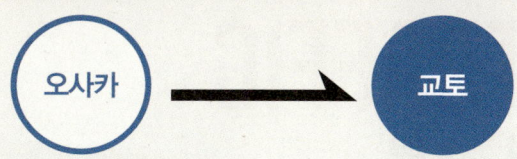

한큐 전철

한큐 우메다역 阪急梅田駅에서 출발하는 한큐 전철을 이용해 교토 가와라마치 河原町역으로 가면 된다. 요금이 단 400엔으로 가장 저렴한 데다가 간사이 쓰루패스나 한큐 투어리스트패스 소지자들이 무료로 이용할 수 있으므로 가장 가성비 좋은 교통수단이다. '특급'을 이용할 경우 소요 시간은 약 45분. 하지만 '각 역을 정차'하는 보통열차를 타면 1시간이 넘게 소요되므로 되도록 특급을 이용할 것. 특급과 보통열차 사이에 가격 차이도 없다. 가와라마치역 일대는 백화점과 쇼핑몰이 몰려 있는 교토 제일의 번화가로 주요 관광지로 통하는 버스가 정차해 편리하게 여행할 수 있다.

홈피 www.hankyu.co.jp

JR

오사카역에서 JR 교토센 JR京都線을 타면 교토역으로 간다. 요금이 560엔으로 한큐 전철보다 좀 더 비싸지만 가와라마치역이 아닌, 교토역에 하차하는 게 초보자에게는 장점이 될 수 있다. 교토역 앞 버스정류장은 교토 전역으로 연결된 버스가 출발하는 곳으로 한국어 안내가 가능한 관광안내소 등 여행자를 위한 편의시설이 집중돼 있다. JR 운행 편수는 3~4분에 한 대꼴로 자주 있는 편이지만 열차 시각표를 잘 확인하고 되도록 신쾌속 新快速을 이용하자. 신쾌속을 이용하면 약 30분 정도 소요되는데 오사카에서 교토로 가는 교통편 중 가장 빠르다. 간사이 쓰루패스로는 JR을 이용할 수 없으므로 JR 간사이 패스나 JR 간사이 미니패스 소지자에게 유리하다.

홈피 www.jr-odekake.net

케이한 전철

지하철 미도스지센과 연결되는 케이한 요도야바시역 淀屋橋駅에서 케이한 京阪 특급열차를 이용하면 교토의 기온시조역 祇園四条駅으로 간다. 특급열차 이용 시 소요 시간은 약 50분, 요금은 410엔이다. 교토 최대의 관광지 기온의 중심에 있는 기온시조역으로 가는 것과 간사이 쓰루패스 소지자가 무료로 이용 가능한 것은 장점이지만, 주요 관광지와 다소 떨어진 요도야바시역에서 열차가 출발하는 것 때문에 한큐 전철만큼 많이 이용하지는 않는다.

홈피 www.keihan.co.jp

CITY TRAFFIC
교토 시내 교통

교토 시내에서 가장 유용한 교통수단은 바로 버스이다. 교토역이나 가와라마치역을 기점으로 교토 시내 곳곳을 버스로 누빌 수 있다. 특히 교토역 2층의 종합 관광안내소에서 한국어 버스 노선도를 챙겨두면 교토 버스 여행이 훨씬 편해진다.
단, 목적지나 상황에 따라 적절히 지하철, 전철과 연계하는 것도 필요하다.

🚌 버스

시버스 市バス
교토시 교통국에서 운영하는 민트색 버스. 주요 명소를 경유하는 매우 다양한 노선을 운행하여 여행자가 가장 많이 이용한다. 일정 구간까지는 230엔짜리 고정 요금제이고, 그 구간을 벗어나면 거리에 따라 요금이 늘어나는 비고정 요금제를 적용하는데, 교토 시내의 웬만한 관광지는 고정 요금제 구간에 속한다.

라쿠버스 洛バス
관광객을 위해 인기 명소만을 골라 운행하는 급행 버스. 역시 교토시 교통국에서 운행한다. 분홍색의 100번, 초록색의 101번, 노란색의 102번이 있으며, 외관부터 화려해 눈길을 끈다. 100번과 101번은 교토역 앞에서 출발하고, 102번은 기타오지 버스터미널을 기점으로 운행한다.

● **100번** 교토역 → 기요미즈데라 → 야사카진자 → 헤이안진구 → 긴카쿠지

● **101번** 교토역 → 시조가라스마 → 니조성 → 기타노텐만구 → 킨카쿠지

● **102번** 긴린샤코마에 → 긴카쿠지 → 교토고쇼 → 기타노텐만구 → 킨카쿠지

교토버스 京都バス
'교토버스 주식회사'라는 민간 업체에서 운영하는 버스. 주로 교토시 북부를 중심으로 운행한다. 교토 시내나 근교의 명소 대부분 시버스로 이동 가능하므로 교토버스를 이용할 일이 많지는 않다. 다만, 교토 북부에 있는 오하라 大原로 가려면 교토버스 17번을, 아라시야마 嵐山로 갈 때는 교토버스 72·73번을 이용하는 것이 편리하다.

홈피 www.kyotobus.jp

100엔 순환버스 100円循環バス

교토의 번화가인 시조 四条, 가와라마치 河原町, 오이케 御池, 가라스마 烏丸 등 중심가의 4개 대로를 반시계 방향으로 순환하는 버스. 어른과 어린이 운임이 모두 100엔이다. 시버스·교토버스 1일 승차권, 간사이 쓰루패스 소지 시에 무료로 이용할 수 있다. 토요일과 공휴일(1월 1일 제외) 11:00~17:50에만 10분 간격으로 운행한다.

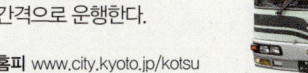

홈피 www.city.kyoto.jp/kotsu

교토정기관광버스 京都定期観光バス

핵심 명소를 코스대로 둘러보는 시티투어 버스. 교토역 앞에서 출발한다. 정기관광버스 요금에는 교통비는 물론 각 명소의 입장료가 기본적으로 포함되어 있다. 코스에 따라 요금은 다르지만 대략 식사 제외 3000~6000엔대. 교토역 가라스마 출구 앞 정기관광버스 매표소에서 티켓을 살 수 있다.

홈피 www.kyototeikikanko.gr.jp

TIP 교토 여행에 유용한 패스 Top 2

① 시버스·교토버스 1일 승차권
교토의 시버스와 라쿠버스, 교토버스를 하루 동안 무제한으로 탈 수 있는 패스. 요금은 600엔이다. 버스 1회 승차 기본요금이 230엔이므로 세 번 이상 버스를 타면 무조건 이득이다.

② 교토 지하철·버스 1일 승차권

시버스, 교토버스, 지하철까지 하루 동안 무제한 이용할 수 있는 통합 교통패스. 2018년 3월부터 발매를 시작했으며, 1일권 900엔, 2일권 1700엔으로 가격이 합리적이다.

➡ **구입** 교토역 2층 종합 관광안내소, 교토역 앞 야외 버스티켓센터, 가와라마치역 지하 1층 관광안내소

교토역 종합 관광안내소   교토역 야외 버스티켓센터

교토 버스 타기 완전정복

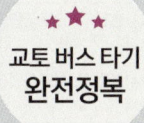

1. 교토의 버스는 보통 뒷문으로 타서 앞문으로 내리는 시스템. 뒷문으로 탑승한다.

2. 안내방송이나 안내전광판을 통해 내릴 정류장을 확인한다.

① 현금 투입구   **② 이코카카드 단말기**
③ 승차권 투입구   **④ 지폐 교환기**

운전석 옆에 있는 요금 투입구에 티켓에 맞는 방법으로 요금을 지불한다. 현금으로 낼 경우 거스름돈을 내주진 않지만, 미리 동전으로 교환해 요금을 낼 수 있으니 동전이 없더라도 당황하지 말자(일부 버스 제외).

3. 내릴 정류장 전에 하차벨을 누른다.

🔍 교토역 버스 타는 곳·가는 곳

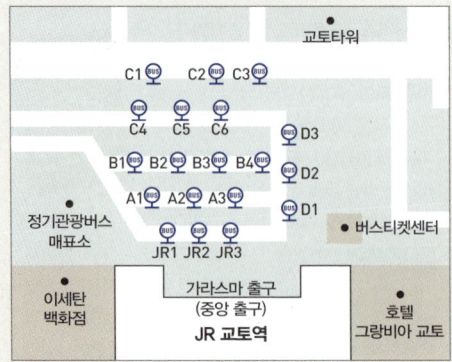

※같은 버스라도 타는 곳이 다르면 반대 방향으로 갈 수 있다. 승차 위치를 반드시 확인하자.

타는 곳	버스	가는 곳
A1	5	헤이안진구, 시조가와라마치, 난젠지, 긴카쿠지, 시센도
A2	4	시조가와라마치, 시모가모진자
	17	시조가와라마치, 긴카쿠지
	205	히가시혼간지, 고조도리, 시조가와라마치, 교토교엔, 시모가모진자
A3	6	니조성
	206	니조성, 다이토쿠지
B1	9	니시혼간지, 니조성, 가미가모진자
B2	50	니조성, 기타노텐만구
	101 (라쿠버스)	니조성, 기타노텐만구, 킨카쿠지, 다이토쿠지
B3	205	시모가모진자, 킨카쿠지, 다이토쿠지
	208	도지
C3 (교토버스)	17	시조가와라마치, 산조케이한, 오하라, 슈가쿠인리큐(헤이하치마에)
C4	16, 19, 42, 78	도지
	南5	도후쿠지, 후시미이나리타이샤
	105	후시미이나리타이샤
C5	73	히가시혼간지
	75	니시혼간지, 토에이우즈마사 에이가무라
C6 (교토버스, 케이한버스)	28	아라시야마, 다이카쿠지
	71, 72, 73, 74	토에이우즈마사 에이가무라, 아라시야마
	81, 83	사가아라시야마역, 다이카쿠지
D1	100 (라쿠버스)	교토국립박물관·산주산겐도, 기요미즈데라, 기온, 야사카진자, 헤이안진구, 긴카쿠지
	110	교토국립박물관·산주산겐도, 기요미즈데라, 기온, 헤이안진구
D2	86, 206	교토국립박물관·산주산겐도, 기요미즈데라, 기온
	88	교토국립박물관·산주산겐도, 센뉴지, 도후쿠지
	208	히가시혼간지, 교토국립박물관·산주산겐도, 센뉴지, 도지
D3	26	히가시혼간지, 시조가와라마치, 닌나지

🚆 전철·지하철

교토시에는 남북을 가로지르는 가라스마센 烏丸線과 동서를 가로지르는 도자이센 東西線, 이렇게 2개의 지하철이 있고, 이밖에 JR, 케이후쿠 京福, 에이잔 叡山, 케이한 京阪, 한큐 阪急, 킨테츠 近鐵 등 6개의 전철이 있다. 교토 여행을 할 때 보통은 시버스를 이용하는 게 편리하지만 주말이나 휴일에 교통 체증이 심하거나 버스로 가기 힘든 곳에 목적지가 위치할 경우 적절히 혼용하면 편리하다. 특히 아라시야마로 갈 때 JR을 이용하면 교토역에서 사가아라시야마역까지 환승 없이 15분 만에 갈 수 있다. 또 시조오미야역에서 케이후쿠 전철을 이용해 아라시야마역까지 가는 방법도 고려해볼 만하다.

시조 가와라마치 버스 타는 곳·가는 곳

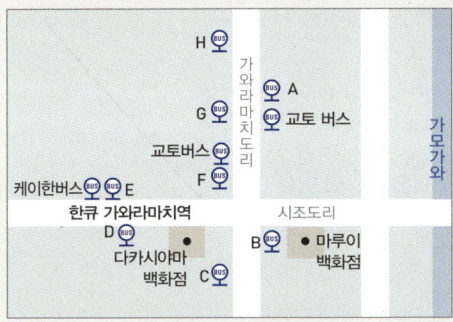

※같은 버스라도 타는 곳이 다르면 반대 방향으로 갈 수 있다. 승차 위치를 반드시 확인하자.

타는 곳	버스	가는 곳
A	5	교토역, 시조가라스마, 히가시혼간지
	10	교토교엔, 기타노텐만구, 닌나지
	15	니조성
	51	기타노텐만구
	59	도시샤대학, 교토교엔, 킨카쿠지, 료안지, 닌나지
B	4, 17, 106	교토역
	80	기온, 기요미즈데라, 고조역
C	205	교토역, 도지
	17	긴카쿠지
D	3	시조역, 시조가라스마
	11	아라시야마, 사가
	12	니조성, 다이토쿠지, 킨카쿠지
	31, 32	시조역
	46	니조성, 가미가모진자
	203	기타노텐만구
	207	도후쿠지, 도지
E	31, 201	기온
	46	기온, 헤이안진구
	203	기온, 철학의 길, 긴카쿠지
	207	기온, 기요미즈데라
F	4	교토교엔, 시모가모진자, 가미가모진자
	205	교토교엔, 시모가모진자, 다이토쿠지, 킨카쿠지
G	17	교토교엔, 긴카쿠지
H	5	헤이안진구, 철학의 길, 긴카쿠지, 시센도, 슈가쿠인리큐
	32	헤이안진구, 긴카쿠지
	100엔 순환버스	시조가와라마치 일대 순환

택시

교토 시내 곳곳에서 택시를 쉽게 볼 수 있다. 소형 택시의 기본요금은 1.7km까지 610엔으로, 우리나라 택시 기본요금보다 무려 2배 정도 비싸다. 하지만 짧은 거리를 4명이 함께 이동할 경우 버스보다 합리적일 수 있다. 1.7km 이후부터는 324m마다 80엔씩 올라가고, 정차하거나 저속 주행할 때는 시간병산제로 요금이 부과되기 때문에 막히는 시간대에 이용하면 거리에 비해 비싼 요금을 물 수도 있다.

자전거

교토 시내는 그리 넓지 않고 경사도 심하지 않아 시간 여유만 있다면 자전거로 돌아보기도 좋다. 바둑판식으로 구획이 나뉘어 있어 길 찾기도 어렵지 않다. 자전거는 변속 시스템의 종류와 전동장치의 유무에 따라 가격이 크게 다른데, 보통 저렴하게는 800엔대부터 빌릴 수 있다. 교토역 주변에 자전거 렌털숍(www.k-miyabiya.jp)이 있으며, 숙소에서 무료로 빌려주는 경우도 있으니 확인해보자.

BEST COURSE
교토 추천 코스

교토를 돌아볼 수 있는 시간이 하루나 이틀뿐이라면 지역을 구분할 필요 없이 교토를 대표하는 명소 위주로 하루 4~5곳 정도 방문하는 일정이 좋다. 교토를 좀 더 꼼꼼히 여행하고 싶다면 교토 파트의 지역 분류를 참고해서 2~3개 지역을 조합해 하루 일정을 만들어보자.

 시버스·교토버스 1일 승차권을 이용한 **교토 핵심 코스**

교토 시버스·교토버스 1일 승차권을 이용해서 교토의 대표적인 명소를 돌아보는 코스로 교토에 투자할 수 있는 시간이 빠듯한 여행자들에게 추천할 만한 일정이다. 교토의 대표 명소를 중심으로 바쁘게 다녀야 하므로 버스를 이용한 이동이 많은 편이다. 따라서 출발 전에 미리 버스 노선을 잘 숙지해두는 것이 좋다.

> **TIP** 이 코스를 모두 소화하려면 늦어도 08:30에는 교토역에 도착해 여행을 시작해야 한다. 만약 시간이 부족하다면 헤이안진구를 일정에서 제외하고 곧바로 기요미즈데라로 이동하면 된다.

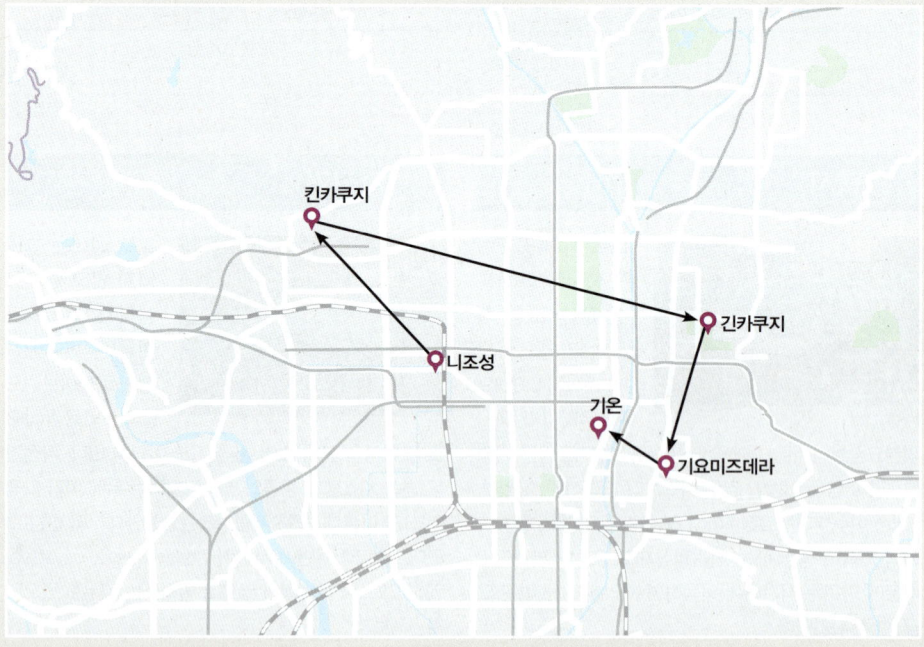

- 교토역 앞 B2 정류장
- 시버스 50·101번 20분
- 니조조마에 정류장

▶▶▶ 2분

1 니조성

p.362

- 니조조마에 정류장
- 시버스 12·101번 18분
- 킨카쿠지미치 정류장

▶▶▶ 2분

2 킨카쿠지

p.388

▶▶▶ 3분

🚶 3분

4 난젠지

p.400

- 긴카쿠지미치 정류장
- 시버스 5번 7분
- 난젠지·에이칸도미치 정류장

◀◀◀ 10분

3 긴카쿠지

p.398

◀◀◀ 10분

- 킨카쿠지미치 정류장
- 시버스 102·204번 21분
- 긴카쿠지미치 정류장

◀◀◀ 8분

🚶 10분

- 난젠지·에이칸도미치 정류장
- 시버스 5번 3분
- 교토가이칸비주츠칸마에 정류장

▶▶▶ 2분

5 헤이안진구

p.402

- 히가시야마니조·오카자키코엔 정류장
- 시버스 202번 25분
- 기요미즈미치 정류장

▶▶▶ 5분

6 기요미즈데라

p.322

▶▶▶ 10분

🚶 2분

10 야사카진자

p.328

◀◀◀ 5분

9 마루야마 공원

p.327

◀◀◀ 10분

8 니넨자카

p.325

◀◀◀ 5분

7 산넨자카

p.325

🚶 5분

11 하나미코지

p.330

▶▶▶ 10분

12 폰토초

p.330

▶▶▶ 5분

13 니시키 시장

p.332

▶▶▶ 2분

14 시조도리

p.331

간사이 쓰루패스를 이용한 **교토 외곽 코스**

교토 외곽에 숨겨놓은 보석 같은 관광지인 아라시야마, 오하라, 그리고 시센도를 한데 묶어서 당일치기 여행을 즐겨보자. 아침 일찍 교토역에서 아라시야마행 버스를 이용해 점심 무렵까지 아라시야마를 돌아본 후 교토 북쪽에 있는 오하라로 이동해 정원이 아름답기로 유명한 산젠인과 호센인을 둘러보고 시센도까지 방문하면, 하루 동안 교토를 대표하는 정원을 차례로 감상할 수 있다.

> **TIP** 시센도는 17:00까지만 개방하기 때문에 늦어도 16:30 전에 입장해야 한다. 아라시야마와 오하라 지역을 여행하다가 시간이 다소 늦어진 경우에는 아쉽지만 시센도를 일정에서 제외하고 다음을 기약하는 것이 좋다.

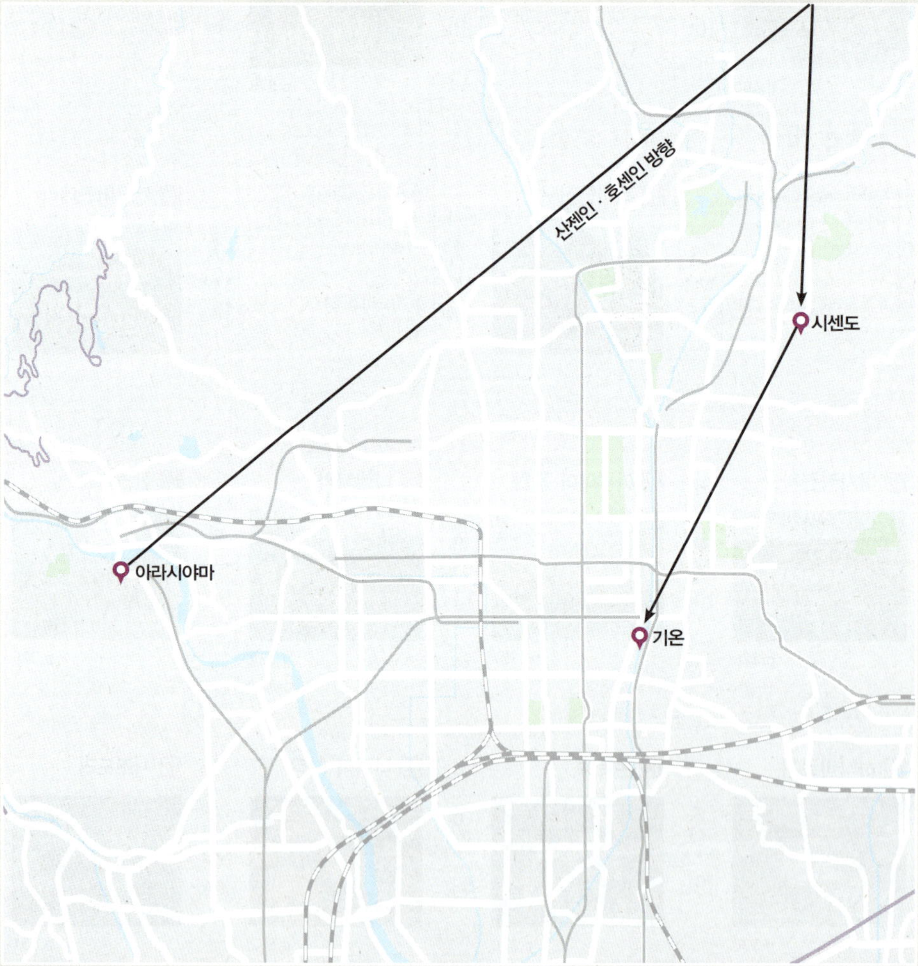

시버스·교토버스 1일 승차권을 이용한 **교토 심화 코스**

교토의 대표 명소를 중심으로 한 대중적인 코스는 아니지만 교토의 진가를 알려주는 곳들을 묶은 심화 코스이다. 유네스코가 지정한 세계문화유산도 다수 포함되어 있는 만큼 교토 여행에 3일 이상 시간을 투자할 여건이 된다면 하루 정도는 이 코스를 모델 삼아 돌아보길 권한다.

TIP 간사이 쓰루패스를 이용할 경우 케이한 전철을 이용해서 후시미이나리역으로 이동하면 추가 요금 없이 여행할 수 있다. 오사카에서 출발하는 경우에는 오사카 시내의 케이한 요도야바시역에서 케이한 전철을 이용해서 교토의 후시미이나리역에 하차한 후 여행을 시작하면 된다.

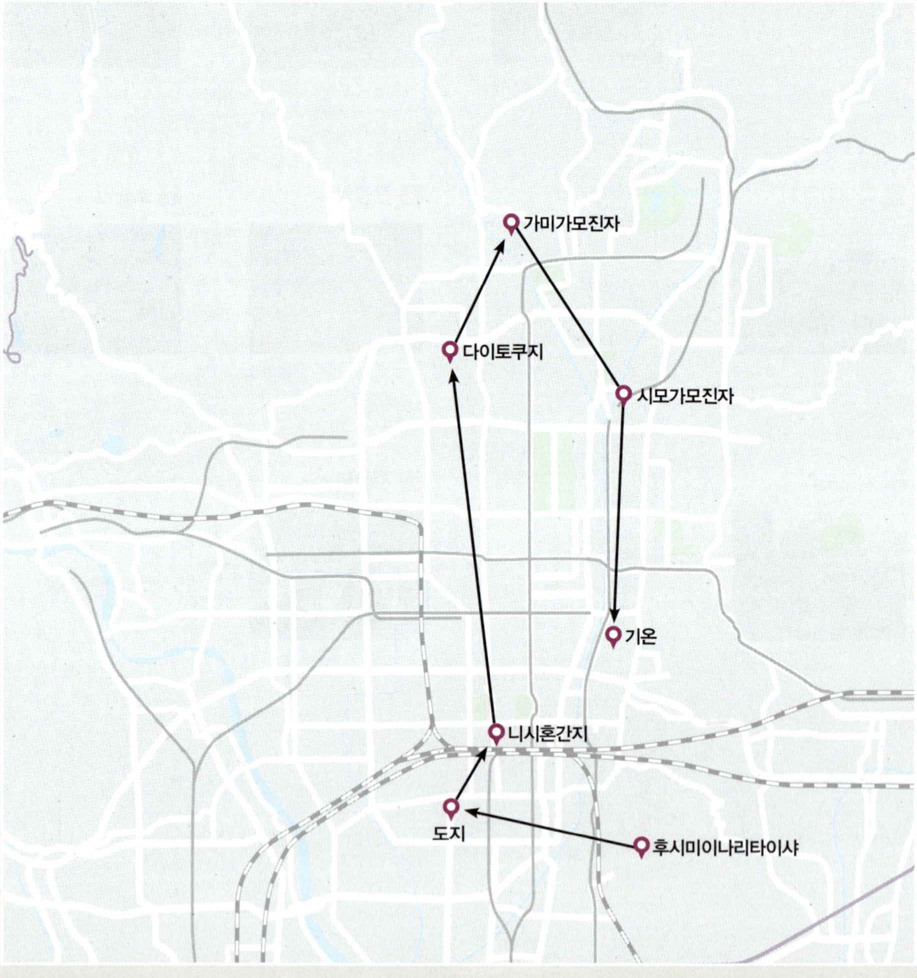

• 교토역 앞 C4 정류장 시버스 105번, 南5번 20분 • 이나리타이샤마에 정류장	**1** 후시미이나리타이샤 ▶▶▶ 8분 p.443	• 이나리타이샤마에 정류장 시버스 南5번 10분 • 도후쿠지미치 정류장	**2** 도후쿠지 ▶▶▶ 10분 p.442

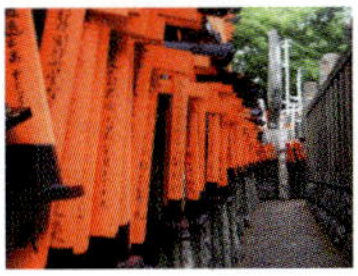

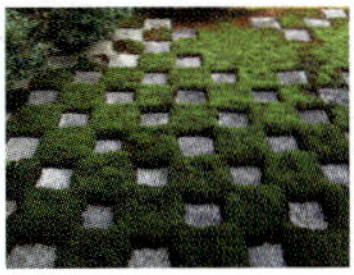

↓ 8분

4 니시혼간지 ◀◀◀ 3분 p.439	• 도지히가시몬마에 정류장 시버스 207번 35분 • 시치조오미야 정류장	**3** 도지 ◀◀◀ 3분 p.440	• 도후쿠지미치 정류장 시버스 207번 7분 • 도지히가시몬마에 정류장

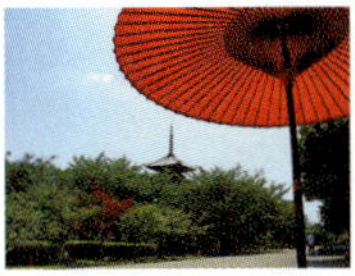

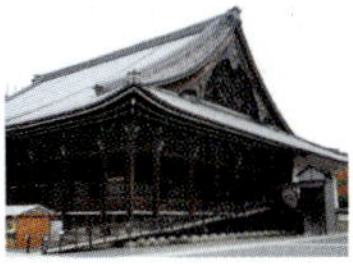

↓ 3분

• 시치조오미야 정류장 시버스 205·206번 35분 • 다이토쿠지마에 정류장	**5** 다이토쿠지 ▶▶▶ 5분 p.365	• 이마미야진자마에 정류장 시버스 46번 12분 • 가미가모진자마에 정류장	**6** 가미가모진자 ▶▶▶ 20분 p.367

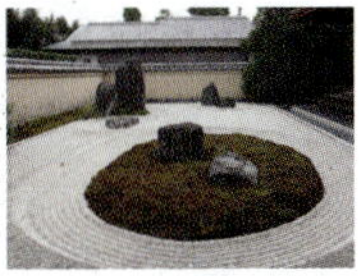

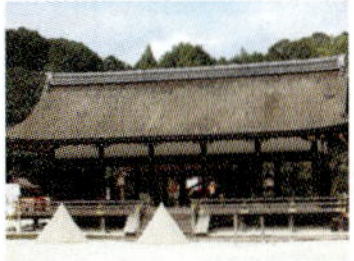

↓ 5분

7 시조도리 ◀◀◀ 5분 p.331	• 시모가모진자마에 정류장 시버스 4·205번 20분 • 가와라마치산조 정류장	**8** 시모가모진자 ◀◀◀ 5분 p.367	• 가미가모진자마에 정류장 시버스 4번 15분 • 시모가모진자마에 정류장

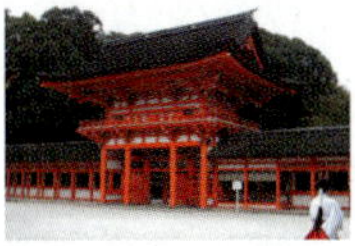

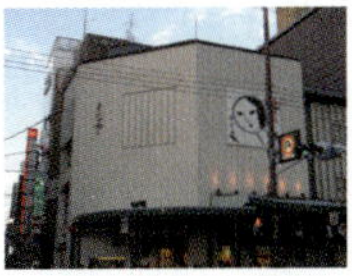

AREA 01

기요미즈데라 기온
清水寺·祇園

오사카에서 한큐 전철을 이용해 도착하는 가와라마치지역을 비롯해 교토의 번화가인 시조도리, 교토 여행의 꽃이라 불리는 기요미즈데라, 교토의 부엌인 니시키 시장 등 기온 일대를 아우르는 구역이다. 산넨자카, 니넨자카, 하나미코지 등 전통 거리 자체가 볼거리가 되고, 기모노를 입은 여행자들이 인생샷을 찍는 포토존이 곳곳에 있다.

기요미즈데라·기온
이렇게 여행하자

한큐 가와라마치역, 또는 교토역에서 출발한 경우 모두 버스를 타고 기요미즈미치 정류장에서 하차하면 된다. 이곳을 기점으로 기요미즈데라, 산넨자카, 니넨자카를 비롯해 니시키 시장에 이르는 이 구역의 전 구간을 도보로 이동할 수 있다. 한편, 역순으로 돌아볼 경우 한큐 가와라마치역을 출발점으로 삼고 여행을 시작하면 된다.

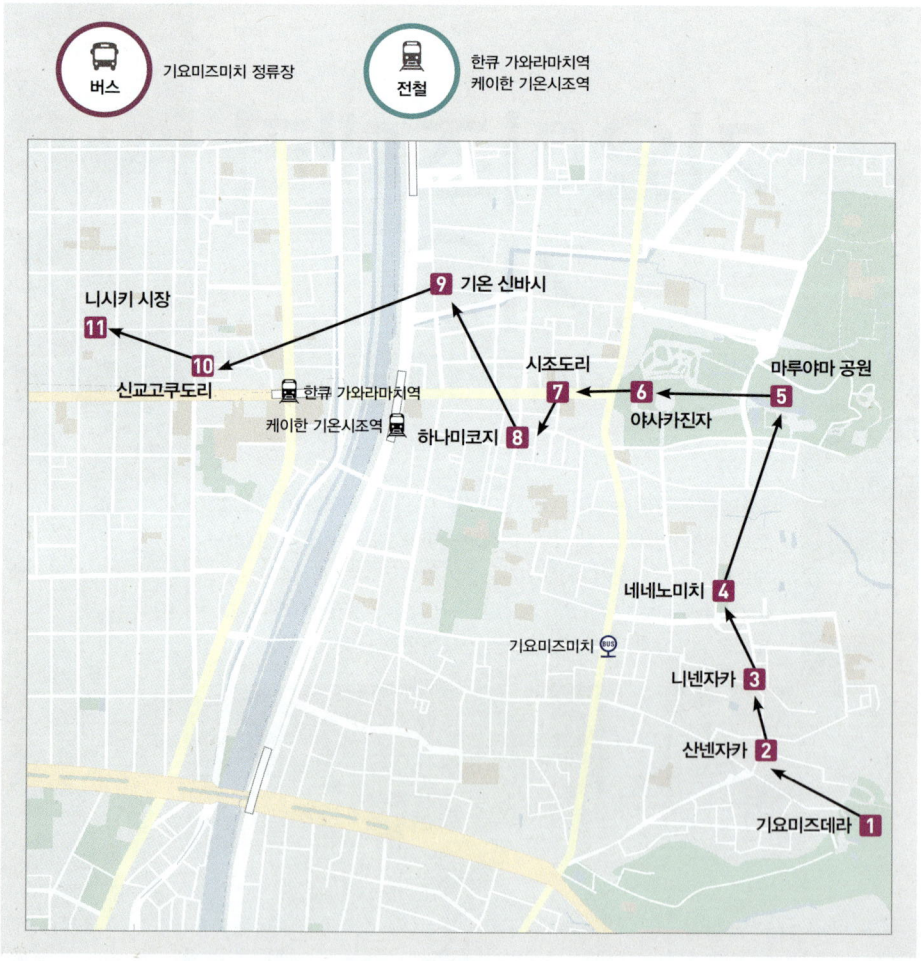

| 기요미즈미치 정류장 | →→→ 10분 | **1** 기요미즈데라 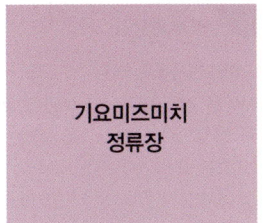 p.322 | →→→ 5분 | **2** 산넨자카  p.325 |

↓ 5분

5 마루야마 공원  p.327 ←←← 7분 **4** 네네노미치  p.327 ←←← 8분 **3** 니넨자카 p.325

↓ 5분

6 야사카진자  p.328 →→→ 5분 **7** 시조도리  p.331 →→→ 3분 **8** 하나미코지  p.330

↓ 3분

11 니시키 시장  p.332 ←←← 3분 **10** 신쿄고쿠도리  p.331 ←←← 10분 **9** 기온 신바시  p.331

주요 명소로 가는 교통수단

목적지	출발 지점	교통수단	하차 지점
가와라마치	교토역	시버스 5·101번 이용, 12분	시조가라스마
	교토역	지하철 가라스마센, 5분	지하철 시조역
기요미즈데라	교토역	시버스 100·110·206번 이용, 15분	기요미즈미치
	시조가와라마치	시버스 80·207번 이용, 11분	기요미즈미치

📷 기요미즈데라 清水寺

유네스코 세계문화유산

교토를 대표하는 가장 유명한 절로 계절을 불문하고 언제나 수많은 관광객으로 붐빈다. 나라 시대 말기인 778년, 승려 엔친 延鎮이 꿈에 나타난 관음의 부름을 받고 오토와노타키 音羽の瀧 위에 관음상을 모신 것이 이 절의 시초라 전해진다. 인왕상이 서 있는 주홍색의 니오몬 仁王門, 139개의 기둥으로 받치고 있는 높이 13m의 혼도 本堂, 세 줄기의 폭포가 흐르는 오토와노타키 音羽の瀧, 사랑을 점치는 소녀들로 붐비는 지슈진자 地主神社 등 볼거리가 풍성한 최고의 관광 명소다. 봄에는 벚꽃과 신록이, 가을에는 단풍이 절경을 이루며 계절마다 아름다운 경관을 즐길 수 있다.

절벽 위에 자리한 기요미즈의 본당 마루는 "기요미즈의 무대에서 뛰어내린다"는 말로 유명하다. 이 말의 뜻은 이곳에서 뛰어내려 다치지 않으면 소원이 이루어지거나, 아니면 죽어서 성불 成佛한다는 전설에서 비롯된 것으로 곧 그만큼 필사적인 각오로 무언가에 임한다는 의미다. 이곳에서 바라보는 교토 시가지의 전망이 무척 아름답다.

한편, 버스정류장이 있는 히가시오지도리 東大路通에서 기요미즈데라로 향하는 약 1km 길이의 언덕길인 기요미즈자카 清水坂에는 관광객들의 흥미를 끄는 선물가게들과 군것질거리를 파는 가게가 줄지어 있어 여행의 재미가 배가 된다.

[지도] MAP 18 ⓛ [위치] 시버스 기요미즈미치 정류장에서 도보 10분 [오픈] 06:00~18:00(시기에 따라 변동) [요금] 혼도 어른 400엔, 어린이 200엔 [전화] 075-551-1234 [홈피] www.kiyomizudera.or.jp

> **TIP 연계 관광지**
>
> 기요미즈데라를 둘러본 후 기요미즈자카를 따라 내려오다 보면 오른쪽 방향으로 산넨자카를 알리는 표석이 보인다. 이 작은 골목길로 들어서면 산넨자카와 니넨자카를 지나 고다이지와 마루야마 공원으로 이어지는 분위기 좋은 산책로를 즐길 수 있다. 마루야마 공원에서 야사카진자를 지나 기온 방향으로 걸어가면 교토의 중심가로 이어지고, 북쪽 지온인 방향으로 걸어가면 지온인, 쇼렌인을 지나 헤이안진구가 나온다.

🔍 Zoom in

니오몬
仁王門　**1**

기요미즈자카를 따라 기요미즈데라로 걸어 올라갈 때 제일 먼저 눈에 띄는 니오몬은 선명한 주홍색으로 칠해져 있어서 아카몬 赤門이라는 별명이 붙었다.

혼도
本堂　**2**

높이 15m, 139개의 기둥으로 세워진 본당이다. 보는 것만으로도 경외감이 들 정도로 거대한 규모이고, 그 주변은 벚꽃과 단풍 명소로 유명하다. 혼도 앞에 있는 무대에서는 교토 시내를 내려다볼 수 있으며, 혼도 내에는 십일면천수관음이 모셔져 있다. 무대는 원래 음악이나 가부키, 스모 등 각종 예술 행위를 본존의 관음에게 바치던 곳으로, 지금도 중요한 법회에는 무대 봉납이 이루어진다.

323

긴운케이
錦雲溪 **3**

혼도 앞에 있는 기요미즈의 부타이에서 교토 시내 쪽을 바라보면 그 사이에 있는 나무 숲이 마치 구름처럼 보인다 해서 긴운케이라 부른다. 사계절 언제 봐도 아름답지만 특히 벚꽃이 피거나 단풍이 물드는 시즌에 보면 더욱 아름답다.

고야스노토
子安塔 **4**

긴운케이를 사이에 두고 혼도 앞 부타이의 반대쪽에 있는 높이 15m의 3층 탑이다. 에도 시대 초기에 만든 것으로 알려졌으며 원래는 기요미즈데라의 정문인 니오몬 아래에 있던 것을 이축한 것이다. 이곳에서 긴운케이를 사이에 두고 기요미즈데라의 멋진 전경을 사진에 담을 수 있다.

오토와노타키
音羽の瀧 **5**

오토와산 音羽山에서 흘러나온 맑은 물이 오쿠노인 奧の院의 절벽 아래에 있는 3개의 홈통에서 떨어지는데 마치 작은 폭포와 같은 느낌을 준다고 해서 오토와노타키라 부른다. 국자로 물을 받아 마시면 그 소원이 이뤄진다고 해서 언제나 이 물을 마시려는 사람들의 긴 줄이 늘어선다. 세 갈래 물줄기는 마시면 건강, 학업, 연애에 효험이 있다고도 하는데, 하나의 물줄기만 골라 한 모금만 마셔야 효과가 가장 좋다고 한다.

지슈진자
地主神社 **6**

기요미즈데라 경내에 있는 신사로, 인연을 맺어주는 신을 모시고 있다. 본전 앞에 있는 연애점의 돌 戀占いの石은 약 10m 간격을 두고 2개가 놓여 있는데 눈을 감고 다른 돌까지 무사히 도착하면 사랑이 이루어진다는 전설이 전해진다. 이곳에서 판매하는 갖가지 부적도 사랑을 맺어주는 데 큰 효험이 있다고 알려져 커플 여행자들에게 특히 인기를 끌고 있다.

📷 산넨자카 三年坂

>지도> MAP 18 ⓛ >위치> 기요미즈데라에서 기요미즈자카를 따라 내려오다 오른쪽

기요미즈데라에 있는 높이 15m의 3층탑 고야스노토 子安塔는 에도 시대 당시만 해도 기요미즈데라 입구의 니오몬 아래에 있었다. 이 탑은 원래 순산을 기원하는 다이안지 泰産寺에 속한 것으로 당시 자녀의 순산을 비는 참배객들의 발걸음이 끊이지 않았다고 한다. 산넨자카는 808년 당시 고야스노토로 가는 참배객을 위해 만들어진 것으로, 정식 명칭은 산네이자카 産寧坂지만 언제부터인가 산넨자카 三年坂라 부르는 사람들이 더 많아졌다.

산넨자카는 엄밀히 말해 기요미즈데라의 참배로인 기요미즈자카에서 북쪽으로 나 있는 좁은 돌계단 46개를 부르는 명칭이지만, 지금은 니넨자카로 이어지는 완만한 돌계단 길을 통칭하는 의미로 사용된다. 교토 사람들 사이에는 산넨자카에서 발을 헛디뎌 넘어지면 3년 이내에 사망한다는 속설이 있는데, 이 때문에 액땜을 위해 근처의 기념품점에서 박으로 만든 호리병을 팔고 있다. 굴려도 다시 일어서는 표주박의 특성에서 기인한 것이라고 한다. 바닥에 가지런히 깔린 돌과 돌계단을 따라 짧게는 몇십 년, 길게는 수백 년의 전통을 자랑하는 가게들이 조화롭게 줄지어 서 있다.

📷 니넨자카 二年坂

산넨자카와 연결되는 약 200m에 달하는 야트막한 돌층계 주변은 다이쇼 大正 시대에 지은 집과 마을 풍경이 그대로 남아 있어 사진 촬영하기 매우 좋은 길이다. 니넨자카는 산넨자카보다 1년 앞선 807년에 완성된 것으로 알려져 있으며, 정식 명칭은 니네이자카 二寧坂이지만 산넨자카와 연결 지어 흔히 니넨자카 二年坂라 부른다.

이 일대가 이렇게 잘 보존된 것은 중요 전통 건축물군 보존 지구로 지정되어 있어 개축을 금하기 때문이다. 니넨자카에도 기념품점을 비롯해 요기를 달래는 간식 가게들이 많이 있어 고다이지 高台寺까지 걸어가는 길이 지겹지 않다.

니넨자카 역시 산넨자카와 마찬가지로 이곳에서 발을 헛디뎌 넘어지면 2년 이내에 사망한다는 속설이 있는데, 이는 계단 길에서 넘어지지 않도록 주의하라는 경고 차원에서 옛사람들이 만들어낸 말이다.

>지도> MAP 18 ⓛ >위치> 산넨자카와 바로 연결

📷 호칸지 法観寺

산넨자카의 돌계단을 내려가 니넨자카로 가다 보면 높이 솟은 탑이 눈에 들어온다. 이것이 바로 호칸지의 야사카노토 八坂の塔이다. 호칸지는 아스카 飛鳥 시대에 쇼토쿠 왕자가 창건한 절로, 옛날에는 화려하고 웅장한 시텐노지식 가람 배치로 번영한 사찰이었지만 모두 소실되었다. 지금은 무로마치 막부의 6대 쇼군인 아시카가 요시노리 足利義教가 1440년에 재건한 높이 46m의 고주노토와 야쿠시도 藥師堂, 다이시도 太子堂만 남아 있다.
저녁노을이 질 무렵에 가장 아름답고 밤에는 라이트업되어 더욱 멋진 풍경을 연출한다.

지도 MAP 18 Ⓛ 위치 시버스 기요미즈미치 정류장에서 도보 5분 오픈 10:00~16:00 요금 500엔(중학생 미만 입장 불가) 전화 075-551-2417

📷 고다이지 高台寺

도요토미 히데요시의 부인인 네네 ねね가 1606년에 도요토미의 명복을 빌기 위해 지은 절이다. 정식 이름은 고다이주쇼젠지 高台寺聖禅寺이지만, 부인의 이름을 따서 네네노테라 ねねの寺라고 부르기도 한다. 창건 당시에는 도쿠가와 이에야스의 적극적인 원조로 화려하고 웅장한 건물이 많았지만, 수차례의 화재로 대부분 소실되어 지금은 네네와 관련 있는 물건을 전시해 놓은 쇼 미술관 掌美術館과 정원 정도가 볼만하다.
그 외에 다실인 카사테이 傘亭와 시구레테이 時雨亭, 달을 바라보는 명소로 유명한 칸게츠다이 観月台 등이 남아 있다. 일본의 사적명승지로 지정되어 있을 정도로 아름다운 고다이지의 정원은 봄·여름·가을 밤에 화려한 불빛으로 라이트업되어 더욱 환상적인 풍광을 연출한다.

TIP 높이 24m, 거대한 관음상의 정체는?

고다이지로 가는 길목에는 높이 24m에 달하는 거대한 관음상이 앉아 있다. 자애로운 미소를 띠고 있는 이 료젠관음 靈山観音 불상은 태평양전쟁 당시 희생된 넋을 기리기 위해 어느 부호가 기부한 돈으로 1955년에 세운 것이다. 불상 주변에는 태평양전쟁 당시 희생된 군인들의 명복을 비는 비석 18개가 세워져 있는데, 그중에는 한국인 희생자 위령탑도 있다. 내부에 들어가려면 참배료 300엔을 내야 한다.

지도 MAP 18 Ⓗ 위치 시버스 히가시야마야스이 정류장에서 도보 10분 오픈 09:00~17:30(계절에 따라 변동) 요금 어른 600엔, 학생 250엔(미술관 포함) 전화 075-561-9966 홈피 www.kodaiji.com

네네노미치 ねねの道

고다이지 高台寺의 서쪽에 일직선으로 뻗어 있는 야트막한 돌층계의 길로 도요토미 히데요시의 아내인 네네가 걷던 길이라고 해서 네네노미치라는 이름이 붙었다. 화강암이 깔린 길이 단정하고 고급스러운 느낌을 주며, 길 주변에는 가로등이 설치되어 있어 늦은 저녁 시간에도 산책을 즐길 수 있다.

지도 MAP 18 ⓗ 위치 고다이지의 서쪽

이시베코지 石塀小路

네네노미치에서 서쪽으로 나 있는 작은 골목길로 들어서면 어깨높이 정도의 돌담이 이어지는 전통적인 일본식 주택가가 나온다. 이시베코지 石塀小路라는 글이 적혀 있는 독특한 가로등 아래에 폭 2m 정도 되는 골목길은 정방형의 돌이 깔려 있어 깔끔한 느낌을 주는데, 이 돌은 원래 교토 시가지를 달리던 노면전차의 궤도에 깔려 있던 것을 재활용한 것이다.

이곳에는 전통을 자랑하는 여관과 일품요리 전문점 등이 모여 있다. 이 일대가 바로 교토의 전통 가옥을 구경하기에 가장 좋은 곳이다. 매년 봄에는 이 길을 따라 수백 개의 등을 켜는 행사인 하나토로 花燈路 축제가 열린다. 축제일은 매년 바뀌지만 보통 3월 중순부터 말까지이다.

지도 MAP 18 ⓗ 위치 네네노미치의 서쪽 홈피 www.hanatouro.jp(하나토로)

마루야마 공원 円山公園

야사카진자 八坂神社에서 지온인 知恩院까지 이어지는 공원으로 교토에서 제일가는 벚꽃 명소로 유명하다. 특히 수령 700년이 넘은 것으로 추정되는 기온시다레자쿠라 祇園しだれ櫻라고 불리는 거대한 벚나무는 마루야마 공원의 상징이다. 넓은 연못을 중심으로 야외 음악당과 요정, 찻집 등이 있어 사계절 내내 교토 시민들의 휴식 공간으로 사랑받고 있으며, 공원 주변에는 인력거꾼들이 즐비하다.

지도 MAP 18 ⓗ 위치 시버스 기온 정류장에서 도보 2분

📷 야사카진자 八坂神社

지도〉MAP 18 Ⓗ 위치〉시버스 기온 정류장에서 도보 1분 오픈〉24시간 요금〉무료 전화〉075-561-6155 전화〉www.yasaka-jinja.or.jp

교토 제일의 번화가인 기온에서 주황색으로 칠한 사쿠라몬 桜門과 야사카진자 八坂神社라는 글씨가 보이는 신사를 발견했다면 바로 그곳이다. 만약 마루야마 공원에 먼저 들렀다면 야사카진자의 뒤쪽으로 들어가 정문을 통해 기온으로 나오게 된다.

옛날에는 기온상 祇園さん이라는 애칭으로 불렸으며, 메이지 정부의 신불분리 정책에 의해 야사카진자라는 이름으로 바뀌었다. 일본의 3대 축제 중 하나로 매년 7월에 열리는 기온마츠리 祇園祭가 개최되는 장소로도 유명한 야사카진자는 액운을 물리치고 사업을 번창하게 해준다는 신을 모시고 있다.

기온마츠리 외에도 매년 섣달 그믐날 저녁에서 새해 첫날까지 이어지는 오케라마이리 をけら詣り도 일본에서 손꼽히는 유명한 행사이며, 하츠모데 初詣라고 불리는 새해 첫날 참배에는 일본 전국 각지에서 몰려든 수많은 사람으로 인산인해를 이룬다.

📷 지온인 知恩院

지도〉MAP 18 Ⓓ 위치〉시버스 지온인마에 정류장에서 도보 5분 오픈〉09:00~16:00(매달 다름, 홈페이지 확인) 요금〉경내 무료(유젠엔 300엔, 호조정원 400엔, 공통권 500엔) 전화〉075-531-2111 홈피〉www.chion-in.or.jp

지온인은 일본 불교 정토종 淨土宗의 총본산으로 모두 돌아보는 데 1시간 이상 소요될 정도로 큰 절이다. 가마쿠라 시대 초기의 승려로 정토종을 창시한 호넨 法然이 포교 거점으로 삼은 지역에 그의 제자가 불전을 세우면서 지온인의 역사가 시작되었다.

경내는 산몬 三門과 닷추 塔頭 사원이 있는 하단, 혼도 本堂 등 중심 가람이 있는 중단, 호넨효 法然廟 등이 있는 상단으로 구분되는데, 이 중에서 상단이 창건 당시의 절이고 중단과 하단의 대가람은 에도 시대 도쿠가 막부의 전면적인 원조에 힘입어 새롭게 만든 것이다.

일본 3대 산몬 중 첫 번째로 손꼽히는 지온인의 산몬은 높이 24m, 폭 50m의 규모로 기와를 약 7만 장이나 사용한 현존하는 일본 최대의 목조 건축 2중문이다. 사원의 문은 일반적으로 산몬 山門이라 일컫는데, 지온인의 문은 공空, 무상 無相, 무원 無願 세 가지 뜻을 담아 산몬 三門이라 한다. 절의 본당인 미에이도 御影堂와 함께 국보로 지정되었다. 한편 지온인에는 옛날부터 전해져 내려오는 7대 불가사의가 있다.

Zoom in

시라키노히츠기   1
白木の棺

산문의 누각 위에 안치된 관 2개를 뜻한다. 관의 주인공은 산문을 세울 당시 막부로부터 산문 축조 명령을 받은 목수 부부로, 공사 예산이 초과한 데 대한 책임으로 할복해 자결했다고 한다. 이후 그들의 명복을 빌기 위해 산문의 누각 위에 목수 부부의 관을 안치했다. 경내에는 이들 부부의 목상도 있다.

와스레가사   2
忘れ傘

지온인의 본당인 미에이도로 올라가서 오른쪽을 보면 표지판이 있다. 처마 속에 우산의 손잡이가 살짝 보이는데, 이 우산에는 두 가지 전설이 전해져 내려온다. 히다리진 고로 左甚五郎라는 장인이 악마를 쫓기 위해 두었다는 설과 흰 여우가 자신의 소원을 들어준 지온인의 고승에게 답례로 줬다는 설이 있다. 어쨌거나 이 우산은 화재로부터 지온인을 지키는 의미로 보존되고 있다.

산보쇼멘마무키노네코 3
三方正面真向の猫

오호조의 복도에 있는 그림으로 이름이 뜻하는 것처럼 어느 쪽에서 보더라도 고양이의 눈이 정면을 응시하고 있다. 새끼 고양이를 돌보는 어미 고양이를 그렸으며 늘 중생을 돌보는 부처의 자비를 뜻한다.

오샤쿠시 4
大杓子

오호조의 입구 복도의 대들보에 놓인 거대한 밥주걱으로 길이 2.5m에 무게는 30kg에 달한다. 헐벗고 굶주린 사람들을 구제하고자 하는 아미타여래의 자비심을 상징하는 것이라고 한다.

누케스즈메 5
抜け雀

오호조의 장지문에 그려져 있는 국화 그림에는 원래 몇 마리의 참새가 있었는데, 사실감이 뛰어나 그림 속의 참새가 모두 날아가 버렸다는 이야기가 전해진다. 신라의 화가인 솔거 이야기와 닮은꼴이다.

우류세키 6
瓜生石

절 밖 노상에 있는 큰 돌은 지온인이 생기기 전부터 있었다고 하는데, 하룻밤 사이에 이 돌에서 싹이 나와 오이가 무성하게 자랐다는 전설이 전해진다. 돌을 파내면 니조성까지 연결되는 통로가 있다는 이야기도 있다.

우구이스바리 7
鶯張り

미에이도에서 집회당과 오호조 大方丈, 고호조 小方丈 등으로 이어지는 550m 길이의 복도는 마루판을 밟을 때 휘파람새 소리가 나도록 만들어졌다. 조용하게 걸으려고 할수록 더 큰 소리가 나 일종의 경보 장치 역할을 한다.

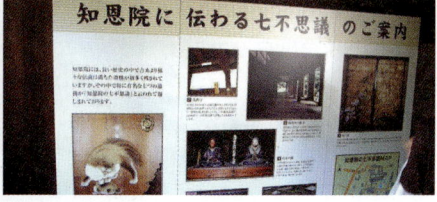

📷 하나미코지 花見小路

지도 MAP 18 ⓖ **위치** 시버스 기온 정류장에서 도보 5분

야사카진자에서 시조도리를 따라 가모가와 방면으로 걷다 보면 중간쯤에 남쪽으로 꺾이는 길이 바로 하나미코지이다. 네모난 돌이 단정하게 깔린 길 입구에 표석이 서 있어 쉽게 알아볼 수 있다.

이 거리에는 고급 요정인 오차야를 비롯해 전통 찻집과 빗·비녀를 파는 가게 등이 줄지어 있다. 특히 오차야가 밀집한 곳이라 게이샤를 만날 수 있다는 기대를 갖게 한다. 낮 시간에는 관광객들을 상대로 하는 기념품점이나 교요리 음식점 등이 문을 열고, 해 질 무렵이 되면 바닥에 물을 뿌리고 깨끗이 단장한 요정과 찻집이 처마마다 등불을 밝히고 손님을 맞이한다. 하나미코지는 골목길 안쪽에 위치한 켄닌지 建仁寺까지 이어지는데, 켄닌지 옆에는 일본의 전통문화를 체험해볼 수 있는 기온 코너가 있다.

📷 폰토초 先斗町

폰토초라는 지명은 영어의 'point'에 해당하는 포루투갈어 'ponta'에서 유래했다. '끝이 좁은 길'이라는 의미가 있는 어원에서도 알 수 있듯 폰토초의 좁은 거리에는 오랜 전통을 자랑하는 요정과 찻집이 많이 들어서 있어 환락가로서 번창했던 과거를 짐작할 수 있다.

시조가와라마치의 활기찬 분위기와 조금은 다른 분위기를 느끼게 해주는 이 거리에는 교토의 자랑거리인 가이세키 요리를 맛볼 수 있는 음식점이 많다. 여름철에는 가모가와 강변 야외에 설치된 마루 위에서 음식을 즐기는 가와도코 川床 요리로도 유명하다.

지도 MAP 18 ⓕ **위치** 시버스 시조가와라마치 정류장에서 도보 2분 **전화** 075-221-2025 **홈피** www.ponto-chou.com

📷 시조도리 四条通

야사카진자에서 시작해 마츠노오타이샤 松尾大社까지 약 7km의 거리로, 교토 최대의 번화가라 할 만하다. 시조가와라마치 사거리를 중심으로 백화점이 밀집해 있고, 각기 개성 있는 전문 상점들이 곳곳에 자리한다. 교토의 동서 방향을 연결하는 교통의 요지이자 최고의 번화가인 이 거리의 역사는 헤이안 시대까지 거슬러 올라간다. 옛 문헌을 보면 이 거리를 시조오지 四条大路라고 기록하고 있는데, 헤이안 시대 당시에도 이 거리가 교토의 중심가였다는 사실을 추측할 수 있다.

지도 MAP 18 Ⓖ 위치 시버스 시조가와라마치 정류장에서 바로 전화 075-221-2408 홈피 www.kyoto-shijo.or.jp

📷 신쿄고쿠도리 新京極通

산조도리 三条通에서부터 시조도리 四条通까지 이어지는 상점가 거리로 데라마치도리와 나란히 있다. 이곳에는 갖가지 기념품점이 밀집해 언제나 관광객들로 붐빈다. 친지들에게 줄 기념품이나 선물을 쇼핑하기에 좋은 곳이다.

얼마 전까지만 해도 외지에서 온 관광객들만 즐겨 찾는 쇼핑가였지만 지금은 젊은 층이 선호하는 패션 브랜드 숍과 시네마 콤플렉스 MOVIX도 등장해 현지 젊은이들도 즐겨 찾는 명소로 탈바꿈하고 있다. 교토 시내 한복판에 있는 번화가인데도 묘신지와 안요지 등 오래된 사찰이 곳곳에 들어서 있어 교토 특유의 풍취를 자아낸다.

지도 MAP 18 Ⓕ 위치 시버스 시조가와라마치 정류장에서 도보 1분 오픈 10:00~20:00(가게마다 다름) 전화 075-223-2426 홈피 www.shinkyogoku.or.jp

📷 기온 신바시 祇園新橋

지도 MAP 18 Ⓒ 위치 시버스 기온 정류장에서 도보 5분

전통적 건축물군 보존지구로 지정되어 있는 이 주변은 하나미코지만큼 유명하진 않지만, 꾸미지 않은 교토의 민낯을 보고 싶다면 꼭 들러야 할 명소이다. 특히 벚꽃이 피는 계절에는 시라가와 白川 강을 따라 환상적인 풍경이 연출된다. 낮에는 문을 여는 찻집이 많지 않아서 인적이 드물지만 저녁 무렵이 되면 오가는 사람도 많아지고 제법 활기찬 모습을 보인다. 저녁 무렵에는 게이샤와 마이코의 모습을 심심찮게 볼 수 있다. 가모가와 鴨川강을 따라 북쪽으로 걸어 올라가면 가모가와의 지류인 작은 개천이 보이는데, 이곳이 바로 시라가와다. 시라가와를 따라 조금 걸어가면 신바시가 나타난다.

니시키 시장 錦市場

약 390m에 이르는 아케이드 골목에 130여 개의 점포가 이어져 있는 니시키 시장은 400년의 전통을 자랑하는 교토의 전통 시장이다. '교토의 부엌'이라고 불릴 만큼 교토 시민과 주변 상점들의 식재료를 담당하고 있다. 언제나 현지인과 관광객들이 뒤섞여 혼잡하지만 그만큼 사람 냄새가 물씬 나는 활기찬 교토를 만날 수 있다. 다양한 음식 재료는 물론 간단하게 사 먹을 수 있는 주전부리도 많아서 먹고 구경 하다보면 어느새 시간이 훌쩍 지나고 배도 불러진다. 니시키 시장은 오후 5~6시에 대부분 문을 닫고, 수요일에 휴무인 상점이 많으니 일정을 고려해서 방문하는 것이 좋다.

`지도` MAP 18 ⓔ `위치` 지하철 시조역 2번 출구에서 도보 5분/시버스 시조가와라마치 정류장에서 도보 3분 `주소` 京都市中京区錦小路通青町-高倉間 `오픈` 09:00~18:00(가게마다 다름) `전화` 075-211-3882 `홈피` www.kyoto-nishiki.or.jp

➕ Zoom in

콘나몬자
こんなもんじゃ

교토 두부와 채소 전문점. 두유를 사용한 건강한 맛의 두유 도넛으로 유명하다. 오리지널 도넛은 종이봉투에 담아 주고, 시럽을 얹은 도넛은 작은 그릇에 담아주어 들고 먹기에 좋다. 가게 안과 밖에 앉을 수 있는 작은 공간이 있어 먹고 갈 수도 있다.

센교 키무라
鮮魚木村

다양한 수산물을 파는 상점. 특이하게도 생선회를 꼬치로 만들어 판매한다. 먹고 싶은 것을 골라 일회용 접시에 담으면 향긋한 레몬즙을 뿌려준다. 센스 있는 한글명 표시도 있다.

마루츠네 카마보코텐
丸常蒲鉾店

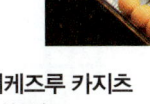

일본식 어묵인 카마보코 전문점. 여러 가지 재료를 조합한 창작 튀김 간식으로 최근 가장 인기 있는 곳이다. 다양한 튀김 중 인기 메뉴는 감자와 버터를 넣은 어묵으로 만든 자가버터텐이다.

이케즈루 카지츠
池鶴果実

신선한 과일 가게로 전국에서 엄선한 고품질 과일을 취급한다. 원하는 과일을 고르면 그 자리에서 생과일주스를 만들어준다. 제철 과일을 갈아낸 생과일주스는 매우 달고 상큼하다.

니시키 모치츠키야
錦もちつき屋

떡 전문점으로 직접 만든 다양한 종류의 떡을 판매한다. 간편하게 들고 먹을 수 있는 귀여운 컵에 담긴 와라비모치가 인기.

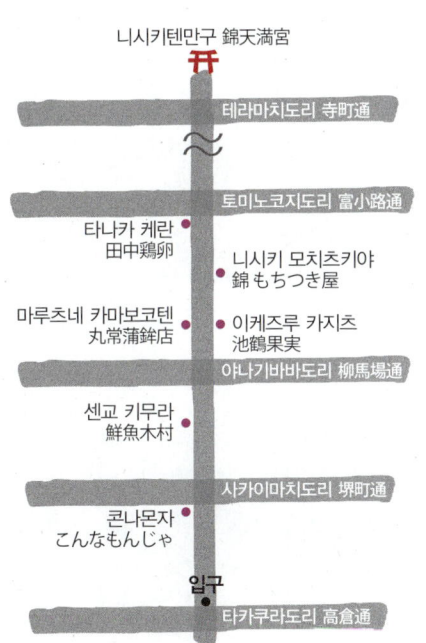

타나카 케란
田中鶏卵

달걀 전문점인 타나카 케란은 엄선한 다시마와 가츠오부시로 우린 일본식 밑국물을 사용한 짭짤한 달걀말이인 '다시마키'로 유명하다. 다시마키 꼬치는 10:30~16:00에만 판매한다.

디앤디파트먼트 교토 D&DEPARTMENT KYOTO

일본 최고의 디자이너로 꼽히는 나가오카 겐메이가 선보인 라이프스타일 숍. 붓코지 佛光寺라는 사찰 안에 자리해 더욱 교토다운 공간이 되었다. 내부에는 지역색이 돋보이는 요리 재료를 비롯해 남다른 감각의 식기, 문구류, 의류, 잡화 등 다양한 생활용품이 전시돼 있다. 오래 쓰고 오래 볼 수 있는 '롱 라이프 디자인'을 표방하는 만큼 유행에 얽매이지 않으면서 세련미가 돋보이는 상품들이 눈에 띈다. 바로 옆 D&D 식당은 정갈한 일식, 혹은 녹차 아이스크림을 맛보며 쉬어가는 공간. 고즈넉한 사찰 안에 라이프스타일숍, 그리고 식당을 들여와 이토록 매력적인 공간으로 거듭나게 한 발상이 놀랍다.

[지도] MAP 18 Ⓔ [위치] 지하철 시조역 5번 출구에서 도보 3분 [주소] 京都府 京都市下京区 新開町397 [오픈] 상점 10:00~18:00, 식당 10:30~18:00 [휴무] 수요일 [전화] 상점 075-343-3217, 식당 075-343-3215 [홈피] www.d-department.com/jp

발 BAL

'전통을 품은 교토에 이렇게 힙한 쇼핑몰이?'하고 감탄사를 연발하게 하는 발 BAL은 트렌디한 브랜드를 모아놓은 편집숍 형태의 몰. 백화점식으로 다양한 브랜드가 입점한 것이 아니라, 엄선한 몇 가지 브랜드를 매우 섬세한 감각으로 선보인다. 뷰티, 인테리어, 패션, 레스토랑까지 일본 최고의 감각을 경험할 수 있으며 쇼핑몰 자체 인테리어도 볼거리. 곳곳의 휴식 공간과 소파가 놓인 화장실까지 어디든 오래도록 머물고 싶게 만드는 공간이 쇼핑의 재미를 더한다.

[지도] MAP 18 ⓑ [위치] 한큐 가와라마치역 · 시버스 시조가와라마치 정류장에서 도보 3분
[주소] 京都市河原町通三条下ル山崎町251 [오픈] 11:00~20:00 [전화] 075-223-0501 [홈피] www.bal-bldg.com/kyoto/

➕ Zoom in

더 콘란 숍 4F
THE CONRAN SHOP

영국의 인테리어 디자이너 케런스 콘란 경의 감각이 묻어나는 인테리어 편집숍. 영국, 프랑스를 비롯해 일본의 도쿄, 후쿠오카, 나고야, 그리고 교토에 매장이 있다. 자사 브랜드는 물론이고 콘란의 미적 기준에 맞춰 전 세계에서 수입한 상품을 판매한다. 따스한 원목 가구와 적절히 어울리는 소품, 세련되고 우아한 공간을 보는 즐거움이 있어 '인테리어 덕후'라면 반드시 들러야 할 곳.

무인양품 5F
無印良品

다양한 제품군과 널찍한 쇼핑 공간으로 무인양품 매장 중에서도 단연 돋보이는 곳. 의류, 가구, 식품을 비롯해 소소한 생활용품에 이르기까지 일상생활 전반에 걸친 상품을 다양하게 구비하고 있다. 무인양품은 '브랜드가 없는 브랜드'라는 역발상으로 유명하며, '이것만으로 충분하다'는 가치를 부여해 군더더기 없이 심플한 디자인을 선보인다. 이제는 이러한 무지 스타일이 하나의 트렌드가 되어 우리나라에까지 두터운 마니아층을 형성하고 있다. 간단한 식사나 차를 즐기는 '카페 & 밀 무지 Cafe & Meal MUJI'는 4층에 위치한다.

🎁 요지야 よーじや

|지도> MAP 18 Ⓖ |위치> 시버스 기온 정류장에서 도보 3분 |주소> 京都市東山区祇園四条花見小路東北角 |오픈> 10:30~21:00(일요일 ~19:00) |전화> 075-541-0177 |홈피> www.yojiya.co.jp

교토 최대의 번화가인 시조도리에 있는 요지야는 1904년에 창업한 미용 소품 가게로, 기름종이 하나로 일본을 제패했다고 해도 과언이 아닐 만큼 일본 여성들에게 많은 사랑을 받고 있다. 다이쇼 시대에 처음 기름종이를 발매해 영화배우와 화류계 여성들을 중심으로 인기를 끌다가 입소문을 통해 그 명성이 전국에 알려져 지금에 이르렀다. 일단 한번 사용해보면 다른 제품은 도저히 사용할 수 없다는 말이 있을 정도로 기름종이는 탁월한 기능을 자랑한다. 기온 외에도 긴카쿠지, 킨카쿠지, 기요미즈데라 등 교토의 주요 명소마다 요지야의 분점이 있다.

|지도> MAP 18 Ⓖ |위치> 시버스 기온 정류장에서 도보 3분 |주소> 京都市東山区祇園町南側570-150 |오픈> 10:00~18:00 |휴무> 부정기 |전화> 075-551-6060 |홈피> www.malebranche.co.jp/store/95

🎁 카카오 365 加加阿365

교토의 매력을 듬뿍 담아낸 초콜릿 상점. 교토의 유명 과자점인 마르블랑슈에서 선보인 초콜릿 브랜드로, 365일 색다른 초콜릿을 만든다는 콘셉트를 가지고 있다. 매일이 특별한 날이므로 365일 각기 다른 교토의 풍물시 風物詩를 초콜릿에 무늬로 새겨 넣었으며, 이를 한 데 모아 전시해놓아 구경하는 재미도 남다르다. 하얀 깨인 시로고마 白ごま나 검은콩 가루인 쿠로마메키나코 黒豆きな粉 등 교토의 재료를 활용한 초콜릿은 더욱 특별한 맛을 선사한다. 작고 납작한 종이 상자에 담긴 초콜릿은 선물용으로 좋다.

🎁 소우소우 SOU·SOU

|지도> MAP 18 Ⓕ |위치> 한큐 가와라마치역 9번 출구에서 도보 2분 |주소> 京都市中京区新京極通四条上ル中之町583-31 |오픈> 11:00~20:00 |전화> 075-212-8005 |홈피> www.sousou.co.jp

'새로운 일본 문화의 창조'를 콘셉트로 하는 브랜드로, 직접 디자인한 섬유로 다양한 제품을 만든다. 한큐 가와라마치역 근처에 8개의 매장이 옹기종기 모여 있다. 일본 전통 복식을 재해석한 의류(여성복, 남성복, 아동복, 스포츠웨어), 신발·버선·잡화, 가방, 천과 손수건 등 그 종류도 다양하다. 가방, 손수건, 잡화 등은 기념품이나 선물로도 좋으니 관심 있다면 들러보자.

쥬산야 十三や

150년 전통의 빗가게. 정교한 나무 빗으로 전국적인 명성을 이어오고 있다. 가격은 2000엔 대부터 1만엔 대까지 다양한데, 다소 비싸게 느껴질 수 있지만 만드는 과정과 좋은 재료를 알고 나면 기꺼이 값을 지불하게 된다. 쪼개고 말리고 깎는 과정은 오랜 시간을 요하고, 빗살 한 올 한 올 섬세하게 다듬는 정교한 기술이 요구된다. 플라스틱 빗은 머릿결을 손상시키지만 버드나무 빗은 오히려 머릿결을 보호한다니 교토의 전통 기념품으로 생각해볼 만하다.

지도〉 MAP 18 Ⓕ 위치〉 시버스 시조가와라마치 정류장에서 바로, 다카시마야 백화점 맞은편 주소〉 京都市下京区御旅宮本町13-2 오픈〉 11:00~20:30 휴무〉 부정기 전화〉 075-211-0498 홈피〉 www.kyoto-wel.com/shop/S81004

카랑코롱 교토 カランコロン京都

교토만의 밝고 귀여운 색감으로 만들어진 잡화를 판매한다. 입구에 물림쇠가 달린 지갑이나 파우치 등을 가마구치 ガマ口라고 하는데, 일본 근대화 시기에 서양으로부터 전해져 일본식으로 변화를 거듭해, 현재는 전통 잡화로 인식되고 있다. 교토에는 이 가마구치 전문점이 많은데, 카랑코롱에서도 귀여운 패턴의 가마구치 잡화를 다양하게 만날 수 있다. 이곳은 특히 교토 한정 제품이 많아 여행을 기념할 만한 상품이 많은 것이 장점이다.

지도〉 MAP 18 Ⓕ 위치〉 시버스 시조가와라마치 정류장에서 바로 주소〉 京都市下京区四条通小橋西入真町83-1 오픈〉 10:30~20:30 전화〉 075-253-5535 홈피〉 kyoto-souvenir.co.jp/brand/karancolon

항카치 베이커리 ハンカチベーカリー

'손수건 제과점'이라는 귀여운 이름에 반해 들어서면 귀여운 자수가 놓인 손수건들에 한 번 더 반하게 된다. 매일 빵집에서 맛있는 빵을 고를 때의 두근거림과 행복한 기분처럼 손수건을 고르길 바라는 마음을 담았다는 항카치 베이커리. 예쁘고 단정한 패턴의 면 소재 손수건에는 한쪽 귀퉁이에 앙증맞은 자수가 놓여 있다. 여행 시리즈는 일본 각지의 특징을 살린 자수가 매력적이다. 물론 교토 한정 손수건도 있다.

지도〉 MAP 18 Ⓕ 위치〉 시버스 시조가와라마치 정류장에서 바로 주소〉 京都市下京区四条通小橋西入真町91 오픈〉 10:30~20:30 전화〉 075-231-8056 홈피〉 kyoto-souvenir.co.jp/brand/hankachi_bakery

🎁 마이 코토 mai coto

교토에서 만든 교토스러운 쿠키와 잼 전문점. 핑크색이 가득한 인테리어와 귀여운 상품들이 눈길을 사로잡는다. 교토에서 나는 제철 채소, 과일, 꽃 등을 사용한 쿠키와 잼을 다양하게 판매하고 있으며, 맛은 물론이고 토끼, 하트, 딸기 모양 쿠키 등 모양도 귀여운 제품이 많아 구경만 해도 즐겁다. 포장도 아기자기하고 예뻐서 선물용으로도 그만이다.

지도〉MAP 18 ⓖ 위치〉케이한 기온시조역 7번 출구에서 도보 2분/시버스 시조케이한마에 정류장에서 도보 3분 주소〉京都市東山区祇園町北側244 오픈〉11:00~19:00(토요일, 공휴일 ~20:00) 휴무〉화요일 전화〉075-532-1050 홈피〉maisendo.co.jp/maicoto.html

🎁 마네키네코노테 まねきねこのて

앞발로 사람을 부르는 형태를 한 고양이 인형, 마네키네코 招き猫 전문점. 이 인형은 일반적으로 행운의 인형으로 통하는데, 왼발을 들고 있는 것은 손님을, 오른발을 들고 있는 것은 금전운을 부른다고 한다. 인형 외에도 식기류, 패션 잡화, 인테리어 잡화 등 마네키네코와 다양한 동물 캐릭터를 이용한 상품을 판매한다.

지도〉MAP 18 ⓕ 위치〉지하철 시조역 2번 출구에서 도보 5분 주소〉京都市中京区錦小路通麩屋町東入鍛冶屋町221-2 오픈〉10:00~18:00 전화〉075-213-2960 홈피〉www.manekinekonote.jp

🎁 하나비라히토츠 ハナビラヒトツ

'꽃잎 하나'라는 이름에 걸맞게 꽃을 테마로 만든 액세서리가 가득한 곳이다. 교토 전통 직물인 특제 치리멘 ちりめん으로 만든 머리핀, 머리끈, 목걸이, 귀걸이, 브로치, 가방까지 다양한 제품을 갖추고 있다. 교토의 전통을 살리면서도 모던한 디자인으로 많은 사랑을 받고 있으며, 모든 제품이 수제품으로 색과 모양이 조금씩 다른 것도 매력이다.

지도〉MAP 18 ⓖ 위치〉시버스 기요미즈미치 정류장에서 도보 10분 주소〉京都市東山区祇園町北側248 오픈〉10:00~21:00 전화〉075-533-6313 홈피〉www.hanabirahitotu.jp

🎁 모리토키칸 森陶器館

관광객으로 붐비는 기요미즈자카 한가운데 있어서 그냥 지나치기 쉽지만, 이곳은 120년 이상의 역사를 가진 교토 도자기 기요미즈야키 清水焼를 굽는 곳이다. 다양한 기념품을 판매하고 있지만, 이곳에서 가장 추천하고 싶은 것은 역시 도자기 제품. 부담스럽지 않은 가격의 생활용 그릇과 컵도 많아서 기념품, 혹은 선물용으로 구매하기 좋다. 가게 안쪽에서는 직접 도자기 색 입히기를 할 수 있는 체험 교실도 운영하고 있다.

[지도] MAP 18 ⓛ [위치] 시버스 기요미즈미치 정류장에서 도보 7분 [주소] 京都市東山区清水2丁目254 [오픈] 09:00~18:00 [전화] 075-561-3547 [홈피] www.moritoukikan.jp

🎁 마르블랑슈 MALEBRANCHE

교토 기타야마에 본점이 있는 과자 전문점으로 가장 교토다운 과자를 만들고 판매한다. 그중 가장 인기 있는 것은 진한 말차 쿠키 사이에 화이트초콜릿이 들어간 차노카 茶の菓와 교토의 다채로운 색과 맛을 담은 쿄사브레 京サブレ.

기요미즈자카 지점에는 특히 이곳에서만 살 수 있는 기요미즈데라 한정 상품을 판매한다. 과자와 포장 모두 교토다움을 듬뿍 담고 있어 기념품으로 강력 추천한다.

[지도] MAP 18 ⓛ [위치] 시버스 기요미즈미치 정류장에서 도보 8분 [주소] 京都市東山区清水2-256 [오픈] 09:00~18:00 [전화] 075-551-5885 [홈피] www.malebranche.co.jp

🎁 마룬 まるん

교토의 유명 부채 브랜드 마이센도 舞扇堂에서 운영하는 과자 전문점. 다양하고 귀여운 색감과 아기자기한 과자들이 눈길을 사로잡는다. 색색의 별사탕 콘페이토 こんぺいとう와 장인이 손으로 만든 수제 사탕 쿄아메 京飴 등이 교토 여행 기념 선물로 인기 있다. 기요미즈데라 부근에 산넨자카점과 니넨자카점이 있어 두 곳 중에 편리한 곳에서 쇼핑하면 된다.

[지도] MAP 18 ⓛ [위치] 시버스 기요미즈미치 정류장에서 도보 10분 [주소] 산넨자카점 京都市東山区清水三丁目317-1, 니넨자카점 京都市東山区八坂通二年坂西入 [오픈] 산넨자카점 10:00~18:00, 니넨자카점 10:00~17:30 [전화] 산넨자카점 075-533-2005, 니넨자카점 075-533-2111 [홈피] www.maisendo.co.jp/marun.html

우다미츠쇼텐 卯田光商店

애주가라면 반할 수밖에 없는 교토의 전통주 상점. 일본의 3대 사케 생산지로 꼽히는 교토에는 역사도 깊고 맛도 깊은 사케가 많다. 우다미츠에는 교토에서 내로라하는 술이 모두 모여 있다 해도 과언이 아니다. 인기 넘버원의 사케는 고도천년 古都千年(1080엔). 목 넘김이 부드럽고 향도 그윽하다. 한국인에게는 핑크빛 벚꽃 술인 사쿠라사라사라 さくらさらさら(800엔)가 최고의 인기.

지도 18 Ⓚ **위치** 시버스 기요미즈미치 정류장에서 도보 1분 **주소** 京都市東山区上田町85 **오픈** 11:00~18:30 **휴무** 목요일 **전화** 075-561-4173

아케보노테이 이와이 あけぼの亭 井和井

산넨자카 초입에 있는 잡화점. 일본 메이지 유신의 기틀을 잡은 사카모토 료마 坂本龍馬가 애용하던 여관을 개조해서 개장한 곳으로 유명하다. 직접 사람의 손으로 만든 전통 잡화를 판매하므로 가격은 조금 비싼 편이지만 다른 곳에서는 절대 구할 수 없는 독특한 제품을 다양하게 갖추고 있다. 2층에는 기요미즈야키 清水燒 등 전통 도자기도 판매한다.

지도 MAP 18 Ⓛ **위치** 시버스 기요미즈미치 정류장에서 도보 5분 **주소** 京都市東山区清水2-222 **오픈** 평일 10:30~21:00, 주말 10:00~21:00 **전화** 075-541-8545 **홈피** www.kyoto-iwai.co.jp

효탄야 瓢箪屋

원래는 기요미즈데라에 있는 오토와노타키의 물을 받기 위한 호리병을 판매하던 곳이다. 지금은 산넨자카에서 넘어진 사람들을 위한 액땜용 호리병을 판매한다. 호리병 외에 마네키네코 招き猫, 마메닌교 豆人形 등 다양한 장식 인형도 있다. 인형의 가격도 100엔대부터라 기념품이나 선물용으로 구입하기에 부담이 없다.

지도 MAP 18 Ⓛ **위치** 시버스 기요미즈미치 정류장에서 도보 10분 **주소** 京都市東山区清水3-317 **오픈** 09:00~18:00 **전화** 075-561-8188

🍴 백식당 가와라마치점 佰食屋

하루 100명 한정 스테이크로 엄청난 인기몰이 중인 맛집. 가와라마치역과 사이인역 근처에서 각각 성업 중인데, 가와라마치점에서는 스키야키와 주사위 스테이크를, 사이인점에서는 스테이크덮밥을 맛볼 수 있다. 접근성 면에서 아무래도 가와라마치점이 편리하다. 매장에 아예 냉동실을 두지 않고 매일 신선한 재료로 100인분만 제공하는 것이 모토라 좋은 고기 맛은 두말할 필요가 없다. 그중에서도 하루 20인분만 제공하는 주사위 스테이크 정식 サイコロステーキ定食(1300엔)은 '레어'로 익혀 나온 스테이크를 1인용 불판에 조금만 더 익혀 맛보는 메뉴. 두 가지 서로 다른 소스에 찍어 먹으며 쌀밥과 구수한 장국을 곁들인다. 오픈은 11시이지만 미리 도착해 식사 가능한 시간대의 번호표를 받아야 안전하다.

지도〉 MAP 18 Ⓕ 위치〉 시버스 시조가와라마치 정류장에서 도보 3분 주소〉 京都市下京区西木屋町通四条下ル船頭町187 오픈〉 11:00~15:00 휴무〉 목요일 전화〉 075-361-2900 홈피〉 www.sukiyakisenka.com

🍴 마츠바 본점 松葉

1861년에 오픈한 유서 깊은 소바 전문점. 시그니처 메뉴인 니신소바 にしんそば(1300엔)는 홋카이도산 청어가 통째로 들어간 비주얼부터 인상적이다. 언뜻 비릴 것 같지만 함께 나오는 생파를 듬뿍 넣어 먹으면 은근히 구수한 국물에 '단짠'이 조화를 이뤄 후루룩 넘어간다. 특히 간장과 설탕, 술에 숙성시킨 꼬들꼬들한 청어를 풀어서 먹을수록 국물 맛이 깊어진다. 니신소바 외에 바삭한 튀김과 함께 먹는 덴푸라소바, 걸쭉하고 강한 국물의 카레소바 등이 있다.

지도〉 MAP 18 Ⓖ 위치〉 케이한 기온시조역 6번 출구 바로 앞 주소〉 京都市東山区川端町192 오픈〉 11:00~21:00 휴무〉 수요일(공휴일인 경우 영업) 전화〉 075-561-1451 홈피〉 www.sobamatsuba.co.jp

🍴 이즈쥬 いづ重

지도 MAP 18 ⓖ 위치 시버스 기온 정류장에서 도보 1분 주소 京都市東山区祇園町北側 292-1 오픈 10:30~19:00 휴무 수요일 전화 075-561-0019 홈피 gion-izuju.com

사바스시의 교토 양대 산맥은 이즈쥬와 이즈우. 그중 메인 도로에 인접한 이즈쥬의 접근성이 좀 더 좋고 분위기도 캐주얼한 편이다. 고등어 숙성 초밥인 사바즈시 鯖姿寿司(6개 2538엔)는 내륙에 속하는 교토에서 고등어를 맛있게 먹기 위해 고안한 음식. 소금에 하루 재운 고등어와 식초 향이 밴 샤리를 동그란 누름틀에 누른 후 다시마로 돌돌 말아 공기와의 접촉을 차단한다. 이 다시마는 먹기 전에 반드시 떼어낼 것. 100년간 쌓아온 역사만큼이나 사바즈시에 정통한 맛집이지만, 고등어 특유의 맛과 향이 어렵다면 다소 호불호가 갈릴 수 있겠다.

🍴 와비야 코레키도 侘家古暦堂

런치 타임만 되면 긴 줄이 늘어서는 하나미코지도리의 맛집. 런치 메뉴인 오야코동 親子丼(1500엔)이 단연 인기인데, 깨끗한 전용 양계장에서 기른 건강한 닭과 신선한 달걀을 사용하는 게 첫째 비결이다. 달걀이 세 개나 들어가는 것도 오야코동의 맛을 풍성하게 한다. 처음의 두 개는 지글지글 뜨겁게 달궈진 돌솥 위에 얹어 나오고, 나머지 하나는 밥을 골고루 비빈 후에 깨뜨려준다. 덜 익은 달걀을 익혀가며 먹는 게 묘미. 뜨거운 돌솥 밥을 끝까지 호호 불어가며 먹는 재미가 남다르다.

지도 MAP 18 ⓖ 위치 시버스 시조가와라마치 정류장에서 도보 7분, 하나미코지도리 주소 京都市東山区四条花見小路下ル祇園町南側歌舞練場北側 오픈 11:30~14:00, 17:00~23:00 휴무 월요일(3·4·11월은 무휴) 전화 075-532-3355 홈피 www.wabiya.com/korekidou

🍴 키라라 きらら

런치 타임에 가격 대비 푸짐한 교요리를 맛볼 수 있는 곳. 이로도리고젠 彩御膳(2000엔)은 바삭한 튀김과 상큼한 샐러드, 다양한 츠케모노와 앙증맞은 콩알스시 등 정갈한 교요리 한 접시가 알차게 담겨 나오는 메뉴이다. 아직까지 우리나라 관광객에게 많이 알려진 집은 아니지만 줄 서서 먹는 유명 교요리집에 뒤지지 않는 가성비가 돋보인다. 접시에 담긴 런치 메뉴의 구성은 계절에 따라 다소 달라질 수 있다.

지도 MAP 18 Ⓖ 위치 시버스 시조가와라마치 정류장에서 도보 7분, 하나미코지도리 주소 京都市東山区祇園町南側570-232 오픈 11:30~14:00, 17:30~23:00 휴무 일요일, 공휴일(계절에 따라 다름) 전화 075-531-3636 홈피 www.gion-kirara.jp

🍴 류노히게 龍のひげ

모노톤의 외벽과 통유리로 이루어진 외관에 쓰여 있는 글씨가 'ryu no hige'일 뿐이라 처음 방문하는 사람은 그냥 지나치기 쉬운 골목 속 숨은 맛집이다. 교요리 전문점이라고 하면 료칸이나 일본 전통 가옥의 느낌을 떠올리기 쉽지만, 이곳은 높은 천장과 하얀 테이블시트, 은은한 조명으로 모던한 느낌이다.

류노히게는 신선한 교토의 식재료에 세련된 프렌치 요리를 융합해 독창적인 요리를 선보이는 레스토랑. 대표 코스인 류노히게 코스 龍のひげ コース(5500엔)는 매달 메뉴가 변경되며 제철 재료를 사용한 요리로 구성된다. 예약이 필수인 런치 코스 ランチコース(3500엔)도 합리적인 가격으로 인기 있다.

코스 요리 하나하나 정성을 다해 설명하고 미소로 응대하는 스태프들도 친절하다. 외국인 손님을 위한 영어 설명도 준비되어 있다.

지도 MAP 18 Ⓑ 위치 시버스 가와라마치산조 정류장에서 도보 5분/지하철 교토시야쿠쇼마에역에서 도보 3분 주소 京都市中京区河原町通御池下ル一筋目東入ル3軒目 오픈 런치 11:30~14:00, 디너 17:30~23:00 휴무 월요일 전화 050-3469-7127

아우무 AWOMB

최근 가장 핫한 레스토랑으로 주목받는 아우무는 런치 타임에 예약을 받지 않아 오픈 전부터 줄을 서야 먹을 수 있을 정도다.

전통 마치야를 개조한 모던한 공간에서 맛보는 이곳의 오리지널 메뉴는 테오리즈시 手織り寿し(2970엔)이다. '여러 가지를 짜 맞추어 만들다'는 의미를 콘셉트로 하여, 교토의 신선한 식재료로 아름다운 형태의 초밥을 빚어낸다. 요리의 색채와 플레이팅이 아름다워 메뉴가 나오는 순간 누구나 한동안 구경하거나 사진을 찍는 진풍경이 연출된다. 맛은 모양만큼 화려하지 않지만, 재료 본연의 맛을 깊게 느낄 수 있는 건강하고 담백한 요리다. 영어 메뉴판은 있지만 요리 재료 하나하나를 소개하고 설명하는 것은 일본어로만 진행된다. 홈페이지에서 한국어로 쉽게 예약할 수 있으니 꼭 미리 하자.

지도 MAP 18 Ⓐ 위치 지하철 시조역, 한큐 가라스마역에서 도보 7분 주소 京都市中京区姥柳町189 오픈 12:00~16:00, 18:00~21:00 전화 075-204-5543 홈피 www.awomb.com

지도 MAP 18 Ⓐ 위치 지하철 시조역, 한큐 가라스마역에서 도보 7분 주소 京都市中京区新町通六角下ル六角町361 오픈 06:30~10:00, 11:30~14:00, 17:30~22:00 휴무 무휴 전화 075-251-2500 홈피 kyoto-izama-web.com

이자마 IZAMA

훌륭한 오반자이 메뉴로 현지인에게 호평받는 곳으로, 미츠이가든호텔에서 운영하는 품격 있는 레스토랑이다. 일본 요리의 거장으로 알려진 칸다가와 토시로 씨가 요리 감독으로 참여해 관심이 더욱 뜨겁다. 조식으로 오반자이 뷔페 朝食ビュッフェ(2400엔)를, 중식으로 오반자이 정찬 九種のおばんざい御膳(1800엔)을, 석식으로 일본식 딤섬 세트 居様の和点心(4500엔~)를 선보이는데, 그중 제철 식재료를 활용한 9가지 오반자이 점심 정찬이 가격 대비 구성이 훌륭해 인기가 많다. 오반자이는 가장 교토다운 가정식으로 여행자에게도 매력 있는 메뉴이다. 세련된 인테리어도 음식 맛을 돋운다.

🍴 카네쇼 かね正

카네쇼와 카네요는 교토의 손꼽히는 장어덮밥 맛집. 그중 카네쇼는 비교적 합리적인 가격에 맛있는 장어덮밥을 맛볼 수 있어 인기가 식을 줄 모른다. 간판 인기 메뉴는 단연 킨시동 きんし丼(2400엔). 국수처럼 얇게 채 썬 달걀 지단을 밥이 보이지 않을 정도로 덮어준다. 부드러운 달걀이 겉은 바삭하지만 속은 쥬시한 장어와 좋은 조화를 이룬다. 음식이 나오기까지 조금 오래 기다려야 하지만 오픈 키친에서 요리하는 과정을 지켜보며 식욕을 돋우는 것도 즐겁다.

[지도] MAP 18 Ⓖ [위치] 케이한 기온시조역 4번 출구에서 도보 3분 [주소] 京都市東山区大和大路通四条上ル2丁目常盤町155-2 [오픈] 11:30~14:00, 17:30~22:00 [휴무] 목·일요일 [전화] 075-532-5830

🍴 오멘 おめん

1967년 창업한 오래된 교토풍 우동 전문점. 간판 메뉴는 가게와 이름이 같은 오멘 おめん(1150엔, 곱빼기 1300엔)으로, 우동 면을 양념된 육수에 적셔 먹는 것이다. 가다랑어로 만든 육수에 우엉·파 등 갖가지 채소를 함께 주는데, 이것을 육수에 취향껏 넣어 즐기면 된다. 새우·버섯·호박 등의 튀김이 함께 나오는 덴푸라츠키 天ぷら付(2000엔)도 있다.

[지도] MAP 18 Ⓕ [위치] 케이한 기온시조역 7번 출구에서 도보 2분 [주소] 京都市中京区四条通先斗町西入ル柏屋町171-1 [오픈] 11:00~16:00, 17:00~21:00 [휴무] 부정기 [전화] 075-253-0377 [홈피] www.omen.co.jp

🍴 카츠쿠라 かつくら

건강한 소재를 사용해 간사이 지역에서 성황을 누리고 있는 돈까스 전문점 가츠쿠라의 본점. 베이직한 돈까스의 풍미를 느끼고 싶다면 돼지 안심을 사용한 히레카츠젠 ヒレかつ膳(120g 1660엔, 160g 1980엔)이나 로스카츠젠 ロースかつ膳(120g 1560엔, 160g 1760엔)이 가격 대비 괜찮다. 조금 더 질 좋은 고기를 원한다면 산겐톤카츠젠 三元豚かつ膳 중에서 고르면 된다. 돈까스와 새우 튀김, 고로케 등이 세트로 이루어진 메뉴도 있다. 양배추, 밥, 된장국은 리필이 가능하다.

[지도] MAP 18 Ⓑ [위치] 지하철 교토시야쿠쇼마에역 5번 출구에서 도보 4분 [주소] 京都市中京区寺町通三条東入ル石橋町16 [오픈] 11:00~21:30(토요일 ~22:00) [전화] 075-212-3581 [홈피] www.katsukura.jp

🍴 카네요 かねよ

〉지도〉 MAP 18 Ⓑ 〉위치〉 지하철 시야쿠쇼마에역에서 도보 8분 〉주소〉 京都市中京区六角通新京極東入ル松ケ枝町456 〉오픈〉 11:30~21:00 〉전화〉 075-221-0669 〉홈피〉 www.kyogokukaneyo.co.jp

다이쇼 시대 말기에 개업해 100년이 넘는 세월 동안 한자리를 고수하며 전통을 이어온 장어 요리 전문점. 그야말로 할아버지부터 손자까지 세대를 뛰어 넘는 긴 세월 동안 한결같은 맛을 이어오고 있다. 대표 메뉴 킨시동 きんし丼(2500엔, 상 3000엔, 특 3600엔)은 밥 위에 큰 달걀 부침을 얹어주는데, 달걀과 밥, 장어를 한입에 먹었을 때 가장 맛있다. 오후 2시까지만 판매하는 런치 메뉴 카네요동 かねよ丼(1400엔)도 있다.

🍴 오모 카페 omo cafe

〉지도〉 MAP 18 Ⓑ 〉위치〉 지하철 시조역에서 도보 15분 〉주소〉 京都市中京区錦小路通麩屋町上ル梅屋町499 〉오픈〉 11:00~21:00 〉전화〉 075-221-7500 〉홈피〉 www.secondhouse.co.jp/omoya2_cafe-top.html

40여 년 동안 교토를 중심으로 레스토랑 사업을 전개하고 있는 프랜차이즈에서 운영하는 카페. 교토풍 디저트와 함께 창작 요리를 주메뉴로 한다. 2층 구조의 오래된 마치야 건물 내부로 들어가면 특유의 중후한 분위기가 흐르는 깔끔하고 모던한 실내가 나온다. 추천 메뉴인 고향플레이트 ごはんプレート(1550엔)는 채소와 생선, 육류를 균형 있게 사용한 독창적 요리에 밥과 된장국이 함께 나온다.

🍴 텐슈 天周

뜨끈하고 바삭한 튀김과 점심 시간의 돈부리 메뉴로 유명한 맛집. 최고의 인기 메뉴는 붕장어 3마리를 통으로 올린 아나고텐동 穴子天丼(1100엔)이다. 커다란 새우 2마리를 사용한 오에비텐동 大海老天丼(1900엔)도 괜찮은데, 둘 다 맛보고 싶다면 붕장어 2마리와 새우 1마리를 함께 올린 믹스텐동 ミックス天丼(1700엔)을 주문하자. 저녁에는 5000엔짜리 코스 요리만 판매한다.

[지도] MAP 18 ⓖ [위치] 케이한 기온시조역 7번 출구에서 도보 3분 [주소] 京都市東山区祇園四条通縄手東入北側244 [오픈] 11:00~14:00, 17:30~21:00 [휴무] 수요일 [전화] 075-541-5277 [홈피] tensyu.jp

🍴 오카루 おかる

우동과 돈부리를 전문으로 하는데, 특히 카레우동으로 인기를 끌고 있다. 카레우동도 여러 메뉴가 있는데 치즈와 소고기를 넣은 치즈니쿠카레우동 チーズ肉カレーうどん(1140엔), 치즈와 유부를 넣은 치즈키츠네카레우동 チーズきつねカレーうどん(1030엔), 치즈와 새우튀김을 넣은 치즈텐카레우동 チーズ天カレーうどん(1600엔) 등 다양한 종류를 선보이고 있다.

[지도] MAP 18 ⓖ [위치] 케이한 기온시조역 7번 출구에서 도보 3분 [주소] 京都市東山区八坂新地富永町132 [오픈] 11:00~15:00, 17:00~02:30(금・토요일 ~03:00) [전화] 075-541-1001

🍴 슈테이 반카라 酒亭ばんから

신선한 해산물 안주가 일품인 이자카야. 관광객보다 현지인이 주 고객인 폰토초 안쪽 골목의 숨은 맛집이다. 해산물 위주의 매우 다양한 메뉴를 갖추고 있는데, 회 종류는 방어 ぶり(1280엔), 넙치 ひらめ(1200엔), 성게 うに(1600엔) 등이 인기, 구이류로 삼치 さわら(1000엔), 대구 銀だら(1200엔) 등도 맛있다. 교토의 전통주를 포함해 다양한 일본 술을 맛볼 수 있으며 1층은 카운터석, 2층은 테이블석으로 이루어져 있다.

[지도] MAP 18 ⓕ [위치] 케이한 기온시조역 4번 출구, 한큐 가와라마치역 1A 출구에서 도보 3분 [주소] 京都市中京区先斗町通四条上ル鍋屋町209-8 [오픈] 17:30~22:30 [휴무] 화요일 [전화] 075-221-5118

🍴 히사고 ひさご

야사카진자 근처에 위치한 돈부리 전문점. 70년 동안 사랑받아온 간판 메뉴 오야코동 親子丼(1010엔)은 밥에 닭고기와 달걀을 푼 덮밥으로, 촉촉하고 담백한 맛이 특징이다. 지역 토종닭과 달걀로 부드러운 맛을 내고 있어 덮밥 애호가라면 한 번쯤 들러볼 만하다. 돈부리 외에 소바, 우동도 인기 있다.

지도 MAP 18 Ⓗ 위치 시버스 히가시야마야스이 정류장에서 도보 5분 주소 京都市東山區下河原通八坂鳥居前下ル下河原町484 오픈 11:30~19:30 휴무 월요일 전화 075-561-2109

🍴 엔도 エンドウ

한국인 입맛에도 잘 맞는 매콤한 양념이 매력인 마구로동집. 기본적으로 일본의 돈부리는 간장 양념을 베이스로 하는데, 특이하게도 이곳의 마구로동 まぐろ丼(1000엔)은 고춧가루, 참깨, 파, 김 등을 더한 매콤한 소스를 뿌려준다. 두툼하게 썰어낸 선홍빛 참치회와 부드럽게 익힌 반숙 달걀, 여기에 단맛을 덜어내고 매콤함과 고소함을 강조한 특제 소스가 잘 어우러진다. 산넨자카에서 조금 안쪽으로 들어간 골목에 위치한다.

지도 MAP 18 Ⓛ 위치 시버스 기요미즈미치 정류장에서 도보 7분 주소 京都市東山區淸水2-241-4 오픈 11:30~15:00 휴무 부정기 전화 075-525-5752

🍴 오쿠탄 奧丹

기요미즈데라 근처에 있는 두부 요리 전문점으로, 350년의 역사를 자랑한다. 대표 메뉴는 무카시도후이치도리 昔どうふ一通リ(4320엔). 시가현에서 만든 최고급 유기농 콩 두부가 풍로에 얹은 흙냄비에 담겨 나오며 순두부, 튀김, 참깨두부, 밥도 함께 나온다. 가격이 부담되면 국산 콩으로 만든 두부 메뉴 오키마리이치도리 おきまり一通リ(3240엔)를 주문해도 된다. 그 외에도 교토의 정서를 느낄 수 있는 담백한 요리들을 선보인다.

지도 MAP 18 Ⓛ 위치 시버스 기요미즈미치 정류장에서 도보 8분 주소 京都市東山區淸水3-340 오픈 평일 11:00~16:30, 주말 11:00~17:30 휴무 목요일 전화 075-525-2051 홈피 www.tofuokutan.info

무모쿠테키 mumokuteki cafe & foods

지도 MAP 18 ⓑ 위치 한큐 가와라마치역 9번 출구에서 도보 5분 주소 京都市中京区式部町261 오픈 11:30~21:00 휴무 부정기 전화 075-213-7733 홈피 mumokuteki.com

삶을 만드는 것을 모토로 하는 브랜드로 먹는 것, 입는 것, 사용하는 것, 아는 것, 느끼는 것 등 음식과 다양한 상품 판매에서부터 워크숍과 같은 교육 프로그램까지 다방면의 사업을 펼친다. 2층의 카페 & 푸드에서는 인근 농가의 유기농 채소로 만든 소박한 가정식을 맛볼 수 있다. 대부분의 메뉴가 채식 중심의 담백하고 건강한 한 끼의 식사이다. 밥도 현미나 잡곡 등을 선택할 수 있다. 가격대는 950~1580엔 정도이며, 메뉴마다 사진이 있어 주문이 어렵지 않다.

텐동 마키노 天丼まきの

지도 MAP 18 ⓑ 위치 한큐 가와라마치역 9번 출구에서 도보 5분 주소 京都市中京区寺町通下る中筋町481-3 오픈 11:00~21:30 전화 075-222-5560 홈피 www.toridoll.com/shop/makino

갓 튀겨낸 가장 맛있는 튀김을 맛볼 수 있는 텐동 전문점. 주문을 받은 후 갖가지 재료들을 튀겨내기 때문에 뜨끈뜨끈하고, 바삭한 맛을 즐길 수 있다. 바 테이블로 구성되어 있어, 바로 앞에서 음식이 만들어지는 과정을 볼 수 있다. 튀김의 고소한 냄새와 소리로 먹기 전부터 침샘을 자극한다. 텐동은 이·로·하(990·1190·1390엔)로 나뉘는데, 가격이 올라갈수록 올라가는 튀김 재료가 다양해진다. 생각보다 양이 많아 한 그릇을 다 먹을 때쯤에는 느끼해지지만, 바삭한 튀김의 첫맛은 잊을 수 없을 정도로 맛있다.

🍴 교사이미 노무라 京菜味のむら

아침으로 먹기 좋은 교토의 오반자이 전문점. 조미료는 일절 사용하지 않고, 재료 특유의 색과 맛을 살리기 위해 노력한다. 카운터에 진열된 반찬을 직접 고르고 쟁반에 받아 착석하면 국과 밥을 가져다준다. 밥은 백미와 잡곡밥 중에서 고를 수 있다. 07:00~10:00에는 4종 반찬(550엔), 10:00~20:00에는 6종 반찬(800엔) 세트를 먹을 수 있다.

지도 MAP 18 Ⓐ 위치 지하철 시조역 22번 출구에서 도보 3분 주소 京都市中京区蛸薬師通烏丸西入橋弁慶町224 오픈 07:00~20:00 전화 075-257-7647 홈피 www.nomurafoods.jp

🍴 니시노토인 식당 西洞院食堂

먹고 싶은 반찬을 골라먹을 수 있는 일본 가정식 체인점. 이른 아침부터 새벽까지 운영하고 바로 앞에 버스 정류장도 있어서 아침으로 먹고 이동하기 좋다. 가격은 고른 만큼 나와서 각각 보면 저렴해 보이지만, 먹고 싶은 대로 담다 보면 생각보다 많이 나오니 적당히 골라야 한다.

지도 MAP 18 Ⓐ 위치 지하철 시조역 22번 출구에서 도보 5분 주소 京都市下京区四条通西洞院東入郭巨山町13 오픈 07:00~01:00 휴무 무휴 전화 075-253-1971

🍴 스프링 밸리 브루어리 SPRING VALLEY BREWERY

교토에서 흔치 않은 수제 맥주 전문점. 니시키 시장 바로 뒤에 있다. 브루어리지만, 낮부터 영업해 식사류부터 안주류까지 맥주와 함께 즐길 수 있다. 이곳의 추천 메뉴는 역시 맥주 샘플러인 비어 플라이트(1300엔)로 6종의 맥주를 맛볼 수 있다. 맥주와 어울리는 한 입 안주를 같이 내어주는 페어링 세트(2300엔)도 판매한다.

지도 MAP 18 Ⓐ 위치 한큐 가와라마치역 9번 출구에서 도보 5분 주소 京都市中京区富小路通錦小路上る高宮町587-2 오픈 11:00~23:00 휴무 연말연시 전화 075-231-4960 홈피 www.springvalleybrewery.jp

☕ 이노다 커피 본점 イノダコーヒ

1940년 원두 도매상으로 시작해, 1947년에 커피숍을 개업한 이후 교토에 커피 문화를 보급하고 발전시킨 이노다 커피의 본점. 모카커피를 베이스로 하여 향과 밀도, 산미를 절묘한 조합으로 완성한 오리지널 블렌드 커피인 아라비아노신쥬(アラビアの眞珠, 580엔)가 유명하다. 이곳의 커피는 기본적으로 우유와 설탕을 넣어서 제공하는데, 손님들이 대화에 집중하다가 커피가 식으면 우유와 설탕이 잘 섞이지 않으므로 이를 배려한 것에서 시작되었다고 한다. 만약 블랙커피를 원한다면 주문 시 미리 말해두자. 오전 7시부터 11시까지 선보이는 아침 메뉴 쿄노초쇼쿠 京の朝食도 평이 좋다.

[지도] MAP 18 Ⓐ [위치] 지하철 가라스마오이케역 5번 출구에서 도보 5분 [주소] 京都市中京区堺町通三条下ル道祐町140 [오픈] 07:00~19:00 [전화] 075-221-0507 [홈피] www.inoda-coffee.co.jp

TIP 이노다 커피 기요미즈점

산넨자카 중간에 위치한 이노다 커피 기요미즈(清水) 지점도 전통과 현대가 오묘하게 어우러진 운치가 그만이다.

[주소] 京都市東山区清水3-334 [오픈] 09:00~17:00 [전화] 075-532-5700

☕ 스마트 커피 スマート珈琲店

1932년 '스마트 런치'라는 이름으로 창업해 이후 '스마트 커피'로 상호를 변경하여 영업하고 있다. 붉은 벽돌과 목재로 둘러싸인 내부, 뽀득뽀득 소리가 나는 가죽 소파 등에서 어딘지 모르게 따뜻하고 낭만적인 분위기가 흐른다. 3대째 자가배전으로 맛을 이어오고 있는 오리지널 블렌드 커피(500엔)에서는 부드럽고 깊은 맛이 느껴진다. 대형 커피 공장에서 볶은 커피를 조달하여 쓰지 않고, 생두의 특징을 파악해 최고의 맛과 향을 뽑아낸다. 수제 시럽을 곁들여 먹는 프렌치토스트 세트 フレンチトーストSET(1100엔)가 유명하며, 런치 타임에는 2층에서 식사도 할 수 있다.

[지도] MAP 18 Ⓑ [위치] 지하철 교토시야쿠쇼마에역에서 도보 3분, 테라미치 상점가 내 [주소] 京都市中京区寺町通三条上ル天性寺前町537 [오픈] 08:00~19:00, 2층 런치 11:00~14:30 [휴무] 런치 화요일 [전화] 075-231-6547 [홈피] www.smartcoffee.jp

☕ 마에다 커피 前田珈琲

70~80년 역사의 유명 커피숍이 성업하고 있는 교토에서는 비교적 짧다고도 할 수 있는 40년의 역사를 가지고 있다. 하지만 1971년 창업 이후 교토인의 꾸준한 사랑을 받으며 쇼와 시대의 레트로한 감성을 현대적으로 잘 해석하여 지점을 늘리고 있다. 교토의 다른 토종 커피숍 브랜드와 마찬가지로 자가배전을 고집하고 있으며, 커피뿐만 아니라 식사 메뉴와 디저트에도 신경을 쓰고 있다.

지도 MAP 18 Ⓐ 위치 지하철 시조역, 한큐 가라스마역 22번 출구에서 도보 5분 주소 京都市中京区蛸薬師通烏丸西入ル橋弁慶町236 오픈 07:00~19:00 전화 075-255-2588 홈피 www.maedacoffee.com

TIP 마에다 커피 메이린점

본점과 멀지 않은 교토 아트센터 내에 위치한 메이린 明倫 지점. 이곳은 1993년 폐교한 메이린 초등학교의 역사적 건물로, 1층 교실에 마에다 커피가 입점해 있다.

주소 京都市中京区室町通蛸薬師下ル山伏山町546-2 오픈 10:00~21:30 휴무 교토 아트센터 휴관일 전화 075-221-2224

☕ 우메조노 카페 & 갤러리 うめぞの CAFE & GALLERY

아담한 2층 마치야를 개조한 카페로 교토의 오래된 전통 디저트 가게 우메조노 梅園에서 운영하는 자매점이다. 세월의 흔적이 느껴지는 목조 외관이지만 안으로 들어서면 모던하고 세련된 공간이 나온다. 1층은 카페, 2층은 갤러리인데, 2층에도 몇 개의 테이블이 있다. 작지만 아늑하고 차분한 느낌이라 달콤한 디저트를 먹으며 쉬어가기에 좋다.

지도 MAP 18 Ⓐ 위치 지하철 시조역, 한큐 가라스마역에서 도보 7분 주소 京都市中京区不動町180 오픈 11:00~18:30 전화 075-241-0577 홈피 umezono-kyoto.com/cafe

☕ 트래블링 커피 TRAVELING COFFEE

지도 MAP 18 ⓑ 위치 한큐 가와라마치역 1A 출구에서 도보 4분 주소 京都市中京区東入備前島町310-2 오픈 11:00~20:00 휴무 부정기 전화 080-3853-2068

원래 개조한 폐교 건물 내에 위치한 분위기 좋은 카페였나, 현재 건물 개보수 공사 중이어서 남쪽 운동장에 지어진 작은 가설 점포에서 영업 중이다. 건물 공사가 끝난 뒤에는 다시 원래 있던 건물 내부로 이동할 예정이다. 커피 메뉴가 다양하진 않지만 주문하자마자 내려주는 핸드드립 커피(300엔~)의 가성비가 괜찮은 편. 이밖에도 몇 가지 주스와 간단히 곁들일 쿠키를 판매한다. 날씨가 좋다면 밖으로 나와 가모가와 강변에 앉아 커피 한 잔의 여유를 즐겨도 좋다.

☕ 카기젠요시후사 시조 본점 鍵善良房

1726년부터 무려 300년 가까운 역사를 이어오고 있는 화과자 전문점이자 찻집. 시조도리에 위치한 입지적 장점을 믿기 힘들 만큼 창 너머의 뜰이 보이는 내부 공간이 여유롭게 느껴진다. 가장 유명한 메뉴는 쿠즈키리 葛切り(1080엔). 우리나라 사람에게 다소 생소한 쿠즈키리는 칡 녹말을 가열, 다시 차갑게 굳힌 후 길게 면으로 잘라 달콤한 시럽에 찍어 먹는 일본식 디저트이다. 한 번쯤 도전해 봐도 좋겠고, 마음에 드는 예쁜 화과자를 고르거나 뭉근하게 끓여낸 젠자이를 맛보는 것도 즐겁다. 젠자이 안에는 쫀득한 떡이 들어 있어 꽤 든든하다.

지도 MAP 18 ⓖ 위치 지하철 기온시조역 7번 출구에서 도보 3분 주소 京都市東山区祇園町北側 264 오픈 09:00~18:00 휴무 월요일(공휴일인 경우 다음 날) 전화 075-561-1818 홈피 www.kagizen.co.jp

☕ 쥬반셀 기온점 ジュヴァンセル

녹차초콜릿 퐁듀로 여성 취향을 제대로 저격한 카페. 프랑스어로 '소녀'라는 뜻의 쥬반셀 ジュヴァンセル은 이름 그대로 과자의 기획부터 만들고 판매하는 것까지 여성의 부드러운 감성을 살리겠다는 의지를 담고 있다. 네모반듯한 자기 찬합에 담겨 나온 기온 퐁듀 祇園フォンデュ(1512엔)의 재료들은 보기만 해도 행복해질 만큼 앙증맞다. 딸기, 바나나, 귤, 파운드케이크, 젤리, 고구마, 당고 등을 달콤 쌉싸래한 녹차초콜릿에 찍어 퐁듀로 즐기고, 남은 녹차초콜릿은 우유를 부어 녹차라테로 마신다. 창밖으로 보이는 기온 골목의 느릿한 풍경까지 누구라도 반하게 되는 디저트 카페. 단, 2층으로 통하는 1층의 입구가 다소 협소하니 눈을 크게 뜨고 카페 이름을 놓치지 말자.

[지도] MAP 18 Ⓗ [위치] 시버스 기온 정류장에서 도보 4분, 쿄반빌딩 京ばんビル 2층 [주소] 京都市東山区清井町 482 [오픈] 10:00~18:00 [휴무] 부정기 [전화] 075-551-1511 [홈피] www.jouvencelle.jp

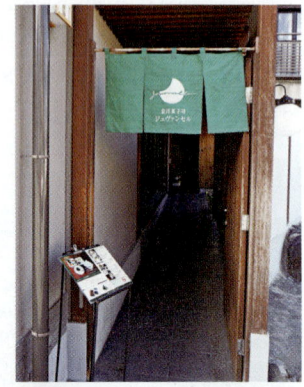

TIP 퍼센트 아라비카 아라시야마점

아라시야마에 퍼센트 아라비카 교토 2호점이 있다. 호즈가와 옆 작은 사각형 건물 앞에 앉아 커피 한 잔과 함께 최고의 경치를 보며 잠시 쉬어갈 수 있다.

[주소] 京都市右京区嵯峨天龍寺芒ノ馬場町3-47 [오픈] 08:00~18:00 [전화] 075-748-0057

☕ 퍼센트 아라비카 %ARABICA

야사카노토 八坂の塔가 보이는 길을 따라 걷다 보면 거리의 느낌과는 살짝 이질적인 모던한 화이트 외관에 향긋한 원두 향을 풍기는 카페가 있다. 홍콩에 이어 교토에 2호점을 오픈한 퍼센트 아라비카는 최근 가장 주목받는 커피숍. 하와이의 자사 농장과 세계 각국에서 엄선한 원두를 직접 로스팅하여 에스프레소 3대 머신 중 하나로 꼽히는 슬레이어 머신으로 추출한 커피를 제공한다. 최고의 맛을 전달하기 위해 2014 도쿄 라테 아트 챔피언을 헤드 바리스타로 두고 있다.

[지도] MAP 18 Ⓛ [위치] 시버스 기요미즈미치 정류장에서 도보 8분 [주소] 京都市東山区星野町87-5 [오픈] 08:00~18:00 [전화] 075-746-3669 [홈피] www.arabica.coffee

카사기야 かさぎ屋

메이지 시대의 유명한 화가이자 시인인 다케히사 유메지 竹久夢二도 들렀다는 니넨자카의 명물 떡집이다. 1914년 창업 당시의 모습이 그대로 남아 있는 가게에는 지금도 다케히사의 그림이 장식되어 있다. 알갱이 팥소, 으깬 팥소, 콩가루를 묻힌 세 가지 맛 경단인 산쇼쿠오하기 三色おはぎ(650엔)이 이 집의 대표 메뉴. 항상 주문을 받고 나서 경단을 만들기 때문에 말랑말랑 맛있는 떡을 맛볼 수 있다. 여름에는 녹차 맛 얼음에 다양한 토핑을 올린 일본식 빙수, 카키고리 かき氷(650~750엔)가 인기 있다.

[지도] MAP 18 Ⓛ [위치] 시버스 기요미즈미치 정류장에서 도보 6분 [주소] 京都市東山区辰屋町349 [오픈] 11:00~18:00 [휴무] 화요일 [전화] 075-561-9562

사료츠지리 茶寮都路里

우지에서 난 양질의 차를 판매하는 기온츠지리 祇園都路里에서 운영하는 디저트 카페. 아이스크림, 당고, 와라비모치, 앙미즈 등 디저트의 종류가 다양하지만 사람들이 길게 줄을 늘어서는 이유는 역시 파르페. 9가지나 되는 다양한 재료를 넣어 보기만 해도 풍성하다. 그중에서도 인기 메뉴는 가장 재료가 다양한 토쿠센츠지리파르페 特選都路里パフェ(1383엔). 가격은 조금 비싸지만 한 번 먹어보면 절대 후회하지 않을 맛이다. 기온에 있는 본점은 많이 붐벼서 줄 설 각오를 해야 한다.

[지도] MAP 18 Ⓖ [위치] 케이한 기온시조역 6번 출구에서 도보 4분 [주소] 京都市東山区四条通祇園町南側573-3 [오픈] 10:00~22:00 [전화] 075-561-2257 [홈피] www.giontsujiri.co.jp/saryo

분노스케차야 文の助茶屋

메이지 시대에 창업한 찻집으로 40여 종의 단맛이 나는 디저트류를 선보인다. 대표 메뉴는 고사리 전분으로 만든 와라비모치 わらび餅(490엔)로 지금도 일일이 사람의 손으로 직접 만드는 전통을 고수한다. 향기로운 가루와 부드럽고 독특한 식감이 그야말로 일품이다. 와라비모치와 일본식 식혜가 함께 나오는 쿄코노미 京好み(900엔), 또는 녹차가 곁들여지는 오맛차 お抹茶(800엔)로 주문해보자. 일본식 빙수인 카키고리 かき氷(540~756엔)도 함께 즐겨보자.

[지도] MAP 18 Ⓛ [위치] 시버스 기요미즈미치 정류장에서 도보 5분 [주소] 京都市東山区下河原通東入八坂上町373 [오픈] 10:30~17:30 [휴무] 부정기 [전화] 075-561-1972 [홈피] www.bunnosuke.jp

스타벅스 니넨자카 야사카차야점 STARBUCKS

100년 전통의 일본 목조 가옥을 개조한 '다다미 스타벅스'로 유명하다. 1층은 주문을 받는 매장이고, 2층을 다다미방으로 꾸며 신발을 벗고 들어가 편안하게 커피를 즐길 수 있다. 좌식 탁자와 방석이 놓인 다다미방은 일본의 전통차를 마시는 다실과도 같은 분위기. 스타벅스가 각 나라의 전통 가옥을 활용해 매장의 외관을 꾸민 경우는 종종 있지만, 이처럼 아예 내부까지 전통문화의 방식을 그대로 가져온 경우는 드물다. 커피 맛은 여느 스타벅스 매장과 큰 차이가 없지만, 이런 동양과의 콜라보레이션은 여행자의 호기심을 자극하기에 충분하다. 드립 커피 ドリップコーヒー(320엔), 말차라테 抹茶ラテ(430엔) 등이 인기 있다.

지도 MAP 18 Ⓛ **위치** 시버스 기요미즈미치 정류장에서 도보 7분 **주소** 京都府京都市東山区高台寺南門通下河原東入桝屋町349 **오픈** 08:00~20:00 **휴무** 부정기 **전화** 075-532-0601 **홈피** www.starbucks.co.jp

헬로키티 사료 はろうきてぃ茶寮

깜찍한 키티가 반겨주는 키티 마니아를 위한 카페. 사료 茶寮는 '다실이 있는 작은 집'이라는 뜻이다. 사랑스러운 키티로 한껏 모양을 내서 귀여움이 폭발하는 녹차파르페 パフェ抹茶(1150엔)와 녹차를 넣어 반죽한 소바와 키티 모양의 유부초밥을 함께 먹는 이나리차소바 세트 いなり茶そばセット(1380엔) 등 다양한 메뉴를 갖추고 있다. 큼지막한 키티 인형을 옆자리에 앉혀주기도 하니 인증샷은 필수. 헬로키티 굿즈를 구매할 수 있는 숍이 바로 옆에 있다.

지도 MAP 18 Ⓛ **위치** 시버스 기요미즈미치 정류장에서 도보 7분 **주소** 京都市東山区高台寺南門通下河原町東入桝屋町363番22の2 **오픈** 10:30~18:00 **휴무** 무휴 **전화** 075-541-1210 **홈피** www.hellokittysaryo.jp

헬로 돌리 ハロードーリィ

칵테일 한잔하기 딱 좋은 폰토초의 재즈바. 잔잔한 재즈 선율, 오래된 가구와 소품들이 앤틱한 분위기를 자아낸다. 칵테일은 진, 보드카, 럼 등의 베이스를 선택해 맛볼 수 있고, 위스키도 버번, 싱글 몰트, 아이리시, 블렌디드 스카치 등 종류가 다양하다. 고르기 어렵다면 달콤하거나 상큼한 맛의 적당한 칵테일을 추천해주기도 한다. 한 잔에 1000엔 선의 가격으로 크게 부담스럽지 않고, 안주는 모둠치즈, 토마토 슬라이스, 소시지 등 간단히 곁들이는 정도다. 맨 안쪽의 자리에서 가모가 강이 바라보이며, 보통 금·토요일에 라이브 재즈 공연이 열린다. 공연이 열릴 때는 900엔의 자릿세를 받는다 (공연 스케줄은 홈페이지 확인).

지도 MAP 18 Ⓑ 위치 지하철 기온시조역 4번 출구, 또는 한큐 가와라마치역 1A 출구에서 도보 3분 주소 京都市中京区先斗町四条上ル松本町161 오픈 18:00~01:30(일요일, 공휴일 ~24:30) 휴무 1/1 전화 075-241-1728 홈피 hellodolly.hannnari.com

사와 SOUR

일본 젊은이들 사이에서 매우 힙한 스탠딩 칵테일바. 사와는 하이볼에 과즙을 첨가한 일본식 칵테일로 '츄하이'라고도 부른다. 이곳의 사와는 그 자리에서 바로 생과일을 갈거나 혹은 통째로 넣어 먹는 스타일로 히트를 쳐 연일 자리가 부족할 만큼 많은 젊은이들로 북적인다. 톡 쏘는 청량감, 하이볼의 씁쓸한 맛 뒤에 상큼한 과일 향이 따라온다. 레몬 レモン, 오렌지 オレンジ 사와 サワー를 비롯해 계절에 따라 딸기 イチゴ, 수박 スイカ 사와도 선보인다(600~800엔). 교토에서는 드물게 워낙 캐주얼한 분위기라 이를 편하게 즐길 수 있을지 미리 가늠해봐야겠다.

지도 MAP 18 Ⓕ 위치 한큐 가와라마치역 6번 출구에서 도보 3분 주소 京都市中京区裏寺町通四条上ル裏寺町607-19 오픈 15:00~24:00 휴무 무휴 전화 075-231-0778 홈피 sour.jp

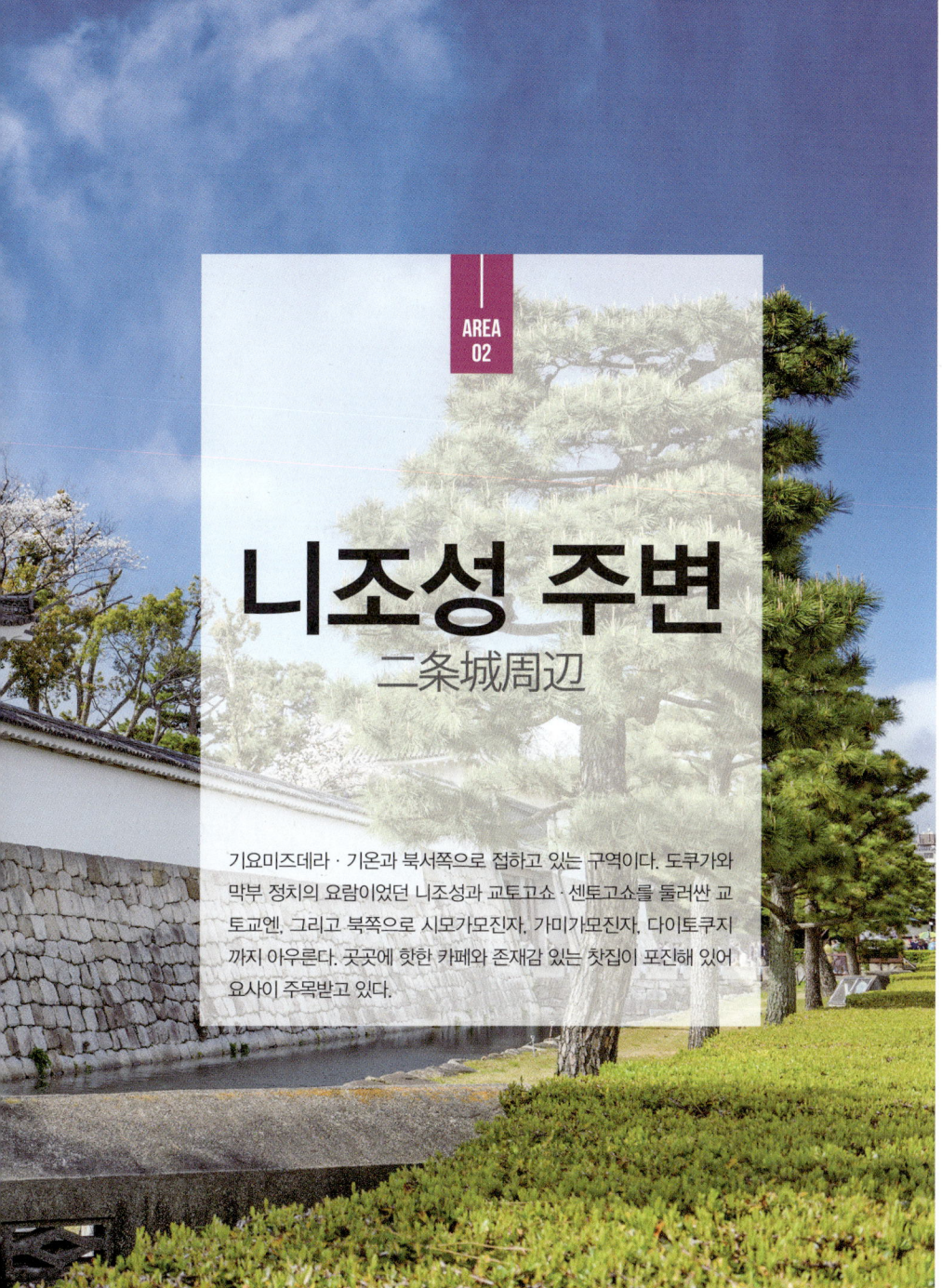

AREA 02

니조성 주변
二条城周辺

기요미즈데라·기온과 북서쪽으로 접하고 있는 구역이다. 도쿠가와 막부 정치의 요람이었던 니조성과 교토고쇼·센토고쇼를 둘러싼 교토교엔, 그리고 북쪽으로 시모가모진자, 가미가모진자, 다이토쿠지까지 아우른다. 곳곳에 핫한 카페와 존재감 있는 찻집이 포진해 있어 요사이 주목받고 있다.

니조성 주변
이렇게 여행하자

니조조마에 정류장에서 니조성까지는 도보로 불과 1분 거리. 교토역에서 출발할 경우 101번 버스, 시조가와라마치에서 출발할 경우 12번 버스를 이용해 니조조마에 정류장으로 가면 된다. 이후 신센엔이나 교토교엔으로 갈 때는 걸어서 이동하면 되고, 시모가모진자까지 역시 버스정류장까지의 이동을 생각하면 도보로 가기를 권하지만 남은 체력에 따라 적절히 교통수단을 선택하자. 이후의 코스는 버스를 이용해 이동해야 한다.

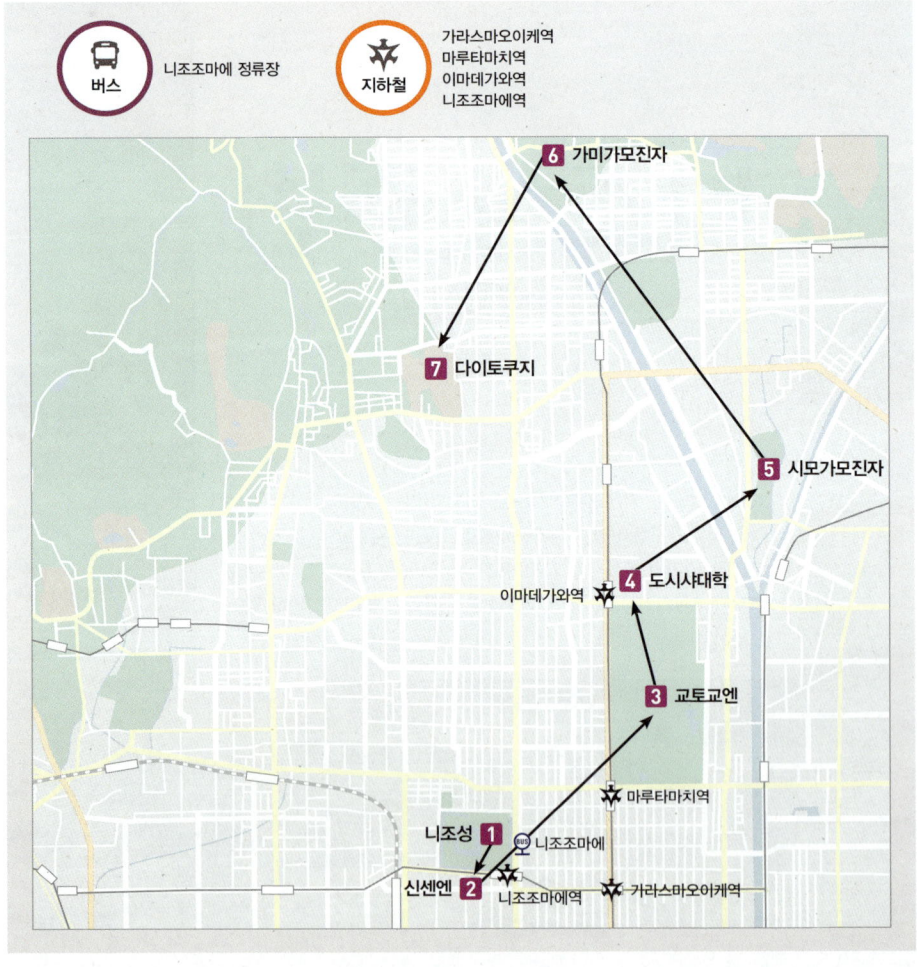

니조조마에 정류장

🚶▶▶▶ 1분

1 니조성

p.362

🚶▶▶▶ 5분

2 신센엔
p.366

🚶 10분

5 시모가모진자
p.367

◀◀◀ 🚶 25분

4 도시샤대학
p.366

◀◀◀ 🚶 10분

3 교토교엔
p.364

🚶 7분

시모가모진자마에 정류장
시버스 4번

🚌 ▶▶▶ 22분

가미가모진자마에 정류장

🚶 ▶▶▶ 4분

6 가미가모진자
p.367

🚶 4분

7 다이토쿠지
p.365

◀◀◀ 🚶 15분

이마미야진자마에 정류장

◀◀◀ 🚌 10분

가미가모진자마에 정류장
시버스 46번

주요 명소로 가는 교통수단

목적지	출발 지점	교통수단	하차 지점
니조성	교토역	시버스 9·50·101번 이용, 15분	니조조마에
	시조가와라마치	시버스 12번 이용, 15분	니조조마에
교토교엔	교토역	지하철 가라스마센 이용, 8분	마루타마치역
	시조가와라마치	시버스 4·17·205번 이용, 10분	후리츠이다이뵤인마에

니조성 二条城

유네스코 세계문화유산

지도〉MAP 20 Ⓚ 위치〉시버스 니조조마에 정류장에서 도보 1분 오픈〉08:45~16:00 휴무〉1·7·8·12월 화요일, 12/26~1/4 요금〉어른 600엔, 어린이 200엔 전화〉075-841-0096 홈피〉www.nijoujou.com

세키가하라 關ヶ原 전투에서 승리한 도쿠가와 이에야스가 교토에 거주할 목적으로 1603년 3월에 축성한 것이다. 축성 당시에는 니노마루고텐 二の丸御殿을 중심으로 한 소규모 성이었지만, 이에야스가 세이이타이쇼군 征夷大將軍이 되어 막부 정치를 시작하면서 니조성은 점차 규모를 키워나가기 시작했다. 이후 그의 손자인 도쿠가와 이에미츠 德川家光가 막부를 호령하던 시절 고미즈노오 後水尾 일왕의 행차를 맞이하기 위해 1624년부터 전면적으로 개축했는데, 지금의 니조성은 대부분 이 시기에 형태를 갖춘 것이라 할 수 있다.

니조조마에 정류장에 내리면 바로 앞에 히가시오테몬 東大手門이 있다. 동서 약 500m, 남북 약 400m 길이의 담으로 둘러싸인 니조성 내에는 혼마루고텐 本丸御殿과 일본의 국보로 지정된 니노마루고텐 二の丸御殿이 있다. 그 외에도 볼거리가 많아 대충 둘러보더라도 1시간 이상 소요된다.

도쿠카와 이에야스에 의해 도쿠가와 막부가 시작된 것도 니조성이고, 도쿠카와 가문의 15대 장군인 도쿠가와 요시노부 德川慶喜가 통치권을 일왕에게 돌려주는 다이세이호칸 大政奉還이라는 막부 정치의 폐막을 알리는 사건이 일어난 곳 역시 니조성이다. 그야말로 도쿠가와 막부 정치의 시작과 끝이 모두 이곳 니조성에서 벌어진 역사 드라마라 할 수 있다.

➕ Zoom in

히가시오테몬   1
東大手門

니조성의 정면에 있는 문으로 호리카와도리에 접해 있다. 창건 당시 성루를 세운 야구라몬 櫓門으로 당당한 품격을 자랑했지만, 문이 의외로 얇아서 수비할 때 큰 위력을 발휘하지는 못했다고 한다.

가라몬   2
唐門

화려한 니노마루 고텐의 정문으로 지붕은 일본 전통 양식인 히와다부키 桧皮葺로 만들고, 앞뒤는 당나라의 영향을 받은 모모야마 桃山풍의 사각문으로 되어 있다.

니노마루고텐   3
二の丸御殿

평평한 기와와 둥근 기와를 교차해 깐 지붕이 아름다운 궁이다. 도자무라이, 시키다이, 오히로마, 소테츠노마, 구로쇼인, 시로쇼인의 6개 동으로 이루어진 내부는 화려한 모모야마풍 그림과 장식으로 꾸며져 있는데 이 모든 것이 일본의 국보다. 내부 사진 촬영이 금지되어 있다.

니노마루 정원   4
二の丸庭園

니노마루고텐의 오히로마 서쪽에 만든 호사스럽고 아름다운 전통 일본식 정원. 연못의 중앙에 섬을 상징하는 돌을 두고 그 좌우에 학과 거북 모양의 돌을 배치한 지천회유식 정원으로 에도 시대에 정원을 만드는 명인으로 이름이 높은 고보리 엔슈 小堀遠州의 작품이다.

혼마루고텐
本丸御殿

혼마루 옆에 있는 어전 御殿인 혼마루고텐은 원래 교토고쇼에 있던 것을 1893~1894년 2년에 걸쳐 이축한 것이다. 이는 왕실에서 사용하던 어전 중 원형 그대로 남아있는 유일한 것으로, 일본의 중요 문화재로 지정되었다.

세이류엔   6
清流園

비교적 최근인 1965년에 만든 정원이다. 지천회유식의 일본식 정원과 잔디밭 중심의 서양식 정원으로 나누어져 있다. 에도 시대 초기의 거상인 스미노쿠라 료이 角倉了以의 집터와 건물 일부, 정원석 약 800개를 기증받아 니조성에 어울리는 정원을 만들었다.

| 지도 | MAP 20 | 위치 | 지하철 가라스마센 이마데가와역 3번 출구에서 도보 3분 | 오픈 | 24시간 | 요금 | 무료 | 전화 | 075-211-6348 | 홈피 | www.env.go.jp/garden/kyotogyoen |

교토교엔 京都御苑

교토고쇼 京都御所와 센토고쇼 仙洞御所를 둘러싸고 있는 거대한 공원이 바로 교토교엔이다. 동서 약 700m, 남북 1.3km에 이르는 넓은 부지에는 19세기 말 일본의 왕실이 도쿄로 천도하기 전까지 왕족과 귀족의 저택이 들어서 있었다. 과거의 화려했던 저택들은 거의 남아 있지 않지만 헤이안 시대의 세력가였던 후지와라 藤原 집안의 작은 별장이 남쪽 한구석에서 자리를 지키고 있다. 현재 이곳은 잔디밭과 수목이 울창한 공원으로 바뀌어 방문객들의 휴식처로 사랑받고 있다.

Zoom in

교토고쇼 京都御所 1

교토교엔의 중앙에 있는 교토고쇼는 긴 성곽에 둘러싸인 아름다운 궁이다. 남북조 시대 북조의 일왕이 왕궁으로 사용한 이래 도쿄 천도 때까지 역대 일왕이 거주했다. 고쇼의 중심이 되는 시신덴은 역대 일왕이 즉위식을 하던 곳으로 유명하다. 좌우에 벚꽃과 귤나무를 배치한 남쪽 정원 난테이도 중요한 의식을 치르던 곳이다. 교토고쇼의 내부를 관람하려면 궁내청 홈페이지(sankan.kunaicho.go.jp)에서 사전 예약하거나 현장 접수 후 무료 가이드투어에 참여하면 된다.

센토고쇼 仙洞御所 2

교토고쇼 남동쪽에 있는 센토고쇼는 1627년 도쿠가와 이에야스가 고미즈노오 일왕을 위해 축조한 것으로, 이후 퇴위한 여러 일왕들이 이곳에서 생활했다. 센토고쇼는 1854년 화재로 인해 마지막으로 유실된 후 재건되지 않고 고보리 엔슈가 만든 정원만 남아 있다. 센토고쇼 역시 가이드 투어를 통해 내부를 관람할 수 있으며, 궁내청 홈페이지(sankan.kunaicho.go.jp)에 사전 예약하는 것이 안전하다. 간혹, 입장 전에 관광객들의 짐을 검사하는 경우가 있다.

다이토쿠지 大德寺

|지도| MAP 20 ⓖ |위치| 시버스 다이토쿠지마에 정류장에서 바로 |주소| 京都市北区紫野大德寺町53 |오픈| 09:00~17:00(12~2월 ~16:00) |요금| 무료(류겐인 350엔, 즈이호인 400엔, 다이센인 400엔, 고토인 400엔) |전화| 075-491-0019

일본 불교 선종의 종파인 임제종 다이토쿠지파의 대본산으로 1325년에 창건된 대사원이다. 조선 시대에 조정에서 파견한 통신사가 교토에 도착해 숙소로 사용했던 곳이기도 하다. 경내에는 불전과 법당을 비롯한 중심 가람이 들어서 있는데, 국보로 지정된 카라몬 唐門은 호화로운 조각을 장식한 모모야마 시대를 대표하는 건축물로 웅장한 일본의 사찰 문화를 상징적으로 보여준다. 다이토쿠지의 경내에는 모두 22개의 작은 사원들이 들어서 있다. 그중 일반에게 공개되고 있는 것은 류겐인 龍源院, 다이센인 大仙院, 즈이호인 瑞峯院, 고토인 高桐院 4곳뿐이다. 경내 산책은 무료지만, 이 4곳에 입장할 때는 각기 별도의 요금을 내야 한다.

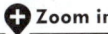
Zoom in

류겐인 龍源院 1

본당과 앞문은 다이토쿠지에서 제일 오래된 건축물로, 본존석 가여래상과 함께 중요 문화재로 지정되어 있다. 무로마치 시대의 예술가 소아미 相阿彌가 만든 가레산스이 양식의 정원인 류긴테이 龍吟亭가 유명하다.

즈이호인 瑞峯院 2

돌 7개를 큰 십자가 형태로 놓아 둔 것이 특징인 간민테이 閑眠庭 정원이 유명하다. 가레산스이 양식으로 조성한 도쿠자테이 獨座庭 정원에서도 아기자기한 조형미를 느낄 수 있다.

다이센인 大仙院 3

1509년 다이쇼국사 大聖國師 고가쿠 소코 古岳宗亘가 창건했다. 동쪽에 있는 정원은 무로마치 시대 가레산스이 정원의 대표작 중의 하나로 나라의 특별 명승지로 지정되어 있다.

고토인 高桐院 4

호소카와 다다오키 細川忠興가 아버지의 제사를 모시기 위해 창건했다. 모모야마 시대 다도의 명인인 리큐 利休의 저택을 이축한 서원 이호쿠켄 意北軒과 리큐 양식의 다실 쇼코켄 松向軒이 볼만하다.

📷 신센엔 神泉苑

신센엔과 접한 길을 오이케 거리라고 부르는데, 이것은 신센엔의 속칭인 오이케 御池에서 연유한 것이다. 지금의 교토에 수도를 조성할 당시 니조에서 미부데라 壬生寺가 있는 미부 壬生까지는 못이 많은 습지대였는데, 이 일대를 일왕의 유원지로 만들고 일반인의 출입을 금지했다. 그것이 신센엔이다. 13만㎡에 달하는 넓은 연못에 배를 띄워놓고 뱃놀이를 즐기던 좋은 시절도 잠시, 도쿠가와 이에야스가 니조성을 건설하면서 연못과 정원을 없애 결국 4400㎡ 정도로 규모가 줄어들어 평범한 정원이 되어버렸다. 지금은 정원 중앙에 있는 방생지 放生池만이 화려했던 시절의 흔적을 보여주고 있다.

지도 MAP 20 Ⓚ 위치 시버스 신센엔마에 정류장에서 바로 오픈 08:30~20:00 요금 무료 전화 075-821-1466 홈피 www.shinsenen.org

📷 도시샤대학 同志社大学

간사이 지역을 대표하는 명문대. 시인 윤동주와 정지용의 모교로 국내에도 널리 알려졌다. 붉은 벽돌을 쌓아올려 만든 이국적인 건물이 많이 눈에 띄는 캠퍼스 내에는 시인 윤동주와 정지용의 시비가 세워져 있다. 특히 윤동주 시비에는 윤동주가 직접 쓴 '서시'가 친필 그대로 새겨져 있는데, 그 앞에 연필과 펜이 가득 꽂혀 있는 것이 눈길을 끈다. 참고로 윤동주의 시비는 1995년에, 정지용의 시비는 2004년에 세운 것이다.

교토고쇼 바로 옆에 있으므로 도시샤대학을 방문할 생각이라면 교토고쇼와 연계해서 둘러보는 것이 좋다.

지도 MAP 20 Ⓗ 위치 지하철 이마데가와역 3번 출구에서 도보 1분 오픈 24시간 전화 075-251-3042 홈피 www.doshisha.ac.jp

📷 가미가모진자 上賀茂神社

유네스코 세계문화유산

헤이안 시대 이전의 모습을 지금도 그대로 간직하고 있는 오래된 신사로 정식 명칭은 가모와케이카즈치진자 賀茂別雷神社이다. 시모가모진자 下鴨神社와 더불어 고대 가모 賀茂 가문의 선조를 모시고 있던 곳으로 헤이안 천도 이후 왕궁의 수호 신사가 되었다.

울창한 숲속에 있는 가미가모진자 입구에는 첫 번째 토리이와 두 번째 토리이 사이에 광활한 잔디밭이 펼쳐져 있으며, 경내에는 중요 문화재로 지정되어 있는 건물들이 들어서 있어 장엄한 분위기를 자아낸다. 이곳에 있는 거의 모든 건물은 국보 혹은 중요 문화재로 지정되어 있다. 이밖에 쌍둥이처럼 나란히 쌓아올린 신비한 원뿔형 모래탑이 시선을 끄는데, 악귀를 막기 위해 모래를 뿌리던 전통에서 기인한 것이다.

교토 3대 축제 중 하나로 손꼽히는 5월 15일의 아오이마츠리 葵祭, 6월 30일의 나고시노하라이 夏越の祓い, 9월 9일의 토리스모 鳥相撲 등 오랜 역사와 전통을 자랑하는 행사가 자주 열린다. 매월 넷째 주 일요일에는 핸드메이드 마켓이 열린다.

지도 MAP 20 ⓒ 위치 시버스 가미가모진자마에 정류장에서 도보 5분 주소 京都市北区上賀茂本山339 오픈 05:30~17:00 요금 무료 전화 075-781-0011 홈피 www.kamigamojinja.jp

📷 시모가모진자 下鴨神社

유네스코 세계문화유산

헤이안 천도 이전부터 존재해온 교토에서 가장 오래된 신사 중 하나로 정식 명칭은 가모미오야진자 賀茂御祖神社지만, 교토의 중심부를 가로지르는 가모가와 鴨川의 하류에 있는 신사라고 해서 시모가모진자 下鴨神社라고 부른다. 12만4000㎡에 이르는 넓은 부지에 펼쳐진 숲, 다다스노모리 糺の森의 녹음을 즐기며 북쪽으로 똑바로 걸어가면 붉은 토리이와 큰 문이 보인다.

하얀 모래를 깔아놓은 마당의 동서쪽에 우뚝 솟은 본존 2개는 국보로 지정되었고, 그 주위로 중요 문화재인 53동의 사전이 늘어서 있어 헤이안 시대의 분위기를 느낄 수 있다.

지도 MAP 20 ⓗ 위치 시버스 시모가모진자마에 정류장에서 도보 5분 주소 京都市左京区下鴨泉川町59 오픈 06:30~17:00 요금 무료 전화 075-781-0010 홈피 www.shimogamo-jinja.or.jp

혼케 오와리야 본점 本家尾張屋

무려 550년의 역사를 자랑하는 소바 전문점. 그 전통과 노하우가 15대에 걸쳐 계승되고 있다. 대표 메뉴는 '5단 소바'라 불리는 호라이소바 宝来 そば(3024엔). 층층이 판에 쌓아 올린 소바와 달걀지단, 새우튀김, 김, 표고버섯, 파, 무 등의 7가지 토핑, 그리고 면수가 함께 나온다. 각각의 소바 판에 조금씩 소스를 붓고 원하는 토핑을 얹어가며 서로 다른 맛을 즐겨볼 수 있다. 전체적으로 심심하면서 부담 없는 맛이지만 역시 재료 하나하나에 오랜 명성에 걸맞은 노하우가 깃들어 있다.

지도 MAP 20 L 위치 지하철 가라스마오이케역에서 도보 3분 주소 京都市中京区車屋町通二条下ル仁王門突抜町322 오픈 11:00~19:00 휴무 1/1~2 전화 075-231-3446 홈피 honke-owariya.co.jp

카네이 かね井

조용한 주택가의 골목 안쪽에 숨어 있다시피 하지만 언제나 손님이 끊이지 않는 소바집. 가게가 작고 회전이 빠르지 않아 오래 기다리는 것은 감수해야 한다. 추천 메뉴는 오리고기를 넣은 진한 육수에 소바를 적셔 먹는 카모자루소바 鴨ざるそば(1700엔). 소바 본연의 맛을 즐기려면 자루소바 ざるそば(950엔)도 괜찮다. 눈에 띄는 간판이 없으니 지나치지 않도록 주의하자.

지도 MAP 20 G 위치 시버스 다이토쿠지마에 정류장에서 도보 6분 주소 京都市北区紫野東藤ノ森町11-1 오픈 11:30~14:30, 17:00~19:00 휴무 월요일 전화 075-441-8283

데마치후타바 出町ふたば

1899년에 창업하여 100년이 넘는 시간 동안 한결같이 사랑받고 있는 명물 떡집. 그중에서도 대표 메뉴인 나다이마메모치 名代豆餅(180엔)는 최고의 인기 상품이다. 가게 앞에는 언제나 마메모치를 구매하기 위한 행렬이 늘어서 있다. 하지만 점원들의 빠른 손놀림 덕분에 오래 기다리지는 않아도 된다. 쫄깃한 찰떡 속에는 씹는 맛이 일품인 고소한 완두콩이 알알이 박혀 있고, 풍미를 살려주는 팥소도 가득 들어있다. 어른 주먹만 한 크기로 꽤 큼직해서 하나만 먹어도 속이 든든해진다.

지도 MAP 20 H 위치 시버스 가와라마치이마데가와 정류장에서 바로 주소 京都市上京区出町通今出川上ル青龍町236 오픈 08:30~17:00 휴무 화요일, 넷째 수요일 전화 075-231-1658

🍴 삼림식당 森林食堂

관광객의 발길이 드문 주택가 골목에 숨어 있지만, 결국 엄청난 내공에 고개를 끄덕이게 되는 마력의 카레집. 생동감 넘치는 식물 인테리어에 한 번, 강렬한 맛의 카레에 두 번 놀라게 된다. 교토의 한 미술대학을 졸업한 부부가 운영하는 이곳은 작은 소품부터 플레이팅까지 남다른 센스가 돋보인다. 시그니처 메뉴는 장기 숙성치킨카레와 다진 고기가 씹히는 키마시금치카레를 한 번에 맛보는 메뉴 長期成熟鷄チキンカレー + 特撰キーマほうれん草カレー(1000엔). 이처럼 반반씩 조합해 맛볼 수 있는 카레 종류를 메뉴에 표기했다. 과연 짜거나 맵지 않은데도 입안에 매우 강렬한 향을 남기는 카레는 꼭 한 번 맛볼 가치가 있다.

> 지도 MAP 20 Ⓚ 위치 JR 니조역에서 도보 5분/니조성 정문에서 도보 8분 주소 京都市中京区西ノ京内畑町24-4 오픈 11:30~22:00 휴무 6의 배수일, 혹은 부정기(반드시 홈피 확인) 전화 075-202-6665 홈피 shinrin-syokudo.com

🍴 키친파파 キッチンパパ

사람 냄새가 폴폴 나는 동네 니시진답게 골목 사이사이에 예쁜 가게들이 숨어있다. 키친파파 역시 동네 사람들의 사랑방 같은 귀여운 밥집이다. 1856년부터 이곳을 지키고 있는 동네 터줏대감 쌀집인데, 특이한 점은 안쪽 깊숙이 숨어 있는 양식당이다.
키친파파의 자랑은 갓 정미한 쌀로 지은 맛있는 밥과 손맛 가득한 수제 햄버그스테이크. 육즙 가득한 햄버그스테이크에는 특제 데미그라스 소스가 얹어져 있어 자극적이지 않으면서 감칠맛이 가득하다. 쌀밥은 두말할 것도 없이 맛있어서 저절로 밥 한 공기를 뚝딱 해치우게 된다. 매일 한정된 양의 현미밥도 주문할 수 있다. 사진 메뉴판은 없지만, 영어 메뉴판이 있어서 주문이 아주 어렵지는 않다.

> 지도 MAP 20 Ⓖ 위치 시버스 센본카미다치우리 정류장에서 도보 2분/시버스 센본이마데가와 정류장에서 도보 7분 주소 京都市上京区上立売通千本東入姥ヶ西町591 오픈 11:00~14:00, 17:30~20:50 휴무 목요일 전화 075-441-4119 홈피 kitchenpapa.net

🍴 송버드 커피 SONGBIRD COFFEE

디자인 스토어를 운영하는 감각이 오롯이 녹아든 카페. 건물의 2층이 송버드 커피, 3층이 송버드 디자인 스토어로 운영된다. 카페를 찾는 이들은 대부분 카레 카레-(950엔)나 타마고 샌드위치 たまごのサンドイッチ(950엔)를 먹는다. 일명 '새둥지 카레'로 불리는 이 카레는 동그란 둥지 모양 위에 반숙 달걀이 하나 얹어진 비주얼이 단순하면서도 임팩트 있다. 이 달걀을 숟가락으로 반을 갈라 노른자가 주르륵 흘러내릴 때 카레와 함께 먹는 맛이 일품. 강한 향신료가 듬뿍 들어가 매운맛도 느껴지고, 단맛도 강한 편. 두툼한 달걀의 타마고 샌드위치는 다 먹을 때까지 따뜻하고 부드럽다.

[지도] MAP 20 Ⓚ [위치] 시버스 호리카와마루타마치 정류장에서 도보 1분/니조성 정문에서 도보 5분 [주소] 京都市中京区竹屋町通堀川東入西竹屋町529 [오픈] 12:00~20:00 [휴무] 목요일, 첫째·셋째 수요일 [전화] 075-252-2781 [홈피] www.songbird-design.jp

☕ 카모미타라시차야 加茂みたらし茶屋

1922년에 창업한 전통 찻집. 살짝 태운 경단에 달달한 맛의 흑설탕 소스를 뿌린 미타라시당고 みたらし団子(420엔)가 명물이다. 쫀득쫀득하고 차진 경단과 느끼하지 않은 단맛이 어우러져 절묘한 맛을 낸다. 입안을 깔끔하게 해줄 말차 抹茶(730엔)를 주문해 함께 즐겨보자. 테이크아웃도 가능해 선물용으로도 좋다.

[지도] MAP 20 Ⓗ [위치] 시버스 시모가모진자마에 정류장에서 바로 [주소] 京都市左京区下鴨松ノ木町53 [오픈] 09:30~19:00 [휴무] 수요일 [전화] 075-791-1652

☕ 사료 호센 茶寮 宝泉

다실 문화가 뿌리 깊은 교토에서도 단연 '최고'라는 찬사가 아깝지 않은 찻집. 유명 관광지와 다소 떨어져 있음에도 왜 일본 전역에서 일부러 찾아오는지를 가보면 알게 된다. 정원이 딸린 찻집은 통유리 창을 통해 일본 전통의 아름다움을 오롯이 누리는 호사를 안겨준다.

좌식 탁자에 앉아 맛보는 최고의 인기 메뉴는 와라비모치 わらび餅 (1300엔)이다. 고사리 전분으로 만든 투명한 와라비모치는 말캉말캉 새로운 식감과 흑설탕 시럽의 깔끔한 단맛이 조화롭다. 하얀 팥으로 끓인 젠자이 白小豆ぜんざい(1150엔)도 은은하고 고급스러운 단맛이 일품. 교토 전통의 맛과 멋을 오롯이 전하는, 인정할 수밖에 없는 최고의 찻집이다.

〉지도〉 MAP 20 ⒣ 〉위치〉 시버스 잇폰마츠 정류장에서 도보 6분/시모가모진자에서 도보 15분 〉주소〉 京都市左京区下鴨西高木町25 〉오픈〉 10:00~17:00 〉휴무〉 수·목요일(공휴일인 경우 다음날) 〉전화〉 075-712-1270 〉홈피〉 www.housendo.com/housen.html

☕ 카페 라인벡 Cafe Rhinebeck

애플파이와 미국식 디저트로 유명한 교토의 마츠노스케 松之助의 오너 파티시에 히라노 아키코 씨가 두 번째로 교토에 개점한 팬케이크 하우스. 마치야를 이용한 공간은 '자신만의 시간을 즐길 수 있는 기분 좋은 공간'을 목표로 하는 가게답게 느긋하고 여유롭게 시간을 보낼 수 있는 분위기다. 주문 즉시 한 장 한 장 정성스럽게 구워져 나오기 때문에 입안에서 살살 녹는 따뜻하고 부드러운 팬케이크를 만날 수 있다. 곁들여 나오는 수제 시럽도 팬케이크의 풍미를 한층 살려준다. 오전 10시까지 제공하는 팬케이크 모닝 메뉴는 680~1000엔이다. 자매점인 마츠노스케의 인기 상품인 비스킷과 스콘은 금~일요일에만 맛볼 수 있는 한정 메뉴다.

〉지도〉 MAP 20 ⓚ 〉위치〉 시버스 이치조모도리바시 정류장, 오미야나카다치우리 정류장에서 도보 7분 〉주소〉 京都市上京区大宮通中立売上ル石薬師町692 〉오픈〉 08:00~18:00 〉휴무〉 화요일(공휴일인 경우 영업) 〉전화〉 075-451-1208 〉홈피〉 www.matsunosukepie.com

☕ 클램프 커피 사라사 CLAMP COFFEE SARASA

싱그러운 초록 식물로 에워싸인 이 카페는 햇빛이 쏟아지는 창가 앞 토스트와 커피 사진으로 유명하다. 그러나 이곳이 손꼽히는 이유는 비단 인스타에서 핫한 비주얼 때문만은 아니다. 자가 배전으로 깊은 풍미를 지닌 커피 원두는 교토 곳곳의 카페에 제공될 만큼 높은 퀄리티를 자랑한다. 인기 최고의 커피(500엔)와 카페라테(550엔)를 비롯해 톡 쏘는 청량감의 레모네이드(450엔)도 눈이 번쩍 뜨일 만큼 맛있다. 허니 토스트(250엔) 또한 '바삭'하고 한입 무는 순간 행복해지는 맛. 비주얼과 맛, 분위기 삼박자를 고루 갖춘 교토에 떠오르는 핫한 카페다.

〔지도〕 MAP 20 ⓚ 〔위치〕 JR 니조역에서 도보 5분/니조성 정문에서 도보 10분 〔주소〕 京都市中京区西 / 京職司町67-38 〔오픈〕 08:00~18:00 〔휴무〕 마지막 주 수요일 〔전화〕 075-822-9397 〔홈피〕 ccsarasa.exblog.jp

☕ 니조코야 珈琲二条小屋

교토의 카페를 검색하다 보면 자꾸만 눈에 띄는 'COFFEE' 간판의 주인공. 주차장 한쪽의 낡은 건물을 개조해 빈티지 카페로 변신시킨 주인장의 기막힌 센스를 인정할 수밖에 없다. 무엇보다 커피 맛에 심혈을 기울이는 이 아늑한 스탠딩 카페는 커피 메뉴판부터 특별하다. 라이트부터 다크 순으로 세심하게 나누어 놓아 원산지명으로 알기 어려운 커피 맛을 가늠할 수 있게 했다. 내 취향에 맞춰 정성껏 내린 드립 커피(430엔)는 과연 풍성한 보디감에 뒷맛 또한 개운하리만큼 깔끔하다. 다녀온 이들이 왜 '인생 커피'라는 극찬을 쏟아내는지 절로 고개가 끄덕여진다.

〔지도〕 MAP 20 ⓚ 〔위치〕 시버스 니조조마에 정류장에서 도보 5분/니조성 정문에서 도보 5분 〔주소〕 京都市中京区最上町382-3 〔오픈〕 11:00~20:00 〔휴무〕 화요일 〔전화〕 090-6063-6219

그랑바니유 grains de vanille

전국권 스위츠 명가로 꼽히는 프랑스풍 디저트 카페. 센스 돋는 작명의 에베레스트 Everest(580엔)를 비롯해 과일 타르트 Tarte fruits(580엔), 크림 바닐라 Crème vanille(350엔) 등 유리 진열장의 깜찍하고 컬러풀한 스위츠에 눈을 뗄 수 없다. 그날그날 신선한 재료를 사용하는 것은 물론, 그랑바니유만의 특별한 기술력으로 끊임없이 신메뉴를 개발해 선보인다. 따라서 어떤 스위츠가 특별히 시그니처 메뉴라고 할 것도 없이 문 닫기 전에 모두 매진되는 경우가 대부분이다. 따뜻한 분위기의 매장에서 먹고 가거나 포장해갈 수 있다. 유서 깊은 소바 전문점인 혼케 오와리야에서 도보로 2분 거리에 있다.

| 지도 > MAP 20 ⓛ | 위치 > 지하철 가라스마오이케역에서 도보 4분 | 주소 > 京都府京都市中京区鍵屋町間之町通486 | 오픈 > 10:30~18:00 | 휴무 > 일요일 | 전화 > 075-241-7726 | 홈피 > www.grainsdevanille.com

카자리야 かざりや

콩가루 찹쌀떡을 숯불에 구워 미소 된장 소스를 뿌려 먹는 아부리모치 전문점. 이곳은 1637년에 개업해 몇백 년에 걸친 역사를 자랑한다. 쫀득하고 고소한 맛이 일품인 아부리모치 あぶり餅는 1인 500엔으로 주문하면 찻주전자와 함께 내어준다. 마주 보는 이치와 一和에서도 아부리모치를 판매하는데 이곳은 그 역사가 1000년이 넘었다고 하니 두 곳 모두 가서 맛을 비교해봐도 좋다. 바로 앞에 연결된 이마미야진자도 한적하고 고즈넉하니 잠시 산책 겸 둘러볼 만하다.

지도 > MAP 20 ⓖ | 위치 > 다이토쿠지에서 도보 3분 | 주소 > 京都市北区紫野今宮町96 | 오픈 > 10:00~17:30 | 휴무 > 수요일 | 전화 > 075-491-9402

PLUS AREA

이치조지
一乘寺

어떤 곳일까?

교토시 동북부에 위치한 이치조지는 조용하면서도 개성 넘치는 동네이다. 관광지가 아니라서 한적하고 여유 있는 골목 산책을 즐기기 좋다. 다만, 한 골목에 다다르면 사람들이 갑자기 많아지는데, 바로 서점 케이분샤가 있는 곳이다. 이 서점이 조용한 마을이 갑자기 사람들의 주목을 받게 된 이유이다. 볼거리라고 할 수 있는 것은 서점뿐이며 그 외에는 몇몇 음식점이 있을 뿐이다. 때문에 서점에 큰 관심이 없거나 관광을 좋아하는 사람이라면 너무나 고요하게 느껴질 수도 있는 동네이다. 하지만 한적함과 현지 분위기를 좋아한다면 한번 눈여겨볼 만한 동네다.

어떻게 갈까?

이치조지로 가기 위해서는 교토역에서 교토버스 17번을 타거나, 케이한 시치조역에서 케이한 전철을 타고 데마치야나기역에서 에이덴으로 환승 후 이치조지역에서 하차하면 된다. 도로 위 레일을 따라 달리는 에이덴은 노면전차의 낭만을 느낄 수 있어 또 다른 교토의 추억을 만들기 좋다.

📷 케이분샤 恵文社

작은 동네 이치조지를 주목받게 만드는데 일조한 서점. 영국 가디언지에서 선정한 세계 최고의 서점 10개(The world's 10 best bookshops) 중 아시아권에서는 유일하게 이름을 올린 곳이다. 이 서점의 특별한 점은 공간 속에서 느껴지는 '책'에 대한 관심과 애정이다. 그들은 스스로를 '책과 관련한 여러 가지 상품을 취급하는 편집숍'이라고 말한다. 무조건 신간을 소개하는 서점이 아닌, 한 권 한 권을 직원들이 신중하게 선택하고 소개하고 진열하는 책의 공간을 지향한다. 하나하나 정성을 다한 도서 진열과 손글씨로 써내려간 직원의 책소개 글에서 애정이 느껴진다.

건물 내부에는 서점 '케이분샤'를 중심으로 서쪽에는 생활관 生活館, 동쪽에는 다양한 디자인 잡화와 갤러리가 있는 공간인 앙페르 enfer, 그 뒤쪽으로 누구나 사용할 수 있는 열린 공간인 코티지 Cottage가 있다.

생활관은 귀여운 그림의 간판에서 의식주와 관련된 책과 생활잡화를 취급하는 공간의 정체성이 느껴진다. 한 쪽에 마련된 미니 갤러리에서는 케이분샤가 지원하는 작가의 작품이나 생활 관련 물품을 기간 한정으로 전시 · 판매한다.

위치 에이덴 이치조지역에서 도보 3분 **주소** 京都市左京区一乗寺払殿町10 **오픈** 10:00~21:00 **전화** 075-711-5919 **홈피** www.keibunsha-store.com

➕ Zoom in

앙페르 enfer 1

앙페르는 다양한 종류의 문구·잡화를 비롯해 지역 학생들이나 무명 아티스트들의 디자인 제품을 취급하면서 케이분샤만의 시각으로 문화를 소개하는 장소다. 한쪽 공간을 차지하는 갤러리에서는 다양한 전시가 이루어진다.

코티지 Cottage 2

코티지는 상품과 판매가 아닌, 장소와 사람이 중심이 되어 체험을 공유하는 공간을 만들어 나가자는 취지에서 시작되었다. 누구나 대관하여 다양한 문화 관련 공간으로 사용할 수 있다.

☕ 이치조지 나카타니 一乗寺中谷

3대째 내려오는 이치조지의 과자점. 전통 화과자점으로 시작했으나, 3대 운영을 이어받은 화과자 장인 남편과 파티시에 아내가 전통식과 서양식을 조화롭게 융합한 새로운 디저트를 선보이는 등 다양한 종류의 디저트를 판매하고 있다.

대를 이어 전해지는 이치조지 마을의 양갱 뎃치요칸 でっち羊かん과 함께 언뜻 보면 떡같이 보이는 녹차 티라미수 키누고시로쿠차티라미수 絹ごし緑茶てぃらみす가 특히 유명하다. 가게 안쪽에는 카페 공간이 마련되어 있어 이곳에서 판매하는 디저트와 차를 즐길 수 있으며 식사 메뉴도 판매한다. 이치조지 산책 중에 달달하면서도 건강한 맛을 즐길 수 있는 곳이다.

위치 에이덴 이치조지역에서 도보 5분/시버스 이치조지쿠다리마츠마치 정류장에서 도보 1분 **주소** 京都市左京区一乗寺花ノ木町5 **오픈** 09:00~19:00 **휴무** 수요일 **전화** 075-781-5504 **홈피** ichijouji-nakatani.com

슈가쿠인
修学院

PLUS AREA

어떤 곳일까?

교토에 있는 수많은 역사적인 건물 중에서도 가장 넓은 부지를 자랑하는 슈가쿠인리큐가 이 지역의 대표적인 볼거리이다. 예약하지 않으면 방문할 수 없는 번거로움이 있지만 눈을 편안하게 해주는 광활한 초록 풍경이 마음까지 차분하게 만든다. 대부분의 관광객이 이곳을 보러 오지만, 그 주변에도 볼거리가 많다. 호화로운 건물과 정원을 볼 수 있는 만슈인, 지천회유식 정원이 멋진 시센도 등이 있다. 모두 푸른 자연을 감상하기 좋은 곳이다.

어떻게 갈까?

슈가쿠인리큐로 가려면 교토역에서 교토버스 17번을 약 1시간가량 타고 헤이하치마에 정류장에서 하차하면 된다. 노면전차의 낭만을 즐기고 싶다면 에이덴을 타고 슈가쿠인역에서 내려도 좋다.

🄾 슈가쿠인리큐 修学院離宮

고미즈노오 일왕을 위해 1656년 도쿠가와 이에미츠의 지원을 받아 세운 별궁으로 일본을 대표하는 정원이 있는 곳이다.

교토의 북동쪽 히에이잔 比叡山과 오토와야마 音羽山 산맥의 경사면에 펼쳐진 54만㎡의 광대한 부지에 상중하의 오차야 다실로 이루어진 정원 3개가 배치되어 있다. 각각의 이름은 시모고차야 下御茶屋, 나카고차야 中御茶屋, 가미고차야 上御茶屋인데, 총문으로 들어서면 제일 먼저 시모고차야가 나온다. 이는 3개의 정원 중 규모가 가장 크며 평지 위에 인공적으로 정원을 꾸며놓았다. 이곳에는 주게츠칸 寿月観을 비롯해 다실 조로쿠안 藏六庵 등 큰 건물이 자리 잡고 있으며 지천관상식 池泉観賞式 정원이 배치되어 있다. 그다음이 나카고차야로 자연미를 그대로 살린 정원은 평범해 보이지만, 산 정상에 조성한 거대한 인공 연못 요쿠류치 浴龍池와 조화를 이루어 멋진 풍경을 연출한다.

3개의 정원 중 제일 높은 곳에 있는 가미고차야의 다실의 린운테이 隣雲亭에 올라서면 갑자기 시야가 뻥 뚫리면서 말로 설명하기 힘든 아름다운 풍경을 볼 수 있다. 인공 연못 요쿠류치와 연못 가운데 위치한 작은 섬, 그리고 산 아래에 있는 2개의 정원이 이루는 멋진 조화도 볼만하지만 교토의 시가지 풍경까지 한눈에 들어오는 전망은 그야말로 압권이다.

이곳은 궁내청 소유의 정원이라서 정해진 시간에 가이드의 안내를 따라 약 3km 코스를 1시간 20분 동안 돌아보는 방식으로 봐야 한다.

지도 MAP 16 ⓑ 위치 교토버스 헤이하치마에 정류장에서 도보 12분/에이덴 슈가쿠인역에서 도보 20분 오픈 09:00・10:00・11:00・13:30・17:00(사전 참관 신청 필수) 요금 무료 전화 075-211-1215 홈피 sankan.kunaicho.go.jp

TIP 슈가쿠인리큐 참관 신청 방법

대상 만 18세 이상, 1회 4명까지 신청 가능
휴관 월요일, 연말연시
신청 방법
❶ 우편 : 참관 희망 엽서를 작성하여 우송한다. 참관 희망일은 제3희망일까지 기재할 수 있다. 희망일 3개월 전에서 1개월 전까지 신청이 가능하다.
❷ 창구 : 신분증을 지참하고 궁내청 교토사무소에서 준비된 용지에 기입하고 허가를 받을 수 있다. 단, 접수 당일에는 허가가 나오지 않을 수 있으니 미리 신청하는 것이 좋다. 만약 접수 당일 관람을 원한다면 아침 일찍 서두르는 것이 좋다. 창구 운영 시간은 08:45~12:00, 13:00~17:00
❸ 인터넷 : 궁내청 홈페이지(sankan.kunaicho.go.jp)에 접속하여 필요 사항을 기재하고 수속 완료 후 허가 통보를 기다리면 된다. 희망일 3개월 전에서 4일 전 오후 12시까지 접수해야 한다.

만슈인 曼殊院

1656년 건립된 만슈인은 슈가쿠인리큐 条学院離宮와 함께 시에지켄 紫衣事件(1627년 조정에 반대하는 에도 막부의 우월함을 보여준 사건)으로 유명한 고미즈노오 일왕의 조카가 출가하여 만든 몬제키 사원이다. 그래서 건물과 정원이 넓고 호화로우며, 당시 왕족의 삶을 들여다볼 수 있는 다양한 유적들이 보존되어 있다.

우거진 수목과 아름다운 정원도 볼만하지만 서원 곳곳에 있는 표주박 안내판과 같은 아기자기한 소품과 장식품 등에서도 소박한 아름다움을 느낄 수 있다. 만슈인에서 시센도로 가는 길은 걸어서 20분가량 걸리지만 고즈넉하고 소박한 일본의 시골 주택을 구경할 수 있어서 심심진 않을 것이다.

지도 MAP 16 Ⓑ 위치 교토버스 헤이하치마에 정류장에서 도보 20분/에이덴 이치조지역에서 도보 20분 주소 京都市左京区一乗寺竹ノ内町42 오픈 09:00~17:00 요금 어른 600엔, 어린이 400엔 전화 075-781-5010 홈피 www.manshuinmonzeki.jp

시센도 詩仙堂

도쿠가와 가문의 가신이자 에도 초기 문인이었던 이시카와 조잔 石川丈山이 1641년에 세운 산장으로, 그가 90세로 수명을 다할 때까지 은둔 생활을 했던 곳이다. 그의 사후에 일본 불교 선종의 종파인 조동종의 사찰이 되었지만, 지금도 절 같은 분위기보다는 고즈넉한 산장 분위기를 고스란히 간직하고 있다. 시센 詩仙이라는 이름은 에도 시대 초기의 화가인 가노 탄유 狩野探幽에게 중국의 유명 시인 36명의 초상화를 그리게 해 시센도의 벽을 장식한 데서 유래한다. 시를 짓는 것 외에 정원 꾸미기에도 조예가 깊었던 이시카와 조잔의 감각이 돋보이는 아름다운 정원은 수국과 철쭉, 단풍나무가 절묘하게 조화를 이루고 있어 방문객들의 눈길을 끌기에 충분하다. 특히 이시카와 조잔 石川丈山이 최초로 고안한 발명품으로 알려진 시시오도시 鹿脅라 불리는 물받이 대나무 홈통은 단아하고 조용한 정원에 통통거리는 맑은 소리를 울리는 음향 효과를 낸다.

지도 MAP 16 Ⓐ 위치 교토버스 슈가쿠인에키마에 정류장에서 도보 18분/시버스 이치조지사가리마츠초 정류장에서 도보 7분/에이덴 이치조지역에서 도보 10분 오픈 09:00~17:00 휴무 5/23 요금 어른 500엔, 어린이 200엔 전화 075-781-2954 홈피 www.kyoto-shisendo.com

PLUS AREA

오하라
大原

어떤 곳일까?

교토 북부의 오하라 지역은 오랜 세월 지체 높은 귀인과 고승들의 은거지였다. 워낙 유명한 곳이기에 교토 시내에서 버스를 타고 1시간 정도 걸리는 위치에 있지만 많은 관광객이 찾아온다. 이곳의 대표 볼거리인 산젠인과 호센인 역시 넋을 놓을 만큼 아름다운 사찰과 정원으로 이름난 곳이다. 푸른 자연이 주인공인 곳이기에 벚꽃과 단풍, 이끼가 절정일 때 가면 더더욱 아름답다. 두 곳 모두 정원을 바라보며 차를 마실 수 있는데, 산젠인의 경우 입장료 외 별도 요금을 내야 하고, 호센인은 입장료 안에 포함되어 있다.

어떻게 갈까?

교토역 C3 정류장에서 교토버스 17번을 타고 오하라 정류장에 하차한다. 정류장의 동쪽으로 길을 따라 쭉 올라가면 산젠인과 호센인이 자리한다. 산젠인보다 호센인이 더 안쪽에 자리한다.

📷 산젠인 三千院

교토시 북부에 있는 작고 아름다운 마을인 오하라에는 소설가 이노우에 야스시 井上靖가 동양의 보석 상자라고 평가한 아름다운 정원이 있는 절, 산젠인이 있다.

산젠인은 일본 불교 천태종에 속하는 절로 1118년에 창건되었다. 본존의 아미타여래상은 양쪽 옆에 있는 불상과 더불어 일본의 중요 문화재로 등록되었다. 그러나 산젠인의 매력은 불상이나 건축물보다는 정원을 가득 메운 푸른 이끼와 거대한 삼나무, 그리고 정원 곳곳에 있는 자그마한 불상에서 발견할 수 있다. 이끼를 이용해 고색창연한 분위기를 자아내는 아름다운 정원 유세이엔 有淸園은 탑과 삼나무, 단풍의 조화가 아름다운 곳으로 유명하다. 한쪽에는 일본의 중요 문화재인 아미타 삼존상을 안치한 오조고쿠라쿠인 往生極樂院이 고즈넉한 분위기를 풍기며 서 있다.

[지도] MAP 17 ⓑ [위치] 교토버스 오하라 정류장에서 도보 10분 [오픈] 08:30~17:30(12/8~2/27 09:00~17:00) [요금] 어른 700엔, 어린이 150엔 [전화] 075-744-2531 [홈피] www.sanzenin.or.jp

슈헤키엔
聚碧園 **1**

캬쿠덴 客殿의 툇마루에 앉아 감상할 수 있는 정원으로, 자연이 그린 두루마리 그림이라는 말이 있을 정도로 아름다운 정취를 느낄 수 있다.

신덴
宸殿 **2**

매년 5월 30일에 행해지는 오센보코 御懺法講가 개최되는 곳이다. 1926년에 세워졌다. 내부에는 밀교약사여래상, 목조 구세관세음 보살반가상, 목조 부동명왕입상 등이 안치되어 있다. 신덴 자체보다는 신덴에서 바라보는 정원과 조화를 이루는 오조고쿠라쿠인의 풍경이 아름답기로 유명하다.

석불
石仏 **3**

산책로를 따라 정원 뒤쪽 언덕 위로 올라가면 가마쿠라 시대 중기의 돌부처를 볼 수 있다. 오하라의 돌부처로 불리는 이 석불은 일본의 정토신앙을 대변하는 역사적인 유물이다.

유세이엔
清清園 **4**

푸른 이끼가 덮여 있는 아름다운 정원. 아름드리 삼나무와 단풍나무가 계절이 바뀔 때마다 각기 다른 빛을 발한다. 정원 곳곳에 아이들의 수호신으로 인기 있는 지장보살이 자비로운 미소를 띠고 있다.

호센인 宝泉院

산젠인을 지나 안쪽으로 더 걸어 들어가면 한 폭의 그림 같은 풍광의 호센인이 나타난다. 가마쿠라 시대부터 승려들의 숙소로 사용되었던 호센인은 기둥과 기둥 사이의 액자 같은 공간을 통해 창밖의 정원을 감상할 수 있는 것으로 유명하다. 이 '액자 정원'에서 가장 눈에 띄는 것은 수령 700년이 넘은 거대한 노송이다. 원시의 숲속에 있을 법한 웅장한 모습을 하고 있다. 벚꽃과 단풍 시즌에는 야간 라이트업 행사도 진행된다.

〈지도〉 MAP 17 ⓑ 〈위치〉 교토버스 오하라 정류장에서 도보 15분 〈주소〉 京都市左京区大原勝林院町187 〈오픈〉 09:00~17:00 〈요금〉 어른 800엔, 어린이 600엔(다과 포함) 〈전화〉 075-744-2409 〈홈피〉 www.hosenin.net

KINKAKUJI

AREA 03

킨카쿠지 주변
金閣寺周辺

교토의 상징물로 대표되는 눈부신 금박 사찰의 주인공 '킨카쿠지'는 교토의 북서쪽에서 압도적 존재감을 뽐낸다. 킨카쿠지 주변으로 료안지, 니난지가 차례로 위치해 도보로 돌아보기 편리하고, 중심지와 다소 떨어져 있어 화려한 관광 인프라는 없지만 호젓한 분위기가 흐른다.

킨카쿠지 주변
이렇게 여행하자

교토역에서 킨카쿠지로 갈 때는 시버스 101번을 이용하면 편리하다. 킨카쿠지미치 정류장에 내려 이정표를 따라 조금만 걸어가면 곧 킨카쿠지가 보인다. 킨카쿠지에서 료안지를 거쳐 닌나지까지 도보로 이동하기 어렵지 않지만, 상황에 따라 시버스 12번이나 59번을 이용해도 좋다. 이후 묘신지에서 히라노진자, 기타노텐만구까지 가는 것도 버스정류장으로 이동해 환승하기보다는 도보가 효율적일 수 있다.

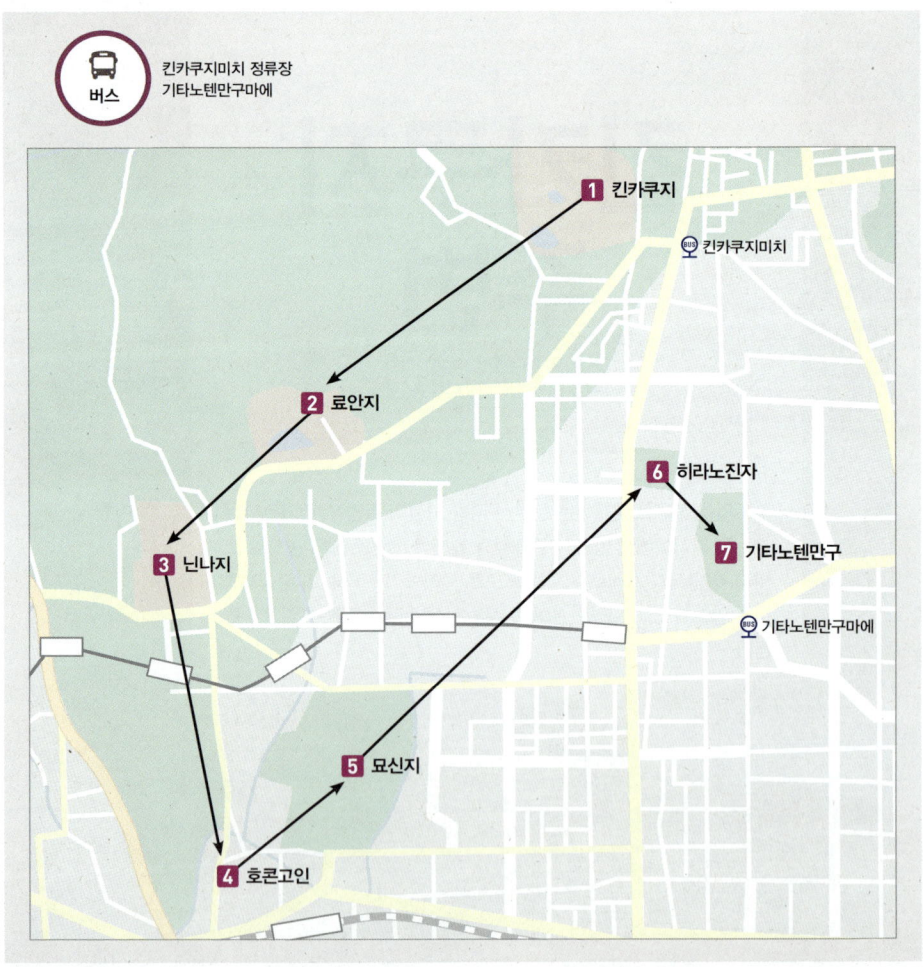

| 킨카쿠지미치 정류장 | → 1분 | **1** 킨카쿠지  p.388 | → 20분 | **2** 료안지  p.390 |

↕ 10분

| **5** 묘신지  p.391 | ← 15분 | **4** 호콘고인  p.393 | ← 20분 | **3** 닌나지 p.391 |

↕ 25분

| **6** 히라노진자 p.392 | → 10분 | **7** 기타노텐만구 p.392 |

주요 명소로 가는 교통수단

목적지	출발 지점	교통수단	하차 지점
킨카쿠지	교토역	시버스 101·205번 이용, 45분	킨카쿠지미치
	시조가와라마치	시버스 12·59·205번 이용, 35분	킨카쿠지미치

킨카쿠지 金閣寺

유네스코 세계문화유산

지도 ▶ MAP 19 F 위치 ▶ 시버스 킨카쿠지미치 정류장에서 도보 3분 오픈 ▶ 09:00~17:00 요금 ▶ 어른 400엔, 어린이 300엔 전화 ▶ 075-461-0013 홈피 ▶ www.shokoku-ji.jp/k_about.html

정식 명칭은 요시미츠의 법명에서 비롯된 로쿠온지 鹿苑寺이지만, 황금빛으로 빛나는 킨카쿠의 명성 덕분에 킨카쿠지로 불리고 있다. 남북조 시대를 마감하고 일본을 통일한 3대 쇼군 아시카가 요시미츠 足利義滿가 1397년에 건립한 산장을 그의 유언에 따라 선종 사찰로 개축한 것이다.

애초 킨카쿠온지는 지금보다 훨씬 컸지만 1467년부터 1477년까지 10년간 계속된 오닌의 난으로 대부분 소실되었고, 그나마 원형을 유지하며 기타야마 문화를 대표했던 킨카쿠 역시 1950년 젊은 승려의 방화로 어처구니없이 소실되어버렸다. 일본의 소설가 미시마 유키오 三島由紀夫는 이 방화 사건을 소재로 장편 소설 〈킨카쿠지 金閣寺〉를 쓰기도 했다.

현재의 건물은 1955년에 재건된 것으로, 1987년부터 금박을 전면적으로 새로 바르기 시작했고, 2003년에는 모즙나무 지붕도 새롭게 교체해 지금의 휘황찬란한 모습을 갖추었다. 거울같이 맑다 하여 교코치 鏡湖池라는 이름이 붙은 연못 위에 화려하고 우아한 자태를 뽐내는 킨카쿠지는 교토를 대표하는 풍경 중 하나로 손꼽히며 사계절 모두 다른 매력을 갖고 있다. 킨카쿠와 멋진 조화를 이루고 있는 지천회유식 정원에는 츠루시마 鶴島, 카메시마 亀島와 같은 섬을 비롯해 갖가지 기암괴석이 배치되어 풍성한 볼거리를 제공한다.

킨카쿠
金閣

1

무로마치 막부의 쇼군 아시카가 요시미츠가 별장으로 지은 건물로, 그가 죽은 후에는 사리전 舍利殿이 되었다. 3층으로 구성된 킨카쿠는 각 층의 제작 연대와 용도가 다른 것이 특징이다. 1층 홋스이인 法水院은 헤이안 시대의 귀족 주택 양식인 신덴즈쿠리 寢殿造 양식으로 만들었다. 2층 초온도 潮音堂는 가마쿠라 시대 무사 주택의 건축양식인 부케즈쿠리 武家造 양식으로 만들었으며 이곳에 불상이 안치되어 있다. 굿쿄초 究竟頂라고 부르는 3층은 당나라 시대 선종 불전 禪宗仏殿 양식으로 만들었으며 실내에는 사리가 보관되어 있다.

리쿠슈노마츠
陸舟の松

2

아시카가 요시미츠의 분재를 이식한 것으로 알려져 있는 배 모양을 닮은 소나무로, 뱃머리가 서쪽을 향하고 있다고 해서 서방정토를 꿈꾸고 있는 것이 아닌가 하는 추측을 낳고 있다. 교토를 대표하는 3대 소나무 중 하나로 수령은 무려 600년이 넘었다.

긴가센·간카스이
銀河泉·巖下水

3

킨카쿠에서 북쪽으로 나 있는 길을 따라 걸어가다 보면 산기슭의 바위 속에서 물방울이 떨어지는 약수터가 나온다. 이곳이 바로 아시카가 요시미츠가 차를 마실 때 사용한 물인 긴가센이다. 그리고 그 옆에는 아시카가 요시미츠가 손 씻는 물로 사용했다는 간카스이가 있다.

교코치
鏡湖池

4

지천회유식인 킨카쿠지 정원의 중심에 있는 교코치는 주변 자연 풍경과 절묘한 조화를 이루는 거대한 연못이다. 가장자리에는 킨카쿠가 우뚝 서 있어 빼어난 경관을 자랑하며, 크고 작은 인공섬과 일본 각지에서 수집한 기암괴석을 적절히 배치해 무로마치 시대의 독특한 일본 정원 양식을 창조해냈다. 비교하기 좋아하는 일본 사람들은 교코치를 정토 만다라 淨土 曼茶羅에 그려진 아름다운 7개의 보물 연못과 비유하기도 한다. 이 정원은 일본의 특별사적, 특별명승으로 지정되어 있다.

료안지 龍安寺

유네스코 세계문화유산

지도 MAP 19 (F) 위치 시버스 료안지마에 정류장에서 바로 오픈 3~11월 08:00~17:00, 12~2월 08:30~16:30 요금 어른 500엔, 어린이 300엔 전화 075-463-2216 홈피 www.ryoanji.jp

1450년 토쿠다이지 特大寺 가문의 별장을 호소카와 카츠모토 細川勝元(오닌의 난으로 전국 시대의 문을 연 주인공)가 물려받아 건립한 선종 사원이다. 창건 당시에는 경내가 매우 넓어서 지금의 케이후쿠 전철 노선 근처까지였지만, 이후 여러 차례 전란을 겪으면서 규모가 많이 줄어 오늘에 이르렀다. 산문을 지나 경내에 들어서면 왼쪽에 쿄요치 鏡容池라는 큰 연못이 나오는데, 예전에는 원앙새들이 떼 지어 몰려들었다고 해서 오시도리지 おしどり池라 부르기도 했다. 연못을 지나 북쪽의 돌계단을 오르면 주지 스님이 거처하는 호조 방장가 있는데 이곳에 바로 그 유명한 료안지의 호조 정원이 있다.

➕ Zoom in

호조 정원
方丈庭園 **1**

물을 사용하지 않고 모래와 돌로 산수의 풍경을 표현한 가레산스이 방식의 대표 정원. 영국의 엘리자베스 여왕이 1975년에 일본을 공식 방문했을 때, 료안지의 정원을 보고 극찬한 것이 해외의 매스컴을 통해 보도되며 세계적으로 유명세를 탔다. 폭 25m, 길이 10m 정도의 부지에 하얀 모래를 깔고 15개의 돌을 놓아둔 단순한 정원으로, 재미있는 것은 어느 방향에서 보더라도 반드시 1개는 다른 돌에 가려 보이지 않는다는 것이다.

15개의 돌은 보는 사람에 따라 바다의 절경을 표현한 것으로 보이기도 하고, 호랑이가 새끼를 보호하면서 강을 건너는 모습으로 보이기도 한다는데, 이 때문에 토라노코와타시 虎の子渡し 라고 부르기도 한다.

지소쿠노츠쿠바이
知足の蹲踞 **2**

호조의 뒤뜰에 있는 다실 앞에는 도쿠가와 미츠쿠니가 기부했다는 츠쿠바이(손 씻는 물을 담은 그릇)가 있다. 엽전 모양의 츠쿠바이에는 오유족지 吾唯足知라는 네 글자가 새겨져 있는데 풀이하면 '남과 비교하지 말고 오직 자신에 대해 만족함을 알라'는 뜻이다. 각각의 글자가 중앙에 있는 口자를 공유하는 기발함을 보여준다.

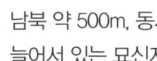

묘신지 妙心寺

남북 약 500m, 동서 약 400m의 광대한 부지의 경내에 대가람이 웅장하게 늘어서 있는 묘신지는 하나조노 花園 일왕이 간잔 에겐 觀山慧元에게 하사한 별궁을 나중에 절로 개축한 것이다. 한때 교토고잔에 속할 만큼 융성했지만 오닌의 난으로 가람의 대부분이 소실된 후 에도 시대에 호소카와 細川 가문의 도움을 받아 재건했다.

넓은 경내에는 사신들이 출입할 때 이용하는 조쿠시몬과 산몬, 불전, 법당 등 중후한 가람이 일직선으로 늘어서 있고, 주변에는 흰 벽으로 둘러싸인 47개의 닷추 塔頭가 진풍경을 연출하고 있다. 닷추는 본사에 속하여 경내에 있는 작은 절을 의미하는데 대부분 관광객에게는 공개되지 않지만 다이신인 大心院, 토린인 東林院, 케이슌인 桂春院, 타이조인 退藏院 등은 항상 일반에 공개된다. 이들 닷추들은 모두 각기 다른 분위기의 정원을 갖고 있어서 비교해보는 것도 재미있다.

법당과 법당 천장에 그려진 용, 오시키초의 범종, 아케치부로 등을 보기 위해서는 가이드 투어를 해야 한다. 묘신지 법당 가이드 투어는 09:10~15:40에 20분 간격으로 진행된다. 참배객들이 머무는 숙소에서 좌선 체험도 가능하다.

지도 MAP 19 ⓙ **위치** 시버스 묘신지마에 정류장에서 도보 3분 **오픈** 09:00~17:00 **요금** 경내 무료(법당 어른 500엔, 어린이 100엔) **전화** 075-461-5226 **홈피** www.myoshinji.or.jp

닌나지 仁和寺

유네스코 세계문화유산

886년에 고코 光孝 일왕의 명으로 짓기 시작했지만 완성하지 못하고 사망하자, 유지를 받든 우다 宇多 일왕에 의해 888년에 완성되었다. 우다 일왕은 노년을 이곳에서 보냈으며, 이후로도 메이지 시대에 이르기까지 수많은 왕족과 귀족의 자제들이 출가해 이곳에서 머물렀다. 왕실과 이런 인연을 맺었다는 이유로 오무로고쇼 御室御所라 부르기도 한다. 오닌의 난 때는 가람이 전부 소실되는 참사를 겪기도 했으나, 도쿠가와 이에미쓰 德川家光의 기부로 재건된 후 오늘에 이르고 있다.

1만㎡에 달하는 넓은 경내에는 자갈과 포석이 깔린 참배로가 가로세로로 뻗어 있고, 일왕의 거처에서 옮겨온 구시신덴 舊紫宸殿의 곤도와 구세이료덴 舊淸祺殿의 미에이도를 비롯해 다양한 건축물들이 유유히 솟아 있다. 난젠지는 벚꽃의 명소로도 유명한데, 교토의 벚나무 중 가장 늦게 꽃이 핀다는 오무로자쿠라 御室桜가 약 200그루나 있어 만개할 때 찾으면 그 풍경이 매우 아름답다.

지도 MAP 19 Ⓔ **위치** 시버스 오무로닌나지 정류장에서 바로 **오픈** 09:00~17:00(12~2월 ~16:30) **요금** 경내 무료(고텐 500엔, 레이호칸 500엔) **전화** 075-461-1155 **홈피** www.ninnaji.or.jp

히라노진자 平野神社

794년 헤이안 천도와 함께 간무 桓武 일왕의 명에 의해 야마토노쿠니 大和 국에 있던 것을 이곳으로 옮겨온 것이다. 에도 시대에 만든 본전은 히라노즈 쿠리 平野造라고 불리는 독특한 건축양식으로 만든 것으로 단아하면서도 아름답다.

교토에서 알아주는 벚꽃의 명소로 매년 봄이면 약 40종에 이르는 500여 그루의 벚나무에 꽃이 만발해 화려한 풍경을 감상할 수 있다. 특히 4월 10일 사쿠라마츠리 桜祭가 열릴 때 가면 만개한 벚꽃들 아래로 미코시 神輿와 하나다시 花山車가 줄을 이어 행진하는 장관을 볼 수 있다.

[지도] MAP 19 (F) [위치] 시버스 기누가사코마에 정류장에서 도보 2분 [주소] 京都市北区平野宮本町1 [오픈] 06:00~17:00 [요금] 무료 [전화] 075-461-4450 [홈피] www.hiranojinja.com

기타노텐만구 北野天滿宮

[지도] MAP 19 (F) [위치] 시버스 기타노텐만구마에 정류장에서 바로 [오픈] 05:00~18:00(10~3월 05:30~17:30) [요금] 무료 [전화] 075-461-0005 [홈피] www.kitanotenmangu.or.jp

헤이안 시대의 학자로 우대신을 지내다가 좌천당한 스가와라 미치자네 菅原道眞가 병사하자 교토에서는 연달아 대재앙이 일어났는데, 이를 억울하게 죽은 그의 저주라고 생각해 영혼을 위로하기 위해 세운 신사이다.

교토 시민들은 기타노텐만구를 흔히 텐진상 天神さん이라 부른다. 매월 25일에는 이 일대에 벼룩시장이 열리는데, 특히 12월 25일은 시마이텐진 終い天神, 1월 25일은 하츠텐진 初天神이라 부르는 큰 장이 열리며 이때는 무려 15만 명 이상의 참배자와 관광객이 방문해 북새통을 이룬다. 또 해마다 스가와라 미치자네의 기일인 2월 25일에 맞춰 매화축제가 열리는데, 카미시치켄 上七軒의 기생들이 야외 찻집을 열기도 한다. 킨카쿠지에서 묘신지로 이어지는 산책로에서 벗어난 거리에 있어 조금 돌아서 따로 버스를 타고 가야 한다.

[지도] MAP 19 ⓙ [위치] 시버스 하나조노오기노초 정류장에서 바로 [오픈] 09:00~16:00 [요금] 어른 500엔, 어린이 300엔 [전화] 075-461-9428

📷 호콘고인 法金剛院

호콘고인은 자생하는 연꽃이 80종이 넘기로 유명한 절이다. 헤이안 시대 초기의 귀족인 기요하라 노하츠노 淸原夏野의 산장이었던 부지에 도바 鳥羽 일왕의 부인인 다이켄몬인 待賢門院이 발원하여 1130년에 세웠다고 전해진다.

당시에는 도바 일왕의 중궁 中宮으로 사용되기도 했던 건물을 기반으로, 광대한 부지에 신덴즈쿠리 寢殿造의 저택과 가람이 들어서 웅장한 위용을 과시하며 번영했다. 하지만 오랜 세월이 지나면서 상당 부분 훼손되거나 소실되어 지금은 자그마한 사찰로 명맥을 유지하는 정도이다.

📷 고류지 広隆寺

교토에서 가장 오래된 절로 알려진 고류지는 헤이안 천도 이전부터 존재했던 사원이다. 창건 당시에는 미륵보살이 본존이었지만, 헤이안 천도 전후로는 약사여래를 본존으로 모셔 약사 신앙과 함께 쇼토쿠 왕자 신앙의 성지로 그 성격이 변했다. 그래서 고류지의 본전에는 현재 부처님 대신 쇼토쿠 왕자의 상이 모셔져 있다. 오랜 세월에 걸쳐 수많은 재난을 겪으면서 당시의 건물은 거의 남아 있지 않지만, 다행히 많은 불상은 제대로 보전되어 보물관에서 전시되고 있다. 레이호덴 靈宝殿에는 덴표 天平 시대에서 가마쿠라 鎌倉 시대까지의 불상, 불화, 미술 공예품, 고문서 등을 다수 전시하고 있다.

[지도] MAP 19 ⓘ [위치] 시버스 우즈마사고류지마에 정류장에서 바로 [오픈] 09:00~17:00(12~2월 ~16:30) [요금] 경내 무료(레이호덴 700엔) [전화] 075-861-1461

[지도] MAP 19 ⓘ [위치] 시버스 우즈마사에이가무라 정류장에서 바로 [오픈] 09:00~17:00(시기에 따라 다름) [휴무] 부정기 [요금] 어른 2200엔, 어린이 1100엔 [전화] 075-864-7716 [홈피] www.toei-eigamura.com/ko

📷 토에이우즈마사 에이가무라 東映太秦映画村

고류지 옆에 있는 일본 최대 규모의 영화·드라마 세트장으로 우리나라의 용인민속촌과 비슷한 곳이다. 에도 시대와 메이지 시대 등 옛 거리를 그대로 재현한 오픈 세트가 있어서, 운이 좋으면 시대극 촬영 모습을 볼 수 있다.

세트장 외에 일본 영화 변천사나 영화를 만드는 과정을 전시하는 시설도 있고, 시네마 분장 스튜디오에서는 직접 분장 체험을 해볼 수도 있다.

GINKAKUJI

AREA 04

긴카쿠지 주변
銀閣寺周辺

교토의 동부권에 해당하며, 흔히 '은각사'라 부르는 긴카쿠지를 중심으로 호넨인, 에이칸도, 난젠지까지 철학의 길을 따라 줄지어 만날 수 있다. 특히 벚꽃·단풍 시즌에 더욱 아름다운 철학의 길은 일본의 철학자가 사색을 즐겼을 만큼 운치가 빼어나다. 헤이안진구까지 연결되는 코스를 따라 가다가 중간중간 분위기 좋은 카페에서 쉬어가자.

긴카쿠지 주변
이렇게 여행하자

긴카쿠지미치, 또는 긴카쿠지마에 정류장에서 출발하면 된다. 전체 코스를 걸어서 돌아볼 경우 약 5km 거리에 이동 시간만 대략 1시간 20분이 소요된다. 교토에 온 이상 한 번쯤 도전해볼 만한 도보 산책 코스이지만, 많이 걷는 것이 망설여진다면 시버스 5번을 적절히 활용하는 것이 좋다. 시버스 5번은 여행의 출발점인 긴카쿠지부터 헤이안진구까지 도보 산책 코스와 동일하게 동선을 연결해준다.

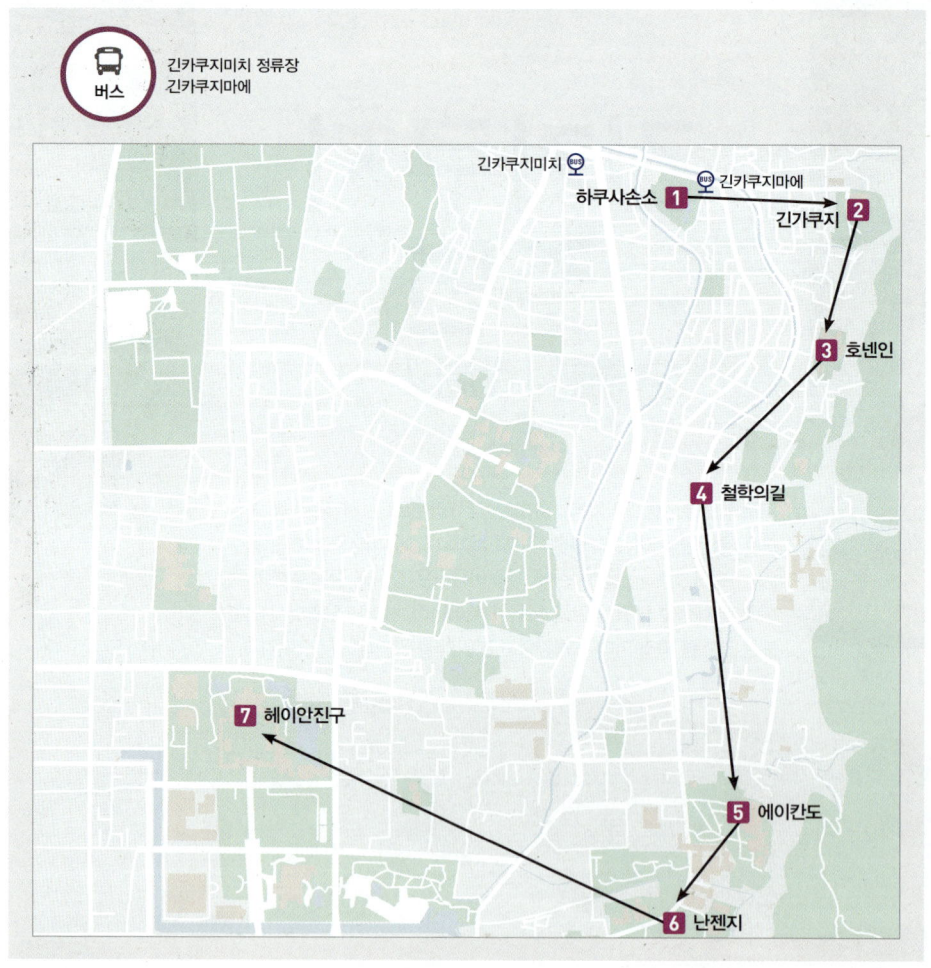

주요 명소로 가는 교통수단

목적지	출발 지점	교통수단	하차 지점
긴가쿠지	교토역	시버스 5·17·100번 이용, 40분	긴카쿠지미치
	시조가와라마치	시버스 5·17·32·203번 이용, 21분	긴카쿠지미치
에이칸도	교토역	시내버스 5번 이용, 35분	에이칸도미치
	시조가와라마치	시내버스 5번 이용, 15분	에이칸도미치

긴카쿠지 銀閣寺

유네스코 세계문화유산

긴카쿠지는 세련된 교토 히가시야마 東山 문화의 절정을 느낄 수 있는 고찰이다. 정식 명칭은 토잔지쇼지 東山慈照寺이며 1482년, 8대 쇼군 아시카가 요시마사 足利義政에 의해 창건되었다. 3대 쇼군 아시카가 요시미츠 足利義滿가 건립한 킨카쿠지 金閣寺를 본떠 만들었는데, 외벽을 은박으로 장식하려 했다가 좌절되었다. 그래서 원래 이름보다는 킨카쿠지와 대비되는 긴카쿠지 銀閣寺라는 이름으로 부른다. 화려한 킨카쿠지와는 달리 더할 나위 없는 담백함이 매력이다. 입구에 높게 늘어서 있는 약 50m 길이의 대나무로 만든 울타리가 인상적인데, 긴카쿠지의 건물과 정원은 모두 무로마치 문화를 대표하는 양식으로 유명하다. 본당과 관음전인 긴카쿠 銀閣를 중심에 놓고 흰모래를 잔잔한 파도처럼 깔아놓은 정원에는 긴샤단 銀沙灘과 코게츠다이 向月台라 불리는 모래로 만든 조형물이 있는데, 츠키마치야마 月待山에 떠오르는 달빛을 반사해 그 빛으로 정원을 감상할 수 있도록 만든 것이다. 자연과 조화를 고려한 인공미의 극치를 보여준다.

> **TIP 연계 관광지**
>
>
> 긴카쿠지에서 철학의 길을 따라 남쪽으로 걸어 내려오면 호넨인, 안라쿠지를 차례로 만난다. 하지만 안라쿠지보다 훨씬 남쪽에 위치한 에이칸도와 난젠지까지 걷기에는 다소 부담스러울 수 있다. 시버스 5번을 이용해 난젠지·에이칸도미치 정류장에서 하차하면 편리하다.

지도 MAP 21 ⓑ **위치** 시버스 긴카쿠지미치 정류장에서 도보 5분 **오픈** 3~11월 08:30~17:00, 12~2월 09:00~16:30 **요금** 어른 500엔, 어린이 300엔 **전화** 075-771-5725 **홈피** www.shokoku-ji.jp/g_about.html

긴카쿠
銀閣

히가시야마 東山 문화를 상징하는 대표적인 건축물로 킨카쿠 金閣는 금박을 붙인 데 반해 긴카쿠에는 은박을 붙인 흔적이 없다. 그 이유로는 두 가지 설이 있다. 처음에는 이름 그대로 은박을 붙일 예정이었지만 오닌의 난으로 피폐해진 막부의 재정 상태 때문에 할 수 없었다는 설과 은박을 붙이기 전에 아시카가 요시미츠가 세상을 떠났다는 설이다.

도구도
東求堂

특별 참배 기간에만 입장할 수 있는 이곳은 정토신앙의 상징이자 아시카가 요시마사의 지불당 持学堂으로 1486년에 건립되었다. 현재 히가시야마 시대의 대표적인 건축물로 인정받아 일본의 국보로 지정되어 있다.

코게츠다이, 긴샤단
向月台, 銀沙灘

본당과 긴카쿠를 중심으로 구성한 하얀 모래 조형물로, 중국 서호 西湖의 풍경을 묘사했다. 하얀 모래 표면에 직선의 줄무늬를 만들어 마치 울렁이는 파도처럼 연출한 것이 긴샤단이고, 모래를 원뿔형으로 쌓아올리고 윗부분을 평평하게 한 것이 코게츠다이다.

도진사이
同仁斎

도구도의 동북쪽 구석에 있는 다다미 4개 반 정도의 작은 방이다. 서적과 문방구, 차 도구를 장식한 아시카가 요시마사의 서재로, 현존하는 가장 오래된 서원 건축물이다. 그는 직접 수집한 차 도구를 골라 이곳에서 한가롭게 차를 즐겼다고 한다.

📷 난젠지 南禅寺

난젠지는 일본 불교 임제종 난젠지파의 대본산으로 교토고산 京都五山의 수령 격인 대규모 사찰이다. 1291년 다이민 大明 국사가 가메야마 亀山 일왕으로부터 이궁을 하사받아 창건했다. 왕실의 발원에 의한 선사 禅寺로서는 일본에서 처음 생긴 것으로 일본 선사에서 가장 높은 격식을 자랑한다. 정식 이름은 타이헤이코코쿠난젠젠지 太平興国南禅禅寺로 난젠지라는 이름은 젠린지 禅林寺, 즉 지금의 에이칸도 永観堂의 남쪽에 있기 때문에 붙은 이름이다.

난젠지의 주요 볼거리로는 에도 시대를 대표하는 정원 만들기의 대가인 고보리 엔슈 小堀遠州의 작품인 가레산스이 양식의 호조 方丈 정원과 거대한 산몬, 그리고 비와코의 물을 교토로 끌어오기 위해 만든 수로각을 들 수 있다. 이외에도 경내에는 가치 있는 문화재가 많은데 헤이안 시대 귀족 주택의 형식인 신덴즈쿠리 殿造리로 만든 오호조 大方丈, 고호조 小方丈가 국보로 지정되어 있다. 오호조에서는 총 124장에 이르는 화려한 벽화를 만나볼 수 있고 고호조에서는 토라노마노후스마 虎の間の昉에 그린 가노 에이토쿠 狩野永徳의 걸작 미즈노미토라 水呑みの虎(물 마시는 호랑이)를 놓치지 말고 봐야 한다.

매년 가을에는 야간 참배객들을 위해 단풍길을 중심으로 라이트업하는데 이 시기에 방문하면 환상적인 분위기를 느낄 수 있다.

TIP 연계 관광지

난젠지에서 북쪽으로 걸음을 옮기면 에이칸도를 거쳐 긴카쿠지까지 이어지는 길을 따라 산책을 즐길 수 있다. 이 길은 교토를 대표하는 산책로 중 하나로 유명한데 길을 따라가다 보면 봄에는 벚꽃이 흩날리고, 가을에는 단풍이 붉게 물드는 운치 넘치는 철학의 길이 나온다. 또는 걸음을 돌려 조금만 가면 선홍색의 거대한 도리이가 인상적인 헤이안진구가 나온다.

지도 MAP 21 Ⓕ 위치 시버스 난젠지·에이칸도미치 정류장에서 도보 8분 오픈 08:40~17:00(12~2월 ~16:30) 휴무 12/28~31 요금 경내 무료(산몬 500엔, 호조 500엔, 난젠인 300엔) 전화 075-771-0365 홈피 nanzen.com

Zoom in

산몬
三門　　　　　　　　　　**1**

산몬은 사원을 대표하는 정문으로 선종 칠당 가람의 하나이다. 일본 3대 산몬 중 하나로 손꼽히는 난젠지의 산몬은 높이 22m의 거대한 크기로, 산몬 위에 올라서서 교토 시내를 내려다보면 사원의 지붕이 자연과 어울려 멋진 경관을 이룬다. 산몬 위로 올라가려면 500엔을 내야 한다.

난젠인
南禅院　　　　　　　　　　**2**

가메야마 일왕이 난젠지에 별궁을 두던 시절에 만들어진 건물로 난젠지의 발상지라 할 수 있다. 오닌의 난(1467~1477)으로 대부분의 가람이 소실되어 황폐해졌지만, 1702년에 도쿠가와 츠나요시 德川綱吉의 어머니의 기부로 재건되었다. 내부에는 일본 전통 양식의 작은 정원이 있다. 입장료 300엔.

스이로카쿠
水路閣　　　　　　　　　　**3**

스이로카쿠는 1888년부터 150년간 비와코의 물을 교토로 흘려보낼 때 사용했던 수도교이다. 절 가운데를 가로지르는 거대한 수로각이 탄생할 수 있었던 배경에는 메이지유신으로 권력을 잡게 된 메이지 정부의 힘이 있었다. 설계 당시에는 단순한 정원석만 배치할 예정이었으나 경관을 배려해 아름다운 벽돌 구조의 아치 조형물을 만들어 교토의 명소가 되었다.

호조 정원
方丈庭園　　　　　　　　　　**4**

에도 시대 초기에 선종사상이 대중화되면서 유행하기 시작한 가레산스이 故山水 정원의 대표작이라 할 수 있다. 가레산스이 정원이란 물을 이용하지 않고 하얀 모래 무늬로 바다 물결을 표현하고, 푸른 돌을 세워 산이나 폭포를 표현한 것을 말한다. 에도 시대 최고의 조경 전문가로 이름을 떨친 고보리 엔슈의 작품으로 입장료 500엔이 아깝지 않을 정도로 볼만하다.

헤이안진구 平安神宮

1895년 헤이안 천도 1100년을 기념해서 천도 당시의 일왕이었던 제 50대 간무 桓武 일왕을 모시는 신사로 건립되었다. 이후 1940년에는 헤이안쿄에서 지낸 마지막 일왕인 제 121대 고메이 孝明 일왕도 이곳에 함께 안치했다.

시버스 교토카이칸비주츠칸마에 京都会館美術館前 정류장에 내리면 바로 주홍색의 거대한 토리이가 눈에 들어온다. 이 거대한 도리이는 일본에서 가장 큰 크기를 자랑하는데 높이만 무려 24.4m에 달한다. 넓은 경내에는 선명한 주홍색과 녹색으로 칠한 화려한 건축물들이 있는데, 하얀 모래와 푸른 지붕의 기와, 주황색의 기둥이 독특한 조화를 연출한다. 이는 헤이안 시대에 정치가 이뤄졌던 정청인 초도인 朝堂院과 초도인의 정문을 실제 사이즈보다 줄여서 복원한 것이다.

헤이안진구에서 놓칠 수 없는 볼거리는 그 뒤에 숨어 있는 정원, 신엔 神苑이다. 정통 일본식 정원으로 사계절 내내 꽃이 만발하는데, 특히 베니시다레자쿠라 紅枝垂桜라는 독특한 벚꽃이 유명하다. 그 밖에 물총새, 독수리 등 흔히 볼 수 없는 조류와 일본 혼슈 本州에서 유일하게 이곳에서만 서식하는 남생이 등을 볼 수 있다. 요금이 조금 부담스러울 수도 있지만 가보면 그 아름다움에 후회하지 않을 것이다.

한편, 매년 10월 22일에 개최되는 지다이마츠리 時代祭 때는 약 2000명의 행렬이 도착하는 최종 지점으로 축제 분위기를 만끽할 수 있다.

|지도| MAP 21 ⓒ |위치| 시버스 교토카이칸비주츠칸마에 정류장에서 바로 |오픈| 08:30~17:30(계절에 따라 변동) |요금| 경내 무료(신엔 어른 600엔, 어린이 300엔) |전화| 075-761-0221 |홈피| www.heianjingu.or.jp

TIP 헤이안진구의 축제, 지다이마츠리 時代祭

헤이안진구 창건과 더불어 시작된 축제로 매년 10월 22일에 개최된다. 메이지 시대, 에도 시대, 아즈치모모야 시대, 남북조 시대, 가마쿠라 시대, 후지와라 시대, 엔랴쿠 시대 등 7개의 시대를 연출한 18개의 행렬에 약 2000명의 사람들이 참여해 장관을 이룬다. 오후 12시에 교토고쇼를 출발한 행렬은 오후 4시에 헤이안진구 다이고쿠덴 앞에 모여 제를 드린다.

오토리이
大鳥居   **1**

교토 시버스를 이용해 교토카이칸비주츠칸마에 정류장에 내리면 주홍색의 거대한 토리이가 눈에 들어온다. 1929년에 세운 것으로 높이는 무려 24.4m나 된다. 2004년에 도색을 새로해 선명한 주홍색이 눈부시다.

오텐몬
應天門   **2**

초도인의 정문을 8분의 5 크기로 복원한 것이다. 푸른 하늘을 배경으로 서 있는 오텐몬은 꽤 이국적이다.

신엔
神苑   **3**

헤이안진구에 온 이상 꼭 봐야 하는 명소이다. 세 개의 연못을 돌아가면서 감상하는 지천회유식 정원으로 30000㎡의 방대한 정원에서 사계절의 변화를 만끽할 수 있다. 신엔의 입구는 다이고쿠텐의 왼쪽에 위치한다.

다이고쿠덴
大極殿   **4**

헤이안 시대에 정치가 이뤄지는 정청 政廳이었던 초도인을 4분의 1 크기로 복원한 것으로 선홍색의 붉은 기둥 53개가 늘어서 있고 지붕 양 끝에는 금색의 치미 鴟尾가 빛난다. 매년 10월 22일에 개최되는 지다이 마츠리의 무대이다.

철학의 길 哲学の道

지도 MAP 21 Ⓓ 위치 시버스 긴카쿠지 미치 정류장에서 도보 5분

철학의 길은 긴카쿠지에서 난젠지까지 이어지는 약 2km의 산책길이다. 일본의 철학자인 니시다 기타로 西田幾多郎가 이 길을 산책하면서 사색을 즐겨 '철학의 길'이라는 멋진 이름이 붙게 되었다. 비와코 琵琶湖의 물이 흐르는 인공 운하를 따라 양쪽에 심어져 있는 벚나무의 신록이 아름다운 길로, 특히 벚꽃이 피는 봄과 단풍이 지는 가을에 방문하면 더욱 극적인 풍광을 만날 수 있다. 이 길을 따라 곳곳에 갤러리, 잡화점이 숨어 있어 구경도 할 수 있고, 작은 카페에서 한숨 쉬어갈 수도 있다.

하쿠사손소 白沙村莊

일본의 유명 화가인 하시모토 칸세츠 橋本關雪의 기념관이다. 그는 원래 고베 태생이지만 이곳에 별장을 지어 노후를 보냈는데, 그가 살던 옛 저택을 정비하여 다양한 예술 작품 및 컬렉션을 전시하는 기념관을 만들었다.

이곳은 사실 기념관보다는 정원이 아름답기로 유명하다. 그가 생전에 직접 설계한 지천회유식 정원으로 연못 주변에는 헤이안 시대와 가마쿠라 시대의 명품이라고 불리는 조각 작품이 배치되어 있다.

[지도] MAP 21 ⓑ [위치] 시버스 긴카쿠지미치 정류장에서 도보 2분 [주소] 京都市左京区浄土寺石橋町37 [오픈] 10:00~17:00 [요금] 1300엔(특별전 입장료 별도) [전화] 075-751-0446 [홈피] www.hakusasonso.jp

[지도] MAP 21 ⓑ [위치] 시버스 미나미다초 정류장에서 도보 5분 [주소] 京都市左京区鹿ケ谷御所ノ段町30 [오픈] 06:00~16:00 [요금] 무료(매년 4・11월 특정 기간 유료) [전화] 075-771-2420 [홈피] www.honen-in.jp

호넨인 法然院

철학의 길을 따라 난젠지 방향으로 걸어가다 작은 팻말이 가리키는 방향으로 오르막길을 올라가면 왼쪽에 호넨인 法然院으로 가는 길이 있다. 산문을 통해 들어가면 양쪽으로 모래를 쌓아놓은 뱌쿠사단 白砂壇이 보이는데, 모래단 사이를 통과하면 심신이 깨끗하게 정화된다고 한다. 본당을 중심으로 늘어서 있는 아기자기한 가람이 볼만하다.

[지도] MAP 21 Ⓓ [위치] 시버스 난젠지·에이칸도미치 정류장에서 도보 3분 [주소] 京都市左京区永観堂町48 [오픈] 09:00~17:00 [요금] 어른 600엔, 어린이 400엔 [전화] 075-761-0007 [홈피] www.eikando.or.jp

📷 에이칸도 永観堂

단풍이 아름답기로 유명해 '단풍의 에이칸도'라는 별명이 붙었을 정도. 혼도 本堂, 슈카도 釈迦堂 등의 여러 건물이 회랑으로 연결되어 있는 대규모 사찰로 정식 이름은 젠린지 禅林寺이다. 에이칸도라는 절의 이름은 7대 주지인 에이칸 永観의 이름에서 비롯되었다. 그가 궁핍한 사람들에게 약식 薬食을 나눠주고 병든 사람들을 보살피는 등 좋은 업적을 많이 쌓아, 사후에 사람들이 그 덕을 기려 에이칸도라 부르게 되었다고 한다. 본존인 미카에리

みかえり 아미타여래상은 일본 불상 중에서 유일하게 왼쪽을 돌아보고 있는데, 여기에는 재미있는 일화가 있다. 에이칸이 아미타여래의 주위를 돌며 수행하고 있을 때, 갑자기 아미타여래가 단상에서 내려와 에이칸과 같이 걷기 시작했다. 이에 깜짝 놀란 에이칸이 걸음을 멈추자 아미타여래가 뒤를 돌아보며 "에이칸, 너무 느려!"라며 꾸짖었다고 한다. 그날 이후 아미타여래의 입상은 돌아보는 모습으로 안치되었다.

📷 신뇨도 真如堂

철학의 길에서 조금 벗어나 수풀이 무성한 나지막한 산속에 위치한다. 정식 명칭은 신쇼고쿠라쿠지 真正極楽寺로 진정한 극락을 추구하는 절이라는 뜻이고, 신뇨도는 원래 본당을 가리키는 명칭이었다고 한다.

신뇨도는 특별한 볼거리보다는 가을철 단풍이 아름답기로 유명하다. 평소에는 찾는 사람이 많지 않지만 가을 단풍 시즌에는 에이칸도와 함께 신뇨도의 단풍을 구경하기 위해 전국에서 관광객이 몰려든다.

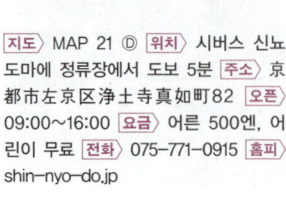

[지도] MAP 21 Ⓓ [위치] 시버스 신뇨도마에 정류장에서 도보 5분 [주소] 京都市左京区浄土寺真如町82 [오픈] 09:00~16:00 [요금] 어른 500엔, 어린이 무료 [전화] 075-771-0915 [홈피] shin-nyo-do.jp

히노데우동 日の出うどん

주인 할아버지와 할머니가 반갑게 한국어 한 마디를 건네주시는 작은 우동 집. 현지인과 관광객 모두에게 카레우동으로 유명한 맛집이어서 오픈 시간부터 기다리는 사람들이 항상 꼭 있다. 추천 메뉴는 고기와 파, 유부가 들어간 토쿠카레우동 特カレーうどん(1000엔)으로, 우동의 종류와 매운맛 정도를 선택할 수 있고 귀여운 글씨로 쓰인 한국어 메뉴판도 준비되어 있다. 오래 끓인 일본 가정식 카레의 맛으로 면도 부드러운 느낌이라 탱탱한 우동면을 좋아한다면 조금 실망할 수도 있다. 하지만 정성 가득한 카레 우동은 따뜻하고 푸근한 맛이 난다.

[지도] MAP 21 ⓓ [위치] 시버스 히가시텐노초 정류장에서 도보 8분/미야노마에초 정류장에서 도보 3분 [주소] 京都市左京区南禅寺北ノ坊町36 [오픈] 11:00~15:30 [휴무] 일요일, 첫째·셋째 월요일(7·8·12월은 부정기) [전화] 075-751-9251

[지도] MAP 21 ⓒ [위치] 시버스 도부츠엔마에 정류장에서 도보 3분 [주소] 京都市左京区岡崎南御所町34 [오픈] 11:00~18:00(수요일 ~14:30) [휴무] 목요일, 넷째 수요일 [전화] 075-751-0677 [홈피] yamamotomenzou.com

야마모토멘조 山元麺蔵

오픈 전부터 길게 줄이 늘어서는 그야말로 인기 최고의 수타 우동집. 한두 시간씩 기다리기 일쑤지만 우동을 좋아한다면 꼭 한 번 찾아보자. 자루 ざる와 츠케멘 つけ面의 인기가 좋은데, 자루는 차가운 면을 차가운 국물에, 츠케멘은 차가운 면을 따뜻한 국물에 찍어 먹는 것이다. 츠케멘 중에서는 국물에 소고기와 우엉을 넣은 규토츠치고보노츠케멘 牛と土ゴボウのつけ面(990엔)이, 자루 중에서는 제철 채소튀김이 함께 나오는 야사이텐자루 野菜天ざる(990엔), 우엉튀김이 함께 나오는 츠치고보텐자루 土ゴボウ天ざる(970엔)가 인기 있다.

🍽 오카키타 岡北

야마모토멘조와 함께 1, 2위를 다투는 교토의 인기 우동집. 위치도 바로 옆에 나란히 있다. 정돈된 느낌의 실내는 깔끔하고 고급스럽다. 메뉴는 우동, 소바, 돈부리까지 매우 다양한데, 이 집이 유명세를 타게 한 효자는 국물에 달걀을 풀어 걸쭉하게 한 타마고토지 玉子とじ이다. 추천 메뉴는 타마고토지 우동에 닭고기를 넣은 오야코난바우동 親子なんばうどん(1250엔), 타마고토지 우동에 새우튀김을 얹은 텐토지우동 天とじうどん(1500엔). 우동 대신 밥을 사용한 텐토지동 天とじ丼(1500엔)도 있다.

지도 MAP 21 ⓒ **위치** 시버스 도부츠엔마에 정류장에서 도보 4분/지하철 히가시야마역에서 도보 10분 **주소** 京都市左京区岡崎南御所町34 **오픈** 11:00~18:00 **휴무** 화·수요일 **전화** 075-771-4831 **홈피** www.kyoto-okakita.com

☕ 요지야 카페 긴카쿠지점 よーじやカフェ

일본다움이 오롯이 느껴지는 전통 가옥을 개조하여 만든 카페. 교토의 코스메틱 브랜드 요지야의 이미지와도 잘 맞아 여러 개의 카페 지점 중 특히 긴카쿠지점 銀閣寺店이 인기 있다. 다다미방에 앉아 작은 개인 소반을 앞에 두고 정원을 바라볼 수 있는 것이 가장 큰 매력이다.
긴카쿠지점에서만 맛볼 수 있는 한정 메뉴 '요지야 세트'는 녹차아이스크림과 모나카 과자, 팥이 함께 나와 취향대로 모나카를 만들어 먹는 재미가 있다. 산책 도중에 조금 지쳤을 때 먹으면 힘이 날 만큼 달콤하고 든든하다.

TIP 요지야의 교토 도시락
요지야 카페 긴카쿠지점에서는 계절의 색채를 담아낸 교토의 도시락도 맛볼 수 있다. 예약제로 운영하며 2층 개인실에서 편안하고 여유롭게 식사할 수 있다.

지도 MAP 21 Ⓑ **위치** 시버스 긴카쿠지미에 정류장에서 도보 10분/긴린샤코마에 정류장에서 도보 5분 **주소** 京都市左京区鹿ケ谷法然院町15 **오픈** 10:00~18:00 **전화** 075-754-0017 **홈피** www.yojiyacafe.com/index.html

☕ 블루 보틀 커피 BLUE BOTTLE COFFEE

무지 바탕에 덩그러니 파란 물병 하나. 그랜드 이름이나 문구가 없어도 한눈에 알아보는 블루 보틀 커피의 로고다. 가장 좋은 원두를 로스팅한지 48시간 안에 핸드드립으로 제공하는 곳이다. 간사이 지역에서 최초로 오픈한 곳이자 교토의 유일한 매장이다. 100여년이 지난 일본의 고택을 개조해 만든 건물 내부는 겉보기와는 달리 모던한 스타일이다. 중심가에 위치하지 않음에도 많은 사람들이 이곳을 방문한다. 점심 때부터는 이미 사람들로 가득해 자리 잡기가 쉽지 않아 테이크아웃을 하는 편이 좋다. 앉아서 시간을 보내고 싶다면 꼭 아침 일찍 방문하자.

지도 MAP 21 ⓕ 위치 난젠지 바로 앞 주소 京都市左京区南禅寺草川町64 오픈 08:00～18:00 전화 075-746-4453 홈피 bluebottlecoffee.jp

☕ 모안 茂庵

숲속 오두막에서 보내는 티타임은 힐링의 시간이 된다. 계단을 따라 야트막한 산의 숲길로 들어가 걷다 보면, 나무 사이로 2층짜리 목재 건물이 보인다. 1층은 대기소에서 이름을 작성하고, 자리가 생기면 2층 좌석으로 올라간다. 워낙 일본인들에게 큰 사랑을 받는 곳이어서 대기가 긴 편이지만 숲을 한 바퀴 돌아보며 유유자적 시간을 보내다 보면 금방 시간이 가기도 한다. 식사도 파는 카페인데, 식사류는 당일 한정 판매여서 늦게 가면 맛볼 수 없는 경우도 있다. 산의 정취를 느끼며 여유로운 시간을 보내기 좋은 곳이다. 가격대는 식사류 1400～1600엔, 음료 470～700엔이다.

지도 MAP 21 ⓐ 위치 긴카쿠지미치 정류장에서 도보 15분 주소 京都市左京区吉田神楽岡町8 오픈 11:30～18:00(런치 11:30～14:00) 휴무 월요일 전화 075-761-2100 홈피 www.mo-an.com

교토 모던테라스 京都モダンテラス

츠타야 서점 2층에 위치한 카페 겸 레스토랑. 그 이름처럼 날씨 좋은 날 테라스 자리에서 즐기는 풍경이 근사하다. 높은 천장과 큰 창이 있어 내부도 매우 시원한 느낌이고, 비교적 이른 시간부터 늦은 저녁까지 시간대별로 즐길 메뉴가 다양한 것도 장점. 아침으로 반찬과 밥, 국 구성의 전통 일본식 코스(1500엔)와 신선한 과일과 생크림이 올라간 샌드위치(1100엔), 그리고 점심에는 다양한 요리를 즐기는 모던 테라스 런치 코스(2800엔)와 아기자기한 네 가지 디저트를 고르는 애프터눈 티세트(1980엔)가 사랑받는다. 칵테일도 다양하고 대체로 메뉴에 대한 만족도가 높다.

지도〉MAP 21 ⓒ 위치〉시버스 히가시야마니조·오카자키코엔구치·오카자키코엔 정류장에서 도보 3분/헤이안진구 정문에서 도보 2분 주소〉京都市左京区岡崎最勝寺町13 오픈〉08:00~23:00(조식 08:00~11:00, 중식 11:00~15:00) 휴무〉부정기 전화〉075-754-0234 홈피〉www.kyotomodernterrace.com

카시 체카 菓子チェカ

독특한 티라미수와 푸딩빙수로 입소문이 자자한 카페. 가지런히 진열된 케이크 중에 꼭 맛봐야 할 메뉴는 체카티라미수 チェカティラミス(480엔). 동그란 도넛 모양의 티라미수는 흔히 알고 있는 '크림 듬뿍' 티라미수가 아닌, 카카오 케이크 위에 크림치즈, 화이트초콜릿, 커피시럽이 단계별로 얹어진 매우 단단한 맛. 손잡이 없는 하얀 다기에 담겨 나오는 핸드드립 커피와의 궁합도 좋다. 여름에는 커피 대신 빙수를 판매하는데, 얼음 속의 고형 푸딩과 수제 시럽이 맛있는 푸딩빙수 プリンかき氷(1000엔)가 유명하다. 1층은 베이커리 진열대와 주문 카운터, 2층은 차를 마시는 공간이 있는 아담한 규모이다.

지도〉MAP 21 ⓒ 위치〉시버스 오카자키코엔 정류장에서 도보 3분/헤이안진구 정문에서 도보 7분 주소〉京都市左京区岡崎法勝寺町25 오픈〉10:00~19:00 휴무〉월·화요일 전화〉075-771-6776

☕ 로쿠세이 샤테이 六盛 スフレ・カフェコーナー茶庭

고급 교요리 전문점인 로쿠세이에서 운영하는 수플레 카페. 널찍하게 마련된 웨이팅 좌석이 인기 맛집임을 증명한다. 프랑스어로 '부풀다 puff up'는 뜻을 가진 수플레 soufflé는 달걀흰자 거품을 넣은 반죽을 오븐에서 부풀려 구워낸 프랑스 디저트. 이곳에서는 봉긋하게 부푼 수플레 가운데에 구멍을 뚫어 커스터드 크림을 부어 먹는데, 크림이 조금씩 녹아들면서 부풀었던 빵이 꺼지고 촉촉함을 머금게 된다. 고소한 버터 향과 달콤한 바닐라 크림, 부드러운 빵이 극강의 조화를 이루며 순식간에 입안에서 사라져버린다. 수플레 세트 스프레세트(1296엔)를 선택하면 수플레와 홍차, 또는 커피 등의 음료를 곁들여 즐길 수 있다.

[지도] MAP 21 ⓒ [위치] 시버스 히가시야마니조・오카자키코엔구치 정류장에서 도보 3분/헤이안진구 정문에서 도보 4분 [주소] 京都市左京区岡崎西天王町71 [오픈] 평일 11:30~14:00, 16:00~21:00, 주말 11:30~21:00 [휴무] 월요일(공휴일인 경우 다음 날), 12/24~1/1 [전화] 075-751-6171 [홈피] www.rokusei.co.jp

☕ 키미야 喜み家

조금은 독특한 스타일의 전통 디저트 전문점으로 달콤한 간식거리가 다양하다. 빨간 완두콩에, 채소를 우린 국물을 동결 건조한 한천을 올린 마메칸쿄칸(630엔)이 인기 메뉴이며, 탱글한 한천과 달콤한 검은 꿀, 시원한 아이스크림이 절묘하게 조화를 이루는 크림앙미츠 クリームあんみつ(850엔)도 추천할 만하다.

[지도] MAP 21 ⓑ [위치] 시버스 긴카쿠지미치 정류장에서 도보 5분 [주소] 京都市左京区淨土寺上南田町37-1 [오픈] 11:00~17:00 [휴무] 부정기 [전화] 075-761-4127 [홈피] www.kimiya-kyoto.com

ARASHIYAMA

TRAVEL JAPANESE
여행 일본어

Part.4 숙소에서
숙소 체크인하기	36
숙소 체크아웃하기	37
부대시설 이용하기	38
숙소 서비스 요청하기	39
객실 비품 요청하기	40
불편사항 말하기	41

미리 보는 일본어 메뉴판
스시	4
라멘	6
돈부리	7
우동	8
PLUS 메뉴판 읽기	9

Part.5 식당에서
자리 안내받기	44
메뉴 주문하기	45
식당 서비스 요청하기	46
음식 불만 제기하기	47
음식값 계산하기	48
식권 자판기 사용하기	49
커피 주문하기	50
주류 주문하기	51

Part.1 왕초보 일본어
왕초보 일본어 패턴	12
PLUS 왕초보 일본어 표현	15

Part.6 관광할 때
관광지 정보 얻기	54
사진 촬영 부탁하기	55
공연 표 구입하기	56
관광 명소 관람하기	57

Part.2 공항에서
탑승 수속하기	18
보안 검색받기	19
면세점 쇼핑하기	20
비행기 탑승하기	21
입국 심사받기	22
수하물 찾기	23
세관 신고하기	24
환전하기	25

Part.7 쇼핑할 때
제품 문의하기	60
착용 요청하기	61
가격 흥정하기	62
제품 계산하기	63
포장 요청하기	64
교환 · 환불하기	65

Part.3 교통수단
승차권 구매하기	28
버스 이용하기	29
전철 · 지하철 이용하기	30
택시 이용하기	31
도보로 길 찾기	32
교통편 놓쳤을 때	33

Part.8 위급상황
분실 · 도난 신고하기	68
부상 · 아플 때	69

먹방 미션에 도전하라!

 # 미리 보는
일본어 메뉴판

일본 여행 최고의 즐거움이자 성공하고 싶은 미션은 역시 제대로 먹는 것!
본격 일본어 공부에 앞서 눈으로 먼저 보고 일본어 메뉴판을 익혀보자.
일본 먹방 여행의 품격이 달라질 것이다.

스시

すし

명실공히 일본의 대표 음식으로 꼽히는 스시. 다양한 종류를 알아두는 만큼 맛있게 즐길 수 있다.

참치
マグロ 마구로

참치 중뱃살
中トロ 츄-토로

참치 대뱃살
大トロ 오-토로

연어
サーモン 사-몬

농어
スズキ 스즈키

도미
鯛 타이

광어
ヒラメ 히라메

방어
ブリ 부리

가자미
カレイ 카레이

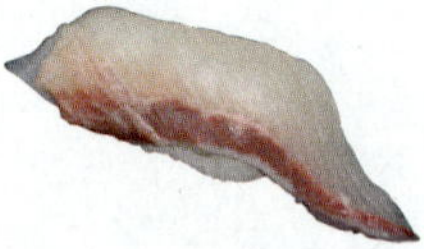

잿방어
かんぱち 칸파치

복어
ふぐ 후구

전어
コノシロ 코노시로

고등어
さば 사바

정어리
イワシ 이와시

장어
ウナギ 우나기

가리비
ほたて 호타테

키조개
タイラギ 타이라기

조개
貝 카이

전복
アワビ 아와비

새우
エビ 에비

단새우
甘エビ 아마에비

문어
たこ 타코

오징어
イカ 이카

달걀말이
たまご 타마고

군함말이
軍艦巻 군칸마키

김초밥
のりまき 노리마키

유부초밥
いなり 이나리

라멘 ラーメン

일본인이 좋아하는 3대 음식 중 하나인 라멘. 육수 재료나 먹는 방식에 따라 다양한 종류로 나뉜다.

시오라멘 塩ラーメン
소금으로 맛을 낸 깔끔한 라멘

쇼유라멘 醬油ラーメン
간장으로 맛을 낸 대중적인 라멘

미소라멘 味噌ラーメン
된장으로 맛을 낸 구수한 라멘

돈코츠라멘 とんこつラーメン
돼지 뼈 육수로 향이 진한 라멘

츠케멘 つけ麺
면을 양념에 적셔 먹는 라멘

탄탄멘 坦々麺
매운 국물의 중국식 라멘

히야시멘 冷やし麺
다양한 토핑과
소스를 뿌려 먹는 냉라멘

■ **라멘 토핑**

돼지고기 叉燒 챠-슈-
달걀 玉子 타마고
면 추가 替え玉 카에다마
파 ネギ 네기

숙주 もやし 모야시
죽순 メンマ 멤마
마늘 ニンニク 닌니쿠
김 のり 노리

목이버섯 きくらげ 키쿠라게
양배추 キャベツ 캬베츠
시금치 菠薐草 호-렌소-
양파 玉ねぎ 타마네기

돈부리 丼

돈부리는 육류, 튀김, 생선회 등의 요리를 밥 위에 얹어 먹는 일본식 덮밥. 주재료의 뒤에 '동 丼'을 붙이면 해당 돈부리 요리를 지칭하는 명사가 된다.

카츠동 カツ丼
돈까스 덮밥

규동 牛丼
소고기 덮밥

부타동 豚丼
돼지고기 덮밥

오야코동 親子丼
닭고기와 달걀 덮밥

텐동 天丼
튀김 덮밥

에비텐동 海老天丼
새우튀김 덮밥

이쿠라동 いくら丼
연어알 덮밥

우나동 鰻丼
장어 덮밥

우니동 ウニ丼
성게 덮밥

규토로동 牛トロ丼
소고기 육회 덮밥

카이센동 海鮮丼
해산물 덮밥

마구로동 マグロ丼
참치회 덮밥

우동
うどん

오동통한 면발, 개운한 국물이 매력인 우동은 다양한 종류 때문에 더욱 여행자의 입맛을 당긴다.

카케우동
かけうどん
기본 우동

키츠네우동
きつねうどん
유부 우동

미소니코미우동
味噌煮込みうどん
된장 우동

텐푸라우동
天ぷらうどん
튀김 우동

니쿠우동
肉うどん
고기 우동

타누키우동
たぬきうどん
튀김 부스러기 우동

자루우동
ざるうどん
츠유에 찍어 먹는 우동

야끼우동
焼うどん
볶음 우동

붓가케우동
ぶっかけうどん
비빔 우동

PLUS 메뉴판 읽기

■ 주문

이름	일본어	발음
단품 메뉴	単品メニュー	탄핀 메뉴-
세트 메뉴	セットメニュー	셋또 메뉴-
점심 메뉴	お昼メニュー	오히루 메뉴-
저녁 메뉴	夕食メニュー	유-쇼쿠 메뉴-
디저트	デザート	데자-토
리필	お代わり	오카와리
날마다 바뀌는 메뉴	日変り	히가와리
기간 한정	期間限定	키캉겐테-
물수건	おしぼり	오시보리
앞접시	取り皿	토리자라

■ 소스·조미료

이름	일본어	발음
간장	醤油	쇼-유
고추냉이	わさび	와사비
된장	味噌	미소
마요네즈소스	ソースマヨ	소-스마요
설탕	砂糖	사토-
소금	塩	시오
소스	ソース	소-스
참기름	ごま油	고마아부라
초간장	ポンズ	폰즈
파+마요네즈	ネギマヨ	네기마요
파+초간장	ネギポン	네기폰

■ 채소

이름	일본어	발음
감자	ジャガイモ	쟈가이모
고구마	サツマイモ	사츠마이모
마늘	ニンニク	닌니쿠
목이버섯	きくらげ	키쿠라게
숙주	もやし	모야시
아스파라거스	アスパラガス	아스파라가스
양파	玉ねぎ	타마네기
죽순	メンマ	멤마
파	ネギ	네기
표고버섯	しいたけ	시이타케
호박	カボチャ	카보챠

■ 음료·주류

이름	일본어	발음
일본술	日本酒	니혼슈
칵테일	カクテル	카쿠테루
맥주	ビール	비-루
소주	焼酎	쇼-추-
물	お水	오미즈
냉수	お冷	오히야
콜라	コーラ	코-라
주스	ジュース	쥬-스

■ 육류

이름	일본어	발음
닭고기	鶏肉	토리니쿠
돼지고기	豚肉	부타니쿠
소고기	牛肉	규-니쿠
고기완자	ミートボール	미-토보-루
달걀	玉子	타마고
메추리알	ウズラの卵	우즈라노타마고
베이컨	ベーコン	베-콘
소시지	ソーセージ	소-세-지

■ 해산물

이름	일본어	발음
가리비	ほたて	호타테
문어	タコ	타코
새우	えび	에비
오징어	いか	이카
김	のり	노리

■ 기타

이름	일본어	발음
김치	キムチ	기무치
떡	餅	모치
치즈	チーズ	치-즈
곤약	こんにゃく	콘냐쿠
믹스	ミックス	믿쿠스

1
왕초보 일본어

왕초보 일본어 패턴

PLUS 왕초보 일본어 표현

왕초보 일본어 패턴

여긴 제 자리입니다.
ここは私の席です。
코코와 와타시노 세키**데스**

(방문 목적은) 여행입니다.
(訪問の目的は)旅行です。
(호-몬노 모쿠테키와) 료코-**데스**

> ~입니다.
> ~です

두 명입니다.
二人です。
후타리**데스**

2박입니다.
2泊です。
니하쿠**데스**

이건 무엇인가요?
これは何ですか?
코레와 난**데스카**

이건 ○○행 버스인가요?
これは ○○行き バスですか?
코레와 ○○유키 바스**데스카**

> 이건 ~인가요?
> これは~ですか?

이건 무료인가요?
これは無料ですか?
코레와 무료-**데스까**

이건 세일 중인가요?
これはセール中ですか?
코레와 세-루츄-**데스까**

방 청소 부탁드려요.
部屋の掃除お願いします。
헤야노 소-지 **오네가이시마스**

일행과 같이 부탁드려요.
連れと一緒にお願いします。
츠레토 잇쑈니 **오네가이시마스**

> ~부탁드려요.
> お願いします

냅킨 좀 부탁드려요.
ティッシュをお願いします。
팃슈오 **오네가이시마스**

한 장 더 부탁드려요.
もう一枚お願いします。
모- 이치마이 **오네가이시마스**

메뉴판 주세요.
メニューください。
메뉴- **쿠다사이**

이거 하나 주세요.
これ一つください。
코레히토츠 **쿠다사이**

~주세요.
~ください

영수증 주세요.
領収書ください。
료-슈-쇼 **쿠다사이**

감기약 주세요.
風邪薬ください。
카제구스리 **쿠다사이**

요금은 얼마인가요?
料金はいくらですか?
료-킹 **와 이쿠라데스까**

구매 한도 금액은 얼마인가요?
購入限度額はいくらですか?
코-뉴-겐도가쿠 **와 이쿠라데스까**

~는 얼마인가요?
~はいくらですか?

수수료는 얼마인가요?
手数料はいくらですか?
테스-료- **와 이쿠라데스까**

입장료는 얼마인가요?
入場料はいくらですか?
뉴-죠-료- **와 이쿠라데스까**

제 자리는 어디인가요?
私の席はどこですか?
와타시노세키 **와 도코데스까**

지금 여기가 어디예요?
今ここはどこですか?
이마 코코 **와 도코데스까**

~는 어디인가요?
~はどこですか?

탑승구는 어디인가요?
搭乗口はどこですか?
토-죠-구치 **와 도코데스까**

여기서 가까운 전철역은 어디인가요?
ここから近い電車駅はどこですか?
코코카라 치카이 덴샤에키 **와 도코데스까**

더 저렴한 것 있나요?
もっと安いものがありますか?
몯또 야스이모노**가 아리마스까**

다른 사이즈가 있나요?
他のサイズがありますか?
호카노 사이즈**가 아리마스까**

~가 있나요?
~がありますか

근처에 편의점이 있나요?
近くにコンビニがありますか?
치카쿠니 콤비니**가 아리마스까**

남은 자리가 있나요?
余った席がありますか?
아맏따 세키**가 아리마스까**

얼마부터 면세가 되나요?
いくらから免税できますか?
이쿠라카라 멘제-**데키마스까**

사진 촬영 할 수 있나요?
写真撮影できますか?
샤신사츠에-**데키마스까**

~할 수 있나요?
(~が)できますか

카드로 계산할 수 있나요?
カードで払うことができますか?
카-도데 하라우코토**가 데키마스까**

다른 것으로 교환할 수 있나요?
他のものに交換できますか?
호카노 모노니 코-칸**데키마스까**

이건 기내에 반입할 수 없어요.
これは機内に持ち込めません。
코레와 키나이니 모치코메**마셍**

제 수하물을 찾을 수 없어요.
私の手荷物を見つけられません。
와타시노 테니모츠오 미츠케라레**마셍**

~할 수 없어요.
~(でき)ません

만 엔권은 사용할 수 없어요.
一万円札は使用できません。
이치망엔사츠와 시요-**데키마셍**

일본어를 할 줄 몰라요.
日本語ができません。
니홍고가 **데키마셍**

방문 목적이 무엇입니까?
訪問の目的は何ですか?
호-몬노 모쿠테키 **와 난데스까**

와이파이 비밀번호는 무엇인가요?
Wi-Fiのパスワードは何ですか?
와이화이노파스와-도 **와 난데스까**

~는 무엇인가요?
~は何ですか

오늘의 특선메뉴는 무엇인가요?
今日の特選メニューは何ですか?
쿄-노 톡셈메뉴 **와 난데스까**

가장 인기 있는 공연은 무엇인가요?
一番人気のある公演は何ですか?
이치방닝끼노아루 코-엥 **와 난데스까**

PLUS 왕초보 일본어 표현

여기	ここ	코코
저기	あそこ	아소코
이것	これ	코레
저것	あれ	아레
네	はい	하이
아니요	いいえ	이-에
알겠습니다	わかりました。	와카리마시따
모르겠습니다	わかりません。	와카리마셍
실례합니다	すみません。	스미마셍
감사합니다	ありがとうございます。	아리가토-고자이마스
고맙습니다	どうも。	도-모
천만에요	どういたしまして。	도-이타시마시테
잘 부탁드립니다	よろしくおねがいします。	요로시쿠 오네가이시마스
아침 인사	おはようございます。	오하요-고자이마스
낮 인사(일반 인사)	こんにちは。	콘니치와
밤 인사	こんばんは。	콤방와
어서 오세요	いらっしゃいませ。	이랏샤이마세
안녕히 가(계)세요	さようなら。	사요-나라

2

공항에서

탑승 수속하기

보안 검색받기

면세점 쇼핑하기

비행기 탑승하기

입국 심사받기

수하물 찾기

세관 신고하기

환전하기

탑승 수속하기

일본 항공사를 이용하거나 일본에서 탑승 수속을 하기 위해 필요한 표현들. 수속 전 항공사의 수하물 규정을 숙지하여 기내에 반입할 짐과 위탁할 수하물의 양을 적절히 분배하는 센스가 필요하다.

🔊 여행 단어

여권	パスポート 파스포-토	(전자)항공권	(電子)航空券 (덴시)코-쿠-켕
탑승권	搭乗券 토-죠-켕	일행과 같이	連れと一緒に 츠레토 잇쑈니
창가 좌석	窓側の席 마도가와노 세키	수하물	手荷物 테니모츠
한 개・두 개	一つ・二つ 히토츠・후타츠	반입 금지	持ち込み禁止 모치코미 킨시
추가 요금	追加料金 츠이카 료-킹	규정 무게 초과	規定重量超過 키테-쥬-료-쵸-카

🎤 여행 회화

❶ 항공권은 어디서 발급하나요?
航空券はどこで発給しますか?
코-쿠-켕와 도코데 학껜시마스까

❷ 일행과 같이 부탁드립니다.
連れと一緒にお願いします。
츠레토 잇쑈니 오네가이시마스

❸ 가방을 여기에 올려주세요.
カバンをここに載せてください。
카방오 코코니 노세테 쿠다사이

❹ 수하물 초과 비용은 얼마인가요?
超過手荷物料金はいくらですか?
쵸-카 테니모츠 료-킹와 이쿠라데스까

❺ 이 가방은 기내에 반입이 가능한가요?
このカバンは機内に持ち込めますか?
코노 카방와 키나이니 모치코메마스까

❻ 가방은 몇 개까지 부칠 수 있나요?
カバンはいくつまで預けられますか?
카방와 이쿠츠마데 아즈케라레마스까

보안 검색받기

보안 검색을 받을 땐 겉옷과 모자 등을 벗어 물품 바구니에 담아야 한다. 주머니에 있던 소지품도 모두 꺼내서 올려놓자. 간혹 경보음이 울리거나 재검색을 받게 되어도 당황하지 말고 요청에 따르자.

🔊 여행 단어

벗다	脱ぐ 누구	물품 바구니	検査用カゴ 켄사요-카고
액체류	液体類 에키타이루이	모자	帽子 보-시
안경	眼鏡 메가네	점퍼·외투	ジャンパー・コート 잠빠-・코-토
휴대폰	携帯電話 케-타이 뎅와	소지품	持ち物 모치모노
주머니	ポケット 포켇또	임산부	妊産婦 닌삼뿌

🎤 여행 회화

❶ 무슨 문제가 있나요?
何か問題がありますか?
나니카 몬다이가 아리마스까

❷ 이것도 벗을까요?
これも脱ぎますか?
코레모 누기마스까

❸ 주머니에 아무것도 없어요.
ポケットに何もないです。
포켇또니 나니모 나이데스

❹ 이건 기내에 반입할 수 없어요.
これは機内に持ち込めません。
코레와 키나이니 모치코메마셍

❺ 이제 가도 되나요?
もう行ってもいいですか?
모- 읻떼모 이-데스까

❻ 저는 임산부예요.
私は妊婦です。
와타시와 님뿌데스

면세점 쇼핑하기

공항에서 면세품을 구매할 때 구매자의 여권이 필요하므로 꼭 휴대하고 있어야 한다. 상품별로 구매 한도 관련 규정이 다르므로 사전에 알아보거나 현장에서 직원에게 물어보자.

🔊 여행 단어

한국어	일본어		한국어	일본어
가장 있기 있는	一番人気のある 이치방 닝끼노 아루		이것 · 저것	これ · あれ 코레 · 아레
신상품	新商品 신쇼-힝		화장품	化粧品 케쇼-힝
세일 상품	セール商品 세-루 쇼-힝		더 저렴한	もっと安い 못또 야스이
계산	計算 케-상		면세	免税 멘제-
세금	税金 제-킹		구매 한도	購入限度 코-뉴- 겐도

🎙 여행 회화

❶ 가장 인기 있는 게 뭐예요?
一番人気のあるものは何ですか?
이치방 닝끼노 아루 모노와 난데스까

❷ 이걸로 할게요.
これにします。
코레니 시마스

❸ 더 저렴한 것 있나요?
もっと安いものはありますか?
못또 야스이 모노와 아리마스까

❹ 선물 포장되나요?
プレゼント用に包装できますか?
프레젠또요-니 호-소- 데키마스까

❺ 이건 기내 반입이 가능한가요?
これは機内に持ち込めますか?
코레와 키나이니 모치코메마스까

❻ 구매 한도 금액은 얼마인가요?
購入限度額はいくらですか?
코-뉴- 겐도가쿠와 이쿠라데스까

비행기 탑승하기

공항이 익숙하지 않거나 탑승 시간이 임박했다면 길을 헤매지 말고 물어보자. 일본까지 가는 비행기의 소요 시간은 2시간 이내로 길지 않아 특별한 기내 서비스가 필요한 경우는 드물다.

🔊 여행 단어

한국어	일본어	발음
내 자리	私の席	와타시노 세키
화장실	トイレ	토이레
비어 있음	空いている	아이테 이루
가방	かばん	카방
탑승권	搭乗券	토-죠-켄
좌석번호	座席番号	자세키 방고-
사용 중	使用中	시요-츄-
물·담요	水·毛布	미즈·모-후
탑승구	搭乗口	토-죠-구치
좌석벨트	シートベルト	시-토 베루토

🎤 여행 회화

❶ ○○탑승구는 어디인가요?
○○搭乗口はどこですか?
○○토-죠-구치와 도코데스까

❷ 제 자리는 어디인가요?
私の席はどこですか?
와타시노 세키와 도코데스까

❸ 여긴 제 자리예요.
ここは私の席です。
코코와 와타시노 세키데스

❹ 선반에 가방을 넣어주세요.
荷物入れにかばんを入れてください。
니모츠이레니 카방오 이레테 쿠다사이

❺ 자리를 바꿔 주시겠어요?
席を変えてもらえますか?
세키오 카에테 모라에마스까

❻ 물(담요)을 주세요.
水(毛布)をください。
미즈(모-후)오 쿠다사이

입국 심사받기

일본으로 가는 첫 관문, 바로 입국 심사다. 묵게 될 숙소명과 전화번호를 가장 중요하게 생각하므로 입국신고서에 정확히 기입하고, 작성한 입국신고서와 여권을 함께 제출하자.

🔊 여행 단어

입국 심사	入国審査 뉴-코쿠 신사	입국신고서	入国申告書 뉴-코쿠 신꼬쿠쇼
방문 목적	訪問目的 호-몸 모쿠테키	여행	旅行 료코-
비즈니스	ビジネス 비지네스	여권	パスポート 파스포-토
왕복 항공권	往復航空券 오-후쿠 코-쿠-켕	하루·이틀·사흘	一泊·二泊·三泊 입빠쿠·니하쿠·삼바쿠
숙소	宿舎 슈쿠샤	전화번호	電話番号 뎅와 방고-

🎤 여행 회화

❶ 방문 목적이 무엇입니까?
訪問の目的は何ですか？
호-몬노 모쿠테키와 난데스까

❷ 여행(비즈니스)입니다.
旅行(ビジネス)です。
료코-(비지네스)데스

❸ 어디에서 묵을 예정입니까?
どこで泊まる予定ですか？
도코데 토마루 요테-데스까

❹ ○○에 묵을 예정이에요.
○○に泊まる予定です。
○○니 토마루 요테-데스

❺ 얼마나 머물 예정인가요?
どのくらい泊まる予定ですか？
도노쿠라이 토마루 요테-데스까

❻ 한국어가 가능한 분은 있나요?
韓国語のできる方はいますか？
캉코쿠고노 데키루 카타와 이마스까

수하물 찾기

입국 심사 후 수하물 안내판에서 항공편의 컨베이어 벨트 번호를 확인하고 수하물을 찾으면 된다. 보안 검색으로 시간이 늦어졌거나 수하물이 파손 또는 분실된 경우 공항 직원에게 문의하자.

🔊 여행 단어

기내 수하물	機内持ち込み荷物 키나이 모치코미 니모츠	위탁 수하물	預け荷物 아즈케 니모츠
수하물 찾는 곳	手荷物受取所 테니모츠 우케토리쇼	수하물 영수증	手荷物引換証 테니모츠 히키카에쇼-
분실	紛失 훈시츠	파손	破損 하손
이름표	名札 나후다	전화번호	電話番号 뎅와 방고-
분실물 센터	お忘れ物預り所 오와스레모노 아즈카리쇼	수하물 카트	手荷物カート 테니모츠 카-토

🎤 여행 회화

❶ 수하물은 어디서 찾나요?
　手荷物はどこで受け取りますか?
　테니모츠와 도코데 우케토리마스까

❷ 제 수하물을 못 찾겠어요.
　私の手荷物が見つからないんです。
　와타시노 테니모츠가 미츠카라나인데스

❸ 여기 수하물 영수증이요.
　ここに手荷物引換証があります。
　코코니 테니모츠 히키카에쇼-가 아리마스

❹ 제 수하물이 파손됐어요.
　私の手荷物が破損しました。
　와타시노 테니모츠가 하손 시마시따

❺ 짐을 분실했어요.
　手荷物を紛失しました。
　테니모츠오 훈시츠 시마시따

❻ 찾으면 여기로 연락주세요.
　見つけたらここに連絡ください。
　미츠케타라 코코니 렌라쿠 쿠다사이

세관 신고하기

휴대품 신고서를 별도로 작성해야 한다. 신고하지 않은 고가의 물품이 있는지, 100만 엔을 초과하는 현금이 있는지 등을 확인하여 기입하고, 역시 숙소명과 전화번호를 명기해야 한다.

🔊 여행 단어

현금	現金 겡킹	휴대품	携帯品 케-타이힝
신고서	申告書 싱꼬쿠쇼	가방	かばん 카방
과세 대상	課税対象 카제- 타이쇼-	세금	税金 제-킹
세관	税関 제-캉	면세 한도	免税限度 멘제- 겐도
벌금	罰金 박낑	반입 금지	持ち込み禁止 모치코미 킨시

🎤 여행 회화

❶ 이것도 신고해야 하나요?
これも申告対象ですか?
코레모 싱꼬쿠 타이쇼-데스까

❷ 가방을 좀 봐도 되겠습니까?
かばんを確認してもいいですか?
카방오 카쿠닌시테모 이-데스까

❸ 이건 과세 대상입니다.
これは課税対象です。
코레와 카제- 타이쇼-데스

❹ 신고할 물건은 없어요.
申告するものはありません。
신코쿠스루 모노와 아리마셍

❺ 벌금을 물어야 하나요?
罰金を払わなければならないですか?
박낑오 하라와나케레바 나라나이데스까

❻ 면세 한도를 알려주세요.
免税限度を教えてください。
멘제-겐도오 오시에테 쿠다사이

환전하기

한국에서 미처 환전하지 못했다면 일본 공항에 도착해 환전소를 찾아보자. 공항에서도 환전하지 못했거나 여행 경비가 부족하다면 여행지 곳곳의 환전소를 이용하면 된다.

🔊 여행 단어

환전·환전소	両替·両替所 료-가에 · 료-가에쇼	지폐	お札 오사츠
소액권 지폐	小額紙幣 쇼-가쿠 시헤-	잔돈	小銭 코제니
동전	コイン 코잉	환율	為替レート 카와세 레-토
수수료	手数料 테스-료-	은행	銀行 깅꼬-
영수증	レシート 레시-토	엔화	円 엥

🎤 여행 회화

❶ 환전소는 어디에 있나요?
両替所はどこにありますか?
료-가에쇼와 도코니 아리마스까

❷ 엔화로 환전하고 싶어요.
円に両替したいです。
엔니 료-가에 시타이데스

❸ 오늘 환율은 얼마인가요?
今日の為替レートはいくらですか?
쿄-노 카와세 레-토와 이쿠라데스까

❹ 천 엔권으로 주세요.
1000円札でお願いします。
셍엔사츠데 오네가이시마스

❺ 잔돈으로 바꿔주세요.
小銭に両替してください。
코제니니 료-카에시테 쿠다사이

❻ 영수증 주세요.
レシートお願いします。
레시-토 오네가이시마스

3

교통수단

승차권 구매하기

버스 이용하기

전철·지하철 이용하기

택시 이용하기

도보로 길 찾기

교통편 놓쳤을 때

승차권 구매하기

여행 일정에 알맞은 교통패스는 비싼 교통비를 효과적으로 줄여준다. 교통패스마다 각각의 장단점이 있으므로 꼼꼼히 알아보고 가장 적합한 것을 구입할 것.

🔊 여행 단어

한국어	일본어		한국어	일본어
교통패스	交通パス 코-츠-파스		승차권·티켓	乗車券·チケット 죠-샤켕·치켇또
1일 승차권	1日乗車券 이치니치 죠-샤켕		매표소	きっぷ売り場 킵뿌 우리바
편도 요금	片道料金 카타미치 료-킹		왕복 요금	往復料金 오-후쿠 료-킹
유효기간	有効期間 유-코-키캉		급행·쾌속·특급	急行·快速·特急 큐-코-·카이소쿠·톡큐-
시간표	時刻表 지코쿠효-		프리패스	フリーパス 후리-파스

🎤 여행 회화

❶ 매표소가 어디에 있나요?
きっぷ売り場はどこにありますか?
킵뿌 우리바와 도코니 아리마스까

❷ 1일 승차권 하나 주세요.
1日乗車券一つください。
이치니치 죠-샤켕 히토츠 쿠다사이

❸ 성인 왕복 승차권 두 장 주세요.
大人往復乗車券二枚ください。
오토나 오-후쿠 죠-샤켄 니마이 쿠다사이

❹ 프리패스를 구매하고 싶어요.
フリーパスを購入したいです。
후리-파스오 코-뉴- 시타이데스

❺ 언제 출발(도착) 하나요?
いつ出発(到着)しますか?
이츠 슙빠츠(토-차쿠) 시마스까

❻ 어디서 타면 되나요?
どこで乗ればいいですか?
도코데 노레바 이-데스까

버스 이용하기

고속버스와 달리 노선버스는 구간에 따라 요금이 달라지는 버스와 균일 요금을 지불하는 버스가 있다. 구간 요금이 있는 버스를 탈 때는 정리권을 뽑은 후 내릴 때 요금과 함께 내야 한다.

🔊 여행 단어

한국어	일본어	발음
고속버스	高速バス	코-소쿠 바스
매표소	きっぷ売り場	킵뿌 우리바
정리권	整理券	세-리켕
동전 교환기	コイン交換機	코잉 코-캉끼
다음 정류장	次の停留所	츠기노 테-류-죠
승차권 (판매기)	乗車券(販売機)	죠-샤켕(함바이키)
노선버스	路線バス	로셈바스
요금함	運賃箱	운침바코
거스름돈	お釣り	오츠리
다음 버스	次のバス	츠기노 바스

🎤 여행 회화

❶ 이 버스가 ○○에 가나요?
このバスが○○に行きますか?
코노 바스가 ○○니 이키마스까

❷ 여기서 얼마나 걸려요?
ここからどのくらいかかりますか?
코코카라 도노쿠라이 카카리마스까

❸ 이번 정류장에서 내리면 되나요?
今回の停留所で降りればいいですか?
콩까이노 테-류-죠데 오리레바 이-데스까

❹ 여기서(다음 역에서) 내리세요.
ここ(次の停留所)で降りてください。
코코(츠기노 테-류-죠)데 오리테 쿠다사이

❺ 내릴 정류장을 지나쳤어요.
降りる停留所を乗り越しました。
오리루 테-류-죠오 노리코시마시따

❻ 다음 버스는 언제 오나요?
次のバスはいつ来ますか?
츠기노 바스와 이츠 키마스까

전철·지하철 이용하기

거미줄처럼 얽혀있는 일본 도심의 전철과 지하철은 탑승 및 환승 방법이 헷갈리기 십상. 목적지로 가는 가장 빠른 열차가 무엇이지 파악하고 열차를 탑승하는 승강장 위치만 알면 반은 성공이다.

🔊 여행 단어

특급·급행·쾌속	特急·急行·快速 톡뀨ー·큐ー코ー·카이소쿠	전철·지하철	電車·地下鉄 덴샤·치카테츠
역	駅 에키	승강장	乗り場 노리바
환승	乗り換え 노리카에	노선도	路線図 로센즈
티켓 판매기	チケット販売機 치켇또 함바이키	출발시간	出発時間 슙빠츠 지캉
도착시간	到着時間 토ー챠쿠 지캉	직행·각 역 정차	直行·各駅停車 쵹꼬ー·카쿠에키 테ー샤

🎤 여행 회화

❶ 가까운 전철역이 어디에 있나요?
近い電車駅はどこにありますか?
치카이 덴샤에키와 도코니 아리마스까

❷ 특급 열차 승차권 한 장 주세요.
特急列車の乗車券一枚ください。
톡뀨ー렛샤노 죠ー샤켄 이치마이 쿠다사이

❸ 몇 번 승강장에서 타야 하나요?
何番乗り場で乗りますか?
남방 노리바데 노리마스까

❹ ○○으로 환승은 어디서 하나요?
○○への乗換はどこでしますか?
○○에노 노리카에와 도코데 시마스까

❺ 이 열차는 ○○역에 정차하나요?
この列車は○○駅に停まりますか?
코노 렛샤와 ○○에키니 토마리마스까

❻ ○○역까지 몇 정거장 남았나요?
○○駅まであと何駅ですか?
○○에키마데 아토 낭에키데스까

택시 이용하기

일본 택시는 요금이 비싸서 혼자 이용하면 부담스럽지만, 필요에 따라 매우 유용한 교통수단이다. 일본 택시는 문을 자동으로 여닫는 시스템이므로 타고 내릴 때 문을 직접 열지 말고 기다리자.

🔊 여행 단어

이 주소	この住所 코노 쥬-쇼	택시 (승강장)	タクシー(乗り場) 탁시-(노리바)
기본 요금	初乗り運賃 하츠노리운칭	할증	割り増し 와리마시
택시 미터기	タクシーメーター 탁시-메-타-	트렁크	トランク 토랑쿠
빨리	はやく 하야쿠	잔돈 · 거스름돈	小銭 · おつり 코제니 · 오츠리
빈차	空車 쿠-샤	탑승 중	賃走 친소-

🎤 여행 회화

❶ 어디로 가시나요?
どこへ行きますか?
도코에 이키마스까

❷ 이 주소로 가주세요.
この住所までお願いします。
코노 쥬-쇼마데 오네가이시마스

❸ 여기서 내릴게요.
ここで降ります。
코코데 오리마스

❹ 트렁크 열어주세요.
トランクを開けてください。
토랑쿠오 아케테 쿠다사이

❺ 서둘러 가주세요.
急いで行ってください。
이소이데 잍떼 쿠다사이

❻ 요금은 얼마인가요?
料金はいくらですか?
료-킹와 이쿠라데스까

도보로 길 찾기

구글맵이 있다면 일본 어디든 도보로 찾아가기 어렵지 않다. 무선 인터넷을 원활하게 사용하려면 포켓 와이파이나 유심칩을 꼭 준비하자.

🔊 여행 단어

여기	ここ 코코	길	道 미치
가깝다 · 멀다	近い · 遠い 치카이 · 토-이	걷다	歩く 아루쿠
왼쪽 · 오른쪽	左 · 右 히다리 · 미기	이쪽 · 저쪽	こっち · あっち 콧찌 · 앗찌
블록	ブロック 부록꾸	직진	直進 쵹씬
반대편 · 건너편	反対側 · 向う側 한타이가와 · 무코-가와	관광안내소	観光案内所 캉꼬-안나이죠

🎤 여행 회화

❶ 말씀 좀 묻겠습니다.
すみません、ちょっとお伺いしますが。
스미마셍, 춋또 오우카가이시마스가

❷ ○○까지 어떻게 가나요?
○○までどう行きますか?
○○마데 도오 이키마스까

❸ 여기가 어디예요?
ここはどこですか?
코코와 도코데스까

❹ 거기까지 걸어갈 수 있나요?
そこまで歩いて行けますか?
소코마데 아루이테 이케마스까

❺ 걸어서 10분 정도 걸려요.
歩いて10分ほどかかります。
아루이테 쥬뽕호도 카카리마스

❻ 다시 한 번 말해주세요.
もう一度言ってください。
모-이치도 잍떼 쿠다사이

교통편 놓쳤을 때

교통편을 놓쳤다면 규정에 따라 수수료를 지급하거나 별도의 수수료 없이 다음 교통편으로 재발권할 수 있다. 단, 규정에 따라 재발권이 불가능한 경우도 있으니 우선 티켓 판매처에 문의하자.

🔊 여행 단어

한국어	일본어	한국어	일본어
비행기	飛行機 히코-키	열차	列車 렛샤
버스	バス 바스	시간표	時刻表 지코쿠효-
변경·환불	変更·払い戻し 헹코- · 하라이 모도시	대기자(명단)	キャンセル待ち(リスト) 칸세루 마치 (리스토)
수수료	手数料 테스-료-	항공사	航空会社 코-쿠-가이샤
여행사	旅行会社 료코-가이샤	연락처	連絡先 렌락사키

🎤 여행 회화

❶ ○○를 놓쳤어요.
○○に乗り遅れました。
○○니 노리오쿠레마시따

❷ 다음 ○○를 탈 수 있나요?
次の○○に乗れますか?
츠기노 ○○니 노레마스까

❸ 다음 ○○는 출발이 언제죠?
次の○○はいつ出発しますか?
츠기○○와 이츠 슙빠츠시마스까

❹ 환급(변경) 가능한가요?
払い戻し(変更)可能ですか?
하라이모도시(헹코-) 카노-데스까

❺ 수수료가 얼마죠?
手数料はいくらですか?
테스-료-와 이쿠라데스까

❻ 가능한 빨리 출발하고 싶어요.
できるだけ早く出発したいです。
데키루다케 하야쿠 슙빠츠시타이데스

4

숙소에서

숙소 체크인하기

숙소 체크아웃하기

부대시설 이용하기

숙소 서비스 요청하기

객실 비품 요청하기

불편사항 말하기

숙소 체크인하기

혹시 모를 상황에 대비해 숙소 예약 바우처를 꼭 출력해가자. 일본 숙소의 체크인 시간은 보통 오후 3~4시 정도이지만 숙소에 따라 다르므로 미리 체크할 것.

🔊 여행 단어

예약	予約 요야쿠	체크인	チェックイン 첵꾸잉
층	階 카이	몇 박·1박·2박	何泊·一泊·二泊 남빠쿠·입빠쿠·니하쿠
숙박 요금	宿泊料金 슈쿠하쿠 료-킹	지불	支払 시하라이
객실 번호	部屋番号 헤야 방고-	객실 열쇠	ルームキー 루-무키-
침대	ベッド 벧도	와이파이 비밀번호	Wi-Fiのパスワード 와이화이노 파스와-도

🎤 여행 회화

❶ 체크인하고 싶어요.
チェックインお願いします。
첵꾸잉 오네가이시마스

❷ ○○이름으로 예약했어요.
○○の名前で予約しています。
○○노 나마에데 요야쿠시테이마스

❸ 호텔 바우처를 보여드릴게요.
ホテルバウチャーをお見せします。
호테루 바우챠-오 오미세시마스

❹ 객실 요금은 이미 지불했어요.
客室料金はもう払いました。
캬쿠시츠료-킹와 모- 하라이마시따

❺ 와이파이 비밀번호를 알려주세요.
Wi-Fiのパスワードを教えてください。
와이화이노 파스와-도오 오시에테 쿠다사이

❻ 객실은 몇 층인가요?
部屋は何階でしょうか?
헤야와 낭가이데쇼-까

숙소 체크아웃하기

일본 숙소의 체크아웃 시간은 보통 오전 10~11시다. 체크아웃 시간에 맞춰 퇴실하는 것이 예의지만 사정상 늦은 체크아웃을 해야 한다면 미리 문의하자.

🔊 여행 단어

체크아웃	チェックアウト 첵꾸 아우토	퇴실	退室 타이시츠
보관하다	預かる 아즈카루	분실하다	紛失する 훈시츠스루
객실 열쇠	ルームキー 루-무키-	소지품	持ち物 모치모노
숙박 요금	宿泊料金 슈쿠하쿠 료-킹	추가 요금	追加料金 츠이카 료-킹
사용료	使用料 시요-료-	영수증	領収証 료-슈-쇼-

🎤 여행 회화

❶ 체크아웃 할게요.
チェックアウトお願いします。
첵꾸 아우토 오네가이시마스

❷ 체크아웃은 몇 시죠?
チェックアウトは何時ですか?
첵꾸 아우토와 난지데스까

❸ 체크아웃 시간 연장이 가능한가요?
チェックアウトの延長はできますか?
첵꾸 아우토노 엔쵸-와 데키마스까

❹ 방에 소지품을 두고 왔어요.
部屋に忘れ物をしてしまいました。
헤야니 와스레모노오 시테시마이마시따

❺ 짐 좀 보관해줄 수 있나요?
荷物を預かってもらえますか?
니모츠오 아즈칸떼 모라에마스까

❻ 택시를 불러주세요.
タクシーを呼んでください。
탁시-오 욘데 쿠다사이

부대시설 이용하기

레스토랑, 온천, 목욕탕, 세탁실 등의 부대시설을 자유롭게 이용하기 위한 표현들. 숙소 서비스 차원에서 무료로 제공하기도 하고, 때에 따라 추가 요금을 받을 수도 있으니 미리 확인하자.

🔊 여행 단어

한국어	일본어	발음
조식	朝食	쵸-쇼쿠
목욕탕	大浴場	다이요쿠죠-
세탁실	洗濯室	센탁시츠
자판기	自販機	지항키
개점(시간)	開店(時間)	카이텡(지캉)
흡연실	喫煙室	키츠엔시츠
온천	温泉	온셍
바	バー	바-
이용 방법	利用方法	리요-호-호-
폐점(시간)	閉店(時間)	헤-텡(지캉)

🎙 여행 회화

❶ 조식은 어디서 먹을 수 있죠?
朝食はどこで食べられますか?
쵸-쇼쿠와 도코데 타베라레마스까

❷ 조식시간은 몇 시부터인가요?
朝食の時間は何時からですか?
쵸-쇼쿠노지캉와 난지카라데스까

❸ 온천은 어디에 있나요?
温泉はどこにありますか?
온셍와 도코니 아리마스까

❹ 목욕탕은 몇 시부터 이용할 수 있나요?
大浴場は何時から利用できますか?
다이요쿠죠-와 난지카라 리요-데키마스까

❺ 근처에 편의점이 있나요?
近くにコンビニがありますか?
치카쿠니 콤비니가 아리마스까

❻ 흡연실은 몇 층인가요?
喫煙室は何階でしょうか?
키츠엔시츠와 낭가이데쇼-까

숙소 서비스 요청하기

필요한 서비스가 있다면 직접 프런트에 말해보자. 콜택시, 모닝콜을 부탁하거나 귀중품을 위탁하는 등 다양한 서비스를 요청할 수 있다.

🔊 여행 단어

공항	空港 쿠-코-	셔틀버스	無料送迎バス 무료- 소-게- 바스
택시	タクシー 탁시-	리무진버스	リムジンバス 리무진바스
룸 서비스	ルームサービス 루-무 사-비스	짐	荷物 니모츠
귀중품	貴重品 키쵸-힝	모닝콜	モーニングコール 모-닝구 코-루
방 청소	部屋の掃除 헤야노 소-지	와이파이 비밀번호	Wi-Fiのパスワード 와이화이노 파스와-도

🎤 여행 회화

❶ 택시 좀 불러 줄 수 있나요?
タクシーを呼んでもらえますか?
탁시-오 욘데 모라에마스까

❷ 셔틀버스 운행하나요?
無料送迎バス運行していますか?
무료-소-게-바스 운꼬-시테이마스까

❸ 룸 서비스 부탁드려요.
ルームサービスお願いします。
루-무 사-비스 오네가이시마스

❹ 모닝콜 부탁드려요.
モーニングコールをお願いします。
모-닝구 코-루오 오네가이시마스

❺ 방 청소를 부탁드려요.
部屋の掃除をお願いします。
헤야노 소-지오 오네가이시마스

❻ 와이파이 비밀번호를 알려주세요.
Wi-Fiのパスワードを教えてください。
와이화이노 파스와-도오 오시에테 쿠다사이

객실 비품 요청하기

샴푸와 수건 등 기본적인 비품은 대부분 숙소에서 무료 제공한다. 생수와 전기 포트 역시 대체로 별도의 추가 요금 없이 사용할 수 있지만, 더 필요한 것이 있다면 이렇게 요청하자.

🔊 여행 단어

무료	無料 무료-	필요하다	必要だ 히츠요-다
수건	タオル 타오루	비누	石鹸 섹껭
화장지	トイレットペーパー 토이렛또 페-파-	칫솔	歯ブラシ 하부라시
샴푸	シャンプー 샴뿌-	바디 샴푸	ボディーソープ 보디- 소-프
헤어드라이어	ヘアドライヤー 헤아도라이야-	침대 시트	ベッドのシーツ 벳도노 시-츠

🎤 여행 회화

❶ 객실 비품(어메니티)은 무료인가요?
アメニティは無料ですか?
아메니티와 무료-데스까

❷ 수건이 더 필요해요.
タオルがもっと必要です。
타오루가 몯또 히츠요-데스

❸ 칫솔이 없어요.
歯ブラシがありません。
하부라시가 아리마셍

❹ 헤어드라이어가 고장 났어요.
ヘアドライヤーが壊れました。
헤아도라이야-가 코와레마시따

❺ 슬리퍼 하나 더 주세요.
スリッパもう一つください。
스립빠 모오 히토츠 쿠다사이

❻ 침대 시트를 교체해주세요.
ベッドのシーツを変えてください。
벳도노 시-츠오 카에테 쿠다사이

불편사항 말하기

불편한 상황을 구체적으로 설명하기 어렵다면 호텔 직원에게 객실 방문을 부탁하자. 상황을 직접 보여주면 생각보다 쉽게 해결할 수 있다.

🔊 여행 단어

한국어	일본어	발음
문제	問題	몬다이
시끄럽다	うるさい	우루사이
난방·냉방	暖房·冷房	단보-·레-보-
인터넷	インターネット	인타-넷또
변기	便器	벵끼
고장 나다	壊れる	코와레루
방을 바꾸다	部屋を変える	헤야오 카에루
덥다·춥다	暑い·寒い	아츠이·사무이
청소	掃除	소-지
온수	お湯	오유

🎤 여행 회화

❶ 온수가 안 나와요.
お湯が出ません。
오유가 데마셍

❷ 너무 시끄러워요.
とてもうるさいです。
토테모 우루사이데스

❸ 금연실로 예약했는데요.
禁煙室に予約しました。
킹엔시츠니 요야쿠 시마시따

❹ 방을 바꾸고 싶어요.
部屋を変えてもらいたいです。
헤야오 카에테 모라이타이데스

❺ 그건 처음부터 고장 나 있었어요.
それはすでに壊れていました。
소레와 스데니 코와레테 이마시따

❻ 방에 와서 확인해주세요.
部屋に来て確認してください。
헤야니 키테 카쿠닌시테 쿠다사이

5
식당에서

자리 안내받기

메뉴 주문하기

식당 서비스 요청하기

음식 불만 제기하기

음식값 계산하기

식권 자판기 사용하기

커피 주문하기

주류 주문하기

자리 안내받기

식당에 들어가면 가장 먼저 몇 명인지 물어보니 대답을 준비하자. 이름난 맛집이라면 대기시간을 피하기 어려운데 줄을 설지, 대기자 명단에 이름을 쓸지 미리 확인하면 헛수고를 막을 수 있다.

🔊 여행 단어

예약	予約 요야쿠	몇 명	何人·何名様 난닌·난메-사마
카운터석	カウンター席 카운타-세키	한 사람·두 사람	一人·二人 히토리·후타리
세 사람·네 사람	三人·四人 산닝·요닝	아침 식사	朝食 쵸-쇼쿠
점심 식사	昼食·ランチ 츄-쇼쿠·란치	저녁 식사	夕食·ディナー 유-쇼쿠·디나-
창가 자리	窓際席 마도기와세키	흡연석·금연석	喫煙席·禁煙席 키츠엔세키·킹엔세키

🎤 여행 회화

❶ 몇 명이신가요?
何人ですか?·何名様ですか?
난닝데스까·난메-사마데스까

❷ 한 명(두 명)입니다
一人(二人)です。
히토리(후타리)데스

❸ 대기 명단에 이름을 쓸까요?
順番待ちリストに名前を書きましょうか?
쥼밤마치 리스토니 나마에오 카키마쇼-까

❹ 미리 주문해도 될까요?
先に注文してよろしいでしょうか?
사키니 츄-몬시테 요로시-데쇼-까

❺ 얼마나 기다려야 하나요?
どのくらい待つのですか?
도노쿠라이 마츠노데스까

❻ 금연석으로 안내해주세요.
禁煙席に案内してください。
킹엔세키니 안나이시테 쿠다사이

메뉴 주문하기

사진 메뉴판이 있다면 손가락으로 메뉴를 가리키며 "코레 これ"라고 말해도 되지만, 일본어 메뉴판을 알아보기 힘들다면 직원에게 추천을 받는 것도 좋다.

🔊 여행 단어

메뉴	メニュー 메뉴-	이것·저것	これ·あれ 코레·아레
한 개·두 개	一つ·二つ 히토츠·후타츠	추천	お勧め 오스스메
가장 인기 있는	一番人気のある 이치방 닝끼노 아루	정식	定食 테-쇼쿠
세트 메뉴	セットメニュー 셋또 메뉴-	무한리필	食べ放題 타베호-다이
오늘의 특선 메뉴	今日の特選メニュー 쿄-노 톡셈메뉴-	테이크아웃	テークアウト·持ち帰り 테-쿠 아우토·모치카에리

🎤 여행 회화

❶ (한국어)메뉴판 주세요.
(韓国語の)メニューください。
(캉코쿠고노)메뉴- 쿠다사이

❷ 이걸로 주세요.
これにします。
코레니 시마스

❸ 이거 하나랑 이거 두 개 주세요.
これ一つとこれ二つください
코레 히토츠토 코레 후타츠 쿠다사이

❹ 테이크아웃하고 싶어요.
テークアウトしたいです。
테-쿠아우토 시타이데스

❺ 추천 메뉴는 무엇인가요?
お勧めのメニューはなんでしょうか?
오스스메노 메뉴-와 난데쇼-까

❻ 조금 있다가 주문할게요.
少し後で注文します。
스코시 아토데 츄-몬시마스

식당 서비스 요청하기

접시, 냅킨 등이 더 필요하거나 남은 음식을 포장하고 싶을 때는 직원에게 요청해보자. 단, 사진을 찍는 것에 민감하게 반응할 수 있으므로 사진을 찍고 싶다면 미리 양해를 구하는 편이 좋다.

🔊 여행 단어

사진	写真 샤싱	포크	フォーク 훠-쿠
숟가락	スプーン 스푸-웅	젓가락	箸 하시
접시	皿 사라	냅킨	ティッシュ 팃쓔
물수건	おしぼり 오시보리	물컵	コップ 콥뿌
소스	ソース 소-스	하나 더	もう一つ 모- 히토츠

🎤 여행 회화

❶ 젓가락 하나 더 주세요.
箸もう一つください。
하시 모- 히토츠 쿠다사이

❷ 냅킨 좀 부탁합니다.
ティッシュをお願いします。
팃쓔오 오네가이시마스

❸ 접시를 바꿔주세요.
皿を替えてください。
사라오 카에테 쿠다사이

❹ 이것 좀 더 주세요.
これもっとください。
코레 몯또 쿠다사이

❺ 사진 좀 찍어도 될까요?
ちょっと写真撮ってもいいですか?
춋또 샤싱 톧떼모 이-데스까

❻ 남은 거 포장해주세요.
残ったの包んでください。
노콛따노 츠츤데 쿠다사이

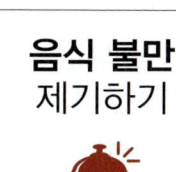

음식 불만 제기하기

음식에 대한 호불호가 아니라 위생 상태에 관한 문제라면 직원에게 알릴 필요가 있다. 주문하지 않은 요리가 나오거나, 주문한 요리가 나오지 않을 때에도 불만사항을 말할 수 있다.

🔊 여행 단어

머리카락	髪の毛 카미노케	이물질	異物 이부츠
더럽다	汚い 키타나이	상하다	傷む 이타무
신선하지 않다	新鮮ではない 신센데와 나이	덜 익은	熟していない 주쿠시테 이나이
너무 익은	熟し過ぎた 쥬쿠시스기따	달다・맵다	あまい・辛い 아마이・카라이
짜다・싱겁다	塩辛い・あじきない 시오카라이・아지키나이	미지근하다	ぬるい 누루이

🎤 여행 회화

❶ 이거 못 먹겠어요.
これ食べられません。
코레 타베라레마셍

❷ 음식에서 머리카락이 나왔어요.
料理から髪の毛が出ました。
료-리카라 카미노케가 데마시따

❸ 이거 상한 것 같아요.
これは腐ったみたいです。
코레와 쿠삳따 미타이데스

❹ 너무 매워(짜)요.
とても 辛(塩辛)すぎます。
토테모 카라(시오카라)스기마스

❺ 주문한 메뉴가 아니에요.
注文したメニューじゃありません。
츄-몬시타 메뉴-쟈 아리마셍

❻ 아직도 음식이 안 나왔어요.
まだ料理が出てこないんですが。
마다 료-리가 데테 코나인데스가

음식값 계산하기

일부 식당은 부가세를 제외한 가격만 메뉴에 표기한다. 혹은 신용카드 결제가 불가능한 식당도 있으니, 결제 전에 이런 점을 미리 확인하는 센스가 필요하다.

🔊 여행 단어

한국어	일본어	발음
계산서	会計書	카이케-쇼
착오·틀림	まちがい	마치가이
신용카드	クレジットカード	쿠레짇또카-도
주문하지 않은	注文していない	츄-몬시테 이나이
따로	別々に	베츠베츠니
계산·지불하다	会計·支払う	카이케-·시하라우
현금	現金	겡킹
영수증	レシート·領収証	레시-토·료-슈-쇼-
거스름돈	おつり	오츠리
세금 포함·별도	税込·税別	제-코미·제-베츠

🎤 여행 회화

❶ 계산할게요.
お勘定お願いします。
오칸죠- 오네가이시마스

❷ 같이(따로) 계산해주세요.
会計は一緒(別々)にしてください。
카이케-와 잇쑈(베츠베츠)니 시테 쿠다사이

❸ 여기 카드 사용할 수 있나요?
ここはカード使えますか?
코코와 카-도 츠카에마스까

❹ 영수증 주세요.
レシートお願いします。
레시-토 오네가이시마스

❺ 부가세는 별도인가요?
消費税は別ですか?
쇼-히제-와 베츠데스까

❻ 잔돈(거스름돈)을 잘못 주신 것 같아요.
おつりを間違えたようです。
오츠리오 마치가에타 요-데스

식권 자판기 사용하기

일본 식당에선 식권 자판기를 사용하는 경우가 많다. 미리 엔화를 준비하거나 혹은 직원에게 잔돈 교환을 요청하자. 한국어가 지원되지 않는 식권 자판기라면 사용법을 문의하는 편이 좋겠다.

🔊 여행 단어

식권 자판기	食券自動販売機 쇼껭 지도─함바이키	사용 방법	使い方・使用方法 츠카이카타・시요─호─호─
지폐	紙幣 시헤─	동전	コイン 코잉
잔돈	小銭 코제니	5천 엔권	5千円札 고셍엔사츠
천 엔권	千円札 셍엔사츠	곱빼기	大盛 오─모리
물	お水 오미즈	물수건	おしぼり 오시보리

🎙 여행 회화

❶ 사용법을 알려주세요.
使い方を教えてください。
츠카이카타오 오시에테 쿠다사이

❷ 5천 엔권은 사용할 수 없습니다.
5千円札は使えません。
고셍엔사츠와 츠카에마셍

❸ 천 엔권이 없어요.
千円札がありません。
셍엔사츠가 아리마셍

❹ 잔돈으로 바꿔주세요.
小銭に換えてください。
코제니니 카에테 쿠다사이

❺ 식권은 직원에게 전달해주세요.
食券を職員に渡してください。
쇼껭오 쇼쿠인니 와타시테 쿠다사이

❻ 물은 셀프입니다.
お水はセルフサービスです。
오미즈와 세루후 사─비스데스

커피 주문하기

메뉴 이름 뒤에 요청의 의미를 지닌 일본어 '쿠다사이ください'를 붙여 주문하면 간단하다. 뜨거운 음료를 "핫"이라고 말하면 못 알아듣는 경우가 많으니 "홋또"라고 발음하여 주문하자.

🔊 여행 단어

아메리카노	アメリカーノ 아메리카-노	카페라테	カフェラテ 카훼라테
핫 · 아이스	ホット·アイス 홋또 · 아이스	작은 사이즈	小さいサイズ 치-사이 사이즈
큰 사이즈	大きいサイズ 오-키- 사이즈	진하다	濃い 코이
연하다	薄い 우스이	샷 추가	ショットの追加 숏또노 츠이카
시럽	シロップ 시롭뿌	휘핑크림	ホイップクリーム 호입뿌 쿠리-무

🎤 여행 회화

❶ 카페라테 작은 사이즈 한 잔이요.
カフェラテ小さいサイズ一杯ください。
카훼라테 치-사이 사이즈 입빠이 쿠다사이

❷ 휘핑크림은 빼주세요.
ホイップクリームは抜いてください。
호입뿌 쿠리-무와 누이테 쿠다사이

❸ 샷 추가해주세요.
ショットを追加してください。
숏또오 츠이카시테 쿠다사이

❹ 커피를 연하게 해주세요.
コーヒーを薄くしてください。
코-히-오 우스쿠시테 쿠다사이

❺ 얼음은 빼주세요.
氷は抜いてください。
코-리와 누이테 쿠다사이

❻ 뜨거운 것(차가운 것)으로 주세요.
ホット(アイス)でお願いします。
홋또(아이스)데 오네가이시마스

주류 주문하기

아래 단어와 문장은 일반 식당에서는 물론 일본 술집 '이자카야 居酒屋'에서도 유용하다. 일본엔 기본 안주를 제공하고 자릿세를 받는 '오토-시 お通し' 문화가 있으므로 예산을 짤 때 염두에 두자.

🔊 여행 단어

추천하다	お勧め料理 오스스메 료-리	앞 접시	取り皿 토리자라
맥주	ビール 비-루	생맥주	なまビール 나마비-루
와인	ワイン 와잉	칵테일	カクテル 카쿠테루
소주	焼酎 쇼-츄-	오토-시	お通し 오토-시
술안주	おつまみ 오츠마미	한 병·한 잔	一本·一杯 입뽕·입빠이

🎤 여행 회화

❶ 한 병 더 주세요.
もう一本ください。
모- 입뽕 쿠다사이

❷ 우선 생맥주 한 잔 주세요.
とりあえず生ビール一杯ください。
토리아에즈 나마비-루 입빠이 쿠다사이

❸ 추천 안주는 무엇인가요?
お勧めのおつまみは何でしょうか?
오스스메노 오츠마미와 난데쇼-까

❹ 물수건이랑 얼음물 좀 주세요.
おしぼりとお冷やください。
오시보리토 오히야 쿠다사이

❺ 앞 접시 부탁드립니다.
取り皿お願いします。
토리자라 오네가이시마스

❻ 영업시간은 몇 시까지인가요?
営業時間は何時までですか?
에-교-지캉와 난지마데 데스까

6

관광할 때

관광지 정보 얻기

사진 촬영 부탁하기

공연 표 구입하기

관광 명소 관람하기

관광지 정보 얻기

현장에서 얻은 생생한 정보는 여행을 역동적으로 만든다. 현지인이 직접 추천하는 맛집과 핫플레이스만큼 정확하고 핫한 정보는 없다. 인기 여행지를 직접 찾아가는 재미를 느껴보자.

🔊 여행 단어

추천하다	推薦する 스이센스루	가는 길	行く道 이쿠 미치
가까운	近い 치카이	인기 있는	人気のある 닝끼노 아루
유명한	有名な 유-메-나	안내소	案内所 안나이죠
위치	位置 이치	여기	ここ 코코
안내 책자	パンフレット 팡후렡또	무료·유료	無料·有料 무료-·유-료-

🎤 여행 회화

❶ 인기 관광지를 추천해주세요.
人気のある観光地を推薦してください。
닝끼노아루 캉코-치오 스이센시테 쿠다사이

❷ 산책하기 좋은 곳이 있나요?
お散歩にいい所がありますか?
오삼뽀니 이- 토코로가 아리마스까

❸ 인기 있는 식당을 알려주세요.
人気のある食堂を教えてください。
닝끼노 아루 쇼쿠도-오 오시에테 쿠다사이

❹ 여기가 어디인가요?
ここはどこですか?
코코와 도코데스까

❺ 걸어가면 얼마나 걸리죠?
歩いてどのくらいかかりますか?
아루이테 도노쿠라이 카카리마스까

❻ 어떻게 가면 될까요?
どうやって行けばいいですか。
도- 얕떼 이케바 이이데스까

사진 촬영 부탁하기

'셀카봉'과 삼각대에만 의지하자니 인생샷 찍기엔 뭔가 부족한 느낌. 지나칠 수 없는 절경이라면 사진 촬영을 부탁하는 것도 좋겠다.

🔊 여행 단어

사진 찍다	写真を撮る 샤싱오 토루	누르다	押す 오스
셔터	シャッター 샫따ー	한 장 더	もう一枚 모ー 이치마이
사진·촬영	写真·撮影 샤싱·사츠에ー	가까이·멀리	近く·遠く 치카쿠·토ー쿠
배경	背景 하이케ー	카메라	カメラ 카메라
촬영 금지	撮影禁止 사츠에ー킨시	같이	一緒に 잇쑈니

🎤 여행 회화

❶ 사진 좀 찍어줄 수 있나요?
ちょっと写真を撮ってもらえますか?
춋또 샤싱오 톧떼 모라에마스까

❷ 이 셔터를 누르면 됩니다.
このシャッターを押せばいいです。
코노 샫따ー오 오세바 이이데스

❸ 같이 사진 찍을 수 있을까요?
一緒に写真撮っていただけますか?
잇쑈니 샤싱 톧떼 이타다케마스까

❹ 여기서 사진 찍어도 되나요?
ここで写真を撮ってもいいですか?
코코데 샤싱오 톧떼모 이이데스까

❺ 배경이 나오게 찍어주세요.
背景が出るように撮ってください。
하이케ー가 데루요ー니 톧떼 쿠다사이

❻ 한 장 더 부탁드려요.
もう一枚お願いします。
모ー 이치마이 오네가이시마스

공연 표 구입하기

우리나라에서 보기 힘든 공연이 현지에서 열린다면 치열한 예매 경쟁도 감수할 만하다. 입장료가 얼마인지, 남은 좌석은 있는지 물어야 할 때 유용한 필수 표현들.

🔊 여행 단어

공연	公演 코-엥	라이브 공연	ライブ公演 라이부 코-엥
티켓	チケット 치켙또	가장 인기 있는	一番人気の(ある) 이치방 닝끼노(아루)
가장 유명한	最も有名な 몯또모 유-메-나	좌석	座席 자세키
스탠딩석	スタンディング席 스탄딩구 세키	라인업	ラインアップ 라인 압뿌
시작 시간	開始時間 카이시 지캉	매진	売り切れ 우리키레

🎤 여행 회화

❶ 가장 인기 있는 공연이 뭐예요?
一番人気のある公演は何ですか?
이치방 닝끼노 아루 코-엥와 난데스까

❷ 입장료는 얼마인가요?
入場料はいくらですか?
뉴-죠-료-와 이쿠라데스까

❸ 4시 공연 자리 있나요?
4時公演の席ありますか?
요지 코-엔노 세키 아리마스까

❹ 5시 공연 티켓 두 장 주세요.
5時公演のチケット二枚ください。
고지 코-엔노 치켙또 니마이 쿠다사이

❺ 스탠딩석으로 주세요.
スタンディング席でおねがいします。
스탄딩구 세키데 오네가이시마스

❻ 짐을 맡길 수 있나요?
荷物を預かってもらえますか?
니모츠오 아즈칻떼 모라에마스까

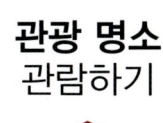

관광 명소 관람하기

여행지를 대표하는 명소는 저마다 다르지만, 자주 쓰는 표현은 크게 다르지 않다. 한국어 오디오 가이드가 있다면 관광 명소를 더욱 깊고 풍부하게 이해할 수 있으므로 놓치지 말자.

🔊 여행 단어

박물관	博物館 하쿠부츠캉	미술관	美術館 비쥬츠캉
신사	神社 진쟈	매표소	チケット売り場 치켇또우리바
입구·출구	入り口·出口 이리구치·데구치	화장실	トイレ 토이레
기념품 숍	ギフトショップ 기후토 숍뿌	오디오 가이드	音声ガイド 온세- 가이도
한국어 가이드	韓国語ガイド 캉꼬쿠고 가이도	대여	レンタル 렌따루

🎙 여행 회화

❶ 매표소는 어디인가요?
チケット売り場はどこですか?
치켇또 우리바와 도코데스까

❷ 입구(출구)가 어디인가요?
入り口(出口)はどこですか?
이리구치(데구치)와 도코데스까

❸ 입장료는 얼마인가요?
入場料はいくらですか?
뉴-죠-료-와 이쿠라데스까

❹ 화장실은 어디에 있어요?
トイレはどこにありますか。
토이레와 도코니 아리마스까

❺ 팸플릿을 보고 싶어요.
パンフレットが見たいです。
팡후렏또가 미타이데스

❻ 한국어 해설을 듣고 싶어요.
韓国語の解説が聞きたいです。
캉꼬쿠고노 카이세츠가 키키타이데스

7
쇼핑할 때

제품 문의하기

착용 요청하기

가격 흥정하기

제품 계산하기

포장 요청하기

교환·환불하기

제품 문의하기

한국에서 보기 어려운 브랜드와 제품은 여행자의 쇼핑 욕구를 높인다. 매장에 들어가 원하는 제품을 찾기 어렵거나, 제품을 고르는 데 점원의 도움이 필요하다면 다음과 같이 말해보자.

🔊 여행 단어

가장 인기 있는	最も人気の(ある) 못또모 닝끼노(아루)	지역 특산품	地域特産品 치이키 톡상힝
세일	セール 세-루	신품 · 중고	新品 · 中古 심삥 · 츄-코
이것 · 저것	これ · あれ 코레 · 아레	재고	在庫 자이코
가격	値段 네당	세금 포함 · 별도	税込 · 税別 제-코미 · 제-베츠
남성용 · 여성용	男性用 · 女性用 단세-요- · 죠세-요-	할인	割引 와리비키

🎙 여행 회화

❶ 가장 인기 있는 제품이 뭐죠?   最も人気のある製品は何ですか?
못또모 닝끼노 아루 세-힝와 난데스까

❷ 이거 얼마예요?   これはいくらですか?
코레와 이쿠라데스까

❸ 이거 세일 중인가요?   これはセール中ですか?
코레와 세-루츄-데스까

❹ 이 쿠폰으로 할인받을 수 있나요?   このクーポンで割引できますか?
코노 쿠-폰데 와리비키 데키마스까

❺ 추천 상품이 있나요?   お勧め商品はありますか?
오스스메 쇼-힝와 아리마스까

❻ 재고가 있나요?   在庫ありますか?
자이코 아리마스까

착용 요청하기

치수 표기법이 다른 외국에서는 특히 입어보고 신어본 후에 구매하는 것이 최선이다. 한국에 돌아와 후회하지 않으려면 구매 전에 착용해보자.

🔊 여행 단어

착용해보다	試着してみる 시챠쿠 시테 미루	사이즈	サイズ 사이즈
더 큰 것	もっと大きいもの 몯또 오-키- 모노	더 작은 것	もっと小さいもの 몯또 치-사이 모노
너무 큰	大きすぎる 오-키스기루	너무 작은	小さすぎる 치-사스기루
더 저렴한	もっと安い 몯또 야스이	다른 색상	他の色 호카노 이로
피팅룸	試着室 시챠쿠시츠	탈의실	脱衣室 다츠이시츠

🎤 여행 회화

❶ 이거 입어 봐도 돼요?
これ試着してみてもいいですか?
코레 시챠쿠시테 미테모 이-데스까

❷ 사이즈가 어떻게 되나요?
サイズはどうなりますか?
사이즈와 도- 나리마스까

❸ 피팅룸은 어디죠?
試着室はどこですか?
시챠쿠시츠와 도코데스까

❹ 더 저렴한 걸로 주세요.
もっと安いのをください。
몯또 야스이 노오 쿠다사이

❺ 다른 색상도 있나요?
他の色もありますか。
호카노 이로모 아리마스까

❻ 더 큰 것은 없나요?
もっと大きいのはないですか?
몯또 오-키- 노와 나이데스까

가격 흥정하기

대도시 쇼핑몰이나 백화점 등 정찰제로 상품을 판매하는 곳에서 무리하게 할인과 흥정을 요구하지는 말자. 단, 정감 있는 재래시장에서는 여행자의 애교가 통할 수도 있다.

🔊 여행 단어

가격	価格 카카쿠	할인	割引 와리비키
쿠폰	クーポン 쿠-퐁	비싸다	高い 타카이
저렴하다	安い 야스이	손해	損害 송가이
현금	現金 겡낑	덤	おまけ 오마케
신용카드	クレジットカード 쿠레짇또 카-도	서비스	サービス 사-비스

🎤 여행 회화

❶ 할인받을 수 있나요?
割引適用されてますか?
와리비키 테키요-사레테 마스까

❷ 현금이면 깎아주나요?
現金なら負けてくれますか?
겡낀나라 마케테 쿠레마스까

❸ 너무 비싸요.
とても高いです。
토테모 타카이데스

❹ 좀 더 싸게 해주세요.
もっと安くしてください。
몯또 야스쿠 시테 쿠다사이

❺ 돈이 이것밖에 없어요.
お金がこれしかありません。
오카네가 코레시카 아리마셍

❻ 100엔 깎아주시면 살게요.
100円負けてくだされば買います。
햐쿠엥 마케테 쿠다사레바 카이마스

제품 계산하기

현금은 미리 환전해서 준비하고, 카드는 소지한 카드가 해외에서 사용 가능한지 미리 확인해두자. 아래 단어와 문장을 활용하면 영수증을 요구하거나 여럿이 나눠서 계산하는 일도 문제없다.

🔊 여행 단어

계산하다	計算する 케-산스루	현금	現金 겡낑
신용카드	クレジットカード 쿠레짓또 카-도	영수증	レシート·領収証 레시-토·료-슈-쇼-
면세	免税 멘제-	할부	分割払い 붕까츠바라이
일시불	一括払い 익까츠바라이	엔·원	円·ウォン 엥·웡
비닐 봉투	レジ袋 레지부쿠로	전부	全部 젬부

🎤 여행 회화

❶ 얼마부터 면세가 되나요?
いくらから免税できますか?
이쿠라카라 멘제- 데키마스까

❷ 신용카드로 결제 가능한가요?
クレジットカードで払えますか?
쿠레짓또 카-도데 하라에마스까

❸ 세금은 포함된 건가요?
税込ですか?
제-코미데스까

❹ 나눠서 계산할게요.
会計は別々にしてください。
카이케-와 베츠베츠니 시테 쿠다사이

❺ 영수증 주세요.
レシートお願いします。
레시-토 오네가이시마스

❻ 계산이 잘못된 것 같아요.
会計が間違ったようです。
카이케-가 마치갇따 요-데스

포장 요청하기

보기 좋은 떡이 먹기도 좋다. 같은 선물이라도 봉투에 담긴 것과 예쁜 포장지로 말끔히 포장된 건 하늘과 땅 차이다. 추가 요금이 발생하더라도 애정을 더하고 싶다면 선물 포장을 주문해보자.

🔊 여행 단어

포장	包装 호-소-	선물 포장	プレゼント包装 푸레젠또 호-소
포장 코너	ラッピングコーナー 랍삥구 코-나-	쇼핑백	ショッピングバッグ 숍삥구 박구
포장지	包装紙 호-소-시	비닐봉지	レジ袋 레지부쿠로
진공 포장	真空パック 싱꾸- 팍꾸	뽁뽁이	ぷちぷち 푸치푸치
따로따로	別々に 베츠베츠니	예쁘게	きれいに 키레-니

🎤 여행 회화

❶ 선물용으로 포장해주세요.
プレゼント用に包装してください。
푸레젠또요-니 호-소-시테 쿠다사이

❷ 포장비는 얼마인가요?
ラッピング代はいくらですか?
랍삥구 다이와 이쿠라데스까

❸ 쇼핑백에 담아주세요.
ショッピングバッグに入れてください。
숍삥구 박구니 이레테 쿠다사이

❹ 따로따로 포장해주세요.
別々に包装してください。
베츠베츠니 호-소-시테 쿠다사이

❺ 다른 포장지는 없나요?
他の包装紙はないですか?
호카노 호-소-시와 나이데스까

❻ 예쁘게 포장해주세요.
きれいに包装してください。
키레-니 호-소-시테 쿠다사이

교환·환불 하기

물품을 잘못 구매했거나 물품에 하자가 있는 경우 교환·환불을 요청할 수 있다. 단, 계산했던 신용카드와 영수증 지참 등 교환·환불 규정에 따른 요건을 갖춘 후에 정중히 요청하자.

🔊 여행 단어

교환하다	交換する 코-칸스루	환불하다	払い戻す 하라이모도스
지불하다	支払う 시하라우	반품하다	返品する 헴삔스루
환불 불가	払い戻し不可 하라이모도시 후카	흠집	キズ 키즈
새것	新しいもの 아타라시- 모노	문제	問題 몬다이
불량품	不良品 후료-힝	고장나다	壊れる 코와레루

🎤 여행 회화

❶ 다른 것으로 교환할 수 있나요?
他のものに交換できますか?
호카노 모노니 코-칸 데키마스까

❷ 새것으로 바꾸고 싶어요.
新しいものに換えたいです。
아타라시- 모노니 카에타이데스

❸ 이 제품에 문제가 있어요.
この製品に問題があるようです。
코노 세-힌니 몬다이가 아루요-데스

❹ 전혀 사용하지 않았습니다.
全然使っていません。
젠젠 츠칻떼 이마셍

❺ 환불해주세요.
返金してください。
헹낀시테 쿠다사이

❻ 현금(신용카드)으로 계산했어요.
現金(カード)で払いました。
겡낀(카-도)데 하라이마시따

8

위급상황

분실 · 도난 신고하기

부상 · 아플 때

분실·도난 신고하기

만약 중요한 물품을 잃어버렸다면 반드시 도난·분실 신고를 할 것. 여행자 보험 시 보상받는 필수 조건이 신고서 작성임을 명심하자. 여권 사본을 준비하는 것도 만약을 대비하는 좋은 방법이다.

🔊 여행 단어

경찰서·파출소	警察署·交番 케-사츠쇼·코-방	가장 가까운	一番近い 이치방 치카이
도난 신고서	盗難届け 토-난 토도케	도난	盗難 토-난
잃어버리다	落とす 오토스	지갑	財布 사이후
휴대폰	携帯電話 케-타이 뎅와	가방	かばん 카방
여권	パスポート 파스포-토	대사관·영사관	大使館·領事館 타이시캉·료-지캉

🎤 여행 회화

❶ 가장 가까운 경찰서가 어디인가요?
一番近い警察署がどこですか?
이치방 치카이 케-사츠쇼와 도코데스까

❷ 도난 신고를 하고 싶어요.
盗難届けを出したいんですが。
토-난 토도케오 다시타인데스가

❸ 휴대폰을 분실했어요.
携帯電話を落としました。
케-타이 뎅와오 오토시마시따

❹ 지갑을 도난당했어요.
財布を盗まれました。
사이후오 누스마레마시따

❺ 여권을 재발급받고 싶어요.
パスポートを再発行したいんです。
파스포-토오 사이학꼬- 시타인데스

❻ 대사관에 전화를 연결해주세요.
大使館に電話を繋いでください。
타이시칸니 뎅와오 츠나이데 쿠다사이

부상·아플 때

고대하던 여행도 몸이 아프면 즐거울 리 없다. 견디기 힘든 통증이 있다면 약국이나 병원을 찾아 증상을 설명하고 적절한 처방을 받는 것이 좋다.

🔊 여행 단어

병원	病院 보-잉	약국	薬屋 쿠스리야
아프다	痛い 이타이	어지럼증	めまい 메마이
설사	下痢 게리	멀미약	酔い止め 요이도메
해열제	解熱剤 게네츠자이	진통제	痛み止め 이타미도메
소화제	消化剤 쇼-카자이	여행자 보험	旅行者保険 료코-샤 호켕

🎤 여행 회화

❶ 가장 가까운 병원은 어디에 있나요?
一番近い病院はどこにありますか?
이치방 치카이 보-잉와 도코니 아리마스까

❷ 여기가 아파요.
ここが痛いです。
코코가 이타이데스

❸ 열이 있어요.
熱があります。
네츠가 아리마스

❹ 어제 아침부터 아팠어요.
昨日の朝から痛かったんです。
키노-노 아사카라 이타캍딴데스

❺ 감기약 주세요.
風邪薬ください。
카제구스리 쿠다사이

❻ 진통제를 살 수 있을까요?
痛み止めありますか?
이타미도메 아리마스까

히라가나

[ひらがな]

	a	i	u	e	o
	あ	い	う	え	お
k	か ka	き ki	く ku	け ke	こ ko
s	さ sa	し shi	す su	せ se	そ so
t	た ta	ち chi	つ tsu	て te	と to
n	な na	に ni	ぬ nu	ね ne	の no
h	は ha	ひ hi	ふ fu	へ he	ほ ho
m	ま ma	み mi	む mu	め me	も mo
y	や ya		ゆ yu		よ yo
r	ら ra	り ri	る ru	れ re	ろ ro
w	わ wa	ゐ wi		ゑ we	を wo
		ん n			

きゃ kya	きゅ kyu	きょ kyo
しゃ sha	しゅ shu	しょ sho
ちゃ cha	ちゅ chu	ちょ cho
にゃ nya	にゅ nyu	にょ nyo
ひゃ hya	ひゅ hyu	ひょ hyo
みゃ mya	みゅ myu	みょ myo
りゃ rya	りゅ ryu	りょ ryo

	a	i	u	e	o
g	が ga	ぎ gi	ぐ gu	げ ge	ご go
z	ざ za	じ ji	ず zu	ぜ ze	ぞ zo
d	だ da	ぢ ji	づ zu	で de	ど do
b	ば ba	び bi	ぶ bu	べ be	ぼ bo
p	ぱ pa	ぴ pi	ぷ pu	ぺ pe	ぽ po

ぎゃ gya	ぎゅ gyu	ぎょ gyo
じゃ ja	じゅ ju	じょ jo
ぢゃ ja	ぢゅ ju	ぢょ jo
びゃ bya	びゅ byu	びょ byo
ぴゃ pya	ぴゅ pyu	ぴょ pyo

가타카나
[カタカナ]

	a	i	u	e	o
	ア	イ	ウ	エ	オ
k	カ ka	キ ki	ク ku	ケ ke	コ ko
s	サ sa	シ shi	ス su	セ se	ソ so
t	タ ta	チ chi	ツ tsu	テ te	ト to
n	ナ na	ニ ni	ヌ nu	ネ ne	ノ no
h	ハ ha	ヒ hi	フ fu	ヘ he	ホ ho
m	マ ma	ミ mi	ム mu	メ me	モ mo
y	ヤ ya		ユ yu		ヨ yo
r	ラ ra	リ ri	ル ru	レ re	ロ ro
w	ワ wa	ヰ wi		ヱ we	ヲ wo
		ン n			

キャ kya	キュ kyu	キョ kyo
シャ sha	シュ shu	ショ sho
チャ cha	チュ chu	チョ cho
ニャ nya	ニュ nyu	ニョ nyo
ヒャ hya	ヒュ hyu	ヒョ hyo
ミャ mya	ミュ myu	ミョ myo
リャ rya	リュ ryu	リョ ryo

g	ガ ga	ギ gi	グ gu	ゲ ge	ゴ go
z	ザ za	ジ ji	ズ zu	ゼ ze	ゾ zo
d	ダ da	ヂ ji	ヅ zu	デ de	ド do
b	バ ba	ビ bi	ブ bu	ベ be	ボ bo
p	パ pa	ピ pi	プ pu	ペ pe	ポ po

ギャ gya	ギュ gyu	ギョ gyo
ジャ ja	ジュ ju	ジョ jo
ヂャ ja	ヂュ ju	ヂョ jo
ビャ bya	ビュ byu	ビョ byo
ピャ pya	ピュ pyu	ピョ pyo

100배 즐기기 X 시원스쿨 일본어

일본어가 안되면
시원스쿨 일본어

100여개의 무료 강의는 QR 코드를 통해 확인하실 수 있어요.

왕초보 탈출부터, 드라마 / 스크린 일본어, 시험 대비까지!

일본어의 시작과 끝!
시원스쿨 일본어와 함께 하세요!

**도서를 구매하신 여러분들께만 드리는
시원스쿨 일본어의 특별 혜택!**

**여행 일본어
7일 무료 수강 쿠폰**

**TS18KWKK
wxBvc6d**

등록방법
japan.siwonschool.com 접속 → 마이페이지 → 내쿠폰함 → 등록/사용

※ 쿠폰은 한 ID당 1회에 한해 등록 후 7일 간 수강 가능
※ 쿠폰 유효기간 : 2019년 12월 31일 까지

여행 일본어
TRAVEL JAPANESE

왕초보 일본어

공항에서

교통수단

숙소에서

식당에서

관광할 때

쇼핑할 때

위급상황

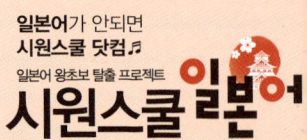

AREA 05

아라시야마
嵐山

청명한 대나무 숲과 시원한 강바람, 유네스코 세계문화유산으로 지정된 사찰과 정갈하고 맛있는 별미까지 교토 시가지의 서쪽에 위치한 아라시야마는 만족스러운 교토 여행을 위한 모든 것을 갖췄다고 해도 과언이 아니다. 특히 벚꽃과 단풍이 흐드러지는 봄·가을에는 최고의 풍광을 선사한다.

아라시야마
이렇게 여행하자

오사카에서 출발할 경우 한큐 우메다역에서 한큐 전철을 이용해 한큐 아라시야마역으로 가면 되고, 교토에서 출발할 경우 JR이나 시버스·교토버스를 이용하면 편리하다. 특히 교토역에서 JR을 타면 약 15분 만에 사가아라시야마역에 닿는다. 아라시야마는 대부분의 볼거리와 맛집, 상점들이 메인 산책로를 따라 조르륵 붙어 있어 도보로 여행하기 매우 편리하다.

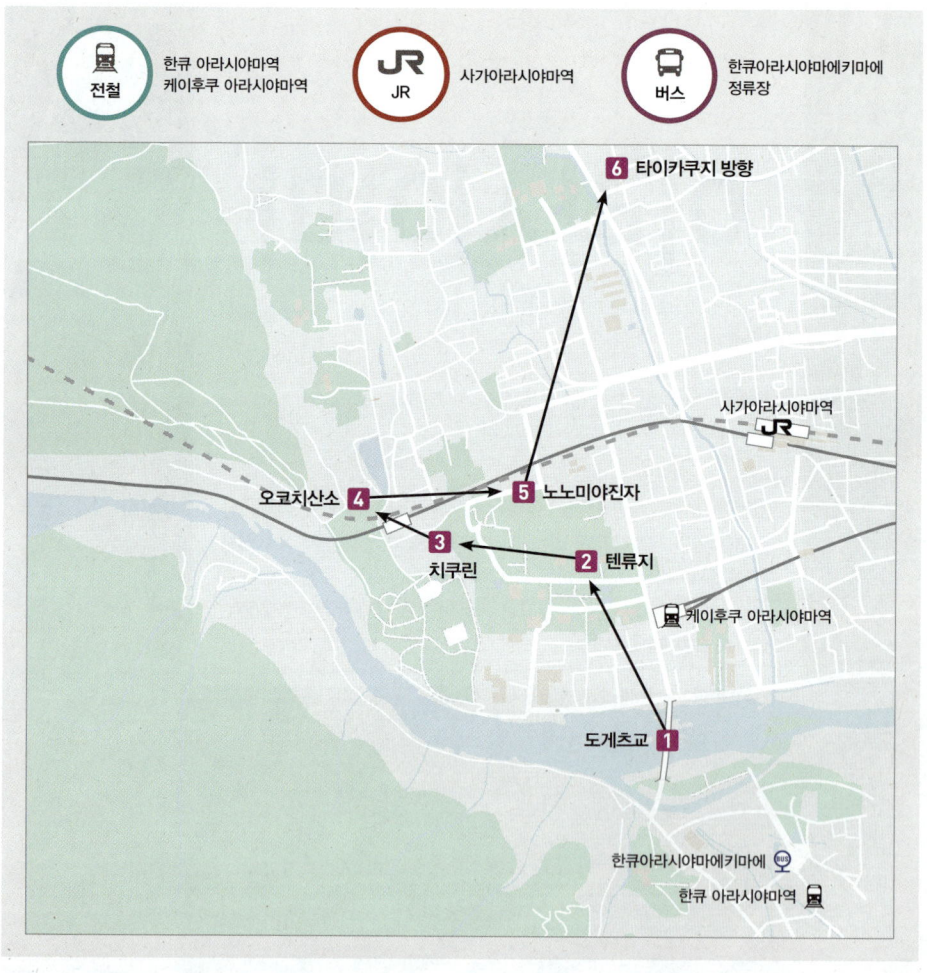

주요 명소로 가는 교통수단

목적지	출발 지점	교통수단	하차 지점
아라시야마	한큐 우메다역	한큐 교토센 → 가츠라역 → 아라시야마센, 45분	한큐 아라시야마역
	교토역	JR 이용, 약 15분	JR 사가아라시야마역
	교토역	시버스 28번 · 교토버스 73번 이용, 약 50분	한큐아라시야마에키마에
텐류지	교토역	시버스 28번 이용, 45분	아라시야마텐류지마에
	가와라마치역	한큐 교토센 → 시조오미야역 → 케이후쿠 아라시야마센, 30분	케이후쿠 아라시야마역
다이카쿠지	교토역	시버스 28번 이용, 1시간	다이카쿠지
	시조가라스마	시버스 91번 이용, 45분	다이카쿠지

지도 MAP 22 Ⓕ 위치 한큐 아라시야마 역에서 도보 7분 전화 075-752-0227

📷 도게츠교 渡月橋

아라시야마의 상징이라 할 수 있는 아름다운 목조 다리로 한큐 아라시야마역에서 아라시야마 중심가로 갈 때 건너게 된다. 길이가 250m에 이르는데, 한없이 밝은 달이 다리에 걸쳐 있는 것 같다고 해서 도게츠교 渡月橋라 이름 붙였다고 한다.

이 다리를 경계로 상류는 오이가와 大堰川, 하류는 카츠라가와 桂川라고 부른다. 원래 이 다리는 현재의 위치보다 100m 정도 상류에 있었지만 1606년 스미노쿠라료이 角倉了以가 오이가와 상류의 호즈가와 保津川 폐쇄 공사를 할 때 지금의 장소로 옮겼다고 전해진다.

여름철 도게츠교 주변에는 훈련된 물새인 가마우지를 이용해 물고기를 잡는 모습을 볼 수 있으며, 카메오카에서 아라시야마까지 호즈가와의 급류를 타는 호즈가와구다리가 인기다.

📷 호린지 法輪寺

아라시야마의 산 중턱에 위치하는 절. 매년 4월 13일에는 13살이 되는 아이들이 찾아와 지금까지 건강히 자란 것에 대해 감사드리며 앞으로 더욱 지혜롭고 복 받기를 기원하며 불공을 드리는 쥬산마이리 十三参り로 유명하다.

경내에는 전기·전파를 수호하는 신사인 덴덴구 電電宮도 모셔져 있다. 입구 오른쪽에 위치한 전망대에서는 야트막하긴 하지만 시원한 바람을 맞으며 아라시야마의 모습을 내려다볼 수 있다.

지도 MAP 22 Ⓕ 위치 한큐 아라시야마역에서 도보 7분 오픈 09:00~17:00 요금 무료 전화 075-862-0013 홈피 www.kokuzohourinji.com

텐류지 天龍寺

유네스코 세계문화유산

무로마치 막부의 초대 쇼군 아시카가 다카우지 足利尊氏가 남북조 전쟁의 희생자들을 추모하기 위해 건립한 사찰이다. 무로마치 시대에는 교토고잔의 하나로 손꼽혔으며, 그중 가장 큰 세력을 떨쳤다고 한다.

경내 동쪽 끝에 칙사문과 중문이 있으며 산도 参道는 서쪽으로 뻗어 있다. 이것은 선종 사원의 원칙으로, 남쪽을 정면으로 하고 남북에 주요 건물을 세우는 일반적인 사원과는 다른 배치 형태를 띠고 있다. 법당에는 석가모니, 문수보살, 보현보살의 상이 있고, 법당의 천장을 살펴보면 멋진 운룡도 雲龍図를 감상할 수 있다.

호조 뒤에 있는 무소 고쿠시 夢窓国師의 작품인 지천회유식 정원 소겐치 曹源池는 가메야마와 아라시야마를 배경으로 모래와 소나무, 바위가 멋진 계곡을 표현하고 있다.

지도 MAP 22 ⓓ 위치 시버스 아라시야마텐류지마에 정류장에서 바로 오픈 08:30~17:30(10/21~3/20 ~17:00) 요금 경내 무료(정원 500엔, 법당 500엔) 전화 075-881-1235 홈피 www.tenryuji.com

노노미야진자 野宮神社

텐류지를 지나자마자 시작되는 대나무 숲길인 치쿠린을 따라 쭉 걸어가다 보면 규모는 크지 않지만 고즈넉한 분위기의 작은 신사가 나온다. 이곳이 바로 헤이안 시대에 일왕을 대신하여 이세진구 伊勢神宮를 섬기던 사이구 斎宮가 머물렀던 노노미야진자이다.

일본에서 가장 오래된 소설인 <겐지모노가타리>에 등장할 정도로 유서 깊은 신사로, 이곳에서 기도를 하면 사랑이 이루어진다는 소문 때문에 젊은 여성들에게 많은 사랑을 받고 있다. 매년 10월 셋째 일요일에는 이곳에서 1년간 머물며 몸과 마음을 정화한 후 이세진구로 향하던 사이구의 행렬을 재현하는 축제가 펼쳐진다.

지도 MAP 22 ⓓ 위치 시버스 노노미야 정류장에서 도보 3분 오픈 09:00~17:00 요금 무료 전화 075-871-1972 홈피 www.nonomiya.com

치쿠린 竹林

지도 MAP 22 ⓒ 위치 시버스 노노미야 정류장에서 도보 3분

노노미야진자 野宮神社에서 오코치산소 大河內山莊로 향하는 약 200m에 이르는 대나무 숲길이 바로 아라시야마를 대표하는 풍경 중 하나인 치쿠린이다. 아라시야마를 방문한 사람들이라면 누구나 이 길을 찾을 정도로 인기 있는 곳으로, 하늘을 향해 곧게 뻗어 있는 대나무 숲이 장쾌하다. 햇살에 비쳐 반짝거리는 대나무 잎, 조용한 가운데 바람에 흔들리는 대나무가 서걱거리는 소리가 정겹다.

오코치산소까지 이르는 길은 약간의 언덕길이지만 고즈넉한 분위기를 만끽하면서 산책을 즐길 수 있어 좋다. 이곳은 교토를 배경으로 한 할리우드 영화 〈게이샤의 추억〉에 등장한 곳이기도 하다. 영화 중반부에 주인공 사유리가 차를 타고 지나가는 풍경에 나오는 대나무 숲길이 바로 이곳이다.

걷기에 더없이 좋은 산책로지만, 성수기에는 이 길을 따라 사람과 자전거, 인력거, 택시 등이 쉴 틈 없이 드나들기 때문에 조금 번잡하게 느껴질 수도 있다. 여름에는 모기가 특히 많으니 단단히 무장하는 것이 좋다.

오코치산소 大河內山莊

지도 MAP 22 ⓒ 위치 시버스 노노미야 정류장에서 도보 10분 오픈 09:00~17:00 요금 1000엔(말차와 과자 제공) 전화 075-872-2233

노노미야진자에서 이어지는 대나무 숲길을 따라 언덕길을 걸어 올라가면 오코치산소에 도착하게 된다. 이곳은 왕년의 명배우 오코치 덴지로 大河傳傳次郞가 만든 별장으로 현재 일본의 문화재로 등록되어 있다. 1931년 당시 나이 34세로 한창 잘나가는 배우였던 그가 영화 출연료의 대부분을 쏟아 부어 64세의 나이로 수명을 다할 때까지 무려 30년의 세월에 걸쳐 꾸준히 정원을 꾸민 것으로 유명하다.

각양각색 꽃들이 화려하게 펼쳐져 있어 작은 수목원이라고 해도 손색이 없을 정도이다. 봄과 가을에는 정원 식당에서 전통 가이세키 요리를 맛볼 수도 있다.

🎦 토롯코 아라시야마역 トロッコ嵐山駅

토롯코 카메오카역 トロッコ亀岡駅까지 왕복하는 사가노 토롯코열차를 탈 수 있는 역. 대부분의 일본인 관광객들은 카메오카로 갈 때는 토롯코열차(하행)를 이용하고 다시 아라시야마로 돌아올 때는 호즈가와쿠다리 保津川下리의 배를 이용한다. 보통 3월부터 12월 말까지 운행하며 수요일은 운행하지 않는데, 운행 기간이 일정하지 않으니 이 열차를 이용하고 싶다면 미리 스케줄을 확인하자. 승차일 1개월 전부터 티켓을 구매할 수 있으며 JR 니시니혼 西日本의 주요 역 미도리노마도구치 みどりの窓口와 주요 여행 회사에서도 티켓 구매가 가능하다. 성수기에는 티켓을 구하기 쉽지 않으니 호즈가와쿠다리를 탈 것이 아니라면 왕복 티켓을 사두는 것이 좋다.

[지도] MAP 22 ⓒ [위치] 오코치산소에서 도보 3분 [오픈] 하행 09:10~16:10(1시간 간격 운행) [휴무] 12/30~2/28, 수요일 [요금] 편도 어른 620엔, 어린이 310엔 [전화] 075-861-7444 [홈피] www.sagano-kanko.co.jp

🎦 조잣코지 常寂光寺

오코치산소에서 도보 10분 거리에 있는 고찰로 1596년에 창건했다. 단풍이 아름답기로 유명한 오구라야마 小倉山 중턱에 자리 잡고 있는데, 항상 변하지 않는 광명 세계와 같은 풍경이 있다고 해서 이러한 이름이 붙었다 한다. 인왕문을 지나 경사가 급한 돌계단을 올라가면 본당이 나오는데, 이 혼도는 모모야마성의 객전을 옮겨온 것이다. 본당 뒤에 있는 다보탑은 높이 12m로 일본 중요 문화재로 지정되어 있다. 단풍 시즌에 아라시야마를 방문했다면 꼭 방문해볼 것.

[지도] MAP 22 ⓒ [위치] 시버스 사가쇼갓코마에 정류장에서 도보 10분 [주소] 京都市右京区嵯峨小倉山小倉町3 [오픈] 09:00~17:00 [요금] 500엔 [전화] 075-861-0435 [홈피] www.jojakko-ji.or.jp

니손인 二尊院

덴쿄 傳敎대사가 창건했다고 전해지는 천태종의 고찰로, 석가여래입상과 아미타여래입상 본존 2개를 모시고 있어서 니손인이라 부른다. 두 본존은 가마쿠라 시대에 만들어진 것으로 일본의 중요 문화재로 지정되었다.

니손인의 문을 들어서서 경내로 이어지는 긴 산도는 벚꽃과 단풍의 명소로 유명하다. 그리고 본당의 오른쪽에는 일반 벚꽃과는 모양이 조금 다른 겹벚꽃이 있는데 봄이 되면 그 아름다운 모습을 보기 위해 많은 관광객이 찾아온다. 일반 벚꽃보다 조금 늦게 피기 때문에 5월 초까지 꽃을 볼 수 있다. 경내는 고구라야마의 동쪽 기슭까지 이어지며, 일본의 옛 문인들이 잠들어 있는 묘지도 많다.

[지도] MAP 22 ⓒ [위치] 시버스 사가샤카도마에 정류장에서 도보 10분 [오픈] 09:00~16:30 [요금] 어른 500엔, 어린이 무료 [전화] 075-861-0687 [홈피] nisonin.jp

[지도] MAP 22 ⓑ [위치] 시버스 다이카쿠지 정류장에서 바로 [주소] 京都府京都市右京区嵯峨大沢町4 [오픈] 09:00~17:00 [요금] 어른 500엔, 어린이 300엔 [전화] 075-871-0071 [홈피] www.daikakuji.or.jp

다이카쿠지 大覚寺

아라시야마 중심가에서 조금 떨어진 곳에 있으며 일본 불교 진언종 다이카쿠지파의 대본산이다. 가마쿠라 시대에는 가메야마 일왕이 이곳에 와서 정치를 했기 때문에 사가고쇼 嵯峨御所라고도 불릴 정도로 일본 정치사와도 깊은 연관이 있다. 이처럼 왕실과 연관이 깊은 사원이라서인지 지금도 그 위엄이 묻어난다. 경내에는 거대한 규모의 가람이 들어서 있으며, 신덴 宸殿, 미에도 御影堂, 고다이도 五大堂 등 주요 가람이 모두 회랑으로 연결되어 있는 점이 다이카쿠지의 특징이다. 한편 경내에서 동쪽으로 조금 걸어가면 사가 嵯峨 별궁의 정원 연못으로 만들었다는 오사와이케 大澤池의 아름다운 모습을 구경할 수 있다. 특히 다이카쿠지의 고다이도 五大堂에서 바라보는 오사와이케는 최고의 절경을 자랑한다. 오사와이케는 중국의 동정호 洞庭湖를 모방해서 만든 것으로 달맞이 명소로 유명하다. 중추절에는 연못에 배를 띄우는 달맞이 행사가 열린다.

지도 MAP 22 Ⓐ 위치 교토버스 도리이모토 정류장에서 도보 4분 오픈 09:00~16:30(계절에 따라 변동) 요금 어른 500엔, 어린이 무료 전화 075-861-2221 홈피 www.nenbutsuji.jp

📷 아다시노넨부츠지 化野念仏寺

일본 불교 정토종의 절로 811년 고보대사 구카이가 연고가 없는 시신을 모아 이곳에 묻은 후 고치산뇨라이지 五智山如來寺를 창건한 것이 시초이다. 이후 승려 호넨의 염불도량이 되어 지금의 아다시노넨부츠지가 되었다. 경내에 있는 8000개가 넘는 돌부처와 석탑은 1903년경에 아다시노 주변에 흩어져 있던 것을 한자리에 모은 것이다. 셀 수 없이 많은 돌부처와 석탑도 볼만하지만 본전 뒤에 있는 대나무 숲길과 오솔길이 아름답기로 유명하다. 특히 단풍 시즌에는 환상적인 절경을 볼 수 있다.

📷 사가토리이모토 嵯峨鳥居本

지도 MAP 22 Ⓐ 위치 교토버스 도리이모토 정류장에서 바로

사가노 지역의 서북쪽 아타고야마 愛宕山의 기슭에 있는 작은 마을. 아타고진자 앞의 거대한 토리이 주변에는 옛 모습을 고스란히 간직한 전통 건축물이 줄지어 서 있는데, 비탈길을 따라 걸어 올라가다 보면 세련된 기와지붕이 돋보이는 상가풍 민가가 이어지다가 위쪽으로 갈수록 모즙나무를 소재로 한 초가지붕을 얹은 민가가 많아진다. 1979년에 전통 건물 보존지구로 지정되었으며, 에도 시대부터 영업해온 전통 있는 찻집과 가게를 볼 수 있다. 아다시노넨부츠지로 가는 길목에 있다.

아라시야마 리락쿠마사보 嵐山りらっくま茶房

리락쿠마 덕후라면 절대 지나칠 수 없는 리락쿠마 숍 & 카페. 연일 관광객들로 붐비는 1층은 리락쿠마 굿즈가 진열된 상점으로 리락쿠마 손수건, 가방, 컵 등을 비롯해 리락쿠마 얼굴 모양의 꿀 카스테라(4개입, 450엔), 마누카꿀 클렌징 マヌカハニー クレンジング(2500엔), 꿀 & 레몬 마멀레이드 蜂蜜&レモンマーマレード(700엔) 등 '허니' 콘셉트의 아이템이 다양하다. 2층의 카페에서는 간단한 식사를 비롯해 다양한 디저트 메뉴를 선보이는데, 그중 귀여움 터지는 비주얼의 '둥둥 구름 위의 마시멜로 세트 ふわふわ雲の上のマシュマロセット(1580엔)'는 음료와 롤케이크, 작은 경단을 함께 맛보는 구성이 알차다.

[지도] MAP 22 Ⓓ [위치] JR 사가아라시야마역 1번 출구에서 도보 9분/한큐 아라시야마역에서 도보 13분 [주소] 京都市右京区嵯峨天龍寺北造路町15 [오픈] 10:30~17:00 [휴무] 무휴 [전화] 075-863-2660 [홈피] rilakkumasabo.jp

쇼류엔 昇龍苑

2014년 란덴 아라시야마역 앞에 등장한 새로운 관광 스폿. 말차 쿠키로 유명한 마르블랑슈를 비롯해, 교토 명물인 절인 채소 츠케모노로 유명한 니시리 西利 등 교토를 대표하는 16개의 상점이 입점해 있다. 각 점포의 대표 상품을 구매할 수 있는 것은 물론, 아라시야마에서만 판매하는 한정 제품도 있다. 또 이곳에서 판매하는 테이크아웃 먹거리를 맛볼 수 있는 것도 매력이다.

[지도] MAP 22 Ⓓ [위치] 란덴 아라시야마역 바로 앞 [주소] 京都市右京区嵯峨天龍寺門前 [오픈] 3/11~12/17 10:00~18:00, 12/18~3/10 10:00~17:30 [전화] 075-873-8180 [홈피] www.syoryuen.jp

🏠 치리멘 세공관 ちりめん細工館

|지도| MAP 22 Ⓓ |위치| 란덴 아라시야마역 바로 옆 |주소| 京都市右京区嵯峨天龍寺造路町19-2 |오픈| 10:00~18:00 |전화| 075-862-6332 |홈피| www.chirimenzaikukan.com

치리멘은 기모노에 사용되는 전통 직물 중의 하나로 비단의 씨실을 세게 꼬아서 더운물에 넣어 오그라들게 하는 기법으로 만들어져 표면이 쪼글쪼글하면서도 부드럽다. 치리멘 세공관에서는 치리멘으로 만든 인형과 다양한 소품, 장식품 등의 잡화를 판매한다. 특히 아라시야마가 본점이기 때문에 종류가 다양하다.

입구에서부터 반겨주는 앙증맞은 인형과 모빌에 이끌려 가게에 들어서면 하나같이 작고 귀여운 인형과 장식품 구경에 시간 가는 줄 모르게 된다. 작고 가벼워 여러 개를 구매해도 부담 없으니 기념품이나 선물로 좋다. 자매점인 키레노하나 きれのはなわ 하나비라히토츠 ハナビラヒトツ에서도 비슷한 상품을 구매할 수 있다.

🏠 런던북스 Londonbooks

|지도| MAP 22 Ⓓ |위치| JR 사가아라시야마역 1번 출구에서 도보 2분/한큐 아라시야마역에서 도보 15분 |주소| 京都市右京区嵯峨天龍寺今堀町22 |오픈| 10:00~19:30 |휴무| 월요일, 셋째 화요일 |전화| 075-871-7617 |홈피| londonbooks.jp

너무도 예쁜 외관 때문에 실제로 런던에서 옮겨왔다고 해도 믿을 법한 동네 책방. JR 사가아라시야마역에서 메인 스트리트로 향하는 길목에 있어 자연스럽게 발길이 닿는다. 언뜻 '헌책방'이라는 사실을 망각하기 쉬울 만큼 생활잡지, 요리책, 그림책, 만화책까지 상태 좋은 책들이 가지런히 정리돼 있다. 주인장의 안목으로 선별한 테마에 따라 책을 진열한 코너도 발길을 붙든다. 서점 곳곳에서 책을 사랑하는 주인의 마음이 느껴진다.

🍴 하나나 鯛匠 HANANA

기다림을 감수해도 아깝지 않은 최고의 도미 오차즈케 맛집. 매일 직송되는 신선한 도미 회와 고슬고슬 따끈한 고시히카리 쌀밥, 정갈한 츠케모노가 함께 나오는 도미 오차즈케 정식 鯛茶漬け御膳(2700엔)이 시그니처 메뉴다. 오차즈케를 맛보는 순서는 이렇다. 먼저, 참깨 소스에 적셔진 도미 회의 탄탄한 식감을 그 자체로 음미하고, 다음으로 쌀밥 위에 도미 회를 얹어 극대화된 단맛을 느껴보고, 여기에 따뜻한 차를 부어 또 다른 부드러움을 맛보는 것. 오픈 전부터 긴 줄이 늘어서기 때문에 미리 전화 예약하면 웨이팅 시간을 단축할 수 있다. 일본어 예약이 부담된다면 '트립플라 Tripla' 앱을 통해 한국어·영어 레스토랑 예약 대행 서비스를 이용하면 편리하다.

`지도` MAP 22 ⓓ `위치` JR 사가아라시야마역 1번 출구에서 도보 5분/한큐 아라시야마역에서 도보 15분 `주소` 京都市右京区嵯峨天龍寺瀬戸川町26-1 `오픈` 11:00~17:00(도미 품절 시 종료, 12월 중순~3월 중순 ~15:00) `휴무` 12/30~1/1 `전화` 075-862-8771 `홈피` www.hanana-kyoto.com

🍴 갸테이 ぎゃあてい

아라시야마에서 가장 인기 있는 요정여관인 벤케이 辨慶에서 직접 운영하는 오반자이 뷔페. 벤케이의 노하우가 담긴 오반자이를 60분간 마음껏 먹을 수 있다. 아라시야마의 명물 유도후부터 채소를 이용한 각종 반찬, 생선과 닭을 이용한 튀김 요리는 물론 교토의 멋과 향을 담은 디저트까지 요리의 종류가 30종이 넘는다. 어른 2150엔, 중학생 1850엔, 초등학생 1450엔, 유아 950엔으로 가격도 합리적인 편. 아라시야마에서 가볍지만 제대로 된 점심 식사를 즐기고 싶을 때 찾아가면 좋다.

`지도` MAP 22 ⓓ `위치` 케이후쿠 아라시야마역에서 도보 1분 `주소` 京都市右京区嵯峨天龍寺造路町19-8 `오픈` 11:00~14:30(계절에 따라 변동) `휴무` 부정기 `전화` 075-862-2411 `홈피` arashiyama-gyatei.com

🍴 우나기야 히로카와 うなぎ屋 廣川

일본산 장어만을 고집하는 고급 장어 요리 전문점. 그날그날 어느 지역에서 잡은 것인지를 가게 앞에 써 붙여 놓는다. 메뉴는 코스 요리부터 간단한 안줏거리까지 매우 다양한데, 주머니가 가벼운 여행자에게는 덮밥류를 추천한다. 장어 한 마리를 올린 조우나쥬 上うな重(4200엔), 4분의 3마리를 올린 우나쥬 うな重(2900엔) 중에서 원하는 장어 양에 맞춰 고르면 된다. 밥알도 부드럽고, 적당히 달큰한 소스를 발라 구운 통통한 장어에 숯 향기가 더해져 감칠맛이 난다. 국물이 필요하다면 된장을 풀어 끓인 맑은장국인 스이모노 吸いもの(300엔), 생선을 넣어 끓인 아카다시 赤だし(300엔) 등을 주문하자.

[지도] MAP 22 Ⓓ [위치] 케이후쿠 아라시야마역에서 도보 3분 [주소] 京都市右京区嵯峨天龍寺北造路町44-1 [오픈] 11:30~14:30, 17:00~21:00 [휴무] 월요일 [전화] 075-871-5226 [홈피] www.unagi-hirokawa.jp

🍴 아라시야마 요시무라 嵐山よしむら

맷돌로 정성스럽게 간 메밀을 사용해 100% 손으로 만든 소바로 유명하다. 창가 카운터석에서 도게츠교가 시원하게 내다보이는 것도 인기 요인이다. 대표 메뉴는 이시우스히키쥬와리소바 石臼挽き十割そば(1080엔)인데 수타 소바의 쫄깃함과 메밀의 진한 맛을 동시에 느낄 수 있다. 조금 푸짐하게 먹고 싶다면 세트 메뉴인 아라시야마젠 嵐山膳(1600엔)을 추천한다. 자루 소바, 샐러드, 장아찌, 밥이 함께 나온다. 미니 소바와 자루 소바·텐동이 함께 나오는 도게츠젠 渡月膳(1880엔)은 최고의 인기 메뉴. 한국어로 된 메뉴가 있어 주문할 때도 부담이 없다. 음식점으로 사용하는 2층 구조의 본채 옆 독채에는 잡화점이 있다.

[지도] MAP 22 Ⓕ [위치] 시버스 아라시야마 정류장에서 바로 [주소] 京都市右京区嵐山渡月橋北詰西二軒目 [오픈] 성수기 10:30~17:00, 비수기 11:00~17:00 [전화] 075-863-5700 [홈피] yoshimura-gr.com/soba

☕ 이쿠스 카페 EX Cafe

쇼와 시대의 고택을 개조한 품격 있는 디저트 카페. 아기자기한 정원과 강렬한 페인트 아트로 시선을 압도하는 카페는 전체적으로 따스한 예스러움과 현대적 감각이 조화를 이루고 있다. 대표 메뉴는 쑥·흰색 경단과 말차를 함께 먹는 호쿠호쿠 오당고 콤보 ほくほく·お団子セット(1220엔), 그리고 쿠로마루 롤에 하리마엔 말차를 더한 세트 메뉴 播磨園抹茶&くろまるセット(1150엔). 1인용 화로에 구워 먹는 당고는 고소하게 퍼지는 냄새와 말캉말캉 쫀득한 식감, 그리고 당고를 찍어 먹는 달달한 팥과 시럽의 맛이 일품이다.

화려하게 데커레이션한 쿠로마루 롤은 대나무를 태운 숯가루로 만든 빵에 부드러운 우유, 혹은 말차크림이 가득해 입에서 사르르 녹아내린다.

[지도] MAP 22 Ⓓ [위치] JR 사가아라시야마역 1번 출구에서 도보 9분/한큐 아라시야마역에서 도보 12분 [주소] 京都市右京区嵯峨天龍寺造路町 35-3 [오픈] 10:00~17:30 [휴무] 무휴 [전화] 075-882-6366 [홈피] www.instagram.com/excafe_official

☕ 사가노유 嵯峨野湯

목욕탕을 개조한 독특한 콘셉트의 카페. 1923년 사가유 목욕탕으로 시작한 이 공간은 이제 수도꼭지와 거울, 낡은 타일과 아날로그 체중계가 빈티지한 멋을 전하는 카페가 되었다. 추천 메뉴는 두부파스타 お豆富パスタ(1180엔)로, 자칫 평범해 보일 수 있는 크림파스타가 두부를 만나 비주얼도 업, 맛도 특별해졌다. 나무판 위에 살포시 얹어진 찰랑찰랑 부드러운 두부는 녹차 솔트, 유자 페퍼, 콩 소스 파우더 등을 찍어 각각 다른 맛과 향을 음미할 수 있다. 또 두부를 파스타에 섞어 진짜 두부 파스타 한 그릇을 비워도 좋다. 음식은 대체로 무난하다는 평이지만 다른 향신료보다는 두부 자체의 고소한 맛을 더욱 극대화시켰으면 하는 아쉬움이 남는다.

[지도] MAP 22 Ⓓ [위치] JR 사가아라시야마역 1번 출구에서 도보 2분 [주소] 京都市右京区嵯峨天龍寺今堀町 4-3 [오픈] 11:00~20:00 [휴무] 부정기 [전화] 075-882-8985 [홈피] www.sagano-yu.com

오이마츠 老松

| 지도 | MAP 22 Ⓓ | 위치 | 란덴 아라시야마역에서 도보 5분 | 주소 | 京都市右京区嵯峨天龍寺芒ノ馬場町20 | 오픈 | 09:00~17:00 | 전화 | 075-881-9033 | 홈피 | oimatu.co.jp |

교토 굴지의 화과자 전문점으로 기타노텐만구 근처에 본점이 있지만, 관광객들이 자주 찾는 아라시야마점의 인기가 높다. 이곳은 안쪽에 고즈넉한 다실이 자리하고 있다. 다실 한쪽에 있는 계절감이 가득한 아기자기한 정원은 잠시 쉬어가는 손님을 위한 작은 배려인 듯하다. 이곳의 대표 메뉴는 엄선한 규슈산 고사리 전분으로 만든 혼 와라비모치 本わらび餅(1296엔)와 일본의 토종 나츠미칸(여름밀감)을 한천으로 응고시킨 나츠칸토 夏柑塘(756엔)다. 그 외에도 계절에 따라 그 시기에만 얻을 수 있는 재료로 다양한 화과자를 판매한다.

신파치차야 新八茶屋

| 지도 | MAP 22 Ⓕ | 위치 | JR 사가아라시야마역 1번 출구에서 도보 10분/한큐 아라시야마역에서 도보 10분 | 주소 | 京都市右京区嵯峨天龍寺造路町 37-17 | 오픈 | 09:00~18:00 | 휴무 | 부정기 | 전화 | 075-861-0117 | 홈피 | www.sinpachi.com |

2010년, 2014년에 이탈리아 젤라토 대회에서 입상한 유명한 젤라토 전문점. 수상의 영광을 안은 프리미엄 피스타치오 プレミオピスタチオ(550엔)는 과연 진하고 깊이 있는 맛이다. 피스타치오의 고소하면서도 그윽한 향이 입안 가득 행복감을 준다. 녹차의 고장 우지의 찻잎만 사용한 녹차 젤라토와 유지방이 적어 담백한 맛의 우유 젤라토도 인기. 이밖에 유자, 밤, 검정깨 등 100% 자연 재료를 사용한 다양한 맛의 젤라토를 고를 수 있다. 도게츠교 바로 건너편에 위치해 시원한 강 풍경을 바라보며 맛볼 수 있다.

아라시야마 노무라 嵐山のむら

유홍준 교수가 〈나의 문화유산답사기〉 교토 편에서 소개한 전통 디저트 카페. 대표 메뉴는 연한 말차에 단팥을 넣은 우스차젠자이 うす茶ぜんざい(648엔)로 자칫 텁텁할 수 있는 단팥죽을 깔끔한 맛의 말차가 잡아주어 환상 궁합이 따로 없다. 모양새는 오코노미야키를 닮았지만 좀 더 가볍게 즐기기 좋은 사가노네기야키 嵯峨のねぎ焼き(648엔)도 사랑받는 메뉴. 얇은 밀가루 반죽에 쪽파를 듬뿍 넣고 곤약, 달걀, 어묵 등의 재료를 얹어 구워서 내놓는다.

| 지도 | MAP 22 Ⓓ | 위치 | JR 사가아라시야마역 1번 출구에서 도보 9분/한큐 아라시야마역에서 도보 12분 | 주소 | 京都市右京区嵯峨天龍寺造路町35-20 | 오픈 | 11:00~18:00 | 휴무 | 화·수요일(11월 무휴) | 전화 | 050-5592-8242(예약), 075-881-1651(문의) | 홈피 | www.arashiyama-nomura.com |

AREA
06

교토역 주변
京都駅周辺

교통의 요지이자 교토 여행의 관문. 간사이국제공항에서 JR을 이용하면 교토역에 하차하게 된다. 교토역은 각종 전철과 지하철, 버스 노선이 집결하는 장소이다. 그러나 번잡한 교토역을 벗어나면 전통의 향기가 숨 쉬는 볼거리가 많아서 그야말로 교토의 두 얼굴을 모두 볼 수 있다.

교토역 주변
이렇게 여행하자

교토역 건물에 있는 이세탄백화점과 바로 앞의 포르타 · 포르타 다이닝은 이곳까지 오느라 출출해진 배를 달래기 위해서라도 들르게 되는 곳. 그 건너편에 있는 교토타워까지도 한눈에 들어오는 거리라 도보도 둘러볼 수 있다. 교토타워를 보고 나면 교토역 버스정류장에서 산주산겐도까지는 버스를 이용하는 게 좋고, 그 이후의 동선은 버스를 타면 다소 비효율적이라 도보로 이동하는 게 낫다.

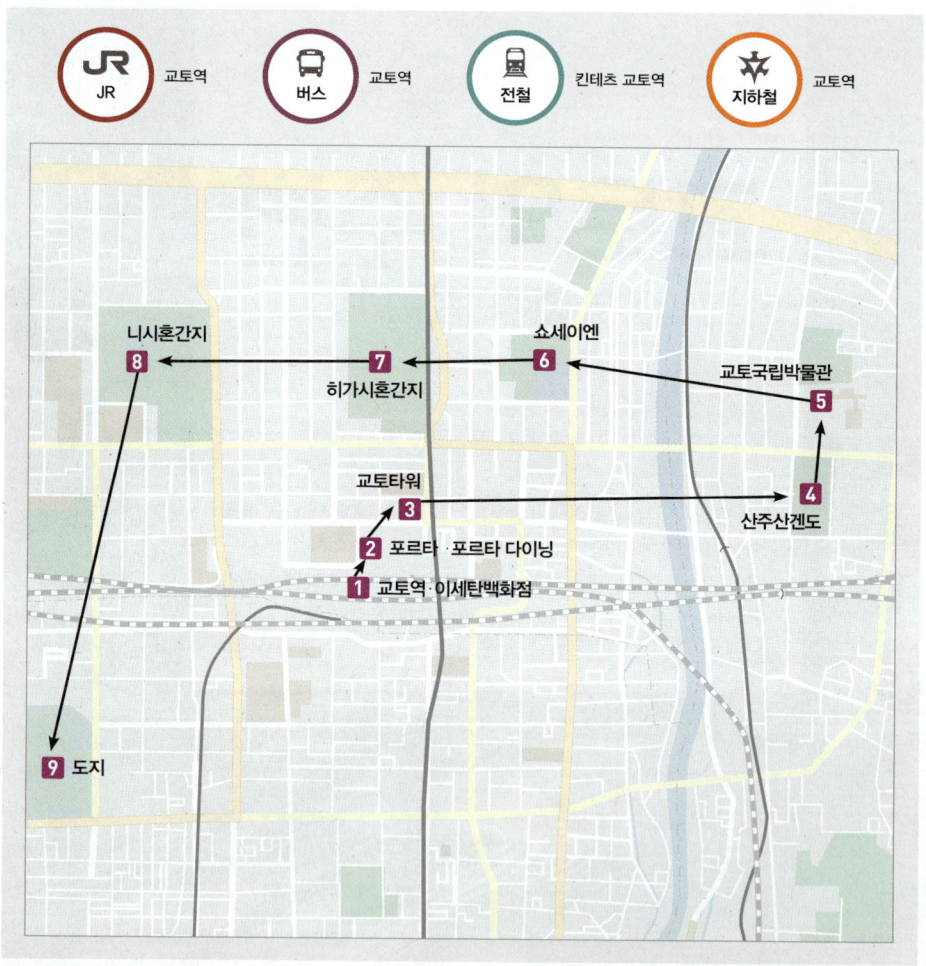

1 교토역·이세탄백화점	**2** 포르타·포르타 다이닝	**3** 교토타워
 p.432·p.434	 p.436	 p.438

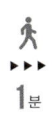 1분 　🚶 2분

🚶 1분

4 산주산겐도	하쿠부츠칸산주산겐도마에 정류장	교토역 정류장 시버스 100·110·206번
 p.439	 3분	🚌 5분

🚶 3분

5 교토국립박물관	**6** 쇼세이엔	**7** 히가시혼간지
 p.439	 p.438	 p.438

🚶 17분 　🚶 8분

🚶 14분

	9 도지	**8** 니시혼간지
	 p.440	 p.439

 20분

주요 명소로 가는 교통수단

목적지	출발 지점	교통수단	하차 지점
니시혼간지	교토역	시버스 9·28·75번 이용, 6분	니시혼간지마에
도지	교토역	킨테츠 교토센 이용, 3분	도지역
산주산겐도	교토역	시버스 100·110·206번 이용, 10분	하쿠부츠칸산주산겐도마에

📷 교토역 京都駅

지도〉 MAP 23 Ⓕ 위치〉 간사이국제공항에서 JR 타고 교토역 하차 홈피〉 www.kyoto-station-building.co.jp

교토 여행의 첫 관문. 간사이국제공항에서 JR을 이용하면 교토역에 하차하게 된다. 문화유산의 도시 교토의 분위기와는 걸맞지 않게 현대적이고 웅장한 교토역 건물은 헤이안 천도 1200주년 기념 사업의 일환으로 새롭게 지어 1997년 완성된 것이다. 교토역은 여러 출구를 통해 이세탄백화점, 포르타 · 포르타 다이닝, 호텔 그랑비아 교토 등과 연결되어 있으며, 종합 관광안내소를 비롯해 각종 여행자를 위한 편의 시설이 잘 갖추어져 있다. 특히 교토역 2층에 위치한 종합 관광안내소에서는 한국어 안내를 지원해 더욱 편리하며, 시버스 1일 승차권 등 각종 버스 티켓을 판매하고 한국어 버스 노선도를 구비해놓았다. 교토역 바깥쪽으로 이동하기 위해서는 흔히 중앙 출구로 불리는 '가라스마 출구 烏丸口'를 이용한다. 가라스마 출구 바깥으로 나가면 정면으로 버스정류장이 보이고, 그 오른쪽으로 야외 버스티켓센터, 좀 더 오른쪽에 택시 승차장이 위치한다. 또 가라스마 출구 바깥쪽으로 나온 후 에스컬레이터를 따라 지하로 내려가면 포르타 · 포르타 다이닝으로 이어진다.

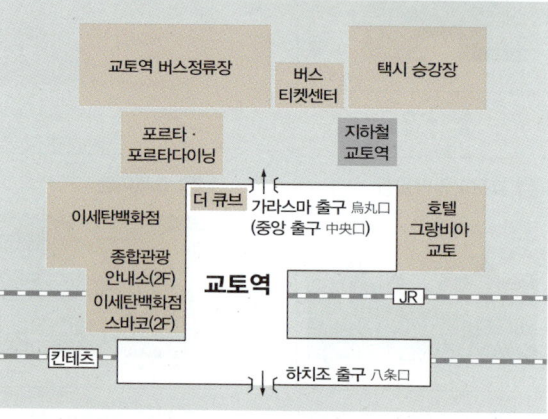

➕ Zoom in

중앙 대계단 일루미네이션　1

교토역과 연결된 중앙 대계단 4~9층에서는 해가 지면 환상의 일루미네이션 쇼가 펼쳐진다. 층마다 촘촘히 설치된 1만 4000개의 LED 전구들이 스토리에 따라 다른 그림을 펼치며 색다른 즐거움을 준다.

위치 교토역 가라스마 출구 옆 에스컬레이터 타고 4층

스카이가든　2

교토의 전망대는 교토타워가 가장 높고 그다음이 이곳이므로 교토에서 두 번째로 높은 전망대인 셈. 유리창 프레임 때문에 탁 트인 경관을 즐기기는 어렵지만, 무료로 볼 수 있는 것치고는 만족할 만하다.

위치 교토역 가라스마 출구 옆 에스컬레이터 타고 11층
오픈 06:00~23:00

더 큐브　3
The CUBE

손으로 만드는 것의 가치를 중시하는 교토에는 장인의 손으로 전해지는 명과가 많다. 색도 모양도 예쁜 과자들을 다양하게 맛보고 싶다면 이곳이 제격. 교토역 더 큐브 1~2층의 '쿄메이카 京名菓'에는 50개 이상의 교토의 대표 명물 과자점이 작지만 알차게 입점해 있다. 바쁘게 마지막 쇼핑을 하거나 한 번에 다양한 기념품을 사고 싶은 여행자에게 적격이다. 먹거리부터 패션 잡화까지 다양한 교토의 상품을 취급하고 있어 꼭 과자를 사지 않아도 구경하는 것만으로도 즐겁다.

위치 교토역 내　오픈 08:30~20:00　전화 075-371-2134　홈피 www.thecube.co.jp

이세탄백화점 JR 교토역점 ISETAN

일본 3대 백화점으로 꼽히는 이세탄백화점은 교토역에서 바로 이어지는 접근성을 자랑한다. 특히 1층부터 11층까지 한 방향으로 연결되는 중앙 대계단과 에스컬레이터는 올라가면서 달라지는 교토역 풍경도 즐길 수 있고, 각 층 매장과도 연결되어 있어 편리하다. 이세탄백화점에는 교토에서 내로라하는 음식점들이 총망라되어 있으며, 특히 지하 1~2층 식품관에서 선물용 과자나 예쁜 디저트, 고급 도시락 등을 살 수 있다. 쇼핑 공간도 깔끔하고 널찍하며 다양한 브랜드가 입점해 있다. 그중에서도 일본의 아방가르드 패션 브랜드 '꼼 데 가르송'은 한국과 가격 차이가 큰 편이라 쇼핑 마니아들의 위시리스트로 꼽힌다. 이세탄백화점 옆에는 부속 건물 격의 스바코 Suvaco 쇼핑몰이 있으며, 교토역 2층에서 연결된다.

지도 MAP 23 F 위치 교토역 연결 빌딩 B2~11층 오픈 10:00~20:00 휴무 부정기(홈페이지 확인) 홈피 kyoto.wjr-isetan.co.jp

Zoom in

교토 라멘코지
京都拉麺小路

1

오사카, 후쿠오카, 삿포로, 도쿄 등 일본 각지에서 내로라하는 대표 라멘집이 모여 있다. 여러 매장이 공동의 공간을 쓰는 푸드코트 같은 시스템이 아니라, 독립된 작은 라멘집이 모여 하나의 타운을 이루고 있다. 교토 라멘코지 표지판에 각 라멘집의 대표 메뉴 사진을 올려두었는데, 그중에서 우리에게 가장 잘 알려진 곳은 하카타 잇코샤. 인기 메뉴인 아지타마차슈멘 味玉チャーシューラーメン(1200엔)은 돼지뼈를 우린 매우 진한 국물과 넓게 펼쳐놓은 차슈가 트레이드 마크다. 돈코츠라멘 특유의 묵직한 육수가 매력이지만, 일본 라멘 초보자라면 꼬릿할 정도로 진한 향이 다소 부담스럽게 느껴질 수도 있다. 여러 라멘집 중에 입맛에 맞는 메뉴를 찾아 먹는 재미가 있다.

위치 이세탄백화점 10층 오픈 11:00~22:00 휴무 부정기 홈피 www.kyoto-ramen-koji.com

마르블랑슈
MALEBRANCHE 2

교토타워를 시원하게 조망하는 탁 트인 경관이 매력인 카페. 교토의 유명 양과자점 마르블랑슈가 운영하고 있다. 마르블랑슈는 우지산 고급 말차와 화이트초콜릿으로 만든 쿠키가 유명하지만, 이 카페에서는 팬케이크 ペンケーキ와 몽블랑 モンブラン이 인기를 끌고 있다. 팬케이크는 '베리팬케이크, 몽블랑팬케이크, 바나나팬케이크(각 1188엔)로 나뉘며, 팬케이크 고유의 맛을 즐기는 플레인팬케이크(864엔)도 있다. 크림 소스가 듬뿍 뿌려진 팬케이크는 느끼하지 않고 퍽퍽함까지 잡아주어 끝까지 맛있다. 모양도 앙증맞은 몽블랑은 달콤함과 고소함으로 극강의 만족감을 준다.

위치 이세탄백화점 6층 오픈 10:00~20:00(백화점 영업시간에 따름) 전화 075-343-2727

나카무라토키치
中村藤吉 3

말차의 고장 우지에 본점이 있는 말차 전문 카페. 이세탄백화점 스바코 쇼핑몰에 위치해 있다. 수준 높은 말차 디저트와 간단한 식사 메뉴를 즐길 수 있는데, 역시 교토역점 한정 메뉴인 우지킨앙미츠 宇治きんあんみつ(1151엔)가 인기 있다. 말차 아이스크림과 말차 젤리에 팥과 경단, 후르츠 칵테일 등이 어우러져 쌉쌀함과 달콤함, 상큼함의 밸런스가 좋다. 또 다른 인기 디저트는 층층이 다른 맛의 마루토파르페 まるとパフェ(1201엔). 파르페 속 재료는 우지킨앙미츠와 비슷한데, 여기에 바삭한 크런키와 우유 생크림을 얹어 고소하면서도 색다른 맛을 선사한다. 말차 가루로 반죽한 나마멘차소바 生麺茶蕎麦セット(1401엔)도 식사 메뉴로 사랑받는다.

위치 이세탄백화점 스바코 3층 오픈 11:00~22:00 휴무 무휴 전화 075-342-2303 홈피 www.tokichi.jp

포르타·포르타 다이닝 Porta·Porta Dining

지도〉 MAP 23 ⓑ 위치〉 교토역 가라스마 출구 바깥쪽 에스컬레이터 타고 B1층
오픈〉 포르타 10:00~21:00, 포르타 다이닝 11:00~22:00(일부 07:30~) 휴무〉 부정기 전화〉 075-365-7528 홈피〉 www.porta.co.jp

교토역 출구 바깥쪽에서 곧바로 에스컬레이터로 연결된 지하상가. 다양한 숍이 집중된 포르타와 내로라하는 레스토랑이 모여 있는 포르타 다이닝이 함께 있다. 쓰리코인즈, 무지, 오르비스, 더 바디숍 등의 매장을 비롯해 의류 편집숍도 있어 교토 여행의 시작과 끝에 쇼핑하기 편리하다. 그러나 교토역 이용자들이 거의 필수적으로 들르는 이유는 대부분 포르타 다이닝 때문이다. 일본 각지의 유명 음식점이 집중 포진한 이곳은 우리나라 고속버스터미널의 파미에스테이션을 연상케 한다. 수준 높은 맛집을 다양한 선택지로 만날 수 있어 만족도가 높다.

➕ Zoom in

동양정
東洋亭

1

오픈 전부터 긴 줄이 서 있는 포르타 다이닝 최고의 인기 맛집. 기타야마에 본점이 있으며 1897년부터 역사가 시작된 함박스테이크 명가다. 런치 타임(11:00~15:00)에 가면 알찬 구성의 함박스테이크 세트를 맛볼 수 있는데, 그중에서도 토마토샐러드와 함박스테이크, 그리고 밥이나 빵 중에 선택하는 A세트(1320엔)를 가장 많이 먹는다. B세트(1720엔)는 여기에 케이크와 같은 디저트가 추가된다. 차갑게 식힌 토마토에 참치샐러드와 특제 소스를 곁들인 토마토샐러드는 빛깔도 곱고 맛도 좋다. 계절별로 다른 산지에서 최상의 토마토를 선별해 사용한다니 원재료가 좋은 것은 물론 소스와의 궁합도 좋다. 뜨거운 철판 위의 함박스테이크는 빵빵하게 부푼 은박지 속에 담겨 나온다. 온기를 한껏 품은 은박지를 칼로 터뜨린 후 소스가 듬뿍 뿌려진 함박스테이크를 맛보면 된다. 과연, 씹을 때마다 입안에 터져 나오는 촉촉한 육즙과 짜지 않으면서 깊은 맛을 내는 소스가 조화롭다. 런치 이외의 시간에는 각각의 단품으로 주문할 수 있다.

홈피〉 www.touyoutei.co.jp

돈카츠KYK 포르타점
とんかつKYK

간사이 지역에서 명성이 자자한 체인 돈까스 전문점. 품질 좋은 돼지고기와 깨끗한 콩·유채의 혼합유, 매일 납품되는 신선한 특제 빵가루로 조리해 맛있는 돈까스를 선보인다. 두툼한 돈까스의 참맛을 느끼고 싶다면 오키나와산 로스까스 沖縄県産琉香豚ロースとんかつ膳(1480엔)를 추천한다. 천연 허브를 먹인 오키나와 돼지의 등심을 튀겨내 특유의 향과 촉촉한 육즙이 살아있다. 돈까스와 새우튀김을 함께 먹고 싶다면 로스까스와 새우프라이 정식 国産ロースとんかつと海老フライ膳(1380엔)도 괜찮다.

홈피 www.tonkatu-kyk.co.jp/tonkatu

수프 스톡 도쿄
Soup Stock Tokyo

바쁜 직장인들의 간편한 식사 대용으로, 혹은 다이어트용으로 인기를 끌기 시작한 수프 체인점. 다양한 솥에서 따뜻하게 데워진 수프를 주문 즉시 떠서 내주기 때문에 일정이 바쁜 여행자들이 후루룩 먹기에 좋다. 물론 '혼밥'하기에도 괜찮은 분위기. 패스트푸드점과 같은 시스템으로 운영되지만 간을 세게 하지 않고 원재료의 맛을 최대한 살리는 조리법을 사용해 맛도 괜찮은 편이다. 홋카이도산 호박죽 北海道産かぼちゃのスープ, 이탈리아산 토마토의 미네스트로네 イタリア産トマトのミネストローネ 등 재료와 조리 방식에 따라 매우 다양한 수프 종류를 갖추고 있으며, 레귤러 컵의 수프와 밥이나 빵 중 하나를 택하는 세트 메뉴(780엔)의 가성비가 좋다.

홈피 www.soup-stock-tokyo.com

쓰리코인즈
3COINS

진열된 거의 모든 제품을 300엔(세금 별도)으로 살 수 있는 쓰리코인즈는 이를테면 다이소와 비슷한 개념의 균일가 숍. 하지만 좀 더 높은 퀄리티의 제품으로 여행자들에게도 사랑받는다. 인기 아이템은 자수 파우치, 앞치마, 수세미, 젓가락, 여성 스타킹 등의 주로 실용적이고 가성비 좋은 생필품. 무게가 가볍고 부피가 적은 제품은 특히 선물용으로 선호한다. 기간 한정으로 유명 업체와의 콜라보레이션을 선보이기도 하는데, 친근한 캐릭터가 입혀진 굿즈 또한 인기 만점. 그야말로 '300엔의 행복'을 누릴 수 있다.

홈피 www.3coins.jp

📷 교토타워 京都タワー

교토역 앞에 우뚝 솟아 있는 전망탑. 에펠탑이나 도쿄타워와는 달리 철골을 일절 사용하지 않은 원통형 건물로, 높이는 131m이다. 탑의 몸체 자체로 전체를 지탱하는 구조라 한신대지진 때도 육안으로 봤을 때 심하게 흔들릴 정도였지만 피해는 없어 높은 안전성이 검증되었다. 이 타워의 모습은 바다가 없는 교토의 거리를 비추는 등대를 이미지해서 만든 것이라 한다. 전망대에 서면 시내 풍경과 교토 분지를 둘러싸고 있는 산들이 한눈에 들어온다. 날씨가 맑은 날에는 오사카와 나라 시내까지 볼 수 있다. 유리 프레임이 시야를 가리는 게 다소 아쉽다.

지도> MAP 23 ⓑ 위치> JR 교토역 중앙 출구에서 도보 1분 오픈> 09:00~21:00 요금> 어른 770엔, 어린이 520엔 전화> 075-361-3215 홈피> www.kyoto-tower.co.jp

지도> MAP 23 ⓑ 위치> 시버스 가라스마시치조 정류장에서 도보 1분 오픈> 3~10월 05:50~17:30, 11~2월 06:20~16:30 요금> 무료 전화> 075-371-9281 홈피> www.higashihonganji.or.jp

📷 히가시혼간지 東本願寺

교토역의 중앙 출구인 가라스마구치 烏丸口로 나와 교토타워를 왼쪽에 두고 계속 직진하다 보면 가장 먼저 보이는 거대한 절이 바로 히가시혼간지 東本願寺이다. 오히가시 お東, 오히가시상 お東さん이라고도 불린다. 원래 하나의 절이었던 것이 도쿠가와 이에야스에 의해 양분되어 지금의 히가시혼간지와 니시혼간지가 된 것으로, 에도 시대에 화재가 4번이나 일어나 피해를 입었다. 현재의 건축물은 대부분 메이지 시대에 재건된 것이다. 약 28m 높이로 우뚝 서 절 입구를 지키고 있는 고에이도몬 御影堂門은 지온인, 난젠지의 산문과 함께 교토 3대 문으로 꼽힌다. 또한 신란쇼닌조가 안치되어 있는 고에이도 御影堂는 세계 최대급 목조 건축물로 유명하다.

📷 쇼세이엔 渉成園

히가시혼간지에서 동쪽으로 150m 정도 떨어진 곳에 있는 지천회유식 정원. 히가시혼간지 소유의 정원으로 원래 종정의 은거 장소로 사용되었지만 지금은 일반인에게 무료로 개방되고 있다. 계절마다 달라지는 아름다운 풍경을 자랑하는 정원 내에는 넓은 연못과 다리가 조화를 이루어 고요한 정취를 느낄 수 있다. 오리나 해오라기 같은 야생 조류도 많아서 도심 속에 이런 공간이 숨어 있다는 것이 믿어지지 않을 정도. 벚꽃이나 매화가 만개할 때 특히 더욱 아름답다. 현재 일본의 명승으로 지정되어 있다.

지도> MAP 23 ⓒ 위치> 히가시혼간지에서 도보 8분 오픈> 3~10월 09:00~17:00, 11~2월 09:00~16:00 요금> 기부금 제도 어른 500엔, 어린이 250엔 전화> 075-371-9210 홈피> www.higashihonganji.or.jp

[지도] MAP 23 ⓑ [위치] 시버스 니시혼간지마에 정류장에서 도보 1분 [오픈] 3~10월 05:30~18:00, 11~2월 05:30~17:00(서원 참관은 날짜가 정해져 있으므로 예약 필요) [요금] 무료 [전화] 075-371-5181 [홈피] www.hongwanji.or.jp

니시혼간지 西本願寺
유네스코 세계문화유산

모모야마 桃山 문화의 건축양식을 보존한 대표적인 사원. 일본 불교의 한 종파인 정토진종 淨土眞宗의 총본산으로 정식 명칭은 류코쿠잔혼간지 龍谷山本願寺지만 히가시혼간지에 대칭되는 개념으로 니시혼간지라 부른다. 가마쿠라 시대의 고승이자 정토진종의 창시자인 신란쇼닌이 입적한 후 그의 딸이 묘지를 히가시야마 오타니로 옮겨, 사당을 세운 것이 그 시초이다. 무로마치 시대까지는 한곳에 정착하지 못하고 각지를 전전하다가 도요토미 히데요시가 사원 부지를 기부하면서 현재의 위치에 자리 잡게 되었는데, 이후 세력이 점점 커지자 도쿠가와 이에야스에 의해 절이 양분되는 아픔을 겪었다. 후시미 伏見 성터의 건축물을 옮겨놓은 서원과 당문은 모두 국보로 지정되었다.

산주산겐도 三十三間堂

정식 명칭은 렌게오인 蓮華王院이지만 본당의 기둥이 33개 있다고 해서 산주산겐도라 부른다. 116년에 창건되었으나 1249년 화재로 소실되고 1266년에 현재의 모습으로 재건되었다. 길이 181m에 이르는 장대한 본당 내부에는 중앙에 있는 높이 3m의 천수관음좌상을 포함해 무려 1001개의 천수관음상이 늘어서 있다. 각각의 천수관음의 표정이 다 다르므로 천천히 확인해보자.

[지도] MAP 23 ⓓ [위치] 시버스 하쿠부츠칸 산주산겐도마에 정류장에서 바로 [주소] 京都市東山区三十三間堂廻り町657 [오픈] 08:00~17:00(11/16~3/1 09:00~16:00) [요금] 어른 600엔, 어린이 300엔 [전화] 075-561-0467 [홈피] sanjusangendo.jp

교토국립박물관 京都国立博物館

교토의 문화유산을 보호하기 위해 메이지 시대에 개관한 박물관으로 도쿄, 나라, 규슈의 국립박물관과 함께 일본의 4대 국립박물관으로 꼽힌다. 일본과 동양의 고미술품, 고고학 자료 등 전시한 유물이 약 1만 2000점에 달한다. 붉은 벽돌을 이용해 프랑스 르네상스 양식으로 지은 본관은 일본인 최초의 양식 건축가 가타야마 도쿠마 片山東熊가 설계한 것으로, 1895년에 완공했다. 중요 문화재로 지정된 본관은 특별전 등을 하는 데 이용하고, 신관에서 그림이나 서적, 조각 등 사찰의 유물을 상설 전시하고 있다. 야외에는 로댕의 〈생각하는 사람〉 등을 전시해두어 산책하며 둘러보기 좋다.

[지도] MAP 23 ⓓ [위치] 산주산겐도 바로 앞 [주소] 京都市東山区茶屋町527 [오픈] 09:30~17:00(금·토요일 ~20:00) [휴무] 월요일, 부정기 [요금] 어른 520엔, 어린이 무료 [전화] 075-525-2473 [홈피] www.kyohaku.go.jp

📷 도지 東寺　　　　유네스코 세계문화유산

[지도] MAP 23 ⓔ [위치] JR 교토역 하치조니시 출구에서 도보 15분 [오픈] 05:00~17:00 [요금] 경내 무료(곤도·고도·고주노토 개방 여부 및 입장료 시기에 따라 다름) [전화] 075-691-3325 [홈피] www.toji.or.jp

교토의 상징인 오층탑이 있는 거대한 절. 도지라는 이름은 '동쪽(東)의 절(寺)'이라는 뜻으로 헤이안 천도 당시 라조몬 羅城門 동쪽에 서쪽의 사이지 西寺와 함께 세워졌다.

이들은 각각 헤이안쿄의 사쿄 左京와 우쿄 右京를 지키는 관립 사원이었는데, 그중 도지는 고보대사 弘法大師 구카이에게 하사되면서 진언종의 총본산으로 번창했다. 중세 이후 도지는 고보대사에 대한 신앙의 고조와 함께 '대사님의 절 お大師樣の寺'이라는 별칭을 얻으며 서민 신앙의 중심지가 되었고, 오늘날까지 교토의 대표적인 명소로 이름을 떨치고 있다.

15세기 말에 발발한 농민 봉기로 안타깝게도 사이지는 전소되었고, 도지 역시 상당수의 건물이 소실되었다. 오랜 기간의 복원을 거쳐 17세기 이후에 지금의 모습을 갖추었는데, 난다이몬 南大門·곤도 金堂·지키도 食堂 등이 남쪽에서 북쪽으로 가지런히 늘어서 있는 가람의 배치나 각 건물의 규모는 헤이안 시대에 번성했던 도지의 위용을 그대로 나타낸다. 일본에서 가장 높은 탑인 도지의 고주노토 五重塔는 높이 약 55m로 오랜 시간 교토의 상징으로 여겨져 왔다. 탑에는 1년 중 며칠만 들어갈 수 있다.

매월 21일에는 경내에서 유명한 벼룩시장이 열린다. 이 시장은 3월 21일에 사망한 고보대사를 추앙하는 의미로 고보이치 弘法市라 부른다. 다양한 골동품이며 예술품, 식품까지 보는 재미가 있다. 그중에서도 특히 12월 21일에는 시마이고보 終い弘法라 하여 1000개 이상의 노점이 늘어선다.

Zoom in

곤도 金堂　1

곤도의 건축양식은 일본풍과 당나라풍의 형식이 혼합되어 있는데 모모야마 桃山 시대 불교 건축을 대표한다. 내부의 광대한 공간에는 본존인 약사삼존상 藥師三尊像이 안치되어 있다. 가운데 있는 본존상은 높이 2.9m에 이르는 거상으로 일본 불교 조각의 쇠퇴기인 모모야마 시대를 대표하는 걸작이다. 796년 창건 당시의 건물은 1486년 화재로 소실되고, 지금 있는 건물은 1603년 도요토미 히데요리 豊臣秀頼의 기부로 재건된 것이다.

난다이몬 南大門　2

당당한 위용을 자랑하며 도지 가람의 정면에 자리 잡고 있는 난다이몬은 모모야마 시대의 대표적인 팔각문 八脚門이다. 창건 당시의 사쿠라몬 櫻門은 소실되었고 현재의 문은 산주산겐도의 서문을 1895년에 옮겨온 것이다.

지키도 食堂　3

고보대사 구카이가 사망한 후, 9세기 말에서 10세기 초에 걸쳐 완성한 지키도는 1930년에 일어난 화재로 소실되었고, 현재 남아 있는 건물은 쇼와 시대에 재건한 것이다. 이곳에 있던 높이 6m의 천수관음입상도 화재 당시 함께 소실되었지만 1960년대에 복원해 절 내의 보물관에 안치되어 있다.

고주노토 五重塔　4

교토의 상징으로 많은 사랑을 받고 있는 5층탑은 높이 54.8m의 목조탑으로 현존하는 목조탑 중에 일본 제일의 규모를 자랑한다. 826년에 고보대사가 처음 세운 후 계속된 전란으로 4차례나 소실되는 시련을 겪었다. 지금의 5층탑은 에도 시대 초기인 1644년 도쿠가와 이에미츠의 기부로 만든 것이다.

미에이도 御影堂　5

남북조 시대에 건축한 주택풍 불당. 국보로 지정하면서 다이시도 大師堂라는 명칭을 제정했지만 일반적으로 고에이도라고 부른다. 불당의 북쪽에는 고보대사상을 안치했고 남쪽에는 고보대사의 염지불 念持佛로 여겨지는 부동명왕좌상이 있다. 비록 일반 공개는 하지 않지만, 일본에 있는 부동명왕상 중 최고의 작품이라고 한다. 이 상은 서민 신앙의 중심적인 역할을 하고 있으며, 매일 아침 6시에 불당 앞에서 오다이시사마 お大師樣에게 아침 식사를 바치는 행사 쇼진쿠 生身供를 거행하여 많은 참배객들이 모인다.

요겐인 養源院

[지도] MAP 23 ⓓ [위치] 시버스 하쿠부츠칸산주산겐도마에 정류장에서 도보 3분 [오픈] 09:00~16:00 [요금] 어른 500엔, 어린이 300엔 [전화] 075-561-3887

원래는 도요토미 히데요시의 측실 요도기미 淀君가 아버지를 공양하기 위해 창건한 사원이었다. 그러나 에도 시대에 도쿠가와 가문이 제사를 지내는 곳으로 변모하면서 역대 장군들의 위패를 모셔두었다. 본당에는 에도 시대 초기의 천재 화가 다와라야 소타츠 俵屋宗達가 그렸다는 스기도에 杉戸繪가 있는데, 코끼리와 기린, 사자를 대담하게 그린 웅장한 분위기로 독특한 화풍을 자랑한다. 본당 천장은 후시미성에서 가져온 혈천정 血天井으로 되어 있어 관광 명소로 유명하다.

도후쿠지 東福寺

유네스코 세계문화유산

[지도] MAP 23 ⓗ [위치] 케이한 도후쿠지역에서 도보 10분 [오픈] 09:00~16:00(11~12월 초 08:30~16:00, 12월 초~3월 말 09:00~15:30) [요금] 경내 무료(츠텐쿄 400엔, 혼보 정원 400엔) [전화] 075-561-0087 [홈피] www.tofukuji.jp

가마쿠라 시대 초기 구조 미치이에 九條道家가 25년이라는 오랜 세월에 걸쳐 창건한 절로 일본 불교 임제종 도후쿠지파의 총본산이다. 나라에 있는 도다이지 東大寺와 고후쿠지 興福寺의 이름을 한 글자씩 따다 이름 지었다. 약 20만㎡에 달하는 광대한 부지에 25개의 탑두 사원이 웅장한 위용을 과시하고 있으며, 가람의 최남단에는 국보로 지정된 무로마치 시대 초기의 건축물인 산몬 三門이 있다. 산몬 서쪽에는 선종 사원 양식의 화장실인 도스 東司가 있다. 동쪽에 있는 본당을 지나면 혼보 정원 本坊庭園으로 갈 수 있는데, 동서남북 방향으로 각각 다른 스타일의 정원이 있어 다양한 볼거리를 제공한다. 그중에서 탑과 돌이 기묘한 모양을 이룬 북쪽 정원이 추천할 만하다.

센뉴지 泉涌寺

[지도] MAP 23 ⓗ [위치] 시버스 센뉴지미치 정류장에서 도보 15분 [오픈] 09:00~17:00(12~2월 ~16:30) [요금] 어른 500엔, 어린이 300엔(특별 관람 시 300엔 추가) [전화] 075-561-1551 [홈피] www.mitera.org

824년에서 834년에 걸쳐 고보대사가 작은 암자를 지어 불법을 설파하면서 기초를 다졌다. 황실과 깊은 관계를 맺고 있어 미테라 御寺라고도 하며, 깔끔한 경전들이 구도에 맞게 잘 배치되어 있다. 히가시야마 東山라고 쓰인 현판이 걸려 있는 대문을 지나가면 웅장한 분위기의 불전이 나타나는데, 이곳에 가마쿠라 시대에 활약한 예술가 운케이 運慶가 만들었다는 석가·미타·미륵의 석가삼존상이 있다. 조금만 더 걸어가면 관음당이 나오며 이곳에는 당나라 현종 황제가 양귀비를 기리기 위해 향기목으로 만들었다는 실제 사람 크기의 양귀비관음좌상이 있다. 색채가 선명하고 우아한 아름다움을 느낄 수 있는데, 좋은 인연을 만나게 해주고 순산과 미용에 영험하다고 해서 여성들에게 인기가 높다.

후시미이나리타이샤 伏見稻荷大社

투박하지만 정겨운 분위기의 상점가 길을 따라 올라가면 선홍색 토리이가 반겨주는 신사에 도착한다. 신사 입구의 상점가에는 일본 전통 녹차를 파는 가게, 이나리타이샤의 상징인 여우의 얼굴을 한 센베이·야키토리 등을 판매하는 가게들이 줄지어 서 있다. 후시미이나리타이샤는 술과 곡식의 신인 이나리신을 모시는 신사로 오이나리상 お稲荷さん이라는 애칭을 갖고 있으며, 일본 전국에 4만여 개의 이나리진자의 총본산이다. 711년에 처음 세워졌으며, 신사 앞의 여우는 이나리신의 시종으로 알려져 있다. 농사와 장사를 잘 되게 해준다고 해서 매년 설날이나 매월 1일에는 전국에서 몰려드는 참배객들로 문전성시를 이룬다.

입구에 있는 큰 토리이를 지나면 정면에 1589년에 도요토미 히데요시가 기부했다는 붉은색의 사쿠라몬 桜門이 보인다. 본전은 1494년 완공되었으며, 카라쿠사 唐草 등 모모야마풍 조각이 새겨져 있다. 본전 뒤에는 산 정상까지 이어지는 수천 개의 붉은색 토리이가 모여 길을 이루는 센본토리이 千本鳥居가 있는데, 방송이나 잡지에 단골로 소개되는 명소 중의 명소이다.

|지도| MAP 23 Ⓛ |위치| 시버스 후시미이나리타이샤마에 정류장에서 도보 8분/JR 이나리역에서 바로/케이한 후시미이나리역에서 도보 10분 |오픈| 08:30~16:30 |요금| 무료 |전화| 075-641-7331 |홈피| www.inari.jp

우지
宇治

어떤 곳일까?

교토 남쪽에 위치하는 녹차로 유명한 마을이다. 헤이안 시대 귀족들의 별장지로 주목받았으며, 세계적인 녹차 생산지이자 귀족의 별장이었던 '뵤도인'으로 유명하다. 뵤도인 외에도 신사 건축으로는 일본에서 가장 오래된 유적 우지가미진자 宇治上神社와 우지진자 宇治神社, 고쇼지 興聖寺 등의 문화유산이 있다. 이외에 겐지노모노가타리 박물관 源氏物語ミュージアム도 찾아볼 만하다. 우지를 돌아보는 데는 넉넉잡고 반나절이면 충분하다. 시간이 촉박하다면 뵤도인만 둘러보고 바로 우지를 벗어나도 되지만 여유가 있다면 우지가미진자와 겐지노모노가타리 박물관도 함께 둘러보자.

어떻게 갈까?

교토에서 JR이나 케이한 전철을 이용해 나라 방면으로 25분 정도 가다보면 우지역에 도착한다.

보도인 平等院

유네스코 세계문화유산

교토에서 JR이나 케이한 전철을 이용해 나라 방면으로 25분 정도 가다 보면 헤이안 시대 귀족들의 별장지로 주목받던 우지 宇治에 도착한다. 봄에는 벚꽃, 여름에는 수국, 가을에는 단풍 등 계절마다 다른 색으로 옷을 갈아입는 자연을 즐길 수 있는 강 우지가와 宇治川를 따라 10분 정도 걸어가면 1000년에 가까운 역사를 자랑하는 일본의 국보 보도인 平等院을 만날 수 있다. 보도인은 1052년, 후지와라 가문의 전성기에 관백이었던 후지와라노 요리미치 藤原藤通가 아버지 미치나가 道長의 별장을 사원으로 개축한 것이다.

일본의 10엔짜리 동전에 새겨져 있는 멋진 건물이 바로 이곳 보도인 平等院의 호오도 鳳凰堂이다. 그뿐만 아니라, 1만엔짜리 지폐에는 호오도 지붕에 장식되어 있는 봉황이 그려져 있다. 보도인 平等院의 경내는 그리 넓지 않은데, 숲이 울창한 데다 경내에 작은 자갈이 깔려 있어 아늑한 느낌을 준다. 게다가 교토에서 볼 수 있는 여느 절과는 달리 창건 당시의 모습이 그대로 보존되어 있어 고색창연한 아름다움을 볼 수 있다.

위치 JR 우지역에서 도보 15분/케이한 우지역에서 도보 10분
오픈 조도 정원 08:30~17:30, 호쇼칸 09:00~17:00, 호오도 09:10~16:10 요금 어른 600엔, 어린이 300엔/호오도 별도 300엔 전화 0774-21-2861 홈피 www.byodoin.or.jp

Zoom in

호오도 鳳凰堂 1

일본의 국보로 지정된 호오도는 1053년에 건립된 아미타당으로서 창건 당시의 유일한 건물이다. 경쾌하고 우아하게 이어지는 빼어난 곡선미는 헤이안 시대의 귀족들이 간절히 원했던 극락정토를 이미지화한 것이다. 창건 당시에는 지금의 우지 시내 대부분을 차지할 정도로 넓은 부지 위에 아미타당, 금당, 강당, 법화당, 부동당, 경장보장 등 당탑이 늘어서 있는 대형 사찰이었다. 하지만 1336년에 일어난 전란으로 대부분 소실되어, 지금은 호오도라 불리는 아미타당과 가마쿠라 시대에 재건한 관음당, 종루만 남아 있다.

조도 정원 淨土庭園 2

오랜 세월 동안 수수께끼로 남아 있던 보도인 조도 정원의 원형이 발굴 작업에 의해 그 아름다운 모습을 드러냈다. 헤이안 시대의 대표적인 정토 정원 양식이 완성된 곳으로 알려졌지만, 전란으로 소실된 후 오랜 시간 동안 방치되었다가 1998년부터 발굴 조사에 근거한 정비 공사로 지금은 원형에 가깝게 복원되었다.

호쇼칸 鳳翔館 3

2001년 3월에 준공한 박물관으로 호오도를 중심으로 사적 명승으로 지정된 정원의 풍치와 조화를 이루기 위해 건물의 대부분을 지하 구조로 만들고, 관내는 자연광이 들어올 수 있도록 설계했다. 시설 내에서는 창건 당시의 보도인을 디지털 기술로 재현한 영상을 150인치 스크린을 통해 생생하게 볼 수 있으며, 약 3억 화소에 달하는 초정밀 화상을 이용한 국보 검색 시스템을 이용해 최대 4000%까지 확대해 볼 수 있는 시스템도 갖추고 있다.

다이고지
醍醐寺

PLUS AREA

📷 다이고지 醍醐寺

산 전체가 사원 영역인 다이고지는 교토 굴지의 대규모 사원으로, 진언종 다이고파 醍醐派의 총본산이다. 일본 고대 산악신앙과 불교를 융합한 종교인 슈켄도 修驗道 중흥의 업을 달성한 리겐 理源대사가 874년에 처음 창건한 것으로 알려져 있다.

다이고지가 처음 세워질 무렵에는 다이고산 정상 일대에 위치했지만, 훗날 다이고 醍醐 일왕이 다이고지를 자신의 기원사 祈願寺로 정한 후 재정을 대거 투입해 다이고산 기슭의 광대한 평지에 대가람을 세워 오늘에 이르고 있다. 그래서 다이고산 정상에 있던 원래 절은 가미다이고 上醍醐라 불리고, 산기슭 아래에 들어선 새로운 절은 시모다이고 下醍醐라 부른다. 가미다이고와 시모다이고는 험난한 산길을 사이에 두고 있어서 모두 둘러보려면 최소한 2시간 이상 소요된다.

경내에는 일본의 국보로 지정된 고주노토와 곤도 金堂를 비롯해 일본의 중요 문화재로 지정되어 있는 부가쿠즈 舞樂図 등 다양한 볼거리가 있다. 도요토미 히데요시가 1598년 봄, 이곳에서 수천 명을 초청해 꽃놀이 연회를 개최한 것으로 명성이 높아져 다이고노하나미 醍醐の花見라는 말이 생겨나기도 했다. 지금도 매년 4월 둘째 일요일이 되면 그날의 꽃놀이 연회를 기념하는 호타이코 豊太閤 하나미 행렬이 펼쳐진다. 다이고지 경내에만 무려 700그루에 이르는 벚나무가 심어져 있어 벚꽃이 만발하는 봄이 가장 아름다우며, 사계절 언제나 산책하기에 매우 좋은 수려한 경관을 자랑한다.

위치 지하철 다이고역 2번 출구에서 도보 10분 **오픈** 09:00~17:00(12~2월 ~16:30) **요금** 가람+산보인+레이호칸 공통권 800엔(봄·가을 1500엔) **전화** 075-571-0002 **홈피** www.daigoji.or.jp

TIP 어떻게 갈까?

교토 굴지의 대규모 사원인 다이고지는 다이고산 기슭의 아름다운 정취를 만끽하기 좋다. 교토역에서 JR을 타고 야마시나역에서 도자이센으로 환승한 뒤 다이고역에서 내린다. 다이고역에서 다이고지까지는 셔틀버스를 운행하지만, 도보로 10분 거리라 걸어갈 만하다.

➕ Zoom in

가미다이고　　　　　　　　　1
上醍醐

가미다이고의 입구에는 옛날에 여인의 출입을 금하는 결계가 있었다. 그 경계인 뇨닌도 女人堂를 지나면 곧바로 험난한 산속으로 들어가는 길이 이어지고, 이 산길을 따라 40분 정도 올라가면 가미다이고에 도착한다. 헤이안 시대에 만들어져 그대로 남아 있는 야쿠시도 藥師堂와 다이고지의 수호신인 세이류곤겐 淸瀧龍現 등 일본의 국보로 지정된 건물들이 그대로 보존되어 있다.

시모다이고　　　　　　　　　2
下醍醐

다이고산 아래쪽에 자리 잡고 있는 시모다이고는 본존을 안치하고 있는 곤도 金堂, 산보인 三宝院 등을 중심으로 가미다이고와는 대조적인 대가람이 펼쳐져 있다. 장대한 시모다이고의 가람은 오닌의 난에 의해 거의 전소하였다가 재건되었지만, 그 이후에도 수차례 화재로 인한 소실과 재건이 되풀이되는 등 시련의 역사를 간직하고 있다.

고주노토　　　3
五重塔

951년에 세운 탑으로 교토에서 가장 오랜 역사를 자랑한다. 수차례나 반복된 화재와 전란 속에서도 고주노토는 기적적으로 원형 그대로 보존되어 있다. 높이는 37.4m로, 내부에 그려져 있는 벽화는 일본의 국보로 지정되었다. 그중에 구카이 空海의 초상화는 동인이 그린 현존하는 가장 오래된 것.

산보인　　　4
三寶院

바로 왼쪽에 있는 다이고지의 부속 사찰이다. 1598년 봄 다이고의 꽃놀이를 즐긴 후 다이고지에 남다른 관심을 갖게 된 도요토미 히데요시의 지시로 정원이 만들어졌다. 호화스럽게 꾸민 정원에는 다이묘들이 히데요시에게 바친 갖가지 모양의 정원석이 놓여 있다.

벤텐도　　　5
弁天堂

고주노토에서 동쪽으로 약 250m 떨어진 장소에 있는 주홍색 건물로 아름다운 수목으로 둘러싸인 연못을 배경으로 그림 같은 풍모를 자랑한다. 특히 단풍이 질 무렵에는 카메라 동호인들의 출사 장소로 인기 높은 명소이다.

고베

산노미야
베이에어리어

QUICK VIEW
고베 한눈에 보기

간사이에서 가장 발달한 국제도시로 3번째로 큰 무역의 항구도시이다.
12세기경 중국 송나라와 무역을 시작하고, 1868년 개항 이후에는 서양과 활발하게 교류하며
본격적인 국제 무역 도시로 성장했다. 그 때문에 지금도 도시 곳곳에
당시 서양인들이 거주했던 거류지가 보존되어 있고, 차이나타운도 있다.

AREA 1 산노미야 三ノ宮

JR과 전철, 시내 교통편이 집중하는 교통의 요충지이자 고베 제일의 번화가로 쇼핑과 식사를 즐길 수 있어 항상 많은 사람들로 북적인다. 산노미야 북쪽 언덕 위에는 개항 당시 고베에 거주하던 외국인들의 저택이 모여 있는 기타노이진칸이 있다.

AREA 2 베이에어리어 ベイエリア

모토마치역에서부터 고베 앞바다로 이어지는 베이에어리어는 꽤 넓은 지역에 걸쳐 발달해 있다. 옛 거류지 부근에는 유럽풍의 고풍스러운 건물과 고급 브랜드 상점이 밀집해 있다. 메리켄 파크와 하버랜드는 쇼핑몰과 더불어 아름다운 야경으로 유명하다.

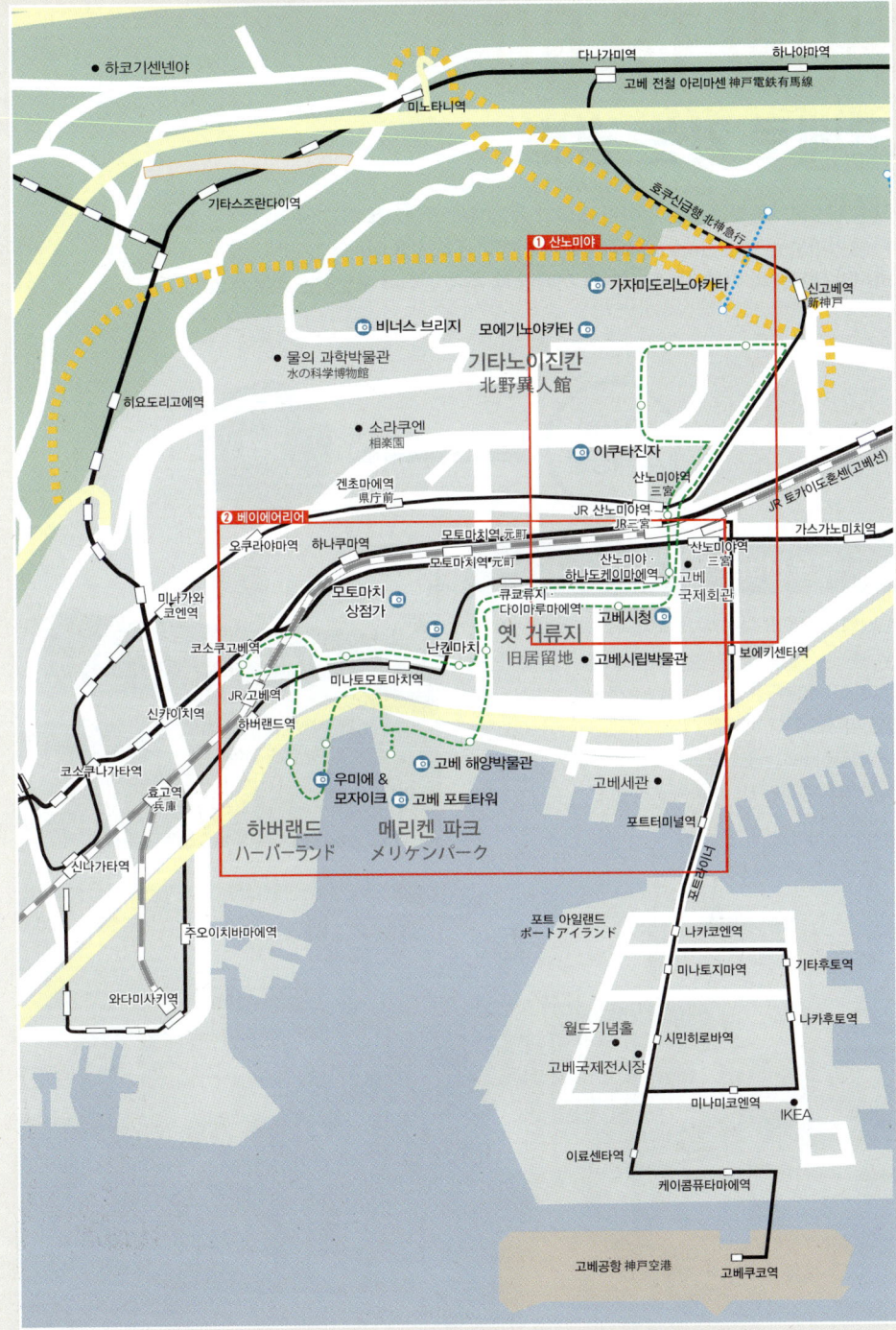

HOW TO GO
고베로 가는 방법

고베에는 국제공항이 따로 없어 우리나라 공항에서 비행기를 타고 바로 갈 수는 없고, 가장 가까운 공항인 간사이국제공항에서 전철이나 버스를 이용해야 한다. 하지만 대부분의 여행자는 오사카를 여행할 때 추가 일정에 포함하는 경우가 많다.

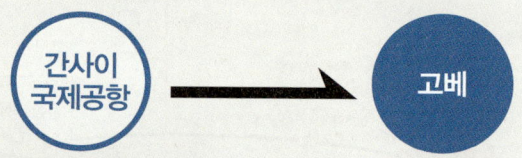

리무진버스

고베행 리무진버스는 간사이국제공항 제1터미널의 경우 1층 6번, 제2터미널의 경우 4번 버스정류장에서 탑승한다. 15~20분 간격으로 운행하며, 산노미야까지 65분 정도가 소요된다. 요금은 어른 1950엔, 어린이 980엔이다. 리무진버스는 롯코아일랜드의 고베 베이 쉐라톤 호텔을 거쳐 종점인 산노미야에 도착한다.

홈피 www.kate.co.jp

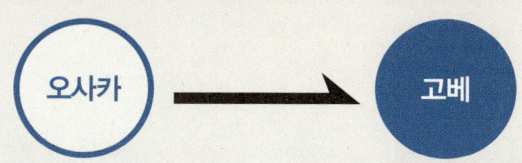

🚆 한신 전철

우메다 지역에 있는 한신 우메다역에서 한신 전철을 이용하면 된다. 열차는 직통특급·특급·쾌속·보통이 있는데, 직통특급 기준으로 한신 산노미야역까지 약 30분이 걸린다. 요금은 모두 320엔으로 동일하다. 간사이 쓰루패스가 있다면 무료로 이용할 수 있다.

홈피 rail.hanshin.co.jp

> **TIP 히메지까지 간다면**
> 고베와 히메지를 함께 여행할 계획이라면 산요 히메지역까지 직통특급을 운행하는 한신 전철을 이용하자. 오사카에서 히메지를 방문한 후 고베로 가는 것을 추천한다.

🚆 킨테츠 전철

킨테츠 전철과 한신 전철의 연계 운행으로 난바에서 산노미야까지 갈아타지 않고 갈 수 있다. 킨테츠 난바역에서 출발해 킨테츠 닛폰바시역을 경유하는데, 도톤보리 쪽에서 전철을 타러 간다면 닛폰바시역이 더 가깝다. 킨테츠 난바역에서 쾌속급행을 타면 40분 만에 산노미야역에 도착한다. 요금은 410엔이 나오며 간사이 쓰루패스로 이용이 가능하다.

홈피 www.kintetsu.co.jp

> **TIP 시간표를 미리 확인하자!**
> 고베로 갈 때는 직통특급이나 특급을 이용해야 이동 시간을 절약할 수 있으니 시간표를 미리 확인하자. 요금은 모두 동일하다.

🚆 한큐 전철

한큐 우메다역에서 출발하는 한큐 전철은 한신 전철과 마찬가지로 거의 10분 간격으로 특급열차가 운행되어 한큐 산노미야역까지 30분이 소요된다. 요금 또한 320엔으로 동일해 편리하게 이용할 수 있다. 간사이 쓰루패스를 사용한다면 추가 요금 없이 특급열차를 마음껏 이용할 수 있다.

홈피 rail.hankyu.co.jp

🚆 JR

오사카에서 고베로 가는 교통편은 한신이나 한큐 전철이 더 저렴하기 때문에 굳이 JR을 이용할 필요가 없다. JR 신쾌속열차를 이용하면 25분 만에 산노미야역에 도착하지만 요금이 410엔으로 다른 전철보다 비싸고, 간사이 쓰루패스도 이용할 수 없다. 단, JR 간사이 패스를 사용하는 여행자라면 당연히 JR을 이용하는 것이 이득이다.

홈피 www.jr-odekake.net

CITY TRAFFIC
고베 시내 교통

고베에는 다양한 계통의 시내버스가 있지만 여행자 입장에서 이용할 일은 거의 없다.
지하철, 전철만으로도 시내는 충분히 편리하게 이동할 수 있다.
여행은 교통의 중심지인 산노미야역에서 시작하는 것이 좋으며,
중심가인 산노미야, 모토마치, 난킨마치 일대는 도보로도 충분히 돌아볼 수 있다.
시간 여유만 있다면 메리켄 파크와 하버랜드까지도 걸어서 갈 수 있다.

🚌 버스

시티루프버스 シティーループバス

인기 명소를 순환 운행하는 버스로 하루 동안 주요 관광지를 빠르게 볼 생각이라면 이용하는 것이 좋다. 버스 1회 승차 요금이 260엔으로 3번 이상 이용할 계획이라면 660엔짜리 1일 승차권을 이용하는 것이 경제적이다. 간사이 쓰루패스로는 이 버스를 이용할 수 없다.

홈피 www.kctp.co.jp/outline/car/cityloop

● 노선

카모메리아→하버랜드→미나토모토마치역 앞→난킨마치→옛 거류지→산노미야 센타가이→지하철 산노미야역 앞→기타노코보노마치→기타노자카→기타노이진칸→누노비키허브엔→신고베역 앞→지하철 산노미야역 앞→고베시청 앞→모토마치 상점가→메리켄 파크→고베 포트타워 앞

🚇 지하철

고베 교통국에서 운영하는 시영 지하철이다. 고베 시내는 도보 여행이 일반적인 만큼 지하철을 이용할 일은 많지 않지만, 고베의 현관인 산노미야에서 기타노이진칸이나 하버랜드로 바로 이동할 때 유용한 교통수단이 된다. 간사이 쓰루패스 사용자라면 무료로 이용할 수 있다. 기본요금은 210엔이다.

홈피 www.city.kobe.lg.jp/life/access/transport/subway

TIP | 시티루프버스 1일 승차권

기타노이진칸, 난킨마치, 메리켄 파크, 하버랜드 등 고베의 주요 관광 명소를 순환하는 시티루프버스를 하루 동안 무제한으로 이용할 수 있다. 시티루프버스 차내에서 구입하면 되며 요금은 660엔이다. 고베의 주요 명소 34곳의 할인 서비스도 포함되어 있다.

TIP | 지하철 1일 승차권

고베 시영 지하철의 전 노선을 1일간 무제한 이용할 수 있는 교통패스이다. 각 지하철역의 창구나 매점, 자동판매기에서 구입할 수 있다. 820엔이므로 지하철을 최소 3~4번 이용한다면, 승차권을 구입하는 것이 이득이다.

JR

고베를 가로지르는 JR 노선이 있지만 대부분 교외로 연결된다. 고베 시내에서는 이용할 일이 없다고 보면 된다. 다만, JR 패스를 사용하는 여행자가 산노미야와 하버랜드를 오갈 예정이라면 JR 산노미야역과 JR 고베역을 이용해 다니면 편리하다.

홈피 www.jr-odekake.net

전철

고베 시내에는 한신, 한큐를 비롯해 고베에서만 만날 수 있는 고베 전철, 고베고속철도, 산요 철도 등이 운행된다. 시내에서는 거의 이용할 일이 없고, 아리마 온천이나 다카라즈카, 히메지와 같은 고베 근교 지역들을 여행할 때 이용하게 된다.

한신 전철 阪神電車

교외로 연결되는 노선이라 고베 시내에서는 한신 전철을 이용할 일이 거의 없다. 굳이 이용하고 싶다면 모토마치 상점가를 갈 때 모토마치역으로 가거나 하버랜드로 갈 때 코소쿠코베역으로 가서 이용하면 된다.

홈피 rail.hanshin.co.jp

한큐 전철 阪急電車

고베 시내에서는 이용할 일이 없다. 전철역도 고베 시내에 있는 한신 전철역과 위치도 거의 비슷해 특별히 유용하지도 않다. 한신 전철과 마찬가지로 굳이 이용한다면 모토마치 상점가나 하버랜드를 갈 때 이용하면 된다.

홈피 rail.hankyu.co.jp

고베 전철 神戸電車

고베의 미나토가와역을 기점으로 아리마 온천을 연결하는 노선이다. 고베에서 신카이치역이나 타니가미역을 경유해 아리마 온천으로 갈 때 이용하게 된다. 신카이치~미나토가와 구간에서는 고베고속철도와 상호 연결되며, 타니가미역에서는 호쿠신급행 전철과 상호 연결된다. 줄여서 신테츠 神鉄라고 부르기도 한다. 간사이 쓰루패스로 이용 가능하다.

홈피 www.shintetsu.co.jp

고베고속철도 神戸高速鉄道

고베 시내에 터미널을 갖고 있는 한큐 전철, 한신 전철, 산요 철도, 고베 전철 등의 노선을 연결하기 위해 선로와 역만 소유한 독특한 회사이다. 직원도 없고 보유한 전철도 없이 오로지 철로와 역만 빌려준다. 한신 모토마치역, 고베 미나토가와역, 산요 니시다이역 등이 고베고속철도를 통해 연결되며 필요에 따라 상호 연결해 운행된다. 간사이 쓰루패스로 이용할 수 있다.

홈피 www.kobe-kousoku.jp

산요 철도 山陽鉄道

고베와 히메지를 연결한다. 한신 우메다역에서 산요 히메지역으로 연결되는 직통특급은 한신 전철, 고베고속철도, 산요 철도 3개 회사의 노선을 상호 연결해 운행한다. 간사이 쓰루패스로 이용 가능하다.

홈피 www.sanyo-railway.co.jp

BEST COURSE
고베 추천 코스

시내만 돌아볼 생각이라면 시티루프버스 1일 승차권이 좋지만, 근교의 히메지성, 아리마 온천, 다카라즈카 등을 함께 돌아보려면 간사이 쓰루패스를 이용하는 것이 더 경제적이다.
고베 시내를 제대로 돌아보려면 적어도 3일은 투자해야 하지만
당일치기로 여행하는 경우가 대부분이다. 각각 히메지와 아리마 온천을 연계한 두 가지 코스를 소개한다.

 간사이 쓰루패스를 이용한 **히메지성＋고베 코스**

간사이 쓰루패스를 이용해 히메지성과 고베 시내를 돌아보는 일정이다. 오사카의 한신 우메다에서 직통특급을 이용해 산요 히메지역까지 1시간 40분이면 도착한다. 아침 출근 시간대에 직통특급이 자주 다니니 가능한 아침 일찍 숙소를 나서자. 그래야 오후에 고베에서 여유 있게 보낼 수 있다. 간사이 쓰루패스의 위력을 십분 활용할 수 있어 많은 여행자에게 사랑받는 코스이다.

> **TIP 고베를 둘러보는 방법**
>
> 고베 시내의 주요 명소는 산노미야를 기점으로 북쪽과 남쪽 볼거리가 각각 이어지도록 위치해 걸어다니는 것이 정석이다. 만약 걷는 것이 힘들다면 고베 시영 지하철을 이용하는 것이 좋다. 시티루프버스도 고려할 만하지만 간사이 쓰루패스를 이용할 수 없어 추가 교통비를 감수해야 한다.

- 산요 히메지역

1 히메지성 
15분
p.495

2 고코엔 
1분
p.495

- 산요 히메지역
70분
- 한신 산노미야역 서쪽 출구
15분

3분

6 난킨마치 
p.486

5 모토마치 상점가
3분
p.486

4 옛 거류지
5분
p.487

3 산노미야 센타가이
3분
p.464

12분

7 메리켄 파크 
p.488

8 우미에 & 모자이크 
10분
p.490

9 하버랜드 
1분
p.490

457

ROUTE 2 간사이 쓰루패스를 이용한 **아리마 온천+고베 코스**

간사이 쓰루패스를 이용해 고베 시내 번화가와 일본 3대 온천 중 하나인 아리마 온천을 돌아보는 일정이다. 아리마 온천의 경우 전통 료칸에서 1박을 하면 좋지만 굳이 비싼 요금을 내고 싶지 않다면 당일치기로 즐길 수 있다. 온천에 관심이 없다면 아리마 온천을 일정에서 빼고 고베 시내를 좀 더 느긋하게 여행하는 것도 좋다.

> **TIP 관광지 체크**
> ❶ 누노비키허브엔은 꽃이 피는 봄·가을 시즌에는 놓칠 수 없는 볼거리지만, 겨울 시즌에는 특별한 볼거리가 없으므로 일정에서 빼는 것이 좋다.
> ❷ 아리마 온천의 온천 시설인 킨노유(650엔)나 긴노유(550엔) 중 한 곳을 이용해 보자. 간사이 쓰루패스를 제시하면 입욕료를 20% 할인 받을 수 있다. 킨노유는 둘째·넷째 화요일에 쉬며, 긴노유는 첫째·셋째 화요일에 휴무이니 일정을 짤 때 주의하자.

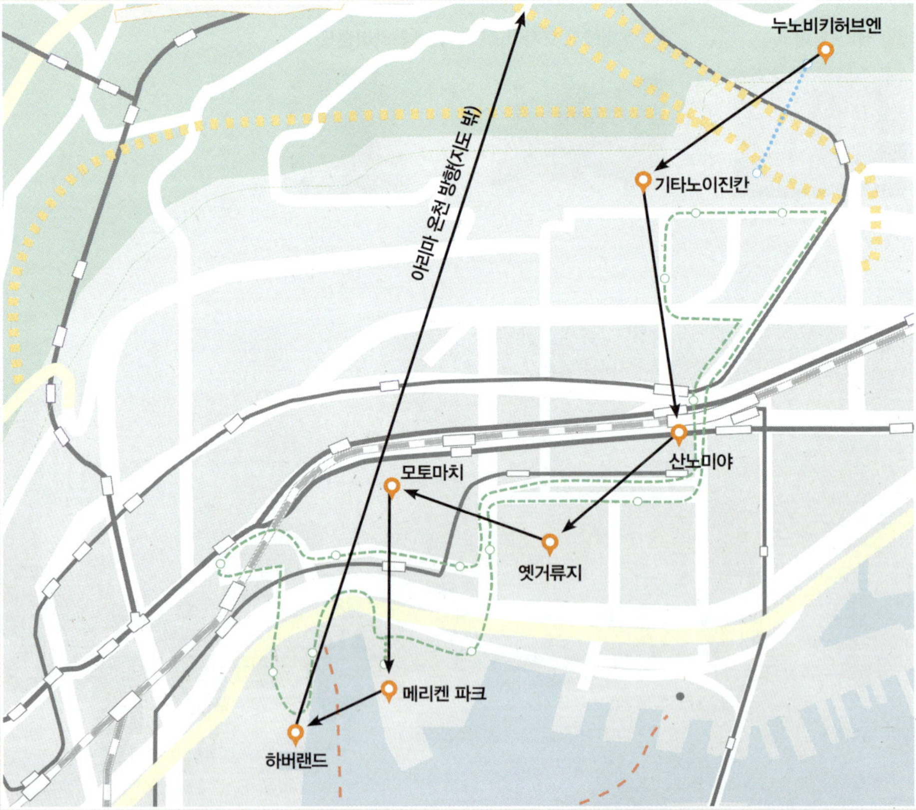

AREA 01

산노미야
三ノ宮

항구도시 고베 제일의 번화가. 교통의 요충지이자 쇼핑과 식사를 즐길 수 있는 중심가로서 항상 수많은 사람으로 붐빈다. 산노미야역 북쪽 언덕 위에 있는 기타노이진칸은 개항 당시 이 일대에 모여 살던 외국인들의 저택이 남아있는 것이다. 내부에 특별한 볼거리는 없으니 거리를 산책하며 이국적인 분위기를 즐기는 정도로 만족하자.

산노미야
이렇게 여행하자

고베 교통의 중심지로 전철과 지하철, 포트라이너를 모두 포함해 6개의 산노미야역이 모여 있다. 산노미야에 도착하면 JR 산노미야역 앞에 있는 고베시 관광안내소에서 고베 지도와 자료를 수집한 후 여행에 나서자. 산노미야역에서 기타노 지역까지는 걸어서 15~20분 정도면 충분히 갈 수 있지만, 산 쪽으로 나 있는 가파른 언덕길을 따라 올라가야 하므로 더운 여름철에는 시티루프버스에 탑승해 가거나 지하철을 이용해 신고베역에서 걸어 내려오면서 돌아보는 것이 좋다.

| 지하철
산노미야역
동5번 출구 | ▶▶▶ 1분 | 시티루프버스
지하철 산노미야역 앞
정류장 | ▶▶▶ 5분 | 시티루프버스
기타노이진칸
정류장 |

↓ 5분

3 가자미도리노야카타

p.466

◀◀◀ 1분

2 기타노텐만진자

p.465

◀◀◀ 3분

1 우로코노이에

p.467

↓ 1분

4 모에기노야카타

p.467

▶▶▶ 10분

5 이쿠타진자

p.465

▶▶▶ 3분

6 이쿠타 로드

p.464

↓ 3분

7 산노미야 센타가이

p.464

TIP 고베 시내 관광안내소

고베시 관광안내소
- 위치 JR 산노미야역 아래층
- 주소 神戸市中央区雲井通8
- 오픈 09:00~19:00
- 전화 078-322-0220

기타노 관광안내소
- 위치 기타노이진칸 가자미도리노야카타 앞
- 주소 神戸市中央区北野町3-10-20
- 오픈 09:00~18:00(11~2월 ~17:00)
- 전화 078-251-8360

이쿠타 로드 いくたロード

산노미야 중심가를 동서를 연결하는 센타가이와 십자 형태로 교차하는 거리이다. 산노미야역에서 이쿠타진자로 향하는 길이 약 400m의 참배도로 이쿠타스지 生田筋라 부르기도 한다. 얼핏 보기에는 별다른 볼거리가 없는 평범한 거리로 느껴지지만, 이 거리에 고베를 대표하는 맛집과 빵집, 디저트 전문점이 밀집해 있다.

〔지도〕 MAP 24 ⓔ 〔위치〕 지하철 산노미야역 서3번 출구 바로 앞

토아 로드 トアロード

고베의 이진칸도리 異人館通에서 옛 거류지 지역을 연결하는 산노미야의 주요 도로 중 하나. 옛날에는 산노미야스지 三宮筋라는 이름으로 불렸다. 토아 로드라는 이름은 이 길 북쪽 끝에 있던 토아호텔 東亞ホテル에서 유래한 것이다. 이 주변에서 별다른 볼거리는 찾아볼 수 없지만, 고베를 대표하는 오래된 빵집과 개성 만점의 카페나 편집숍이 넓게 자리해서 데이트를 즐기는 젊은 층이 즐겨 찾는다.

〔지도〕 MAP 24 ⓔ 〔위치〕 지하철 산노미야역 서3번 출구에서 도보 3분 〔홈피〕 www.torroad.com

산노미야 센타가이 三宮センター街

고베에서 가장 번화한 산노미야를 대표하는 상점가. 일본의 대도시 어디에서나 볼 수 있을 법한 아케이드 상점가로 비가 오는 날에도 편안하게 쇼핑을 즐길 수 있다. 1995년에 발생한 한신·아와지 대지진으로 큰 피해를 입었지만, 말끔하게 복구해 지금은 재해의 흔적조차 찾아볼 수 없다. 재건 공사를 할 때 기존보다 아케이드 천장을 더 높게 만들어 한층 더 밝고 개방적인 공간이 되었다. 산노미야역 앞의 소고백화점부터 모토마치역까지 이어진 이곳을 통해 모토마치와 난킨마치로 이동할 수 있다.

〔지도〕 MAP 24 ⓕ 〔위치〕 한신 산노미야역에서 서쪽 출구로 나와 도보 3분 〔홈피〕 www.kobe-sc.jp

📷 이쿠타진자 生田神社

지도 MAP 24 Ⓔ 위치 지하철 산노미야역 서3번 출구에서 도보 1분 오픈 24시간 전화 078-321-3901 홈피 www.ikutajinja.or.jp

고베의 수호신으로 많은 사랑을 받는 오래된 신사로 이쿠타상 生田さん이라는 애칭으로 불린다. 일본서기에 의하면 201년에 진구 神功 왕비가 삼한 三韓 정벌 후 돌아오는 길에 고베항에서 갑자기 배가 움직이지 않아 신점을 쳐보았더니, 이쿠타 지역에서 제를 올리라 해서 세운 것이 시초라 한다.

경내는 아담하지만 단정한 기풍을 느낄 수 있는 연못과 도심의 탁한 공기를 정화해 주는 숲, 요리사들의 혼을 담았다는 신기한 봉분인 호초즈카 苞丁塚 등 아기자기한 볼거리가 있다. 특히 이곳에 있는 거대한 삼나무는 그를 향해 기도하면 사랑이 이루어진다고 해서 고베의 젊은 연인들이 즐겨 찾는다. 한편, 이쿠타진자 주변에는 고베의 밤 문화를 주도하는 환락가인 히가시몬가이 東門街가 있다.

📷 기타노텐만진자 北野天滿神社

기타노의 분위기가 본격적으로 드러나는 거리로 들어서면 얼마 안 가 돌로 만든 토리이가 보인다. 높다란 참배길을 올라가면 본당이 보이고, 뒤를 돌면 고베 시내의 전경과 저 멀리 바다가 펼쳐진다. 이곳은 학문의 신을 모시는 신사로, 교토의 기타노텐만구를 모방해서 만든 곳이다. 넓지는 않지만 소소하고 아기자기하게 꾸며져 있어 구경하거나 앉아서 쉬기 좋다. 이곳의 테미즈야는 본래 손을 닦던 곳이지만 지금은 잉어에게 물을 끼얹으면서 소원을 비는 곳이 되었다. 왼쪽에는 사랑을 기원하는 하트 모양의 에마가, 오른쪽에는 제비뽑기 점괘인 미즈카케미쿠지 水かけみくじ가 있는데, 물에 적셔야 내용이 보인다.

지도 MAP 24 Ⓒ 위치 지하철 산노미야역 동8번 출구에서 도보 15분 주소 神戸市中央区北野町3-12-1 전화 078-221-2139 홈피 www.kobe-kitano.net

[지도] MAP 24 ⓒ [위치] 지하철 산노미야역 동8번 출구에서 도보 15분 [주소] 神戸市中央区北野町3-13-3 [오픈] 09:00~18:00 [휴무] 2·6월 첫째 화요일 [요금] 입장료 500엔, 공통권(가자미도리노야카타+모에기노야카타) 650엔 [전화] 078-242-3223 [홈피] www.kobe-kazamidori.com/kazamidori

가자미도리노야카타 風見鶏の館

기타노로 가는 언덕을 올라오면 가장 먼저 눈에 띄는 중후한 건물이다. 이름 그대로 닭 모양의 풍향계를 의미하는 가자미도리 風見鶏가 트레이드 마크인데, 악귀를 쫓는 의미가 있다. 이곳은 독일인 무역상 G.토마스가 살던 건물로 1909년에 지어졌다. 기타노이진칸 중 유일하게 외벽을 붉은 벽돌로 지었으며, 일본의 중요 문화재로 지정되었다. 내부는 살던 당시의 모습 그대로 복원되어 있다. 전체적으로 독일 전통 양식으로 꾸며져 있으며, 아르누보 양식이 묻어나는 소품이 곳곳을 장식한다. 옛날 외국인이 살던 집을 구경하는 것이기에 한 번쯤 가보면 좋지만 그리 큰 기대는 하지 않는 것이 좋다.

TIP | 기타노이진칸 공통권

❶ 3관 패스(1400엔): 영국관 英国館, 요칸나가야(프랑스관) 洋館長屋, 벤노이에 ベンの家
❷ 4관 패스(2100엔): 우로코노이에 & 전망 갤러리 うろこの家 & 展望ギャラリー, 야마테 8번관 山手八番館, 기타노외국인클럽 北野外国人倶楽部, 언덕 위의 이진칸(옛중국영사관) 坂の上の異人館
❸ 프리미엄 패스(3000엔): ❶+❷ 공통권, 기타노외국인클럽에서 특전 드레스 서비스 1벌 제공(30분)

📷 모에기노야카타 萌黄の館

원형 광장 바로 옆에 커다란 녹나무로 둘러싸인 건물이다. 2층 목조 건물이며 원래는 흰색 외벽이어서 '하얀 이진칸'으로 불렸다. 1987년에 수리하면서 건축 당시의 색인 연두색(모에기 萌黄)으로 다시 칠했고, '연두색 저택'이라는 이름이 붙었다. 이곳은 미국인 총영사의 저택으로 이용되었으며, 내부의 중후한 벽난로, 아라베스크풍의 계단, 화려한 벽지, 돌출형 창문 등 호화로운 장식이 돋보인다. 건물 옆에는 정원도 있으며, 구석구석 자세히 보면 돌 위에 연잎과 물고기를 그려 아기자기하게 꾸며 놓았다.

지도 MAP 24 ⓒ 위치 지하철 산노미야역 동8번 출구에서 도보 15분 주소 神戸市中央区北野町3-10-11 오픈 09:00~18:00 휴무 2월 셋째 수·목요일 요금 입장료 350엔, 공통권(가자미도리노야카타+모에기노야카타) 650엔 전화 078-222-3310

지도 MAP 24 Ⓐ 위치 지하철 산노미야역 동8번 출구에서 도보 18분 주소 神戸市中央区北野町2-3-18 오픈 09:30~18:00(10~3월 ~17:00) 요금 우로코노이에+우로코 미술관 1050엔 전화 078-242-6530 홈피 kobe-ijinkan.net

📷 우로코노이에 うろこの家

외국인을 위한 고급 임대주택으로 지어진 건물. 메이지 시대 후기에 지금의 자리로 이축되었다. 약 3000장의 천연석을 그대로 붙인 독특한 모양의 외벽이 특징으로, 마치 물고기의 비늘(우로코 うろこ)처럼 보인다고 해서 '바늘의 집'이라는 이름이 붙었다. 내부는 옛날 그대로 고풍스러운 느낌을 간직하고 있으며, 3층에서 내려다보는 고베 시내의 전망이 일품이다. 바로 옆에 있는 우로코 미술관에서는 유럽과 러시아의 근대 미술 작품을 전시한다.

누노비키허브엔 布引ハーブ園

지도 MAP 24 ⓑ 위치 지하철 신고베역 남쪽 출구에서 도보 5분 거리에 위치한 로프웨이 이용 주소 神戶市 中央區 北野町 1-4-3 오픈 09:30~16:45(12/1~3/19 전일, 3/20~7/19 평일), 09:30~20:15(7/20~8/31 전일, 9/1~11/30 주말) 요금 왕복 어른 1500엔, 어린이 750엔/편도 어른 950엔, 어린이 480엔/야간 어른 900엔, 어린이 550엔 전화 078-271-1160 홈피 www.kobeherb.com

약 200종, 7만 5000그루의 허브와 꽃으로 가득한 허브 공원. 향기, 색, 맛의 세계를 오감으로 느낄 수 있는 휴식 공간이다. 계절별로 벚꽃, 장미, 라벤더, 단풍 등이 반겨준다. 정상에서는 고베 시가지를 내려다볼 수 있는데, 낮에 보는 고베의 경치도 멋지지만 여름철 주말 해 질 무렵에 이곳을 찾는다면 보석처럼 반짝이는 아름다운 야경을 만날 수 있다. 고베의 전망을 즐기며 맛있는 식사를 즐길 수 있는 허브가든, 각종 아로마 관련 제품이 가득한 상점도 있다.
누노비키허브엔은 신고베 로프웨이역에서 로프웨이를 이용해 10분 정도 올라가면 산 정상에 위치하는데, 내려올 때는 로프웨이를 이용하지 않고 산책로를 따라 걸어서 내려오면 도중에 누노비키 폭포를 볼 수 있다. 그러나 산길이 제법 험하므로 시간 여유가 있을 때 도전해보는 것이 좋다.

지도 MAP 24 ⓒ 위치 지하철 켄초마에역에서 도보 30분

비너스 브리지 ビーナスブリッジ

고베 시가지를 한눈에 조망할 수 있는 무료 전망대. 모토마치의 북쪽, 기타노이진칸의 서쪽에 있는 금성대와 스와산 전망대를 연결하는 길이 90m에 8자 모양을 한 나선형 다리이다. 고베의 시가지와 항구를 내려다볼 수 있어 고베에서 손꼽히는 야경 스폿으로 유명하다. 명칭은 1874년에 프랑스인 천체 관측대가 스와산 공원 내의 전망대에서 금성(비너스) 관측을 시행했던 것에서 유래한다.

비너스 브리지와 비너스 테라스에서 내려다보는 멋진 야경도 일품이지만, 밤하늘에 반짝이는 수많은 별이 낭만적인 분위기를 만들어주기에 연인들의 프러포즈 장소로 많은 사랑받는다.
JR 모토마치역에서 걸어갈 수도 있지만, 지하철 켄초마에역에서 걸어가는 것이 더 가깝다. 걸어갈 경우 시간도 꽤 걸리지만 효고현청과 소라쿠엔 정원을 지나 스와산까지 올라간 후 등산로를 따라 산길을 걸어가야 해서 꽤 수고롭다.

🍴 스테이크랜드 ステーキランド

지도> MAP 24 Ⓔ 위치> 지하철 산노미야역 서1번 출구에서 도보 2분 주소> 神戸市中央区北長狭通1-8-2 오픈> 11:00~22:00 전화> 078-332-1653 홈피> steakland.jp

고베의 필수 먹거리 스테이크를 맛있고 저렴하게 즐기고 싶다면 이곳으로 향하자. 런치 메뉴를 다양한 가격대로 판매한다. 특히 고베규를 3180엔이라는 비교적 저렴한 가격에 맛볼 수 있는데, 육질이 아주 훌륭하다. 런치 메뉴에는 밥, 된장국, 샐러드, 볶은 숙주와 마늘, 커피가 포함된다. 점심마다 항상 긴 줄이 늘어서는데, 오후 2시까지 입점해야 런치 메뉴를 주문할 수 있다.

🍴 가츠동 요시베 かつ丼 吉兵衛

돼지고기 본연의 맛을 잘 살린 가츠동 전문점. 항상 줄이 길게 늘어서지만 회전율은 빠른 편이다. 카운터석에 앉아 조리 과정을 구경하는 재미도 있다. 메뉴는 가츠동 かつ丼(680엔~)뿐인데, 크게 목살과 등심 돈까스로 나뉘고, 그밖에 달걀이나, 소스, 마요네즈, 카레를 올린 것 중 선택할 수 있다. 바삭한 튀김옷을 느끼고 싶다면 소스를 뿌린 것을, 부드러운 조화를 느끼고 싶다면 달걀을 얹은 것을 선택하자. 이외에도 달걀을 2개 얹은 것, 밥양이 많은 것, 돈까스와 달걀을 두 배로 얹어주는 것 등 다양하게 골라먹을 수 있다. 난바의 센니치마에 도구야스지 상점가에도 지점이 있다.

지도> MAP 24 Ⓔ 위치> 한신 산노미야역 근처 센터플라자 センタープラザ 서관 B1층 주소> 神戸市中央区三宮町2-11 오픈> 10:30~19:00 전화> 078-392-4559 홈피> www.yoshibei.co.jp

🍴 라멘타로 ラーメンたろう

토마토 베이스로 한 이탈리아식 퓨전 라멘으로 고베 여성들의 마음을 빼앗은 라멘집. 소금, 간장, 된장 등 각종 다양한 베이스의 라멘부터 덮밥까지 메뉴의 종류가 매우 다양한데, 뭐니뭐니해도 추천 메뉴는 우마코쿠토마토라멘 旨こくトマトらぁめん(730엔)이다. 상큼한 토마토 맛이 느껴지는 국물은 느끼함이 없이 개운한 데다 건강해질 것 같은 느낌이 든다. 이외에 차슈와 파, 계란, 김치까지 토핑이 다양하게 올라간 타로찬라멘 たろちゃんらぁめん(900엔)도 대중적으로 인기가 좋다. 모든 라멘은 100엔을 추가하면 곱빼기로 바꿀 수 있다. 비치된 김치는 마음껏 먹어도 된다.

[지도] MAP 24 Ⓓ [위치] 지하철 산노미야역 동8번 출구에서 도보 3분 [주소] 神戸市中央区中山手通1-10-10 [오픈] 10:00~03:50 [전화] 078-331-1075 [홈피] www.chinaroad-japan.com

🍴 그릴 스에마츠 グリル末松

제대로 된 일본식 경양식을 맛볼 수 있는 곳. 인기 메뉴 비프커틀렛 ビーフカツレツ(1404엔)은 적당히 익은 소고기에서 육즙이 배어나와 감칠맛이 난다. 게살에 크림을 넣어 반죽한 부드러운 소가 들어있는 카니크림고로케 カニクリームコロッケ(1404엔)와 속이 촉촉한 오므라이스 オムライス(918엔)도 추천할 만하다.

[지도] MAP 24 Ⓓ [위치] 지하철 산노미야역 동1번 출구에서 도보 10분 [주소] 神戸市中央区加納町2-1-9 [오픈] 11:30~14:30, 18:00~22:00 [휴무] 화요일 [전화] 078-241-1028 [홈피] grill-suematsu.com

🍴 라베누 L'AaVENUE

현지인들이 고베 최고의 케이크집이라고 극찬을 아끼지 않는 곳. 라베누의 셰프는 세계에서 유일한 초콜릿 대회인, 월드 초콜릿 마스터즈에서 2009년 우승을 차지했다. 초콜릿이 들어간 케이크 종류가 많고, 따로 초콜릿도 판매한다. 매장에 따로 자리가 마련되어 있지 않아 테이크아웃만 가능한데, 늦게 가면 케이크가 거의 다 팔려 없는 경우가 많다. 이곳 최고의 인기 케이크는 초콜릿 대회의 우승을 안겨준 모드 MODE(650엔)로 헤이즐넛과 살구, 초콜릿이 절묘한 맛을 낸다.

[지도] MAP 24 Ⓒ [위치] 지하철 산노미역 서3번 출구에서 도보 10분 [주소] 神戸市中央区山本通3-7-3 [오픈] 10:30~19:00(일요일, 공휴일 ~18:00) [휴무] 화·수요일, 부정기 [전화] 078-252-0766 [홈피] www.lavenue-hirai.com

니시무라 커피 にしむら珈琲店

1948년 약 9㎡ 규모의 작은 찻집으로 시작해 현재는 14개의 지점을 낸 커피 전문점. 어느새 고베를 찾으면 놓치지 말고 들러야 할 명소가 되었다. 고급스러운 북유럽풍의 인테리어에 외국인 손님도 많아 마치 유럽의 어느 카페에 와 있는 듯한 느낌으로, 커피뿐만 아니라 양과자와 케이크 역시 맛있기로 유명하다. 추천 메뉴는 니시무라오리지널블렌드 にしむらオリジナルブレンド(550엔)로, 쓴맛과 신맛이 적당히 균형을 이뤄 커피 본연의 맛을 느낄 수 있다. 바게트 샌드위치에 과일이나 샐러드가 곁들여 나오는 아침 메뉴 후르츠세트 フルーツセット(800엔)와 샐러드세트 サラダセット(800엔)도 인기가 많다.

지도 MAP 24 ⓒ 위치 지하철 산노미야역 동8번 출구에서 도보 5분 주소 神戸市中央區中山手通1-26-3 오픈 08:30~23:00 전화 078-221-1872 홈피 www.kobe-nishimura.jp

스타벅스 기타노이진칸점 STARBUCKS

고베 개항 당시 기타노 지역에 모여 살던 외국인들의 저택인 이진칸으로 된 스타벅스 콘셉트 스토어이다. 카페라기보다는 관광 명소로 더욱 사랑받는다. 해당 건물은 1907년에 건축된 2층 목조건물이며 1995년 대지진으로 피해를 입은 뒤 2001년 현재의 자리로 이전했다. 다른 이진칸에 입장료를 내고 들어가기보다 이곳에서 음료를 구입해 공간을 둘러보고, 시간을 보내며 즐기는 것을 추천한다.

지도 MAP 24 ⓒ 위치 지하철 산노미야역 동8번 출구에서 도보 10분 주소 神戸市中央區北野町3-1-31 오픈 08:00~22:00 전화 078-230-6302 홈피 www.starbucks.co.jp

☕ 프로인드리브 FREUNDLIEB

교회로 쓰이던 건물을 개조해서 만든 카페 겸 베이커리. 1층 베이커리에서는 다양한 정통 독일식 빵과 케이크를 판매하고, 높은 천장에 탁 트인 느낌이 좋은 2층 카페에서는 가벼운 식사류를 만날 수 있다. 특히 볼륨감 넘치는 다양한 샌드위치가 인기 있다. 매일 바뀌는 메인 메뉴와 수프, 아이스크림, 커피나 홍차를 포함한 런치 코스인 히가와리 런치 日替わりランチ(1296엔)를 주문하면 더욱 저렴하게 즐길 수 있다. 히가와리 런치는 평일 11:30~14:00에만 주문 가능하며, 수량이 한정되어 있으니 일찍 찾는 것이 좋다.

지도> MAP 24 ⓓ 위치> 지하철 산노미야역 동2번 출구에서 도보 10분 주소> 神戸市中央区生田町4-6-15 오픈> 10:00~19:00 휴무> 수요일 전화> 078-231-6051 홈피> freundlieb.jp

☕ 카페 케시퍼 CAFE KESHiPEARL

조용한 카페에서 홀로 휴식하고 싶은 사람에게 딱 좋다. 치즈케이크와 커피가 주메뉴로 더 치즈케이크 ザ・チーズケーキ(420엔)에는 4가지 치즈가 들어간다. 매일 다른 1~2종류의 치즈케이크를 준비하는 키마구레치즈케이크 気まぐれチーズケーキ(420엔)도 있다. 다양한 음료가 준비되어 있는데, 그중 마리아주 マリアージュ(560엔) 커피를 추천한다. 선택한 치즈케이크에 어울리는 블랙커피를 골라준다. 워낙 조용한 카페라 소곤소곤 말하고, 통화는 밖에서 해야 할 정도다. 사진을 찍을 때도 조용히, 플래시가 켜지지 않도록 찍는 센스가 필요하다. 금·토요일 오후 8시부터 10시까지는 침묵 카페로 운영해 잡담조차 금지된다.

지도> MAP 24 ⓕ 위치> 한신 산노미야역 동쪽 출구에서 도보 3분, 모모노키산노미야빌딩 もものき三宮ビル 2층 주소> 神戸市中央区御幸通6-1-25 오픈> 13:00~20:00 휴무> 수요일 전화> 078-203-1396 홈피> www.cafe-keshipearl.com

르 디망슈 Le Dimanche

파이 전문 브랑제리, 양과자 전문 파티시에, 그리고 이탈리아 요리 전문 큐이지네 등 3명의 전문가가 팀을 이뤄 운영하는 베이커리. 천연 효모로 자연 발효시켜 만드는 빵, 큐이지네가 솜씨를 발휘하는 델리 스타일의 빵, 그리고 파티시에가 다루는 데니슈와 가지각색의 빵을 즐길 수 있다. 1층에서 주문한 후 2~3층에 있는 카페테리아를 이용하면 된다. 토아 로드 중간쯤에 있다.

[지도] MAP 24 Ⓔ [위치] 지하철 산노미야역 서1번 출구에서 도보 5분 [주소] 神戸市中央区北長狭通3-12-16 [오픈] 08:00~19:00 [휴무] 부정기 [전화] 078-331-8760 [홈피] www.le-dimanche.jp

아라캉파뉴 ア・ラ・カンパーニュ

프랑스 남부 프로방스의 이미지를 살린 따뜻한 느낌의 타르트 전문점. 제철 과일을 중심으로 엄선한 재료를 듬뿍 사용한 타르트가 항상 진열되어 있다. 가장 인기 좋은 메뉴는 타르트 멜리멜로 タルト・メリメロ(702엔)로 키위, 자몽, 바나나, 딸기, 멜론 등 다양한 과일이 생생하게 살아있다. 가격대는 전체적으로 높은 편이지만 일단 한번 맛보면 비싸다는 생각이 싹 가실 정도로 맛있다.

[지도] MAP 24 Ⓔ [위치] 지하철 산노미야역 서1번 출구에서 도보 3분 [주소] 神戸市中央区下山手通2-5-5 [오픈] 12:00~23:00 [전화] 078-331-7110 [홈피] www.alacampagne.jp

디저트로 유명한 고베에서 가장 추천할 만한 베이커리를 한 곳만 손꼽으라면 단연 이곳이다. 고베 프렌치로 유명한 상점 콤시노와에서 직영하는 베이커리 카페이다. 빵의 종류가 무척 다양해 어느 것을 집어야 할지 망설여질 정도이고, 제철 과일을 충분히 사용한 데니슈는 먹는 것이 아까울 정도로 예뻐서 젊은 여성들에게 큰 인기를 얻고 있다.

블랑제리 콤시노와 ブランジェリーコムシノワ

[지도] MAP 24 Ⓕ [위치] 지하철 산노미야・하나도케마에역 3번 출구 바로 앞, 산노미야빌딩 三宮ビルディング 남관 B1층 [주소] 神戸市中央区御幸通7-1-16 [오픈] 08:00~18:00 [휴무] 수요일 [전화] 078-242-1506 [홈피] www.comme-chinois.com

PLUS AREA

롯코산
六甲山

어떤 곳일까?

고베시의 북쪽을 둘러싸고 있는 높은 산으로, 산속에는 골프장, 목장, 식물원, 호텔 등 자연을 친구 삼아 레저와 휴식을 즐길 수 있는 다양한 시설이 갖춰져 있다. 그중에서도 핵심적인 볼거리는 롯코산 목장과 롯코가든테라스. 자연과 동물로 힐링하고, 멋진 경치를 즐길 수 있는 장소들이다. 케이블카를 타고 산으로 올라가서 산상버스를 타고 이동해 목장을 먼저 둘러본 뒤 다시 산상버스를 타고 가든테라스로 이동해 즐기는 것을 추천한다.

홈피 www.rokkosan.com

어떻게 갈까?

고베 중심가에서 자동차로 약 30분 거리에 있다. 현지 사람들은 자동차로 가는 경우가 대부분이지만, 대중교통으로도 갈 수 있다. 일단 산노미야에서 오사카 방향으로 가는 전철을 이용한 뒤 시내버스를 타고 케이블역까지 가야 한다. 한큐 롯코역, JR 롯코미치역, 한신 미카게역에서 내려야 하며 시내버스 16·106번을 이용하면 롯코케이블시타역에 도착한다. 그 뒤 케이블카를 타고 이동하면 된다.

- 한큐 고베산노미야역→전철 7분(190엔)→한큐 롯코역 2번 출구→시내버스 16·106번 10분(210엔)→롯코케이블시타역
- JR 산노미야역→전철 6분(160엔)→JR 롯코미치역 1번 출구→시내버스 16·106번 20분(210엔)→롯코케이블시타역
- 한신 고베산노미야역→전철 6분(190엔)→한신 미카게역 북쪽 출구→시내버스 16번 30분(210엔)→롯코케이블시타역

📷 롯코케이블 六甲ケーブル

롯코산 위쪽까지 연결시켜주는 케이블카이다. 일반적으로 생각하는 로프에 매달려 이동하는 케이블카가 아니라 산 경사면을 타고 올라가는 것이다. 롯코케이블시타역에서 롯코산우에역까지 약 1.7km의 거리를 10분 동안 달린다. 고도차는 무려 493.3m으로 올라가면서 내려다보는 경치 또한 볼거리다.

[오픈] 07:10~21:10(20분 간격) [요금] 어른 왕복 1000엔, 편도 590엔/어린이 왕복 590엔, 편도 300엔

> **TIP 롯코의 유용한 승차권**
>
> ❶ 오모테롯코 주유 승차권 表六甲周遊乗車券
> 내용 롯코케이블카(왕복)+산상버스 프리패스(2일간 유효)
> 요금 어른 1350엔, 어린이 680엔
> 구입 롯코케이블시타역
>
> ❷ 롯코·아리마 편도 승차권 六甲·有馬片道乗車券
> 내용 롯코케이블카 편도+산상버스 프리패스+롯코아리마로프웨이 편도
> 요금 어른 1750엔, 어린이 880엔
> 구매 롯코케이블시타역, 롯코아리마로프웨이아리마온센역

📷 롯코산 목장 六甲山牧場

스위스 산악 목장을 이미지화해 만든 관광지로 방목된 동물들을 만날 수 있다. 사람과 동물, 자연의 만남을 주제로 하고 있으며 광활한 방목지를 양 떼와 말이 뛰어논다. 목장에는 방목된 양을 비롯해, 염소, 젖소, 양치기개, 말, 미니 돼지, 토끼, 오리가 있으며, 계절에 따라 양털깎이나 양몰이 등의 이벤트도 진행한다. 목장을 구경한 후에는 목장 안에 있는 치즈관에서 특제 유제품을 쇼핑하면 좋다.

[오픈] 09:00~17:00 [휴무] 11~3월 화요일(홈페이지 확인) [요금] 어른 500엔, 어린이 200엔 [전화] 078-891-0280 [홈피] www.rokkosan.net

📷 롯코가든테라스 六甲ガーデンテラス

전망대를 비롯해 멋진 야경을 보며 식사할 수 있는 음식점 등이 있다. 아름답게 꾸며진 테라스를 산책하거나 전망대에 올라가 고베의 멋진 풍경을 즐기는 데 그만이다. 특히 야경이 아름답기로 유명하다. 그리닛토 카페는 멋진 야경을 바라보며 식사를 즐길 수 있어서 고베의 데이트 코스로도 유명하다. 음식점 외에도 기념품점이나 잡화 편집숍, 액세서리숍 등도 있어 내려가기 전 쇼핑을 즐기기 좋다.

[오픈] 09:30~20:00(유동적, 홈페이지 확인) [전화] 078-894-2281

아리마 온천
有馬溫泉

PLUS AREA

어떤 곳일까?

롯코산 북쪽에 있는 온천 마을로 일본에서 가장 오래된 3대 온천 중 하나이다. 다이코노유도노칸과 도센진자를 제외하면 이렇다 할 볼거리는 없는 편지만 마을 어디를 가든 고즈넉한 분위기를 느낄 수 있다. 산책을 즐기듯이 가볍게 돌아본 후 온천 시설에 들러 온천욕을 즐기는 것을 추천한다.

어떻게 갈까?

고베 출발

고베 전철을 이용해 갈 수 있는데, 아리마구치역에서 두 노선으로 갈라진다. 아리마온센역까지 가는 아리마센을 이용하면 좋지만 직통은 몇 편 없어서, 보통 아리마구치역에서 갈아타게 된다. 한큐 또는 한신을 타고 신카이치역으로 가서 고베 전철로 갈아타거나(1시간 소요, 710엔) 지하철로 타니가미역에서 고베 전철로 갈아타면(45분 소요, 930엔) 된다. 버스로도 이동할 수 있는데, 산노미야 버스터미널(민트 고베 1층) 4번 승강장에서 한큐나 신키버스를 이용하면 된다. 50분(770엔) 정도가 걸린다. 간사이 쓰루패스가 있다면 어떤 경로든 교통비 부담 없이 이동할 수 있다.

- 한신 산노미야역/한큐 고베산노미야역-10분-신카이치역 新開地駅-고베 전철 40분-아리마온센역
- 산노미야역-지하철+호쿠신급행 15분-타니가미역 谷上駅-고베 전철 20분-아리마온센역
- 산노미야 버스터미널-버스 50분-아리마 온천 버스터미널

오사카 출발

오사카 한큐3번가의 우메다 버스터미널에서 한큐버스를 이용하는 것이 가장 편리하다. 약 1시간(1370엔)이 걸리며, 간사이 쓰루패스가 있다면 요금은 무료이지만, 버스 티켓은 창구로 가서 받아야 한다.

- 우메다 버스터미널-버스 1시간-아리마 온천 버스터미널

📷 아리마온센역 有馬温泉駅

지도 ▶ MAP 25 Ⓐ 위치 ▶ 고베 전철 아리마센 종점 주소 ▶ 神戸市北区有馬町字ウツギ谷266-2 홈피 ▶ www.shintetsu.co.jp

아리마 온천을 방문하는 대부분의 여행자는 고베 전철을 이용하게 되는데, 고베 전철 아리마센의 종착역이 바로 아리마온센역이다. 고베의 신카이치역 방면에서 출발하는 대부분의 열차가 미타센 직통편이기 때문에 신카이치역을 출발해 아리마온센역으로 바로 연결하는 열차는 아침저녁으로 몇 편밖에 없다.
따라서 대부분의 발착 열차는 아리마구치~아리마온센 구간의 열차이다. 역 바로 앞에는 아리마루프버스 有馬ループバス 정류장과 각 호텔의 송영버스 승차장이 마련되어 있다. 역 2층에는 무료 휴게실이 있고 바로 옆에는 편의점이 있다.
아리마온센역에 도착하면 제일 먼저 고베로 돌아가는 시각표를 확인하도록 한다. 전철이 자주 다니지 않으므로 미리 돌아가는 차편의 시간을 알아둬야 시간을 절약할 수 있다.

📷 다이코하시 太閤橋

아리마온센역을 빠져나와 아리마 온천 마을로 들어가는 입구에는 아리마가와 有馬川라는 작은 하천이 흐르는데, 이곳에 걸쳐 있는 다리이다. 다이코하시와 네네하시 사이의 아리마가와 有馬川에는 하천 변을 따라 산책을 즐길 수 있는 산책로가 형성되어 있다. 일몰 후에는 라이트업되어 색다른 풍경을 연출한다. 매년 4월이면 이곳에서 벚꽃축제가 개최된다. 온천 마을의 전형적인 풍경을 즐길 수 있는 곳으로 이곳에서부터 아리마 온천 마을이 시작된다고 보면 된다.
다이코하시에서 아리마온센역 방면으로는 온천 수증기가 뿜어져 나오는 광장이 있으며, 분수 옆에는 아리마 온천과 인연이 깊은 도요토미 히데요시 상이 있다.

지도 ▶ MAP 25 Ⓐ 위치 ▶ 아리마온센역 바로 앞

네네하시 ねね橋

[지도] MAP 25 Ⓐ [위치] 아리마온센역에서 도보 3분

아리마온센역을 빠져나와 아리마 온천 마을로 들어서서 아리마가와를 따라 걸어 올라가다 보면 아리마 온천 마을의 중심부에 있는 붉은색 다리가 눈에 들어온다. 이것이 바로 네네하시로, 네네 ねね의 동상과 함께 아리마의 상징이라 할 수 있다.
네네는 도요토미 히데요시의 부인으로 도요토미와 결혼할 당시 불과 14세였다고 한다. 아리마 온천을 좋아한 도요토미 히데요시가 부인인 네네를 데리고 이곳을 자주 찾았다고 하는데, 이를 기념하기 위해 네네하시라는 이름을 붙였다. 다리 앞에는 네네의 조각상이 서 있다.

도센진자 湯泉神社

[지도] MAP 25 Ⓐ [위치] 아리마온센역에서 도보 8분 [주소] 神戸市北区有馬町1908 [요금] 무료 [전화] 078-904-0418 [홈피] www.tousen.or.jp

아리마 온천을 처음 발견했다고 전해지는 신화시대의 두 신인 오나무치노미코토 大己貴命와 스쿠나히코나노미코토 少彦名命를 모시는 신사로 아리마 온천의 정신적인 지주 역할을 한다.
산 위에 있어 방문하기가 쉽지는 않지만, 주변 풍경이 수려하고, 옹기종기 모여 있는 온천 마을의 전경을 내려다볼 수 있다. 특히 아타고야마 愛宕山 중턱에 있는 절 온센지 温泉寺의 돌계단에서는 봄에는 벚꽃, 장마철에는 수국이 아름답게 피어나 계절마다 관광 명소로서의 가치를 십분 발휘한다. 헤이안 시대부터 아이를 잘 들어서게 하는 영험한 기운이 있다고 알려져 일본 전국에서 많은 사람이 찾는다.

다이코노유도노칸 太閤の湯殿館

[지도] MAP 25 Ⓐ [위치] 아리마온센역에서 도보 10분 [주소] 神戸市北区有馬町1642 [오픈] 09:00~17:00 [휴무] 둘째 수요일 [요금] 입장료 200엔 [전화] 078-904-4304 [홈피] arimaspa-kingin.jp/cont03/cont03-flm.htm

도요토미 히데요시의 유물을 전시한 박물관으로 고쿠라쿠지 極楽寺 경내에서 발굴된 히데요시의 탕치탕 유노야마고텐 湯山御殿을 복원하고 정비하여 1999년에 문을 열었다. 관내에는 안도 安土・모모야마 桃山 시대의 증기욕탕과 암석탕의 구조를 당시 모습 그대로 재현한 시설이 있다. 또 히데요시가 사용한 것으로 추정되는 여러 가지 도기도 함께 전시되어 있어 당시의 욕탕 문화를 엿볼 수 있다.

킨노유 金の湯

아리마 온천을 대표하는 당일치기 온천 시설로 아리마 온천의 2대 온천수 중 하나인 금천 金泉을 즐길 수 있다. 원래 아리마 온천 회관이 있던 자리를 개축한 것이다. 온천 마을의 풍경과 조화를 이루는 아담한 2층 건물로 되어 있는데, 온천 분위기를 잘 살린 욕탕 내부는 석조로 꾸며 중후한 맛이 있다. 건물 외부에는 무료로 이용할 수 있는 족욕탕 아시유 足湯 코너와 온천수를 마실 수 있는 음천장이 있다. 킨노유의 온천수는 철분을 다량 함유해 황금빛을 띠며, 혈액 순환을 촉진하는 효과가 탁월한 것으로 알려져 있다.

[지도] MAP 25 Ⓐ [위치] 아리마온센역에서 도보 5분 [주소] 神戸市北区有馬町 833 [오픈] 08:00~22:00 [휴무] 둘째·넷째 화요일(공휴일인 경우 다음 날), 1/1 [요금] 어른 650엔, 어린이 340엔(수건 별도) [전화] 078-904-0680 [홈피] arimaspa-kingin.jp

긴노유 銀の湯

킨노유와 더불어 아리마 온천을 대표하는 당일치기 온천 시설로 주변 환경과 잘 어울리는 나지막한 1층 건물이다. 긴노유는 황금빛을 띠는 킨노유에 대칭되는 개념으로 은천이라 부르지만 실제로는 무색투명한 탄산천이다.
관내에는 습식 사우나와 우타세바 うたせ湯 욕탕이 있는데, 사실 온천이라고 하기에는 어설픈 시설이라 김이 모락모락 나는 전형적인 온천탕을 생각하고 간다면 실망할 수도 있다. 따라서 아리마 온천의 진수를 느끼려면 메인 온천 시설인 킨노유를 먼저 이용하고 시간 여유가 있을 때 이곳을 이용하는 것이 좋다. 만약 킨노유와 긴노유를 모두 체험해 볼 생각이라면 세트 할인권을 사는 것이 경제적이다.

[지도] MAP 25 Ⓐ [위치] 아리마온센역에서 도보 8분 [주소] 神戸市北区有馬町 1039-1 [오픈] 09:00~21:00 [휴무] 첫째·셋째 화요일 [요금] 어른 550엔, 어린이 290엔(수건 별도) [전화] 078-904-0256 [홈피] arimaspa-kingin.jp

PLUS AREA

다카라즈카
宝塚

어떤 곳일까?

1887년 온천이 개발되면서 형성된 도시로 1914년 한큐 전철이 승객 유치를 위해 이 작은 도시를 무대로 다카라즈카 소녀가극단을 결성하면서 전국적으로 유명해졌다. 다카라즈카 가극단의 공연이 열리는 대극장을 비롯해 온천 시설, 동물원, 식물원, 과학관, 수영장, 골프장 등을 두루 갖춘 관광도시이다. 그리고 만화가 데즈카 오사무 手塚治蟲의 기념관과 도서관도 있어 많은 사랑을 받는다. 유럽의 작은 소도시가 연상 될 정도로 아기자기하고 예쁜 동네라서 산책하기에도 아주 좋다.

어떻게 갈까?

고베 출발

한큐 전철이나 JR을 이용해 갈 수 있다. 한큐 우메다행 특급열차를 타고 니시노미야기타구치역 西宮北口駅으로 이동한 후 다카라즈카행 노선으로 갈아타면(30분 소요, 280엔) 된다. 간사이 쓰루패스 이용자라면 교통비가 따로 들지 않는다. JR은 오사카행 쾌속열차를 이용해 아마가사키역 尼崎駅까지 이동한 다음 보통열차로 갈아타서 다카라즈카역으로 가면(40분 소요, 760엔) 된다.

오사카 출발

우메다 지역에서 한큐와 JR을 이용해 다카라즈카역으로 갈 수 있다. 한큐 우메다역에서 급행열차를 이용해 환승 없이 35분 만에 가거나, 고베행 특급열차를 이용해 니시노미야기타구치역 西宮北口駅까지 가서 환승해도 된다. 두 노선 모두 280엔이 들며 소요 시간도 같다. 간사이 쓰루패스 이용자라면 무료로 이용할 수 있다. JR은 JR 오사카역에서 쾌속열차를 타면 25분 만에 갈 수 있다.

📷 다카라즈카 대극장 宝塚大劇場

2년 이상의 전문 교육을 거친 미혼 여성 400명으로 구성된 다카라즈카 가극단의 본거지로 1924년에 처음 문을 열었다. 개장 당시 지은 극장이 노후해 이후 기존 극장을 허물고, 그 자리에 남유럽풍의 극장을 건축해 재개장했다. 대극장은 1층과 2층으로 구분되며 총 2550개의 객석을 갖추고 있다. 연간 약 450회의 공연이 열리고, 매년 평균 관객 동원 수는 약 110만 명에 이를 정도로 인기 있다. 공연이 없는 날에도 극장 시설은 개방한다.

|지도| MAP 26 ⓑ |위치| 한큐 다카라즈카역에서 도보 7분 |오픈| 10:00~17:00(공연에 따라 변동) |휴무| 수요일 |요금| SS석 1만 2000엔, S석 8300엔, A석 5500엔, B석 3500엔/당일 B석 2000엔, 입석 2500엔 |전화| 0570-00-5100 |홈피| kageki.hankyu.co.jp

📷 다카라즈카시립 데즈카 오사무 기념관 宝塚市立手塚治蟲記念館

일본 애니메이션의 아버지로 추앙받는 데즈카 오사무(1928~1989)를 기념하는 박물관. '자연, 사랑과 생명의 고귀함'을 테마로 한 이 기념관이 다카라즈카에 있는 이유는 바로 5세부터 24세 때까지 그가 다카라즈카에 살았던 인연 때문이다. 유럽의 고성을 모방한 기념관 내부에는 데즈카가 활동할 당시의 사진이나 직접 그린 원고, 애니메이션 원화 등이 전시되어 있다.

|지도| MAP 26 ⓑ |위치| 한큐 다카라즈카역에서 도보 10분 |오픈| 09:30~17:00 |휴무| 수요일, 12/29~12/31, 2/21~2/28, 부정기 |요금| 어른 700엔, 학생 300엔, 어린이 100엔 |전화| 0797-81-2970 |홈피| www.city.takarazuka.hyogo.jp/tezuka

♨ 네이처 스파 다카라즈카 ナチュールスパ宝塚

천연 온천 킨호센 金玉泉과 긴호센 銀玉泉을 이용한 욕탕을 기본으로 사우나, 바디 케어, 에스테, 암반욕 등 갖가지 시설을 갖춘 종합 온천 테마파크이다. 온천은 알몸으로 들어가는 내탕과 수영복을 입고 들어가는 노천 자쿠지로 나뉜다. 온천 시설 외에도 휴게실과 이탈리안 레스토랑도 있어 가족여행객에게 안성맞춤이다. 기본 입욕료만 내면 대부분의 시설을 이용할 수 있지만, 암반욕과 에스테틱은 별도 요금을 지불해야 한다.

|지도| MAP 26 Ⓐ |위치| 한큐 다카라즈카역에서 도보 3분 |오픈| 평일 09:30~23:00, 주말 09:30~21:00 |휴무| 첫째 목요일 |요금| 남자 820엔, 여자 1020엔 |전화| 0797-84-7993 |홈피| www.naturespa-takarazuka.jp

AREA 02

베이 에어리어
ベイエリア

모토마치역부터 고베 앞바다로 이어지는 꽤 넓은 지역이다. 옛 거류지 부근에는 유럽풍의 고풍스러운 건물과 고급 브랜드의 상점이 밀집해 있다. 바다가 맞닿은 메리켄 파크와 하버랜드는 아름다운 야경으로 유명하다. 고베 여행에 많은 시간을 투자할 수 없다면 다른 지역은 포기하더라도 이곳은 꼭 한번 들러보길 권한다.

베이에어리어
이렇게 여행하자

모토마치역에서부터 난킨마치, 옛 거류지까지 번화한 쇼핑 스트리트가 연이어 늘어서 있다. 여기서부터 메리켄 파크와 하버랜드도 모두 걸어서 이동할 수 있으므로 느긋하게 산책을 즐기는 기분으로 돌아보는 것이 좋다. 하지만 걷기 힘들고 핵심만 쏙 골라 보고 싶다면 시티루프버스를 이용해 바로 가는 것도 괜찮다. 근처에 있는 JR, 전철이나 지하철역으로는 한신·한큐 코소쿠고베역, JR 고베역, 지하철 하버랜드역이 있다. 대부분 역에서 하버랜드까지 도보 10분 정도 걸린다.

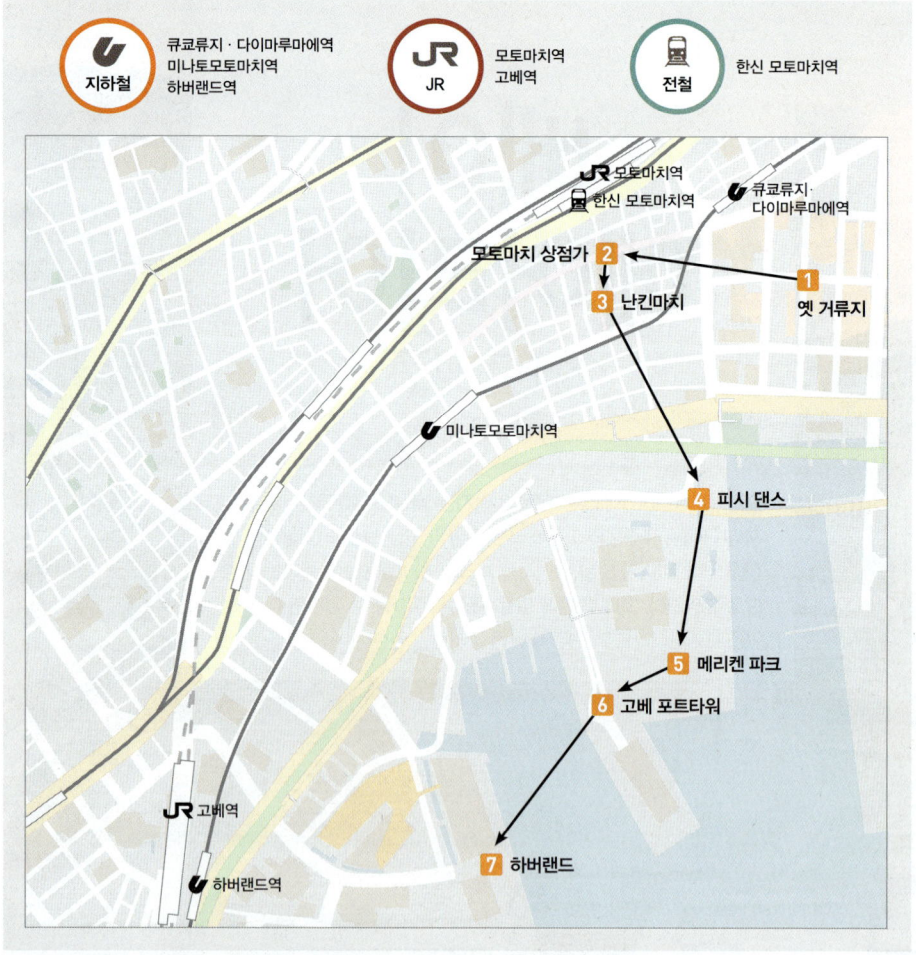

지하철
큐쿄류지·다이마루마에역
1번 출구

▶▶▶ 3분

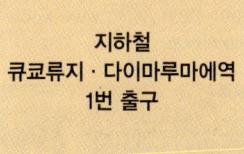
1 옛 거류지
p.487

▶▶▶ 5분

2 모토마치 상점가
p.486

▼ 3분

3 난킨마치
p.486

◀◀◀ 8분

4 피시 댄스
p.488

◀◀◀ 5분

5 메리켄 파크
p.488

▼ 3분

6 고베 포트타워
p.489

▶▶▶ 7분

7 하버랜드
p.490

📷 모토마치 상점가 元町商店街

모토마치는 도쿄의 긴자, 오사카의 신사이바시 등과 더불어 역사 깊은 상점가로 유명하다. 고베의 옛 모습과 분위기를 고스란히 간직하고 있는데, 1번가부터 6초메까지 약 1.2km에 달한다.

1번가에서 3초메까지는 유명 브랜드 제품과 고급 과자 등 전통을 자랑하는 일류 명품점이 많아 쇼핑을 즐기는 외국인이 많다. 4초메에서 6초메까지는 이전 거리에 비해 화려하지는 않지만 중고 서점, 골동품점 등 아기자기하고 재미있는 분위기의 상점이 많다. 일본 3대 차이나타운 중 하나인 난킨마치가 바로 옆에 있고 개항 시대에 서양인들이 거주했던 옛 거류지도 이곳에서 가까워 지도 한 장 손에 들고 산책을 즐기기에 좋다.

산노미야와 모토마치는 불과 전철 한 정거장 거리로 부담 없이 걸어갈 수 있다.

지도〉MAP 27 ⓒ 위치〉한신·JR 모토마치역 동쪽 출구에서 도보 5분 전화〉078-391-0831 홈피〉www.kobe-motomachi.or.jp

📷 난킨마치 南京町

일본의 3대 차이나타운 중 하나로 간사이 최대 규모를 자랑한다. 1868년에 고베가 개항되고 외국인 전용 거류지가 마련되었지만 당시 중국의 청나라와는 통상조약이 체결되지 않았기 때문에 화교는 거류지에서 살 수 없었다. 이 때문에 외국인 전용 거류지 주변에 화교들이 하나둘 모여 살기 시작했고 이렇게 난킨마치가 형성되었다.

동서 300m 정도의 좁은 골목길에는 중화요리점과 갖가지 잡화점이 들어서 있으며 주말에는 간식거리 노점도 자리를 잡아 꽤 번잡하고, 사람들로 북적인다.

지도〉MAP 27 ⓒ 위치〉한신·JR 모토마치역 동쪽 출구에서 도보 5분 전화〉078-332-2896 홈피〉www.nankinmachi.or.jp

지도〉 MAP 27 ⓓ 위치〉 지하철 산노미야·하나도케마에역 2번 출구에서 도보 5분 주소〉 神戸市中央区加納町6-5-1 오픈〉 08:15〜21:00 전화〉 078-331-8181 홈피〉 www.city.kobe.lg.jp

📷 고베시청 神戸市役所

고베의 중심인 산노미야역에서 매우 가까운 곳에 자리 잡고 있는 고베 시청 건물은 지상 30층, 높이 132m 규모이다. 이곳 24층에는 무료로 고베의 멋진 전망을 감상할 수 있는 전망대가 있는데, 야경이 아름답기로 유명한 비너스 브리지나 누노비키 허브엔, 롯코산 전망대만큼은 아니어도 아쉬운 대로 고베의 야경을 볼 수 있다. 고베 시청을 찾아가려면 산노미야역에서 플라워 로드를 따라 남쪽으로 걸어 내려가면 된다.

지도〉 MAP 27 ⓒ 위치〉 지하철 큐쿄류지·다이마루마에역 1번 출구에서 도보 3분 홈피〉 www.kobe-kyoryuchi.com

📷 옛 거류지 旧居留地

옛 거류지는 영국인 선교사가 외국인 거주지로 설계해 정비한 마을이다. 다이마루 고베점을 경계로 개항 시대 당시의 모습을 그대로 재현한 15번관을 비롯해 고전적인 분위기의 골동품 가구점과 커피숍이 있는 쇼센미츠이빌딩 商船三井ビル, 고베의 역사적인 유물을 전시한 고베시립박물관 神戸市立博物館과 조명에 대한 역사와 문화를 알기 쉽게 전시한 고베램프뮤지엄 神戸ランプミュージアム 등이 있다. 메이지 시대에서 쇼와 시대 초기에 세워진 서양관이나 근대 건축물은 일몰 후부터 라이트업 조명에 불을 밝힌다.

📷 메리켄 파크 メリケンパーク

고베항 옆에 있는 공원으로 방파제 사이를 매립해 만든 공원이다. 이 공원에 가는 이유는 공원에 있는 고베 포트타워와 고베 해양박물관을 가까이서 보거나, 하버랜드의 전경을 보기 위함이다. 고베 포트타워와 고베 해양박물관은 굳이 입장료를 내고 안까지 들어가기보다는 그냥 가까이서 외관을 감상하는 정도가 적당하다. 하버랜드는 우미에와 관람차에 불이 들어오는 밤에 더 예쁘게 빛난다.

[지도] MAP 27 Ⓚ [위치] 지하철 미나모토마치역 1번 출구에서 도보 10분 [홈피] www.kobe-meriken.or.jp

📷 피시 댄스 フィッシュ・ダンス

메리켄 파크 북쪽에 위치한 유명 건축가 프랭크 오웬 게리와 안도 타다오가 함께 작업해 만든 조형물이다. 높이가 무려 22m나 되는 잉어 모양의 동상으로 고베항 개항 120주년을 기념해 세운 것이다. 표면에 붉은 녹이 슬자 고베시에서 핑크색 칠을 했다가, 작가가 '작품에 대한 모욕'이라고 항의해 다시 복원한 웃지 못할 일화가 있다. 옆으로는 간단한 식사와 음료를 즐길 수 있는 '피시 카페'와 '피시 댄스 홀'이라는 다목적 홀이 있다.

[지도] MAP 27 Ⓖ [위치] 지하철 큐쿄류지·다이마루마에역 1번 출구에서 도보 10분

[지도] MAP 27 Ⓖ [위치] 지하철 큐쿄류지·다이마루마에역 1번 출구에서 도보 10분

📷 고베항 지진 메모리얼 파크 神戸港震災メモリアルパーク

1995년 1월 17일 발생한 한신·아와지 대지진의 처참했던 모습을 보여주는 공원. 지진에서 얻은 교훈과 일본 내외의 사람들이 하나가 되어 복원에 힘쓴 모습을 후세에 전하고자 만들었다. 진도 7.3의 강진은 많은 것을 파괴했는데, 기울어진 가로등과 무너져 내린 방파제의 모습이 당시의 처참했던 모습을 보여준다. 메리켄 파크의 일부를 피해 당시 그대로의 상태로 보존하고 있으며, 바로 옆에는 당시의 피해 상황과 복구 과정을 담은 사진과 영상도 전시되어 있다.

📷 고베 해양박물관 神戶海洋博物館

메리켄 파크 내에 있는 바다, 배, 항구를 테마로 한 박물관. 고베 포트타워와 함께 고베의 상징이라고 할 수 있는 곳으로 고베의 아름다운 야경을 소개하는 사진에 빠지지 않고 등장한다. 해양박물관으로는 세계에서 손꼽는 규모로 1987년에 고베 개항 120주년을 기념해서 개관했다.

파도와 배의 돛을 상징하는 독특한 철골 프레임으로 만든 지붕이 있으며, 일몰 후에는 푸른빛으로 라이트업되어 낮과는 전혀 다른 분위기를 연출한다. 고베항과 갖가지 종류의 배를 소개하는 실내 전시 시설 외에도 야마토1 ヤマト1, 산타마리아 サンタマリア 등의 배를 전시하는 실외 전시장이 있다.

지도 MAP 27 Ⓖ 위치 지하철 미나토모마치역 2번 출구에서 도보 10분 주소 神戸市中央区波止場町2-2 오픈 10:00~17:00 휴무 월요일, 12/29~1/3 요금 입장료 600엔, 고베 포트타워 통합권 1000엔 전화 078-327-8983 홈피 www.kobe-maritime-museum.com

📷 고베 포트타워 神戸ポートタワー

360도 파노라마 전망을 즐길 수 있는 타원형 전망대. 고베의 랜드마크로 메리켄 파크의 서쪽에 있다. 세계 최초의 파이프 구조로 만들어진 타워의 높이는 108m에 달하며, 91m 높이에 있는 전망층은 모두 600명을 수용할 수 있는 넓이이다. 엘리베이터를 이용해 전망대에 올라가면 동쪽으로는 오사카, 서쪽으로는 아와지시마, 남쪽으로는 간사이국제공항, 북쪽으로는 롯코산을 조망할 수 있다. 일본 최초로 라이트업 조명이 설치된 건축물이라는 기록을 갖고 있으며, 타워 내부에는 매점·레스토랑·게임 코너·전망대 등이 있다.

지도 MAP 27 Ⓕ 위치 지하철 미나토모마치역 2번 출구에서 도보 5분 주소 神戸市中央区波止場町5-5 오픈 09:00~21:00(12~2월 ~19:00) 요금 입장료 700엔, 고베 해양박물관 통합권 1000엔 전화 078-391-6751 홈피 www.kobe-port-tower.com

📷 나카톳테이 중앙 터미널 中突堤中央ターミナル

메리켄 파크와 하버랜드의 중간에 있는 유람선 선착장. 아름다운 항구도시 고베의 풍경을 바다에서 감상할 수 있는 다양한 배가 출항한다. 이곳에서 출항하는 유람선으로는 오션프린스 オーシャン・プリンス, 로열프린세스 ロイヤルプリンセス(40~45분 운항, 1200엔) 등이 있다. 가격대가 조금 나가더라도 식사도 즐길 수 있는 레스토랑 유람선을 타고 싶다면 콘체르토 コンチェルト, 루미나스고베2 ルミナス神戸2 등을 알아보자. 승선은 이곳이 아닌 하버랜드의 모자이크 앞, 오리엔탈 호텔 2층의 여객 터미널에서 한다.

지도 MAP 27 Ⓕ 위치 지하철 미나토모마치역 2번 출구에서 도보 15분 오픈 평일 08:30~20:30, 주말 08:15~21:00 홈피 www.shintetsu.co.jp/kamomeria/index.html

📷 하버랜드 ハーバーランド

`지도` MAP 27 ⓙ `위치` 지하철 하버랜드역 3번 출구에서 도보 5분 `주소` 神戸市中央区東川崎町1 `전화` 078-360-3639 `홈피` www.harborland.co.jp

19세기 말에는 물류 창고가 있던 부두였지만 지금은 대형 쇼핑센터, 호텔로 꽉 차있다. 메리켄 파크에서 하버랜드의 멋진 전망을 감상할 수 있다면, 하버랜드에서는 거꾸로 메리켄 파크와 그곳에서 밝게 빛나는 고베 포트타워의 야경이 볼만하다. 해변 산책로를 따라 벤치가 놓여있어, 잠시 앉아 여유롭게 야경을 즐길 수 있다. 모자이크 2층에 있는 휴식 공간에는 메리켄 파크가 정면으로 보이는 좌석이 있어 전망을 즐기며 느긋하게 쉬어갈 수 있다.

📷 호빵맨 박물관 神戸アンパンマンこどもミュージアム＆モール

간사이 지역 최초의 호빵맨 테마 박물관. 내부에는 아이들이 몸을 쓰며 즐길 수 있는 놀거리가 가득하고, 쇼핑몰에는 각종 한정 상품과 호빵맨을 테마로 한 먹거리를 판매한다. 특히 입체감이 살아있는 캐릭터 빵은 아이들의 눈과 입 모두 즐겁게 해줄 것이다 (개당 310엔~). 어린이 전용 미용실도 있어 도전 삼아 들러볼 수도 있다. 스탬프를 받으면 나갔다가 재입장도 가능하다. 미취학 아동의 입장료에는 기념품이 포함되어 있다.

`지도` MAP 27 ⓙ `위치` 지하철 하버랜드역 3번 출구에서 도보 10분 `주소` 神戸市中央区東川崎町1-6-2 `오픈` 10:00~18:00(쇼핑몰 ~19:00) `휴무` 1/1 `요금` 입장료 1800엔(쇼핑몰 무료) `전화` 078-341-8855 `홈피` www.kobe-anpanman.jp

🎁 우미에 & 모자이크 Umie & MOSAIC

`지도` MAP 27 ⓙ `위치` JR 고베역에서 도보 5분 `주소` 神戸市中央区東川崎町1-7-2 `오픈` 10:00~21:00(시설에 따라 다름) `전화` 078-382-7100 `홈피` umie.jp

노스 몰, 사우스 몰, 모자이크 3개의 동으로 이루어진 초대형 쇼핑몰. 노스 몰과 사우스 몰은 하버 로드와 가스등 거리를 연결하는 건물로 개방감 넘치는 건물 내부를 정원처럼 꾸몄고, 높은 유리 천장에서 쏟아지는 햇살 아래 열대식물이 우뚝 서 있다. 모자이크는 3층 규모의 복합 쇼핑센터로 이국적인 풍취를 자랑한다. 상점은 저마다 독특한 개성이 있어 둘러보는 것만으로도 매우 즐겁다. 음식점과 극장, 게임 센터 등 젊은 취향의 다양한 놀이 시설이 있고, 계절별로 다양한 이벤트가 개최된다. 해 질 무렵 2층 테라스에서 바라보는 메리켄 파크의 야경은 너무나 아름답다.
JR 고베역에서 모자이크까지 이어지는 길이 350m의 거리는 가스등으로 장식된 가로수가 거리를 밝혀주는, 일명 가스등 거리라 불리는 로맨틱한 길이다.

🍴 타치바나 たちばな

달걀반죽에 아카시산 문어를 넣어 동그랗게 구워낸 아카시야키 전문점이다. 보통 다시국물에 적셔 먹는데, 국물은 담백한 편이다. 오히려 간이 센 사람은 조금 심심하게 느껴질 수 있는데, 그런 경우 테이블에 비치된 소스를 취향대로 뿌려 먹으면 된다. 이곳 메뉴는 아카시야키(10개 620엔) 한 가지이니 몇 인분 필요한지만 말하면 된다. 내부가 좁은 편이라 대기해야 하는 경우가 많은데, 회전율이 빨라 자리는 금방 난다.

[지도] MAP 27 ⓒ [위치] 지하철 큐쿄류지·다이마루마에역 2번 출구에서 도보 2분 [주소] 神戸市中央区三宮町3-9-4 [오픈] 11:00~19:30 [휴무] 10월 셋째 월요일, 연말연시 [전화] 078-331-0572

🍴 모리야쇼텐 森谷商店

본래 정육점으로, 일본 왕실에까지 납품한 적이 있을 만큼 고급 육류를 취급한다. 최고 인기 메뉴는 뭐니뭐니해도 하루에 2000~3000개씩 무섭게 판매되는 고로케, 모리야노고로케 森谷のコロッケ(90엔)이다. 그 자리에서 튀겨낸 따끈한 고로케는 가격도 저렴해 출출할 때 간식으로 그만이다. 다진 고기로 속을 채워 튀겨낸 모리야노민치카츠 森谷のミンチカツ(130엔)도 바삭한 튀김옷과 부드러운 육즙이 그대로 살아있어 만만찮게 인기가 좋다.

[지도] MAP 27 ⓒ [위치] 지하철 큐쿄류지·다이마루마에역 2번 출구에서 도보 2분 [주소] 神戸市中央区元町通1-7-2 [오픈] 09:00~19:00(튀김류 10:30~18:30) [전화] 078-391-4129 [홈피] moriya-kobe.co.jp

🍴 로쇼키 老祥記

지도) MAP 27 ⓒ 위치) 한신·JR 모토마치역 서쪽 출구에서 도보 3분 주소) 神戸市中央区元町通2-1-14 오픈) 10:00~18:30 휴무) 월요일 전화) 078-331-7714 홈피) www.roushouki.com

부타망 ぶたまん이라 불리는 돼지고기를 넣은 중국식 만두를 처음 만들어 낸 원조집. 현재 4대에 걸쳐 운영할 만큼 역사가 깊다. 특히 2대 째에는 손님들이 하도 드나들어 손잡이에 구멍이 뚫릴 정도였는데, 그때의 문은 지금 가게에서도 여전히 볼 수 있다. 가게에서 먹고 가거나 테이크아웃 해서 바로 앞 광장에서 먹어도 된다. 줄이 길지만 회전율이 빨라 오래 기다리지 않아도 된다. 인기의 부타망은 3개 270엔이다.

🍴 스테이크하우스 미디움레어 Steak House Medium Rare

지도) MAP 27 ⓒ 위치) 지하철 큐쿄류지·다이마루마에역 1번 출구에서 도보 10분, 오리엔탈 호텔 ORIENTAL HOTEL 17층 주소) 神戸市中央区京町25 오픈) 11:30~14:30, 17:30~21:00 휴무) 부정기 전화) 078-326-1577, 050-5868-9105(예약) 홈피) www.orientalhotel.jp/restaurant/shop/detail_02.html#first-resevation-tab02

오리엔탈 호텔 17층에 위치한 스테이크 전문점. 고급스러운 공간 속 눈앞에는 메리켄 파크와 하버랜드, 고베의 아름다운 바다가 펼쳐진다. 셰프는 식사 속도를 체크하며 알맞은 타이밍에 음식을 내준다. 모든 런치 메뉴는 코스로 구성되어서 적은 양의 스테이크를 시켜도 애피타이저부터 디저트, 음료까지 준다. 추천 메뉴는 가격 대비 구성이 좋은 함박스테이크 & 스테이크 런치로 함박스테이크와 와규스테이크(50g)가 함께 제공된다. 햄버그 양(75g 3500엔, 150g 4000엔)에 따라 가격이 다르다. 고베규(80g 10000엔)도 있다.

☕ 간논야 観音屋

따뜻한 치즈케이크가 일품인 복고풍 카페. 꼭 먹어봐야 할 메뉴는 오리지널 덴마크치즈케이크 オリジナルデンマークチーズケーキ로, 음료 세트(700엔~)로 판매하며 포장도 가능하다. 부드러운 스펀지케이크 위에 덴마크 특유의 전통 방식으로 제조한 블렌드 치즈를 얹어 구워내, 따뜻하고 진한 맛의 치즈와 달콤한 스펀지케이크가 조화를 이루며 입에서 살살 녹는다. 선물용(4개 1400엔, 6개 2100엔)으로도 판매하는데 상온에서 1일, 냉장고에서는 5일간 보관 가능하니 기회가 된다면 사오는 것도 좋다.

지도 MAP 27 ⓑ 위치 한신·JR 모토마치역 서쪽 출구에서 도보 1분 주소 神戸市中央区元町通3-9-23 오픈 11:00~22:00 전화 078-391-1710 홈피 www.kannonya.co.jp

☕ 나나스 그린티 nana's green tea

녹차를 테마로 한 모던 스타일 카페. 어렵고 복잡한 다도 문화 대신, 전 세계 누구나 간편하게 일본식 녹차인 맛차 抹茶를 즐길 수 있도록 한 곳이다. 흰색과 녹색으로 디자인된 실내는 통창을 통해 햇빛이 가득 들어와 기분 좋다. 음료 메뉴는 녹차와 팥을 베이스로 한 라테, 소다, 쉐이크와 커피 등 몹시 다양하다. 특히 교토에서 맛볼 수 있는 전통 디저트를 쉽게 접할 수 있고, 정갈하게 차려내는 깔끔한 덮밥 메뉴는 마음까지 건강해지는 기분이다. 가격대는 음료 470~750엔, 디저트 530~1010엔, 식사 660~1060엔.

지도 MAP 27 ⓙ 위치 지하철 하버랜드역 3번 출구에서 도보 3분 주소 神戸市中央区東川崎町1-7-2 오픈 10:00~20:00 전화 078-335-5377 홈피 www.nanaha.com

☕ 모토마치 케이크 MOTOMACHI CAKE

디저트로 유명한 고베에서도 손에 꼽는 인기 베이커리 중 한 곳으로 합리적인 가격대의 맛있는 케이크를 맛볼 수 있다. 모토마치 상점가에서 살짝 떨어진 곳에 위치하지만 매일 많은 사람이 방문한다. 매장에서 다양한 종류의 케이크를 만들어 내지만 그중에서도 스펀지케이크에 생크림과 딸기가 토핑으로 올라간 자쿠로 ざくろ(270엔)가 가장 유명하다. 카페에 자리를 확보한 후 주문하러 가야 한다.

지도 MAP 27 ⓕ 위치 지하철 미나모토마치역 1번 출구에서 도보 3분 주소 神戸市中央区元町通5-5-1 오픈 베이커리 08:30~19:00, 카페 09:00~18:45 휴무 수요일 전화 078-341-6983

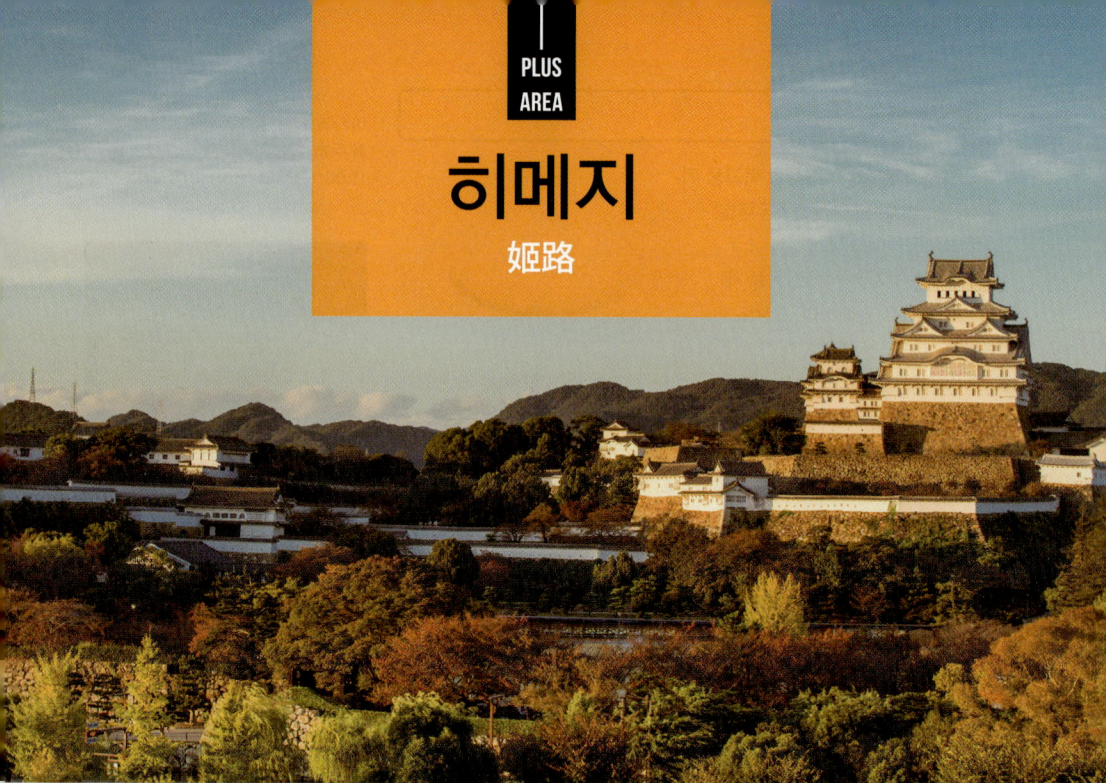

히메지
姫路

어떤 곳일까?

고베의 작은 도시이지만 일본에서 유일하게 원형 그대로의 모습을 유지한 히메지성이 있어 방문할 가치가 있다. 이동 시에는 오사카에서 히메지까지 가는 한신 전철 교통비만 왕복 2560엔이 들어서 간사이 쓰루패스를 이용하는 것이 경제적이다. JR 간사이 패스가 있다면 JR 오사카역에서 히메지로 가는 것이 좋다. JR 히메지역이나 산요 히메지역에 도착한 뒤 성까지는 도보 15분 정도가 걸린다. 시내버스(100엔)로도 갈 수 있지만 평일 배차 간격이 30분으로 긴 편이다.

어떻게 갈까?

고베 출발

한신이나 JR 전철을 이용해 갈 수 있다. 한신 전철은 산노미야역에서 산요 히메지행 직통특급을 이용하면 갈아탈 필요 없이 바로 간다. 약 70분이 소요되며 요금은 960엔이 나오는데, 간사이 쓰루패스 이용자라면 무료로 이용 가능하다. JR의 경우 JR 산노미야역에서 쾌속열차에 탑승하면 약 40분 만에 도착한다. 요금은 970엔이 나오며, JR 간사이 패스로는 무료이다.

- 한신 산노미야역-70분-산요 히메지역
- JR 산노미야역-40분-JR 히메지역

오사카 출발

오사카에서 히메지로 바로 간다면 우메다 지역에서 한신과 JR을 이용하는 것이 편리하다. 한신 우메다역에서 산요 히메지행 직통특급열차를 이용하면 약 100분 안에 환승 없이 바로 간다. 요금은 1280엔이 나오는데, 간사이 쓰루패스 이용자라면 무료로 이용 가능하다. JR의 경우 JR 오사카역에서 쾌속열차에 탑승하면 약 1시간이 걸린다. 요금은 1490엔이 나오는데, JR 간사이 패스 이용자라면 무료이다.

- 한신 우메다역-100분-산요 히메지역
- JR 오사카역-60분-JR 히메지역

📷 히메지성 姫路城

유네스코 세계문화유산

|위치| 산요 히메지역에서 도보 15분
|주소| 兵庫県姫路市本町6 |오픈| 09:00
~17:00(4/27~8/31 ~18:00) |휴무|
12/29~30 |요금| 입장료 어른 1000엔,
어린이 300엔/고코엔 공통권 어른 1040
엔, 어린이 360엔 |전화| 079-222-1146
|홈피| www.himejicastle.jp

히메지의 상징이라 할 수 있는 성(城)으로 1993년 12월에 나라의 호류지와 함께 일본 최초로 유네스코 세계문화유산에 등록되었다. 외벽이 새하얀색으로 되어 있어 마치 백로가 들판 위를 나는 우아한 모습을 닮았다고 해서 일명 백로성, 일본어로 시라사기조 白鷺城라고 부르기도 한다. 축성 이후에 몇 차례의 전화와 재난에도 무사히 원형을 유지해, 현재 일본에서 원형 그대로 남아 있는 유일한 성이다. 하지만 원형이라고는 해도 1956년부터 8년에 걸친 복원 작업을 거쳐 1964년 현재의 모습으로 다시 태어났다. 히메지성은 워낙 규모가 큰 데다 볼거리가 많아서 주요 건물만 둘러보는 데도 1시간 30분 정도가 소요된다.

📷 고코엔 好古園

1992년 히메지시 100주년을 기념하여 조영된 지천회유식 정원이다. 에도 시대의 토지 분할 방식으로 서로 다른 멋을 살린 9개의 정원으로 구성되며 그 면적은 약 3만3000㎡나 된다. 유네스코 세계문화유산인 히메지성을 배경으로 한 아름다운 정원으로, 히메지성만 보고 그냥 발걸음을 돌리기 아쉬울 때 들러보면 좋다. 히메지성 입구에 있는 다리 오른쪽에 정원 입구가 있다.

|위치| 산요 히메지역에서 도보 15분
|주소| 兵庫県姫路市本町68 |오픈|
09:00~17:00(4/27~8/31 ~18:00)
|휴무| 12/29~30 |요금| 어른 300엔, 어린이 150엔 |전화| 079-289-4120 |홈피|
www.himeji-machishin.jp/ryokka/
kokoen

나라

―

나라 공원
니시노쿄
이카루가

QUICK VIEW
나라 한눈에 보기

나라의 동쪽은 나라 공원이 널찍하게 자리하고, 서쪽으로 니시노쿄, 남쪽에 이카루가가 있다. 빠듯한 일정으로 간사이를 여행한다면 나라에 투자할 시간이 많지 않으므로 효율적인 여행을 위해 방문할 권역을 살펴보자.

 나라 공원 奈良公園

킨테츠 나라역 동쪽에는 사슴이 뛰노는 광대한 나라 공원이 있으며, 그 남쪽으로는 나라의 옛 정서를 느낄 수 있는 나라마치가 있다. 모두 도보로 돌아볼 수 있는 거리지만 체력에 부담이 된다면 자전거를 빌리거나 시내 버스를 적절히 활용하는 것이 좋다.

 니시노쿄 西ノ京

나라시 서쪽 교외에 있는 지역으로 사실 나라 공원만큼 볼거리가 풍성한 것은 아니다. 나라 여행이 두 번째라면 한 번쯤 방문해볼 만하지만, 첫 방문에 시간이 빠듯하다면 이 지역보다는 나라 공원을 집중적으로 보기를 권한다.

 이카루가 斑鳩

일본에서 처음으로 세계문화유산으로 등록된 호류지를 중심으로 모두 4개의 사찰을 둘러보는 코스이다. 불교 예술에 특별히 관심이 많은 경우가 아니라면 호류지 하나만 보는 걸로 충분하다.

나라 공원 奈良公園

- 나라 유스호스텔
- 나라오쿠야마 드라이브웨이
- ❶ 나라 공원
- 도다이지
- 와카쿠사야마
- 나라여자대학
- NHK
- 신오미야역 新大宮
- 나라시청
- 나라현청
- 킨테츠 나라역 近鉄奈良駅
- 나라국립박물관
- 나라 공원 奈良公園
- 고후쿠지
- 가스가타이샤
- JR 나라역 JR 奈良
- 사루사와이케
- 나라마치센터
- 간고지
- 신야쿠시지
- 현립정보도서관
- 나라마치 ならまち
- 나라교육대학
- JR 사쿠라이센 JR 桜井線
- JR 간사이혼센(야마토지센) JR 関西本線(大和路線)
- 교바테역 京終
- 이카루가(호류지) 방향

HOW TO GO
나라로 가는 방법

간사이국제공항에서 나라까지는 리무진버스로 약 1시간 25분 소요된다. 하지만 대부분의 여행자들이 오사카·교토를 여행하다가 나라로 이동하므로 여기서는 가장 많이 이용하는 효율적인 교통편을 소개한다.

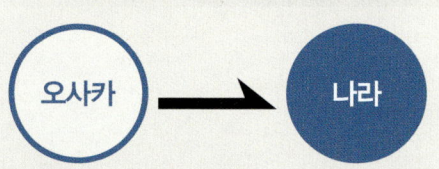

🚆 킨테츠 전철

오사카 도톤보리에서 나라로 이동할 때는 킨테츠 닛폰바시역에서 출발하는 것이 더 가깝고 편리하다. 킨테츠 난바역에서 출발해도 요금은 동일하다. 이동 시간은 40분 정도가 소요된다. 간사이 쓰루패스를 소지했다면 무료 이용 가능하고, 일반 요금은 560엔이다. 열차는 특급이 가장 빠르지만 운행 횟수가 적고 510엔의 추가 요금을 내야 하므로, 특급 다음으로 빠른 쾌속급행이나 쾌속을 이용하는 것이 좋다.

홈피 www.kintetsu.co.jp

🚆 킨테츠 전철

킨테츠 교토역에서 나라역으로 간다. 급행 기준 50분 소요되고, 간사이 쓰루패스 소지자는 무료. 일반 요금은 급행과 보통 모두 620엔이며, 급행보다 약 10분 빠른 특급은 510엔의 추가 요금을 내야 한다.

홈피 www.kintetsu.co.jp

🚆 JR 전철

JR 난바역, 텐노지역, 신이마미야역, 오사카역에서 타면 되는데, 규호지역이나 오지역에서 갈아타야 한다. 나라역까지 45분 정도 소요되고, 요금은 560엔이다. 도착하는 JR 나라역은 킨테츠 나라역과 달리 시가지에서 조금 떨어진 곳에 있다.

홈피 www.jr-odekake.net

🚆 JR 전철

JR 교토역에서 나라역으로 가려면 보통열차, 혹은 쾌속열차인 미야코지 みやこ路를 타면 된다. 보통열차를 이용하면 약 1시간 소요되지만 쾌속열차는 약 45분 걸린다. 요금은 710엔이다. 참고로 교토에서 나라로 가는 JR 나라센은 보도인으로 유명한 우지를 경유한다.

홈피 www.jr-odekake.net

CITY TRAFFIC
나라 시내 교통

나라의 주요 관광 명소는 대부분 나라 공원 주변에 모여 있으므로 따로 대중교통을 이용할 필요 없이 도보로도 충분하다. 하지만 나라 시내를 벗어난 지역에 위치한 니시노쿄나 이카루가 지역을 돌아보려면 적절히 대중교통을 이용해야 한다.

🚲 자전거

나라 공원을 중심으로 여행할 때 가장 편리한 교통수단이다. 도보로도 충분히 돌아볼 수 있는 거리지만, 자전거를 빌리면 더욱 편리하고 낭만적이다. 킨테츠 나라 역에서 가까운 거리에 대여점이 있으며, 대여료는 500엔부터이다. 일반 자전거뿐만 아니라 3단 변속 자전거, 산악자전거, 전동자전거도 있어 취향에 맞게 고를 수 있다.

🚌 버스

나라 여행은 도보로 산책하듯이 걸어 다니거나 자전거를 타고 다니는 것이 가장 편리하지만, 많이 걷는 것이 불편하거나 자전거를 타기 어렵다면 버스를 이용하자. 나라 교통국에서 운영하는 시내버스의 기본 요금은 210엔이며 탑승 거리에 따라 요금이 추가된다. 대부분의 버스는 JR 나라역과 킨테츠 나라역을 경유하며, 버스 이용 횟수에 따라 1일 승차권(500엔)을 구입하는 것이 유리할 수도 있다.

> **TIP** 나라 렌털사이클 奈良レンタサイクル
> 위치 킨테츠 나라역 7번 출구에서 도보 2분
> 주소 奈良市高天市町22-1
> 오픈 3~11월 08:30~17:00, 12~2월 09:00~15:00
> 요금 500엔~
> 홈피 nara-rent-a-cycle.com

> **TIP** 나라 공원·니시노쿄 세계유산 1일 승차권
> 奈良公園·西の京 世界遺産 1 Day Pass
> 나라 시내와 니시노쿄 지역의 시내버스를 하루 동안 무제한으로 이용할 수 있는 승차권. 나라 공원 내의 주요 명소인 도다이지·고후쿠지 등과 나라마치 일대, 니시노쿄 지역의 헤이조큐세키·야쿠시지를 돌아볼 때 유용하다.
> 발매 나라 각 관광안내소
> 요금 어른 500엔, 어린이 250엔
> 홈피 www.narakotsu.co.jp/rosen/free-ticket

BEST COURSE
나라 추천 코스

나라의 주요 명소는 크게 도다이지, 고후쿠지 등이 모여 있는 나라 공원 지역과
야쿠시지, 도쇼다이지가 있는 니시노쿄 지역, 그리고 일본에서 가장 먼저 유네스코 세계문화유산으로
등록된 호류지가 있는 이카루가 지역으로 구분할 수 있다. 이중에서 가장 인기 여행지인
나라 공원 주변을 둘러보는 데는 4~5시간이면 충분하지만,
니시노쿄나 이카루가 지역까지 함께 돌아보려면 하루를 꼬박 투자해야 한다.

 JR, 또는 킨테츠를 이용한 나라 핵심 코스

나라에 왔다면 꼭 가봐야 할 나라 공원과 유네스코 세계문화유산으로 등록된 호류지를 방문하는 핵심 1일 코스. 나라 공원에서 호류지로 이동할 때는 JR이 훨씬 편리하므로 전체적인 일정의 기준을 JR로 잡았다. 하지만 호류지를 제외한 나라 공원 지역만 방문하려면 킨테츠를 이용하는 것이 편리하므로 선택한 일정에 따라 어떤 교통편, 어떤 패스를 사용할 것인지 미리 따져보는 것이 좋다.

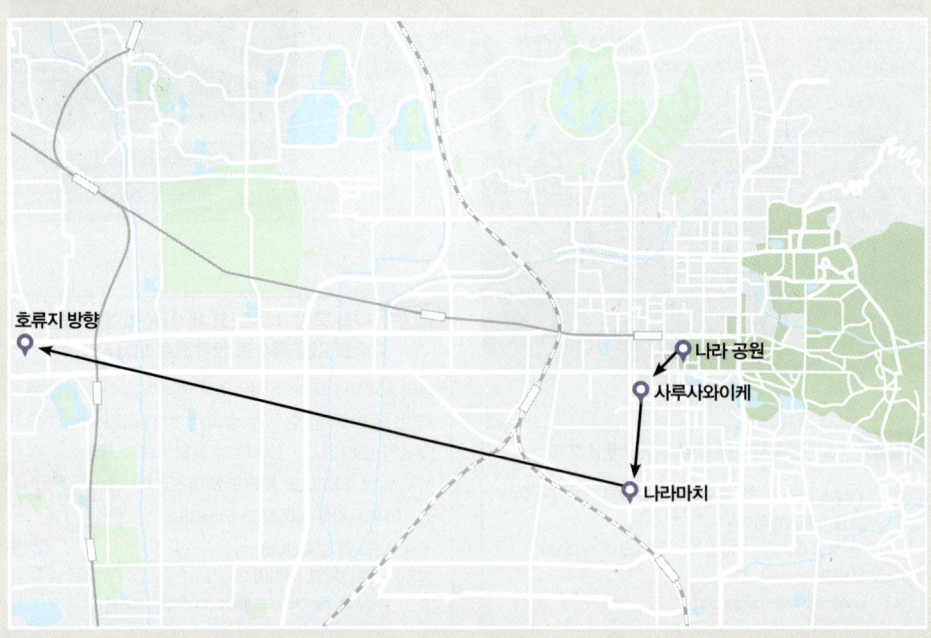

- JR 나라역 동쪽 출구

▶▶▶ 15분

1 나라 공원·고후쿠지
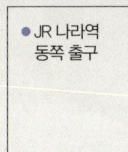
p.508

▶▶▶ 3분

2 나라국립박물관

p.514

▶▶▶ 5분

3 도다이지

p.511

▼ 10분

7 나라마치
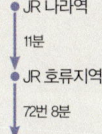
p.516

◀◀◀ 5분

6 사루사와이케

p.509

◀◀◀ 20분

5 가스가타이샤
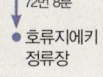
p.514

◀◀◀ 15분

4 와카쿠사야마
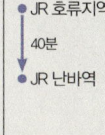
p.515

▼ 20분

- JR 나라역
  ↓ 11분
- JR 호류지역
  ↓ 72번 8분
- 호류지몬마에 정류장

▶▶▶ 2분

8 호류지
p.534

▶▶▶ 2분

- 호류지몬마에 정류장
  ↓ 72번 8분
- 호류지에키 정류장

▶▶▶ 1분

- JR 호류지역
  ↓ 40분
- JR 난바역

NARA PARK

AREA
01

나라 공원
奈良公園

킨테츠역에서 동쪽으로 조금만 걸어 올라가면 바로 사슴이 뛰노는 광대한 나라 공원이 나온다. 녹음이 싱그러운 나라 공원 내에는 고후쿠지, 도다이지, 가스가타이샤 등 나라를 대표하는 문화유산이 있으며, 킨테츠 나라역의 남쪽에는 나라의 옛 정서를 느낄 수 있는 나라마치가 있다.

나라 공원
이렇게 여행하자

킨테츠 나라역에 도착하면 제일 먼저 1층에 있는 관광안내소에서 한글로 된 나라 시내 지도와 버스 노선도를 챙긴 후 여행을 시작하자. 참고로 JR 나라역 내에도 관광안내소가 있다. 나라 공원 지역을 돌아보는 데는 대략 5시간 정도 예상하면 되지만, 나라국립박물관과 도다이지에서 시간을 많이 지체할 경우 하루로도 부족할 수 있으니 시간 안배를 적절히 하는 것이 좋다.

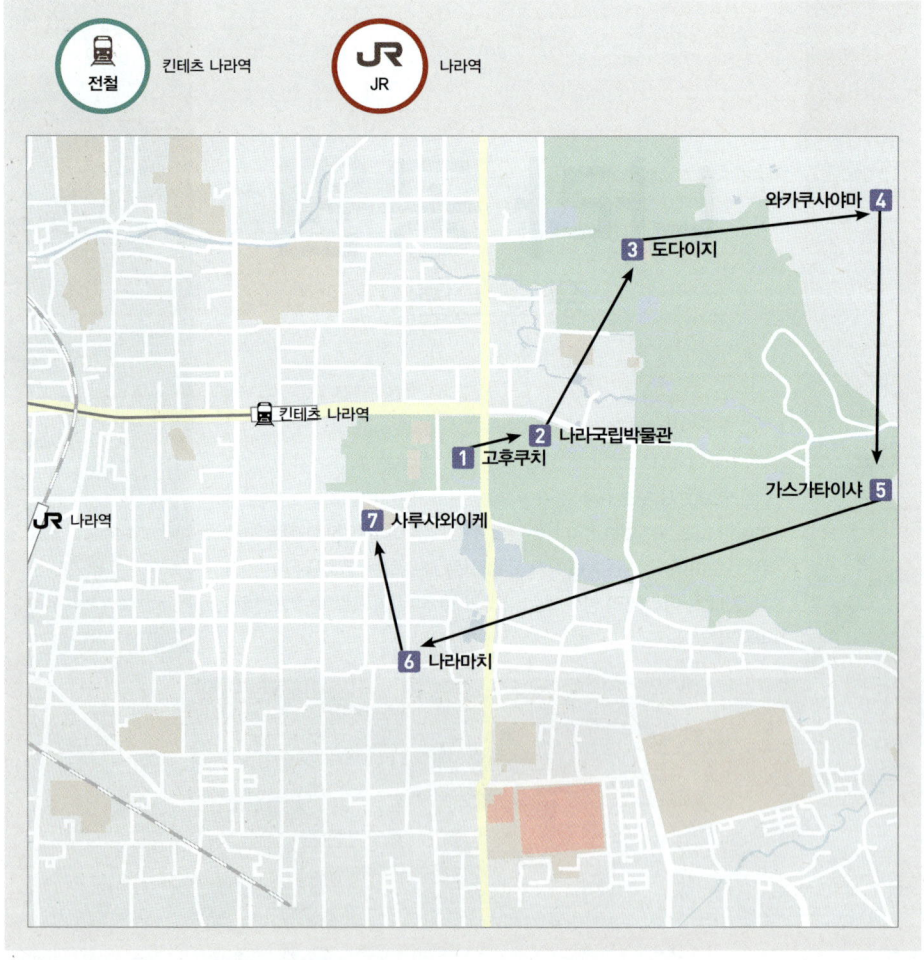

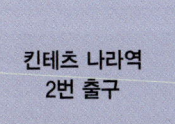   

킨테츠 나라역 2번 출구	도보 5분	**1** 고후쿠지 p.509	도보 3분
			2 나라국립박물관 p.514

도보 5분

5 가스가타이샤 p.514 ← 15분 ← **4** 와카쿠사야마 p.515 ← 10분 ← **3** 도다이지 p.511

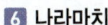 20분

6 나라마치 p.516 → 5분 → **7** 사루사와이케 p.509

TIP 나라의 번화가

나라 시내의 번화가는 킨테츠 나라역과 JR 나라역을 연결하는 산조도리 三條通り 일대와 킨테츠 나라역 바로 옆의 히가시무키도리 東向通り 상점가이다. 나라 공원 여행을 시작하기 전에 도시락을 사거나, 여행을 마친 후 식사 또는 기념품 쇼핑을 하고 싶다면 하가시무키도리 상점가를 따라 산조도리로 가면 된다.

나라 공원 奈良公園

동서 4km, 남북 2km에 이르는 드넓은 부지에 자리 잡고 있으며 사슴 약 1200마리가 노닐고 있어 사슴 공원으로 잘 알려져 있다. 공원 내에는 고후쿠지 興福寺, 도다이지 東大寺, 가스가타이샤 春日大社, 나라국립박물관 奈良國立博物館 등이 자리 잡고 있어 언제나 수학여행 온 학생들이나 관광객들로 붐빈다.

공원은 따로 울타리 없이 24시간 개방하고 있고 입장료도 없다. 공원 안과 주변에 있는 사슴들은 엄연히 야생동물이니 조심히 대하는 것이 좋다. 새끼 사슴을 낳는 5~6월과 번식기인 9~11월에는 예민한 경우가 많으니 특히 조심해야 한다.

또한, 공원 입구에는 사슴 먹이인 시카센베 鹿煎餅를 파는 노점상이 줄지어 있으며, 이 과자를 먹기 위해 사슴들이 모여든다. 사람이 먹는 음식을 주는 것은 사슴의 건강을 해치는 것이니 절대 하지 말아야 한다.

지도 MAP 28 ⓒ 위치 킨테츠 나라역 2번 출구에서 도보 5분
전화 0742-22-0375(관리사무소) 홈피 nara-park.com

> **TIP** 사슴의 무늬 변화
>
> 나라 사슴은 봄과 가을에 털갈이를 한다. 봄 털갈이 후에는 털이 빠진 자리에 하얀 털이 자라, 여름에는 새끼 사슴 같은 하얀 점박이 무늬를 볼 수 있다. 가을철 털갈이는 겨울을 보내기 위한 것이므로 뻣뻣한 털이 자라 진할 갈색의 털로 덮여 있다. 예쁜 무늬가 있는 사슴을 만나고 싶다면 여름철에 방문하는 것을 추천한다.

📷 사루사와이케 猿沢池

원래 고후쿠지 경내에 있던 둘레 360m의 연못. 고후쿠지의 상징이라 할 수 있는 고주노토와 연못 주변을 둘러싸고 있는 수양버들이 한데 어울려 멋진 풍경을 연출해 나라 8경 중 하나로 손꼽힌다. 나라 시가지와 가까운 곳에 있어 나라 시민들의 휴식처로 사랑받는 곳이기도 하다. 고후쿠지에서 해마다 개최하는 방생회의 연못이기도 해서 연못 내에는 많은 수의 거북과 잉어가 살고 있으며 산책로도 잘 정비되어 있다.

지도 MAP 28 ⓑ 위치 킨테츠 나라역 2번 출구에서 도보 7분 주소 奈良市芝大路町49 전화 0742-22-0375

📷 고후쿠지 興福寺

유네스코 세계문화유산

킨테츠 나라역에서 나라 공원으로 걸어 올라가다 보면, 멀리서도 한눈에 들어오는 탑이 있다. 이 탑이 바로 고후쿠지의 고주노토 五重塔로 나라 공원 중앙에 자리 잡고 있다. 고후쿠지는 8세기부터 약 500년이란 오랜 세월 동안 세력을 떨친 귀족 후지와라 藤原 가문이 710년에 창건한 사찰로 전성기에는 사찰 건물이 무려 175개에 이를 정도로 대단한 규모였지만, 겐페이전쟁이 한창이던 1180년 12월 다이라노 시게히라 平重衡의 방화로 도다이지와 함께 절의 대부분이 소실되었다. 이후 승려 초겐이 여생을 건 노력으로 1195년에 재건했으며, 이후 메이지 원년인 1868년에 나온 신불분리령에 의해 절이 해체되면서 절을 둘러싸고 있던 작은 사원들도 모두 철거되어 나라 공원의 일부가 되어버렸다. 화려했던 시절과는 비교가 되지 않지만, 지금도 여전히 웅장한 모습을 자랑하는 고주노토를 비롯해 많은 건물이 남아있는 고후쿠지는 인근의 도다이지 東大寺와 함께 유네스코가 지정한 세계문화유산으로 등록되었다.

지도 MAP 28 ⓑ 위치 킨테츠 나라역 2번 출구에서 도보 5분 오픈 24시간(도콘도·고쿠호칸 09:00~17:00) 요금 경내 무료(도콘도 300엔, 고쿠호칸 600엔, 통합권 800엔) 전화 0742-22-7755 홈피 www.kohfukuji.com

◆ Zoom in

도콘도
東金堂
1

고후쿠지에 있던 3개의 곤도 金堂 중 하나로 쇼무 聖武 일왕의 발원으로 726년에 처음 세워졌지만, 두 차례의 전란을 겪어 소실된 후 1415년에 재건한 것이다. 무로마치 시대에 다시 만든 것이지만 규모와 형식 모두 처음 만들었을 당시대로 복원해 덴표 天平 시대의 양식을 그대로 간직하고 있다. 당내에 안치된 동조약사삼존상중 중앙의 본존은 1411년의 화재 이후에 다시 만든 무로마치 시대의 작품이지만, 양옆의 보살상은 나라 시대의 작품이다.

고주노토
五重塔
2

나라 공원의 상징이라 할 수 있는 고주노토의 높이는 50.8m로 에도 시대 이전에 세워진 탑으로서는 교토에 있는 도지 東寺에 이어 2번째로 높은 것이다. 고묘 光明 일왕의 발원으로 730년에 처음 세워졌으나 겐페이전쟁이 한창이던 1180년 12월 다이라노 시게히라의 방화로 소실된 후 지금의 탑은 무로마치 시대인 1426년에 재건한 것이다. 사루사와이케 猿澤池 연못에 비친 고주노토의 모습은 나라를 대표하는 절경 중 하나로 손꼽힌다.

난엔도
南円堂
3

고후쿠지 경내에는 남쪽의 난엔도 南円堂와 북쪽의 호쿠엔도 北円堂, 이렇게 2개의 팔각정이 있다. 그중 규모가 좀 더 큰 난엔도는 813년에 처음 세워졌지만, 수차례의 전란으로 소실된 후 에도 시대인 1789년에 재건한 것이다. 평소에는 일반에 공개되지 않지만 매년 10월 17일 하루만 특별히 공개한다.

고쿠호칸
国宝館
4

고후쿠지의 중요 문화재를 보관·전시하는 곳으로 옛 식당을 모방한 사원 건축양식으로 지어졌다. 건물 내에 국보급 보물을 비롯해 중요 문화재 40여 점을 전시하고 있다. 이곳에 전시된 문화재 중 가장 유명한 것은 얼굴 3개에 팔이 6개인 아수라상 阿修羅像이다.

📷 도다이지 東大寺

유네스코 세계문화유산

도다이지는 불교 화엄종의 본산으로 일본을 대표하는 사찰 중 하나이다. 세계 최대 규모를 자랑하는 목조 건축물인 다이부츠덴과 그 내부에 안치되어 있는 높이 16m, 무게 약 25t의 대불로 유명하다.

절이 처음 세워질 당시의 수도였던 헤이조쿄 平城京의 동쪽(東)에 있는 큰(大) 절이라고 해서 도다이지라 이름이 붙여졌다. 창건 당시에는 절의 중심에 위치한 다이부츠덴 大仏殿 외에 높이 약 100m에 달하는 동서 2개의 7중탑을 포함한 대가람이었지만, 중세 이후 병화를 겪으면서 많은 건물이 소실되었다. 현존하는 대불은 일부만 원래 있었던 것일 뿐, 나머지는 수차례에 걸쳐 소실과 복원을 반복했다. 그뿐만 아니라 대불이 있는 다이부츠덴 역시 두 차례에 걸쳐 소실된 후 에도 시대인 18세기 초에 재건된 것으로 창건 당시에 비해 모양도 많이 바뀌고 크기 3분의 2로 축소되었다. 그런데도 도다이지의 다이부츠덴과 대불은 시야를 압도할 정도로 장쾌한 스케일을 자랑한다. 경내 참배는 무료이며 다이부츠덴, 산가츠도, 가이단도를 볼 때는 입장료가 600엔씩 필요하다. 불교 미술에 특별한 관심이 있는 경우가 아니라면, 다이부츠덴에만 입장료를 내고 들어가는 정도가 적당하다.

[지도] MAP 28 Ⓑ [위치] 킨테츠 나라역 2번 출구에서 도보 12분 [오픈] 4~10월 07:30~17:30, 11월~3월 08:00~17:00 [요금] 경내 무료(다이부츠덴 600엔, 산가츠도 600엔, 가이단도 600엔, 통합 입장권 1000엔) [전화] 0742-22-5511 [홈피] www.todaiji.or.jp

Zoom in

난다이몬
南大門 **1**

도다이지의 정문이다. 창건 당시에 처음 만들었던 난다이몬은 962년 8월에 태풍으로 소실되었고, 지금의 것은 가마쿠라 시대인 1119년에 도다이지를 부흥한 승려 초겐 重源이 재건한 것이다. 5간 3척의 이중문으로 하층은 천장이 없는 허리지붕 구조이다. 중앙의 3칸은 연결 통로지만 좌우 양쪽의 2칸에는 목조 금강역사상이 안치되어 있다.

산가츠도
三月堂 **2**

산가츠도는 도다이지의 전신이라 할 수 있는 곤슈지 金鐘寺의 건물로 도다이지에서 가장 오래된 건축물이다. 덴표 시대에 만들어진 본당을 중심으로 가마쿠라 시대에 만든 예당이 부설된 정면 5칸, 측면 8칸의 건물로 서로 다른 2개의 건축양식이 조화를 이루고 있다. 당내에는 다수의 불상이 안치되어 있다. 산가츠도 내부를 견학하려면 입장료 600엔을 내야 한다.

목조 금강역사 입상
木造金剛力士立像 **3**

난다이몬의 좌우에 있는 높이 8.4m의 거대한 목상으로 문을 향해 오른쪽에는 입을 다물고 있는 금강역사 음형이, 왼쪽에는 입을 벌리고 있는 금강역사 아형이 안치되어 있다. 이것 역시 가마쿠라 시대인 1203년에 난다이몬을 재건하면서 다시 만든 것으로, 당대의 천재적인 조각가인 운케이와 가이케이 快慶가 합작, 부하 25명을 지휘해 75일 만에 완성했다고 한다.

가이단도
戒壇堂 **4**

가이단 戒壇이란 승려가 승려로서 지켜야 할 계율을 받는 것으로, 이곳에서 계율을 받지 않으면 정식 승려로 인정받지 못했다. 일본 불교의 중흥에 큰 영향을 미친 당나라의 승려 감진 鑑眞이 755년에 창건한 것이지만 이후 화재로 소실되었고 현재의 건물은 1733년에 재건한 것이다.

다이부츠덴
大仏殿 5

난다이몬의 북쪽에 위치하며 붉은 칠을 한 중문과 회랑으로 둘러 싸여 있다. 창건 이래 화재를 2번 겪어 완전히 소실되었으며 현재의 건물은 1709년에 재건한 것이다. 창건 당시와 비교하면 정면의 폭이 동서로 2칸 정도 좁아지고 모습도 달라졌지만, 높이 48.74m, 폭 57.01m, 깊이 50.48m의 위용은 세계 최대의 목조 건축물로서 손색이 없다. 내부에는 다이부츠라 불리는 본존 비로자나불 毘盧舍那仏 좌상이 안치되어 있다. 뒤쪽으로 돌아가면 사람들이 모여 있는 것을 볼 수 있는데 이곳에는 다이부츠덴을 지탱하는 독특한 기둥이 있다. 아름드리 기둥 하단부에는 구멍이 뚫려 있는데, 이곳을 통과하면 머리가 좋아지거나 1년간 액땜이 된다는 말이 있다.

비로자나불
毘盧遮那仏 6

나라의 대불이라 불리는 도다이지의 본존 비로자나불은 노자나불 혹은 자나불이라고도 한다. 산스크리트어로 태양이라는 뜻인데, 불지 仏智의 광대무변함을 상징하는 화엄종의 본존불이다. 대불의 높이는 14.98m이며 얼굴 길이만 4.8m, 손바닥 길이가 3.1m에 달한다. 대불의 손바닥 위에 어른 16명이 동시에 서 있을 수 있을 정도로 큰 불상이다. 매년 8월 7일에 거행되는 어신 御身 닦기 연중행사 때는 약 250명의 승려가 이른 아침부터 대불전 천장에 둥근 짚 의자를 새끼줄로 줄줄이 매달고, 거기에 걸터앉아 대불의 얼굴과 몸을 닦는데, 이 대청소는 TV 뉴스에 소개될 정도로 장관이다.

니가츠도
二月堂 7

산가츠도의 바로 북쪽에 들어선 건물로 매년 3월 풍년과 민생의 편안함을 기원하는 슈니에 修二会 행사가 개최되는 곳으로 유명하다. 건물 이름이 니가츠도가 된 것도 슈니에가 옛날에는 음력 2월에 개최되었던 것에 연유한다. 이곳에서는 도다이지의 다이부츠덴과 나라 시가지가 한눈에 보이는 전망을 맘껏 즐길 수 있지만, 니가츠도의 내부는 공개되지 않으므로 볼 수 없다. 다이부츠덴의 동쪽 산 와카쿠사야마 若草山 기슭에 있다. 언덕길을 따라 끝없이 이어지는 돌계단을 따라 올라가야 해서 힘들긴 하지만, 높이 올라가는 만큼 멋진 전망을 볼 수 있어 보람이 있다.

지도 MAP 28 ⓑ 위치 킨테츠 나라역 2번 출구에서 도보 8분 주소 奈良市登大路町50 오픈 09:30~17:00 휴무 월요일, 1/1 요금 어른 520엔, 어린이 무료 전화 050-5542-8600 홈피 www.narahaku.go.jp

📷 나라국립박물관 奈良国立博物館

메이지유신 이후 도쿄 우에노에 있는 국립박물관에 이어서 1895년에 세운 두 번째 국립박물관으로 본관은 중요 문화재로 지정되어 있다. 나라 공원 내에 자리하며 역사와 전통이 살아 숨 쉬는 고대 예술 작품 중 가치 있는 것들을 수집·전시하고 있다. 특히 불교 예술과 관련한 수많은 걸작을 보유한다. 박물관은 1894년에 지은 나라불상관·청동기관과 1973년에 일본 고대의 건축양식인 아제쿠라즈쿠리 校倉造 양식으로 지은 동신관·서신관으로 구성되어 있으며 전체 시설을 돌아보는 데는 대략 1시간 정도가 소요된다. 매년 가을에는 쇼소인 正倉院에서 보관하는 특별한 유물들을 전시하는 쇼소인전 正倉院展을 개최하며, 일본어가 가능하다면 자원봉사 가이드에게 전시장 안내를 부탁할 수도 있다. 작품에 대한 전문적이고 풍부한 상식을 알기 쉽게 설명해주므로 전시장 관람이 더욱 즐거워진다.

📷 가스가타이샤 春日大社

유네스코 세계문화유산

지도 MAP 28 ⓒ 위치 킨테츠 나라역 2번 출구에서 도보 25분 주소 奈良市春日野町160 오픈 4~9월 06:00~18:00, 10~3월 06:30~17:00 요금 경내 무료(보물전 500엔, 신엔 500엔) 전화 0742-22-7788 홈피 www.kasugataisha.or.jp

8세기를 주름 잡았던 이 지역의 권력자인 후지와라 藤原 가문의 씨족신을 모시기 위해 710년에 창건한 신사. 나라 공원의 가장 안쪽에 있다. 사루사와이케 猿澤池에서 동쪽으로 난 길을 따라 걸어가면 이치노토리이 一の鳥居가 보이고, 여기에서부터 가스가타이샤 경내까지 1km에 달하는 긴 참배로가 이어진다. 경내에는 일본의 국보와 중요 문화재를 전시하는 보물관이 있으며, 신사 주변에는 무려 3000개가 넘는 석등이 길 양쪽으로 늘어서 있어 장관을 연출한다. 이 석등의 수를 모두 센 사람은 장수한다는 이야기가 전해져 내려온다.
주요 볼거리로는 국보급 중요 문화재를 전시하고 있는 보물전 宝物殿과 아름다운 정원 신엔 神苑(만엽식물원 萬葉植物園)이 있다. 신엔에는 일본에서 가장 오래된 가집인 만요슈 萬葉集에 등장하는 식물 약 300종류가 아름다움을 뽐내고 있다. 매년 8월에는 가스가타이샤에 있는 석등에 불을 밝히는 주겐만토로 中元万燈籠 행사가 개최되는데, 이 시기에는 진풍경을 감상하기 위해 각지에서 관광객이 몰려온다.

📷 와카쿠사야마 若草山

나라 공원의 동쪽 지역에 완만하게 솟아 있는 해발 342m의 산으로 산 전체가 싱그러운 잔디로 덮여 있어 가볍게 오르기 좋다. 봄가을에만 입산할 수 있으며, 매년 1월 성인의 날 하루 전날에 산을 태우는 행사인 야마야키 山燒き 마츠리가 개최되는 장소로 유명하다. 산 정상에 올라서면 도다이지의 다이부츠덴과 나라 공원은 물론 나라 시가지 전체를 조망할 수 있어 새로운 일본 3대 야경의 하나로 선정되기도 했다.

잘 가꾼 산책로가 나 있어 그 길을 따라 오르면 되고 와카쿠사야마 드라이브웨이 若草山ドライブウェイ를 지나 정상 근처까지 올라가는 버스도 있다.

지도 MAP 28 ⓒ 위치 킨테츠 나라역 1번 출구에서 도보 25분 오픈 3월 셋째 토요일~12월 둘째 일요일 09:00~17:00 요금 어른 150엔, 어린이 80엔 전화 0742-22-0375

📷 나라현청 옥상 전망대 奈良県庁屋上展望台

나라의 경관이 한눈에 들어오는 곳. 특히 동쪽에서 남쪽으로 펼쳐지는 나라 공원의 모습과 도다이지의 다이부츠덴, 와카쿠사야마, 고후쿠지의 고주노토 등을 가까이에서 볼 수 있다. 엘리베이터에서 내리면 휴게실이 있는데, 여기서 계단을 걸어 올라가면 옥상에 도착한다. 건물 자체가 높지는 않지만, 탁 트인 야외 전망대에서 숨을 고르며 쉬어가기 좋다. 바로 아래층에는 비교적 가성비가 좋은 식당가도 있다.

지도 MAP 28 ⓑ 위치 킨테츠 나라역 1번 출구에서 도보 10분 주소 奈良市登大路町30 오픈 평일 08:30~17:30(4~5월 ~19:00, 7~8월 08:00~), 주말 10:00~17:00 휴무 12/26~1/3(계절에 따라 다름) 요금 무료 전화 0742-27-8406

📷 나라마치 奈良町

사루사와노이케에서 남쪽으로 조금만 걸어 내려가면 행정 지명으로는 존재하지 않는 마을인 나라마치가 있다. 마을 초입에 있는 나라마치 센터를 먼저 방문한 후 마을에 들어서면 에도 시대 말기부터 메이지 시대 초기의 가옥들이 드문드문 남아 있는 풍경을 볼 수 있다. 교토의 기온 하나미코지나 신바시처럼 전통적인 건축물이 무리를 지어 늘어선 것은 아니지만 레트로한 분위기로 낭만적이다. 나라마치 일대에는 나라 오리엔트관, 시(市)의 자료관, 공예미술관 등의 전시 시설이 다양하게 있으니 마음 내키는 대로 들어가서 구경해보자.

지도 MAP 28 Ⓔ 위치 킨테츠 나라역 4번 출구에서 도보 7분 주소 奈良市中院町21 전화 0742-26-8610 홈피 www.naramachiinfo.jp

📷 간고지 元興寺

유네스코 세계문화유산

고대 불교 사원으로 본래 소가노 우마코 蘇我馬子가 아스카 飛鳥에 세웠던 일본에서 가장 오래된 절 호코지 法興寺를 나라로 옮겨지면서 신축한 것이다. 지금은 그다지 크지 않은 사원이지만, 건립 당시에는 나라 7대 사찰 중 하나로 손꼽힐 정도로 번창한 사찰이었다. 15세기와 19세기 2번에 걸친 큰 화재로 여러 건물이 소실되면서 오랜 역사를 지닌 건물은 몇 남지 않게 되었다. 절에서 가장 잘 보존된 부분은 극락방 極楽坊으로 유네스코 세계문화유산으로 지정된 곳이다. 극락방 본당과 극락실 지붕에는 건립 당시의 기와 수천 개가 아직까지 그대로 사용되고 있다. 건물도 멋지지만 정원에는 개구리바위를 비롯해 수십개의 석탑, 석조물 등도 있어 차근차근 둘러보기 좋다.

지도 MAP 28 Ⓔ 위치 킨테츠 나라역에서 도보 15분 주소 奈良市中院町11 오픈 09:00~17:00 요금 500엔 전화 0742-23-1377 홈피 gangoji-tera.or.jp

나라마치 공방 ならまち工房

지도> MAP 28 Ⓔ 위치> 킨테츠 나라역 4번 출구에서 도보 15분/JR 나라역 동쪽 출구에서 도보 20분 주소> 奈良市公納堂町11 오픈> 대부분 월요일 휴무(상점마다 다름) 홈피> narakoubou.chottu.net

나라마치의 동쪽 구석에 자리한 공방으로 카나카나와 가까이에 있어 식사 대기 시간에 들러 구경하거나 식사 후 방문하기 좋다. 이곳은 개성파 작가들이 함께 모여 꾸려가는 공방과 갤러리숍, 카페 공동체이다. 마치야를 개조한 내부가 깊은 건물의 1, 2층에는 잡화점, 공방, 카페 등의 7개의 점포가 입점해 있다. 전통 잡화를 판매하는 상점이나 액세서리 전문점, 수제 잡화점 등에서 귀여운 기념품들을 구매할 수 있다.

TIP 나라마치공방 II

나라마치공방 1층의 깊은 복도 끝에는 'omoya' 레스토랑이 있다. 이 레스토랑으로 통하는 문을 따라가면 왼쪽으로 나라마치공방 II 가 있다.

지도> MAP 28 Ⓑ 위치> 킨테츠 나라역 2번 출구에서 도보 7분/JR 나라역 동쪽 출구에서 도보 15분/상점가 모치이도노센타가이 もちいどのセンター街의 ISHIGAMI 라는 상점 옆 골목 안쪽 주소> 奈良市元林院町31-1 오픈> 10:00~18:30 전화> 0742-22-1322 홈피> www.yu-nakagawa.co.jp

유 나카가와 遊中川

1716년 나라에서 창업하여 300년째 전통 마 직물을 취급하고 있는 '나카가와마사시치쇼텐 中川政七商店'의 텍스타일 브랜드이다.

유 나카가와는 오래된 것에 새로운 것을 현명하게 더하는 일본의 문화적 특성을 이어받아 일본 전통의 소재, 기술, 디자인에 현대의 감각을 입혀 새로운 텍스타일을 제안하고 있다. 나라만의 분위기를 간직한 의류, 가방, 생활용품, 잡화, 문구 등을 취급하고 있다.

🍴 카나카나 カナカナ

나라마치에 있는 작은 카페 겸 레스토랑. 조용하고 차분한 분위기에서 소박한 일본식 식사를 하거나 차를 즐길 수 있다. 인기 메뉴인 카나카나고항 カナカナごはん(1450엔)은 소박한 일본식 밥과 반찬, 된장국이 나오는 정식이다. 반찬은 매일 바뀌며, 식후에 커피나 홍차가 딸려 나온다. 계절 메뉴인 케이크도 평이 좋은데, 당근·바나나·밤·치즈 등 자연 재료를 이용해 그때그때 색다른 메뉴를 선보인다. 가격은 300~600엔대.

[지도] MAP 28 ⓔ [위치] 킨테츠 나라역 2번 출구에서 도보 15분 [주소] 奈良市 公納堂町13 [오픈] 11:00~20:00 [휴무] 월요일 [전화] 0742-22-3214 [홈피] kanakana.info

🍴 겡끼신 元喜神

닭 육수를 기본으로 한 시오라멘 전문점. 돼지고기를 듬뿍 얹은 토리바이탄차슈멘 鶏白湯チャーシューメン(1000엔), 토리바이탄탄탄멘 鶏白湯タンタンメン(850엔) 등 메뉴의 종류가 다양하다. 인기 메뉴로는 토리바이탄츠케멘 鶏白湯つけめん(850엔)이 있는데, 면을 다 먹은 후 국물에 죽을 만들어 먹는 맛이 별미다. 토리바이탄라멘과 닭튀김이 함께 나오는 카라아게 세트 からあげセット(1150엔)도 괜찮다.
산조도리 상점가로 들어서 쭉 가다 보면 오른쪽에 있다. 입구를 찾기가 쉽지 않으니 잘 보면서 걷자.

[지도] MAP 28 ⓑ [위치] 킨테츠 나라역 2번 출구에서 도보 3분 [주소] 奈良市東向南町26 [오픈] 11:00~21:30 [휴무] 무휴 [전화] 0742-26-1611 [홈피] hiten-co.jp

🍴 시즈카 志津香

50년의 역사를 가지고 있는 맛있는 돌솥밥 전문점. 주문한 순간부터 만들기 시작하기 때문에 약간의 시간이 필요하지만 1000엔 전후로 다양한 종류의 돌솥 요리를 먹을 수 있다. 추천 메뉴는 게살, 새우, 붕장어 등 일곱 가지 재료가 들어가는 나라 나나슈가마메시 奈良七種釜めし(1242엔)이다. 11:00~16:00까지 주문 가능한 런치 세트에는 간단한 샐러드, 된장국, 과일 등이 딸려 나온다. 점심 시간에는 기다리는 사람이 많아 1시간 이상 대기해야 한다.

[지도] MAP 28 Ⓑ [위치] 킨테츠 나라역 1번 출구에서 도보 15분 [주소] 奈良市登大路町59-1 [오픈] 11:00~19:00 [휴무] 화요일 [전화] 0742-27-8030 [홈피] www.kamameshi-shizuka.jp

🍴 텐교쿠도 天極堂

나라 요시노 지방에서 나는 칡을 이용해 갖가지 요리를 선보이는 곳으로 1870년부터 그 역사가 이어지고 있다. 떡·수프 등 간식거리부터 우동 등의 가벼운 식사, 제대로 된 계절 코스 요리까지 다양하게 맛볼 수 있다. 추천 메뉴는 칡을 듬뿍 넣어 만든 요시노우동 吉野うどん이나 차갑게 해 탱탱한 질감이 더욱 일품인 히야시쿠즈우동 冷やし葛うどん의 세트 메뉴(1782엔). 각 세트에는 참깨를 넣어 만든 두부와 칡으로 만든 떡 쿠즈모치 葛餅(단품 648엔)가 딸려 나온다. 계절의 변화를 느낄 수 있는 큰 창이 나 있어 음식의 맛 또한 더욱 특별하게 느껴진다. 점심 특선 메뉴도 준비되어 있다.

[지도] MAP 28 Ⓑ [위치] 킨테츠 나라역 1번 출구에서 도보 10분 [주소] 奈良市押上町1-6 [오픈] 10:00~19:30 [휴무] 화요일 [전화] 0742-27-5011 [홈피] www.kudzu.co.jp

🍴 오카루 おかる

오랜 역사만큼 최고의 인기를 자랑하는 오코노미야키 가게. 식사 시간이 아니어도 자리가 항상 꽉 차 있다. 이 집의 최고 명물은 아카시야키 明石焼(8개 580엔)이다. 얼핏 보면 타코야키와 비슷하나 달걀을 많이 넣어 폭신하게 구운 것을 국물에 찍어 먹는다. 오코노미야키 종류도 매우 다양한데, 다양한 재료가 들어간 것을 원한다면 해산물과 고기가 모두 들어간 스페셜 スペシャル(1600엔)을 추천한다. 미니 사이즈(1200엔)로도 판매하며, 야키소바도 맛있으니 맛보자.

지도 MAP 28 ⓑ 위치 킨테츠 나라역 2번 출구에서 도보 2분 주소 奈良市東向南町13 오픈 11:00~21:30 전화 0742-24-3686

🍴 나카타니도 中谷堂

나라의 번화가인 산조도리에 있는 명물 쑥떡 가게로 TV에도 자주 소개되어 언제나 붐빈다. 실제로 모 방송국에서 최고의 떡 가게를 찾는다는 주제로 방송했을 때 당당히 2연승을 거둘 만큼 맛으로 정평이 난 가게다. 주말에는 가게 내에서 맷돌로 갈고, 떡을 찧는 등 현장에서 바로 떡을 만드는 과정을 시연하기 때문에 특히 문전성시를 이룬다. 가격은 1개 130엔, 8개 1000엔.

지도 MAP 28 ⓑ 위치 킨테츠 나라역 2번 출구에서 도보 6분 주소 奈良市橋本町29 오픈 10:00~19:00 전화 0742-23-0141 홈피 www.nakatanidou.jp

🍴 마구로코야 まぐろ小屋

나라역 근처 맛집으로 관광객은 물론 현지 주민들도 많이 방문한다. 정식은 물론이고, 가볍게 안주와 함께 맥주를 먹기도 좋은 정감 있는 동네 맛집 분위기다. 이름대로 참치 메뉴를 주력으로 하는데, 회, 타다키, 튀김 등 다양한 정식과 덮밥 메뉴(900~1600엔)가 준비되어 있다. 외국어 메뉴도 있고, 직원분이 영어도 잘 하셔서 주문이 어렵지 않다. 다만, 내부가 쾌적하고 깔끔한 편은 아니다.

지도 MAP 28 ⓑ 위치 킨테츠 나라역 1번 출구에서 도보 3분 주소 奈良市花芝町6 오픈 11:00~21:00 휴무 일요일 전화 0742-23-3766

🍴 시카노후네 鹿の船

다이쇼 시대에 지어진 주택을 개조해 나라의 매력을 널리 알리기 위한 안내는 물론, 생활문화공간으로도 사용되고 있는 복합 시설이다. 크게 관광안내소 마유, 매일 바뀌는 반찬으로 구성된 일본 가정식(550~1680엔) 전문점 카마도, 식사(700~1100엔)도 가능한 카페 사에즈리로 구성된다. 공간 자체에 나라마치의 오랜 풍경과 어울리는 전통적인 아름다움과 더불어 모던함까지 묻어난다. 나라에서 재배한 작물을 이용해 음식을 만들고 식기도 나라 출신 작가의 작품을 사용해 정갈하게 내어온다. 맛은 물론 공간까지 기분 좋아지는 장소다.

지도> MAP 28 Ⓔ 위치> 긴테츠 나라역 2번 출구에서 도보 15분 주소> 奈良市井上町11 오픈> 사에즈리 11:00~18:00 /카마도 평일 11:00~18:00, 주말 08:00~18:00 휴무> 사에즈리 수요일/카마도 수요일, 첫째·셋째 화요일 전화> 사에즈리 0742-94-9700/카마도 0742-94-5520 홈피> www.kuruminoki.co.jp/shikanofune

🍴 쿠루미노키 くるみの木

킨테츠 나라역과 신오미야역 사이, 그것도 역에서 꽤 떨어진 위치에 있어 처음 방문하는 사람들은 찾아가기 어렵지만, 일본의 잡지·텔레비전에 자주 등장하는 유명 카페. 무려 전국 각지에서 연간 약 2만 명의 사람이 이곳의 런치를 먹기 위해 방문한다고 할 정도다. 오너인 이시무라 유키코 石村由起子 씨는 1874년 문을 연 이래 정성을 다한 건강한 요리를 선보이고 있으며, 그중 런치 るみの木季節のランチ(1620엔)는 나라의 식재료를 활용해 5~6일마다 다른 메뉴를 선보인다. 예약하더라도 만석일 시 기다릴 수 있다.

지도> MAP 28 Ⓐ 위치> 킨테츠 신오미야역 북쪽 출구에서 도보 약 15분/쿄이쿠다이후조쿠츄각코마에 정류장에서 도보 3분 주소> 奈良市法蓮町567-1 오픈> 월~목요일 11:30~17:30, 금~일요일 11:30~21:00 전화> 0742-23-8286 홈피> www.kuruminoki.co.jp

NISHINOKYO

AREA
02

니시노쿄
西ノ京

나라시 서쪽 교외의 니시노쿄 지역에는 7세기 후반 하쿠오 문화의 정수라 할 만한 야쿠시지와 덴표 문화의 아름다움을 한눈에 보여주는 도쇼다이지, 남도 7대 사찰의 하나인 사이다이지 등이 있다. 볼거리의 규모가 큰 편은 아니지만, 일본 역사에 관심 있는 사람이라면 들러볼 만하다.

니시노쿄
이렇게 여행하자

여행의 시작을 킨테츠 니시노쿄역으로 삼는 게 좋다. 킨테츠 나라역에서 출발해 킨테츠 니시노쿄역에 하차하는 것이라 환승하지 않는 것으로 생각하기 쉽지만, 노선이 갈라지는 양쪽 지점에 위치하므로 야마토사이다이지역 大和西大寺駅에서 환승해야 한다. 오사카난바역에서 킨텐츠 열차를 타더라도 역시 야마토사이다이지역에서 환승해야 한다. 킨테츠 니시노쿄역에서 야쿠시지까지는 도보 2분 정도의 부담 없는 거리다.

킨테츠
니시노쿄역
동쪽 출구

▶▶▶ 2분

1 야쿠시지
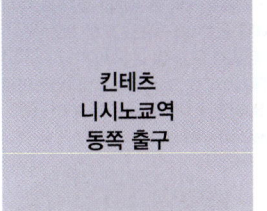
p.526

▶▶▶ 7분

2 도쇼다이지

p.528

↓ 10분

3 사이다이지

p.529

◀◀◀ 3분

킨테츠
야마토사이다이지역

◀◀◀ 5분

킨테츠
니시노쿄역
가시와라센

↓ 15분

4 헤이조큐세키

p.529

TIP 미리 식사하고 유적지로!

니시노쿄는 여유를 즐길 수 있는 지역이지만 그만큼 한적해서 관광 인프라가 잘 갖춰진 것은 아니다. 일단 유적지가 있는 쪽으로 가면 마땅히 식사를 해결할 곳이 없으므로 야마토사이다이지역 근처에서 식사하고 생수 등 필요한 물품을 사 두는 것이 좋다.

📷 야쿠시지 藥師寺

유네스코 세계문화유산

| 지도 | MAP 29 Ⓐ | 위치 | 킨테츠 니시노쿄역 동쪽 출구에서 도보 2분 | 주소 | 奈良県奈良市西ノ京町457 | 오픈 | 08:30~17:00 | 요금 | 어른 1100엔, 어린이 300엔 | 전화 | 0742-33-6001 | 홈피 | www.nara-yakushiji.com |

야쿠시지는 남도 7대 사찰 중 하나로 본존은 약사여래이다. 672년 진신의 난을 통해 강력한 권력을 쥔 텐무 天武 일왕이 왕후의 신병 치료를 기원하기 위해 680년에 아스카 飛鳥에 창건한 것이 시초이다. 이후 710년 아스카 지역에 있던 후지와라쿄 藤原京가 나라의 헤이조쿄 平城京로 천도하면서 이 대사찰도 함께 이전한 것이다.

수차례 반복된 재해와 화재로 일본의 국보로 지정된 도토 이외에는 모두 소실되었지만, 곤도는 1976년, 니시토는 1984년, 다이코도는 2003년에 복원해 점차 원형을 찾아가고 있다. 와카쿠사야마를 배경으로 가운데에 곤도가 자리 잡고 있고 동서 방향으로 좌우에 나란히 서 있는 가람 배치는 경주 불국사의 그것과 같아서 왠지 더 친숙한 느낌이다. 곤도에 봉안되어 있는 약사여래상은 높이가 2.6m로 일본 불교 미술의 최고 걸작이라고 불릴 정도로 아름답다.

📍 Zoom in

도토
東塔

1

야쿠시지의 건축물 가운데 나라 시대에 만들어진 것으로는 이 도토가 유일하다. 높이 33.6m로 삼층탑이지만 모두 6개의 지붕이 있어 육층탑으로 오해받기도 한다. 아래로부터 1·3·5번째 지붕은 모코시 裳階라 부르는 차양일 뿐 구조적으로는 3층탑이다. 탑의 맨 꼭대기 상륜 相輪에 있는 청동제의 수연 水煙에는 비천상이 새겨져 있어 당시 장인들의 솜씨를 짐작할 수 있다.

이 탑은 아스카의 혼야쿠지 本藥師寺에서 이축한 것이라는 설과 헤이조쿄에 새롭게 세운 것이라는 두 가지 설이 있지만 730년에 현재 장소에 신축한 것이라는 쪽에 좀 더 힘이 실리고 있다.

다이코도
大講堂　　　　　　　　　　　　　　　　　　2

곤도
金堂　　　　　　　　　　　　　　　　　　　3

킨테츠 니시노쿄역에서 야쿠시지의 입구를 통과하면 가장 먼저 보이는 건축물이 바로 다이코도다. 창건 당시의 다이코도가 화재로 소실된 후 오랫동안 터만 남아 있었으나, 2003년에 복원했다. 다이코도 내부에는 중요 문화재로 지정된 청동 삼존상 三尊像, 사천왕상 四天王像을 비롯한 여러 가지 유물이 전시되어 있다.

다이코도를 지나면 탑 2개와 함께 눈에 확 들어오는 화려한 건물이 바로 곤도다. 1528년에 소실된 후 1976년에 재건한 것으로 나라 시대 불교 조각의 최고 걸작 중 하나로 알려져 있는 동조약사삼존상이 이곳에 안치되어 있다.

동조약사삼존상
銅造藥師三尊像　　　　　　　　　　　　　　4

약사여래상을 중심으로 양쪽에 일광보살, 월광보살을 동반한 일본 불교 미술의 최고 걸작이다. 원래는 금색이었으나 여러 차례의 화재로 칠흑 같은 색이 되었다.

약사여래상은 높이 2.6m로 위엄에 가득찬 표정과 당당한 체구로 결가부좌하고 있다. 옆에 있는 일광ㆍ월광보살은 높이 2m로 손의 표정이나 옷 주름의 흐름에 나타난 동적인 모습은 본존의 조용함과 대조를 보여준다. 본존의 대좌는 상부에 그리스의 포도 당초문, 가운데에 인도의 복신상, 하부에 중국의 사방신, 둘레에 페르시아의 연화문이 조각되어 있어 헤이조 시대에 이미 다양한 문화가 유입되었음을 알 수 있다.

약사여래상의 제작 연도는 688년경이라고 보는 것이 통설이지만 〈일본서기〉에 697년에 지토 일왕이 불상의 개안 법회를 실시한 취지의 기록이 있는 것으로 보아 이때 제작되었다고 주장하는 설도 있다.

도쇼다이지 唐招提寺

유네스코 세계문화유산

|지도| MAP 29 ⓐ |위치| 킨테츠 니시노쿄역 동쪽 출구에서 도보 10분 |오픈| 08:30~17:00 |요금| 어른 600엔, 어린이 200엔 |전화| 0742-33-7900 |홈피| www.toshodaiji.jp

754년 쇼무 일왕의 초청으로 당나라에서 건너온 승려 감진이 759년에 율종도량을 창시하면서 세운 절. 나라에 있는 수많은 사찰 중에서 전쟁과 화재 등의 세파에 시달리면서도 소실되지 않고 원형 그대로의 아름다운 모습을 유지하고 있는 거의 유일한 곳이다. 창건 당시에는 소박하게 지어졌지만, 에도 시대에 들어 현재와 같은 모습으로 정비되었다. 매년 5월 19일에는 하트 모양의 액막이 부채 3000개를 던져 나눠주는 본모우에 梵網会(우치와마키라고도 함) 행사가 열린다.

Zoom in

곤도 金堂 **1**

절의 입구인 난다이몬으로 들어서면 흰모래를 사이에 두고 소나무 사이로 곤도가 보인다. 나라 시대의 금당 건축으로서는 현존하는 유일한 것이다. 엔타시스 양식의 기둥은 조화미의 극치를 보여주고, 내부에는 높이 3.3m의 비로자나불 比盧舍那仏을 비롯해 국보급의 여러 불상이 안치되어 있다.

고도 講堂 **2**

일본의 국보로 지정되어 있다. 곤도의 뒤에 자리 잡고 있으며 헤이조쿄의 히가시초슈덴 東朝集殿을 이축한 것으로 나라 시대의 궁전 건축물 중 현존하는 유일한 것이다. 이곳에 안치된 국보 간진화상상은 현존하는 일본에서 가장 오래된 초상 조각이다.

📷 사이다이지 西大寺

건립 당시에는 도다이지와 어깨를 나란히 할 정도로 엄청난 규모를 자랑했지만, 화재를 세 차례 겪으면서 규모가 많이 축소되었다. 지금 있는 대부분의 건물은 에도 시대에 재건한 것이다. 경내의 아이센도 愛染堂에는 고대 일본의 대표적인 화가들이 그린 것으로 유명한 국보 불화 십이천화상 十二天畵像이 있는데 전체 12폭 중 3폭을 소장하고 있다.

한편, 사이다이지에는 큰 찻잔으로 차를 돌려가면서 마시는 오차모리 大茶盛라는 유명한 행사가 있는데, 혼자서는 도저히 들 수 없는 직경 50cm의 거대한 찻잔으로 차를 마시는 모습이 재미있다.

지도 MAP 29 Ⓐ 위치 킨테츠 야마토사이다이지역 남쪽 출구에서 도보 3분 오픈 6~9월 08:30~17:30, 10~5월 08:30~16:30 요금 경내 무료(혼도 400엔, 시오도 300엔, 아이센도 300엔) 전화 0742-45-4700 홈피 www.naranet.co.jp/saidaiji

📷 헤이조큐세키 平城宮跡 유네스코 세계문화유산

킨테츠 야마토사이다이지역에서 12분 정도 걸어가면 동서 길이 1.4km, 남북 길이 1km에 이르는 광대한 부지가 나온다. 이 일대가 바로 특별사적으로 보존되어 있는 헤이조쿄 궁전 유적이다. 나라현 중앙에 있던 후지와라쿄에서 710년에 천도하여 이후 70여 년에 걸쳐 일본의 정치, 경제, 문화의 중심지로 번영했던 장소이다. 유적지로서는 일본에서 처음으로 유네스코의 세계문화유산으로 등록되었다.

헤이조쿄 자료관에서는 현재까지 계속되고 있는 발굴에서 발견된 출토품들을 전시하며, 건물 모형과 항공사진, 발굴 현장의 디오라마 등으로 헤이조큐세키에 대한 이해를 돕는다.

지도 MAP 29 Ⓑ 위치 킨테츠 야마토사이다이지역 남쪽 출구에서 도보 12분 오픈 09:00~16:30 휴무 월요일 요금 역사관 500엔 전화 0742-27-8945 홈피 heijo-kyo.com

☕ 가토 드 부아 Gateau des Bois

25년의 전통을 자랑하는 케이크 전문점으로 나라 시내에서만 유명한 것이 아니라 일본 전역에서 명성이 자자하다. 이곳의 케이크를 맛보기 위해 나라까지 원정오는 여성 팬들이 있을 정도.

간판 메뉴인 앙브루아즈 アンブロワジー(680엔)는 파리에서 열리는 세계 최고 권위의 스위츠 콘테스트 '꾸쁘 뒤 몽드 La Coupe du Monde de la Pâtisserie'에서 그랑프리를 차지한 바 있는 명작이다.

지도 MAP 29 Ⓐ 위치 킨테츠 야마토사이다이지역 남쪽 출구에서 도보 2분 주소 奈良市西大寺南町1-19-101 오픈 09:00~19:00 휴무 목요일, 셋째 수요일 전화 0742-48-4545 홈피 www.gateau-des-bois.com

AREA 03

이카루가
斑鳩

일본 첫 세계문화유산으로 등록된 호류지를 중심으로 주구지, 호린지, 호키지까지 모두 4개의 사찰을 둘러보는 코스이다. 일정이 짧다면 모두 욕심내기보다는 호류지 하나만 보는 것으로 충분할 것이다. 호류지는 고구려 사람인 담징이 그렸다는 금당벽화로 한국인들에게 더욱 유명해진 절이다.

이카루가
이렇게 여행하자

킨테츠 나라역에서 킨테츠 전철을 타고 호류지로 갈 경우 야마토사이다이지역 大和西大寺駅에서 환승한 후 츠츠이역 筒井駅에서 하차한다. 총 25분 정도가 걸리며, 요금은 300엔이다. 혹은 킨테츠 나라역에서 나라 시내버스 98번을 이용하면 1시간 만에 호류지몬마에 정류장에 도착한다. 버스 요금은 760엔이다. 간사이 쓰루패스 소지자의 경우 킨테츠 전철과 버스 모두 무료다.

JR을 이용하는 경우 JR 난바역이나 텐노지역에서 쾌속열차를 이용하면 약 30분 만에 JR 호류지역에 도착할 수 있다. 교토에서 호류지로 갈 때는 JR 교토역에서 출발해 나라역에서 환승한 뒤 호류지역에서 하차하면 된다. 총 1시간 40분 정도 소요된다. JR 호류지역에 도착한 후 호류지로 가려면 1번 플랫폼 쪽의 남쪽 출구로 나가 72번 버스를 이용하거나, 2km 정도 걸어가야 한다. 호류지와 주구지를 먼저 방문한 다음 걸어서 호린지와 호키지를 돌아보면 된다. 돌아갈 때는 호류지로 다시 걸어가거나 50·98번 버스를 이용해 호류지몬마에 정류장으로 가자. 여기서 72번 버스로 갈아타고 JR 호류지역으로 돌아가면 된다.

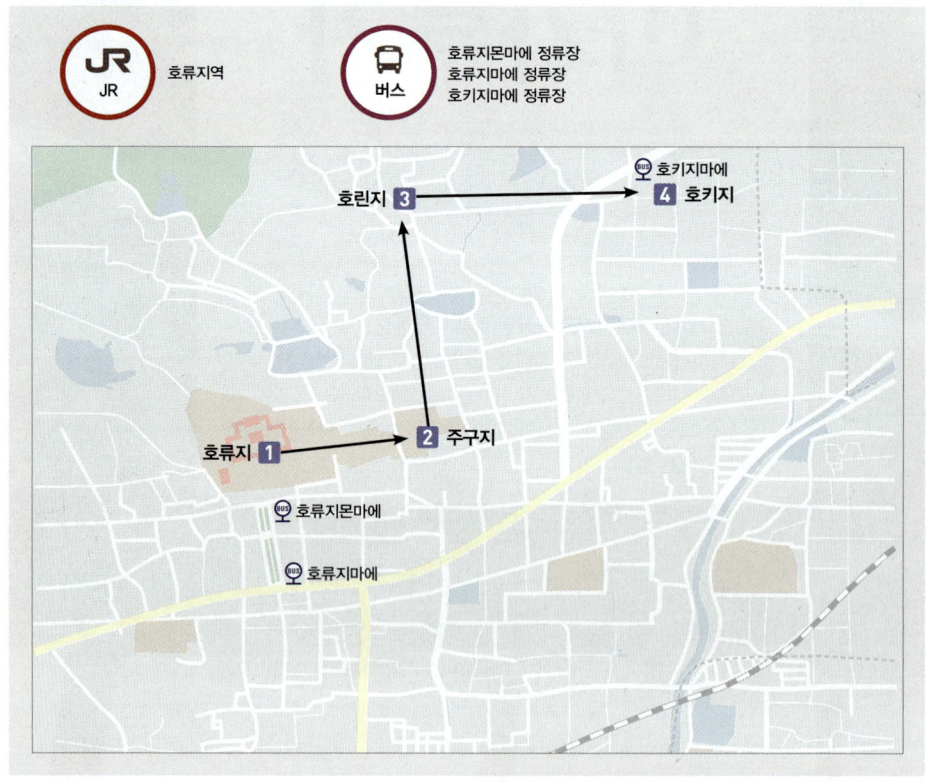

| 호류지몬마에 정류장 | → 3분 → | **1** 호류지  p.534 | → 5분 → | **2** 주구지  p.536 |

↕ 15분

| **4** 호키지  p.537 | ← 20분 ← | **3** 호린지  p.537 |

TIP 버스로 호류지에 갈 예정이라면 주의!

JR 호류지역에 내리면 호류지로 가는 방향을 알리는 이정표가 있는데, 호류지까지 버스를 이용할 생각이라면 이정표를 따라가지 말 것. 이 이정표는 걸어서 가는 사람들에게 유용한 것이고, 버스정류장은 이정표가 가리키는 방향의 반대쪽인 남쪽 출구에 있다.

◉ 호류지 法隆寺

유네스코 세계문화유산

| 지도 | MAP 30 ⒶA | 위치 | 호류지몬마에 정류장에서 도보 3분 | 주소 | 奈良県生駒郡斑鳩町法隆寺山内 1 の 1 | 오픈 | 08:00~17:00(11/4~2/21 ~16:30) | 요금 | 어른 1500엔, 어린이 750엔 | 전화 | 0745-75-2555 | 홈피 | www.horyuji.or.jp

호류지는 현존하는 세계에서 가장 오래된 목조 건축물이다. 우리에게는 고구려 출신의 화가인 담징 曇徵이 그렸다는 금당벽화로 유명하지만, 사실 이 사찰은 일본을 대표하는 문화유산으로 일본에서 최초로 유네스코 세계문화유산으로 지정된 곳이다.

내부로 들어서면 참배도 정면 중앙에 난다이몬 南大門, 그 안쪽에 주몬 中門이 있으며, 주몬 동서에 회랑이 이어져 북으로 꺾인다. 다이코도 大講堂를 중심으로 사면을 둘러싸고 있는 회랑 가운데에 동쪽은 곤도 金堂, 서쪽은 고주노토 五重塔가 배치되어 있는데 이것이 호류지식 가람 배치이다. 절 내부는 동원 東院과 서원 西院으로 구분되는데, 곤도와 고주노토가 있는 곳이 서원이다. 동원에는 건물 전체가 국보라는 유메도노 夢殿가 있다. 이 밖에도 동원과 서원 사이에 있는 다이호조인 大宝蔵院에는 유명한 백제관음상과 비단벌레의 날개로 만들었다는 타마무시즈지 玉蟲廚子, 백제의 아좌 왕자가 그렸다는 쇼토쿠 왕자의 초상 등 수많은 보물들이 소장되어 있다. 호류지의 곤도에는 잘 알려진 고구려 화가 담징의 벽화가 있는데, 1949년에 벽화 모사 작업을 하던 중 원인 모를 화재가 나 하층부가 소실되면서 원본은 훼손되었고, 현재는 벽면에 그 모사 그림이 봉안되어 있다. 호류지는 그 자체로서도 위대한 문화유산이자 아름다운 예술품이지만, 그 시대의 문화가 국제적으로 어떻게 전파되었는지 보여주는 소중한 자료이기도 하다.

Zoom in

주몬
中門　　　　　　　　　　　　　　1

일본 절의 문은 건축물의 기둥과 기둥 사이가 3·5·7칸으로 홀수가 되게 만드는 경우가 일반적인데, 이 문은 정면 건축물의 기둥과 기둥 사이가 4칸으로 한가운데에 기둥이 있다. 문의 좌우에는 금강역사 입상이 서 있다. 일본에서 가장 오래된 인왕상으로 매우 귀중한 유산이지만 비바람에 노출되어 상태가 별로 좋지 않다. 주몬은 현재 출입구로 사용하지 않고 곤도로 들어갈 때는 남서쪽 회랑으로 우회해서 들어가게 해놓았다.

다이코도
大講堂　　　　　　　　　　　　　2

호류지의 법회가 열리는 장소로 약사삼존상과 사천왕상이 안치되어 있다. 창건 당시에는 강당이 회랑 밖에 있었지만, 헤이안 시대에 다시 만들면서 지금처럼 회랑과 연결되는 구조로 만들어졌다. 엔타시스 양식의 배흘림 기둥과 살창이 잘 보존되어 있다.

다이호조인
大宝蔵院　　　　　　　　　　　　3

백제관음상 百濟觀音像을 비롯해 호류지가 소장 중인 절의 보물을 전시하고 있다. 백제관음당을 중심으로 동보전 東寶殿과 서보전 西寶殿으로 구성되어 있으며 1998년에 완공했다. 높이 2.1m의 백제관음상은 우아한 자태와 단아한 아름다움이 보는 이로 하여금 묘한 감동을 느끼게 한다.

곤도
金堂　　　　　　　　　　　　　　4

세계에서 가장 오래된 목조 건축물로 이중 기단 위에 서 있는 모습이 전체적으로 간결하며 장중한 분위기가 감돈다. 보기에는 3층 건물 같지만 실제로는 2층 구조로, 1층 처마 밑에 한층 낮게 덧댄 차양 부분은 8세기 나라 시대의 것이다. 곤도 내부에는 약사여래좌상, 석가삼존상, 사천왕 입상 등 10여 체의 불상이 안치되어 있으며, 4면의 큰 벽과 8면의 작은 벽에는 고구려 출신 승려이자 화가였던 담징이 그린 것으로 알려진 벽화가 있다. 호류지의 금당벽화는 청아하고 고결한 멋을 풍긴다.

고주노토 五重塔 5

서원이 호류지의 중심이라면 서원의 중심에 서 있는 것이 바로 고주노토라 할 수 있다. 일본에서 가장 오래된 목조탑으로 높이는 31.5m이다. 하단에서 상층으로 올라가면서 지붕의 넓이가 줄어드는 느낌이 큰 것이 이 탑의 특징으로 5층에 있는 지붕의 한 변은 1층 지붕의 절반이다. 5층탑 하단의 동서남북 각 면에는 소조 작품이 설치되어 있는데 이것 역시 일본의 국보로 지정되었다. 탑 내부에도 벽화가 있었지만 손상이 심해 현재는 해체해서 별도 보관하고 있다.

유메도노 夢殿 6

동원 가람의 중심이 되는 건축물로 건물 전체가 일본의 국보로 지정되어 있다. 쇼토쿠 왕자가 명상을 하다 부처를 만나 이야기를 나누었다는 설화를 기려 쇼토쿠 왕자의 사후인 739년에 교신 소즈 行信僧都라는 고승이 지은 전각으로, 창건 당시 건물이지만 가마쿠라 시대인 13세기에 수리를 하면서 처마 형태가 원래와 달라졌다고 한다. 우리나라의 학자들은 내부에 안치된 구세관음상은 백제의 위덕왕이 아스카데라의 건립을 축하하기 위해 스이코 일왕에게 보낸 것이라고 하지만 일본 학계에서는 백제로부터 전해졌다는 주장을 인정하지 않는다. 이 관음상은 평소에는 개방하지 않고 봄가을의 특별 관람 기간에만 볼 수 있다.

📷 주구지 中宮寺

[지도] MAP 30 Ⓐ [위치] 주구지마에 정류장에서 도보 7분 [주소] 生駒郡斑鳩町法隆寺北1-1-2 [오픈] 09:00~16:30(10/1~3/20 ~16:00) [요금] 어른 600엔, 어린이 300엔 [전화] 0745-75-2106 [홈피] www.chuguji.jp

호류지의 동원 바로 옆에 있는 주구지는 쇼토쿠 왕자의 모친이 살았던 거소를 621년에 절로 개축한 것이다. 창건 당시에는 지금의 위치가 아니라 500m 정도 동쪽에 있었지만, 16세기 말에 지금의 위치로 이축했다. 절 자체에는 별다른 볼거리가 없지만 이곳에는 일본 불교 예술의 최고 걸작으로 칭송받고 있는 목조보살반가상 木造菩薩半跏像과 천수국수장 天壽國繡帳이 있어서 한 번쯤 방문해볼 가치가 있다.

높이 1.33m의 목조보살반가상은 아래로 내린 왼쪽 다리의 무릎 위에 오른쪽 발을 올리고, 오른쪽 손가락은 볼에 가볍게 갖다 댄 우아한 모습으로 우리나라 국립박물관에 있는 금동미륵보살반가상과 많이 닮은 모습이다. 살며시 미소를 머금은 자애로운 표정을 짓고 있어 일본에서는 모나리자, 스핑크스와 더불어 세계 3대 미소상 중 하나라고 일컫고 있다.

호린지 法輪寺

주구지에서 약 20분 정도 걸어가면 나오는 작은 절. 쇼토쿠 왕자의 아들인 야마시로노 오에노오 山背大兄王가 부친의 병이 낫기를 기원하면서 세운 절이라는 설과 호류지가 소실된 후 백제계 유민 3명이 세운 절이라는 설이 있지만 사료가 부족해 어느 것도 정확하지 않다고 한다. 662년 창건 당시에는 난다이몬을 정면에 두고 탑과 곤도가 동서로 늘어서 있는 호류지식 가람 배치로 웅장한 규모를 과시했지만, 대부분의 건물이 태풍과 화재로 소실되었다. 그리고 마지막으로 남아 있던 삼층탑도 1944년에 벼락이 떨어져 소실되었다.

지금의 건물은 1975년에 전통 공법을 그대로 사용하여 복원한 삼층탑을 시작으로 고도 講堂, 혼도 本堂 등을 재건한 것이다. 고도에는 현세의 고통을 구제해준다는 목조약사여래좌상 木造藥師如來坐像과 목조허공장보살입상 木造虛空藏菩薩立像 등 중요 문화재가 안치되어 있다. 특히 목조약사여래좌상은 아스카 시대 후기 작품으로 역사적인 가치가 높다고 한다.

지도 MAP 30 Ⓐ 위치 호키지마에 정류장에서 도보 8분 오픈 08:00~17:00(12~2월 ~16:30) 요금 어른 500엔, 어린이 200엔 전화 0745-75-2686 홈피 www1.kcn.ne.jp/~horinji

호키지 法起寺
유네스코 세계문화유산

지도 MAP 30 Ⓑ 위치 호키지마에 정류장에서 도보 1분 오픈 08:30~17:00(11/4~2/21 ~16:30) 요금 어른 300엔, 어린이 200엔 전화 0745-75-5559 홈피 www.horyuji.or.jp/hokiji

쇼토쿠 왕자가 법화경을 강의했던 오카모토큐 岡本宮을 개조해서 만든 사찰로 638년에 건립된 것으로 추정된다. 곤도와 탑이 동서 방향으로 일렬 배치되어 있어 호류지 서원의 가람 배치와 닮은 형태지만, 호류지와는 반대로 곤도가 서쪽에, 탑은 동쪽에 세워져 있어 차이를 보인다. 그래서 이런 형식을 호키지식 가람 배치라 부른다.

현재 절 내에 있는 건축물 중 창건 당시의 것으로는 산주노토 三重塔가 유일하다. 삼층탑인데도 높이가 24m나 되는 이 탑은 호류지의 오층탑과 함께 일본에서 가장 오래된 탑으로 가치를 인정받아 유네스코가 지정한 세계문화유산으로 등록되었다. 연못에 비친 산주노토의 풍경과 십일면관세음 十一面觀世音 외에는 별다른 볼거리가 없다.

와카야마

와카야마시
고야산
시라하마
나치카츠우라

QUICK VIEW
와카야마 한눈에 보기

와카야마는 태평양에 접하고 있으며, 경사가 급한 산이 많은 산악지대이다. 명산을 비롯해 온천 휴양지 등 다양한 볼거리가 산재해 있으며, 일본에서 가장 큰 폭포 또한 이곳에 위치해 연중 많은 관광객이 방문한다. 한국에는 그다지 알려지지 않았지만, 자연미 넘치는 절경을 자랑하는 명소가 많다.

AREA 1 와카야마시 和歌山市

간사이 지역의 오사카시, 고베시에 이어 3번째로 인구 밀도가 높은 도시이다. 간사이에서 가장 먼저 꽃을 피우는 벚꽃 명소 기미이데라를 비롯해 도쿠가와 가문의 와카야마성, 리조트 지역 마리나 시티, 참치 어장으로 유명한 쿠로시오 시장 등이 있다.

AREA 2 고야산 高野山

해발 1000m의 산 위에 자리 잡은 일본 진언밀교의 발상지로 1200년에 걸쳐 종교 도시로 번창했다. 산 전체가 거대한 사원이자 하나의 도시를 이루고 있다. 사람들의 발길이 많이 닿지 않았던 지역이라 거대한 원시림과 같은 아름다운 자연이 남아 있다.

AREA 3 시라하마 白浜

일본에서 손꼽히는 온천마을 중 하나로, 해안가를 따라 들어서 있다. 1300년의 역사를 자랑하는 일본에서 가장 오래된 3대 온천 중 하나이다. 시라하마만 보러 가기보다는 나치카츠우라로 가는 길에 쉬어가는 의미로 1박 2일 연계 여행을 하면 좋다.

AREA 4 나치카츠우라 那智勝浦

온난한 기후와 풍부한 자연환경을 간직한 작은 도시이다. 이곳에는 일본에서 가장 큰 폭포인 나치노오타키와 유네스코 세계문화유산인 구마노나치타이샤가 있다. 게다가 일본에서 가장 많은 참치 어획량을 자랑하는 어항이기도 하다.

BEST COURSE
와카야마 추천 코스

와카야마의 주요 볼거리는 크게 세 지역으로 나뉜다. 모두 와카야마현에 속하지만 멀리 떨어져 있어 각 지역을 방문하려면 꼬박 하루씩 투자해야 한다. 주의할 점은 나치카츠우라를 방문하려면 시라하마나 나치카츠우라에서 반드시 1박을 해야 한다.

 와카야마시와 린쿠 프리미엄 아웃렛을 연계한 **추천 코스**

와카야마시와 간사이 최대급 아웃렛 매장인 린쿠 프리미엄 아웃렛(p.301)을 하루 동안 즐길 수 있는 코스이다. 간사이 쓰루패스를 이용하면 난카이 난바역에서 난카이 와카야마시역으로 가는 급행열차뿐만 아니라 와카야마 시내버스까지 무제한 탑승할 수 있어 교통비가 따로 들지 않는다.

TIP 마리나 시티 즐기기

마리나 시티에는 해변에서 신선한 해산물을 마음껏 맛볼 수 있는 쿠로시오 시장과 해수욕장, 해수 온천을 즐길 수 있는 쿠로시오 온천, 테마파크 포르토유럽, 낚시터 등 다양한 시설이 있다. 린쿠 프리미엄 아웃렛까지 방문할 계획이라면 마리나 시티에서는 간단하게 온천을 즐긴 후 점심 식사를 해결하고 바로 자리를 뜨는 것이 좋다.

AREA 01

와카야마시
和歌山市

와카야마현 북쪽에 있는 도시로 간사이 지역의 주요 도시 중 오사카시, 고베시에 이어 세 번째로 인구 밀도가 높다. 시내에는 도쿠가와 가문의 성인 와카야마성과 간사이 지방의 벚꽃 명소 기미이데라가 볼만하며, 그 외에 와카야마의 대표 리조트 지역인 마리나 시티 주변에 볼거리와 놀거리가 집중되어 있다.

와카야마시
이렇게 여행하자

가는 방법

간사이국제공항에서 와카야마시로 가는 방법은 난카이 전철, JR, 리무진버스 등이 있지만, 간사이 쓰루패스를 이용할 수 있는 난카이 전철(870엔)이 가장 편리하다. 오사카 시내에서 출발하는 경우, 난카이 특급열차(사잔 サザン)를 이용하면 간사이 쓰루패스가 있더라도 추가 요금 510엔을 내야 한다. 급행은 추가 요금 없이 이용할 수 있지만, 열차가 자주 다니지 않아 여의치 않은 경우 간사이국제공항으로 가는 공항급행을 이용해서 이즈미사노역까지 이동한 후 열차를 갈아타야 한다.

간사이공항역 → 8분 → 난카이 이즈미사노역 → 30분 → 난카이 와카야마시역

난카이 난바역 → 난카이 와카야마시역
특급(60분 소요, 1430엔) / 급행(75분 소요, 920엔)

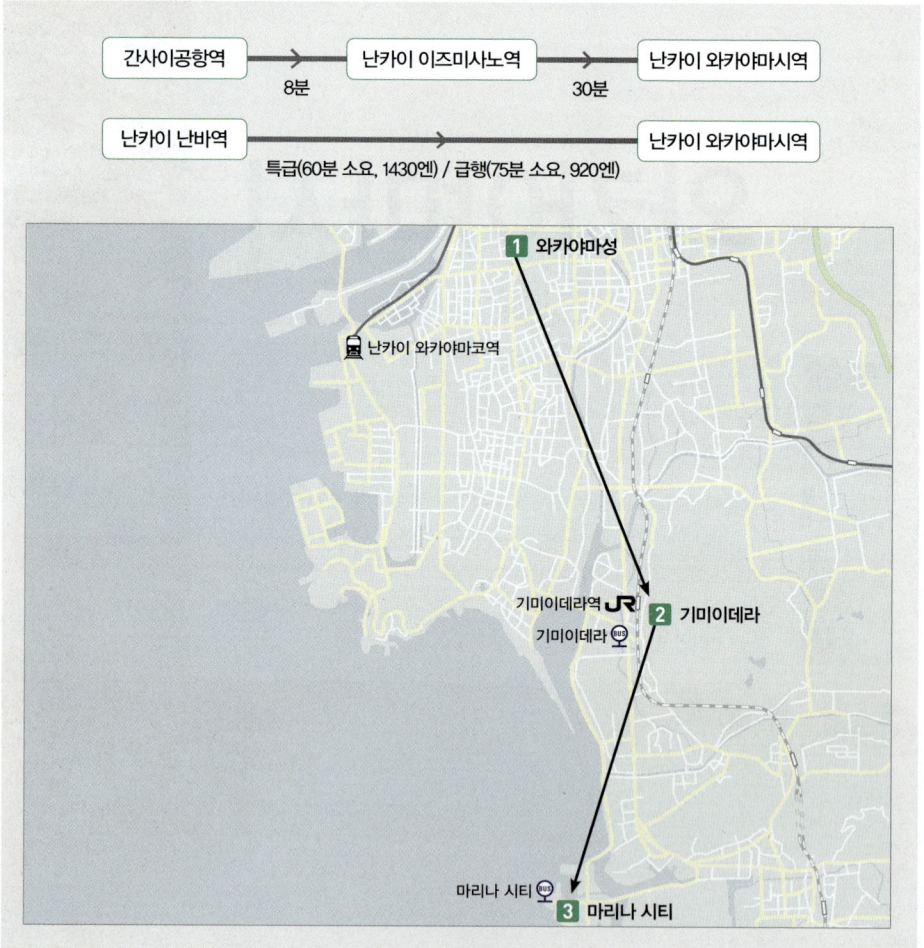

| 여행 방법 | 와카야마시역에 도착하면 역 바로 앞에 있는 버스정류장 옆의 와카야마 시내버스 안내소로 가자. 버스 노선도와 시각표를 챙길 수 있다. 와카야마 시내의 주요 볼거리는 흩어져 있어 버스 이용은 필수이다. 와카야마의 시내버스는 모두 난카이 전철에서 운영해 간사이 쓰루패스가 있다면 무료로 이용할 수 있다. 참고로 와카야마에 하루를 꼬박 투자할 계획이라면 와카야마성, 기미이데라, 마리나 시티를 모두 돌아보는 것이 좋지만, 반나절 정도밖에 시간 여유가 없다면 마리나 시티만 방문하는 것이 좋다. |

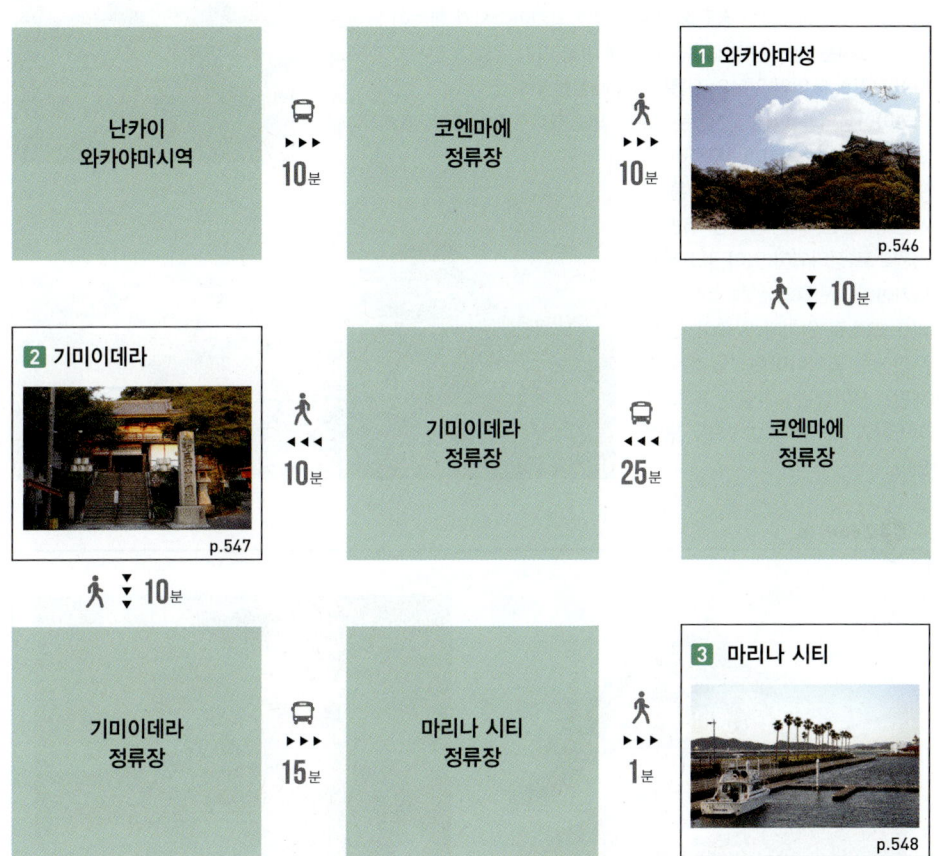

📷 와카야마성 和歌山城

시내 한가운데 위에 우뚝 서 있는 와카야마의 상징. 도요토미 히데요시가 동생인 히데나가에게 명령해 1585년에 축성한 것이다. 성은 화재 때문에 두 차례 소실되었지만, 1958년에 철근 콘크리트로 복원해 현재 모습에 이르렀다. 와카야마시의 중심부라고 할 수 있는 토라후스야마 虎伏山에 자리 잡고 있어 텐슈카쿠 天守閣에 올라서면 와카야마시가 한눈에 들어온다. 성 내에는 옛 무사의 갑옷을 비롯해 여러 가지 유물이 전시되어 있고 다실도 꾸며져 있어 일본의 전통문화를 체험할 수도 있다.

와카야마성의 또 다른 볼거리는 일본의 명승지로 지정된 모미지다니 정원으로 벚꽃이 피는 봄이나 단풍이 물드는 가을 무렵에 근사한 풍경을 선사한다. 한편, 와카야마성 주변은 공원으로 정비되어 있어 평소에는 와카야마 시민들의 산책 코스와 데이트 코스로 인기가 있으며, 공원 주변에는 와카야마현청을 비롯해 재판소·미술관·박물관 등 와카야마현의 중요한 시설이 모두 모여 있다.

지도 MAP 31 Ⓐ 위치 코엔마에 정류장에서 도보 10분 오픈 09:00~17:30 휴무 12/29~12/31 요금 텐슈카쿠 어른 410엔, 어린이 200엔 전화 073-422-8979 홈피 wakayamajo.jp

➕ Zoom in

텐슈카쿠 1
天守閣

와카야마성의 상징으로 히메지성, 마츠야마성과 함께 일본 3대 연립식 히라야마성(평지에 솟은 구릉을 이용해 만든 성)의 하나이다. 처음 축성했을 때에는 검은색이었으나 1846년에 복원하면서 흰색이 되었다고 한다. 건물 내에는 도쿠가 가문에서 사용하던 갑옷과 무기 등의 유물이 전시되어 있다.

모미지다니 정원 2
紅葉渓庭園

와카야마성 내의 아름다운 일본식 정원으로 원래 명칭은 니시노마루 정원이지만 단풍이 아름다워 모미지다니 정원 紅葉渓庭園이라 부른다. 연못 위의 엔교카쿠 鳶魚閣는 비오는 날 특히 더 아름답고, 다실 고쇼안 紅松庵에서는 일본 전통의 녹차를 맛볼 수 있다. 정원 입장은 무료이다.

기미이데라 紀三井寺

간사이 지방에서 가장 빨리 꽃을 피우는 벚꽃으로 유명하다. 나라 시대인 770년 당나라에서 건너온 승려 이코쇼닌 爲光上人이 창건한 것으로 알려져 있다. 기미이데라라는 이름의 유래는 이 절에 있는 3개(三)의 우물(井)인 깃쇼스이 吉祥水, 요류스이 楊柳水, 쇼조스이 清淨水에서 비롯되었다고 전해지는데, 이 물은 현재 일본의 100대 명수로 선정되었다.

버스정류장에서 내려 주택가 사이로 나 있는 길을 따라 조금만 걸어가면 높은 계단 위에 위치한 기미이데라가 보인다. 가파른 계단을 걸어 올라가 경내에 들어서면 아름다운 와카야마만이 눈앞에 펼쳐진다. 특히 해가 질 무렵에는 아름다운 저녁노을을 감상할 수 있어 연인들의 데이트 코스로 사랑받고 있다.

지도 MAP 31 ⓓ 위치 기미이데라 정류장에서 도보 10분 오픈 08:00~17:00(대관음불상 08:30~16:30) 요금 어른 200엔, 어린이 100엔 전화 073-444-1002 홈피 www.kimiidera.com

도쇼구 東照宮

1621년 기슈 紀州 지역의 영주인 도쿠가와 요리노부가 아버지인 도쿠가와 이에야스를 모시기 위해 창건한 곳으로 닛코의 도쇼구와 구분하기 위해 기슈도쇼구 紀州東照宮라 부른다. 현란하고 화려한 건물 내에는 히다리진 고로 左甚五郞의 작품인 잉어 조각과 에도 시대의 대표적인 화가인 가노우 탄유 狩野探幽의 그림이 있다. 주홍색의 사쿠라몬 櫻門을 비롯해 하이덴 拜殿, 혼덴 本殿 등 모두 7동의 건물이 중요 문화재로 지정되었으며, 매년 5월 두 번째 일요일에는 축제 와카마츠리 和歌祭의 하나인 신요토교 神輿渡御가 개최된다.

지도 MAP 31 ⓒ 위치 곤겐마에 정류장에서 도보 3분 오픈 09:00~17:00 요금 어른 500엔, 어린이 250엔 전화 073-444-0808 홈피 kishutoshogu.org

📷 마리나 시티 マリーナシティ

지중해의 항구도시를 모티브로 조성한 테마파크 포르토유럽, 그날 잡은 다양하고 신선한 해산물을 판매하는 관광 어시장인 쿠로시오 시장, 바다를 조망하면서 노천 온천을 즐길 수 있는 기슈쿠로시오 온천, 와카야마의 역사와 자연을 소개하는 와카야마관 わかやま館 등 다양한 시설이 한자리에 밀집한 리조트 지역이다. 해변가에 있어 여름철에는 해수욕과 요트를 즐길 수 있으며, 평소에는 낚시를 즐기는 사람들로 붐비곤 한다. 신선한 해산물을 맘껏 즐기면서 온천까지 즐기고 싶다면 꼭 들러보자. 참고로 마리나 시티 내에는 리조트급 호텔인 와카야마 마리나 시티 호텔도 있으므로 가족여행객이라면 이곳에서 1박을 하는 것도 고려해볼 만하다.

지도 MAP 31 Ⓕ 위치 마리나 시티 정류장에서 바로 오픈 10:00~17:00(시설에 따라 다름) 전화 073-448-0300
홈피 www.marinacity.com

TIP 와카야마시의 해수욕장

와카야마시는 바닷가와 맞닿아 있는 항구도시로 아름다운 모래사장이 있는 해수욕장이 여러 곳 있다. 매년 여름이 시작되는 7월 1일부터 8월 31일까지 해수욕장을 이용할 수 있으므로, 이 기간에 와카야마시를 방문했다면 일본의 해수욕장을 찾아가보는 것도 재미있을 것이다.

❶ 카타오나미 해수욕장 片男波海水浴場 위치 후로바시 不老橋 정류장에서 도보 10분
❷ 이소노우라 해수욕장 磯の浦海水浴場 위치 난카이 이소노우라역 磯の浦驛에서 바로
❸ 카다 해수욕장 加太海水浴場 위치 난카이 카다역 加太驛에서 도보 15분
❹ 나미하야 비치 浪早ビーチ 위치 나미하야바시 浪早橋 정류장에서 도보 10분
❺ 하나노미야 비치 浜の宮ビーチ 위치 하나노미야 浜の宮 정류장에서 도보 10분

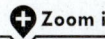 Zoom in

포르토유럽   1
ポルトヨーロッパ

마리나 시티의 중심 시설로 이국적인 분위기가 물씬 풍기는 테마파크이다. 포르토유럽존은 이탈리아 해변 마을, 스페인의 성, 전통적인 프랑스 거리와 광장 등 유럽 각국의 도시 풍경을 재현하고 있어 이국적인 분위기를 즐기며 기념 촬영하기 좋다. 유원지존에는 제트코스터를 비롯해 회전목마, 관람차 등 다양한 놀이기구가 모여 있다. 자녀를 동반한 여행자라면 반나절 정도 재미있는 시간을 보낼 수도 있겠지만, 테마파크 마니아가 아니라면 굳이 입장할 필요는 없다.

〈오픈〉 10:00~17:00(월별로 달라지니 확인) 〈요금〉 입장료 무료, 스탠다드 패스 어른 3800엔 〈전화〉 0570-064-358 〈홈피〉 www.marinacity.com/porto

쿠로시오 시장   2
黒潮市場

전 세계의 바다에서 수확한 신선한 해산물을 맛볼 수 있는 전천후 시장으로 현대적인 일본 어시장의 분위기를 느낄 수 있다. 시장 내부는 1950년대의 어시장, 상점가를 모티브로 했는데, 옛 일본의 풍경을 재현한 인테리어로 구성되어 있어 더욱 재미있다. 이곳에서는 각종 해산물과 가공품을 저렴한 도매가로 구입할 수 있고, 살아 있는 해산물을 그 자리에서 바로 선택해 해변 백사장 옆에 마련되어 있는 바비큐 코너에서 자유롭게 구워 먹을 수 있다. 초밥도 그 자리에서 바로 만들어주기 때문에 신선함이 살아 있다.

〈오픈〉 10:00~18:00(월별로 달라지니 확인) 〈요금〉 무료 〈전화〉 073-448-0008 〈홈피〉 www.kuroshioichiba.co.jp

기슈쿠로시오 온천   3
紀州黒潮温泉

기슈쿠로시오 온천은 마리나 시티 내에 자리 잡고 있는 당일치기 온천 시설로 포르토유럽과 도로 하나를 사이에 두고 마주 보고 있다. 해저 1500m에 달하는 1억 년 전의 지층에서 뿜어져 나오는 천연 온천수를 이용한 온천 시설로 내부에는 대욕장, 노천 온천, 사우나, 휴식 공간 등 다양한 시설이 갖추어져 있으며 간단한 식사도 가능하다. 샴푸나 비누는 내부에 비치되어 있고, 수건은 따로 챙겨 가는 것이 좋다. 수건이 없을 경우 220엔에 대여 가능하다.

〈오픈〉 10:00~24:00 〈요금〉 어른 830엔, 어린이 520엔 (수건 대여 220엔) 〈전화〉 073-448-1126 〈홈피〉 www.marinacity.com/spa

KOYASAN

AREA 02

고야산
高野山

해발 1000m의 산 위에 자리 잡은 일본 진언밀교의 발상지로 1200년에 걸쳐 종교 도시로 번창한, 일본 내에서도 유례를 찾아보기 힘든 독특한 곳이다. 사람의 발길이 많이 닿지 않았던 지역이라 하늘을 가릴 정도로 빽빽한 원시림이 있으며, 특히 가을에는 단풍이 아름다워 전국 각지에서 수많은 관광객이 찾아온다.

고야산
이렇게 여행하자

가는 방법

난카이 전철을 타고 고쿠라쿠바시역까지 가게 되는데, 한번에 가는 쾌속급행은 하루 5편 정도밖에 없으므로 시간표를 확인해두자. 직통이 아니면 2시간 정도가 걸린다. 난카이 특급열차(코야 こうや)를 이용하면 좀 더 빨리 이동할 수 있지만 기본 운임 870엔 외에 특급 요금 780엔을 추가로 지불해야 한다. 역에 도착한 후에는 케이블카를 타고 고야산역으로 가면 된다.

난카이 난바역 → 쾌속급행 92분, 870엔 → 고쿠라쿠바시역 → 케이블카 5분, 390엔 → 고야산역

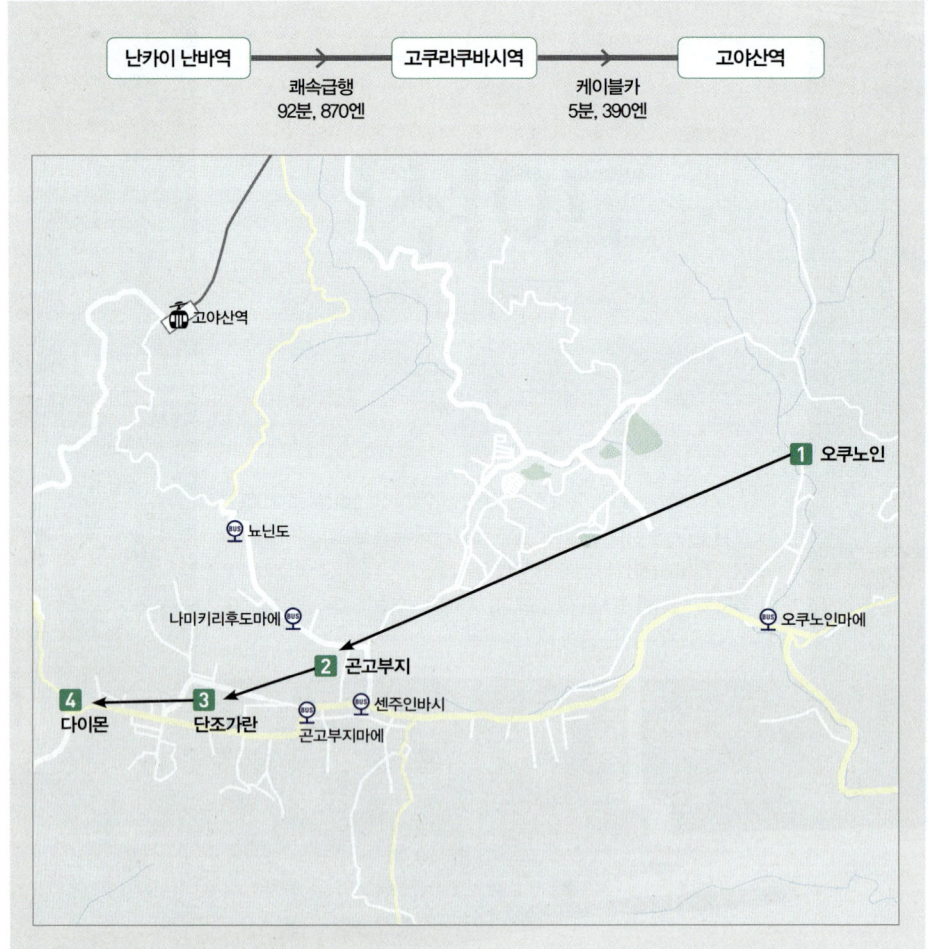

| 여행 방법 | 고야산역에 도착하면 제일 먼저 오사카로 돌아가는 전철 시각표를 체크하고 관광안내소에 들러 지도를 비롯해 고야산 여행에 필요한 정보를 수집하자. 고야산에서는 린칸 りんかん버스를 이용해 여행하게 되는데 간사이 쓰루패스가 있으면 무료로 이용할 수 있다. 버스는 오쿠노인행 버스만 자주 다니고, 다른 관광지는 도보 여행이 가능할 정도로 가까워서 센주인바시 千手院橋 정류장을 기점으로 걸어다니는 것이 더 편리하다. 버스를 이용해야 하는 만큼 제일 먼저 오쿠노인을 돌아보는 것이 좋다. |

케이블카 고야산역 → 🚌 25분 → 오쿠노인마에 정류장 → 🚶 35분 → **1** 오쿠노인 p.554

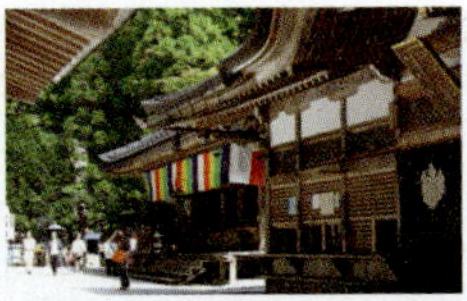

🚶 35분 ↓

2 곤고부지 p.555 ← 🚶 3분 ← 센주인바시 정류장 ← 🚌 15분 ← 오쿠노인마에 정류장

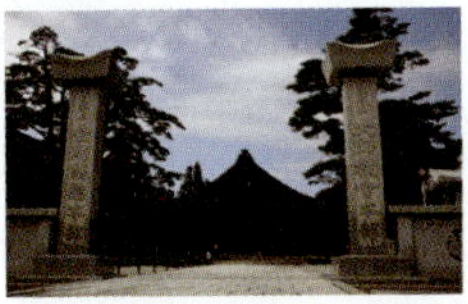

🚶 5분 ↓

3 단조가란 p.556 → 🚶 15분 → **4** 다이몬 p.557

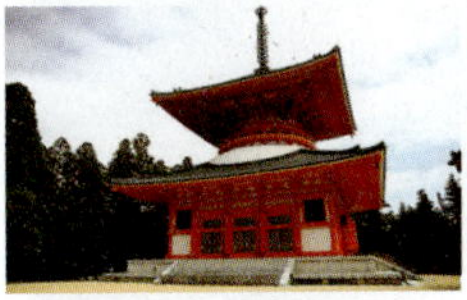

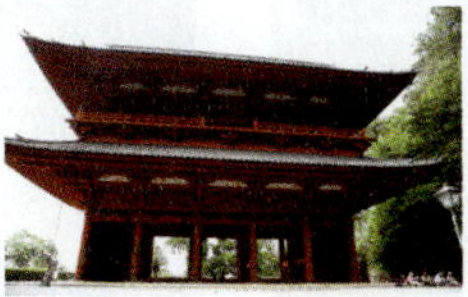

[지도] MAP 33 Ⓑ [위치] 오쿠노인마에 정류장에서 도보 35분 [오픈] 24시간(도로도 06:00~17:30) [요금] 무료 [전화] 0736-56-2002 [홈피] www.koyasan.or.jp/meguru/sights.html

📷 오쿠노인 奥の院

일본 최고의 명당이라 불리는 진언밀교의 성지. 단조가란과 더불어 고야산의 2대 성지로 유명하다. 이곳에는 고보대사를 모시는 사당인 고보를 비롯해 도로도, 후도도 不動堂 등이 자리 잡고 있다.

오쿠노인의 입구에 해당하는 이치노하시 一の橋에 도착해 버스에서 내리면 고뵤까지 이어지는 약 2km의 참배로 양쪽으로 수령 수백 년이 넘는 아름드리 삼나무가 빽빽하게 들어서 있다. 그리고 이 울창한 삼나무 숲속에는 무려 20만 기가 넘는 무덤과 묘비가 있다. 지금은 파나소닉, 소니, 샤프, 닛산, 도요타 등 일본을 대표하는 대기업이나 단체의 분묘와 위령비가 매년 새롭게 들어서고 있는데, 재미있는 것은 비석의 모양이 각양각색이라는 것. 묘비라기보다는 PR 성격이 짙은 것들이 많아 비석인지 홍보물인지 구분이 안 될 정도인데 이 묘비를 살펴보는 재미가 쏠쏠하다. 예를 들어 커피 메이커로 유명한 UCC 그룹의 묘비는 커피잔 모양을 하고 있으며, 맥주 회사 기린의 묘비는 상상 속의 동물인 기린 모양이다.

➕ Zoom in

도로도
燈籠堂

1

무려 2만 개가 넘는 등불이 걸려 있는 건물로 오쿠노인 산도를 따라 안쪽으로 쭉 걸어올라 가면 정면의 돌계단 위에 자리 잡고 있다. 승려 신넨 眞然이 창건한 것으로 알려져 있다. 사진 촬영은 금지되어 있다.

고보대사 고뵤
弘法大師御廟

2

진언밀교 신앙의 중심지인 오쿠노인에서도 성지 중의 성지라고 할 수 있는 곳이다. 오쿠노인의 산도를 따라 올라가 가장 안쪽에 깊숙한 곳, 울창한 삼나무 숲 사이에 자리 잡고 있다.

지도 MAP 33 Ⓐ 위치 센주인바시 정류장에서 도보 3분 주소 和歌山県伊都郡高野町高野山132 오픈 08:30~17:00 요금 어른 500엔, 어린이 200엔 전화 0736-56-2011 홈피 www.koyasan.or.jp

곤고부지 金剛峯寺

일본 불교 진언종의 총본산으로 고야산의 중심에 있다. 교토의 도지와 함께 진언종의 종조인 고보대사 구카이가 종교 활동의 거점으로 활동한 절로 알려져 있다.

원래는 1593년 도요토미 히데요시가 어머니의 명복을 빌기 위해 만든 2개의 절이었지만, 1869년에 하나로 합병해 곤고부지로 이름을 바꿨다. 경내는 본전, 별전, 신별전으로 구분되어 있으며, 역대 일왕의 위패와 일본 불교 진언종 역대 관장의 위패가 모셔져 있다.

곤고부지라는 이름은 좁은 의미로 이 사찰을 의미하지만, 일반적으로 고야산 전체를 가리키는 말로 사용되기도 한다. 즉 고야산 일대에 흩어져 있는 사찰은 모두 곤고부지에 소속된 것으로 하나의 절로 통칭된다. 절 내에 있는 반류테이 蟠龍庭는 일본에서 가장 큰 규모를 자랑하는 석조 정원으로 유명하다.

지도 MAP 33 Ⓐ 위치 센주인바시 정류장에서 도보 7분 주소 和歌山県伊都郡高野町高野山306 오픈 08:30~17:30(11~4월 ~17:00) 요금 어른 600엔, 학생 350엔, 어린이 250엔 전화 0736-56-2029 홈피 www.reihokan.or.jp

레이호칸 霊宝館

고야산의 중심인 단조가란 맞은편에 있는 불교 미술 박물관. 국보 21점, 중요 문화재 143점, 와카야마현 지정 문화재 16건 등 약 5만 점의 진언밀교 문화재를 소장하고 있다.

가마쿠라 시대의 걸작으로 유명한 조각가 운케이의 하치다이도지류조 八大童子立像를 비롯한 국보급 문화재는 여름 특별전에만 공개하므로 이곳을 방문한다면 미리 홈페이지를 통해 확인해보고 가는 것이 좋다.

단조가란 壇上伽藍

고보대사 구카이가 창시한 진언밀교의 사상을 구현한 성지로 816년에 세운 절이다. 대일여래 大日如來를 중심으로 한 밀교의 교의나 세계관을 건축물이나 불상, 불화 등 눈에 보이는 형태로 표현하기 위해 구카이가 직접 창건했다. 다만, 자금이 부족해 그의 생전에는 완성하지 못하고 사후에 제자들에 의해 완성되었다. 그러나 창건 당시의 절은 낙뢰나 화재로 수차례 소실되었고 곤폰다이토는 5번, 곤도는 7번이나 재건을 반복해야 했다.

비록 역사적인 가치가 있는 오래된 건축물은 거의 없지만, 진언밀교의 발상지로서 오쿠노인과 함께 2대 성지로 손꼽힌다. 경내의 건축물 중에는 높이 50m의 곤폰다이토가 가장 유명해서 고야산을 소개하는 사진에 자주 소개되며, 곤폰다이토의 정면에 있는 범종은 1547년에 만든 것으로 하루에 총 5회 108번에 걸쳐 종을 울린다.

[지도] MAP 33 Ⓐ [위치] 센주인바시 정류장에서 도보 5분 [오픈] 08:30~17:00 [요금] 경내 무료(곤폰다이토 200엔, 곤도 200엔) [전화] 0736-56-2011

Zoom in

곤도
金堂
1

단조가란 중 가장 중심이 되는 건물. 1926년 큰 화재가 있었는데, 세상에 한 번도 공개된 적이 없던 금당 내의 7체의 불상을 비롯해 많은 문화재가 함께 소실되었다. 이후 1932년에 재건을 했는데, 이때가 7번째 재건이라 하니 역사가 긴 만큼 수난도 많았던 셈이다.

곤폰다이토
根本大塔
2

높이 50m의 일본 최초로 세워진 다보탑으로 고야산의 상징이다. 고보대사가 만들기 시작해 2대 주지인 신넨 다이토쿠 眞然大德가 완성한 것으로 알려져 있다. 내부에는 대일여래의 본존을 중심으로 동서남북에 금강계사불 金剛界四佛이 안치되어 있다.

미에이도
御影堂
3

지붕이 완만하고 단아한 건물로 고야산에서는 흔히 볼 수 없는 우아한 건물이다. 현재의 건물은 1848년에 재건한 것으로 고보대사의 10대 제자와 기신 祈親 등의 초상을 안치하고 있다. 매년 음력 3월 21일 밤에 규쇼미에쿠 舊正御影供의 법회가 이곳에서 개최된다.

📷 도쿠가와 가문 영대 德川家靈台

지도 MAP 33 Ⓐ 위치 나미키리후도마에 정류장에서 도보 1분 오픈 08:30~16:30 요금 입장료 200엔 전화 0736-56-2011

도쿠가와 가문의 3대 장군인 도쿠가와 이에미츠 德川家光가 20년의 긴 세월에 걸쳐 1643년에 건립한 것으로, 도쿠가와 이에야스를 기리는 사당이다. 똑같은 모양을 한 건물이 좌우에 늘어서 있는데, 건물을 바라보고 오른쪽이 도쿠가와 가문의 1대 장군인 도쿠가와 이에야스, 오른쪽이 2대 장군인 도쿠가와 히데타다 德川秀忠의 사당이다. 닛코 日光에 있는 도쇼구 東照宮와는 비교조차 안 될 만큼 규모가 작지만 나름대로 화려한 외관을 자랑하는 국가 중요 문화재이다.

📷 뇨닌도 女人堂

지도 MAP 33 Ⓐ 위치 뇨닌도 정류장에서 도보 1분 오픈 08:30~16:30 전화 0736-56-3508

옛날 불경을 드리러 들어오는 것이 허락되지 않았던 여성들이 불경을 드리던 곳이다. 과거 일본 여성들은 성지 고야산에 출입 자체가 불가능했으나 메이지 시대 이후 고야산 출입이 가능해지면서 지금은 참배자들의 휴게소로 이용되고 있다.
고야산으로 가는 길에 고야나나구치 高野七口라는 7개의 입구가 있는데, 그 입구에 들어서 있는 건물이다. 현재는 후도구치 不動口에 있는 뇨닌도만 유일하게 남아 있다.

📷 다이몬 大門

지도 MAP 33 Ⓐ 위치 다이몬 정류장에서 도보 5분 전화 0736-56-2011

고야산 참배로의 입구에 세워진 문. 창건 당시에는 지금의 위치보다 약간 아래쪽에 있었다고 하는데, 1705년에 재건하면서 지금의 위치에 세워졌다. 높이 25.1m에 달하는 문의 양쪽 측면에는 금강역사상이 무서운 얼굴을 하고 있다. 산속에 덩그러니 놓인 거대한 선홍색 문도 보는 사람을 압도한다. 지금은 케이블카를 타고 쉽게 올라올 수 있지만, 옛날에는 이 길을 따라 걸어 올라야 했으니 신도들의 고생 또한 대단했을 것이다. 상당히 높은 곳에 있어 날씨가 맑으면 이곳에서 아와지섬 淡路島을 볼 수 있다.

AREA 03

시라하마
白浜

일본에서 손꼽히는 온천 마을 중 하나로, 해안가를 따라 들어서 있다. 1300년의 역사를 자랑하는 일본에서 가장 오래된 3대 온천 중 하나이다. 시라하마만 보러 가기보다는 나치카츠우라로 가는 길에 쉬어가는 의미로 들르곤 한다. 해양 스포츠나 온천을 즐길 수 있어 1박 2일로 연계해 여행하면 좋다.

시라하마
이렇게 여행하자

가는 방법

오사카에서 시라하마로 가는 가장 좋은 방법은 JR 전철을 이용하는 것이다. JR 오사카역이나 텐노지역에서 출발 하는 특급열차를 이용하면 시라하마까지 약 2시간이 소요된다. 시라하마로 가는 특급열차의 종류는 슈퍼쿠로시오 スーパーくろしお, 쿠로시오 くろしお, 오션아로オーシャンアロー가 있는데, 이름은 다르지만 별 차이는 없으므로 시간대에 맞는 열차를 이용하면 된다.

JR 텐노지역 → JR 시라하마역
특급
2시간 10분 소요, 자유석 4750엔

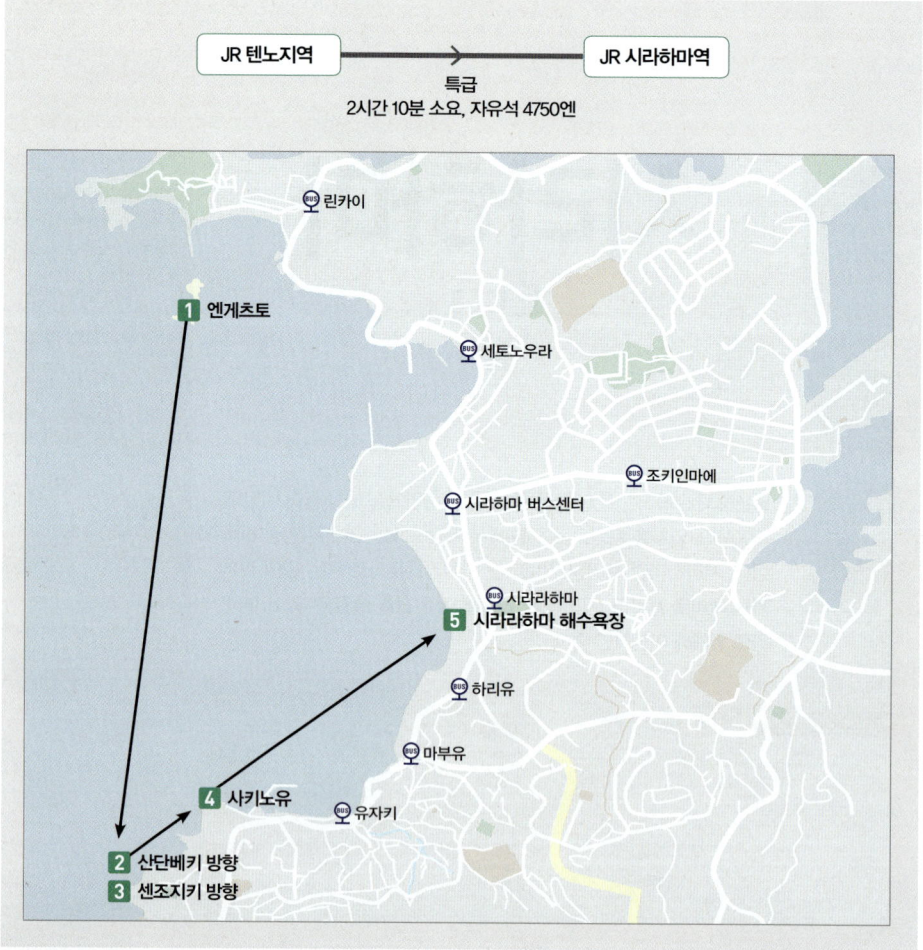

| 여행방법 | 시라하마를 여행하는 방법은 크게 두 가지로 나눌 수 있다. 첫째는 시라하마 온천 지역에서 숙박하면서 1박 2일 일정으로 나치카츠우라를 포함해 여유롭게 시간을 보내는 것이고, 둘째는 오사카에서 왕복 4시간 이상 걸리지만 당일치기로 시라하마의 주요 명소와 온천을 즐긴 후 돌아가는 일정이다. 온천만 즐길 생각이라면 JR 시라하마역 앞에서 출발하는 온천 호텔의 무료 셔틀버스를 이용하는 것으로 충분하지만, 주요 명소를 돌아보고 싶다면 JR 시라하마역 앞에서 출발하는 노선버스를 이용하는 것이 좋다. |

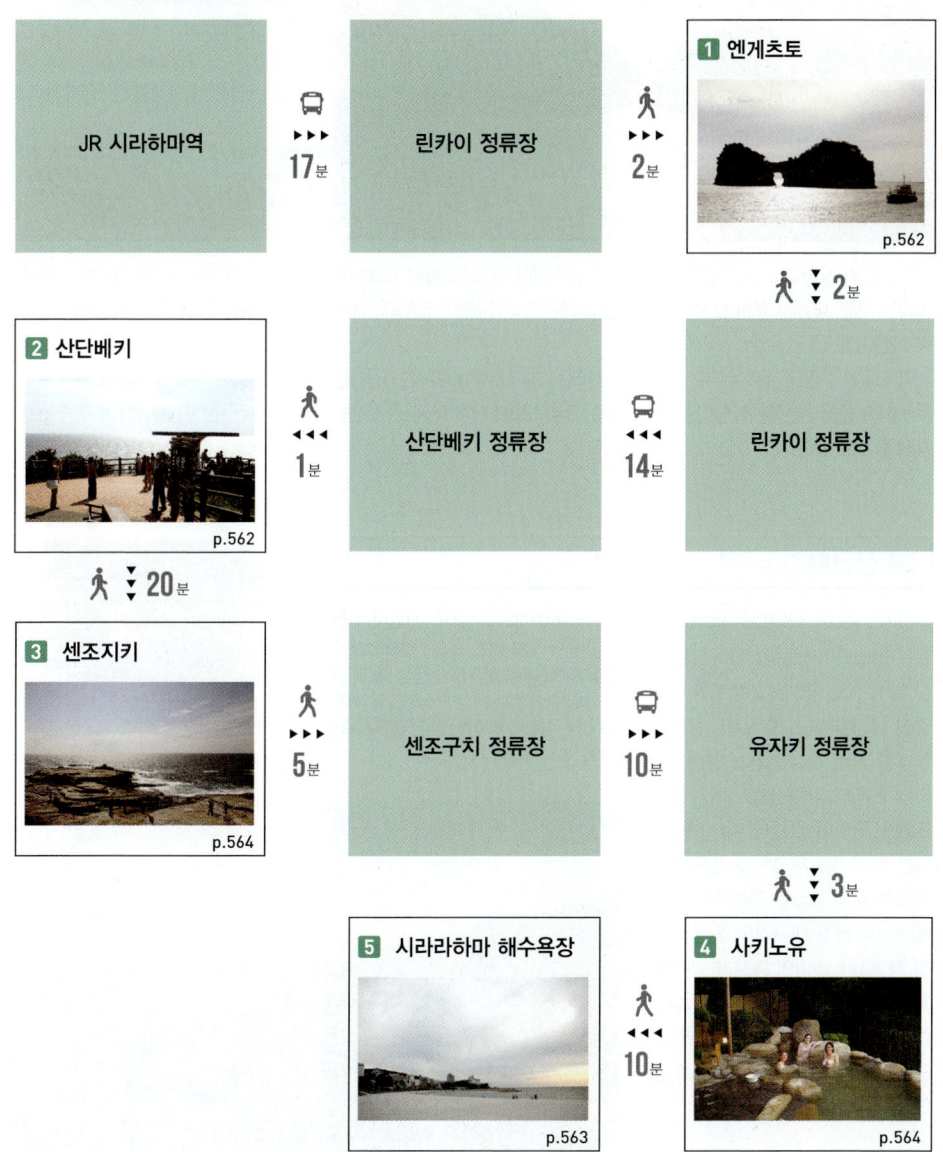

📷 엔게츠토 円月島

> 지도) MAP 32 ⓒ 위치) 린카이 정류장에서 도보 1분 전화) 0739-43-5511

시라하마의 상징과도 같은 섬. 정식 명칭은 타카시마 高島로, 남북 130m, 동서 35m, 높이 25m의 무인도이다. 섬 중앙에는 오랜 세월에 걸친 침식작용으로 만들어진 원형 동굴이 있는데, 그 모양이 5엔짜리 동전을 닮았다고 해서 이런 이름이 붙었다.
저녁노을이 아름답기로 유명한 곳으로 여름에는 저녁 6시 30분경, 겨울에는 4시 30분경에 이곳을 찾아오면 아름다운 저녁노을을 감상할 수 있다. 섬 주변에는 글래스보트가 있어서 섬 주변을 한 바퀴 유람한 뒤 해녀들의 수중 쇼를 감상할 수도 있다.

📷 산단베키 三段壁

> 지도) MAP 32 ⓔ 위치) 산단베키 정류장에서 도보 1분 주소) 和歌山県西牟婁郡白浜町2927-52 오픈) 동굴 관람 08:00~17:00 요금) 동굴 관람 어른 1300엔, 어린이 650엔 전화) 0739-42-4495 홈피) sandanbeki.com

높이 50~60m, 남북으로 약 2km에 걸쳐 형성되어 있는데, 깎아지른 듯한 절벽 위로 정비된 산책로를 따라 멋진 전망을 즐길 수 있다. 장대한 암벽을 따라 주상절리가 형성되어 있다. 전망대 앞에는 산단베키 동굴 三段壁洞窟이 있는데, 이 또한 색다른 볼거리를 제공한다. 입구에서 36m 아래의 동굴로 이어지는 엘리베이터를 타고 내려가면 동굴 내부에 약 200m 너비의 통로가 있는 것을 볼 수 있다. 동굴의 규모가 상당히 커서 옛날에는 구마노 지방의 수군들이 배를 숨겨두는 장소로 이용했다고 한다.

📷 시라라하마 해수욕장 白良浜海水浴場

이름에 걸맞게 눈부시게 하얀 모래사장이 넓게 펼쳐져 있는 곳. 시라하마 白浜라는 지명이 바로 이곳 시라라하마 해수욕장의 백사장에서 유래한 것이다. 해변의 길이는 620m로 그리 크지 않지만 햇빛에 반사되어 눈이 부실 정도로 깨끗하게 빛나는 새하얀 모래가 이곳의 자랑이다. 5월이면 바다에 들어갈 수 있는 천혜의 조건을 지닌 해수욕장으로 여름이 다가오면 일본 각지에서 엄청난 피서객이 찾아온다.

해수욕장이 개장하는 시즌에는 파라솔이나 야자나무 잎으로 만든 그늘막을 설치해 이용객의 편의를 돕는다. 무료 샤워 시설도 잘 갖추어져 있으며, 해변과 가까운 곳에 수영복을 입고 그대로 입욕이 가능한 노천 온천 시라스나가 있어 해수욕과 온천욕을 동시에 즐길 수도 있다. 매년 여름철에는 불꽃놀이를 비롯한 여러 가지 이벤트가 개최되어 아이부터 어른까지 다양한 즐거움을 맛볼 수 있다. 여름이 아니더라도 꼭 한번 찾아가볼 만한 아름다운 해변이다.

지도 MAP 32 ⓒ 위치 시라라하마 정류장에서 도보 1분 전화 0739-43-6588

지도 MAP 32 Ⓔ 위치 센조구치 정류장에서 도보 5분 전화 0739-43-6588

📷 센조지키 千疊敷

자연이 수만 년에 걸쳐 만들어낸 예술 작품. 신생대 제3기층에 해당하는 약 6500만~200만 년 전에 형성된 거대한 사암이 태평양의 파도에 침식되어 복잡한 지형을 형성하고 있다. 해변을 따라 펼쳐져 있는 암반의 넓이가 무려 1000장의 다다미를 깔 수 있을 정도로 넓다고 해서 이런 이름이 붙였다. 자연이 오랜 세월에 걸쳐 만들어낸 웅장한 아름다움을 감상할 수 있는 곳으로 특히 해 질 무렵에 이곳에서 바라보는 석양이 매우 아름답다.

센조지키의 암반은 동전으로 긁어도 쉽게 낙서를 할 수 있을 정도로 굉장히 부드러운데 이 때문에 일부 몰지각한 관광객들의 낙서로 피해가 끊이지 않는다. 낙서를 하면 10만엔 이하의 벌금이 있으니 절대 낙서는 하지 말 것! 평상시에는 암반 위를 걸을 수 있지만, 파랑주의보나 경보가 내려졌을 때는 출입이 금지된다.

♨ 사키노유 崎の湯

시라하마 온천을 대표하는 역사 깊은 노천 온천으로 바다에서 10m 정도 떨어진 곳에 자리한다. 아름다운 태평양을 바라보며 유황 냄새가 나는 온천을 즐길 수 있는데 1400년이라는 긴 역사를 가지고 있다.

지도 MAP 32 Ⓔ 위치 유자키 정류장에서 도보 3분 주소 和歌山県西牟婁郡白浜町湯崎1668 오픈 4~6·9월 08:00~18:00, 7~8월 07:00~19:00, 10~3월 08:00~17:00 휴무 무휴 요금 입욕료 500엔 전화 0739-42-3016

남탕, 여탕 모두 푸른 바다를 향해 탁 트인 조망을 즐길 수 있도록 개방되어 있으며, 모두 5개의 탕이 있다. 단, 바닷가에 있는 자연 그대로의 온천이라 샤워 시설도 없을뿐더러 비누나 샴푸 사용도 금지되어 있다. 그냥 바구니에 옷을 벗어놓고 온천을 즐긴 후 바로 옷을 입고 나오는 시스템이다. 따라서 온천을 즐길 계획이라면 수건을 미리 챙겨 가는 것이 좋다. 파도가 거센 날에는 예고 없이 입욕이 금지되기도 한다.

SPECIAL
시라하마의 온천

에히메현의 도고 온천, 효고현의 아리마 온천과 더불어
일본에서 가장 오래된 온천 중 하나로 그 유명세만큼 다양한 온천 시설이 곳곳에 산재해 있다.
온천 중 자신에게 맞는 온천을 찾아 방문해보자.

시라하마 온천 파크 소겐노유
白浜温泉パーク 草原の湯

아름다운 태평양이 내려다 보이는 언덕 위에 자리 잡은 온천 파크. 3만3000㎡가 평이 넘는 넓은 부지에 여러 종류의 온천탕이 준비되어 있다. 전망이 좋기로 유명한 노천 온천 아아젯케카나 온천 ああ絶景かな温泉을 비롯해 다른 지역에서는 보기 힘든 독특하면서도 다양한 온천을 즐길 수 있다.

⟨지도⟩ MAP 32 Ⓔ ⟨위치⟩ 소겐노유 정류장에서 도보 5분 ⟨주소⟩ 和歌山県西牟婁郡白浜町2927-553 ⟨오픈⟩ 09:00~22:00 ⟨요금⟩ 어른 1000엔, 어린이 800엔 ⟨전화⟩ 0739-82-2615 ⟨홈피⟩ onsenpark.com

시라라유
白良湯

당일치기 온천 시설 중 하나로 시라라하마 해수욕장에서 가까운 곳에 있는 2층 규모의 공동 욕장이다. 여름철에는 시라라하마 해수욕장에서 해수욕을 마치고 숙소로 돌아가는 사람들이 즐겨 찾는다. 욕탕이 2층에 마련되어 있어 아름다운 해변을 조망하면서 온천을 즐길 수 있다.

⟨지도⟩ MAP 32 Ⓒ ⟨위치⟩ 시라하마 버스센터 정류장에서 도보 2분 ⟨주소⟩ 和歌山県西牟婁郡白浜町3313-1 ⟨오픈⟩ 07:00~22:00 ⟨요금⟩ 어른 420엔, 어린이 140엔 ⟨전화⟩ 0739-43-2614

시라스나
しらすな

시라라하마 해수욕장에서 가까운 곳에 있는 혼욕 노천 온천 시설이다. 수영복을 입고 온천을 즐길 수 있는 곳으로 특히 여름철에는 해변에서 해수욕을 즐기는 사람들이 즐겨 찾는다. 한 번에 100명이 들어갈 수 있을 만큼 넓다. 여름에는 온천 시설로 이용되지만 겨울에는 발만 담그는 물로 이용된다.

⟨지도⟩ MAP 32 Ⓓ ⟨위치⟩ 시라라하마 정류장을 즐길 수 있다. 1분 ⟨오픈⟩ 10:00~15:00(5~6월 ~17:00, 7/1~9/15 ~19:00) ⟨휴무⟩ 월요일(7/1~8/31 무휴) ⟨요금⟩ 입욕료 200엔(10~4월 무료) ⟨전화⟩ 0739-43-1126

무로노유
牟婁の湯

온천 여관과 호텔이 모여 있는 유자키 湯崎 온천 마을에 있는 온천 시설로 시라하마를 대표하는 온천 시설이다. 〈일본서기〉에도 등장할 정도로 오랜 역사를 자랑한다. 고풍스러운 외관이 인상적이며, 실내에는 마부유 礦湯, 미유키유 行幸湯라는 각기 다른 2개의 원천이 있어 성질이 다른 온천탕을 한자리에서 즐길 수 있다. 바다를 마주보고 있어 온천을 즐긴 후 시원한 바람을 맞으며 바닷가 산책을 즐길 수 있다.

⟨지도⟩ MAP 32 Ⓔ ⟨위치⟩ 유자키 정류장에서 바로 ⟨주소⟩ 和歌山県西牟婁郡白浜町1665 ⟨오픈⟩ 07:00~22:00 ⟨휴무⟩ 화요일 ⟨요금⟩ 어른 420엔, 어린이 140엔 ⟨전화⟩ 0739-43-0686

NACHIKATSUURA

AREA 04

나치카츠우라

那智勝浦

온난한 기후와 풍부한 자연환경을 간직한 작은 도시이다. 기이반도의 남동쪽 끝부분에 자리 잡고 있다. 간사이 지역에서도 가장 외진 곳이지만 이곳에 일본에서 가장 큰 폭포인 나치노오타키와 유네스코 세계문화유산으로 등록된 구마노나치타이샤가 있다. 게다가 일본에서 가장 많은 참치 어획량을 자랑하는 어항이기도 하다.

나치카츠우라
이렇게 여행하자

가는 방법 나치카츠우라의 관문인 JR 기이카츠우라역 紀伊勝浦駅까지는 특급열차를 이용했을 때 오사카의 JR 텐노지역에서 약 3시간 30분, JR 와카야마시역에서 약 2시간 40분이 소요된다. 특급열차는 1~2시간에 1대씩 운행되므로 사전에 시간표를 반드시 체크해야 한다. 당일치기인 경우 도착과 동시에 오사카로 돌아가는 특급열차의 시간표도 미리 확인해두자. JR 간사이 와이드 패스가 없다면 교통비 부담이 상당하므로 JR 간사이 와이드 패스를 가지고 여행할 때 도전해볼 만한 여행지라 할 수 있다.

JR 텐노지역 → JR 기이카츠우라역
특급
3시간 30분 소요, 자유석 6370엔

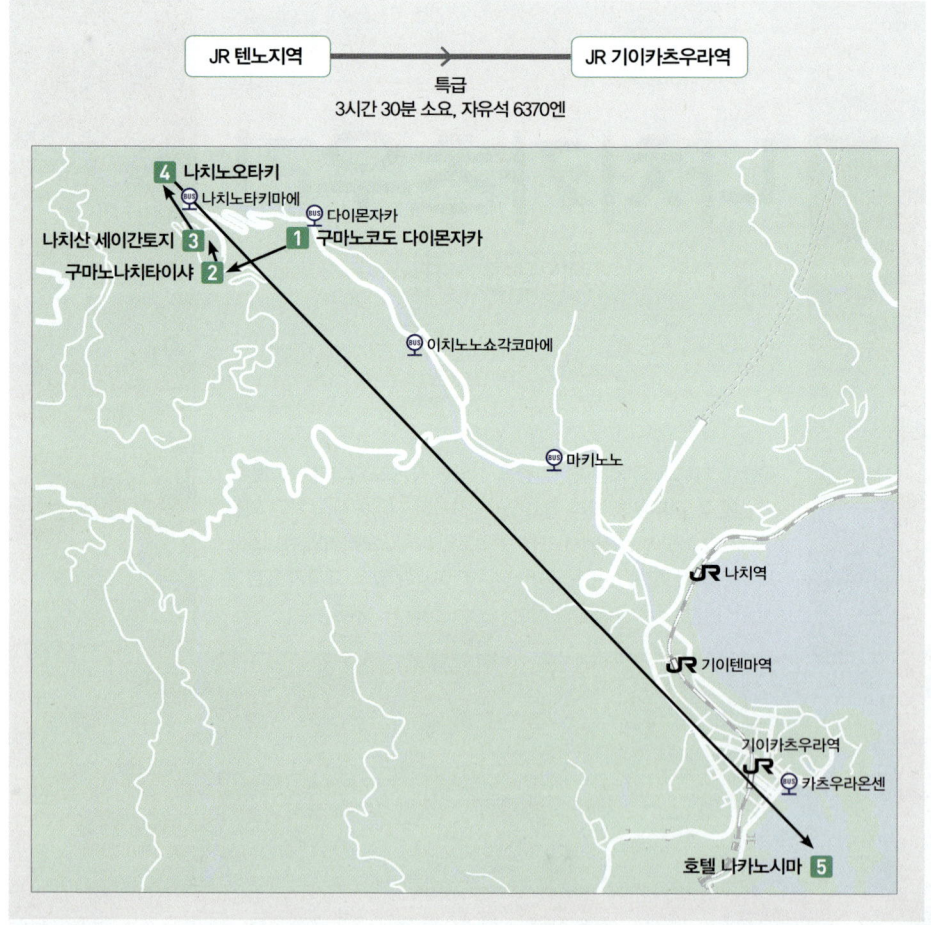

여행 방법

JR 기이카츠우라역에 도착하면 제일 먼저 역 바로 옆에 있는 구마노 熊野 버스터미널에서 나치노오타키로 가는 왕복 버스 티켓을 구입해야 한다. 버스를 타고 다이몬자카 大門坂 정류장에서 하차한 후 구마노나치타이샤와 나치산 세이간토지를 방문한다. 신사와 절을 구경한 후 삼층탑 방향으로 내려가면 곧 나치노오타키에 도착한다. 폭포를 감상한 후 다시 버스를 타고 기이카츠우라역으로 돌아와 나치카츠우라 앞바다에 있는 호텔 나카노시마에 들러 온천을 즐기면서 마무리한다. 좀 더 여유로운 여행을 즐기고 싶다면 시라하마에서 1박을 하는 것이 좋다.

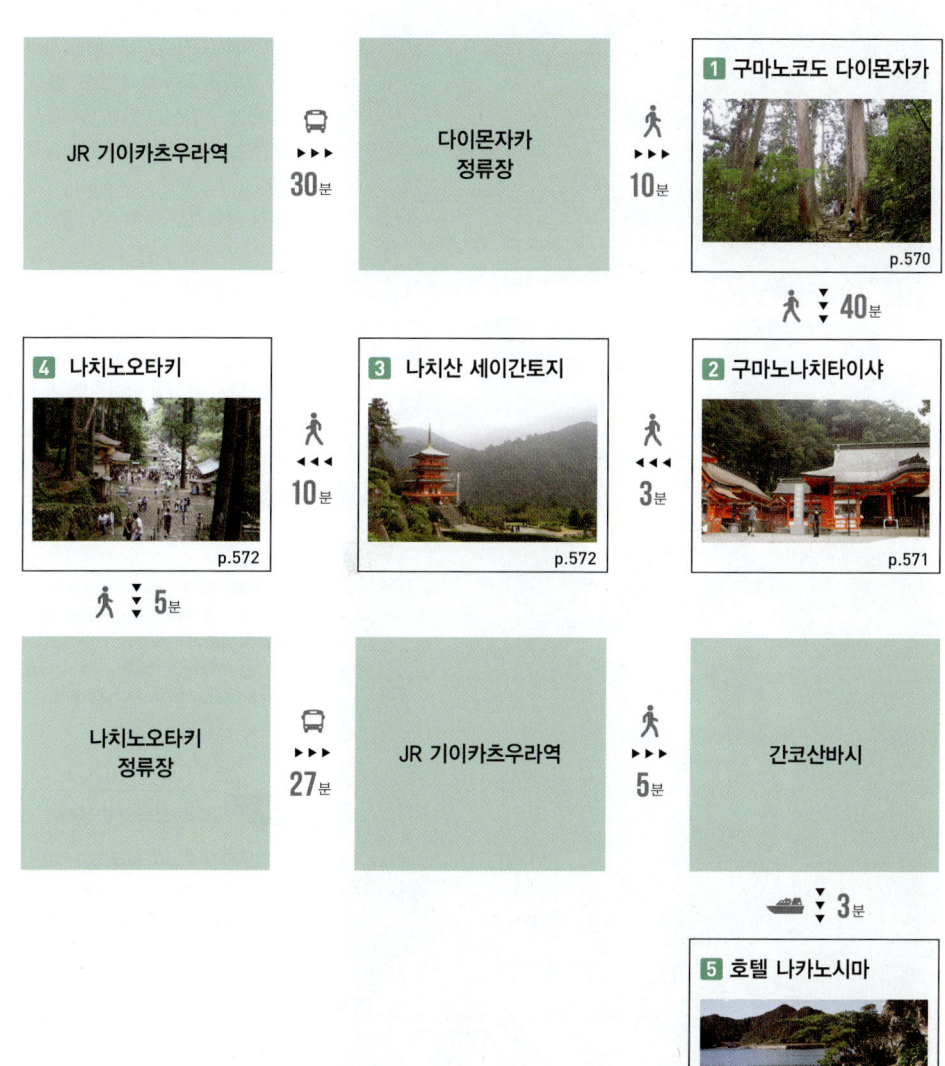

📷 구마노코도 다이몬자카 熊野古道大門坂 유네스코 세계문화유산

구마노코도는 헤이안 시대 교토의 귀족들이 구마노산잔 熊野三山을 참배하기 위해 찾아가던 참배길이다. 오랜 세월을 거치면서 일본을 대표하는 성지순례길이 되었다.
'저세상에'라는 뜻의 이름에서 알 수 있듯이 현세의 괴로움을 잊고 새로운 세상에서 구원받고자 하는 사람들이 고행을 자처하며 걷던 길로, 2004년에 고야산과 함께 유네스코가 지정한 세계문화유산으로 등록되었다.
비탈길 양쪽으로 마치 문기둥처럼 우뚝 솟아 있는 수령 수백 년의 부부 삼나무를 지나면 길이 500m, 높낮이 차이 100m에 달하는 돌계단이 이어진다. 이 언덕길에는 이끼 낀 포석이 당시 그대로 남아 있어 신성한 분위기를 느낄 수 있다. 조금 힘이 들긴 하지만 열심히 걷다 보면 곧 장쾌한 경관을 자랑하는 구마노나치타이샤에 도착한다.

지도 MAP 34 Ⓐ 위치 다이몬자카 정류장에서 도보 10분 주소 和歌山県東牟婁郡那智勝浦町那智山 오픈 24시간 전화 0735-52-5311 홈피 www.nachikan.jp/kumano/daimonzaka

> **TIP 구마노코도의 순례자**
>
> 다이몬자카를 걸어 올라가다 보면 헤이안 시대의 전통 복장을 하고 성지 순례를 하는 사람들을 만날 수 있다. 그 중에는 고야산이나 이세진구에서 출발해 온 진짜 순례자도 있는가 하면 기념 사진을 찍기 위해 구마노나치타이샤로 가는 길목에 있는 다이몬자카차야 大門坂茶屋에서 2000엔을 내고 전통 복장을 빌린 사람도 있다.

구마노나치타이샤 熊野那智大社

`지도` MAP 34 Ⓐ `위치` 나치산 정류장에서 도보 15분 `주소` 和歌山県東牟婁郡那智勝浦町那智山1 `오픈` 06:00~16:30(보물전 08:00~16:00) `요금` 경내 무료 (보물전 300엔) `전화` 0735-55-0321 `전화` www.kumanonachitaisha.or.jp

2004년 7월 1일에 유네스코 세계문화유산에 등록된 곳으로 JR 기이카츠우라역에서 구마노 교통버스를 이용해 약 30분 거리에 있는 산속 깊은 곳에 자리한다. 다이몬자카를 지나 길 양옆으로 기념품점이 간간이 들어선 473개의 돌계단을 따라 걸어 올라가면 길이 좌우로 갈라져 오른쪽에는 나치산 세이간토지, 왼쪽에는 구마노나치타이샤가 있다. 지금은 산 위에 신전이 있지만 원래는 현재의 히로진자 飛瀧神社가 있는 나치노오타키에 신전이 있었기에 이 신사는 폭포의 신을 모셨던 것으로 추측된다. 구마노산잔 중에서 구마노혼구타이샤와 구마노하야타마타이샤는 메이지 시대의 신불분리령에 의해 불당이 없어졌지만, 이곳 구마노나치타이샤에는 지금도 관음당이 남아 있다. 경내에 있는 보물전에서는 구마노 신앙에 관한 자료를 전시하고 있다.
1581년에 오다 노부나가 織田信長와 전쟁을 치르면서 큰 피해를 입었으나 그 후에 도요토미 히데요시의 도움을 받아 재건했다. 수령 수백 년을 헤아리는 나치 원생림에 둘러싸인 경내에는 하얀 모래가 깔려 있으며 그 안쪽으로 선홍색 신전이 늘어서 있다. 이곳에서 내려다보이는 붉은색 3층탑과 폭포가 조화를 이룬 장쾌한 풍경은 와카야마현 최고의 절경으로 손꼽힌다. 한편 경내에는 수령 850년을 자랑하는 거대한 녹나무와 하늘 위에 우뚝 솟은 듯한 토리이 鳥居가 있어 사진 포인트로 인기가 높다.

지도) MAP 34 Ⓐ 위치) 나치산노진자오테라마에 정류장에서 도보 15분
오픈) 혼도 05:00~16:30, 산주노토 08:30~16:00 요금) 경내 무료(산주노토 200엔) 전화) 0735-55-0001

📷 나치산 세이간토지 那智山靑岸渡寺

구마노나치타이샤와 어깨를 나란히 하고 있는 사찰로, 이곳에서 바라보는 산주노토와 나치노오타키 풍경이 가장 아름답다. 오다 노부나가에 의해 소실되었지만, 1590년에 도요토미 히데요시의 도움으로 재건하였다. 혼도와 나치노오타키 사이에 있는 높이 25m의 주황색 산주노토는 1972년에 재건한 것으로 3층의 전망대에서는 나치노오타키의 박력 있는 풍경을 감상할 수 있다.

📷 나치노오타키 那智の大滝

높이 133m를 자랑하는 일본에서 가장 큰 폭포. 매초 1톤 이상의 물이 쏟아져 내리는데, 그 소리도 엄청나 실제로 폭포 근처에서 바라보면 엄청난 박력을 느낄 수 있다. 폭포 아래에는 나치노오타키를 신으로 숭배하는 히로진자 飛龍神社가 있으며, 신사에는 마시면 불로장수를 한다는 신수가 있다.

폭포를 보러 가는 길은 양옆으로 아름드리 삼나무가 빽빽이 숲을 이루고 있어 한낮에도 빛이 안 들어올 정도 어둡다. 폭포의 음이온과 나무의 음이온이 어우러져 절로 기분이 상쾌해진다. 나치노오타키를 제대로 감상하려면, 폭포 바로 앞에서 보는 것보다 세이간토지로 올라가 삼층탑을 배경으로 폭포를 감상하는 것이 좋다.

지도) MAP 34 Ⓐ 위치) 나치노타키마에 정류장에서 도보 5분 전화) 0735-52-5311

📷 카츠우라교코 勝浦漁港

일본에서 가장 많은 참치 어획량을 자랑하는 곳으로 일요일 아침 8시가 되면 엄청난 양의 참치가 늘어서는 광경을 구경할 수 있다.

시장 2층에는 견학 통로가 있어 붐비는 아침 시간에도 활기찬 시장의 모습을 구경할 수 있다. 특히 어협 도매시장에서 열리는 참치 경매는 그야말로 장관이다. 단, 경매를 비롯한 본격적인 시장은 아침 일찍 장이 섰다가 오전 중에 끝나버리기 때문에 이 지역에서 1박을 하지 않는 이상 활기찬 시장의 모습을 보기는 어렵다.

시장 주변에는 참치회를 판매하는 음식점이 몇 군데 있으므로 여유가 있다면 참치의 진정한 맛을 느낄 수 있는 생참치회를 먹어보자.

지도 MAP 34 ⓓ 위치 JR 기이카츠우라역에서 도보 3분 오픈 일요일 08:00~11:00 전화 0735-52-2131

지도 MAP 34 ⓓ 위치 JR 기이카츠우라역에서 도보 5분, 간코산바시에서 송영 페리를 타고 3분 주소 和歌山県東牟婁郡那智勝浦町大字勝浦1179-9 오픈 온천 14:00~20:00 요금 온천 어른 1000엔, 어린이 500엔 전화 0735-52-1111 홈피 www.hotel-nakanoshima.jp

♨ 호텔 나카노시마 ホテル中の島

호텔 나카노시마는 카츠우라만 勝浦灣에 떠 있는 섬 나카노시마에 자리한 호텔로 섬 전체가 호텔인 독특한 곳이다. 이 호텔 내에는 나치카츠우라에서 가장 유명한 온천 시설인 기슈초몬노유 紀州潮聞之湯가 있다. 100% 천연 온천을 자랑하는 호텔 나카노시마의 노천 온천은 모두 바다와 접해 있어 파도 소리를 벗 삼아 온천을 즐기는 독특한 경험을 할 수 있다. 숙박을 하지 않아도 당일치기 온천 이용이 가능하다. 이곳으로 가려면 JR 기이카츠우라역에서 도보 5분 거리에 있는 간코산바시에서 호텔 송영 페리를 타고 바다를 건너가야 하는데, 배편은 15분 간격으로 운행되며 운행 시간은 3분 정도이다.

♨ 호텔 우라시마 ホテル浦島

호텔 나카노시마와 마찬가지로 호텔 우라시마 역시 카츠우라 앞바다에 있는 섬 전체를 호텔로 사용한다. 간코산바시에서 전용 페리를 타야만 갈 수 있다. 이곳에는 보키도 忘歸洞와 겐부도 玄武洞라고 하는 2개의 동굴 온천이 유명한데, 동굴 온천에서 바라보는 아름다운 바다 풍경이 일품이다.

호텔 나카노시마와 마찬가지로 당일치기 온천이 가능하며 낮 시간에는 점심 뷔페와 온천욕을 세트로 한 상품도 판매하고 있다. 두 호텔 모두 수건은 무료로 빌려준다.

※2019년 4월 1일~2020년 3월 31일 동안 내진 보강 공사로 인해 본관 건물만 운영하지 않고, 당일 온천 프로그램은 중지된다.

지도 MAP 34 ⓓ 위치 JR 기이카츠우라역에서 도보 5분, 간코산바시에서 송영 페리를 타고 5분 주소 和歌山県東牟婁郡那智勝浦町勝浦1165-2 오픈 온천 09:00~19:00 요금 온천 어른 1000엔, 어린이 500엔 휴무 부정기 전화 0735-52-1011 홈피 www.hotelurashima.co.jp

PREPARATION

여행 준비

여권 준비하기
항공권 예약하기
숙소 예약하기
면세점 쇼핑하기
환전하기

PREPARATION

여권 준비하기

해외 여행의 가장 필수적인 준비물이 바로 여권이다.
외국에서 자신의 신분을 증명할 유일한 신분증이기에 반드시, 그리고 실수 없이 챙겨야 한다.

발급 신청 및 수령

여권 발급에 필요한 서류를 구비해 가까운 구청이나 시청 여권과에서 신청한다. 여권 발급 신청서는 각 여권과에 비치되어 있으며, 외교통상부 홈페이지에서 양식을 내려받아 미리 작성한 후 제출할 수도 있다. 여권이 발급되기까지 보통 3~4일이 소요되며 성수기에는 일주일 이상 걸리기도 한다. 수령할 때는 반드시 신분증을 지참해야 한다.

외교통상부 여권 안내 www.passport.go.kr

여권 유효기간

대부분의 국가에서는 여권 유효기간이 최소 6개월 이상 남아 있지 않으면 입국을 거절당할 수 있지만, 일본은 여권 유효기간 이내의 여행이라면 문제 삼지 않는 경우가 많다. 하지만 유비무환! 여권 유효기간의 만료일이 다가온다면 여권을 재발급받는 것이 좋다. 기존의 유효기간 연장 제도는 폐지되었기 때문에 재발급도 신규 여권을 신청할 때와 똑같은 과정을 거쳐야 한다. 재발급 수수료와 신규 여권 발급 수수료는 같다.

참고로, 여권 유효기간은 충분하지만 수록 정보 변경, 분실, 훼손, 사증란 부족 등으로 새로운 여권을 발급받을 경우에는 '남은 유효기간 부여 여권'을 발급받으면 된다. 발급 수수료는 2만 5000원으로 신규 여권을 발급받을 때보다 저렴하다.

주한 일본 대사관 www.kr.emb-japan.go.jp

여행 중 여권 분실

여행 중 여권을 분실할 경우 영사관에 가서 여행용 임시 증명서를 발급받아야 한다. 혹시 모를 사태에 대비해 여권 복사본과 사진 2장을 예비로 준비해 가는 것이 좋다. 한꺼번에 잃어버리는 일이 없도록 여권과 따로 보관하자.

주일본 대한민국 대사관 영사부 jpn-tokyo.mofa.go.kr

TIP 여권 발급 준비물

- ☑ 여권 발급 신청서
- ☑ 여권용 사진 1장
- ☑ 신분증
- ☑ 수수료(10년 복수 여권 5만 3000원, 1년 단수 여권 2만 원)

새롭게 바뀐 여권사진 규격

여권사진 규정이 대폭 완화되면서 여러 의무 조항이 사라졌다. 삭제된 의무 조항은 다음과 같다. 양쪽 귀 노출, 가발·장신구 착용 지양, 뿔테 안경 착용 지양, 눈썹 가림 지양, 어깨 수평 유지, 제복·군복 착용 불가의 항목이 모두 사라져 이제는 신경쓰지 않아도 된다.

항공권 예약하기

여행을 가기로 마음먹었다면 항공권부터 서둘러 예약하는 것이 좋다.
항공권 예약이 선행되어야 출국일과 귀국일이 결정되고, 숙소 예약이 가능하다.

항공권 싸게 예약하는 법

인천, 김포, 김해, 제주에서 출발하는 오사카 항공편은 워낙 다양한 항공사가 취항 중이고, 운항 횟수도 많아 그에 따른 가격 역시 천차만별이다. 무엇보다 명심해야 할 것은 같은 비행기라도 같은 가격에 타는 사람은 없다는 것. 항공사 SNS를 미리 팔로우해 프로모션 티켓을 공략하다 보면 뜻밖의 가격에 항공권을 잡을 수도 있다.

하지만, 가장 일반적인 방법은 항공권 비교 사이트를 통해 항공권을 예약하는 것이다. 단, 공항이용료, 유류할증료 등 세부 조건을 반드시 포함해 비교해야 한다. 저가항공사의 경우 수하물 요금을 별도로 책정하는 경우가 많다. 오사카 여행은 특히 돌아올 때 쇼핑에 따른 짐이 많아질 수 있으므로 수하물 요금 조건을 꼼꼼히 살피자. 또 예약 변경 불가, 예약 시 수수료 부과, 환불 불가 등의 조건을 살펴본 후 최종적으로 항공권을 예약하자.

> **TIP** 항공권 구매 시 체크할 것
> ❶ 예약 시 항공권에 기입한 영문 이름과 여권상의 영문 이름이 반드시 동일할 것. 동일하지 않을 경우 탑승이 거부될 수 있다.
> ❷ 항공편 도착 시간에 시내로 이동할 교통수단이 있는지 여부를 체크할 것. 숙소로 이동할 교통수단이 없어 요금이 비싼 택시를 이용해야 한다면 저렴한 항공권도 무용지물이다.

항공권 비교 검색 사이트

01 스카이스캐너
전 세계 2500만 명이 선택한 항공권 비교 검색 사이트. 출발지와 도착지를 선택하고 일정을 입력하면 조건에 해당하는 항공편이 가격대별로 검색된다.

홈피 www.skyscanner.co.kr

02 카약 닷컴
항공권 가격을 한눈에 비교하고 예약까지 마칠 수 있는 사이트. 저렴한 프로모션 상품을 검색할 수 있는 것은 물론 호텔과 렌터카 비용도 타 사이트와 비교할 수 있다.

홈피 www.kayak.com

03 익스피디아
전 세계 51만여 개 호텔을 최저가로 검색할 수 있는 숙소 검색에 특화된 사이트. 저렴한 항공권 프로모션도 함께 진행해 할인된 금액으로 항공권과 숙박 예약을 한꺼번에 끝낼 수 있다.

홈피 www.expedia.co.kr

PREPARATION

숙소 예약하기

호텔부터 게스트하우스까지 오사카는 숙소 선택의 폭이 넓은 편이다.
등급에 따라 요금이 천차만별이므로 예산에 맞춰 원하는 숙소를 선택하자.

숙소의 종류

01
호텔 ホテル
대도시의 번화가에 있는 대형 호텔. 각종 부대시설을 완비해 숙박 외에도 다양한 기능을 갖추고 있는 경우가 많다. 객실 타입은 2인용인 트윈룸과 더블룸이 주를 이루고 방도 비교적 넓은 편이며, 호텔에 따라서는 트리플룸이나 다다미방을 갖춘 곳도 있다.

숙박 요금 2인 1실 기준 1만 5000~2만 엔 예약 방법 국내 여행사, 호텔 홈페이지, 숙소 예약 사이트 이용

02
비즈니스호텔 ビジネスホテル
주로 비즈니스 목적의 출장자를 대상으로 하는 소규모의 저가 호텔을 의미한다. 싱글룸과 트윈룸이 주를 이루며 우리 기준으로 보면 악 소리가 날 정도로 객실 사이즈가 좁은 곳이 대부분이다. 그래도 객실 내에 필요한 가전은 다 갖춰져 있어 가성비를 따지는 실속파라면 추천할 만하다.

숙박 요금 2인 1실 기준 7000~1만 1000엔 예약 방법 국내 여행사, 호텔 홈페이지, 숙소 예약 사이트 이용

03
리조트호텔 リゾートホテル
도시의 중심가에서 벗어나 강변이나 바닷가, 온천 마을 등에 있는 대형 숙박 시설로 여러모로 호텔과 닮은꼴이지만, 실외 수영장이나 프라이빗 비치, 골프장 등 좀 더 다양한 부대시설을 갖추고 있다. 온천 마을에 있는 리조트호텔은 료칸의 서비스를 그대로 차용해 1박 2식을 기본으로 제공하는 등 그 지역의 특성에 맞게 다양한 서비스를 선보인다.

숙박 요금 2인 1실 기준 1만 5000~3만 엔 예약 방법 국내 여행사, 호텔 홈페이지, 숙소 예약 사이트 이용

04
캡슐호텔 カプセルホテル

캡슐호텔은 관을 연상시킬 만큼 작은 공간으로 이루어진 숙박 시설로 24시간 영업한다. 대부분 사우나를 겸해서 영업하고 자그마한 배낭을 넣을 수 있는 로커도 무료로 제공된다.

숙박 요금 1인 1실 기준 2500~3500엔 예약 방법 국내 여행사, 호텔 홈페이지, 숙소 예약 사이트 이용

05
료칸 旅館

전통적인 일본식 여관. 객실 디자인이 심플하며 넓고 바닥에는 다다미가 깔려있다. 1박 2식이 기본적으로 제공되며 저녁 식사는 대부분 일본식 풀코스 가이세키 요리 会席料理가, 아침 식사는 간소하게 나온다. 저녁 식사가 끝나면 기모노를 입은 나카이상(여종업원)이 방에 침구를 깔아준다. 목욕탕은 때로는 남탕, 여탕으로 구분되어 있으며, 온천 휴양지에 있는 여관은 노천탕을 비롯해 온천탕을 갖추고 있다.

숙박 요금 2인 1실 기준 1만 3000~5만 엔 예약 방법 국내 여행사, 료칸 홈페이지, 숙소 예약 사이트 이용

06
게스트하우스 Guest House

여행자가 매우 저렴한 가격으로 머물 수 있는 숙소로, 세계 각국의 여행자와 함께 어울릴 수 있다는 장점이 있다. 간소하며 깨끗한 공동 침대, 편의 시설, 주방 등을 제공하며 시설에 따라 문화 교류 활동, 파티를 주최하는 경우도 있다.

숙박 요금 도미토리 기준 1인당 2800~4000엔 예약 방법 게스트하우스 홈페이지, 게스트하우스 전문 예약 사이트 이용

07
민박 民宿

오사카와 같은 대도시에는 한인 민박 업소가 많은 편. 주로 방이 3~4개 딸린 집을 세 내어 방 1개당 3~4명씩 사용하는 도미토리 스타일로 쾌적한 서비스나 깔끔한 분위기를 기대하기는 어렵다. 그러나 집주인부터 손님까지 대부분 한국인이라 의사소통에 문제가 전혀 없다는 점이나 이곳에서 함께 여행을 다닐 친구를 사귀거나 정보를 교환할 수 있다는 점에서 매력적이다.

숙박 요금 도미토리 기준 1인당 2500~3000엔 예약 방법 국내 여행사, 해당 민박의 홈페이지

PREPARATION

면세점 쇼핑하기

면세점 쇼핑은 오로지 해외로 나가는 여행자들만 누릴 수 있는 특권.
참고로 한국 입국 시에 국내 면세점 이용은 불가능하다는 점을 염두에 두자.

면세점의 종류

01
시내 면세점
직접 방문해서 물건을 보고 구입할 수 있다는 장점이 있다. 때로는 세일이나 구매 금액별 상품권 이벤트 같은 혜택도 있다. 먼저 VIP 카드를 발급받은 후 쇼핑하면 더욱 저렴하다.

02
공항 면세점
별도로 시간을 내지 않아도 출국 직전에 쇼핑을 즐길 수 있어 편리하다. 공항 출국 심사 후 면세 구역에서 쇼핑할 수 있다. 단, 상품 구색이 시내 면세점에 비해 적고 할인 혜택이 다소 적다.

03
기내 면세점
항공사에서 제공하는 서비스로 출국하는 비행기 안에서 책자를 보고 주문하면 구매품을 바로 받을 수 있다. 하지만 판매하는 물품이 한정적이라 선택의 폭이 좁고, 인기 상품은 빨리 매진된다.

04
인터넷 면세점
요즘은 스마트폰으로도 이용할 수 있어 더욱 편리해졌다. 각종 할인 쿠폰·적립금 제도로 시내 면세점보다 더욱 알뜰하게 쇼핑 가능하다.

동화면세점 www.dutyfree24.com
롯데면세점 www.lottedfs.com
신라면세점 www.dfsshilla.com
신세계면세점 www.ssgdfs.com
그랜드면세점 www.granddfs.com
갤러리아면세점 www.galleria-dfs.com
두타면세점 www.dootadutyfree.com
SM면세점 www.smdutyfree.com

면세점 쇼핑 시 준비물

여권, 항공권 혹은 정확한 출국 정보(출국 일시, 출국 공항, 출국 편명)

면세점 구매 한도

출국 시 내국인의 국내 면세품 구입 한도는 1인당 3000달러이지만 입국 시 면세 범위는 600달러까지만 적용된다. 즉, 600달러를 초과하는 물품에 대해서는 자진 신고하고 세금을 내야 한다. 만약 신고하지 않았다가 적발된 경우, 세금 외에 가산세가 추가되며 경우에 따라 처벌받을 수 있다.

환전하기

엔화로 환전할 때는 '현찰 살 때' 즉 현찰 매도율 부분에 기재된 금액을 보면 된다.
노력에 따라 환율 우대를 받거나, 수수료 할인으로 조금이나마 유리하게 환전할 수 있다.

환율 우대받는 법

01
시중 은행은 고객의 거래 실적에 따라 환율을 우대해준다. 따라서 주거래 은행에 가서 주거래 고객임을 밝히고 환전 수수료 우대를 받는 것이 가장 편리하다. 거래 실적에 따라 20~40% 정도의 환전 수수료를 아낄 수 있다.

02
인터넷 검색을 통해 환율 우대 쿠폰을 찾아보는 방법도 있다. 시중 은행 홈페이지나 여행사 홈페이지, 면세점 홈페이지 등을 통해 환율 우대 쿠폰을 발행하는 경우가 있는데 이런 쿠폰을 활용하면 조금이나마 이득을 볼 수 있다.

03
시중 은행의 홈페이지에서 사이버 환전을 신청하는 것도 방법이다. 사이버 환전 서비스를 신청하면 원하는 지점에서 외환을 바로 찾을 수 있다. 만약 공항에서 수령하고 싶다면 해당 은행의 공항 지점이 있는지 미리 확인해보는 것이 좋다.

04
서울이나 부산 같은 대도시 중심가에는 사설 환전소가 있다. 이런 사설 환전소를 이용하면 은행보다 조금 더 유리한 조건으로 환전할 수도 있다. 사설 환전소는 충분히 정보를 검색한 후 방문하는 것이 좋다.

TIP 출국 전 마지막 준비, 짐 꾸리기

모든 준비를 마쳤다면 이제 짐을 잘 꾸리면 된다.
정작 중요한 것을 빠뜨리지 않았는지 다음 리스트를 참고해 다시 한 번 체크하자.

- ☑ 여권
- ☑ 증명사진 · 여권 사본 (여권 분실 대비)
- ☑ 항공권
- ☑ 숙소 바우처
- ☑ 현지 화폐 · 신용카드
- ☑ 옷가지
- ☑ 속옷
- ☑ 화장품
- ☑ 상비약
- ☑ 11자 플러그 · 멀티탭
- ☑ 카메라

찾아보기

OSAKA 오사카

가이유칸	292
갸토 페스타 하라다	240
겐로쿠즈시	171
고기극장	172
규카츠노타케루	191
규카츠 모토무라	187
그랑 카루비	237
그랜드 프런트 오사카	231
그램	217
꼼 데 가르송	221
꼼 사 스타일	180
나니와오므라이스	223
나니와오키나	257
나카노시마 공원	256
나카자키초	252
난바시티	184
난바 파크스	180
난바 힙스	167
난반테	192
난카이파라	195
난코	293
난코야초엔	294
내추럴 키친	244
노스 쇼어	259
누차야마치 & 플러스	242
다이닝 아지토	190
다이마루	203
다이소	221
다카시마야	184
덴덴타운	183
덴엔	290
덴포잔 대관람차	292
덴포잔 마켓 플레이스	293
도큐핸즈	221
도톤보리	164
도톤보리 아카오니	178
도톤보리 이마이	169
돈구리 공화국	243
돈카츠KYK(아베노하루카스)	282
돈카츠KYK(한큐32번가)	239
돈키호테	168
동양정(아베노하루카스)	282
동양정(한큐백화점)	236
디아몰오사카	234
디즈니 스토어	202
딘 & 델루카	231
라 메종 드 쇼콜라	237
라멘인생젯	251
라비원	185
레드락	216
렌	273
로손 스토어 100	284
로쿠센	287
로프트	242
루크스 랍스터	181
루피시아	236
리락쿠마 스토어	245
리쿠로오지상노미세	194
리키마루차야	173
린쿠 프리미엄 아웃렛	301
마라멘 얀얀	254
마루이	184
만다라케	211
만박기념공원	262
메이지켄	207
메종 드 지지	207
멘야 죠로쿠	189
모그	195
모나카 커피	254
모토 커피	260
몬디알 카페 328	218
무인양품	186
미나미센바	220
미즈노	174
베이에어리어	291
베이커리카페 이세야	255
보스턴	282
부도테이	246
북극성	216
북오프 플러스	169
브루클린 로스팅 컴퍼니	260
브리제 브리제	232
비오톱	219
빅스텝	210

빅카메라	185	아마토마에다	285	오사카시립미술관	280
빌리지 뱅가드	211	아메리카무라	209	오사카시립주택박물관	253
빌리지 뱅가드(난바 파크스)	180	아베노큐즈타운	285	오사카역앞빌딩	246
사카에스시	206	아베노하루카스	281	오카루	170
산리오 갤러리	202	아시아태평양트레이드센터	294	오파	210
산타마리아	293	아이즈야	172	오하츠텐진도리 상점가	233
살롱 드 몽셰르	217	아지노야	174	옥시모론	257
상미	290	앗치혼포	176	와나카	193
새터데이즈 NYC	225	애니메이트	185	요도바시 우메다	242
샤모지로	250	애프터눈티 리빙	244	요롯파도리	201
센니치마에 도구야스지 상점가	183	애플	211	우동보	246
소에몬초	167	야마짱	286	우메다 스카이빌딩	230
수요일의 앨리스	212	야스베	175	우사미테이 마츠바야	222
슈가버터노키	237	야에카츠	289	우오신	249
슈퍼 타마데	205	야키니쿠 마루	206	우지엔	208
스시잔마이	173	어반 리서치 도어스	220	우키요코지	166
스이교 무라바야시	259	어반 리서치 스토어	204	우테나킷사텐	255
스탠다드 북스토어	213	에비수	205	위고	203
스트리머 커피 컴퍼니	218	에비스바시스지 상점가	166	유나이티드 애로즈	180
스파월드	284	에크추아	273	유니버설 스튜디오 재팬	295
시아와세노팬케이크	225	에페	258	유니클로(신사이바시)	201
시텐노지	278	엘머스 그린	182	유니클로(우메다)	245
시티 베이커리	231	오니츠카 타이거	205	유카리	248
신사이바시 브랜드 스트리트	200	오버라이드	214	유키노시타 공방	251
신사이바시스지 상점가	200	오사카 비즈니스 파크	271	이마	241
신세카이	283	오사카 스테이션 시티	230	이치란	249
신세카이 캉캉	287	오사카 역사박물관	271	이치미젠	191
신우메다 식당가	247	오사카농림회관	222	이치비리안	168
쓰리코인즈 플러스	204	오사카성	268	인디언카레	239

인스턴트 라멘 발명기념관	261	코챠바나	223	토리소바 자긴	222
일본정원	263	쿠로몬 시장	183	토리키조쿠	193
잇포테이	192	쿠시노보	179	파나소닉 센터 오사카	231
자연관찰학습관	263	쿠시카츠 다루마	286	파블로	208
자연문화원	263	쿠시카츠 에츠겐	288	파티세리 몽셰르	237
쟌쟌요코초	284	쿠시카츠 쟌쟌	288	퍼블릭 키친 카페	224
정글	186	쿠쿠루	176	펫 파라다이스	203
조폐박물관	272	크레프리 알시온	179	포즈	181
지넨	207	클럽 하리에	240	포켓몬 센터	244
지분도키	224	키무카츠	175	프랑프랑	245
지유	204	키즈플라자 오사카	253	플라잉 타이거 코펜하겐	212
지유켄	193	키지	247	피사누록	215
차야마치	232	키타신치	256	피스 오사카	271
츠루톤탄	170	킨구에몬	175	하나다코	247
츠루하시 후게츠	286	킨노토리카라	179	하루코마	254
츄우노텐진자	233	킨류라멘	178	하리쥬 카레숍	177
츠타야 서점	243	킷샨	282	하브스	182
츠텐카쿠	283	타임리스 컴포트	214	하비스 플라자 & 엔트	241
치보	171	타카라	188	하카타 잇코샤	250
치토세	190	타코야키 쥬하치방	177	하카타 잇푸도	249
카니도라쿠	176	타코우메	177	한신명물 이카야키	240
카라호리	272	타코우메(신우메다 식당가)	247	한신백화점	240
카렐 차펙	236	테라카페 차니와	219	한큐 히가시도리 상점가	233
카메스시	248	텐구	289	한큐17번가	238
카무쿠라	174	텐노지 공원	279	한큐32번가	238
케이타쿠엔	280	텐노지 동물원	280	한큐3번가	238
코가류	215	텐노지 미오	285	한큐백화점	236
코스모타워	294	텐동카엔	246	헵 파이브	232
코이로리	189	텐진바시스지 상점가	252	호리에	209

호젠지요코초	167	기요미즈데라	322	런던북스	423
혼미야케	239	기타노텐만구	392	로쿠세이 사테이	411
혼케 오오타코	178	긴카쿠지	398	료안지	390
홉슈크림	194	나카무라토키치	435	류노히게	343
화이티우메다	234	난젠지	400	마네키네코노테	338
회전초밥 닛폰이치	187	네네노미치	327	마루야마 공원	327
후쿠노야	258	노노미야진자	417	마루트네 카마보코텐	333
후쿠타로	188	니넨자카	325	마룬	339
히스테릭 글래머	214	니손인	420	마르블랑슈	339
힐튼 플라자	241	니시노토인 식당	350	마르블랑슈(이세탄백화점)	435
551호라이	194	니시키 모치츠키야	333	마에다 커피	352
		니시키 시장	332	마이 코토	338
		니시혼간지	439	마츠바	341
KYOTO 교토		니조성	362	만슈인	379
		니조코야	372	모리토키칸	339
		닌나지	391	모안	409
가미가모진자	367	다이고지	446	묘신지	391
갸테이	424	다이카쿠지	420	무모쿠테키	349
고다이지	326	다이토쿠지	365	무인양품	335
고류지	393	더 콘란 숍	335	발	335
교사이미 노무라	350	더 큐브	433	백식당	341
교토교엔	364	데마치후타바	368	뵤도인	445
교토국립박물관	439	도게츠교	416	분노스케차야	355
교토 라멘코지	434	도시샤대학	366	블루 보틀 커피	409
교토 모던테라스	410	도지	440	사가노유	426
교토역	432	도후쿠지	442	사가토리이모토	421
교토타워	438	돈카츠KYK	437	사료츠지리	355
그랑바니유	373	동양정	436	사료 호센	371
기온 신바시	331	디앤디파트먼트 교토	334	사와	357

산넨자카	325	아라시야마 요시무라	425	이치조지 나카타니	376
산젠인	381	아우무	344	이케즈루 카지츠	333
산주산겐도	439	아케보노테이 이와이	340	이쿠스 카페	426
삼림식당	369	야마모토멘조	407	조잣코지	419
센교 키무라	332	야사카진자	328	중앙 대계단 일루미네이션	433
센뉴지	442	에이칸도	406	쥬반셀	354
소우소우	336	엔도	348	쥬산야	337
송버드 커피	370	오멘	345	지온인	328
쇼류엔	422	오모 카페	346	철학의 길	404
쇼세이엔	438	오이마츠	427	치리멘 세공관	423
수프 스톡 도쿄	437	오카루	347	치쿠린	418
슈가쿠인	377	오카키타	408	카기젠요시후사	353
슈가쿠인리큐	378	오코치산소	418	카네쇼	345
슈테이 반카라	347	오쿠탄	348	카네요	346
스마트 커피	351	오하라	380	카네이	368
스카이가든	433	와비야 코레키도	342	카랑코롱 교토	337
스타벅스	356	요겐인	442	카모미타라시차야	370
스프링 밸리 브루어리	350	요지야	336	카사기야	355
시모가모진자	367	요지야 카페	408	카시 체카	410
시센도	379	우나기야 히로카와	425	카자리야	373
시조도리	331	우다미츠쇼텐	340	카츠쿠라	345
신교고쿠도리	331	우메조노 카페 & 갤러리	352	카카오 365	336
신뇨도	406	우지	444	카페 라인벡	371
신센엔	366	이노다 커피	351	케이분샤	375
신파치차야	427	이세탄백화점	434	콘나몬자	332
쓰리코인즈	437	이시베코지	327	클램프 커피 사라사	372
아다시노넨부츠지	421	이자마	344	키라라	343
아라시야마 노무라	427	이즈쥬	342	키미야	411
아라시야마 리락쿠마사보	422	이치조지	374	키친파파	369

킨카쿠지	388	
타나카 케란	333	
텐동 마키노	349	
텐류지	417	
텐슈	347	
토롯코 아라시야마역	419	
토에이우즈마사 에이가무라	393	
트래블링 커피	353	
퍼센트 아라비카	354	
포르타·포르타 다이닝	436	
폰토초	330	
하나나	424	
하나미코지	330	
하나비라히토츠	338	
하쿠사손소	405	
항카치 베이커리	337	
헤이안진구	402	
헬로 돌리	357	
헬로키티 사료	356	
호넨인	405	
호린지	416	
호센인	383	
호칸지	326	
호콘고인	393	
혼케 오와리야	368	
효탄야	340	
후시미이나리타이샤	443	
히가시혼간지	438	
히노데우동	407	

히라노진자	392
히사고	348

KOBO 고베

가자미도리노야카타	466
가츠동 요시베	469
간논야	493
고베시청	487
고베 포트타워	489
고베항 지진 메모리얼 파크	488
고베 해양박물관	489
고코엔	495
그릴 스에마츠	470
기타노텐만진자	465
긴노유	479
나나스 그린티	493
나카톳테이 중앙 터미널	489
난킨마치	486
네네하시	478
네이처 스파 다카라즈카	481
누노비키허브엔	468
니시무라 커피	471
다이코노유도노칸	478
다이코하시	477
다카라즈카	480
다카라즈카 대극장	481

다카라즈카시립 데즈카 오사무 기념관	481
도센진자	478
라멘타로	470
라베누	470
로쇼키	492
롯코가든테라스	475
롯코산	474
롯코산 목장	475
롯코케이블	475
르 디망슈	473
메리켄 파크	488
모리야쇼텐	491
모에기노야카타	467
모토마치 상점가	486
모토마치 케이크	493
블랑제리 콤시노와	473
비너스 브리지	468
산노미야 센타가이	464
스타벅스	471
스테이크랜드	469
스테이크하우스 미디움레어	492
아라캉파뉴	473
아리마온센역	477
아리마 온천	476
옛 거류지	487
우로코노이에	467
우미에 & 모자이크	490
이쿠타 로드	464
이쿠타진자	465

카페 케시퍼	472
킨노유	479
타치바나	491
토아 로드	464
프로인드리브	472
피시 댄스	488
하버랜드	490
호빵맨 박물관	490
히메지	494
히메지성	495

NARA 나라

가스가타이샤	514
가토 드 부아	529
간고지	516
겐끼신	518
고후쿠지	509
나라 공원	508
나라국립박물관	514
나라마치	516
나라마치 공방	517
나라현청 옥상 전망대	515
나카타니도	520
도다이지	511
도쇼다이지	528
마구로코야	520

사루사와이케	509
사이다이지	529
시즈카	519
시카노후네	521
야쿠시지	526
오카루	520
와카쿠사야마	515
유 나카가와	517
주구지	536
카나카나	518
쿠루미노키	521
텐교쿠도	519
헤이조큐세키	529
호류지	534
호린지	537
호키지	537

WAKAYAMA 와카야마

곤고부지	555
구마노나치타이샤	571
구마노코도 다이몬자카	570
기미이데라	547
기슈쿠로시오 온천	549
나치노오타키	572
나치산 세이간토지	572
뇨닌도	557

다이몬	557
단조가란	556
도쇼구	547
도쿠가와 가문 영대	557
레이호칸	555
마리나 시티	548
무로노유	565
사키노유	564
산단베키	562
센조지키	564
시라라유	565
시라라하마 해수욕장	563
시라스나	565
시라하마 온천 파크 소겐노유	565
엔게츠토	562
오쿠노인	554
와카야마성	546
카츠우라교코	573
쿠로시오 시장	549
포르토유럽	549
호텔 나카노시마	573
호텔 우라시마	573

오사카 100배 즐기기

개정 6판 1쇄 2019년 4월 18일
개정 6판 2쇄 2019년 7월 5일

지은이 RHK 여행콘텐츠팀

발행인 양원석
본부장 김순미
편집장 고현진
디자인 RHK 디자인팀 이재원, 이경민, 강소정
제작 문태일, 안성현
영업마케팅 최창규, 김용환, 윤우성, 양정길, 이은혜, 신우섭,
김유정, 조아라, 유가형, 임도진, 정문희, 신예은

펴낸 곳 (주)알에이치코리아
주소 서울시 금천구 가산디지털2로 53 한라시그마밸리 20층
편집 문의 02-6443-8891 **구입 문의** 02-6443-8838
홈페이지 http://rhk.co.kr
등록 2004년 1월 15일 제2-3726호

ⓒ 알에이치코리아 2019

ISBN 978-89-255-6613-9(13980)

※ 이 책은 (주)알에이치코리아가 저작권자와의 계약에 따라 발행한 것이므로
   본사의 서면 동의 없이는 책의 내용을 어떠한 형태나 수단으로도 이용하지 못합니다.
※ 잘못된 책은 구입하신 서점에서 바꾸어 드립니다.
※ 이 책의 정가는 뒤표지에 있습니다.

TRAVELMAP × BicCamera

일본의 가전, 약품 전문점
할인쿠폰!

BicCamera KOJIMA Sofmap
전 지점에서 사용 가능.

MAX
Tax-Free 8% OFF + **Discount 7% OFF**

콘택트렌즈

7% OFF 카메라, 가전제품, 시계, 콘택트렌즈, 장난감 기타 등등

5% OFF 약, 화장품, 생활용품, 과자 기타 등등

3% OFF 일본술 (닷사이, 핫카이산 제외)

다양한 상품 완비

게임 클리너 스테인레스 보틀 면도기 공기청정기
혈압계 골프 자전거 기타 등등

유효기한
2020/5/31
※반드시 ①②양쪽
을 스캔하신 후,
회계를 부탁드립
니다.

① (カウント JAN) 2 973890 181297
② (自動値引き JAN) 2 402230 007947

Apple 정품, 롤렉스, 식스패드 제품, Nintendo switch 본체와 소프트, 순정액세서리, 주류(일본주 제외), 아울렛 상품, 중고품 등 할인 대상 외 상품이 있습니다. 면세는 가능한 상품입니다. 그 외 게임기 본체, 과자류는 면세 8%에 추가 5% 할인됩니다. 사케(닷사이, 핫카이산 대상제외)는 면세 8%에 추가 3% 할인됩니다. 주류는 주류 전용 계산대에서만 계산 가능합니다. 다른 이벤트, 할인쿠폰과 함께 사용하실 수 없습니다. Air BicCamera 에서는 할인율이 다를 수 있습니다. 면세에는 조건이 있으니 주의해주십시오. 캠페인은 예고 없이 변경, 종료될 수 있습니다. 자세한 사항은 점원에게 문의해주세요. 인쇄물 또는 휴대전화 화면 제시.

POINT! 인터넷에서 구매 예약 후 점포에서 결제 및 수령 (영어 버전)

※주문 확인 메일은 영어로 전송됩니다.

POINT!  통역 서비스 외국어 통역 서비스가 있습니다.
Interpretation call service

FREE Wi-Fi | DELIVERY TAX-FREE | TRAVEL SIM ¥1,850~ (without tax) | Quick TAX-FREE

BicCamera 전국 49개 지점

도쿄 신주쿠 | 도쿄 긴자유락초 | 오사카 난바 | 홋카이도 삿포로

인기 상품을 폭넓게 갖춘 셀렉트샵

하네다/나리타/중부/나하/도쿄 오다이바

BicCamera 점포 정보

facebook

최신 제품 정보

※Apple 순정품, 롤렉스, SIXPADS제품, Nintendo switch의 본체, 소프트, 순정 액세서리, 일부품, 아울렛상품, 중고상품은 할인대상외 상품이 있습니다. 면세는 免税OFF는 대상입니다. 그 외의 게임 본체류, 과자류 등은 免税8%OFF+5%OFF입니다. 日本酒(獺祭·八海山除) 는 免税8%+3%입니다. 주류는 주류전용계산대에서만 회계가능합니다. 다른 캠페인, 할인권, 쿠폰과의 병용은 불가합니다. Air BicCamera는, 할인율이 다른 경우가 있습니다. 면세에는 조건이 있습니다. 캠페인은 예고없이 변경 또는 중지될 수 있습니다. 자세한 내용은 점원에게 문의하여 주십시오. 인쇄물 또는 휴대폰화면제시.

TRAVELMAP

驚安の殿堂
일본 최대의 디스카운트 스토어!

명품에서부터 일용생활용품까지 뭐든지 있다!
일본에서 화제인! 쇼핑하려면 당연 돈키호테!

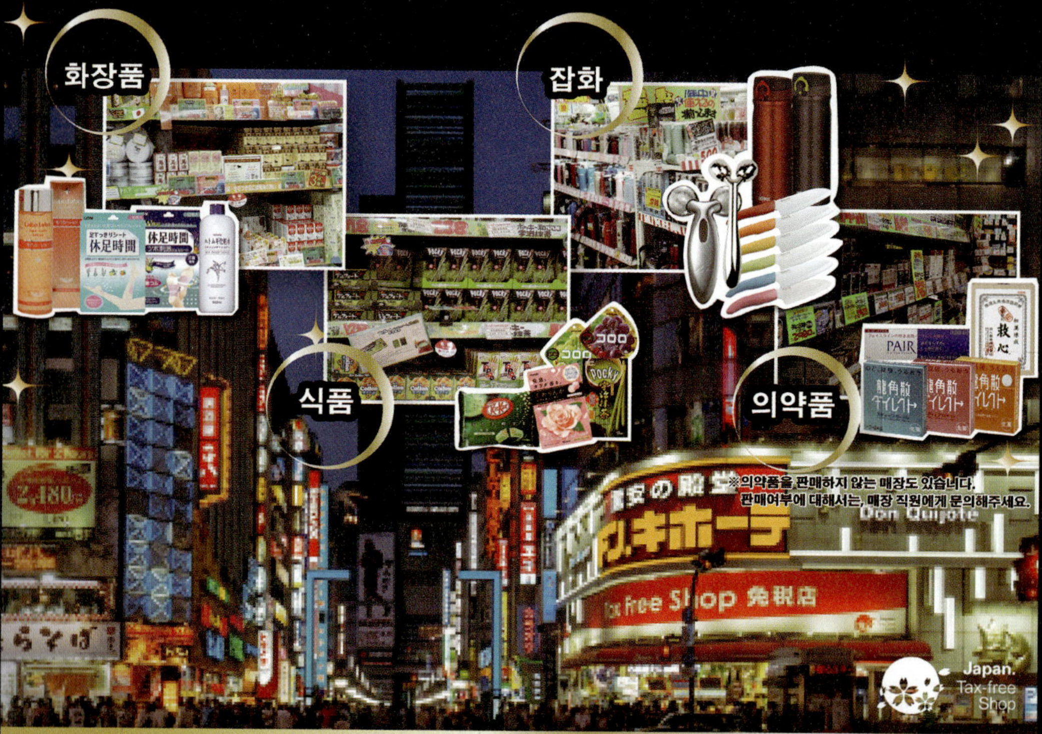

화장품
잡화
식품
의약품

※의약품을 판매하지 않는 매장도 있습니다.
판매여부에 대해서는, 매장 직원에게 문의해주세요.

Japan. Tax-free Shop

驚安の殿堂 8% 면세점
ドン.キホーテ Don Quijote

※ 각 쿠폰은 1회 한정 유효.
※ 검인이 있는 것은 무효.
※ 이용자격: 방일객 한정
※ 술, 담배, POSA카드 구입 시에는 사용할 수 없습니다.
※ 타 쿠폰, 서비스와 함께 사용 불가.

※ 各クーポンは1回のみ有効。　※ご利用資格: 訪日客のみ　※検印があるものは無効。　※お酒・タバコ・POSAカードのお会計には使用できません。　※他の割引サービスとの併用不可。
<レジスタッフの方へ>
カードJANをスキャン後「値引き金額」+「ドンキ商品券」または「ようこそカード」で値引き処理を行ってください。

HP Address
donki-global.com

30,000엔 이상 구입시 이용가능	￥2,000 OFF	検印
10,000엔 이상 구입시 이용가능	￥500 OFF	検印
5,000엔 이상 구입시 이용가능	￥200 OFF	検印

7130 9000 4884 4111